讲述"十四五"

我们的上海 共同的未来

上海市发展和改革委员会　澎湃新闻　编著

上海科学技术出版社

图书在版编目（CIP）数据

讲述"十四五"：我们的上海 共同的未来 / 上海市发展和改革委员会，澎湃新闻编著. -- 上海 : 上海科学技术出版社，2022.9
 ISBN 978-7-5478-5605-5

Ⅰ. ①讲⋯ Ⅱ. ①上⋯ ②澎⋯ Ⅲ. ①城市发展—研究—上海 Ⅳ. ①F299.275.1

中国版本图书馆CIP数据核字(2021)第259218号

责任编辑：陈　晨
美术编辑：赵　军　诸梦婷　谢腊妹
照片摄影：郑宪章（部分）

审图号：沪S（2022）033号
　　　　GS（2022）5045号

讲述"十四五"：我们的上海 共同的未来
上海市发展和改革委员会　澎湃新闻　编著

上海世纪出版（集团）有限公司
上 海 科 学 技 术 出 版 社　出版、发行
（上海市闵行区号景路159弄A座9F-10F）
邮政编码201101　www.sstp.cn
上海雅昌艺术印刷有限公司印刷
开本787×1092　1/16　印张26.75
字数770千字
2022年9月第1版　2022年9月第1次印刷
ISBN 978-7-5478-5605-5/F·30
定价：98.00元

本书如有缺页、错装或坏损等严重质量问题，请向工厂联系调换

编写人员

主　编

华　源

副主编

阮　青　刘永钢

编审小组成员

吴新华　王永刚　孔　媛　谢今明　葛　寅
黄超明　宋贺敏　赵方捷　沈俊逸　黄礼彬
钟李隽仁　张康硕　张　俊　吴英燕　田春玲
董怿翎　王琳杰　冯　婧　沈健文　马一鸣

视觉设计

黄　桅　张泽红　张　颖　周平浪　谢腊妹　诸梦婷

出版说明

"十四五"时期,是我国开启全面建设社会主义现代化国家新征程、向第二个百年奋斗目标进军的第一个五年,也是上海在新的起点上全面深化"五个中心"建设,加快建设具有世界影响力的社会主义现代化国际大都市的关键五年。2021年1月,上海市第十五届人民代表大会第五次会议批准并发布了《上海市国民经济和社会发展第十四个五年规划和二〇三五年远景目标纲要》。这是指导上海未来发展的宏伟蓝图,是全市人民共同奋斗的行动纲领。

为了进一步增进社会公众对上海当前以及"十四五"期间经济社会发展情况的认识和理解,更好地推进规划共识和落地,上海市"十四五"规划工作领导小组办公室联合澎湃新闻,邀请熟悉和了解规划的参与者、亲历者和见证者,共同讲述了关于上海"十四五"规划的思考和故事。这本书的讲述者中,既有直接参与规划编制工作的核心主力,也有参与规划研究工作的专家学者;既有社会组织和企业负责人,也有一线的基层干部群众等。他们讲述的内容,既有前期课题研究时的分析判断,也有规划编制中思想碰撞产生的火花,还有在规划印发之后的感悟和理解;既有对相关领域发展历史的回顾总结、对未来的思考展望,也有对规划重要提法、重点举措相关背景的解读和阐释等。"开门办规划",把加强顶层设计与问计于民更好地结合起来,是规划工作始终遵循的原则。我们期待"人民城市人民建,人民城市为人民"的理念得到践行,让更多人能够参与讲述城市的发展,形成共鸣;让更多生活和工作在这个城市的人们能为经济社会发展贡献智慧和力量。

习近平总书记说:"新时代属于每一个人,每一个人都是新时代的见证者、开创者、建设者。"展望未来,成事于行,规划工作已从"谋事"转向"成事"。让我们齐心协力,把这幅由人民群众出谋划策、热情参与的发展蓝图践行成为现实图景!

目 录

001　上海市"十四五"规划《纲要》的主要特点 / 阮青

001　新时代的发展规划工作
002　从历史中走来，在历史中绽放光彩的发展规划 / 王思政
004　全过程参与发展规划编制："全过程民主"的生动实践 / 戴柳
006　找准问题，精准建言 / 陆月星
008　人民建议征集助力"十四五"规划编制 / 王剑华
010　倾听"后浪"声音，谱写城市未来 / 周建军

――――――― 专栏 ―――――――
2万多条市民意见建议："十四五"，你最期待的改变是什么？ / 013

015　新阶段新起点
017　客观认识上海发展的历史与现实基础 / 黄超明
018　以党中央对上海的战略定位引领未来发展 / 吴新华
020　在经济全球化的大背景中辩证思考和谋划上海发展 / 马海倩
023　服务构建国家新发展格局，打造成为中心节点和战略链接 / 高骞
026　在长三角一体化发展国家战略中科学谋划上海发展 / 张学良
030　如何理解上海2035年远景目标 / 沈立新
032　创新性和延续性相结合，考量未来五年上海发展的目标指标 / 赵方捷

――――――― 专栏 ―――――――
全球宏观发展趋势研判 / 021
构建新发展格局 / 025
长三角专家献策上海"十四五"发展 / 028

功能篇

037　强化全球资源配置功能
039　上海"五个中心"建设进展与启示 / 国务院发展研究中心课题组
043　促消费、扩投资，持续增强上海经济发展的韧性 / 郭宇
045　聚焦"五型经济"增创经济发展新优势 / 魏陆
047　在新起点上深入推进上海国际金融中心建设 / 陶昌盛

049	以人民币为特色、以金融市场为基础，深化建设上海国际金融中心 / 汪小亚
051	抢占金融科技制高点，为上海国际金融中心持续培育竞争力 / 井贤栋
053	全面谋划推动国际贸易中心能级提升 / 张国华
056	增强枢纽功能，推动国际贸易中心再上新台阶 / 沈玉良
058	扩充大宗商品指数应用场景，提升"中国价格"全球影响力 / 朱军红
060	从基本建成到全球引领：上海国际航运中心建设回顾与展望 / 真 虹
062	国际港口发展趋势与上海智慧港口建设 / 张 欣
064	稳步推进上海智慧机场建设 / 周俊龙

──────── 专栏 ────────

东京发展经验及其对上海的启示 / 040
开拓消费提质扩容的突破口 / 044
总部增能行动 / 046
新型国际贸易创新发展行动 / 055
建设数字贸易国际枢纽港专项行动 / 055

067　强化科技创新策源功能

069	以制度创新驱动上海国际科创中心核心功能提升 / 黄礼彬
070	释放基础研究新潜力，打造自主创新新高地 / 朱启高
072	加快推进研究型大学向创新型大学转变 / 林忠钦
074	思创新、聚人才、建生态，更好发挥企业在科技创新中的主体作用 / 张强
076	新型研发机构：推动上海国际科创中心建设的生力军 / 王果
079	以知识产权升级思维助力上海科技创新发展 / 丁文联
081	如何吸引人才：夯实科研基础，优化制度设计 / 蒲慕明
082	"科、产、城"融合发展，打造张江国际一流科学城 / 付军

085　强化高端产业引领功能

087	继往开来再续新篇，推动上海产业再续辉煌 / 谢今明
090	全力构筑新时期"上海服务"品牌战略竞争新优势 / 赵瑞颖
092	打造高端产业集群，构筑现代产业体系 / 刘平
095	突破关键核心技术，大力发展集成电路产业 / 张卫
097	提高上海生物医药产业链完整性和协同能力 / 傅大煦
099	人工智能深度赋能实体经济要在基础研究和行业应用上下功夫 / 徐立
101	加快形成战略性新兴产业引领的上海产业发展格局 / 李如心
103	加快以数字技术推动上海传统汽车企业转型升级 / 祖似杰

104	将长兴岛打造成为具备国际竞争力的船舶与海工装备制造基地	/吴召忠
105	以知识密集型服务业为抓手，引领高端生产性服务业发展	/马梅
107	推动上海人力资源服务业专业化、国际化发展	/朱庆阳
109	聚焦重点领域，创新推动生活服务业高品质和多样化升级	/郑惠强

113　强化开放枢纽门户功能

115	把握开放最大优势，做制度型开放的"探路者"	/贺小勇
120	更好发挥临港新片区改革试验田作用	/唐浩
124	逆势而上、化危为机，持续办好进口博览会	/朱贻文
126	放大进口博览会溢出带动效应，打造海外资源进入中国的中转站	/薛迎杰
128	优化提升上海"一带一路"桥头堡功能	/张丽
130	以重大项目为引领，开辟外资利用新空间	/罗长远

———— 专栏 ————

什么是制度型开放？ / 117
推进浦东新区高水平改革开放，打造社会主义现代化建设引领区 / 118
虹桥商务区的新使命：打造新时代改革开放的标志性区域 / 122
演变：从虹桥商务区到虹桥国际开放枢纽 / 122
虹桥国际开放枢纽的突破和亮点 / 123

133　提升国际文化大都市软实力

135	提升城市"软实力"：深入推进上海国际文化大都市建设	/王亚元
138	上海文化的内在景深与传奇魅力	/周武
140	建设更高质量的上海公共文化服务体系	/蒯大申
143	公共文化空间如何走出文旅融合的创新发展之路？	/符湘林
145	文化赋能城市空间，艺术引领品质生活——打造"亚洲演艺之都"	/张颂华
147	完善工业存量资源盘活机制，为新动能提供更大发展空间	/夏雨
150	创意活色，文化生香——释读国际文化创意产业中心	/沈杰
152	为软实力注入"年轻力"——看上海如何迈向"全球电竞之都"	/戴焱淼
153	实施倍增计划　打造高峰工程　全面深化世界著名旅游城市建设	/方世忠
156	全面推进全球著名体育城市建设	/徐彬
158	紧扣时代脉搏，服务城市战略：上海国际体育赛事四十余载发展历程回顾	/杨亦斌

———— 专栏 ————

全民健身新时尚，在已建城市空间中寻找运动的"金边银角" / 161

全面推进城市数字化转型

- 163 **全面推进城市数字化转型**
- 165 坚持整体性转变、全方位赋能、革命性重塑，加快建设国际数字之都 / 钱晓
- 167 上海应打造数字经济新优势，抢占数字货币制高点 / 杨燕青
- 169 战略升维：塑造上海产业发展的数字竞争力新维度 / 盛雪锋
- 171 升级"一网通办"，构建全方位服务体系 / 朱宗尧
- 173 "一网统管"如何在"统"上做文章？ / 赵勇
- 175 加强政府数据治理，夯实数字化转型的制度基础 / 高富平
- 177 新基建：构筑数字时代的新结构性力量 / 徐宪平
- 179 5G 的前世今生 / 蒋志江
- 181 政府引导和市场驱动相结合，建设布局新型充电设施 / 姚瑶
- 183 上海智能网联汽车的新发展与新机遇 / 涂辉招

———————— 专栏 ————————

平台经济汇聚供需发展潜力 / 168
数字贸易推动全球经贸关系变革发展 / 170
工业互联网融合带动效应初步显现 / 170
实施上海版"新基建"四大建设行动（2020—2022 年） / 178

城市篇

- 187 **推动长三角更高质量一体化发展**
- 189 推动长三角一体化发展的成效与重点 / 谭盛源
- 191 面向未来的长三角创新协作分工体系 / 曾刚
- 192 对建设"轨道上的长三角"的四点思考 / 薛美根
- 194 长三角如何打造世界级制造业集群 / 王振
- 196 长三角区域生态环境一体化协同善治中的上海角色 / 陈雯
- 198 发挥好长三角生态绿色一体化发展示范区先手棋和突破口作用 / 杨波
- 200 长三角区域合作办公室：这个"枢纽"如何连接起三省一市政府 / 傅晓
- 204 长三角成立跨区域投资平台，正当其时 / 池洪

———————— 专栏 ————————

行稳致远：记长三角 G60 科创走廊这五年 / 202

- 207 **塑造市域空间新格局**
- 209 市域空间格局规划演变 / 葛寅
- 211 市域空间新格局：既强调全域视野，又注重局域重点 / 唐子来
- 213 历史文化风貌街区如何保护和开发：以"活化"为核心 / 罗宝瑜

216	新城建设的四个"发力点" / 范宇
228	宝山：全面建设科创中心主阵地，谱写上海"北转型"新篇章
229	金山：全力打响"上海湾区"城市品牌，创造上海"南转型"新奇迹
230	崇明如何将绿水青山转化为金山银山：立区、兴区、强区

──────── 专栏 ────────

徐汇：构筑艺术与人工职能"双A战略"引擎 / 214
黄浦：打造世界级地标性商圈 / 214
拥有一半苏州河岸线的普陀区，如何发展苏河水岸经济 / 215
嘉定新城：建成沪宁发展轴上的枢纽节点与国家智慧交通先导试验区 / 218
青浦新城：高颜值、最江南、创新核的未来之城 / 220
松江新城：未来之城 / 222
奉贤新城：超越、跨界、破圈 / 224
南汇新城：新在哪里，特在何处？ / 225
"十四五"期间，这三大区域地域如何实现四个"互" / 227

233 全面推进乡村振兴战略

235	都市乡村要保留，更要振兴 / 蔡友铭
238	上海都市现代农业发展的新方向——以金山区廊下镇为例 / 沈文
240	张江镇乡村人才公寓的探索 / 尹晓萍
241	如何推进农民相对集中居住 / 马韧
245	金山区待泾村探索农村集体建设用地作价入股新途径 / 方志权　张晨

──────── 专栏 ────────

"十四五"乡村振兴具体抓什么？ / 237
美丽乡村建设案例：金泽镇莲湖村 / 243
家庭农场走出生态循环农牧共赢新路子——以松江为例 / 247

251 加强面向未来的现代化基础设施建设

253	夯实上海发展之"基"——持续提高基础设施体系现代化水平的思考 / 沈俊逸
256	上海综合交通体系建设历程和未来展望 / 李俊豪
259	共建立体融合的多层次轨道交通网络 / 齐峰
261	一子落而全盘活，高水平谋划浦东综合交通枢纽 / 高岳
264	深入推进公交优先，持续提升公共交通服务水平 / 陈必壮　顾煜
266	精细化绿色化打造城市货运体系 / 张戎　吴云强
268	上海能源发展与安全保障 / 姚珉芳
270	双管齐下，精准管理，让居民喝上放心水 / 顾玉亮
272	以临港地区为例，谈海绵城市建设的相关经验和做法 / 张辰

275　巩固提升生态环境质量

- 277　坚定不移推动绿色低碳发展，全面提升城市生态环境品质 / 宋贺敏
- 279　践行绿色低碳理念，实现碳排放达峰 / 程鹏
- 281　探索绿色金融发展，助力上海实现碳达峰 / 李瑾
- 283　以低碳技术推动上海"双碳"目标高质量实现 / 唐忆文
- 285　打造水清岸绿、生态宜人的滨水空间 / 周建国
- 286　稳步提升大气环境质量：重点关注产业与交通领域 / 黄成
- 288　可回收物回收的上海实践：全程可追溯的运营管控模式 / 田冠雄
- 290　循环经济的探索与实践：以塑料废弃物为例 / 郭建利
- 292　千座公园计划：园中建城、城中有园、城园相融、人城和谐 / 管群飞
- 294　进一步将郊野公园打造成"市民休闲好去处" / 郭陶然

民 生 篇

297　努力创造高品质生活

- 299　围绕"七有"推进全周期民生改善，谱写人民美好生活新篇章 / 孔媛
- 303　上海社会发展与民生建设的实践经验和未来趋势 / 杨雄
- 305　上海市民 2025 年美好生活愿景调查 / 零点有数城市创新事业部
- 308　深化完善公共服务，持续增进民生福祉 / 王俊

310　切实办好人民满意的一流教育

- 312　以综合改革驱动教育高质量发展 / 沈炜　王平
- 314　坚持"五育"并举，促进学生全面发展 / 常生龙
- 316　开展青少年科学创新教育 / 娄维义
- 317　持续推进一流教师队伍建设 / 李兴华
- 318　推进家门口每一所学校建设，促进基础教育优质均衡 / 杨振峰
- 320　深化高等教育内涵式发展，加快推进"双一流"建设 / 束金龙　许开宇
- 322　以产教融合推动高等教育创新发展 / 丁晓东
- 324　完善现代职业教育体系，优化职业教育类型定位

325　着力推进健康上海建设

- 326　服务高品质生活和城市发展战略，着力推进健康上海建设 / 邬惊雷
- 328　上海医疗卫生改革的回顾与发展展望 / 许速
- 331　"双轮驱动"应对特大城市慢性病危机 / 吴春晓

333	建设整合型医疗卫生服务体系，持续全面提升医疗服务品质	/ 罗力
334	加快建设健康科技创新中心，构建全球健康城市典范	/ 甘荣兴
336	以"一个体系"与"五个医保"保障病有所医	/ 夏科家

338　积极应对人口老龄化

339	试论上海市人口长期均衡发展	/ 彭希哲
341	幼有善育　积极扩大普惠优质的学前教育和托育服务	/ 上海市托幼协会
342	构建"三高一多"的养老服务体系	/ 陈跃斌
349	"十四五"上海安宁疗护服务的发展目标与对策	/ 吴乾渝

351　增进民生福祉

352	多措并举规范住房租赁市场发展	/ 严荣
354	加快老旧公房"批量加梯"有何妙招	/ 厉蕾
356	延迟退休：缓解老龄化压力的有效方案	/ 封进
358	打造有爱无碍　促进融合发展	/ 王爱芬
360	如何在社区打造家门口一站式服务综合体	/ 刘尚宝

――――― 专栏 ―――――

推进学生体育美育发展 / 315
教育数字化的探索与实践 / 319
应对重大传染病或突发公共卫生事件的经验与启示 / 329
社区嵌入式养老——创新整合机构—社区—居家养老服务 / 344
智慧养老——逐步打造"像网购一样方便"的养老服务平台 / 345
积极加强老年认知障碍照护 / 346
大力发展医养结合的养老机构 / 347
好好告别：安宁疗护病房里的沉默与对话 / 350

363　提高城市治理现代化水平

365	筑牢风险防控底线，共建安全韧性城市	/ 孙建平
367	如何增强城市管理网格发现和解决问题的能力——以徐汇区为例	/ 卢义耀
369	运用社区分类治理工作法，提升基层疫情防控实效	/ 唐朝
371	党建引领社会治理"三驾马车"齐头并进	/ 魏瑛
376	基层立法联系点：社会主义民主政治的生动展示	/ 胡煜昂
377	美丽街区精细化管理：小马路变身"网红"街	/ 杨莉萍

――――― 专栏 ―――――

上海社会组织发展回顾与展望 / 373

381　全面深化改革

383　探索上海全面深化改革的新方向和路径 / 权衡

385　法治，是最好的营商环境 / 罗培新

388　提升专业服务能级，持续优化营商环境 / 刘樱

389　上海国资国企改革阶段性特征及重要举措 / 徐珺

391　把法治修炼成上海的城市涵养 / 程金华

392　健全机制、创新方式，扎实推进"十四五"规划落地实施 / 王永刚

---专栏---

上海优化营商环境 4.0 版：聚焦加强改革系统集成 / 387

394　附录

394　上海市"十四五"规划编制工作时间轴

396　上海市"十四五"规划编制工作大事记

400　后记

上海市"十四五"规划《纲要》的主要特点

阮 青
上海市发展和改革委员会副主任

"十四五"时期是我国开启全面建设社会主义现代化国家新征程、向第二个百年奋斗目标进军的第一个五年。当今世界百年变局和世纪疫情交织,发展环境面临深刻复杂变化,规划编制工作面临变数多、要求高、难度大的新挑战,这与以往规划有很大不同。2019年4月24日,上海市委书记李强同志在规划编制工作启动之初专程到市发展改革委调研指导,明确了我市"十四五"规划编制工作的总体要求。"十四五"规划编制工作历时两年半,其间我与规划工作专班的同志们共同奋战、克服困难、集思广益,圆满完成了《上海市国民经济和社会发展第十四个五年规划基本思路》研究和《上海市国民经济和社会发展第十四个五年规划和二〇三五年远景目标纲要》编制任务。在国家发展改革委组织的全国"十四五"规划编制工作评奖活动中,上海市发展改革委荣获"创新创优奖"。这里,我将复盘规划编制过程、总结规划纲要特点,并就如何做好新时代的发展规划工作谈一些体会和思考。

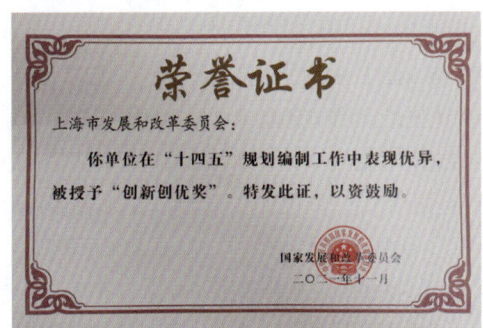

上海"十四五"规划编制获国家发展和改革委员会"创新创优奖"

一、守正创新,与时俱进编制好新时代的发展规划

党中央、国务院,特别是习近平总书记高度重视发展规划工作。从功能定位看,习近平总书记多次强调,编制和实施国民经济和社会发展五年规划,是我们党治国理政的重要方式。2018年11月,中共中央、国务院发布《关于统一规划体系更好发挥国家发展规划战略导向作用的意见》(中发〔2018〕44号文)明确,国家发展规划是社会主义现代化战略在规划期内的阶段性部署和安排,是经济社会发展的宏伟蓝图,是全国各族人民共同的行动纲领,是政府履行经济调节、市场监管、社会管理、公共服务、生态环境保护职能的重要依据。从发展历程看,1953年我国开始编制实施第一个五年计划,至今历经十四轮,规划名称从"国民经济计划""国民经济计划纲要""国民经济和社会发展计划纲要",逐步演变为"国民经济和社会发展规划纲要"。在计划经济迈向市场经济的转轨过程中,五年发展规划本身也在不断嬗变,经历了脱胎换骨式的变革。经过近70年探索前行,国家和地方不断创新规划理念、丰富规划内涵、完善规划程序,发展规划的编制和实施已经成为更好发挥政府作用的重要工作,也是国家创新完善宏观调控、转变政府职能的重要体现。从工作实践看,李强书记曾说过,在与外国友人会谈期间,外方人士说"中国每五年都有规划,每次领导人都看得远,西方国家很难做到这点"。对此,我也深有同感。记得上海世博会后,我当时在市委研究室工作,我们在开展有关上海投资环境的专项调研时,接触过一些在沪的跨国公司高管,他们与我谈起中国的五年发展规划,令我没有想到的是,他们很重视规划,每个规划文本都认真研究,有些还要送到总部去研究。跨国公司高管们评价中国的五年规划让他们佩服的一点是"说到做到",而且十几个规划皆是如此。在这些高管的心目中,我国五年发展规划已树立了管用可靠的良好声誉。

回顾"十四五"规划研究编制过程，我感受最深的是市委、市政府主要领导对规划工作的高度重视，我市专门成立了"十四五"规划工作领导小组，首次由市委书记、市长担任双组长。2019年4月24日，李强书记到市发展改革委进行调研指导，明确要求立足"四个放在"、坚持"两个面向"、遵循城市发展规律，发挥好规划引领作用。李强书记还强调，要聚焦本源性问题、关键性变量、战略性任务、跨时代项目，抓好规划编制工作。根据国家总体部署和市领导要求，市发展改革委会同各区、市相关部门和单位齐心协力、相互支持，克服疫情冲击影响，加强顶层设计与问计于民相结合，努力绘就新时代上海发展新蓝图。主要有三个方面的做法：

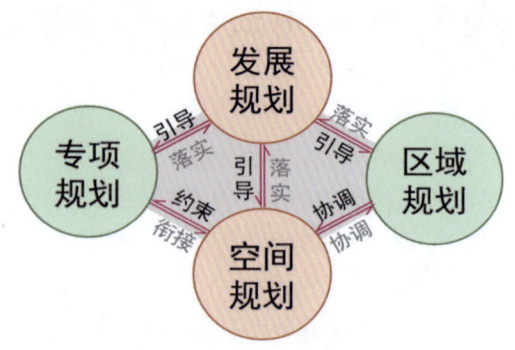

统一规划体系，形成规划合力

第一，强化全流程规划管理。 为贯彻落实国家有关统一规划体系的要求，我们构建完善了以发展规划为统领，以空间规划为基础，以专项规划、区域规划为支撑的规划体系，在此基础上加强对市级规划的目录管理。按照"少而精"的原则，对43项市级规划（包括38项专项规划、4项区域规划、1项空间规划）进行统筹，相比较以往五年规划，专项规划数量更精简、内容更聚焦、综合性也更强。比如，在研究制定专项规划目录清单过程中，经研究协商，我们将科技创新、科普事业、科创中心建设等内容整合为科技创新中心建设"十四五"规划，具体由市科委牵头、上海科创办和市发展改革委共同配合编制；又比如，根据相关部门工作职能变化，我们将安全生产、应急管理、森林防火、综合防灾减灾和消防事业等相关规划整合为应急管理"十四五"规划，由市应急局牵头编制。同时，领导小组办公室专门印发专项规划编制《导则》，着力加强规划立项、编制、衔接、论证、报批、发布、宣传解读各环节的全流程管理，进一步完善了规划编制和发布程序，确保了规划工作质量。为改变以往部分专项规划出台时间拖得较长的状况，这次专项规划与《纲要》做到了同步部署、同步研究、同步编制、同年印发，为实现"十四五"良好开局创造了有利条件。此外，经研究，我们还设立了12项专题研究，为支撑规划《纲要》和相关专项规划起到了积极作用。

第二，强化开门办规划。 五年规划编制过程是全过程人民民主的生动实践，是政府科学决策、民主决策的重要体现。在当今社会多元、公民意识增强、自媒介发达的背景下，我们更加注重从多角度多层面听取来自不同职业身份、不同地域、不同群体人民群众的心声，努力破除"信息茧房"，把规划编制过程变成聚众智、汇众力的过程。市人大常委会组织各专门委员会开展9项专题调研，面向全市13 000多名国家、市、区、乡镇四级人大代表开展问卷调查；市政协组织各专委会开展了16项专题调研，累计参与者达600余人次。市各相关部门和单位结合自身优势，通过不同渠道积极策划公众参与活动，听取各方面意见和建议。市委统战部组织8个民主党派和无党派人士开展研究形成了10份专题研究报告。团市委组织了50多场座谈咨询活动，开展"上海青年新期待"调研。领导小组办公室组织市区两级开通征求意见平台，我们将"献计献策"活动的传统提法改为体现共建共享视角的"畅想上海未来五年 听你说"，取得了良好效果，共收到各界群众建言建议2.3万余条。我们还会同市人民建议征集办、《解放日报》举办"十四五"规划市民大家谈、"市场之声——企业家共话'十四五'"活动。此外，我们通过公开选聘、平行研究、对标研究等多种方式开展重大课题研究，包括牵头组织跨部门联合调研组赴东京和新加坡学习调研，邀请国务院发展研究中心开展"五个中心"建设评估与研究工作等。两年多来，我市累计开展各类研究200余项，形成500多万字的研究成果，为"十四五"规划编制工作奠定了扎实的基础。

第三，强化长三角区域规划协同。推动长三角一体化发展国家战略，上海肩负龙头之责。"十四五"时期，长三角一体化发展将驶入新的"快车道"，上海自身发展也到了借势、借力、借地提升城市发展能级的新阶段，必须把上海未来发展放在国家对长三角一体化发展的总体部署中谋划。在"十四五"规划编制过程中，由上海发起倡议，会同苏浙皖三省建立了规划编制协同工作机制，上海牵头组织召开座谈会，交流三省一市"十四五"规划《纲要》阶段性工作成果。我们还专门听取江苏、浙江、安徽等"邻居"对上海"十四五"发展的意见和建议，共同研究形成建议纳入国家规划《纲要》的重大事项，上报国家发展改革委。

回顾近1000天的规划编制工作，《纲要》编制工作专班与全市方方面面共同奋战的场景依然历历在目。市区上下联动、各部门通力合作、社会各界积极参与，顶层的设计、市民的期盼、专家的智慧、基层的经验都汇聚提炼在《纲要》文本中，规划编制过程成为凝聚共识、集思广益的生动实践。在市十五届人大五次会议上，《纲要》以赞成票99.04%高票获得通过，成为引领上海未来发展的新蓝图。

上海市"十四五"规划起草组合影

二、开新局谋新篇，规划《纲要》的主要特点

《纲要》是政府更好履职尽责的重要依据。围绕贯彻落实中央《建议》要求和市委《建议》精神，编制《纲要》的任务就是把"大写意"转化为"工笔画"。在衔接落实上，《纲要》遵循市委《建议》明确的指导方针和发展目标，着力强调经济社会发展各领域要坚持"六个必须"的政策导向，以定性定量相结合的方式进一步明确"十四五"发展的目标指标，并对市委提出的重大战略和任务从布局、措施到项目作了具体化。在框架结构上，《纲要》是"目标引领、三位一体"，分为四篇，即总体篇、功能篇、空间篇和民生篇，共8万余字。总体篇分析内外部环境，明确总体思路和目标指标；功能篇包括强化"四大功能"、提升国际文化大都市软实力、全面推动城市数字化转型等内容；空间篇包括长三角一体化、市域空间新格局、乡村振兴、现代化基础设施等内容；民生篇聚焦攻坚破解"一老一小"、教育医疗、城市治理等社会关心关注的热点问题，同时《纲要》把改革开放举措贯穿到规划的相关篇章。总体把握《纲要》文本，主要有五个方面的特点。

特点之一：以变应变，主动作为

在研究编制规划过程中，《纲要》起草团队深切感到，"十四五"最大的不同就是一个"变"字。相比较而言，"十一五""十二五"时期，我市面临我国加入世贸组织（WTO）、举办世博会等重大事件和历史机遇，外部环境相对平稳和确定，风险挑战比较容易看清楚、机遇也比较好把握。而"十四五"时期，百年未有之大变局加速演进，百年未遇之大疫情叠加冲击，外部环境"不确定性、不稳定性"因素明显增多。大变局、大疫情之下，经济全球化遭遇逆流、全球开放共识弱化。与此同时，新一轮科技革命和产业变革深入发展，国际经贸投资竞争与合作交织，世界经济新旧动能转换。总体判断，我国发展仍然处于重要战略机遇期，但机遇和挑战的内涵都有新的变化，只有战胜挑战才能赢得机遇。为此，国家规划《纲要》在战略导向上明确，"十四五"时期推动高质量发展，必须立足新发展阶段、贯彻新发展理念、构建新发展格局，"三新"是国家规划《纲要》的核心内容。

作为我国改革开放排头兵、创新发展先行者，"十四五"时期，上海如何才能在全国改革发展大局中作出更大贡献，如何才能在危机挑战中抢抓发

"十四五",你最期待的改变是什么?
上海市"十四五"规划编制公众意见征集

展先机、在外部变局中开创发展新局,是摆在我们面前的首要命题。我们感到,关键是要在构建以国内大循环为主体、国内国际双循环相互促进的新发展格局中找准自身定位、发挥上海比较优势,把握好成为国内大循环的中心节点、国内国际双循环的战略链接的总体定位。所谓中心节点,就是要把大国经济内需为主导、国内大循环的文章做足,在要素配置中占据关键环节,通过持续提升"五个中心"能级,加强与国内经济联系,助力国内国际经济循环更加畅通。所谓战略链接,就是要把国内国际双循环能量交换的文章做足,上海要构建要素链接、产能链接、市场链接、规则链接,形成独具优势的战略通道,成为吸附全球要素资源的引力场、融入全球产业链的桥头堡、参与全球经济治理的试验田,助力我国经济深度融入全球经济体系。《纲要》提出,以落实国家战略任务为牵引强化开放枢纽门户功能,聚焦提升"引进来"的吸引力和"走出去"的竞争力,使上海成为境外企业进入国内市场的前沿阵地和中国企业"走出去"的关键跳板。

特点之二:高质量,大发展

应对大变局,首先是要办好自己的事,坚持发展第一要务。国家规划《纲要》明确的主题是"推动高质量发展"。结合上海超大城市实际,我们把推动高质量发展、创造高品质生活、实现高效能治理作为"十四五"规划的目标导向。高质量发展侧重于提升城市综合经济实力,"五个中心"核心功能要迈上新台阶,加快推动质量变革、效率变革、动力变革;高品质生活呼应了市民群众日益增长的对美好生活的向往,人民城市建设要迈出新步伐,谱写新时代"城市,让生活更美好"的新篇章;高效能治理就是要充分发挥上海城市管理精细化的优势,进一步提高城市治理现代化水平。"三高"紧密相关、有机融合、相得益彰,体现了"十四五"时期上海在全国改革发展大局中的使命担当和加快建设具有世界影响力的社会主义现代化国际大都市的卓越追求。

主题是纲,纲举目张。围绕发展主题,《纲要》进一步明确将提升城市能级和核心竞争力等作为主攻方向,提出了一系列重大举措、重大布局、重大项目。"十四五"时期要增强"大发展"的紧迫感,把握"大发展"的机遇期。一方面,上海与全球顶级城市在经济总量、人均水平上的差距犹存,全球城市竞争中标兵尚远、追兵日近。另一方面,基于国家战略布局落子、上海自身所具有的现实优势和发展潜力,我们有理由说,"十四五"时期仍然是上海大发展的重要机遇期。大发展首先要增强经济发展韧性。面对全球经济弱复苏、疫情防控形势严峻挑战,只有持续巩固和增强经济发展韧性,才能为高质量发展赢得主动权。《纲要》提出,要立足扩大内需战略,持续做好"六保""六稳"工作,进一步增强消费对经济发展的基础性作用、发挥投资对优化供给结构的关键作用。对于社会普遍关注、体现经济发展风向标作用的生产总值增长率指标,经综合研判和测算,《纲要》设定为 GDP 年均增长 5% 左右。其背后实际上有三重含义:实现量的合理增长和质的稳步提升;与全国经济增速保持基本一致;充分释放上海经济增长的潜力。大发展要体现在大布局上。要立足全市域、面向长三角打开空间,"打到外线去",实现内外联动。李强书记强调,城市发展空间格局要从轴带思维向系统论转变,更多着眼于上海都市圈和长三角一体化做文章,从整体上破解城市发展不平衡不充分问题。为此,《纲要》对推动长三角更高质量一体化发展、塑造市域空间新格局、全面推进乡村振兴战略都单独设立一章进行安排,还特别强调要大力实施新城发展战略。大发展要落实在大项目上。按照市领导关于要拿出一批具有标志性、引领性重大项目的要求,市发展改革委会同相关部门和单位经过广泛排摸和反复论证,最终在《纲要》中谋划布局了93

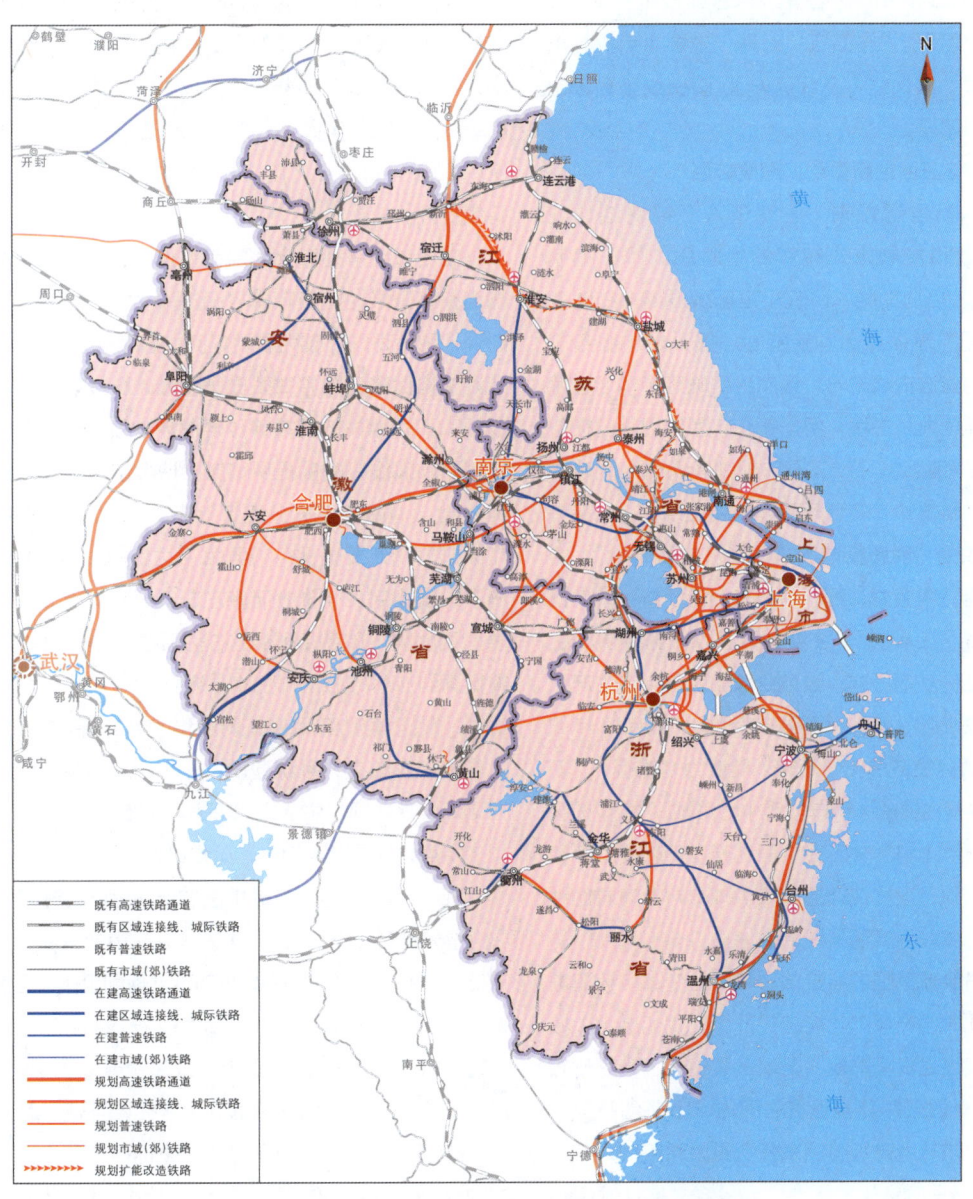

长三角地区多层次轨道交通"十四五"规划建设项目示意图

项重大项目，涵盖科技和产业、新基建、交通能源设施、生态环境、社会民生等多个领域，总投资超过1.2万亿元。比如，新建浦东综合交通枢纽，将依托浦东国际机场和铁路上海东站，打造集航空、国铁、城际铁、市域铁以及城市轨道交通等功能于一体的大型综合客运交通枢纽。又如，全面启动市域线建设。考虑到我市轨道交通市区线网络已基本成型，未来"轨道上的上海"建设将以市域线为重点，加强中心城区与郊区城镇之间以及郊区城镇之间的交通联系，并与长三角城际铁路和国家高铁骨干网互通互联。"十四五"时期，主要重点推进机场联络线、嘉闵线（及北延伸）、南枫线等6条市域线项目建设。

特点之三：创新驱动，深度转型

进入新世纪以来，上海迈入了经济结构战略性调整和发展方式转变的新阶段。早在编制"十一五"规划期间，研究小组酝酿发展主线时就曾提出把"增强城市创新能力、提升城市服务功能"作为备选主线之一，虽然最终确定了"增强城市国际竞争力"主线，但创新和转型的思路已在各方面酝酿和胎动。"十二五"规划《纲要》明确提出了"创新驱动，转型升级"发展主线，之后又进一步修改为"创新驱动发展，经济转型升级"。经过十余年持续努力，我们判断，上海创新和转型已基本走完"上半程"。主要体现：以服务经济为主的经济结构基本形成，服务业增加值占全市生产总值比重由2005年的57%左右上升到2020年的73%，服务经济已由"短腿"转变为"长板"；"四个中心"基本建成、科技创新中心形成了基本框架；"四个依赖"（对重化工业、房地产业、加工型劳动密集型产业、投资拉动的依赖）减少，上海对钢铁石化等的依赖程度明显降低。

随着全球范围内科技革命和产业变革持续演进和国际化大都市城市功能迭代升级，我们感到，城市转型发展是永恒命题，呈现出螺旋式上升的动态过程。"十四五"乃至更长时间内，上海创新驱动发展、经济转型升级将迎来任务更为艰巨的"下半程"，上海深度转型的主要内涵是全面推动城市数字化转型、促进经济社会全面绿色转型。

在全面推动城市数字化转型方面，《纲要》提出到2025年"国际数字之都建设形成基本框架"的目标，按照"3+1"即数字经济、数字生活、数字化治理和新基建等四个方面进行部署，努力走出一条整体性转变、全方位赋能、革命性重塑的城市数字化转型之路。比如，大力发展数字经济。过去几年上海数字经济呈现加速发展的喜人态势，涌现出拼多多、B站、小红书、喜马拉雅等一批互联网"后起之秀"。以拼多多为例，经过短短6年多发展，平台年度活跃用户数达到8.5亿，商家数达到860万，市值超过1000亿美元。《纲要》提出，要助力新生代互联网龙头企业引领在线新经济发展，全面提升核心数字产业能级，到2025年数字经济增加值占全市生产总值比重达60%以上，数字经济核心产业增加值占全市生产总值比重持续提升。

在促进经济社会全面绿色转型方面，经过多年来的结构调整和升级，上海碳排放已进入平台波动期。"十四五"时期，我市将以低碳为重要导向，持续推进产业结构调整、能源结构优化、能源效率提升和低碳科技攻关，在确保完成国家下达相关节能控碳"硬指标"和确保全市能源安全保障"硬底线"的前提下，努力使全市碳排放达到较为合理峰值。《纲要》明确，我市单位生产总值能源消耗和二氧化碳排放降低要确保完成国家下达目标，到2025年煤炭消费总量控制在4300万吨左右，煤炭消费总量占一次能源消费比重下降到30%左右，天然气占一次能源消费比重提高到17%左右。为此，《纲要》提出了着力推动电力、钢铁、化工等重点领域和重点用能单位节能减碳，积极推进全国碳排放交易系统建设，深化交通运输结构调整，大力培育全社会绿色生活方式等多项举措。

特点之四：以人为本，见物见人

2019年11月，习近平总书记在考察上海期间提出了"人民城市人民建，人民城市为人民"重要理念，为我们深入推进人民城市建设和做好城市发展规划工作提供了根本遵循。为贯彻落实人民城市重要理念、顺应人民群众对美好生活的新期待、更好实现"城市，让生活更美好"，《纲要》专设一章集中阐述如何为生活、工作在这座城市的人们创造"高品质生活"。总的思路是坚持尽力而为、量力而行，着力补短板、强弱项、提品质，以更优的供给满足人民需求、把最好的资源留给人民、提供更多的机遇成就每个人。可以说,《纲要》是一部深深镌刻人民印记和全面回应人民群众呼声期待的规划。

攻坚破解"老小旧远"难题。在"一老一小"方面,这是上海千家万户操心的事,也是城市发展绕不开的"必答题"。对于"老"的问题,《纲要》提出,要全面推进城乡社区养老服务,持续扩大多层次养老服务供给,到2025年全市街镇养老综合体达到500家,实现15分钟养老服务网络全覆盖;全市养老床位总数达到17.8万张,护理型床位占比达到60%。对于"小"的问题,《纲要》提出,围绕3个"3"服务,即3岁以下幼儿托育服务、3至6岁学前教育、小学生下午3点半后校内课后看护服务,要适度提高配置标准,扩大普惠安全的托育服务供给,鼓励支持幼儿园开设托班,到2025年力争累计新增三岁以下婴幼儿托额2万个。同时,根据市委、市政府决策部署,《纲要》明确提出,本届党委政府任期内全面完成约110万平方米中心城区成片二级旧里以下房屋改造任务。历经三十多年不懈努力,上海中心城区成片二级旧里改造任务将画上圆满的句号。

优化提升民生供给质量。教育和医疗服务是上海广大市民群众关心、诉求集中的热点,也是上海城市公共服务优势所在。在教育方面,《纲要》提出,聚焦"好校长、好老师、好学生",办好家门口每一所学校。基于学龄人口动态发展趋势布局教育资源,加强优质教育资源市级统筹。通过创新德智体美劳"五育并举"过程性评价实施办法,培育创新思维,深化体教融合等培育"好学生";通过实施基础教育强师优师工程等培养"好老师",积极推进公办初中强校工程。在医疗方面,《纲要》提出,把握新冠肺炎疫情常态化防控的新特征,健全公共卫生体系,以新发突发传染病、不明原因疾病为重点完善监测哨点布局,建设平战结合的应急医

黄浦区二级旧里以下房屋地块

疗救治体系。针对缓解"看病难、看病贵、看病烦"问题,《纲要》提出,要加快构建整合型医疗服务体系,完善医疗资源的空间布局和梯度配置,推动优质医疗资源扩容下沉;分类分步推进社区医院建设,全面提升基层医疗机构的诊疗、康复等医疗功能。在生态惠民方面,作为公共开放空间,城市公园承载着休闲娱乐、体育健身、文化旅游等多元复合功能,市民群众普遍希望有更多家门口"身边"公园。《纲要》提出了"千座公园计划",即在现状410座公园的基础上,用5年时间新增公园600座,累计达到1000座,大幅提升公园的覆盖率和便捷性。此外,《纲要》提出要推进19个文化体育旅游项目,包括建设乐高主题乐园、冰雪之星等旅游项目,建成徐家汇体育公园、市民体育公园、浦东足球场、久事国际马术中心等,未来上海老百姓休闲健身、文化旅游将会有更多的新选择和新体验。

特点之五:时空结合、多规融合

从规划内容和方法上看,过去五年发展规划比较侧重于从时间维度谋划,而把空间发展和布局方面内容主要放在城市规划、空间规划中去明确。"十四五"规划这次我们

"十四五"上海市域功能布局图

尝试把时间维度和空间要素更好地结合起来，体现了发展规划和空间规划的融合。《纲要》按照市委《建议》对未来城市空间提出的整体构想，衔接2035上海城市总体规划，具体勾勒了"东西南北中"的空间新格局，核心就是16个字：中心辐射、两翼齐飞、新城发力、南北转型。

中心辐射，就是要进一步提升中心城区特别是中央活动区的经济密度和辐射能级，加强功能复合，建设世界级地标性商圈，打造全球新品首店首发地示范区和线上线下互动跨界集聚区，充分挖掘中央活动区集聚的城市历史文化价值。以上海新天地区域为例，有关方面提出，通过城市更新改造，集聚一批顶级文化商业资源、打造时尚地标，成为全球24小时社交目的地。同时，要继续推进"一江一河"建设，对标世界级滨水区，推进杨浦滨江中北段、徐汇滨江南延伸及浦东滨江南延伸段等滨水岸线贯通，保护和活化外滩、北外滩、杨浦滨江等沿江历史、文化和工业遗产，实现"工业锈带"向"生活秀带""发展绣带"的蝶变。两翼齐飞，就是要依托现有延安路－世纪大道发展轴，进一步向东延伸至张江、浦东综合交通枢纽和临港新片区，向西延伸至虹桥商务区及长三角一体化示范区。南北转型，就是加快南北功能布局调整升级，宝山、金山要通过产业结构调整、土地更新利用为区域转型发展植入新功能、培育新产业，打造新的增长极。

在新的空间布局中，"五大新城"建设是重头戏。《纲要》提出，"十四五"期间要大力实施新城发展战略，以"产城融合、功能完备、职住平衡、生态宜居、交通便利、治理高效"为导向，努力把五个新城建设为长三角城市群中具有辐射带动作用的独立综合性节点城市、引领高品质生活的未来之城、全市经济发展的重要增长极、推进人民城市建设的创新实践区、城市数字化转型的示范区和上海服务辐射长三角的战略支撑点。到2025年，5个新城常住人口总规模达360万左右，新城所在区GDP总量达1.1万亿。《纲要》强化了大交通对大布局的引导支撑。《纲要》提出，"十四五"时期要以城际、市域（郊）铁路为重点完善轨道网络，到2025年市区线和市域（郊）铁路运营总里程达960公里。从形态上看，将形成"一个手掌五根手指"的大交通布局。"十四五"时期"轨道上的长三角"将跑出加速度，上海联系长三角的交通廊道除南京、杭州方向之外，还有南通、湖州和宁波等三个方向。同时，机场联络线建成后将串联起虹桥、浦东两大综合交通枢纽，叠加逐步布局成网的市区线、市域（郊）铁路，日渐成型的大交通脉络将更加清晰和通畅高效。

三、心怀"国之大者"服务大局，对做好发展规划工作的初步体会

回顾总结"十四五"规划研究编制全过程工作实践，我感到，编制好高质量的五年发展规划必须具备"三个要素"。

第一是要想大事。习近平总书记多次强调，要"对'国之大者'了然于胸，明确自己的职责定位"。我体会，在上海这座城市做规划，不仅是为了近2500万上海人民的福祉，而且要为国家担责、为国出力，在服务全国中发展上海。心怀"国之大者"，就是要深刻领会党中央落子布局的战略意图，把习近平总书记考察上海系列重要讲话精神贯穿落实到"十四五"规划之中。就是要以"四个放在"作为战略基点谋划发展。比如，放在中央对上海发展的战略定位上，我们把党中央和习近平总书记对上海战略定位的一系列重要指示批示和讲话精神，梳理概括为"六个关键词"，即要当好改革开放排头兵、创新发展先行者，当好展示社会主义现代化国家和国际大都市形象的"窗口"，成为我国经济高质量发展的"风向标"、国家改革开放的"先锋"、治理体系和治理能力现代化的"标杆"等，这些关键词都转化为了《纲要》的主要目标和发展思路。又比如，着眼于务实提升人民群众的获得感、

中共上海市发展改革委规划处支部

幸福感和安全感,《纲要》提出了16项"民心工程",包括早餐工程、停车难综合治理工程、便民就医工程、推进既有多层住宅加装电梯工程、学龄前儿童善育工程、农村人居环境优化工程等,努力把群众关心的事、身边的事转化为各级政府牵头办的实事。

　　第二是要干难事。志不求易者成,事不避难者进。五年发展规划是彰显我国社会主义制度优势集中力量办大事、干难事、做对事的有力工具,这就要求我们要善于抓重点、抓关键,同时也要"弹好钢琴",注重一体谋划、系统集成。我体会,事不避难最重要的还是要直面问题,抓住主要矛盾,解剖问题和矛盾之后"对症下药"。比如,在研究《基本思路》时,我们以20多页、占比四分之一以上的篇幅深入分析上海发展面临的若干问题,如全球范围内城市间竞争日趋激烈,上海面临"标兵尚远、追兵日近"的挑战;周期性、结构性和体制性因素交织叠加,经济下行压力持续加大;创新驱动发展动能势能不足,关键核心技术受制于人的局面仍未根本改变;现代化基础设施战略导向和支撑作用有待强化,超大城市可持续发展韧性还需提升;生态环境短板依然突出,环境治理体系亟待创新突破;公共服务供给不平衡不充分矛盾凸显,进一步保障和改善民生任务繁重等。这些问题涵盖了经济社会发展重点领域,是"十四五"时期需着力攻坚突破的难题。在各方形成共识的基础上,规划《纲要》有的放矢地提出了攻坚克难的应对之策。

　　第三是要算大账。规划工作是立足今天的资源条件谋划明天的事,所谓"七八个锅子、五六个盖子"。面对资源环境和财力等多重瓶颈,规划人要善于算好长远账、综合账,把握长短期目标的平衡,保护好引导好社会预期,善于把未来预期收益转化为干今天事的资本。以旧区改造为例,李强书记强调,对旧改的投入要多算政治账、长远账、民心账,少算利益账、眼前账、个体账。随着旧改目标临门一脚时间的临近,剩下的地块和项目大多是"硬骨头",成本越来越高,项目自身平衡难度加大,原有的旧区改造土地收储和开发建设模式难以为继。为此,我市积极探索旧改新模式,上海地产集团成立城市更新中心,加强市级统筹,通过市区联手、政企合作,采用市场机制,从多渠道进行融资,建立"进得来""愿意来"的长效机制,用"未来的钱"办今天的事,给旧改按下"加速键",为在2022年全面完成旧改目标创造了必要的条件。

　　一分部署,九分落实。"十四五"已经顺利开局、稳健起步。我们期待与大家一道,立足新发展阶段,践行新发展理念,服务新发展格局,真抓实干、奋发有为,以钉钉子精神扎实推进规划落地实施,努力把美好的规划蓝图化作生动的现实图景。

上海市"十四五"规划工作领导小组第三次会议暨总结推进会工作合影

新时代的发展规划工作

从历史中走来，在历史中绽放光彩的发展规划

王思政
上海市宏观经济学会会长

我国第一个五年计划是1953—1957年，当初是在探索过程中，"一五"计划草案经过多次修改、补充和完善，边执行、边观察、边调整，最后于1955年2月编制完成。改革开放以前编制实施的五年计划，为初步建立我国的工业体系和国民经济体系奠定了基础。改革开放以后编制实施的五年计划（规划），不断适应新时代的需要，适应改革开放的需要，体现了经济社会发展在市场化进程中怎么与中国特色社会主义相结合。

从"十一五"起，中国的"五年计划"改成了"五年规划"[1]，这是告别计划经济的标志。但是，如何科学编制规划，对政府自身进行"正面清单约束"，对市场进行"负面清单管理"，通过制定发展规划的过程，与社会各界进行有效的信息沟通，从而对未来的发展愿景达成共识，等等，需要我们结合时代的变迁不断思考与践行。

编制规划是顶层设计，有时间的长度和空间的跨度。每一次编制规划，都要对过去、对未来有一个综合的研判：过去发生了哪些变化，还存在哪些大的问题，未来是什么样的发展趋势，会带来多大的影响。回顾上海改革开放40多年的发展历程，有三条线比较突出：

第一条线：上海有今天的成就，离不开历任市委、市政府领导前瞻的思考、战略的谋划。

1980年代中期上海研究提出《上海经济发展战略汇报提纲》[2]，得到中央肯定，时任国务委员宋平、中国社会科学院院长马洪带队赴沪展开调研。1985年，国发17号文件批复并特别指出，上海要成为全国"四个现代化"建设的开路先锋，一直延续到今日。1988年，时任上海市委书记江泽民、市长朱镕基开始研究浦东开发开放，并引发大讨论。1992年，时任上海市市长黄菊组建了一个庞大的研究团队，历时2年，对21世纪上海的发展战略展开探索。21世纪初，市委、市政府决定开展世博会和上海新一轮发展大讨论。这是一个大的脉络，在此期间我们经历了8个五年规划和两轮城市总规修编，这一切为上海大的发展战略提供了谱系和基础。

第二条线：上海的发展，落实到具体的突破点，都是以龙头项目和关键活动带动全局发展。

举几个例子：其一，改革开放初期，上海市先后落地的宝钢、金山石化，为中国成为世界的钢铁、石化制造基地创造了条件。其二，中国今天成为世界上最大的汽车生产国和燃油车生产基地，都是从上海的桑塔纳项目起步的。我有幸参与3个最重要的项目：1980年代初的桑塔纳项目，参与了引进后的后半程工作；1990年代的通用汽车项目，是当年最大的利用外资项目，全程参与；在职业生

---

[1] "五年规划"：自1953年制定第一个五年计划以来，除了1963—1965年的国民经济调整时期外，我国都编制实施了五年规划（计划）。新中国成立70多年来，我国共编制实施了13个五年规划（计划）。经过70余年的探索，我国的发展规划已经比较成熟、比较定型，由早期计划经济体制下的指令性计划，逐渐演变成为社会主义市场经济体制下国家经济社会发展的战略性、纲领性、综合性、指导性的规划，既发挥了市场配置资源的决定性作用，又发挥了政府引导资源配置的作用。

[2] 《上海经济发展战略汇报提纲》：上海市人民政府、国务院改造振兴上海调研组1984年所作的一份汇报文件。国务院改造振兴上海调查研究组到上海，听取了有关部门关于上海经济发展战略和"七五"计划设想，以及工业、市场、对外贸易、对内联合、城市改造和建设、交通运输、第三产业、郊县经济、人才培养、劳动工资、财政金融和城市经济体制改革等十九个专题汇报，并召开了一系列座谈会，广泛听取各方面的意见，开展调查研究。

涯末端，又参与了特斯拉的项目。桑塔纳时代，我们实现了单位用车向私家车的转变；特斯拉时代，特斯拉超级工厂拉动贯通了整体产业链配套，是未来上海建成世界新能源车制造基地的重要布局。其三，对应上海全面建成"世界会展之都"的目标，现今我们更加关注大虹桥国家会展中心，但起到奠基作用的还数坐落于浦东、于21世纪初建成的上海新国际博览中心，后者营造了完整的会展产业链、培养了大量会展人才。其四，需要龙头项目和关键活动。没有世博会，就没有上海的今天。世博会提供了优化产业布局、拔除市区污染源的契机。没有世博会，就不会有江南造船厂、上钢三厂、上海溶剂厂的选址另建，就不会有黄浦江两岸45公里公共空间的全线贯通，并有望建设成为融消费、科创、文化、教育于一体的"生活秀带"。

第三条线：上海在40年里经历了4次百万级人口大变动。

第一次，改革开放后百万知青回城，上海市为此开办了大量集体企业和生产组。第二次，百万农民工进城。在改革开放初期，体制机制的条框还没有被打破，有几年农民工是不能进城的。1984年之后，开放农民工进城，这才有效调动了中国的人口红利，经过专业技能培训的外来务工人员为城市建设增添了活力。第三次，是国有企业改革，百万职工下岗。朱镕基同志在任的时候，纺织一年内压锭30万锭，大量纺织女工下岗。恰逢上海航空公司成立招收空姐，市委、市政府研究做出一个决定，指定30个"空嫂"名额给下岗纺织女工。招聘会当天，现场有1万多人报名。当时我们还有一个名词——"协保"，就是下岗工人与倒闭企业协商，延迟领受下岗补偿。破产改制的这些企业并没有钱，这项工作能推进下去完全是靠上海人的诚实守信。这座城市的人民为上海的改革做出了极大贡献。这就引申出了第四次，百万居民动迁。上海的老百姓为了配合城市布局的调节优化做出了牺牲，有些居民家庭甚至动迁了三次。世博会前夕，一个冬天就动迁了10万之众，涉及居民28 300户，企事业单位272家。所以说，在世界城建史上像上海这样经历4次百万级人口大变动的城市是绝无仅有的。

总的来说，前瞻思考、战略谋划的引领，广大市民的支持参与，并辅之龙头项目的牵引带动、促进整个产业链的形成，进而提升产业能级、引进人才，并加强科技创新对产业的支持，是实现城市经济结构不断优化调整、产业转型升级的关键，也是发展战略和五年规划有效发挥作用的历史经验。

全过程参与发展规划编制："全过程民主"的生动实践

戴柳
上海市人大财经委主任

审查和批准国民经济和社会发展中长期规划，是人大的法定职权。为做好上海市十五届人民代表大会第五次会议审查批准规划《纲要》的工作，上海市人大常委会高度重视这项工作，成立了市人大常委会蒋卓庆主任担任组长的"十四五"规划专题调研领导小组，从2020年3月始，历时近一年，全过程参与了规划的前期研究、规划编制以及《纲要》的审查批准。第一阶段，通过问卷调查和代表联系社区活动，广泛征求代表和社区群众对规划编制的意见，并同步与规划领导小组办公室共享，推动在全市各级规划的前期研究中充分吸收代表及各方意见；第二阶段，组织各委员会围绕"十四五"时期人口结构优化、制造业高质量发展、营商环境优化等重大问题开展了9项专题调研，于9月份形成调研报告，及时报送市委市政府，供起草"十四五"规划《建议》和《纲要》参考；第三阶段，与规划领导小组办公室紧密对接，多次组织人大代表对规划《纲要》文本提出修改完善意见，做好市人代会审查、批准规划《纲要》的各项工作。

这次调研有以下特点：**一是坚持人大工作定位。**立足人大职能，紧紧围绕全局性、系统性、综合性、前瞻性问题，开展调查研究，注重把各部门各领域中需要整合协调和重点突破的重大问题提出来，注重各部门之间、各规划之间、各区域之间、各功能之间、各产业之间的衔接协调。

二是务实有效开展调研。坚持问题导向、目标导向，重点围绕规划编制的若干重大问题开展专题调研，深入基层、深入一线实地调研，有的结合市委重要课题调研同步开展，有的结合常委会重要立法、执法检查和听取审议专项工作报告一并进行，有的委托相关专业机构进行第三方研究，力求提出

上海市人大开展的9项专题调研
1　推进制造业高质量发展
2　优化营商环境
3　完善科技创新研发与转化功能型平台
4　提高城市治理现代化能力和水平
5　完善公共卫生体系建设
6　人口结构优化
7　生态环境保护
8　乡村振兴
9　长三角一体化发展国家战略

有针对性、务实管用的意见建议。9个专题调研报告内容已经以专报形式报市委，并分送市政府及其相关部门参阅。

三是加强市区人大联动。各区人大常委会结合区域特点同步开展调研，市人大召开16个区人大常委会主任专题会议，听取各区意见建议，及时向市委报送各区反映的共性问题。同时组织力量赴各区开展2035年城市总体规划、郊区新城建设两个专项调研，推动各区进一步完善"十四五"规划编制。

四是广泛发动代表参与。调研过程中，面向全市13 000多位四级人大代表开展了问卷调查，组织3 570多位各级代表深入社区听取群众意见，举办7期有关"十四五"专题的代表论坛，共收集代表对"十四五"规划编制意见建议2 000多条，使听取意见建议的过程成为凝聚共识、汇聚智慧的过程，成为践行"人民城市人民建"理念、充分体现"全过程民主"的实践范例。

通过坚持开门问策、集思广益，充分发挥人大代表密切联系群众优势，此次调研反映了许多基层和老百姓的期待，也提出了许多系统性、综合性和前瞻性的对策建议，其中不少被"十四五"规划起草小组采纳吸收。人大此次的调研全过程也成了充分发扬民主、凝聚各方共识、形成合力的过程，最终《上海市国民经济和社会发展第十四个五年规划和二〇三五年远景目标纲要》在2021年1月27日的上海市十五届人民代表大会第五次会议上高票通过。

一份报告了解上海市四级人大代表
对上海市"十三五"的评价与对"十四五"的期待

为充分发挥人大代表的主体作用,了解人大代表对上海市"十三五"规划实施的感受,对"十四五"规划编制的愿望和期待,找准上海市经济社会发展中面临的瓶颈、短板,2020年6月,上海市人大财经委、市发展改革委、国家统计局上海调查总队开展上海市"十四五"规划四级人大代表问卷调查。

本次调查面向全市13 000余位四级人大代表(上海市全国人大代表、市人大代表、区人大代表、乡镇人大代表)。6月16—30日,代表通过二维码扫码方式填写问卷。最后,回收有效问卷8 159份,占四级人大代表总数的62.3%,具有较好的代表性。其中,65.67%的四级人大代表对"十三五"期间上海经济社会发展成效的总体评价为非常满意。

1 上海市四级人大代表对"十三五"期间上海经济社会发展成绩最突出方面的认识

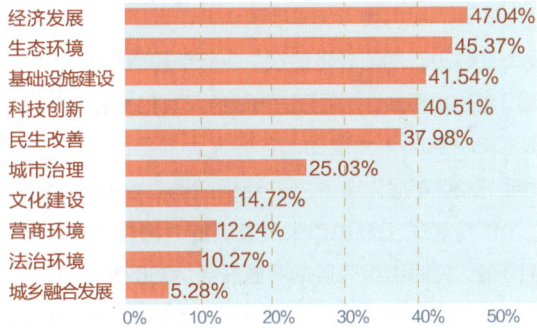

2 上海市四级人大代表对上海经济社会发展面临瓶颈、短板方面的看法

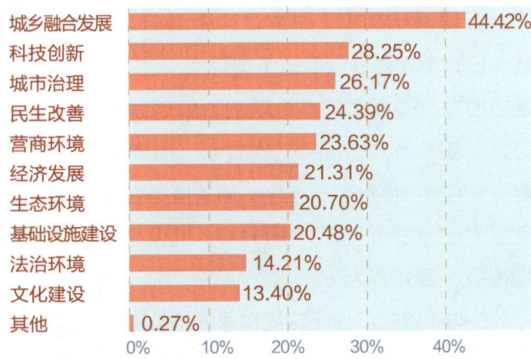

3 上海市四级人大代表对"十四五"期间上海经济社会发展最为关心的方面

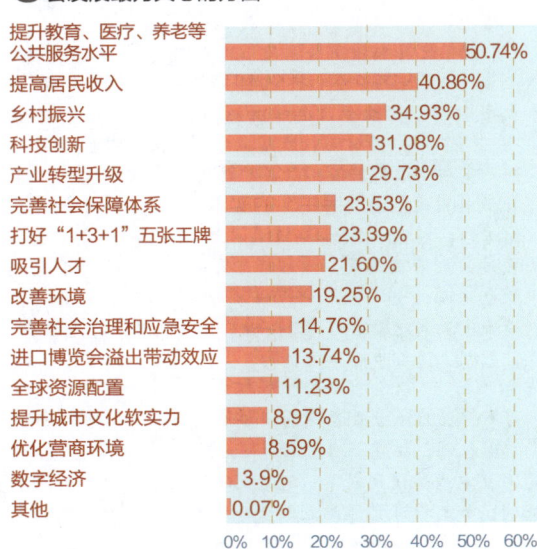

4 上海市四级人大代表认为"十四五"期间上海民生发展最关心的方面

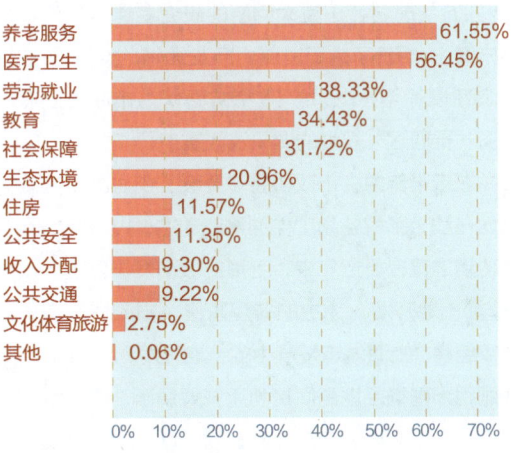

找准问题，精准建言

陆月星
上海市政协人资环建委主任

为"十四五"建言资政，是2020年上海市政协年度履职的重中之重。从一开始，市政协就明确方向：此次围绕"十四五"规划编制开展协商议政，不求面面俱到，但求突出重点，要聚焦"十四五"上海经济社会发展的主要目标、重大问题和重大举措，谋划对策建议。

3月24日，上海市政协围绕"十四五"规划编制开展协商议政工作推进会暨调研启动会。4月1日，市政协各专委会（指导组）主任（组长）走访市发改委，了解"十四五"规划编制进展情况，以及市委、市政府工作重点。围绕市政协开展"十四五"协商议政工作，市政协各专委会（指导组）与相关政府部门进行对接，确保政协议政能"定好位、踩准点"。

在与政府部门做好深度沟通的基础上，市政协通过全面梳理盘点，确定"十四五"议政选题。在对"十三五"以来市政协近100件调研成果进行梳理的基础上，市政协形成《市政协"关于上海'十四五'规划若干重大问题的研究"课题调研实施方案》，明确了人口发展、产业优化、乡村振兴、生态环境等10个领域16个方面作为市政协建言上海"十四五"规划的调研议政重点。

在近半年内，市政协各专委会（指导组）深入基层一线，了解各项工作的最新动态，以便找准问题、精准建言。近年来，上海的城市发展已进入以"存量土地开发"为主的转型阶段。市政协人资环建委组建"上海城市发展中的土地开发利用问题"[1]课题组，围绕土地高质量利用开展调研。课题组不仅走访了崇明区、浦东新区、嘉定区、松江区及各类产业园区，走访了市规资局、市经信委、市农委、申通集团等单位，还收集了"海量"国内外城市土地利用案例进行研究，最终形成了课题报告，得到市领导高度重视和充分肯定。

为适应疫情防控的需要，市政协各专委会主动创新工作方式。市政协农业农村委、港澳台侨委、对外友好委搭建网络议政平台，开展线上线下联合调研，借助"云平台"开展"云议政"，收集各方对策建议，以此提高履职活动效率。

此外，为了提升协商议政的针对性，市政协教科文卫体委、社法委、民宗委、文史委围绕各自调研重点，组织政协委员开展主题学习，邀请相关政府部门通报情况，通过搭建知情明政平台，为委员了解党委政府全局工作、参政议政创造条件。

截至2020年底，市政协广泛组织动员各党派团体、政协委员围绕事关上海城市长远发展的战略性、基础性、关键性问题，先后组织开展情况通报会、委员学习会、专题座谈会、调研讨论会、专题考察90余场次，600余人次政协委员倾情参与其中，形成了高质量调研成果16个，为市委、市政府谋划"十四五"发展大局提供重要参考。

---

[1] "土地资源有效供给和高效利用"课题组建议"六个一块、六个创新"：深挖存量、创新机制，推动土地资源有效供给和高效利用。聚焦"六个一块"，有序拓展土地资源供给："活一块"——千方百计激活批而未用土地资源；"整一块"——实施"以用定减、以减定增"，因地制宜整治、释放现状低效用地；"收一块"——有序推进开发边界内的土地收储工作，实现"土地等项目"；"放一块"——完善战略留白区过渡期管理政策，为好项目落地和老项目升级改造创设绿色通道；"造一块"——科学利用河口滩涂资源，合理创造城市未来发展空间；"飞一块"——创新"飞地经济"模式，引领上海都市圈协同发展。实施"六个创新"，强化土地资源高效利用：创新规划管理方式，探索弹性管控机制；创新产业准入机制，实行差别化土地供应；创新产业存量更新机制，拓宽土地盘活途径；创新宅基地用途管制，提高闲置宅基地使用效率；创新交通设施用地复合利用实施机制，加大轨道交通站点综合开发力度；创新土地利用绩效考核办法，形成激励与约束相结合的机制。

上海市政协围绕上海"十四五"规划的专题调研和协商议政方向

1	2025年主要经济目标（指标体系）评价
2	产业结构优化升级（战略性新兴产业布局、支柱产业发展能级、四大品牌建设推进）
3	自贸区新片区全方位高水平对外开放、推进虹桥商务区打造国际开放枢纽
4	进一步完善我市社区和居家养老服务的若干建议
5	上海农业产业发展中存在的问题
6	上海乡村振兴示范村推进情况
7	土地有效供给和高效利用
8	长三角一体化背景下的上海生态环境治理
9	提升科技创新策源能力
10	基础教育教师队伍建设若干问题
11	上海特大城市人口可持续发展问题
12	关于发挥宗教公益慈善在上海市"十四五"社会服务事业发展中的积极作用
13	关于上海加快建设现代化国际大都市中的宗教活动场所合理布局问题
14	关于深入开展"六史"学习教育的调研
15	借鉴国际城市发展先进理念，促进上海城市科学规划和高品质发展
16	建立完善国际大都市评价指标体系，进一步扩大上海对外开放

人民建议征集助力"十四五"规划编制

王剑华
上海市人民建议征集办公室主任

"十四五"规划的编制涉及衣食住行、生老病死、安居乐业、老小旧远,和每位市民群众的工作、生活息息相关。2020年下半年,上海市人民建议征集办围绕"十四五"规划,在市人民建议征集平台、随申办市民云等平台广发"征集令",广泛听取市民群众对城市未来发展的心声。

问策零距离,规划大家谈

为面对面听取市民群众对"十四五"规划编制的意见建议,在线上征集意见的基础上,市人民建议征集办还与市"十四五"规划领导小组办公室联合举办"畅想上海未来五年 听你说——'十四五'规划 市民大家谈"活动,邀请20多位市民代表、专家学者围绕城市文化培育、养老服务升级、公共空间管理等领域建言献策。座谈会上,市民代表各抒己见、精彩纷呈,无论是专家学者、社区干部、团员青年,还是企业人士、外籍人士,都精心准备,带着思考来、带着责任来、带着建议来、带着期待来,提了许多有价值的真知灼见。如,B站UP主朱明华建议做好"线上上海"的建设和宣传;退休教师倪晓茹建议关注"养老精神需求";小学生毛子谦建议公共园区公共空间"错时共享",等等。有关市领导和十多个政府职能部门的代表在现场"零距离"听取建议、"零时差"回应解答,短短两小时,共收集了近30条高质量建议。更重要的是,这场活动显示出,在各级政府部门与基层、群众之间,存在着牢固的链接、高效的沟通、充分的信任,这是上海各项工作不断展现新气象、创造新奇迹的重要保证。

完善工作机制,增强系统征集

自2020年7月17日上海市人民建议征集办公室正式挂牌以来,各级人民建议征集机构在助力"十四五"规划编制中发挥了重要作用。16个区均挂牌成立人民建议征集办公室,市、区人民建议征集信箱以矩阵方式入驻"随申办",嵌入全市215个街镇6 100多个村居"家门口"服务体系。积极推动建议征集进机关、进企业、进高校。渠道触手可及的"1 + 16 + 215 + 6 100 + X"征集网络逐步形成并不断完善。在工作机制不断完善的同时,征集模式持续创新,大力开展"主题征""专项征""联合征",建议办理质效不断提升,逐渐形成理念一致、功能协调、手势统一、资源共享的建议征集工作体系,把人民群众的主体地位贯穿于城市工作全过程。围绕"十四五"规划的主题,在较短的时间内就收到建议2 000多条,其中许多人民来信建议的质量很高。如,市民罗克平提交的关于"老专家智库"的建议,十分契合规划中"积极开发老龄人力资源"的理念,被规划编制起草组直接采纳写进"十四五"规划《纲要》。

天地有大智而不言,人民群众和基层实践孕育了大智。做好"十四五"规划,既要有全局的眼光,抓战略举措、作长远谋划,更要有务实的作风,让规划可操作、能落地,让群众有真真切切的感知,让大家感到生活更有品质、更有尊严、更加幸福。未来,市人民建议征集办将继续贯彻落实习近平总书记关于全过程人民民主重要论述,认真践行人民城市重要理念,持续提升人民建议征集能级,进一步畅通征集渠道、延伸征集触角,推动成果转化,开展更多的主题征集,办好更多"听你说""大家谈"的活动,让住在上海、来过上海、热爱上海的人,都有人生出彩的机会,都能有序参与治理,都能享有品质生活,都能感受城市温度,都能拥有归属认同。

来信人	罗克平	来信日期	2020年09月28日
受信人	人民建议征集	联系电话	********
联系地址	**区*****街道**路		
电子邮箱	*********@126.com		
来信标题	上海"十四五"建议：关于建立上海"老专家智库"的建议		

来信内容：

截至2019年底，上海户籍人口中60岁及以上老年人口518.12万人，占总人口的35.2%。在这庞大的退休人员队伍中，各行各业的老专家（副高以上职称、高级技师以上职称等）占了一定的比例。

这些老专家退休后，他们脱离了原来的工作岗位和科研环境，从事的专业中断了，不少人在退休初期有着强烈的失落感和"无所事事"的心理感觉。

其实，这些老专家们正处于干事业的第二个"黄金时期"：业务趋于炉火纯青程度，精力尚充沛，时间有余，家务牵挂少。

上海的退休老专家是国家和社会的一笔宝贵人力资源和财富。

为此，建议在上海政府层面建立上海"老专家智库"的平台，根据上海和各地的专业需求，发挥他们的余热，这是一件利国利社会利民的好事，可能这也将是全国第一个省（自治区、直辖市）级的"老专家智库"！

上海"老专家智库"的作用、特点和具体操作如下：

一、上海"老专家智库"将是由政府主办的公益性的退休老专家的交流平台，权威性强，可信度高，具有提供高级专业人才的蓄水池、推荐和聘用、志愿服务等功能，可起到为政府服务、为上海和全国服务、为社会服务、为企事业单位服务、为老专家服务的积极作用。

二、上海退休后的各行各业的老专家（副高以上职称、高级技师以上职称等）采取自愿报名、智库审核后入库。

三、上海"老专家智库"可采取线上和线下相结合的工作方式，以线上为主（发布各类信息、资料汇总分类等），线下从市、区、街道和社区有专人负责或者兼职从事该项工作。

四、上海"老专家智库"形成一定规模后，能适当满足和补充上海和全国对部分人才（例如医疗、教育、农业、园林、科创、航空、文艺、制造等专业）的特殊需求，"老专家智库"可采取志愿服务的形式，对全国贫困地区和西部地区开展智力服务，弘扬上海的城市精神。

五、上海"老专家智库"满足了退休老专家们"老有所为、老有所乐、智慧养老"的积极、健康的心理，以促进老龄化对上海和我国社会、经济、文化发展的正能量作用。

特此建议。

建议人：罗克平
2020年9月28日

倾听"后浪"声音，谱写城市未来

周建军
上海市青少年服务和权益保护办公室主任

站在"两个一百年"奋斗目标的历史交汇点，青少年是上海在新的起点上全面深化"五个中心"建设、加快建设具有世界影响力的社会主义现代化国际大都市的生力军。

"上海青年汇智团"，聚合青春的智慧

2015年，伴随着"十三五"规划的编制，由市青年工作联席会议、团市委、市青少年服务保护办联合举办的"上海青年汇智团"项目也正式拉开帷幕，截至2021年已招募四期学员，市、区成员数共700余人，以9至35周岁青少年为主。2020年伴随"十四五"规划编制，我们公开招募了146名青少年成为第四期汇智学员。学员们通过9次汇智讲堂和3场汇智培训与十余位来自政府、高校、社会组织的各界大咖对话交流，在汇智巡访和汇智探访中走进上海、体验上海、感知上海。他们还以家国情怀、法治精神、创新创造等10个主题开展分组研究，形成16篇约6万字的调研报告，充分锻炼了大局观、研究力和沟通力。在"共青团与人大代表、政协委员面对面"活动中，学员们围绕规划纲要中涉及的新就业形态人员各抒己见。与此同时，"十四五"规划公众咨询会、上海市政协"公众日"等丰富的社会活动也推动学员们开拓视野、积极发声。规划编制期间，青少年通过座谈会、协商会议、网络征集等途径提出近70条意见建议。针对青少年提出的"加强青少年创新教育""构建上海青少年心理健康服务体系""强化对青少年创新创业的政策支持""城市数字化转型与青少年成长发展相结合"等意见建议，上海市"十四五"规划《纲要》均结合实际情况予以吸收。

"上海青年汇智团"为"十四五"发展建言献策　　团市委 图

开展"上海青年新期待"调研，精准把握青年需求

青少年作为城市最具活力的人口群体，是参与城市建设的生力军，更是高品质生活的共享者。新时代的上海需要什么样的青少年，青少年生存发展面临哪些"痛点""难点""痒点"，青年工作和发展规划如何为青少年赋能，都需要从青年调查研究中精准把握。

"十四五"规划编制期间，为了进一步摸准青年需求，市青年工作联席会议办公室、团市委、市青少年服务保护办和上海团校青年研究中心联合开展了"上海青年新期待"调研，涵盖青年就业创业、结婚生育、收入消费、社会参

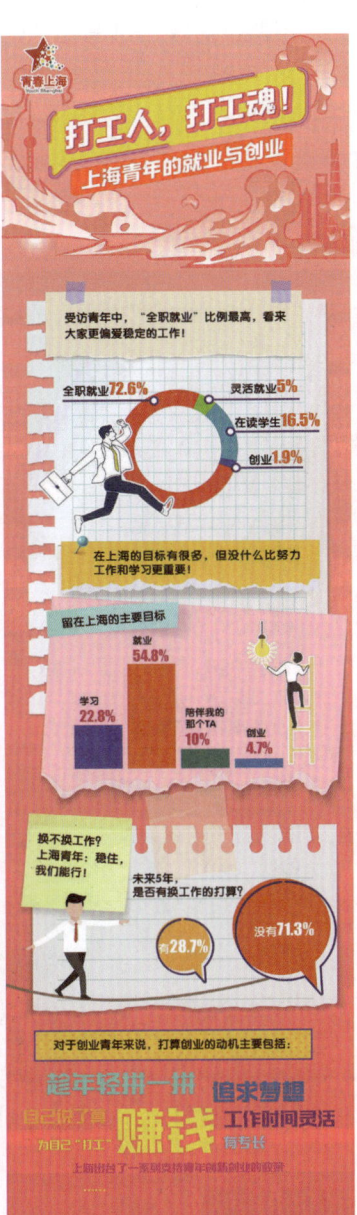

与、城市吸引力等诸多方面，一幅上海青少年的"画像"跃然呈现：就业总体求"稳"，向往婚姻和甜蜜爱情，普遍热爱网购且热衷美食消费，乐于社会参与，很有安全感……他们深深眷恋着上海这座充满机遇、开放创新的城市。"家门口"的购物中心、文化艺术场馆和公园是最受青年期待的"三件套"。调研结果为规划编制打开了新的思路，上海市"十四五"规划《纲要》中的"活力创城"上海青少年创新创业行动、24小时青年创新生态社区等以青少年为本的服务项目便是基于这样的考量而诞生的。

每一项青少年参与的工作内容、每一场青少年发声的社会活动都让身处其中的青少年经历了一段奇妙的人生旅程。越来越多的年轻人在上海的街头巷尾、在规划的字里行间描绘着青春未来，在参与中学着执起笔、开口言、勤于思、敏于行，收获宝贵成长、谱写出彩篇章。"后浪"奔涌，百川入海。我们期待能有更多青少年在积极参与中赋予城市青春活力，一同迎接更好的时代、谋划更新的未来！

2万多条市民意见建议："十四五"，你最期待的改变是什么？

为更好地问计于民、集中民智，市"十四五"规划工作领导小组办公室于2020年6月初开通"畅想上海未来五年·听你说"规划公众建言平台，通过"中国上海"门户网站、"上海发布"和"上海发展改革"公众号以及"人民建议信箱"、发改委邮政信箱等各类线上线下渠道，广泛向社会各界征求意见，共收到来自市级和区级平台的建言共2.3万多条。规划工作领导小组办公室高度重视市民群众的每一条建言，并专门组织力量进行逐条汇总和梳理研究，积极在"十四五"规划《纲要》以及各项市级规划的相关举措中吸收和采纳。

具体来看，意见建议涉及10大领域，教育、交通领域问题较为集中。其中，教育4 653条，交通4 496条，就业3 724条，医疗2 631条，居住环境2 267条，老龄化586条，新农村245条，生态环境2 866条，公共文娱242条，其他1 679条。

以下重点列举教育、交通领域市民集中反映的主要问题和意见建议。

教育方面，主要存在问题：城乡及区域之间、区域内部教育资源失衡，硬件条件不均衡、师资结构不合理、学校规模差距大、教学质量参差不齐。民办学校在财政补贴及监督方面均不及公办学校。幼儿教育资源总量不足。老年大学少、学生体育运动量少、未成年人心理健康服务缺乏、校园网络安全等。市民建议：建立教育资源共享制度，系统缓解教育资源失衡，建立"网络化教研制度"，优化学校建设评估标准及师资队伍建设标准，将公办学校与民办学校建设标准统一化，重点扶持和改造农村学校和城市薄弱学校。

交通方便，主要存在问题：市域范围内现有的道路交通空间功能分区已不能适应新发展需求，再加上停车难、电动车充电难等问题，车路矛盾、车车矛盾日趋激化。崇明地区交通基础设施严重滞后的问题也较为突出，铁道交通建设推进缓慢，公共出行不畅，且越江通道运力严重不足，交通基建十分薄弱。市民建议：调整、优化市域范围内道路交通空间的功能分区，郊环线以内区域采用中心城区道路交通管理模式，划分货运车辆专用车道，进一步细化城市道路交通的分时、分区管理措施。加快推动智能交通建设，调整道路和低空管理相关法规条例，试验性开放部分路面区域给无人驾驶车辆行驶，部分低空区域给无人机配送飞行。

（资料来源：上海市"十四五"规划《纲要》起草组）

新阶段新起点

"数"说上海 "十三五"发展成就

综合经济实力大幅提升

- 2015年：2.6万亿元
- 2020年：3.87万亿元

全市生产总值从2015年的2.6万亿元上升到2020年的3.9万亿元左右。

人均生产总值 2.3万美元
经济增速在全球主要城市中处于领先地位，总量规模跻身全球城市前列。

全员劳动生产率 29万元/人左右 位居全国前列

服务业 73.1%
2020年服务业增加值占全市GDP比重为73.1%。

公共财政保障能力持续增强
地方一般公共预算收入超过 **7000亿元**

771家
基本建成国际经济中心，实体经济能级不断提升，跨国公司地区总部累计达到771家。

"五个中心"功能实现提升

口岸货物进出口总额占全球 **3.2%左右**

商品销售总额 **13.98万亿元**

基本建成国际贸易中心，贸易型总部和功能性平台加快集聚。

国际航运中心基本建成 现代航运服务体系基本形成

NO.1 上海港集装箱吞吐量 连续11年保持世界第一

全社会研发经费支出相当于全市GDP **4.1%左右**

60 每万人发明专利拥有量件

形成具有全球影响力的科技创新中心基本框架，张江综合性国家科学中心建设全面推进，大飞机、蛟龙号深潜器等重大创新成果问世，上海光源等一批大科学设施建成。

超大城市建设和管理水平明显提高

轨道交通运营线路总长达 **772km**

枢纽型、功能性、网络化基础设施体系基本形成，综合交通体系不断完善。

下降 **36%**
生态环境质量持续改善 PM2.5年平均浓度为32μg/m³ 较2015年下降36%。

人均公园绿地面积 **8.5m²**

劣V类水体基本消除，黄浦江45km公共空间岸线贯通开放，品质和功能大幅提升。

市民获得感、幸福感、安全感持续增强

居民人均可支配收入 超过 **7万元**

就业质量进一步提高近 每年新增就业岗位 **60万个**

完成中心城区成片二级旧里以下房屋改造 **281万m²** 受益居民 **14万户**

人均预期寿命达到 **83.67岁**

公共服务体系不断完善，现代化教育水平进一步提升，"健康上海行动"深入实施。

金融市场交易总额超过 20000000亿元

基本建成国际金融中心，全球性人民币产品创新、交易、定价和清算中心功能不断完善，多层次金融市场体系和金融机构体系基本形成。

客观认识上海发展的历史与现实基础

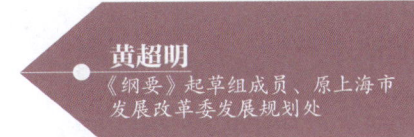

黄超明
《纲要》起草组成员、原上海市发展改革委发展规划处

"十三五"时期是上海发展史上具有里程碑意义的五年。面对错综复杂的外部形势，特别是新冠肺炎疫情的严重冲击，上海按照当好全国改革开放排头兵、创新发展先行者要求，全力实施国家重大战略任务，积极应对各种风险挑战，奋发有为推进各项事业，"十三五"规划主要目标任务如期实现，国际经济、金融、贸易、航运中心基本建成，具有全球影响力的科技创新中心形成基本框架，城市综合实力和国际影响力、人民生活水平和社会文明程度迈上了一个新台阶，为迈向具有世界影响力的社会主义现代化国际大都市打下坚实基础。

上海能有今天的成就，主要在于始终着眼于服务全国改革发展大局，着力发挥自身比较优势。依托国家整体实力上升、国内市场规模壮大，拥有了超大国家崛起孕育超大城市发展的市场优势；在经济发展和社会建设中双向发力、统筹兼顾，奠定了具有较强国际竞争力的综合优势；在全国率先推动经济转型升级，初步形成了走创新驱动发展新路的先发优势。

与此同时，对标国际最高标准、最好水平，也要直面问题和差距。全球范围内城市间竞争日趋激烈，上海面临"前有标兵，后有追兵"的挑战。上海虽已进入全球城市第二方阵，但追赶第一方阵的进阶之路仍长。比如，金融市场的国际联通、跨境资本自由流动还需进一步突破，"上海价格"的定价权和话语权尤显不足。周期性、结构性和体制性因素交织叠加，经济下行压力持续加大。产业新旧动能接续不畅问题凸显，服务业主要依赖金融、批发零售和房地产，工业较多依赖汽车、电子，新兴产业表现未如预期。需求总量不足与结构升级矛盾并存，民间投资企业预期和信心不足。政策性体制性瓶颈仍然制约着实体企业发展。创新驱动发展动能势能不足，关键核心技术受制于人的局面仍未根本改变。创新型企业数量、能级和活跃度不够，上海的高新技术企业和科技型企业总部等高成长性科技型企业在数量和能级上都还不足。缺乏促进成果转化和产业化的有效机制和枢纽型平台。创新人才引进和培育缺乏力度和浓度。现代化基础设施战略导向和支撑作用有待强化，超大城市可持续发展韧性还需提升。海铁联运和内河航道疏港"最后一公里"未能打通。航空枢纽受空域资源严重限制。城市管理还需要全面升级。存量建筑和设施运行维护的任务更为突出。超大城市面临的各类传统、非传统风险和矛盾交织，应急管理和风险防控能力亟须加强。生态环境短板依然突出，环境治理体系亟待创新突破。传统治理方式和手段亟待创新。大气环境污染物治理面临瓶颈，水环境治理仍有大量欠账，垃圾无害化、资源化、减量化任务更重。生态资源建设总量不足、布局不均、效益不显的问题较为突出。公共服务供给不平衡不充分矛盾凸显，进一步保障和改善民生任务繁重。"老小旧远"民生短板仍需持续攻坚。养老服务供需矛盾更加凸显，普惠性公办托育供不应求，中心城区成片二级旧里改造以下房屋资金平衡难度凸显。各级各类教育基础保障和提质增效亟待加强，应对重大公共卫生事件冲击方面还存在薄弱环节，公共服务供给能力还不能适应市民群众期待。符合超大城市特点和规律的现代化治理水平还需不断提升。

"十四五"时期，上海创新驱动发展、经济转型升级将进入更加艰巨的"下半程"，将遇到更多两难甚至多难问题的挑战。要增强忧患意识，增强系统观念，在多重目标中寻求动态平衡，在高质量发展中寻求整体优化，面向未来加快构筑不可替代的战略优势。

以党中央对上海的战略定位引领未来发展

吴新华
《纲要》起草组成员、上海市发展改革委发展规划处原处长

上海是全国的上海。编制五年规划，首要的战略基点就是要把自身发展放在中央对上海的战略定位中来思考和谋划。在我国不同发展阶段，中央根据国际形势变化和全国改革发展需要，对上海的战略定位不断赋予新的内涵、明确新的要求，把许多重大战略、重大任务交给上海，这既体现了中央对上海的信任，也说明上海在我国发展全局中居于重要位置。梳理浦东开发开放以来的发展历程，中央对上海发展的战略定位要求主要可分为三个阶段：

第一个阶段（1992—2001年）。1992年，党的"十四大"作出"以上海浦东开发为龙头，进一步开放长江沿岸城市，尽快把上海建成国际经济、金融、贸易中心之一，带动长江三角洲和整个长江流域地区经济的飞跃"的重大决策，上海的城市定位从生产型城市转变为多功能中心城市。2001年5月，国务院批复原则同意《上海市城市总体规划（1999—2020）》，明确要把上海建设成为经济繁荣、社会文明、环境优美的国际大都市，国际经济、金融、贸易、航运中心之一。上海建设社会主义现代化国际大都市的目标要求，由"三个中心"演进为"四个中心"。

第二个阶段（2002—2012年）。进入21世纪，尤其是我国加入世界贸易组织之后，上海面临着产业升级、结构优化、增长方式转变的艰巨任务。在经济全球化深入推进的格局中，为更好发挥上海作为国际经济中心在我国经济新一轮发展中的作用，2006年，中央对上海发展明确提出了"四个率先"要求。上海结合城市发展的阶段性特征，围绕加快推进"四个率先"、加快建设"四个中心"和社会主义现代化国际大都市等战略目标，在"十二五"规划《纲要》中明确提出了"创新驱动，转型发展"发展主线，在2012年市第十次党代会上强调要坚持创新驱动、转型发展，在全国率先开启创新转型发展的新道路。

第三个阶段（党的十八大以后）。党的十八大以来，习近平总书记连续五年（2013—2017）在全国"两会"期间参加上海代表团审议，要求上海当好全国改革开放排头兵、创新发展先行者。2017年，国务院批复上海2035城市总规，进一步明确了上海建设国际经济、金融、贸易、航运、科技创新中心和具有世界影响力的社会主义现代化国际大都市的目标愿景。

党的十九大以来，习近平总书记连续四年亲临上海，对上海发展发表了一系列重要讲话、作出一系列重要指示批示，交办了一系列重大任务，明确建设具有世界影响力的社会主义现代化国际大都市的新定位，赋予为全国改革发展作出更大贡献的新使命，指明推动经济高质量发展走在全国前列的新路径，赋予在推动长三角更高质量一体化发展中进一步发挥龙头带动作用的新担当，要求打造自主创新新高地、激活高质量发展新动力、增创国际合作和竞争新优势、服务构建新发展格局、开创人民城市建设新局面，提出在全面从严治党上走在前列的新期待。这些重要论述深刻阐明了上海在新时代新征程上要承担什么样的使命、建成什么样的城市、怎样建设城市等一系列根本性问题，从战略定位、根本属性、核心任务、实现路径、发展动力、领导保障等各个方面对上海发展进行战略擘画和把脉指向，是谋划和推进上海发展的科学指南和根本遵循。

我们体会，放在中央对上海发展的战略定位上思考和谋划，上海要加快构筑面向未来的战略新优势。要深刻领会中央落子布局的战略意图，在国家战略中站好位，在服务全国中发好力，以排头兵的姿态、先行者的担当当好

"国家队",这既是国家赋予上海的光荣使命,也是上海赢得未来的战略选择。主要要把握好以下四个方面的要求:

一是贯彻落实国家战略、紧扣新时代新要求。 作为新时代全国改革开放排头兵和创新发展先行者,上海是中国的"窗口",展示社会主义现代化大都市发展形象;是国家改革开放的"先锋",代表国家参与国际经济合作与竞争;是中国经济发展的"风向标",在量的合理增长和质的稳步提升中引领经济高质量发展;是治理体系和治理能力现代化的"标杆",要为高水平城市治理提供典范。

二是聚焦"1+3+1",率先引领改革开放再出发。 要把浦东高水平改革开放和"三大任务、一大平台"贯穿于谋划上海"十四五"的始终。浦东要积极拓展新时代新内涵,打造社会主义现代化建设引领区。自贸试验区临港新片区要在全市发展格局中发挥好增长极和发动机作用。科创板是资本市场改革的试验田,科创板注册制改革要进一步深化基础性制度改革,服务更多硬科技企业发展。长三角一体化发展要聚焦重点领域、重点区域、重大项目、重大平台,努力做好更高质量区域一体化发展大文章。中国国际进口博览会要进一步发挥好开放市场、拥抱世界的平台作用,切实把国家战略转化为现实发展优势。

三是强化"四大功能",引领"五个中心"能级跃升。 强化"四大功能"是上海推动高质量发展的主攻方向。在如期实现基本建成"四个中心"、形成具有全球影响力的科创中心基本框架既定目标基础上,要以强化全球资源配置、科技创新策源、高端产业引领、开发枢纽门户功能为导向,统筹国内国际两个市场两种资源,更加注重通过增强功能,丰富"五个中心"建设的内涵和路径,着力提高对资金、信息、技术、人才、货物等要素配置的全球性影响力,推动国际经济、金融、航运、贸易、科创中心功能能级持续提升。

四是探索超大城市治理新模式,不断提高城市治理现代化水平。 城市是人集中居住的地方,城市建设必须把人民宜居安居放在首位,把最好的资源留给人民。要扎实践行"人民城市人民建,人民城市为人民"重要理念,统筹规划、建设、管理和生产、生活、生态等各方面,发挥好政府、社会、市民等各方力量,推动治理手段、治理模式、治理理念创新,率先构建经济治理、社会治理、城市治理统筹推进和有机衔接的治理体系,加快探索具有中国特色、体现时代特征、彰显我国社会主义制度优势的超大城市发展之路。

在经济全球化的大背景中辩证思考和谋划上海发展

马海倩
上海市发展改革研究院副院长

"十四五"时期,世界将呈现竞争优势重塑、经贸规则重建、力量格局重构的叠加态势。新冠肺炎疫情全球大流行影响正在从短期冲击向长期扰动演化,可能加剧逆全球化趋势,并引发二战以来最严重的全球经济衰退。上海要在新的国际变局和挑战中发现新机遇、新空间,必须突破习惯思维定势、打破传统路径依赖,准确识变、科学应变、主动求变。

应对大国战略博弈之变,抢抓产业链、价值链位势提升之机。"十四五"时期可能是世界政治经济格局调整和大国战略博弈最为激烈的时期,我国在贸易、投资、科技、人才、金融等多领域都可能会遭遇更多冲击。但同时未来5至10年世界经济重心将继续向亚洲地区,尤其是亚洲新兴经济体国家或地区转移。对上海来说,要吸引更多产业链高端和核心环节集聚和根植,加快推动"卡脖子"替代产品和技术攻关,提升产业链位势,代表国家更好参与国际合作和竞争。

应对全球经济增长之变,抢抓新动能潜力释放之机。受人口增长放缓和老龄化加速、收入分配差距扩大、债务规模攀升、劳动生产率增速低迷等因素影响,世界经济的传统增长动能正在减弱,加之新冠肺炎疫情对全球生产和需求造成全面冲击,国际经济金融可能出现各类"灰犀牛"事件,上海未来经济增长将面临总体收缩、波动震荡的外需环境。但同时,我国在世界经济格局中表现突出,国内市场不断成长壮大。上海要立足于服务国内经济发展,以大国内需市场的磁性增强对外吸引力和竞争力,努力稳住外资外贸基本盘,激活创新经济动能,大力培育引领经济发展的新增长点。

应对经贸竞合格局之变,抢抓开放能级再提升之机。"十四五"时期,全球经贸格局和城市竞合格局变化的特征更为明显,商品生产价值链贸易强度下降、服务贸易在全球价值链中表现日益突出,全球价值链知识密集度增强、无形资产贸易显著增加,商品生产价值链的区域集中度越来越高,跨国公司近岸布局加速,全球分工体系、产业链和供应链将面临系统性调整,国际经贸规则之争更趋激烈,全球城市网络枢纽功能之争更趋激烈。但同时,在新冠肺炎疫情冲击、全球投资意愿和规模下降背景下,我国仍是全球外商直接投资的主要目的地。上海要以自贸试验区和临港新片区为突破口,加快建立同国际投资和贸易通行规则相衔接的制度体系,加强国际间和城市间全方位深层次合作,加快构建开放型经济新体制,实现利用外资、延揽吸收海外人才的"质"和"量"双提升。

应对全球科技产业革命之变,抢抓新技术赋能、新产业融合之机。新一轮科技革命正处在实现重大突破的历史关口,呈现出智能化为主导、融合式"聚变"、多点突破的态势。"十四五"时期,以5G、人工智能、物联网、大数据、区块链等为代表的新一代信息技术加速向各领域广泛渗透,与生物、新能源、新材料等新兴技术交叉融合,科技、场景、产业变革同步推进,全球生产组织网络可能引发重大调整,一批新产业、新行业受新冠肺炎疫情影响将加速催生,这将深刻改变国家间比较优势和发展位势,为上海发展经济新动能和产业升级带来难得机遇。由此,上海要充分发挥高端资源集聚、专业服务发达、应用场景丰富等优势,促进数字经济、智能经济、创新经济和服务经济等融合发展,催生新产业新业态新模式,赋能传统产业焕发生机。

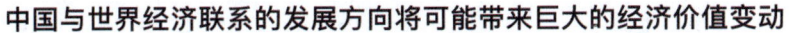

全球宏观发展趋势研判

中国与世界经济联系的发展方向将可能带来巨大的经济价值变动

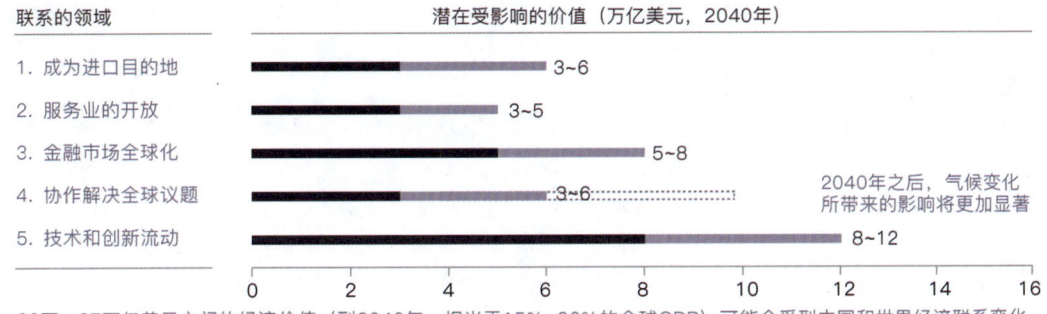

22万~37万亿美元之间的经济价值（到2040年，相当于15%~26%的全球GDP）可能会受到中国和世界经济联系变化的影响

注：对于可能引起的经济价值变动的估算是基于在特定条件及假设下的模拟研究；并非是对未来的预测值。
资料来源：麦肯锡全球研究院分析

麦肯锡预测"十四五"时期全球经济整体增长较为快速，但不均衡发展的格局将更为凸显。以下将从经济贸易、资本流通、前沿技术和科技创新三个维度，分析对上海可能产生深刻影响的全球前瞻趋势。

第一，从经济贸易视角看，全球贸易价值链正在由实体贸易逐渐转向无形贸易

全球价值链反映了各行各业的经济主体在各个业务环节中做出的千百万项决策，这些决策决定了全球商品、服务、资金、人员和数据的流向和流量，构筑起庞大、复杂而精妙的跨境生产网络。全球价值链共同呈现出三大结构性转变：一是商品生产价值链的贸易强度下降，服务贸易在全球价值链中表现日益突出。虽然商品产量和贸易量的绝对值仍在增长，但几乎全部商品生产价值链的贸易强度（即用于贸易的产出在总产出中的占比）在下降。2007—2017年，出口总额在商品生产价值链总产出中的占比从28.1%降至22.5%。与此同时，服务和数据流对全球经济的弥合作用大幅提升。不仅服务贸易增速高于商品贸易增速60%，服务业创造的价值也远远超出国民经济核算指标能够衡量的范畴。根据各国官方统计数据计算，服务业在所有类别的贸易总量中占比仅为23%，但在对3个尚未纳入统计的指标（出口商品的附加值、企业输送给境外子公司的无形资产、面向全球用户的免费数字服务）进行评估后，如纳入这3个渠道的经济价值，该占比升高到50%以上。

二是所有全球价值链的知识密集度都在增强，无形资产贸易也在显著增加。全球价值链中商品实际生产活动所创造的价值占比不断下降，价值创造正在向研发和设计等上游或向经销、营销和售后等下游转移，知识密集度不断提升。在一些行业中，研发、软件、设计等无形活动所创造的价值甚至已经超过生产本身。2000年以来，各价值链中的无形资产（研发、品牌、软件和知识产权投资等）在总营收中的占比从5.5%增长到13.1%之多。与此同时，尽管跨境贸易流和资金流日渐乏力，但是跨境传输的数据量却大幅攀升，数据流对全球GDP的影响已超过货物流，并表现出更强的去中心性和外溢作用。

三是商品生产价值链的区域集中度越来越高。2013年以来，区域内贸易占全球商品贸易总量的比例增长了2.7个百分点，其中亚洲地区和欧盟28国的增长势头尤为迅猛。该趋势在全球创新价值链中表现最明显，因为这类价值链需要密切整合许多供应商，才能开展准时生产（JIT）排序。随着自动化技术的持续发展，企业选择生产基地之时更重视上市速度，而非劳动成本，其他价值链上也会加速体现这一趋势。

第二，从资本流通视角看，全球资本流动正在削弱，但全球化进程仍在继续

从金融体系来看，全球资金流动有所削弱，但金融全球化进程仍在持续进行，并将在数字化技术的支撑下加速。自2008年金融危机以来，全球资金流动持续保持低位，但金融全球化进程仍在持续，一个联系更紧密的全

球金融格局正在凸显。按照外国投资资产和负债的总存量，麦肯锡全球研究院对全球100个国家进行了2005年和2016年的金融关联度排名。结果显示，发达经济体始终排名在前，中国的关联度则大幅上升，从第16位跃升至第8位。而以外国资产和负债总额相对GDP的倍数来看，大部分国家与全球的金融联系变得更加密切，尤其是10个国际金融中心（包括中国香港、卢森堡、荷兰、新加坡和瑞士等传统金融中心，也包括巴林和毛里求斯等较新的金融中心）的外国投资资产和负债均超过GDP的10倍，自2007年以来贡献了全球总投资增长的1/3。未来，以数字化平台、区块链技术和人工智能为首的数字化技术还有望加速全球资本流动，使速度更快、成本更低且效率更高的跨境交易成为可能。

从直接投资来看，全球外商直接投资（FDI）持续下降，在地区间和行业间表现出不均衡发展态势。根据联合国的全球投资系列年度报告，2018年全球FDI连续第三年出现下降，降至1.3万亿美元，其内部结构也发生若干新变化：新建投资相对于跨境并购来说有所好转；国有资本的扩张正在放缓；轻资产形式的投资扩张远远超过了重资产。从地区差异来看，发达国家的FDI流入降至15年来最低，而发展中经济体在全球FDI中所占的份额增加到54%，创下历史新高，尤其是亚洲的FDI流入保持了较快增长。从行业差异来看，大部分行业不论投资项目数量还是金额都出现了下降，商务服务、化工和装备制造是少数保持整体增长的行业。

第三，从前沿技术和科创创新视角看，12项颠覆性技术潜力巨大，全球创新正在不断加速

新技术的力量无处不在，有一部分技术的确可能颠覆现状，改变人们的生活和工作方式，重塑价值链条，带来全新的产品和服务。麦肯锡识别出到2025年经济影响力最大、最具颠覆性的12项前沿技术，分别是：移动互联网、人工智能、物联网、云技术、先进机器人、自动驾驶、下一代基因技术、能源存储、3D打印、新材料、油气勘探、可再生能源。这12项技术大规模发展和大范围应用的潜力是巨大的。麦肯锡预测，到2025年，12项颠覆性前沿技术将为全球带来14万亿~33万亿美元的直接经济价值。持续推动创新发展，可以使得创新（按多要素生产率增长计算）对GDP增长的贡献到2025年有望增至35%~50%，相当于3万亿~5万亿美元。

麦肯锡认为，中国在过去40年的快速经济增长中形成了独特的创新模式，其总体特征可归结为三点：更便宜、更快、更全球适用。更便宜是指形成了一种低成本、大规模的创新模式，我国创新者利用大批量的本土低成本人才以及市场的速度和规模，对其发明创造进行快速商业化，成为低成本创新领导者。更快是指我国正加快创新步伐，创新者努力与庞大而日新月异的市场需求保持同步，快速敏捷地消化市场反馈并迅速转化为新的功能和设计。更全球适用则是指我国正在成为本土企业和跨国公司的全球创新平台，通过庞大的科研人才队伍、成本低廉而灵活的研发产能以及能将创意迅速且便宜地转化为产品的制造业生态系统，促使全球创新重心加速向中国转移，并推动本土和全球性企业加速创新。

麦肯锡总体判断，全球宏观格局呈现快速变动趋势，领先城市间的竞争日益激烈，上海要进一步提升城市能级和核心竞争力，应把握开放、创新、协作这三个关键维度，在经济发展上进一步扩大开放，以创新动能引领产业发展与城市更新，并构建区域协作的繁荣框架体系。要坚持开放包容，塑造面向未来的自贸试验区。上海应该代表国家在国际新贸易秩序的构建和推行中发挥表率和引领作用，以更加"开放"和"放权"的方式形成影响力，以开放倒逼改革，用放权助推活力，成为国际新经济秩序下的新中心。坚持创新引领，打造具有中国特色的科技自由港。上海应当在要素打造、场景开放和制度设计三个维度上构建一个能够自我生长、不断革新的产业创新生成系统，提升科技创新的全球影响力。坚持区域协作，构建持续繁荣的区域协作机制。上海应积极打破行政壁垒、融入区域分工协同、拥抱一体化发展，占据新时代的发展高地。要深化长三角产业结构战略整合，明确优势互补、互利共生的城市间分工与协作，构建一体化的产业链布局。要强化区域资源统一配置、创新要素流通共享，通过建设大型基础设施、出台协同创新政策、构建利益共享机制，发挥大城市辐射效应，向后进地区疏导资源要素、形成合力，提升整体区域繁荣度。

（资料来源：麦肯锡咨询报告观点整理）

服务构建国家新发展格局，打造成为中心节点和战略链接

高骞
上海市政府发展研究中心改革研究处处长

更好地为全国改革发展大局服务，是习近平总书记对上海的谆谆嘱托。跳出上海看上海、立足全国看上海、在服务全国中发展上海，一直是上海发展的重大逻辑和把握工作的重要基点。

上海打造国内大循环的中心节点和国内国际双循环的战略链接是上海服务新发展格局的必然要求

当今中国，处在中华民族伟大复兴的关键时期，经济稳中向好、长期向好的趋势没有改变，经济总量迈上100万亿元新台阶，人均GDP超过1万美元，正前所未有地重新走近世界舞台中心，进入推进社会主义现代化的新发展阶段，贯彻"创新、协调、绿色、开放、共享"的新发展理念，积极构建以国内大循环为主体、国内国际双循环相互促进的新发展格局。

在这一背景下，上海推动经济高质量发展的动力源泉发生了根本性变化。长期以来，上海比较强调发挥经济中心城市的综合优势，注重要素资源集聚对发展的支撑作用。随着新冠肺炎疫情不断反复导致外部需求长期低迷，两头在外的"大进大出"模式难以为继，土地、能源、环境等承载容量制约的矛盾日益突出。另外，城市群、都市圈越来越成为经济发展的重要增长极、参与国际竞争的战略区域，长三角、粤港澳和京津冀在国家战略布局中的地位不断上升，长三角同城化效应愈发显现，上海面临着国家赋予现代化建设探路者的更大使命、开展先行先试的新机遇。

面向未来，上海要在中华民族伟大复兴战略全局、世界百年未有之大变局中谋划发展蓝图，必须在服务新发展格局中实现更大作为。要把发展立足点放在国内市场、国内生产和国内需求上，围绕打造国内大循环的中心节点、国内国际双循环的战略链接的定位，充分发挥开放度高、"外循环"能力强和产业体系完备、"内循环"基础牢的内生禀赋，更加注重扩大有效投资和繁荣居民消费，更加注重依托长三角相互赋能和上海都市圈整体优势，更加注重激发知识、技术和数据等新生产要素的活力，更加注重解决各类"卡脖子"问题和主动参与国内产业链、供应链、创新链的稳链补链强链，更加注重高水平的制度性开放和深层次改革。要通过内外联动和供需两端发力，推动形成宏大顺畅的国内经济循环，增强对全球要素资源的引力，吸引跨国企业、境外资本进一步根植国内，从而在大国博弈中深度参与国际竞争，拓宽融入全球竞合的新途径和新通道，助力国家在严峻的外部挑战中突出重围，彰显社会主义制度优势。

上海打造国内大循环的中心节点和国内国际双循环的战略链接优劣势兼有

在我国新发展格局中，不同省市的禀赋和特点有很大差异。上海作为我国最开放的国际大都市，在打造国内大循环的中心节点和国内国际双循环的战略链接上具有得天独厚的"四大优势"，但也面临"四大挑战"。

从优势来看：一是经济外向度高。口岸贸易总额位居全球城市前列，利用外资和吸引跨国公司地区总部保持全国第一。二是创新资源丰富。国家重大科技基础设施数量和投资额居全国领先，在全球科研城市中排名持续上升。三是金融资源集中。股票市值、交易金额位居世界第四，现货黄金交易位居全球第一，在华境外金融机构绝大部分落户在上海。四是基础设施完备。集装箱吞吐量连续11年居全球第一，航空货邮吞吐量连续八年居全球第三。这些都为上海打造国内大循环中心节点和国内国际双循环战略链接奠定了坚实基础。

从挑战来看：一是对内辐射带动效应不强。高质量的产品与服务供给不足，经济辐射力和产业控制力较弱。在制造业关键技术、关键材料、关键环节上未形成控制力，高端生产性、生活性服务业发展滞后，服务贸易严重逆差。二是离岸资源配置能力较弱。在沪跨国公司总部基本是区域总部，具备全球资源配置能力的生产性服务企业和机构的数量稀少，与全球城市网络联通度不高，要素资源的配置仍以在岸配置为主，人才和资本等关键资源的全球获取和配置能力不能满足国内需要。三是科技创新策源能力尚未体现。本土科技"引擎"企业数量较少，科研投入强度仍有差距，产业创新短板突出，科研制度改革有待加强，技术进步对全要素生产率的影响并不明显。四是数字贸易发展活力尚未释放。跨境数据流动规则不明确，与数字贸易相关的服务业开放度偏低，跨境数字贸易障碍重重，严重制约了正常的商业数据跨境传输。

上海打造国内大循环中心节点和国内国际双循环战略链接的主要切入口

上海打造国内大循环的中心节点，要把大国经济内需为主导、内部可循环的文章做足，进一步促进资金、信息、技术、人才、货物等要素集聚流动，成为国内各种要素和资源循环与配置的核心节点和枢纽，促进国内经济循环更加畅通。上海打造国内国际双循环的战略链接，要把国内国际能量交换的文章做足，推动形成国内国际的要素链接、产能链接、市场链接、规则链接。

建设"五个中心"和提升"四大功能"是中央交给上海的战略任务，也是上海城市发展的战略目标。对全国来说，构建新发展格局的关键是打通生产、分配、流通、消费等环节的堵点，破除妨碍要素市场化配置和商品服务流通的体制机制障碍；而就上海而言，服务新发展格局更重要的是破解束缚发展的体制机制障碍，充分发挥国际经济中心城市的核心功能，更多地吸引利用全球资源和要素，来满足国内需要。因此，以"五个中心"和"四大功能"作为上海打造国内大循环中心节点和国内国际双循环战略链接的切入口，体现了上海在全国新发展格局中的独特作用。

以"五个中心"和"四大功能"作为上海打造国内大循环中心节点和国内国际双循环战略链接的切入口，需要进一步聚焦关键环节突破。经济中心建设要以提升产业管理控制能力和产业链现代化水平为核心，为确保全国产业链供应链稳定和价值链提升做贡献；金融中心建设要以提升金融市场国际化水平为核心，打造以人民币国际化和庞大国内市场为依托的全球金融交易中心、资产管理中心和金融科技中心；贸易中心建设要以带动和扩大国内商品和服务进出口为核心，提升以庞大国内市场需求为基础的重要大宗商品价格影响力，打造全球进口商品集散中心和亚太贸易枢纽；航运中心建设要以依托庞大国内腹地为核心，积极推进长江黄金水道建设和"江海联运"，建成辐射全球的航运枢纽；科创中心建设要以提高自主创新能力为核心，聚焦关键核心技术重点突破和加快科技成果产业化，增强基础研究和前沿性原始创新能力，积极开展国际科技协同创新。同时，提升全球资源配置功能的关键是要进一步集聚具有全球性业务的企业总部和功能性机构，提升在沪跨国公司总部和功能性机构的数量和能级。提升科技创新策源功能的关键是要突破体制机制障碍，打通政策"堵点"，激发科研人员创新积极性。提升高端产业引领功能的关键是要占据关键技术、关键零部件、关键材料的制高点，优化调整产业结构，强化产业资源的系统集成能力。提升开放枢纽门户功能的关键是要强化资源离岸配置能力，而非单纯追求人流和货流规模的扩大。

构建新发展格局

构建新发展格局,关键在于实现经济循环流转和产业关联畅通。根本要求是提升供给体系的创新力和关联性,解决各类"卡脖子"和瓶颈问题,畅通国民经济循环。深入理解新发展格局的内涵,科学指导实践,需要把握好几个重大关系。

从供给和需求的关系看,要坚持深化供给侧结构性改革这条主线。当前和今后一个时期,我国经济运行面临的主要矛盾仍然在供给侧,供给结构不能适应需求结构变化,产品和服务的品种、质量难以满足多层次、多样化市场需求。必须坚持深化供给侧结构性改革,提高供给体系对国内需求的满足能力,以创新驱动、高质量供给引领和创造新需求。在坚持以供给侧结构性改革为主线的过程中,要高度重视需求侧管理,坚持扩大内需这个战略基点,始终把实施扩大内需战略同深化供给侧结构性改革有机结合起来。

从国内大循环与国内国际双循环的关系看,国内循环是基础,两者是统一体;国际市场是国内市场的延伸,国内大循环为国内国际双循环提供坚实基础。发挥我国超大规模市场优势,将为世界各国提供更加广阔的市场机会,依托国内大循环吸引全球商品和资源要素,打造我国新的国际合作和竞争优势。国内大循环绝不是自我封闭、自给自足,也不是各地区的小循环,更不可能什么都自己做,放弃国际分工与合作。要坚持开放合作的双循环,通过强化开放合作,更加紧密地同世界经济联系互动,提升国内大循环的效率和水平。可以说,推动双循环必须坚持实施更大范围、更宽领域、更深层次对外开放。

从深化改革和推动发展的关系看,构建新发展格局必须全面深化改革。构建新发展格局是发展问题,但本质上是改革问题。必须运用改革思维和改革办法,形成充满活力的市场主体,建立有效的激励机制,营造鼓励创新的制度环境,扫除阻碍国内大循环和国内国际双循环畅通的制度、观念和利益羁绊,破除妨碍生产要素市场化配置和商品服务流通的体制机制障碍,形成高效规范、公平竞争、充分开放的国内统一大市场,形成高标准的市场化、法治化、国际化营商环境,降低全社会交易成本,构建高水平社会主义市场经济体制,实现社会生产力大发展。

(资料来源:《〈中共中央关于制定国民经济和社会发展第十四个五年规划和二〇三五年远景目标的建议〉辅导读本》)

在长三角一体化发展国家战略中科学谋划上海发展

张学良
上海财经大学长三角与长江经济带发展研究院执行院长

长三角拥有独特的地理优势、雄厚的产业基础和良好的制度环境,在国际环境深刻变化情况下,承担着引领全国高质量发展、代表中国参与国际竞争的新历史使命,推进长三角一体化发展应放在历史的维度里、放在当前的期待下、放在世界的对比中、放在未来的定位上。

放在历史的维度里。作为江南文化的发源地,长三角地区历史上经济富庶、文化昌隆,从东晋以来经历了长江、大运河、钱塘江、太湖、东海的"江河江湖海"五个时代,经济、文化中心与龙头城市也先后为南京、扬州、杭州、苏州到上海这五个城市,城市发展龙头带动、你追我赶,江南地区也承载了不同时代人们对所有美好生活的向往。延续历史、不忘初心,长三角要以新型城市竞合关系实现新一轮超越与大合流,在高质量一体化进程中提升人民群众的获得感、幸福感与自豪感。

放在当前的期待下。长三角是我国经济发展最活跃、开放程度最高、创新能力最强的区域之一,形成了"大树底下好长草""大树底下好乘凉"的区域合作模式与"政府引导、市场主导"的经济发展模式,是最有条件率先实现现代化、最有条件实现区域一体化的地区之一,应以一体化为目标与路径,寻找内生发展新动能,促进市场潜能发挥与效率改善,推动城市群高质量发展。

放在世界的对比中。目前长三角城市群经济发展尚存"不巨""不聚"以及"不强"等问题,人均GDP与劳均产出分别为1.4万美元、2.2万美元,还不及世界先进城市群2010年的1/3与1/5。若以2035年建设世界级城市群为期,人均GDP达到世界先进城市群2010年水平,长三角地区生产总值需要从现在的3.2万亿美元向10万亿美元跨越。

放在未来的定位上。长三角应牢牢把握"强劲活跃增长极"的战略定位,"强劲"指的是速度,"活跃"讲的是质量,长三角地区既要实现有速度的增长,又要实现有质量的发展,推动质量变革、效率变革、动力变革,杜绝没有速度的高质量和没有质量的高速度。

长三角一体化对上海"十四五"发展提出更高要求

上海与长三角同呼吸、共命脉,要建设成为具有世界影响力的社会主义现代化国际大都市,必先成为长三角城市网络的"强核"。"十四五"时期上海须积极处理上海自身发展与长三角高质量一体化之间的关系,全面提升城市能级和核心竞争力,以更好发挥龙头带动作用。

浦东开发后,上海通过对外开放确立了其在当代长三角的龙头地位。但在高速增长转向高质量发展的新阶段下,大规模利用外资时代已成过去式,上海人口、土地、资源环境承载力约束日益突出,制造优势逐渐不显,品牌影响逐渐下降,城市体系扁平化趋势日趋明显,这些都需要上海跳出自身看"十四五"发展。

从当前的期待上看,上海肩负着面向世界、引领带动长三角地区和长江经济带发展的重任,国家希望上海更好为全国改革发展大局服务,下好一盘棋与先行棋,苏浙皖在各领域对接上海发展的希冀也与日俱增,希望与上海配套,希望上海更好发挥龙头带动作用。例如在C919大飞机等高端制造领域,钢材料均为国外进口,苏浙诸多企业希望为上海配套,但上海缺乏特种材料设计研发的龙头企业,宝钢等相关领域企业仍聚焦于普通工程,研发设计在上海、生产配套在周边的需求正不断上升。

从全球对比上看,上海离发达国家顶级城市尚有较大差距。与东京相比,全球著名实验室和科研中心,东京有53家,上海只有1家;全球500强企业,东京有38家,上海只有9家，差距可见一斑。上海建设具有世界影响力的社会主义现代化大都市的关键是集聚和配置全球高端资源要素的能力，成为全球要素流动的重要枢纽节点。目前上海城市能级远远不够，与长三角其他城市相比也并不占绝对性优势，实现较高增长速度与较好发展质量并行还需要更清晰的路径图与设计稿。

从未来发展定位上看，上海建设国际经济、金融、贸易、航运、科创"五个中心"也面临诸多挑战。上海郊区人口和建设用地增长仍然有相当大空间，城市扩张、做大做强还是应有之义。新一轮科技革命不断孕育新机遇，上海"五个中心"建设需要长三角各地区一起共建，建设世界级城市群要做出上海的贡献，上海经济增长从现在的3.8万亿元向2035年的10万亿元跨越，在发展质量与区域协同上要率先引领。

"十四五"时期，上海要进一步发挥好龙头带动作用

"十四五"时期，上海要立足长三角一体化国家战略，以提升长三角城市群整体竞争力为基点，推动要素自由流动，拓展制度合作，进一步发挥其在长三角高质量一体化发展中的龙头带动作用。

以强核促引领。对标纽约、伦敦、东京等全球城市，围绕上海国际经济、金融、贸易、航运、科创"五个中心"建设，全力打响"上海服务""上海制造""上海购物""上海文化"四大品牌，坚持有所为有所不为。不断巩固既有核心功能，拓展新型核心功能。如打造高等教育和品质旅游两大蓝海，带动长三角与上海都市圈共同建设高端装备、新材料、电子信息等世界级产业集群，建设现代化国际工程服务中心等，辐射带动长三角乃至全国产业升级。基于大都市圈建设实现强核。规划对接、改革联动、创新协同、设施互通、公共服务、市场开放等方面的创新举措可以在上海都市圈率先探索，发挥跨区域合作的"1+1>2"效应。

以协同谋带动。上海要提升城市能级，必须要从浙江、江苏、安徽三省"借力"发展，让各地都把长板拉长，"强强联合"才能形成集聚效应。在进一步深化改革开放中协同。长三角最大的优势在于体制机制改革带来的"活力"，上海应加强机制体制创新，不断消除与长三角其他城市协同合作的制度障碍，更大程度地发挥市场机制作用。推进更广领域、更高层次上参与国际合作与竞争，增创改革开放新优势。在创新驱动、转型发展中协同。鼓励上海科研院所、高校和企业围绕市场需求，开展跨区域、跨主体协同创新，加快科技成果转化。利用好上海创新公共服务平台，联合长三角其他城市共同推动国家实验室、国家工程研究中心等重大科学基础设施建设。

以改革促发展。全力推进生态绿色一体化示范区建设。将各项改革措施在示范区集中落实、率先突破、系统集成，回应周边地区企业与居民在公共服务方面对"一体化"与"一样化"的诉求，引领长三角乃至全国构建深化改革新体制，包括简政放权、放管结合、优化服务改革、生态文明建设等。稳步推进自贸区新片区建设。以产城融合发展为基础，吸引要素集聚，建设"新城市"。自贸区新片区不可变为政策洼地，而要变成创新高地，要对标国际最高标准找短板，推动贸易和投资自由化、便利化，做好金融开放实验、压力测试。加快推进科创板建设。要在实践中不断总结经验教训，形成可复制、可推广经验撬动资本市场存量改革，带动长三角金融一体化实质性发展。

以"五位一体"抓落实。出台涵盖交通网络、公共服务、人才建设、产业布局、空间布局与政策保障等"五位一体"的路径举措。比如，交通网络方面，以促进"打高铁"上班为突破口，真正实现要素自由流动；在"G60科创走廊"建设的基础上，将上海与南通、南京、亳州等地的生命健康产业与生态绿色优势结合，带动苏中、皖北地区发展。公共服务方面，积极搭建民生公共服务平台，促进上海与长三角其他城市公共服务共建共享，做好科技创新和文化教育整合工作。人才建设方面，上海不应仅是人们向往的就业城市，更要打造人才向往的创业城市；注重职业教育在人才培养中的重要作用，强调蓝领和高级人才认定，特别是在先进制造业和战略新兴产业等相关领域，推动国家职业资格和企业技能水平双认证。产业布局方面，无须过分强调全产业链构建，重点选择发展优势明显、合作基础良好、错位条件成熟的5~10个产业培育现代产业集群，形成关键制造在上海、配套产业在周边的产业布局；同时着力提升科研资源和产业资源匹配度。空间布局方面，转型疏解老市区，积极推进宝山、嘉定、青浦等集约化发展，加强市郊区镇的高水平开发；补齐奉贤、金山等现代化城市建设、商务人居功能、先进制造与港航金融服务等突出短板，做大做强上海"金南翼"。政策保障方面，争取更多国家政策先行先试，如支持异地持牌金融机构落户政策、精准税收政策、针对不同企业主体的研发费用加急扣政策等；强化区域间规划政策协同对接，消除政策制度差异对要素自由流动的束缚作用。

长三角专家献策上海"十四五"发展

根据市领导关于以"四个放在"为战略基点谋划未来发展和"开门编规划"的工作要求，市发展改革委联合上海财经大学分别邀请浙江、江苏、安徽三省专家围绕上海"十四五"发展进行专题研讨，与会专家围绕"十四五"期间上海城市功能定位、区域协同发展、规划制定实施等方面进行了深入交流讨论，进一步深化了携手推进长三角一体化发展的共识和路径。

上海"十四五"规划应突出城市引领作用

要把握好两大背景。其一是国际背景变化，即由原来大量依赖招商引资、低廉劳动力成本和环境成本的被动配置格局向主动配置角色转变；其二是国内经济高速增长转向高质量发展的变化。大规模利用外资时代已成过去式，上海要找出短板，明确高质量发展亟须解决的问题。要明确"十四五"时期的重点任务。一体化不是同质化，长三角城市应当围绕共同目标寻找最大公约数。要着力构建世界级的产业集群，明确产业导向和建设何种标准何种质量的产业集群。围绕产业链全面布局创新链，发挥市场配置资源决定性作用，更好发挥政府职能，打通政产学研协同创新通道。要实现治理体系和治理能力现代化。不仅要做好全国引领，更要实现全球引领，发挥示范效应。上海要积极参与国际行动，推动构建人类命运共同体，带领整个区域参与国际竞争，增强长三角的国际话语权。

朱晓明　江苏省发展改革委原主任

以更宽阔视野谋划上海"十四五"发展

长三角不能用"五个指头"分别参与全球竞争，而是要捏成"一个拳头"参与全球竞争，上海应立足更宽阔的视野来看待和谋划"十四五"发展。在融入全球化到引领全球化的过渡中抢抓机遇。上海要抓住从主动融合转向引领全球化的重大机遇。从追随创新到激发创新原始动力的切换中找准定位。上海要发挥人才优势，弘扬创新文化，开辟创新沃土，营造创新动能，优化营商环境。从区域竞争转向区域协同。长三角一体化上升为国家战略后，首先要推动交通一体化，实现从区域竞争到区域协同战略中做好引领，这是大文章。从增强硬实力到提升软实力，走在前列。上海要做好新金融建设，建好公共服务平台，搭建国际公共治理平台，在国际规则构建等方面发挥引领作用。从全球视角出发，探索建立国际区域合作的组织、联合国组织区域协调机构。

沈坤荣　南京大学商学院院长

以数字经济赋能实体经济，以全面市场化改革促发展

规划更多是要解决路径和抓手，不宜大而全，要适当聚焦。生产力发展要靠数字经济的赋能。发展数字经济对于中国生产力发展是个千载难逢的机会。相比杭州，上海才是数字经济发展的大舞台。生产关系进步要靠"两个中性"为标识的全面市场化改革。上海"五个中心"建设，是国际范围内的市场化，实际上就是国际化，这种现代市场经济的标杆能不能成，重要的是生产关系。真正的现代市场，产权必须明晰、法治必须健全、信用不能缺失。要按所有制和市场竞争"两个中性"原则，去理顺政府和市场的关系，以及不同所有制企业之间的关系；牢牢夯实法制、信用、产权三块基石，将目前我国的市场经济，提升至成熟的、现代的、完善的市场经济。40年来，改革到哪里，我们就发展到哪里，希望上海"十四五"在这方面为长三角、为全国走出一条新的道路。

刘　亭　浙江省发展改革委原副主任

南京路步行街　　　　　　　　　　　　　　　　　　　　　　周平浪 图

打好产业基础高级化攻坚战，重塑上海制造品牌

上海是近现代民族工业领先的城市，凤凰自行车、上海精钢表、蝴蝶牌缝纫机等都是那个时代的符号。上海经济发展迅速，取得了令人瞩目的成就，但上海品牌影响力逐渐下降，制造优势逐渐弱化。着眼于"十四五"及更长时期，上海在先进制造业方面要起到龙头作用，比如，要把C919飞机造好，上海是总装基地，让长三角、让全世界来配套。上海可以紧抓几个主要产品，比如飞机发动机、材料等。C919有3万多个零件，但没有经过认证的中国材料，上海应努力让飞机上的材料由上海研发和设计。

上海的制造业不能自己玩，要像特斯拉一样搞"工业母机"。建议"十四五"上海要提出把飞机造好、把发动机造好、把钢材材料造好。上海的制造业要领头，苏浙一带来配套。上海要放眼全球，长三角要在全世界范围之内真正成为中国的顶梁柱。

王水福　西子联合控股集团董事长

（资料来源:《纲要》起草组）

如何理解上海2035年远景目标

沈立新
原上海市委研究室副主任

放眼未来5年乃至15年，上海仍需接续奋斗，去创造令世界刮目相看的新奇迹，展现建设社会主义现代化国家的新气象。这是"开路先锋"的使命、"排头兵"的担当。明确2035年远景目标，主要从四个维度考虑：

一是把握城市发展的阶段性特征，提出"国际经济、金融、贸易、航运、科技创新中心和文化大都市功能全面升级"的目标，并力争"高质量发展率先实现，建成现代化经济体系"。到2020年底，国际经济、金融、贸易、航运中心和文化大都市基本建成，科技创新中心也将形成基本框架，下一步要在新起点上进入"全面深化"的新征程。**二是贯彻中央批复的上海2035城市总规**，提出"基本建成令人向往的创新之城、人文之城、生态之城，基本建成具有世界影响力的社会主义现代化国际大都市"的目标，并力争"世界影响力全面提升，全球枢纽和节点地位更加巩固，城市核心功能大幅跃升，城市软实力全面增强"。**三是贯彻习近平总书记关于建设人民城市的要求**，提出"基本建成充分体现中国特色、时代特征、上海特点的人民城市"的目标，并力争"基本实现幼有善育、学有优教、劳有厚得、病有良医、老有颐养、住有宜居、弱有众扶"。**四是贯彻长三角一体化发展《规划纲要》**，提出"成为具有全球影响力的长三角世界级城市群的核心引领城市，成为社会主义现代化国家建设的重要窗口和城市标杆"。习近平总书记一直要求上海发挥龙头带动作用，推动长三角实现更高质量一体化发展，更好引领长江经济带发展，更好服务国家发展大局。

到2035年基本建成具有世界影响力的社会主义现代化国际大都市

在"十四五"发展基础上再奋斗十年，国际经济、金融、贸易、航运、科技创新中心和文化大都市功能全面升级，基本建成令人向往的创新之城、人文之城、生态之城，基本建成具有世界影响力的社会主义现代化国际大都市和充分体现中国特色、时代特征、上海特点的人民城市，成为具有全球影响力的长三角世界级城市群的核心引领城市，成为社会主义现代化国家建设的重要窗口和城市标杆。

世界影响力全面提升，全球枢纽和节点地位更加巩固，城市核心功能大幅跃升，城市软实力全面增强，综合经济实力迈入全球顶尖城市行列；高质量发展率先实现，建成现代化经济体系，更多关键核心技术自主可控，科技创新成为驱动发展的强劲引擎，全要素生产率全国领先，新发展理念全面彰显；高品质生活广泛享有，基本实现幼有善育、学有优教、劳有厚得、病有良医、老有颐养、住有宜居、弱有众扶，人的全面发展、全体人民共同富裕取得更加明显的实质性进展；现代化治理走出新路，全过程人民民主充分展现，平等发展、平等参与权利得到充分保障，城市运行更加安全高效，社会治理更加规范有序，城市空间、经济、城乡格局进一步优化，绿色健康的生产生活方式蔚然成风。

展望2035年，"人人都有人生出彩机会、人人都能有序参与治理、人人都能享有品质生活、人人都能切实感受温度、人人都能拥有归属认同"的美好愿景将成为这座城市的生动图景。

"十四五"时期经济社会发展指导方针

指导思想

面向全球、面向未来,对标国际最高标准、最好水平,勇于挑最重的担子、啃最硬的骨头,以推动高质量发展、创造高品质生活、实现高效能治理为**目标导向**,以推进浦东高水平改革开放和三项新的重大任务为**战略牵引**,以强化"四大功能"、深化"五个中心"建设、推动城市数字化转型、提升城市能级和核心竞争力为**主攻方向**,以深化供给侧结构性改革、扩大高水平开放为根本动力,统筹发展和安全。

加快形成国内大循环的中心节点、国内国际双循环的战略链接,**加快**推进城市治理体系和治理能力现代化,**加快**建设具有世界影响力的社会主义现代化国际大都市。

基本原则和政策导向

坚持党的全面领导、坚持以人民为中心、坚持新发展理念、坚持以落实国家战略为牵引、坚持深化改革开放、坚持遵循超大城市发展规律。

根据上述指导思想和基本原则,上海经济社会发展各领域都应坚持和把握以下政策导向:

必须全力服务构建新发展格局。当好国内大循环的中心节点,在要素配置中占据关键环节,在供需对接中锻造关键链条,在内需体系中打造关键支撑,助力国内经济循环更加畅通;当好国内国际双循环的战略链接,构建要素链接、产能链接、市场链接、规则链接,形成独具优势的战略通道,助力我国经济全面融入世界经济体系。

必须着力强化城市功能内核。在巩固提升总量规模基础上,更加注重以强化功能为导向,增强城市的集聚和辐射能力,加快锻造人无我有的独特长板,持续补齐制约发展的关键短板,加快占据全球产业链、创新链、价值链高端地位。

必须全面推进城市数字化转型。依托超大城市海量数据、市场规模和应用场景优势,以数字技术创新带动科技变革、产业变革和城市治理方式变革,实现整体性转变、全方位赋能、革命性重塑。

必须全面拓展和优化城市发展空间。进一步发挥龙头带动作用,服务长三角更高质量一体化发展,主动打破行政壁垒,促进各类资源要素在更大范围顺畅流动;整体重塑、全面优化市域空间格局,把新城建设摆在突出位置,加快打造经济发展的重要增长极,为上海未来发展构筑新的战略支点。

必须深入推进市场化改革。推动有效市场和有为政府更好结合,推动放权松绑赋能,加快健全落实鼓励创新、宽容失败的激励相容机制,激发各类市场主体活力,激发各类人才和各级干部再起宏图再创业的主动性、积极性和创造性。

必须统筹经济社会发展与安全。统筹考虑国内、国际两个大局,办好发展、安全两件大事,在发展中更好保障和改善民生,把安全发展贯穿到经济社会发展各领域和全过程,全面提高城市抗风险能力。

创新性和延续性相结合，
考量未来五年上海发展的目标指标

赵方捷
《纲要》起草组成员、
上海市发展改革委发展规划处

五年规划的目标指标是引领经济社会发展的"指挥棒"，体现着发展理念、战略取向，需要我们科学研究设定，以更好地阐明未来五年上海社会主义现代化国际大都市建设的阶段性部署和具体安排，更好地引导公共资源配置方向、规范市场主体行为。

对于未来五年上海发展目标，既要衔接历史，与上海市第十一次党代会和本届政府提出的未来发展目标相呼应，也要衔接未来，从2035年基本建成具有世界影响力的社会主义现代化国际大都市的远景目标，倒推2025年的阶段性目标和任务。因此，锚定中央和市委"十四五"规划《建议》提出的2035年远景目标，《纲要》明确了上海"十四五"时期经济社会发展的主要目标：到2025年贯彻落实国家重大战略取得显著成果，城市数字化转型取得重大进展，国际经济、金融、贸易、航运和科技创新中心核心功能迈上新台阶，人民城市建设迈出新步伐，谱写出新时代"城市，让生活更美好"的新篇章。

具体体现为"五个更"：即城市核心功能更加强大，经济保持量的合理增长和质的稳步提升，全球高端要素加快集聚，科技创新策源功能加快跃升，高端产业引领功能加快形成，开放枢纽门户功能优势不断增强，数字红利得到全面激发；**人民群众生活更有品质**，居民生活水平和质量稳步提高，基本民生保障稳步提升，数字化、高品质、个性化公共服务水平供给更加丰富多样；**城市精神品格更加彰显**，公共文化服务体系和重大文化体育设施布局更加完备，人民精神文化生活不断迈上新台阶，城市文化创造力、传播力、影响力显著增强；**生态环境质量更为优良**，城乡环境质量持续稳定向好、更加绿色宜人，生态空间规模扩大，生态品质明显提升，绿色低碳生产生活方式成为全社会的新风尚；**超大城市治理更加高效**，枢纽型、功能型、网络化、智能化的现代化基础设施体系加快布局完善，"一网通办""一网统管"高效运转，城市安全、韧性全面增强，成为超大城市治理标杆。

关于未来五年上海发展的主要指标，要把发展目标中的定性表述定量化、具体化，同时与高质量发展要求相契合，注重各类各项指标的匹配性和可测性，体现"少而精"的要求。为此，《纲要》中提出了由20个主要指标构成的指标体系，主要有以下三个特点：**一是突出延续性和创新性**。有11个是"十三五"规划《纲要》沿用的指标，9个是"十四五"新增指标，如每万人口高价值发明专利拥有量、数字经济增加值占全市生产总值比重、金融市场交易总额、单位建设用地生产总值提升、单位生产总值二氧化碳排放降低、大气常规污染物年均浓度、森林覆盖率、地表水达到或好于Ⅲ类水体比例、生活垃圾回收利用率等。**二是突出质量、结构和效益导向**。比如，采用了每万人口高价值发明专利拥有量（高价值发明专利指经国家知识产权局授权且在有效期内的战略性新兴领域、在海外有同族专利权、维持年限超过10年、有许可他人实施收益或实现质押融资，或者获得国家科学技术奖、中国专利奖的发明专利）。比如，单位建设用地面积生产总值提升（该指标为每平方公里建设用地创造的生产总值），更注重体现高质量发展和经济效益导向，体现"亩产论英雄"的导向，努力提高经济密度。**三是突出引导和约束**。有12个为预期性指标、8个为约束性指标。其中，预期性指标是指在市场发挥决定性作用的领域，主要依靠政府引导和市场主体自主行为共同得以实现，比如全市生产总值年均增长率、金融市场交易总额、在沪跨国公司地区总部数量等。约束

上海市"十三五"规划《纲要》和"十四五"规划《纲要》主要指标对比

序号	"十三五"指标名称（单位）	2020年目标	"十四五"指标名称（单位）	2025年目标
1	全市生产总值年均增长率（%）	6.5以上	全市生产总值年均增长率（%）	5左右
2	一般公共预算收入增长率（%）	与经济同步增长		
3	服务业增加值占全市生产总值比重（%）	70左右		
4	全员劳动生产率（万元/人）	24.5左右	全员劳动生产率（万元/人）	36左右
5	全社会研发经费支出相当于全市生产总值比例（%）	保持3.5以上	全社会研发经费支出相当于全市生产总值比例（%）	4.5左右
6	每万人口发明专利拥有量（件）	40	每万人口高价值发明专利拥有量（件）	30左右
7	战略性新兴产业增加值占全市生产总值比重（%）	20左右	数字经济增加值占GDP比重（%）	60以上
8	新增跨国公司地区总部数（家）	五年累计新增超过200家	在沪跨国公司总部数量（家）	累计1 000家
9	非金融企业直接融资占全国社会融资规模比重（%）	25左右	金融市场交易总额（万亿元）	2 800
10	服务贸易进出口总额占全国的比重（%）	30以上		
11	居民人均可支配收入（万元）	力争比2010年翻一番	居民人均可支配收入增长（%）	与经济增长基本同步
12	城镇调查失业率（%）	5.5以内	城镇调查失业率（%）	5.5以内
13	主要劳动年龄人口受过高等教育的比例（%）	40	主要劳动年龄人口受过高等教育的比例（%）	45
14	中心城区成片二级旧里以下房屋改造面积（万平方米）	五年累计240	中心城区成片二级旧里以下房屋改造面积（万平方米）	成片：五年累计约110；零星：五年累计约20
15	居民平均预期寿命（岁）	保持在82以上	居民平均预期寿命（岁）	84以上
16	常住人口数（万人）	2 500		
17	建设用地总量（平方公里）	3 185	单位建设用地生产总值提升（%）	20
18	单位生产总值生产安全事故死亡率（人/亿元）	0.038	单位生产总值生产安全事故死亡率（人/亿元）	小于0.01
19	单位生产总值能源消耗降低率（%）	国家目标累计下降17%	单位生产总值能源消耗降低率（%）	确保完成国家要求
20	能源消费总量（亿吨标准煤）	1.25	单位生产总值二氧化碳排放降低（%）	确保完成国家要求
21	主要污染物排放减少率：化学需氧量（%）	确保完成国家目标累计减少14.5	大气常规污染物年均浓度（$PM_{2.5}$、PM_{10}、SO_2、NO_2、O_3、CO）	全面稳定达到国家二级标准，部分指标优于国家一级标准
22	主要污染物排放减少率：氨氮（%）	确保完成国家目标减少13.4		
23	主要污染物排放减少率：二氧化硫（%）	确保完成国家目标减少20%		
24	主要污染物排放减少率：氮氧化物（%）	确保完成国家目标减少20%		
25	$PM_{2.5}$年平均浓度（微克/立方米）	42左右		
26	人均公园绿地面积（平方米）	8.5	森林覆盖率（%）	19.5
27	城镇污水处理率（%）	95以上	地表水达到或好于Ⅲ类水体比例（%）	大于60
28	生活垃圾无害化处理率（%）	100	生活垃圾回收利用率（%）	大于45

性指标是要强化政府职能，确保通过合理配置公共资源和有效运用法律、技术和必要的行政力量得以实现，比如中心城区二级旧里以下房屋改造面积、单位生产总值能源消耗降低、生活垃圾回收利用率等。两类指标既体现引导社会预期，也明确政府责任和对社会的承诺。此外，规划《纲要》中还有40多项量化指标，如集装箱吞吐量、公园数量、养老床位数、每年新增就业岗位等，在文本相关内容中进行了表述。

同时，关于指标目标数值的测算，既要体现鼓舞人心，也要实事求是，既要尽力而为，也要量力而行。其中，关于"**全市生产总值（GDP）增长率**"，中央《建议》对我国"十四五"和2035年经济发展目标采取了以定性表述为主、蕴含定量的方式，国家《纲要》对其目标表述为"GDP年均增长保持在合理区间、各年度视情提出"。按照"到2035年实现经济总量或人均收入翻一番"测算，"十四五"我国经济潜在增长率5%～5.5%。从上海来看，受疫情影响，2020年GDP总量约为3.87万亿元。综合考虑"十四五"外部环境影响变数较大且疫情防控有常态化的趋势，国家需要上海更好发挥经济发展风向标作用，以及上海的发展潜力和优势等各种因素，上海"十四五"经济增长目标表述为：经济保持量的合理增长和质的稳步提升，与全国经济增速保持基本一致，具体增长率指标为5%左右，按此测算，到2025年上海GDP总量将达到5.2万亿元左右。关于"**数字经济增加值占全市生产总值比重**"，当前，数字经济领域正在成为国际竞争的主战场，数字经济发展水平逐渐成为城市竞争力和影响力的重要体现。根据中国信通院发布的《中国数字经济发展白皮书（2021年）》以及进一步提供的相关数据，2020年上海数字经济增加值占全市生产总值比重为55.1%。为体现上海市大力促进数字化发展的导向，《纲要》暂以中国信通院数据为基数，并将2025年目标设定为60%以上。2021年3月发布的国家"十四五"规划《纲要》中，首次将"数字经济核心产业增加值占GDP比重"纳入核心指标，上海市正在开展相关统计数据的研究。关于"**中心城区二级旧里以下房屋改造**"，该指标自"十五"计划沿用至今。在市委、市政府大力推动下，"十三五"期间上海市累计完成中心城区成片二级旧里以下房屋改造面积281万平方米，受益居民达14万户，超额完成"十三五"规划确定240万平方米目标。根据规划安排，到2022年底前上海市将完成全部中心城区成片二级旧里改造任务（约110万平方米），并在2025年前将完成中心城区全部二级旧里以下房屋改造任务（约20万平方米），因此将该目标表述为"全面完成中心城区二级旧里以下房屋改造"。关于"**单位生产总值能源消耗降低率**""**单位生产总值二氧化碳排放降低率**"等指标，上海将按照国家统一要求，确保完成国家下达任务，努力实现碳达峰、碳中和等目标。此外，关于水、气、绿化等指标，《纲要》也提出了定量要求，关于"**大气常规污染物年均浓度**"，上海将在"十三五"大气环境质量得到大幅提升的基础上，进一步巩固大气环境治理成果，确保完成国家考核要求，进一步提升市民群众的对空气质量的感受度，该目标表述为"全面稳定达到国家二级标准，部分指标优于国家一级标准"。关于"**地表水达到或好于Ⅲ类水体比例**"，"十三五"期间上海已基本消除劣Ⅴ类水体。未来五年，将通过完善污水处理设施体系、减少溢流等措施，进一步提升水环境质量，增加优Ⅲ类水体比重，故将"十四五"目标定为"力争达到60%以上"。关于"**森林覆盖率**"，"十三五"以来，该指标从15.03%提升至18.49%。"十四五"期间，将通过重点推进黄浦江—大治河等生态走廊建设净增森林面积，2025年达到森林覆盖率为19.5%。

"数"说上海"十四五"

城市核心功能更加强大

5%左右
预计在"十四五"时期GDP年均增长率达到5%左右。

"十三五"时期全员劳动生产率
29 万元/人左右

全市生产总值预期与全国经济增速基本一致，经济潜力充分发挥。

"十四五"时期全员劳动生产率达到
36 万元/人左右

单位建设用地面积生产总值提高 **20%**

数字经济增加值占全市生产总值 **60%** 以上

"十三五"时期 **51.5%** 以上

"十三五"时期 **771** 家

"十四五"时期 **1000** 家
在沪跨国公司地区总部累计达到

开放枢纽门户功能优势不断增强，更高水平开放型经济体构建取得新突破。

金融市场交易总额达到
2800000 亿元左右

全球高端资源要素加集聚，要素市场的国际影响力显著增强，金融市场交易总额达到2800万亿元左右。"十三五"时期，这一数字超过2000万亿元。

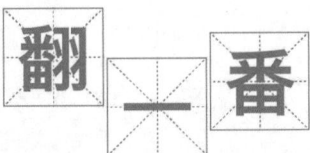

大力实施高新技术企业倍增计划力争实现高新技术企业数量翻一番。

全社会研发支出相当于全市生产总值的比例
4.5%
科技创新策源功能加快跃升
关键技术攻关取得重大突破

每万人高价值发明专利拥有量
30 件左右

人民群众生活更有品质

基本民生保障稳步提升
城镇调查失业率稳定在
5.5% 以内
社会保障体系更加完善

居民平均预期寿命超过 **84** 岁

力争五年累计新增三岁以下婴幼儿托额
20000 个

到2025年全市养老床位总数达到 **17.8** 万张

生态环境质量更为优良

地表水达到或好于Ⅲ类水体
比例达到 **60%** 以上

生态空间规模与品质得到明显提升
森林覆盖率达到 **19.5%**

人均公园绿地面积持续提高
1000 公园数量达到 个以上

生活垃圾回收利用率大于 **45%**

强化全球资源配置功能

以巩固和提升经济综合实力、要素资源配置能力、市场主体竞争力为途径，提高对资金、数据、技术、人才、货物等要素配置的全球影响力，加快建设能级更高的国际经济、金融、贸易、航运中心，更好服务形成新发展格局。

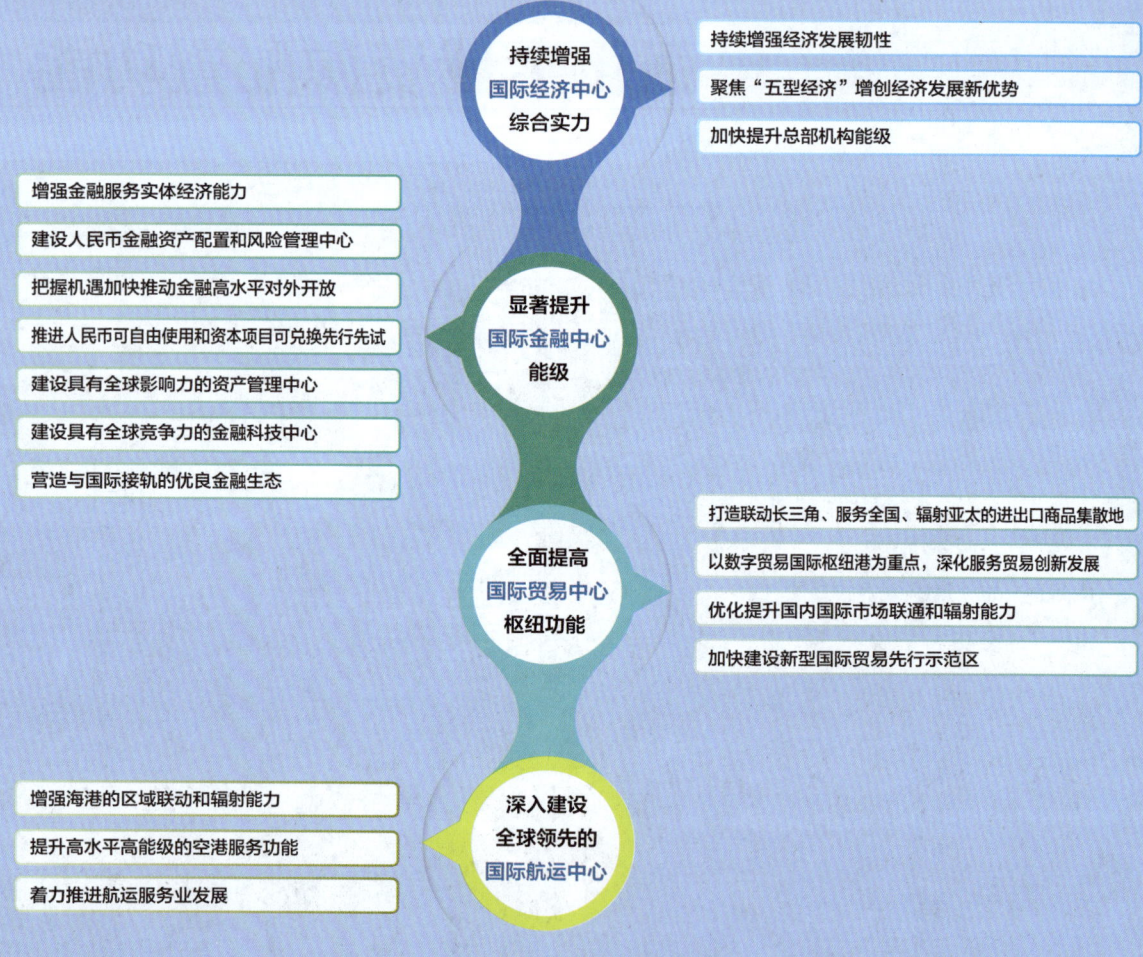

持续增强国际经济中心综合实力
- 持续增强经济发展韧性
- 聚焦"五型经济"增创经济发展新优势
- 加快提升总部机构能级

显著提升国际金融中心能级
- 增强金融服务实体经济能力
- 建设人民币金融资产配置和风险管理中心
- 把握机遇加快推动金融高水平对外开放
- 推进人民币可自由使用和资本项目可兑换先行先试
- 建设具有全球影响力的资产管理中心
- 建设具有全球竞争力的金融科技中心
- 营造与国际接轨的优良金融生态

全面提高国际贸易中心枢纽功能
- 打造联动长三角、服务全国、辐射亚太的进出口商品集散地
- 以数字贸易国际枢纽港为重点，深化服务贸易创新发展
- 优化提升国内国际市场联通和辐射能力
- 加快建设新型国际贸易先行示范区

深入建设全球领先的国际航运中心
- 增强海港的区域联动和辐射能力
- 提升高水平高能级的空港服务功能
- 着力推进航运服务业发展

来源：《上海市国民经济和社会发展第十四个五年规划和二〇三五年远景目标纲要（普及版）》

上海"五个中心"建设进展与启示

国务院发展研究中心课题组

党中央、国务院高度重视和关心上海的建设和发展，在改革开放以来的关键节点上都赋予了上海重要的历史使命。1992年，党的十四大提出"尽快把上海建成国际经济、金融、贸易中心之一"。2001年5月，国务院批准的《上海市城市总体规划（1999—2020年）》提出"要把上海建设成为现代化国际大都市和国际经济、金融、贸易、航运中心之一"。2014年5月，习近平总书记在上海考察时提出，上海要建设具有全球影响力的科技创新中心。2019年11月，习近平总书记在上海考察时强调，上海要强化全球资源配置、科技创新策源、高端产业引领、开放枢纽门户等四大功能。

"五个中心"建设取得重大进展

上海历届市委、市政府始终牢记中央嘱托，带领全市人民接力奋斗，推动经济、金融、贸易、航运、科创中心等五个中心建设取得重大进展，向中央交出了一份高质量的改革开放和发展答卷。

20年来，伴随着我国改革开放的不断深化和经济社会发展不断跃上新的台阶，国际经济、金融、贸易、航运中心基本建成，具有全球影响力的科技创新中心基本框架已经成型，为建成具有世界影响力的社会主义现代化国际大都市奠定了坚实基础。同时，有力地带动了长三角、长江经济带和全国经济的发展，为全面深化改革探索了有效路径，为高水平开放积累了丰富经验，为全方位创新做出了典型示范，向全世界集中展现了中国现代化的成就以及未来的发展方向和前景。

"五个中心"建设依然在路上

回顾过去，上海"五个中心"建设成就巨大、全球瞩目。对标全球先进，上海在影响世界经济发展、配置国际金融资源、推动全球贸易投资、辐射全球航运、引领全球科技创新方面都存在差距，引领全球科技创新的差距尤其明显。"五个中心"建设尚需爬坡过坎，任务依然繁重。依据"全球化和世界城市网络联系"排名，同时参考其他相关研究，综合判断，上海总体实力和影响力尚处于全球中心城市体系中的"第二梯队"，与纽约、伦敦和东京等全球顶级中心城市相比仍有距离，进入"第一梯队"还需持续努力。

上海在现代化新征程中肩负着更为重大的使命和任务

面对"两个大局"，必须进一步提升上海在全球竞争中的能级和位势。中心城市是新科技革命和产业变革最重要的应用场景，是国际产业链布局和重塑的基本力量，是贯通国际国内双循环的关键枢纽，是新的发展方式孕育和成长的主要载体。上海是超大型国际大都市，地处长江经济带和沿海经济带的交汇处，是贯通"一带"和"一路"的枢纽性节点，在现代化新征程中地位重要、使命重大。

未来上海的战略使命是：在中国融入全球、统筹利用好两个市场两种资源、推动构建高水平开放型经济中发挥更大的引领作用，在辐射亚太、重塑世界分工格局、应对外部大变局和大挑战中发挥重要的枢纽作用，在贯通"两个循环"、形成国内国际双循环相互促进的新发展格局、实现国家发展和经济安全的统一中发挥更大的支撑作用，在带动长三角、引领全中国、践行新发展理念和实现高质量发展中发挥更大的示范作用，早日建成具有世界影响力的社会主义现代化国际大都市。

面对新时代提出的新要求，上海应不断巩固和扩大"五个中心"建设的成果，同时要遵照习近平总书记提出的强化上海"四大功能"要求，以"中国(上海)自由贸易试验区临港新片区"建设和"长三角生态绿色一体化发展示范区"打造为新依托,进一步充实和提升"五个中心"的内涵,以更高的目标引领"五个中心"建设,以更明确的主攻方向和更具体的战略任务,打造"五个中心"升级版,在此基础上全面提高上海社会主义现代化国际大都市的全球影响力。在现代化新征程中,"五个中心"建设的根本要求是,助推上海成为高能级的贯通国际国内双循环的关键枢纽和支撑形成双循环相互促进新发展格局的战略支点。经济中心建设重在通过更好地利用两个市场两种资源,弥补产业链供应链缺失环节,强化产业链供应链弱项,提升产业链供应链自适应能力,增强产业链供应链韧性;重在通过充分发挥商品和服务展示平台、交易信息汇聚和物流枢纽作用,拉动内需,畅通商品流和服务流。金融中心建设重在通过提升全球金融要素配置能力,以更高水平地利用高端金融要素,助力冲破国民经济循环的堵点,助力拓宽国民经济循环的通道。贸易中心建设重在发挥连通国内外市场的枢纽作用,以外需的不断增长为供给创造更大的提升空间,以内需的不断扩大吸纳更多的境外产品和服务,支撑供给的增长。航运中心建设重在进一步增强国际航运服务能力,提高国际航运服务质量,助推提升国际国内双循环效率,助推拓展国际国内双循环相互耦合的空间。科创中心建设重在强化原始创新能力,厚植高端产业萌生和发展的土壤,助力突破产业链供应链循环"卡脖子"环节,增强国民经济顺畅循环的技术和产业基础。

东京发展经验及其对上海的启示

东京都市圈概况

对于"东京"的指涉可能存在不同区域范围的内涵:包括作为东京中央城区的东京 23 区、加上多摩地区和岛部等地的"东京都"、覆盖一都三县范围的"东京圈"、覆盖一都七县范围的"首都圈"以及覆盖一都十一县范围的"广域首都圈"。其中东京 23 区的面积(627 平方公里)和人口(902 万)都正好与上海的中心城区非常接近。东京圈的三县与东京都的关系最为紧密,基本在东京 80~90 公里范围内,大约为上海到苏州、嘉兴的距离。

东京都市圈经济增长

东京都和一都三县的东京圈集中了整个都市圈大部分 GDP 产值(图 1)。东京的经济在泡沫经济期之前已经维持了长时间的高速增长。在泡沫破裂后,东京经济的增速虽然钝化,但并未真正"衰退",而是维持在一个更高的层级平稳发展。以美元计价的人均 GDP 更是从"泡沫"前的 2 万美元(与上海目前水平接近)飞跃到了现在的约 7 万美元上下。经历"泡沫"之后反而实现飞跃的原因,一方面在于日元汇率的变化:从 1985 年到 2015 年的美元计价人均 GDP 复合增长率为 4%,但同期日元升值的复合增长率达到 2.2%(图 2)。如果剔除中日两国汇率政策的差异,上海与东京的人均 GDP 差距本不会如此巨大。但日本也确实借助汇率升值,提升了国际购买力,并在痛苦中实现了经济结构的转型:从原来的出口导向型,转向在全球建立更具有竞争力的产业链,完成了产业升级。日元升值而有助于日本进行知识经济投资和在全球收购资产。大量跨国公司在全球范围创造利润后,转移回到东京的总部。

从东京与日本整体的 GDP 增速对比来看,在长期东京无疑是日本经济的引领者,但部分时期也能看到比全国更强的波动性,体现了企业总部对经济周期更敏感的反应;另一方面,日本政府一直试图缓解东京一极集中的问题,刻意向外疏解产业与城市机能也一定程度上影响了东京的经济增长表现。

对上海的借鉴:上海的经济增长已经越过中等收入陷阱,参考东京历史应还有充分的继续增长空间,但东京相同阶段迎来了泡沫经济,需上海警惕;需要注意国家汇率政策变化对于产业结构转变的影响。

东京都的产业结构

二战以后东京都二产比例下降及三产比例上升的速度远高于全国水平。但是在 1985 年前后,即人均 GDP

东京都和一都三县的东京圈集中了整个都市圈大部分的GDP产值
在泡沫经济破裂后，东京经济并未"衰退"，
而是在一个更高的阶段平稳增长
（图1）

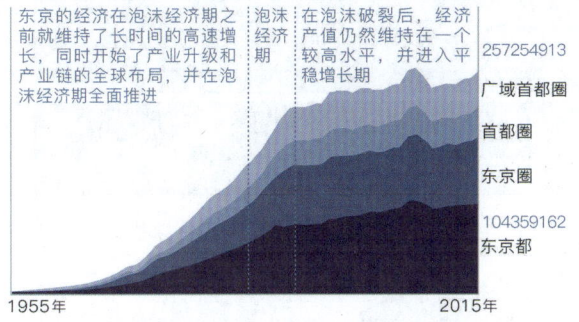

东京各城市层级GDP总额变化（单位：百万日元）

东京都在泡沫经济前夜人均GDP已经超过2万美元，
达到上海目前水平
而东京都目前的人均GDP接近7万美元
（图2）

从企业结构来看，东京都保有数量巨大的中小企业
大企业数量占比虽然较低，
但大部分日本大企业的总部都聚集在东京
（图3）

- 东京都的中小企业数为447 030社，占企业全体数量的98.9%（2014）
- 且此类中小企业中有大量创业时间超过50年的家族型老字号企业
- 东京圈集中了日本资本金10亿日元以上企业的57%，特别是聚集了60%的日本企业总部，以及88%的外企总部

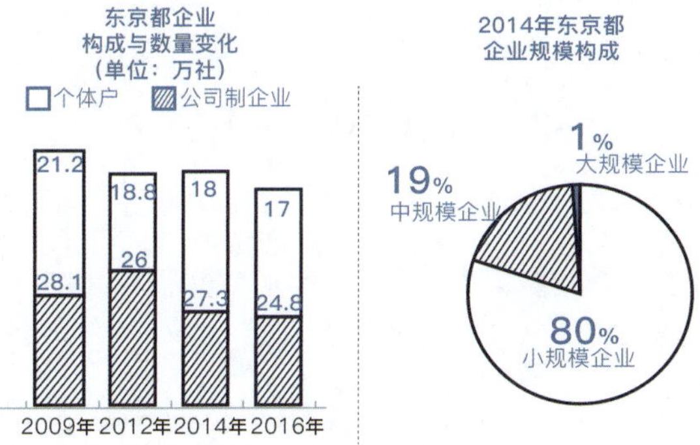

水平与当前上海接近的时期，其产业结构也与上海当前基本一致，二产约占30%。之后二产占比持续下降，但2000年以后，逐渐趋于平稳，二产基本占据14%左右，其中制造业大约9%。

从企业构成来看，东京都保有数量巨大的中小企业，中小企业数占企业全体数量的98.9%（图3）。且此类中小企业中有大量创业时间超过50年的家族型老字号企业。大企业数量占比虽然较低，但大部分日本大企业的总部都聚集在东京。东京圈一都三县范围内集中了日本资本金10亿日元以上企业的57%，特别是聚集了60%的日本企业总部，以及88%的外企总部。

东京都第三产业生产总值占全国的23%，各部门中信息服务·音像文字信息业、批发业、不动产中介租赁业、金融保险业、知识型技术服务业占全国比重超过30%。在更具体的细分门类中，尤为值得上海借鉴的是，东京都强大的文化创意产业，包括动漫、影视、时尚、演出、设计等领域，有许多占据全日本份额的一半。且此类产业和金融等产业一样，聚集于东京最中心的商业区，体现了极高的附加值创造能力。另外，东京也尤为重视对外国人入境旅游的吸引，推出了多种措施，近十年外国人入境游人数大幅反超了日本人出境游人数，不仅创造了产值，也大幅提升了东京的国际影响力。

在经历了长期制造业缩减及外流之后，东京近年制造业增加值、制造业细分产业结构保持相对稳定，总量仍然保持全国第二，仅次于爱知县。东京都制造业生产总值近9万亿日元，其中有近60%来自制造业总部经济，剩余实际生产制造中以高端精密制造、创新产品"母工厂"中小制造业为主（图4）。日本曾经鼓励企业将总部外迁，以实现全日本的均衡发展，但是随着日本企业的全球化布局推进，总部所在地对于国际化程度需求不断提升，使得许多企业最终还是将总部从大阪等地迁回东京。另外，为了应对企业全球布局而导致本地产业空心化问题，东京特别鼓励大企业应当保留与研发创新机能紧密结合的"母工厂"。

东京尤为重视对中小制造业企业的扶持。东京都有制造业企业2.7万所，其中约一半的企业只有1~3人，平均员工人数11人。多数是大企业的上游供应商或面向城市生活需求的制造业企业。擅长

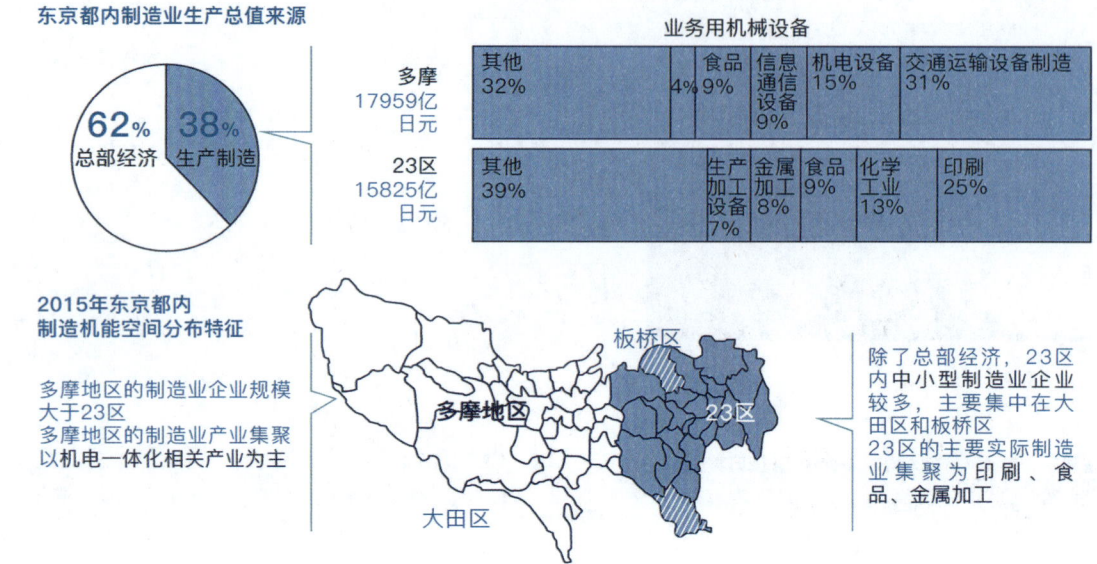

(图4)

多品种少量、短纳期、试作,反而更加适应新时代制造业需求。其中有大量历史悠久的家族企业,"企业家的荣誉感""匠人精神"浓厚。这些中小企业被认为是制造业的技术基盘,是孕育未来创新不可缺少的要素。以日本最先端的氢燃料电池产业为例,在终端的丰田、本田巨头背后,有数百家中小企业负责产业链上的各个关键环节,共同推动创新产业的落地。

对上海的借鉴:上海目前的产业结构与东京人均2万美元时基本一致,或尚无主动大规模减少制造业占比的必要;政府职能从限制管理到服务为主的转变;培育更多上海本土企业,发展总部经济(而不仅仅是外企总部);随着国家经济结构从出口导向到全球化布局的转变,企业的国际化需求提升,可能出现向国际化程度最高的城市再聚集的现象;应抓住机遇或吸引更多国内大企业将总部或部分职能落户到上海;促进产业升级和更广域的产业链布局,包括中国内地和"一带一路"海外国家,强化对企业"走出去"的服务;重视对中小企业的扶持,以及持续经营环境的营造;学习东京发展文化创意产业与旅游观光产业的经验。

[资料来源:野村综研(上海)咨询有限公司供稿]

促消费、扩投资，持续增强上海经济发展的韧性

郭 宇
原上海市发展改革委
总经济师
上海市政府研究室
副主任

"十四五"面对深刻复杂变化的外部发展环境，持续增强经济内生的韧性，上海有基础、有条件、有优势，同时也是上海的使命担当和现实需要。

"十三五"时期：积极应对风险挑战，上海经济显现韧性

一是总量的韧性：综合经济实力持续增强。经济实力是硬实力，是总量、速度和效益的综合体现。经济总量迈入全球城市前列。全市生产总值从2015年2.69万亿元增加到2020年3.87万亿元，在全球城市中位居全国第一、亚洲第二、全球第六。"十三五"期间，上海GDP年均增长5.7%，经济增速在全球主要城市中保持领先。按常住人口计算，2020年上海人均GDP超过2.3万美元，远超世界银行划分的12 375美元高收入国家（地区）标准。经济运行韧性持续增强。"十三五"期间，上海经济增长与全国保持同步，发挥了重要风向标作用。特别是2020年上海全力应对新冠疫情严重冲击影响，率先控制住疫情，率先实现复工复产，经济增长在抗疫情中体现韧性，全年GDP实现了1.7%的正增长，稳住了经济基本盘，赢得了发展主动权。质量效益不断提高。经济"含金量"持续提高，上海以不到全国千分之一的土地面积，贡献了全国近1/10的财政总收入，2020年全员劳动生产率达到28万元/人。资源"耗损量"降低，单位GDP能耗"十三五"累计下降22%以上。

二是功能的韧性：国际经济中心能级持续提升。经过近30年接续奋斗，到2020年上海如期实现了基本建成国际经济中心的阶段性目标。国际竞争力增强。2020年，上海在全球金融中心指数和国际航运中心发展指数中均排名全球第三位，在以高端生产性服务业为核心指标的GaWC世界城市排名中提升至全球第五位，口岸货物进出口总额保持全球城市首位，约占全球3.6%。总部经济能级提升。总部经济体现全球影响力和产业控制力，是经济密度和城市能级的集中反映。"十三五"期间，上海新增跨国公司地区总部236家、外资研发中心85家，累计分别达到771家和481家，其中亚太区以上总部137家，跨国公司总部"在上海、为全球"能力不断提升。营商环境持续优化。对标国际一流营商环境目标，上海持续深化营商环境改革，助力我国营商环境在全球排名从2018年的第78位提升到2020年的第31位。

三是结构的韧性：城市经济结构持续优化。基本形成以现代服务业为主体、战略性新兴产业为引领、先进制造业为支撑的现代产业体系。产业结构加快升级。2020年上海第一、二、三产业在GDP中的比例为0.3：26.6：73.1，服务经济为主的产业结构基本形成；第三产业增加值、从业人员和财政收入占全市比重均超过70%，投资占比超过80%，利用外资占比超过90%。需求结构持续优化。2020年全市社会消费品零售总额为1.59万亿元，消费规模位居全国城市首位，首店经济、品牌经济、在线购物等新消费呈现引领态势。投资稳定增长，2020年全市固定资产投资总额达到8 836.8亿元，比上年增长10.3%；其中工业投资连续13个季度保持两位数增长。全力打响"上海服务""上海制造""上海购物""上海文化"四大品牌，经过三年努力，"四大品牌"认知度、美誉度、影响力显著提升。新动能加快培育。2020年战略性新兴产业增加值增长9.2%，占GDP比重达到18.9%。在疫情冲击下，上海努力危中寻机、抢抓先机，制定出台在线新经济发

展"23条",助推新产业逆势上扬;率先制定实施新基建"35条",聚焦新网络、新设施、新平台、新终端四大领域,加快实施一批新基建项目。

"十四五"时期:在新发展格局中着力促消费、扩投资,进一步增强上海经济韧性

一是着力推动高质量发展。高质量发展不唯GDP,但不是不要GDP,而是要追求更高质量的GDP。对标高质量发展要求,上海前有标兵、后有追兵。从总量看,纽约和东京GDP均超过1万亿美元,上海GDP不到6 000亿美元,追赶压力很大。从人均看,上海人均GDP刚超过2万美元,与发达国家和地区4万~5万美元相比还有很大差距,与全球顶级城市相比差距更大。从密度看,上海地均GDP远低于东京,也低于深圳。"十四五"时期,上海经济发展必须保持一定的速度,着力提升质量的高度。

二是着力释放消费潜力。最终消费对上海经济增长贡献率超过60%,未来消费潜力巨大、前景广阔。在境外旅游受阻背景下,目前高端消费明显回流,2020年在沪的18家国际高档消费品牌总部企业零售额增长1.2倍,是消费市场回暖的重要驱动力。下一步要大力促进消费提质扩容,激发本地消费、提升外来消费、引导高端消费回流,持续打响"上海购物"品牌。重点是大力发展首发经济、免税经济、品牌经济和夜间经济,加快服务消费升级,推动商业数字化转型,增加高品质消费供给,发展消费新业态,提升消费新体验。比如,2019年上海各类免税店销售额达155亿元,约占全国1/3,要进一步放大免税购物政策效应,促进高端消费回流。

三是着力扩大有效投资。要聚焦临港新片区、长三角一体化发展示范区、虹桥国际开放枢纽以及"五个新城"等"十四五"发展重点区域,着力提高投资强度和密度,进一步发挥投资关键性作用。要聚焦重大项目,完善项目储备库,加强土地、资金、能源等要素保障,健全资金和要素跟着项目走机制,加快推动"十四五"规划纲要涉及的93个重大项目开工建设。要聚焦重点领域,加大5G、人工智能、工业互联网、新能源等新型基础设施投资,推进大科学设施、轨道交通、市域铁路等建设,支持重大产业项目落地和企业技术改造投资。要进一步创新投融资机制,用好地方政府专项债券,积极开展基础设施REITs试点,统筹利用政府财力、国有资本和社会资本,提高资金配置效率。比如,2020年上海完成新基建投资710.3亿元,比上年增长16.8%,"十四五"新基建投入要持续发力、保持领先,为持续增强城市经济发展韧性增添新动能。

开拓消费提质扩容的突破口

上海人爱喝咖啡是出名的,上海也成为世界上咖啡大战最激烈的城市。全上海有7 000家咖啡店,其中1/10是星巴克的门店。而星巴克在全球有30 000家门店,在中国布局3 000家,上海的门店远超其他城市,超过了仍只有230家门店的纽约。有一个"星巴克兴旺指数",旨在分析一个区域的经济活力。证券机构开设分支机构、银行开办支行,都要看选址附近有没有星巴克;企业如阿里巴巴、高校如上海交通大学,都在内部开设了星巴克门店,对其快速的发展有一定的助推作用。上海兴业太古汇开了全球第二家星巴克体验店,创造了单店销售世界第一的纪录,一天的营业额等于美国同一门店两周的营业额。背后的原因是什么?这家店做出了创新,叫二、三产业融合,它把一条工业流水线、一个4层楼高的咖啡烘焙流程放在消费者的大堂里。这家门店在一楼建了一个大温室,种咖啡树、咖啡豆,在二楼放了一条流水线,在三楼卖咖啡。这个经营模式如果由我们的工商部门进行审批,就会出现一个问题,这是属于第一产业农业、第二产业制造业还是第三产业服务业?其实这就是产业融合最典型的案例。它还做了一个创新,就是在卖咖啡的同时卖酒,这也是从日本人身上学到的。酒喝多了口渴,渴了之后就想喝咖啡,这样一来咖啡的销量提高了好几倍。体验店一年的顾客流量超过300万人次,超过了东方明珠和号称世界四大博物馆之一的上海博物馆。所以,"十四五"规划《纲要》中提出的建设国际消费中心城市,除了讲大的思路、方向,还要在一些细节上、举措上加强创新、抓好落实。

(资料来源:上海市宏观经济学会)

聚焦"五型经济"增创经济发展新优势

魏 陆
上海市发展改革委总经济师

"五型经济"是在2020年10月召开的市委季度工作会议上首次提出的，会议指出"上海经济是典型的创新型经济、服务型经济、总部型经济、开放型经济、流量型经济"。"十四五"规划《建议》明确提出，未来要持续打造代表未来都市经济发展方向的新业态结构，大力发展"五型经济"。上海"十四五"规划《纲要》进一步明确，要聚焦"五型经济"增创经济发展新优势。

"五型经济"为何提出？当前全球新一轮科技革命和产业变革孕育兴起，我国进入新发展阶段，上海"五个中心"建设实现重大目标，落实"十四五"规划正处于开局起步期。市委在这样一个承上启下的时间节点上提出"五型经济"，关注的是上海未来经济发展的主要特征、主体形态和主攻方向，把握的是上海经济转型升级的大势所趋。从世界潮流看，世界顶级城市的发展经验和变化趋势表明，服务经济为主、创新内核高能、总部高度集聚、流量高频汇聚、深度融入全国全球的特征，是经济发展的制高点，是构成顶级城市竞争力的必备条件；从服务全国看，发展"五型经济"是上海打造国内大循环中心节点和国内国际双循环战略链接的主攻发力点，对于上海高效配置国内国际要素资源，主动融入和服务构建新发展格局具有特殊重要意义；从自身发展看，"五型经济"是上海经济的鲜明特征和显著优势，发展"五型经济"是上海强化"四大功能"的支撑点，也是提升城市能级和核心竞争力的重要着力点。

"五型经济"是何关系？如果把上海经济比作一只手，那么"五型经济"就好比五指，每一个手指都勾勒出上海经济发展最鲜明的优势。具体来看，创新型经济针对经济内生动力而言，在"五型经济"中居首位，凸显创新在全局中的核心地位，具有引领策源作用和指数级增长潜力。服务型经济针对三次产业结构而言，重在辐射半径大、附加值高、具有品牌优势，主要是高能级的生产性服务业和高品质的生活性服务业。总部型经济针对企业主体而言，体现全球影响力和产业控制力。开放型经济针对经济全球化趋势而言，重在融入全球产业链价值链中高端、体现高水平投资贸易便利化自由化。流量型经济针对要素资源配置方式而言，包括传统线下流量和新型线上流量，重在让人流、物流、资金流、信息流、技术流等汇聚起来、流动起来，在流动中产生能量、创造价值。五指各成"峰"，分别从不同侧面体现出上海经济最重要的长板，是上海构筑经济发展战略优势的关键一招。握指聚成拳，作为一个整体相互融合、相互促进，可以合力提升上海城市能级和核心竞争力。

"五型经济"如何作为？促进"五型经济"发展，必须要全面贯彻十一届市委十次全会精神，找准关节点和突破口，量身定制一批精准扶持政策，培育一批有影响力的头部企业，打造一批各具特色的"五型经济"集聚区。重点是聚焦"五个关键"，其中：创新型经济重在打造源源不断的创新活力，关键看人才；服务型经济重在辐射和赋能更广区域，关键看品牌；总部型经济重在对产业链供应链的掌控力，关键看头部企业；开放型经济重在提升经济联通性，关键看通道；流量型经济重在推动要素高效流动增值，关键看平台。总的来说，就是要锻长板、强优势、显特色，增创新时代上海经济发展新优势。

周平浪 图

总部增能行动

聚焦"全球总部、开放创新",发展更高能级的总部经济,吸引跨国公司亚太总部和功能性全球总部落户,鼓励外资设立全球研发中心和开放式创新平台,支持贸易型总部和民营企业总部升级,做优做强链接国内国际双循环的市场主体。

持续优化总部经济支持政策。 借鉴中国香港、新加坡等总部发展经验,适时修订完善跨国公司地区总部支持政策,适当降低认定门槛,细化认定分类,建立适应于结算、销售、分拨、管理等功能集聚提升的政策支持体系,不断优化专项资金、人才发展支持政策,打造多维度总部经济政策体系。

提升资源配置能级。 重点发展资源配置能力强、辐射范围广的功能性全球总部,促进跨境资金流动便利化,吸引全球资金管理总部集聚;促进离岸贸易结算便利化,吸引全球销售总部集聚;促进跨境支付便利化,吸引全球采购总部集聚;落实通关便利化,吸引全球供应链总部集聚。

提升创新策源能级。 落实鼓励外资研发中心发展新举措,推动外资研发中心升级为全球研发中心。借鉴国际先进研发创新模式,开展外资开放式创新平台的吸引、培育和认定服务。推动本土创新企业和跨国公司研发团队协同创新,更好地发挥外资研发中心溢出效应,助力科创中心建设。

支持贸易型总部和民营企业总部升级。 发挥总部企业对产业链、供应链、价值链的引导作用,支持贸易型总部与民营企业总部积极开拓海外市场,加快布局亚太和全球市场,升级为亚太乃至全球总部,成为国际贸易投资规则的深度参与者。创新对外投资机制,强化信息、人才、金融、法律等服务支撑,依托浦东新区、临港新片区重点区域,培育、集聚一批具有较强核心竞争力的本土跨国公司。

(资料来源:上海市商务委)

在新起点上深入推进上海国际金融中心建设

陶昌盛
上海市地方金融监督管理局
总经济师

20世纪90年代初，党中央从我国社会主义现代化建设全局高度，提出了建设上海国际金融中心的国家战略。2009年，国务院发布《关于推进上海加快发展现代服务业和先进制造业建设国际金融中心和国际航运中心的意见》，提出上海到2020年，基本建成与我国经济实力以及人民币国际地位相适应的国际金融中心。在党中央、国务院正确领导下，在国家相关部门有力指导下，在社会各方面共同努力下，上海国际金融中心建设加快推进，取得了重大进展。下一步，将从基本建成迈向全面提升能级阶段。

上海国际金融中心的"四梁八柱"基本确立

上海的金融市场和金融机构体系不断完善，与自贸试验区及临港新片区、科创中心、"一带一路"、长三角一体化等国家战略联动效应日益增强，服务实体经济能力不断提高，金融改革开放前沿地位进一步巩固，金融生态环境持续优化。具体看：一是基本形成了门类齐全、功能齐备、境内外投资者共同参与的金融市场体系，市场规模位居全球前列。2020年，上海金融市场成交总额2274.8万亿元，比2015年增长55.5%。二是基本形成了中外资金融机构荟萃、业态丰富多元的金融机构体系，金融对外开放前沿地位进一步巩固。截至2020年末，上海持牌金融机构总数达1674家，外资金融机构占比近1/3。三是基本形成了有力支持国家发展战略和实体经济、功能较为完善的金融服务体系，成为金融改革创新的先行区。直接融资规模持续扩大，2020年，上海金融市场直接融资额17.6万亿元，比2015年增长91.3%，实体经济融资渠道进一步拓宽。科创板作为资本市场深化改革"试验田"的示范性和引领性日益显现。四是基本形成了配套服务较为健全、安全稳定的金融发展环境，金融中心城市吸引力不断增强。在全国率先设立金融法院、金融仲裁院等机构。上海市人大颁布《上海市推进国际金融中心建设条例》《上海市地方金融监督管理条例》。金融信用、人才等环境不断完善。

但与成熟国际金融中心相比，与新时代金融服务经济高质量发展的要求相比，上海国际金融中心仍存在一些不足和较大发展空间。一是金融市场全球资源配置功能有待进一步增强，全球市场定价能力和话语权还不够强。二是金融机构业务创新能力和国际竞争力还不够强，对科技创新、中小微企业等的服务力度仍显不足。三是金融产品不够丰富，衍生工具种类还不多。四是与金融开放创新相适应的法治和监管体系还需完善，国际化高端人才占比仍然较低，金融风险防范化解能力还要进一步提高等。

上海国际金融中心建设具有重要的发展优势

目前，我国已成为全球第二大经济体，我国经济持续健康发展、综合国力不断提高为上海国际金融中心建设提供了强大动力。从上海自身特点和所处位置来看，还具有以下几方面优势。

金融市场齐备优势。上海集聚了股票、债券、外汇、黄金、商品期货、金融期货、保险、票据等门类齐全的金融市场，汇集了众多金融产品登记、托管、结算、清算等重要金融基础设施，推出了一系列重要金融产品工具，市场要素齐全，技术手段先进，为金融资产定价、发行、交易和风险管理等提供了坚实保障。金融对外开放前沿优势。上海是我国对外开放的前沿，近年来在金融开放方面的优势更加凸显。自贸试验区金融开放创新先行先试效应显著。临港新片区建设启动，率先实施优质企业跨境人民币结算便利化、境内贸易融资资产跨境转让等一系列创新举措。金融市场互联互通日益扩大,众多全球知名金融机构纷纷来沪展业。长三角一体化发展国家战略优势。作为中国经济最具活力的地区,长三角不仅经济总量大,科技创新资源密集,在经济金融领域加强协作拥有广阔空间。金融人才集聚优势。上海金融人才数量众多,金融人才培养开发体系比较健全。高校院所较多,学科门类丰富且水平较高,为各类金融人才培养提供了良好基础。

加快提升上海国际金融中心全球资源配置能力

"十四五"期间,要继续深入贯彻习近平总书记考察上海重要讲话精神及在浦东开发开放30周年庆祝大会上的重要讲话精神,立足新发展阶段,贯彻新发展理念,构建新发展格局,紧紧围绕服务实体经济、防控金融风险、深化金融改革三项任务,着力完善金融市场体系、产品体系、机构体系、基础设施体系,助力上海成为国内大循环的中心节点和国内国际双循环的战略链接,支持全国经济高质量发展,强化上海国际金融中心全球资源配置功能。

一是增强金融服务实体经济能力。构建有力支持科技创新的金融服务体系,充分发挥科创板资本市场改革"试验田"作用,吸引和培育各类支持科技创新的专业投资机构,推动金融机构加大对科技创新支持力度。加大对重点产业、"五型经济""五个新城"等重要领域的金融支持。加大对民生事业的金融支持,积极发展普惠金融,养老、健康金融等。大力发展绿色金融,打造国际绿色金融枢纽。

二是建设人民币金融资产配置和风险管理中心。深化金融市场改革,大力发展直接融资,提高上市公司质量。支持在沪金融市场协调发展,鼓励金融市场产品和工具创新,进一步丰富机构投资者,提升"上海价格"国际影响力。

三是推动金融高水平对外开放。深化自贸试验区及临港新片区金融开放创新。推进人民币可自由使用和资本项目可兑换先行先试,完善跨境金融服务。率先实施金融业对外开放措施,鼓励符合条件的外资以多种方式在沪设立金融机构。扩大金融市场开放,提升金融市场国际化水平。

四是打造全球资产管理中心。丰富资产管理市场主体,创新产品和服务,满足投资者多样化需求。发挥金融市场基础作用,畅通投资渠道,优化发展环境。

五是建设具有全球竞争力的金融科技中心。加强金融科技研发应用,稳步推进数字人民币应用试点。集聚金融科技产业,吸引金融机构和大型科技企业在沪设立金融科技公司、研发中心和开放式创新平台等。建立完善金融科技风险防范机制,加强金融信息安全保护。

六是营造与国际接轨的优良金融生态。提升金融法治建设水平,进一步发挥上海金融法院、上海破产法庭等的职能和示范作用。完善地方金融监管体制,提升金融监管透明度和法治化水平。建设国际金融人才高地,优化区域金融功能布局。

以人民币为特色、以金融市场为基础，深化建设上海国际金融中心

汪小亚
中国银行董事

梳理研究纽约、伦敦、法兰克福、新加坡等国际主要金融中心的发展历程和经验，我们发现，本币的国际地位和金融市场的国际化程度（成熟程度）是建成国际金融中心的"双驱动"因素，伦敦和纽约全球金融中心崛起与英镑和美元的货币国际化密切相关，这为上海建设成为全球金融中心提供了重要参考。与其他国际金融中心相比，上海金融中心的优势是以人民币为核心，只有将提升人民币国际地位与建设上海国际金融中心相结合，相互促进，共同发展，才能保障中国经济长期稳定发展的基业，才能抵御其他全球金融中心的激烈竞争。

人民币：上海成为全球金融中心的"底色"

国际金融中心与本币国际地位之间的关系是怎么样的？一般认为，资本账户开放，这个国家的货币就自然地实现了国际化；而本币的国际化，又自然促进境外资本向本土金融中心流动。这里要分析两对关系：一对是本币的国际化和本币的国际地位。另一对是本币国际地位与国际金融中心的关系。

第一，本币的国际化并不等于本币的国际地位。

本币的国际化，强调的是货币可以自由兑换。在资本项目开放后，选择本币或是外币，没有太多障碍和太大成本，这更多体现在货币的支付和结算环节。而本币的国际地位，强调的是作为国际货币或充当世界货币的程度，更多地体现在支付、结算、配置、储备等多方面。比如，东京、新加坡等金融中心，其货币国际化，可以自由兑换和支付使用，但从货币国际地位角度衡量，日元和新元的国际地位远不如美元或欧元。再如，1931年前的英镑作为主要世界货币给伦敦带来独一无二的优势，但1960年代随着英镑的国际地位衰落，伦敦的金融中心的地位也随之而下降。

第二，并不是所有的国际金融中心都是由本币支撑起来的。

货币因素在国际金融中心中的作用是十分突出的，但并不是所有的国际金融中心都是依托于本币发展起来的。例如，20世纪60年代新加坡金融中心是利用亚洲美元市场发展而壮大的。而伦敦金融中心是在英镑的国际地位衰落后，依靠欧洲美元和其他外汇交易重新崛起。另外，离岸金融中心的出现，浮动汇率体制下的全球化推进，消除了金融中心必须保持货币强势这一压力，也为国际金融中心发展提供了新的机遇。

第三，提升人民币国际地位，是上海建成全球金融中心的特色。

从纽约金融中心发展经验来看，本币的国际化进程将极大地促进本国金融中心地位和影响力的提升，产生大规模的本币资产国际交易需求。从这种意义上来说，推动人民币国际化进程，将会为上海金融市场聚集更多的国际投资者，促进上海构建结构多样、层次分明的立体化全球化金融市场，从而为上海国际金融中心建设提供强大的发展动力。目前我国已成为全球第二大经济体，多年全球GDP贡献排名第一，经济地位的提升必将从长期上促进货币的国际地位。可以预期，人民币国际地位为上海国际金融中心建设提供了重要机遇。总之，提升人民币国际地位，做深底色，是上海全球金融中心建设的第一个重要方面。

第四，以人民币为核心，构建人民币的"五大中心"。

如何做深底色？上海要在服务人民币国际化的进程中，形成与人民币国际地位相匹配的全球金融中心，就要构建人民币交易中心、人民币投融资及资产配置中心、人民币定价中心、人民币清算中心和人民币风险管理中心。这"五大中心"之间的关

系是：人民币清算中心居最基础性地位，是其他功能有效发挥的基础平台；人民币交易中心是主要功能，是成为全球要素市场的交易平台；人民币投融资及资产配置中心是核心功能，是全球资源配置的主要工具；人民币定价中心是保障功能，是国际地位和话语权的体现；人民币风险管理中心是保护伞和防护罩。

发达的金融市场：上海建成全球金融中心的"底座"

与美国和英国两个金融大国相比，中国在银行业市场、股票交易、大宗商品交易等市场具有一定的规模优势，但在金融开放程度、证券化率、衍生品市场深度、外汇市场深度、保险市场深度等领域的差距依然很大。可见，中国金融业发展规模在全球已经居于前列，但金融市场发展深度依然存在较大的提升空间。

第一，我国金融市场发展深度存在较大的提升空间。

从各要素市场看来，主要体现在以下方面：一是我国货币市场差距明显。利率市场化改革有待推进。人民币利率走廊初具形态，尚需完善。人民币基准利率曲线尚待培育。货币市场的传导效率仍有待提高。实体经济仍然存在融资难、融资贵的问题。外币融通还处于起步阶段，参与者仍以国有大行和政策性银行为主。二是我国债券市场国际化程度不够，结构有待优化。境外投资者持有量占比超3%，低于美国的35%。境外发行主体占比低，熊猫债余额占全部存量0.3%，低于美国的10%。债券品种结构不平衡，企业债占比仅17%，低于美国的40%。投资者结构单一，商业银行持仓占比57%，远高于美国的13%。三是外汇市场规模小，在岸离岸未打通。银行间市场外币交易活跃度不够，导致上海的外汇交易金融中心地位依赖于全球人民币交易排名。离岸市场相对有限，境内外市场尚未打通。银行间外汇交易市场境内银行类机构占比超过70%。四是大宗商品市场发展分散，国际影响力有待提升。近年来，我国上海期货、大连商品、郑州商品等三大交易所合计交易手数连续9年位居全球首位。但各商品交易所尚未完全形成合力和规模效应；交易主体中小散户偏多、期权、场外掉期市场和创新产品发展不足；期货行业分散、商业银行未获批参与。五是衍生品市场发展较为滞后。总量问题，场外衍生品市场规模远低于老牌交易中心；金融期货市场发展滞后，品种稀缺，交易量很小。结构问题，场外利率衍生品市场规模相对较小。企业风险中性意识不足，套期保值仍有待发展。

第二，做强涵盖本外币业务的上海国际化金融市场。

做强底座，全面提升上海金融市场，是上海建成全球金融中心的又一重要任务。发展人民币交易业务与建设涵盖外币的国际化金融市场是互相促进的关系，具有协同发展效应，同时需要共通的配套设施。一方面，围绕"发展人民币交易业务"，要实现"四化"，即人民币产品多元化、人民币资产优质化、人民币交易国际化、人民币汇率利率市场化；另一方面，围绕"建设涵盖外币的国际化金融市场"，要推动"三化"，交易产品的国际化、参与主体的国际化、市场规则的国际化。总之，上海的金融市场要在发展定位、市场机制、产品创新、基础设施等方面补齐短板，长足发展，对接国际先进水平，将上海金融市场打造成为全球金融市场中最具吸引力和创新力、专业服务能力最强的金融市场，成为全球金融市场的一个重要节点——"上海中心"。

提升人民币与做强金融市场，两者协同发展

本国货币国际化和提升金融市场，两者是互相促进的关系，具有协同发展效应。一方面，建立国际金融市场有助于提升人民币影响力，扩大人民币使用，有助于海外机构人民币交易、投资，进而便利境外机构持有人民币及人民币计价资产；另一方面，注重以人民币为核心有助于差异化竞争，借助人民币资产吸引力加速金融市场国际化。两个目标实现需要共通的配套设施，包括监管环境、基础设施、金融科技、人才保障等。另外，上海国际金融中心建设也将为人民币国际化提供坚实有力的市场支撑。人民币要成为国际市场上广为接受的国际货币，离不开一个发达的、具有国际影响力的在岸金融市场。推进上海国际金融中心建设，也是我国持续扩大对外开放、发挥金融集聚效应、整合全球金融资源、推动人民币国际化不断向更高水平、更广领域拓展的必然诉求和必备条件。

抢占金融科技制高点，
为上海国际金融中心持续培育竞争力

井贤栋
蚂蚁集团董事长兼CEO

未来五年，是上海进一步提升国际金融中心建设的关键时期。未来的国际金融中心一定是金融科技中心。而全球金融科技中心的竞争，主要取决于四个方面：一是领先的金融科技企业之争，是否可以聚集领先的企业，汇聚领先全球的科技思想；二是金融科技的底层技术之争，是云计算、数据库、区块链、人工智能等面向未来的数字技术竞争；三是数字时代的全球支付清算之争；四是创新的政策环境和人才机制之争。

上海拥有科技基因、开放基因、创新基因，是中国最有实力建成全球金融科技中心的城市。作为金融科技从业者，重点从以上四个维度谈谈对上海国际金融中心建设的思考和建议：

持续办好全球金融科技峰会，汇聚全球智慧，打造上海"全球金融科技中心"的全球影响力

达沃斯论坛是每年全球最有影响力的经济思想交流盛会，上海建设全球金融科技中心，同样需要一个比肩达沃斯的全球金融科技盛会，汇聚全球领先企业，交流领先的科技思想。2020年9月举办的外滩大会正是奔着这个目标。分享几组数字：外滩大会成功举办了40余场论坛，云集了500多位国际组织领袖、经济学家、诺贝尔奖得主、金融家和技术大咖做嘉宾分享，就400多个前沿课题展开交流，并且还向世界发布了2021全球金融科技十大趋势，有效实现了在上海引领全球金融科技趋势和思想的目标。外滩大会展示了近千项全球最新的金融科技创新和应用成果，同时促成了一批重大创新合作项目发布，包括蚂蚁链发布全新国际贸易和金融服务平台Trusple，中国工商银行采用Oceanbase自主分布式数据库的签约，以及浦发银行和蚂蚁集团的全面战略合作等，实现了在上海集聚全球金融科技创新成果，推进创新合作的目标。这次外滩大会吸引了3万人次现场参会，超过2000万人在线观看，极大地激发了全球对上海金融科技前所未有的关注，上海也成功向世界示范了普惠、开放、创新等发展理念。

我们会持续办好全球金融科技峰会，希望把它打造为影响力最大的全球金融科技盛会，真正成为上海金融科技中心的新名片。

加快以"云库链"为代表的金融科技核心技术的研发和应用，为上海金融中心持续培育竞争力

过去的金融技术是建立在信息技术的中心化思想上，而数字时代，金融技术将会是分布式的数字思想，以云计算、分布式数据库、区块链为代表的数字技术会是未来金融科技的核心技术。谁掌握数字时代的核心技术，谁就拥有了金融科技发展的引擎。建议"十四五"时期，上海把"云库链"等核心技术的研发和应用作为创新突破口，重点建立和扶持具有核心技术研发和应用能力的机构，形成以上海为中心的关键技术研发中心，形成以上海为中心的技术产业集聚和前沿标准体系，同时加大新技术在上海重要场景的落地和应用。

上海是全球科创中心，具备良好的基础，上海的航运中心、贸易中心等中心建设，都要面临数字化的升级，为"云库链"等新技术的应用提供了最好的土壤。上海是全球第一大港口，可以用区块链、物联网技术建立"数字上海港"，打通港口业务通关、税务、质检、物流、贸易融资等全链路，助力其全球航运数字化升级。未来的产业数字化，区块链是必备的基础设施。落户上海的蚂蚁链近期与中远海运、招商局港口等达成了战略合作，也上线了Trusple区块链国际贸易与金融服务平台，积极探索区块链的产业应用。

把握数字技术优势，加快数字时代全球金融基础设施建设，抢占未来金融科技制高点

移动支付跨境体系是数字时代金融全球化重要的基础设施。上海建设金融科技中心，需要建设面向数字时代的新金融基础设施，这是面对未来竞争的必然选择。中国以移动支付为代表的金融科技，取得了引领世界的优势，建议上海把握这个优势，支持建设面向数字时代的移动支付跨境体系，加快抢占全球金融科技的制高点。通过向全球数字钱包提供数字连接技术，智能风控、反洗钱等网络能力，充分利用人民币跨境支付系统 CIPS 和中国现代化支付系统 CNAPS、银联、网联的清算体系，为全球数字钱包提供信息转接、资金清分对账和结算服务，从而为上海奠定全球金融科技中心地位，并且通过场景带动全球更多企业、个人使用人民币计价和结算，促进数字时代的人民币国际化。

加大政策创新和先行先试力度，真正引领全球金融科技中心的创新趋势

未来的金融科技中心，应当是政策及机制的创新中心。只有继续敢于创新、善于创新，立足中国特色同时又适应国际竞争需要，才能更好引领数字经济和金融业的高质量发展。上海建设金融中心，验证了先行先试、制度创新的价值，比如 2019 年上交所推出了科创板、并试点证券发行注册制改革，目前看，科创板成效显著，成为激活科技创新的关键要素。建议上海在"十四五"时期，进一步加大政策创新力度，增加对科技创新的制度供给。一是增强对金融科技创新的包容性，在重大应用领域能够先行先试，比如推进移动支付跨境体系；二是进一步深化创业投资和资本市场的改革，培育更丰富的创新创业生态。三是进一步加强对科技人才引进和培养，吸引并集聚全球金融科技人才，让他们扎根在上海。

全面谋划推动国际贸易中心能级提升

张国华
上海市商务委副主任

上海基本建成国际贸易中心

经过长期以来尤其是"十三五"时期的接续奋斗,在2020年面对新冠肺炎疫情冲击的情况下,全市上下迎难而上、奋勇攻坚,推动商务经济运行逆势增长、量质齐升,确保了到2020年底如期实现基本建成国际贸易中心建设的既定目标。一是世界级口岸城市地位更加稳固,口岸贸易额年均增长5.2%,位列世界城市首位。二是国际消费城市建设成效显著,社会消费品零售总额、电子商务交易额分别从2015年的1.01万亿元和1.65万亿元,增长到2020年的1.59万亿元和2.94万亿元,消费潜力和市场优势进一步显现。三是贸易主体能级持续攀升,千亿级市场平台数量从2015年的5家增加到10家,跨国公司地区总部和研发中心累计落户771家、481家,钢铁、有色金属、铁矿石等大宗商品价格成为国际市场重要风向标。四是贸易制度创新持续深化,以负面清单管理为核心的投资管理制度和符合高标准贸易便利化规则的贸易监管制度更加完善。但是,对标全球国际贸易中心城市,上海在贸易能级、贸易结构上仍存在一定的差距。

面向未来　全面提高国际贸易中心枢纽功能

"十四五"时期,是开启深化国际贸易中心建设新征程、实现国际贸易中心能级提升的关键时期。上海国际贸易中心建设面临着更加深刻复杂的内外部发展环境。上海要积极应对国际市场和全球价值链变化的挑战,实施贸易高质量发展战略,建设集散功能强劲、有形无形贸易统筹发展、高效链接国内国际两个市场的全球贸易枢纽。《纲要》在不同的章节中分别明确了"全球贸易枢纽""亚太投资门户""国际消费中心城市""国际会展之都"等发展目标,同时还在推进现代流通体系建设、打造国际一流营商环境等方面做出了谋划和部署。对应这些目标,我们感到主要突破口和重点任务在以下6个方面:

第一,培育外贸综合竞争新优势,构筑全球贸易枢纽。一是打造联动长三角、服务全国、辐射亚太的进出口商品集散地。促进对外贸易稳中提质,建设一批高能级强辐射的贸易平台,优化国际市场布局。二是打造新型国际贸易发展高地。实现离岸贸易创新突破,增强转口贸易枢纽功能,拓展跨境电商发展潜能。三是打造服务贸易创新发展高地。提升知识密集型服务贸易能级,持续扩大技术贸易规模。四是建设数字贸易国际枢纽港。探索推进数字贸易规则制度建设,加快建设高质量基础设施,健全公共服务功能,集聚培育国际化的数字贸易品牌,推动建设一批重要承载区,打造长三角全球数字贸易高地。

第二,深入推进高水平制度型开放,打造亚太投资门户。一是实施新一轮高水平对外开放,率先形成与高标准经贸规则相衔接的基本制度体系和监管模式,构建面向全球的投资促进网络。二是实施"总部增能"行动,做大做优做强链接国内国际循环的市场主体,积极参与世界级产业集群建设。三是培育更高层级的本土跨国公司,提升对外承包工程国际竞争力,优化"走出去"公共服务体系。

第三,推动消费持续提质扩容,建设国际消费中心城市。一是创新高端消费供给,提升高端商品和服务集聚能力,推动首发经济发展,深化品牌经济发展,加快免退税经济发展。二是建设多层级商业地标,打造世界级商圈,形成差异化区域商圈,推动"五个新城"商业高质量发展,培育特色商业街区,建设优质夜间经济地标。三是引领服务消费升级,扩大文旅休闲和体育消费,提升健康和养老消费,升级信息消费,扩大外来消费。四是推动消费数字化转型,加快电子商务创新发展,促进线上线下深度融合，提升生活服务数字化水平，推进智能化终端设施建设，推进网络新品牌建设。五是打响"上海购物"品牌，提升"五五购物节"辐射力和影响力，构建"上海购物"品牌体系，优化"上海购物"环境。六是推动生活服务升级，探索超大城市主副食品保供体系，优化社区商业，推进家政提质扩容，完善早餐供应体系。

第四，提升进口博览会全球影响力，全面建成国际会展之都。一是持续放大进博会溢出带动效应，推动贸易升级、产业升级、消费升级、开放升级。做精做强"6天+365天"常年展示交易功能，办好城市推介大会等重大活动，借力进博会首发平台建设"全球新品首发地"，巩固和放大虹桥国际经济论坛全球影响力。二是提升会展业配置全球资源的能力，集聚高能级办展主体和会展项目体系，创新发展"线上线下"融合的展会模式。三是打造国际化城市会展促进体系，形成具有引领性的会展业标准体系，完善事中事后监管、知识产权保护、纠纷解决机制。

第五，推进现代流通体系建设，建设亚太供应链管理中心。一是优化现代商贸流通体系，培育集聚具有全球竞争力的现代流通企业，促进内外贸一体化。二是推动供应链创新和应用，强化供应链物流支持。推进供应链数字化和智能化发展，提升供应链服务平台能级。三是打造具有亚太影响力的大宗商品市场，加强市场监管配套制度建设，在钢铁、有色等领域推动交易规则创新，提升大宗商品国际资源配置能力，打造大宗商品"中国价格"。

第六，持续打造市场化、法治化、国际化营商环境，形成贸易投资制度创新高地。一是支持浦东新区打造社会主义现代化建设引领区，支持自贸试验区和临港新片区构建更高水平开放型经济新体制的试验田。二是推进虹桥商务区打造上海国际贸易中心新平台，做大进口商品集散规模，推动服务贸易创新发展，加快形成联通全球的数字贸易枢纽，持续提升服务辐射长三角的能力。三是优化跨境贸易营商环境，深化跨境贸易降费提速改革，推进中国（上海）国际贸易"单一窗口"建设，健全适应贸易高质量发展的法规制度体系。四是优化国际经贸人才发展环境，加大海内外优秀人才引进力度，强化高水平人才队伍培育等。

新型国际贸易创新发展行动

优化离岸贸易发展环境。 扩大以自由贸易账户为基础的离岸贸易企业规模，支持商业银行为真实合法离岸贸易提供便利的外汇结算服务，包括为企业通过商业银行自贸分账核算单元（FTU）开展离岸贸易提供国际结算和贸易融资等在内的跨境金融服务便利，并将支持范围扩充至离岸加工贸易、服务转手买卖等离岸经贸业务。探索在自贸试验区、临港新片区和虹桥商务区等重点区域研究适应离岸业务发展的税收政策。培育一批离岸贸易标杆企业，推动全市离岸贸易业务规模达到5000亿元左右。

深化跨境电商综试区建设。 持续提升跨境电商公共服务平台能级，培育和集聚跨境电子商务、电商平台、跨境金融、跨境物流及其他相关服务企业，形成具有国际竞争力的跨境电商产业集群。加强市级跨境电商示范园区建设，完善园区功能，打造一批配套完善、产业优势明显的跨境电商产业集聚区。支持物流、平台或贸易企业共建共享海外仓，丰富海外仓功能，扩大服务范围。

提升国际贸易分拨辐射能级。 鼓励跨国物流企业将上海作为其全球或区域性物流分拨业务节点，打造100家进出口规模大、辐射国内国际市场的国际贸易分拨中心示范企业。研究对重点国际贸易分拨企业实施个性化监管方案。支持国际贸易分拨企业提升资金结算等特色功能，提升全球供应链资源配置影响力。

提升转口贸易货物进出监管便利。 在海关特殊监管区域，探索通过电子账册、信用监管、风险监控等集成化制度安排，完善智慧智能、高效便捷的海关综合监管模式，提升货物和资金流动效率。重点发展国际中转集拼、保税检测维修、大宗商品交易、高端研发制造、生鲜冷链等。

扩大保税维修和再制造规模。 支持综合保税区内企业开展航空航天、船舶、轨道交通、工程机械、数控机床、通信设备、精密电子等产品维修业务，提升飞机发动机等维修业务规模和水平。推动临港再制造产业示范基地建设。在确保风险可控的前提下，支持在海关特殊监管区外开展高技术、高附加值、符合环保要求的保税维修业务。

（资料来源：上海市商务委）

建设数字贸易国际枢纽港专项行动

以数字基础设施、市场主体集聚和公共服务建设为突破口，加快建设要素有序流动、功能完善、总部集聚的数字贸易国际枢纽港。

建设一批高质量基础设施。 提升国际海底光缆容量，建设和开通国际互联网数据专用通道，扩容亚太互联网交换中心（APIX），建设大规模高等级云数据中心，建设人工智能公共算力平台。**建成一批国家级基地。** 聚焦数字服务、技术转移、版权贸易、文化娱乐、体育电竞等领域，建设数字服务出口基地、文化出口基地等10个数字贸易领域国家级基地。**打造一批大型互联网平台。** 发挥上海数字经济和在线新经济发展优势，在数字内容、数字服务领域打造10个国际性大型互联网平台，进一步集聚全球数字要素资源。**培育一批全球化布局品牌。** 加大上海数字贸易品牌培育力度，支持企业打造有品牌效应的服务产品，培育云服务、数字化专业服务领域10个全球化布局的服务品牌。**建立一批公共服务平台。** 推动建立数字贸易知识产权综合服务平台、数字贸易跨境支付结算平台、数字贸易数据共享服务平台、跨境贸易数据合规咨询服务平台等4个公共服务平台，提升服务上海、服务长三角数字贸易企业的能级和水平。

（资料来源：上海市商务委）

增强枢纽功能，推动国际贸易中心再上新台阶

沈玉良
上海社会科学院世界经济所
研究员

经过"十五"计划到"十三五"规划，上海基本建成了国际贸易中心，其基本标志是形成了与国际贸易中心相匹配的货物贸易和服务贸易规模；形成具有一定定价影响力的交易体系；以区域总部为主，全球产品总部、区域研发总部为补充的国际贸易中心主体集聚、辐射区域的贸易网络体系；形成了与上海各种贸易方式和口岸、转口贸易相匹配的现代化、信息化的港口体系。

国际贸易中心建设的机遇和挑战

以"数字促进贸易"的经济全球化新阶段，全球数字服务平台正冲击着传统国际贸易中心的形成机制。全球数字服务平台影响了参与全球化经营的城市网络，数据流决定了服务贸易数字化带来的服务贸易流，也部分决定了货物的流向和流量。全球数字服务平台改变了传统商业模式下跨国公司的全球网络体系，即全球总部、区域总部、代表处和直接经营性公司的跨国公司层级组织构架，以平台直接连接到用户或者以平台提供服务的点作为网络体系的一部分，数据中心成为城市中心网络的重要平台。长期摩擦和博弈将是中美经贸关系的主要表现方式。我国消费市场一直稳居全球第二大市场，仅次于美国；2018年我国社会零售消费品总额达到57 574亿美元，与美国的差距缩小到2 800亿美元；2013—2018年五年间，我国社会零售消费品总额保持了8%的年均复合增长率，大大超过美国3.8%的年均复合增长率。预测中国消费市场规模不久将成为全球最大的消费市场。"一带一路"国际合作将推动贸易投资供应链体系逐步形成。在主要"一带一路"市场，我国企业在局部领域的中高端价值链具有明显的优势。我国对"一带一路"相关国家的投资主要通过设立境外经贸合作区方式，使我国单纯依赖在岸经济和国内资源的单向性开放向发展离岸经济和利用国际资源的双向性开放格局转变。长三角一体化发展将锚定"一极三区一高地"战略定位，上海将通过贸易中心平台建设增强城市服务辐射能级，深化对内对外开放联动，在大宗产品交易、货物中转集拼等方面合作，发挥贸易中心功能。

国际贸易中心建设的主要问题

上海的全球产品创新功能比较弱，尚未形成以我国企业主导、上海为中心的国际贸易和国际投资网络体系。评价一国或者城市的全球产品创新能力，主要看PCT在某个产业中的数量和份额。从上海申请的PCT专利看，上海相对比重不是在上升，反而在下降，总体上不足全国比重的5%，大大低于深圳和北京。没有国内企业主导的全球产品功能，其贸易中心只能是成本和市场导向的贸易中心，如此上海将难以在全球贸易中心城市竞争中取得优势。缺乏具有全球影响力的数字服务平台，将影响以数字促进贸易的新一代贸易中心建设。跨境数据流动的限制影响了优质跨国数字服务企业进入中国市场。特别是最大的全球数字服务企业通过云计算等方式形成的数字中心受到股权的限制。以数字促进贸易的经济全球化新阶段或者将替代部分传统贸易中心的功能，或者需要通过数字技术升级传统贸易中心的功能。上海面向欧美企业为主的贸易中心体系会受到美国贸易保护主义的严重影响，区域总部功能因供应链贸易弱化。联结国内和国际两个市场还面临制度壁垒。上海自贸试验区和临港新片区的改革开放力度还需进一步加大，国际贸易中心需要的两种资源和两个市场的联动效应不足。货物市场准入需要的监管协同、服务贸易数字化需要的国内监管体系等都面临障碍。优质内外资资源在各地之间竞争将更加激烈。以补贴等各种形式争夺内外

资总部优质资源,不仅在短期内难以改变,而且会加剧地区之间的竞争。

"十四五"时期深化国际贸易中心建设的目标、思路和制度创新

上海国际贸易中心枢纽功能建设的目标是以全球产品创新带动国际贸易和国际投资为纽带,形成以我国企业主导的国际贸易中心网络体系。在继续发挥欧美国家区域总部对贸易中心的支撑作用基础上,加快培育本土跨国公司各类总部,构建"一带一路"贸易平台;以大宗产品的国际定价权为目标,推动大宗产品交易为实体经济服务;通过贸易流程再造改善以"跨境贸易"为主要指标的国际营商环境,形成高效的数字化服务生态圈。

着力推进五个方面的重大制度创新:

大宗产品交易领域制度创新:可以创新上海期交所的成交匹配机制,设立全国分大区的成交匹配机制,促进现货与期货交易之间的联动。扩大期货市场开放,允许境内期货公司直接代理境内客户参与境外期货业务。建议在沿线国家主要生产地和消费地建立大宗产品期货市场的现货交割地,强化市场套期保值功能和价格发现功能,并尝试用人民币计价。

全球产品创新功能方面:形成以本土企业为主导、市场导向、全球资源配置的全球产品创新体制和机制。以企业为主导,而不是以科研单位为主导,更不是政府部门为主导。

提升贸易商集聚能级方面:细化跨国公司地区总部支持政策,根据其对上海商业支出、高管和技术人员聘用、增量收入等标准分年度评估其贡献,制定相应的税收等其他扶持政策。制定具有国内企业特征的总部政策,国内跨国公司处于与欧美跨国公司不同的发展阶段,需要根据国内企业的特点制定专门总部经济政策。探索基于企业主体监管的离岸贸易外汇管理制度,根据企业信用和资质对离岸贸易的外汇收付实行分类监管,提高外汇收支便利化程度。

国内和国际市场联动功能强化方面:推动进口产品市场准入制度创新,包括货物临时入境、维修或改变后再入境的货物等。再制造货物入境制度创新,建立科学的危化品产品分类监管制度和国内溯源监管制度,落实与生物医药监管有关的便利化措施。继续推进海关特殊监管区货物状态分类监管制度创新,明确海关特殊监管区域关于"国内货物"的监管细则。

数字促进贸易功能方面:率先研究制定数据交易等地方性法规,促进企业间数据共享。企业共享数据主要是由企业内部IT系统生成的数据以及由物联网生成的数据,包括实时数据及交易数据。在自贸试验区进一步扩大电信增值服务开放,允许外商独资设立科技数字服务平台,并试点相关跨境数据流动的细则。

国际贸易中心的演变

	第一代	第二代	第三代	第四代
时期	1970年以前	1970—1990年	1990—2008年	2008年至今
服务内容	最终物品	中间品和最终物品	供应链贸易及相关服务	数字促进贸易
区域集聚形态	发达国家生产点(工厂)集聚	基于全球价值链区域总部集聚	基于全球工厂和市场转移下的总部集聚	全球数字服务平台促进部分区域总部集聚
市场主体	发达经济体制造企业	发达经济体生产性服务企业	协调生产和市场的区域总部	数字联结生产和服务
功能	运输功能	交易、协调功能	交易、协调、生产和市场的资源配置功能	数字技术改变和强化交易、协调、生产和市场的资源配置功能
核心要素	劳动/资本	资本	技术	数字技术
港口形态	海陆交通连接地点	运送与工业中心	以多式联运为基础的国际交易的据点	数字化的港口生态系统
服务半径	有限的区域市场	区域市场	以区域市场为主的全球网络连接	数据连接下的全球生产和贸易网络体系
政策	以降低关税为主要内容的货物市场准入	以降低货物关税和非关税壁垒为主的货物市场准入	国际投资、货物贸易、服务贸易的自由化和便利化	数据跨境自由流动

数据来源:作者自制

扩充大宗商品指数应用场景，提升"中国价格"全球影响力

朱军红
上海钢联电子商务股份有限公司
董事长

大宗商品的价格发现体系由场内与场外两部分构成，场内指期货市场的定价功能，场外指价格评估机构（Price Reporting Agencies，PRAs）的基准报价与价格指数。

虽然我国是诸多大宗商品的重要生产国、消费国和进出口国，但因为场内和场外定价机制，我们都起步较晚，所以规模优势尚未转化为价格优势，我国巨大的消费力，尚未帮助中国企业在全球贸易中，改变其价格接受者的地位。

可喜的是，近年来在上述两个层面我国均取得了突破性的进展。据美国期货业协会公布的2019年衍生品合约交易排名，我国三大交易所在农产品、金属领域表现突出，交易量居全球榜首。而以上海钢联（Mysteel）为代表的国内机构，经过多年努力，也实现了在中国价格指数在国际现货结算、衍生品合约结算上零的突破。

定价指数化背景下的国际竞争

价格评估机构（PRAs）是重要的大宗商品市场组成部分。目前，全球大宗商品定价机制主要是以美国标普国际普氏指数、英国阿格斯指数等为参考的短期定价机制。

随着期货和掉期等金融衍生品的发展，协议短期化、定价指数化、交易金融化的特点愈发突出，指数定价已成为主流定价模式。我国要参与国际大宗商品定价机制的建设，必须在指数编制质量上接轨国际的PRA走出国门，在国际水平开展竞争。

因此，上海钢联（Mysteel）主动对标国际最高标准，成为了国内首个通过国际证监会组织（IOSCO）金融基准原则认证的PRA。如今Mysteel的铁矿石、钢材、焦煤焦炭系列价格指数均已通过国际认证，证明了上海钢联价格指数编制机制的健全、可靠、透明。

Mysteel未来还会推动更多品种走向国际。从钢铁起步，上海钢联如今已横跨五大产业——黑色金属、有色金属、能源化工、建筑材料、农产品，跟踪百条产业链，均每日发布基准价格。

除了质量过国际关，价格指数能否产生国际影响力，更取决于是否为各方市场参与者所认可采纳。以国际铁矿石价格结算体系为例，Mysteel已经成功打破了以往海外PRAs独占的局面，并且开创了人民币价格指数结算的先河。

Mysteel 铁矿石价格指数（MIODEX）在国际结算体系的突破

应用主体	应用内容	意义
FMG（世界四大矿山之一）	采用Mysteel人民币价格指数结算	终结了进口铁矿石仅以美元结算的历史
位于新加坡的GlobalORE	将Mysteel 62%低铝粉矿指数等纳入定价方式	进入国际铁矿石价格结算体系
必和必拓、力拓、淡水河谷、FMG（世界四大矿山）	将Mysteel指数纳入定价机制	打破海外指数的垄断
Sesagoa（印度出口量最大的矿山）等众多印度矿山	将Mysteel指数纳入定价机制	打破海外指数的垄断

PRAs所编制的指数不仅应用在现货市场，也应用在金融衍生品市场，例如开展掉期和期权交易的OTC市场，发挥连接现货与期货市场的作用，产生了巨大的影响力。

对于衍生品的应用，交易所在选择价格指数提供商时十分谨慎，因为到期没有实物交割，直接用指数进行现金结算，因此能被采纳的价格指数都经过了长期的市场考验。

主要 PRAs 与全球交易所合作衍生品合约数量

价格评估机构名称	总部所在地	成立年份	与全球交易所合作衍生品合约数量
S&P Global Platts	英国	1909	1 238
Argus Media	英国	1970	361
IHS Markit	英国	1959	105
SNL Energy	美国	1996	15
Mysteel	中国	2000	3

Mysteel 进入衍生品合约领域始于 2014 年与芝加哥商品交易所的合作，此后又取得了上海清算所与新加坡交易所的合作。新交所基于 Mysteel 价格指数的合约正在设计中。

以丰富的指数应用引领全球价格风向标

上海一直是全国大宗商品的交易中心，特别是抓住了产业互联网的发展机遇，培育了千亿级别的市场平台。以上海钢联旗下的钢铁电商"钢银电商（Banksteel）"为例，2020 年的结算额已超过 1 600 亿元，钢材结算量超过 4 300 万吨，且未来还会取得优异的增长。钢银电商企业用户数超过 13 万家，合作钢厂超 350 家，在国内拥有 50 个服务站点，国际业务已经扩展到 10 余个国家，遍布亚洲、中东、欧洲、南美洲等地区，并在韩国、孟加拉国等地设有代表处。

以钢银电商为代表的平台，打破信息隔离、地域限制、渠道垄断等难点，对交易方进行精准匹配，并配套智能化仓储管理与物流调度，大幅提升全国钢材流通领域的效率。虽然参与交易的钢厂、贸易商、终端用户、物流车队、仓库分布于全国各地，但结算都发生在上海的平台，价格发现功能也留在了上海。

上海要建设具有亚太影响力的大宗商品市场，提升大宗商品国际资源配置能力，打造大宗商品"中国价格"，建议基于已有的现货交易规模、市场平台规模、信息数据规模上的领先性，继续推动交易规则创新，从有形进一步走向无形，丰富价格指数的应用场景，从而引领中国指数在世界范围话语权的提升。

以新加坡为借鉴案例，全球首只铁矿石掉期合约由新加坡交易所于 2009 年推出，之后 12 年全球铁矿石衍生产品市场整体高速增长。新交所的交易量曾一度占到全球铁矿石掉期的 90%，对新加坡的贸易中心地位起到了正面的作用，而其指定价格指数也强化了全球范围的公信力。

新交所铁矿石掉期合约属于场外交易市场（OTC），通过经纪商人工撮合成交。清算和经纪分离，交易者通过认证的清算银行清算。合约到期根据合作 PRA 价格指数现金结算。

OTC 市场连接现货市场与期货市场，起到承上启下的作用。在多层次的大宗商品交易市场中，塔基是现货市场，塔身是场外交易（OTC）市场，塔尖是期货市场，两边是电子商务与现代物流。由于是一对一、非公开市场的交易，OTC 优点是交易方式和标的可以灵活安排，缺点是非标准的合约，且没有交易所作为中央对手方进行中央清算，隐含较高的信用风险。

因此，如果上海能建立大宗商品 OTC 在线清算中心，有望形成一个巨大的增长点，撬动 OTC 市场的发展。通过经纪公司达成交易，通过在线清算中心集中清算，以中国编制的价格指数作为结算标的，以人民币直接结算，向全球开放。不仅为现货市场提供风险管理工具，更可在中国价格的影响力构建、人民币实现国际化、提升上海国际贸易中心能级的进程中起到加速作用。

从基本建成到全球引领：
上海国际航运中心建设回顾与展望

真 虹
上海国际航运研究中心
学术委员会主任

2009年国务院常务会议审议并原则通过了《关于推进上海加快发展现代服务业和先进制造业、建设国际金融中心和国际航运中心的意见》，明确到2020年上海国际航运中心建设的总体目标是基本建成航运资源高度集聚、航运服务功能健全、航运市场环境优良、现代物流服务高效，具有全球航运资源配置能力的国际航运中心。

自从1996年提出建设上海国际航运中心以来，上海的港航产业实现了跨越式的发展。上海凭借世界一流海空枢纽设施、快速高效的集疏运体系和完备的航运服务功能，提升了长三角区域经济与贸易整体能级，综合竞争力与国际影响力得到了稳步提升。在权威的"新华·波罗的海国际航运中心发展指数"的评价中，上海航运中心从2014年全球排名第七位上升到了2020年排名第三位；在联合国贸发会发布的《2019年世界最佳连接港口排名》中，上海港连续十年排名世界首位。

盘点上海国际航运中心建设成就，我们有许许多多的数据和事例：经过多年的打造，上海已形成了虹口北外滩、陆家嘴-洋泾、洋山-临港、外高桥、宝山吴淞口以及虹桥机场、浦东机场等七大航运服务集聚区，航运资源要素在上海高度集聚；一批国际性、国家级航运功能性机构云集上海，全球排名前十的班轮公司、全球前六大邮轮企业中的4家、全球前五大船舶管理机构中的3家、国际船级社协会正式成员中的10家均在沪设立总部或分支机构，其中包括综合运力规模全球第一的中国远洋海运集团等龙头企业，以及国际海事组织亚洲海事技术合作中心（MTCC-Asia）、上海波罗的海国际航运公会中心等权威国际航运组织的分支机构和项目实体。

在硬件建设方面，全球最大的集装箱自动化码头在洋山深水港建成投产；2020年上海港集装箱吞吐量达到4350万标准箱，集装箱水水中转比例达到51.6%，其中国际中转比例达12.3%，共开辟国际集装箱班轮航线达290余条。跨境贸易管理大数据平台初步建成，口岸通关各环节基本实现无纸化。在航空领域，上海建成国内首个"一市两场"的城市机场体系，拥有2个机场、4座航站楼、1个卫星厅、6条跑道、5个货运区，客货设计保障能力1.2亿人次和520万吨。空港通达性居亚洲领先地位。

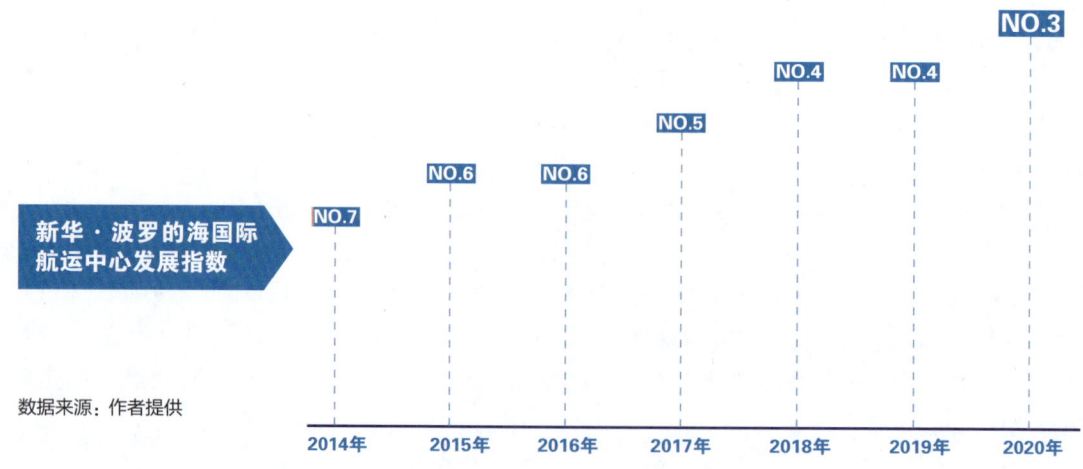

新华·波罗的海国际航运中心发展指数

数据来源：作者提供

2019年，上海航空客货吞吐量达到1.2亿人次和405.8万吨，分别列全球城市第四位、第三位；国际客货吞吐量多年位列我国境内机场第一位。

在高端航运服务领域，船舶险和货运险业务总量占全国近1/4，国际市场份额仅次于伦敦和新加坡，位列第三；上海航运交易所成为全国集装箱班轮运价备案中心、中国船舶交易信息中心，中国出口集装箱运价指数（CCFI）成为国际市场风向标；上海国际航运研究中心建成了"中国航运数据库"和"港航大数据实验室"；海事法律服务能力不断提升，海事仲裁服务全国领先；吴淞口国际邮轮港已具备四船同时停靠的能力，已成为亚洲第一、全球第四的邮轮母港；航运文化服务丰富多彩，我们成功举办了"中国国际海事会展""中国航海日"系列活动，打造中国航海博物馆等航运文化品牌。

纵观当前世界政治、经济贸易与产业发展形势，未来的国际航运中心建设路径也正在发生变化，"十四五"时期是上海国际航运中心从"基本建成"迈向"全面建成"的历史新阶段。上海国际航运中心未来发展过程中，将由相对独立发展向融合一体化发展转变，由注重追求速度规模向注重质量效益转变，由依靠传统服务驱动向依靠创新驱动转变，由重点吸引要素集聚向同步注重互动交流转变，从而全面支撑上海卓越全球城市建设、引领区域高质量一体化发展、推动我国全方位高水平开放大局、融入全球供应链与航运治理体系。总体上分为以下方面：

第一，以枢纽港综合服务为基础，强化枢纽门户功能。一个新兴的国际航运中心如要集聚高端航运服务产业链，就需要有充足的航运物流量作为基础；因此，在相当长的时期内我们应继续保持作为门户港的集装箱吞吐量全球领先地位；为此，我们确定了到2025年集装箱年吞吐量达到4700万标准箱的目标。

第二，以长三角更高质量一体化为导向，引领发展新格局。上海国际航运中心提出之初就确定了以上海为中心、江苏浙江为两翼的航运中心发展格局；为此，我们要按照习近平总书记提出的"要加快同长三角共建辐射全球的航运枢纽，提升整体竞争力和影响力"的要求，在加快上海形成国内大循环的中心节点、国内国际双循环的战略链接中，协同长三角区域共同打造世界级港口群。

第三，以临港新片区改革深化为契机，强化资源配置力。航运中心建设需要借助于制度创新推动进一步的改革开放。上海要成为全球航运资源的配置中心，就需要参照国际最高标准的自由贸易园区政策，营造更加开放的区域，以解决港航领域进一步开放和口岸进一步便利化的深层次问题。

第四，以智慧航运和科技创新为引领，形成发展新动能。新一轮的全球航运中心地位的竞争在于谁能抢占数字经济的先机；航运物流高度依赖于数字化，而科技创新正在颠覆航运原先的发展轨迹。因此，自动化码头、智慧航运、大数据和区块链的应用将是未来航运中心发展的重要牵引力。

第五，以航运互动交流为媒介，提升国际影响力。上海国际航运中心建设不仅仅是上海航运界的事，为此，我们需要加强对内、对外宣传，提升上海国际航运中心的影响力。一方面，我们应通过举办好"北外滩国际航运论坛"，打造全球航运会客厅；另一方面，我们也应该通过各种方式，让广大市民融入到航运中心建设当中；上海将通过航海博物馆、航运文化节、各类航运科普讲座和宣传等，营造"海派文化"的氛围。

2020年基本建成上海国际航运中心的目标已经实现，上海在全球航运界已具有高度的影响力。在"十四五"规划期，我们将深入建设全球领先的国际航运中心，并将基本建成便捷高效、功能完备、开放融合、绿色智慧、保障有力的世界一流的国际航运中心。到2035年，上海将努力成为全球智慧型国际航运中心的引领者。

国际港口发展趋势与上海智慧港口建设

张 欣
上港集团副总裁

世界经济处于深度调整期，我国港口正处于新的发展阶段、面临新的发展形势。新时期下，集装箱吞吐量增速随之放缓，航运市场正逐渐由"港方市场""船方市场"向"货方市场"转变；同时，船舶大型化、船公司联盟化等对港口议价能力造成明显冲击，港口同质化竞争态势加剧。单纯依靠码头节点的优势争取货量增长、效益增长，将变得不可持续。

全球主要港口正在积极探索转型升级方向，构建差异化的价值主张和竞争优势。转型升级方向包括：一是从智能化运营出发，如新加坡港口的2030战略提出高效、智能、安全和绿色四大发展方向，以智能化的操作、运营来体现智慧港口；二是从腹地智慧物流运输出发，如鹿特丹港继续加强腹地运输网络优势，构建互联的信息平台PortbaseSystem，整合相关港口服务，为物流各参与方提供"物流及相关应用的一站式超市"；三是从智慧港口与智慧城市协同发展的角度出发，如汉堡港位于城市中心位置，港口针对当地重要水系易北河制定了潮汐能利用和疏浚方案，对城市经济、社会和生态环境有重要影响。

应用数字化、智能化创新技术，突破传统港口物流的界限，强化对物流链资源的整合与集成能力，在更高层面上优化资源配置，不断提高港口物流效率和服务品质，是未来港口发展的必然。智慧港口建设呈现出运营更智能、物流链服务更协同、数据应用服务更无界、国际贸易更便利、港口业务模式创新更开放、港口生态圈更和谐的发展趋势，新的变革蕴藏着无限的机遇和可能。受新冠肺炎疫情影响，全球产业链和供应链运作模式面临调整，数字化、平台化和智能化进程将显著加快，港口发展只有顺应时代变化，才能巩固和提升在全球贸易和港航供应链中的地位。

"十三五"期间，上港集团运用5G、"互联网+"、大数据、云计算、区块链、平台化、移动化等技术，建设完善港口智能化运营、管理与服务系统，加快港口业务平台化转型发展，创新港口服务模式，促进跨境贸易便利化，助力打造更安全、便捷、高效、透明的口岸营商环境，持续优化港口集疏运体系发展取得了显著成效。比如，持续推进洋山四期自动化码头建设，上港集团建成全球规模最大、智能化程度最高、拥有完全自主知识产权的洋山四期全自动化集装箱码头，2020年突破420万标准箱，已基本实现该码头建设的初期目标。比如，有序开展洋山港智能重卡示范运营，制定实施了"深水港物流园区—东海大桥—洋山港"智能重卡运营技术方案，智能重卡与港区生产场景将进一步融合，在园岛之间实现智能转运助力提高东海大桥通行能力。再比如，平台化、无纸化、区块链赋能集疏运体系优化，全港业务网上受理比例提升至98.4%，实现预约进港、计划改配、在线审核、收费查询等功能，实现了码头、船公司、船代、堆场、货代、集卡司机系统互联、数据互通、信息共享，目前平台日均业务流量6万以上，不仅大大减少企业跑单办证时间，每年还能节约相关企业成本超过4亿元。

展望"十四五"，上海港要进一步巩固提升枢纽港地位，更好地服务国家战略，加快同长三角共建辐射全球的航运枢纽，助力上海国际航运中心建设全面建成，迫切需要借助新技术带来新动能，以价值创新开创新格局，迫切需要加快推进世界一流智慧港口综合服务体系建设，加快数字化转型。几点思考和建议如下：

一是数字化赋能，围绕智慧港口主体优化集疏运体系。 "十四五"期间，立足打造世界一流航运枢纽，确立新科技、新业态赋能智慧港口建设的战略主题。智慧港口战略

洋山港码头　　　　　　　　　　　　　　　　　　　　　　　　　　　　　　　澎湃新闻 周平浪 图

焦点应从控制资源转为精心管理资源，围绕港口运营卓越、生态圈开发和创新业务拓展来展开价值创新，从优化内部流程转向外部互动，从增加客户价值转为将生态系统价值最大化。数字化赋能业务，提升核心竞争力，形成高效便捷的港航物流协同发展的生态系统。以基于数据驱动的港口智能化运营与管理为核心进一步提升运营效率与供应链服务水平，借助信息技术整合和集成港航物流链信息资源、充分挖掘数据价值、打通"信息孤岛"，积极推进跨行业、跨部门、跨区域高效组织与协作，实现智能运营、协同物流和便捷贸易，并朝着金融和数据商业化服务扩展，支撑上海港由单纯的物流节点向供应链平台和贸易平台转型，切实提升服务能级。

二是加大智慧港口建设技术创新和场景应用。 到2025年，集团将充分融合物联网、云计算、大数据、区块链、人工智能、5G等技术应用，打造行业科技创新引领者。围绕主业需求积极开发数字化应用场景，开展复杂场景感知、自主协同控制、调度组织优化、信息安全交互等核心软件与平台研发，显著提升港口运营智能化水平。

三是持续推动码头运营智能化，夯实自主创新能力。 "十四五"期间，集团将发挥TOPS技术优势，以运营智能化为基础与核心，通过设备操作自动化、港口调度智能化和信息数据交互可视化，实现基于数据驱动的港口智能化运营与管理，进一步提升运营效率，推动形成全面感知、泛在互联、港车船协同的智能化系统。

四是以平台为抓手优化集疏运体系，提升"端到端"服务能级。 到2025年，集团将建成以长江港航区块链综合服务平台、空箱中心、ICT等平台建设为抓手，更加安全、便捷、高效的母港集疏运体系及港航生态圈，着力解决集疏运瓶颈，将母港码头服务延伸至腹地，线上线下结合，创新水、公、铁一体的定制化服务模式，提升"端到端"服务能级。

五是智慧港口生态圈期待多方共建。 建设智慧港口，需要加强港航物流链资源整合与集成，特别是口岸信息的集成，期待政府、港航物流企业和其他相关利益方多方共建，加强合作，打造共生共享的开放生态圈。

稳步推进上海智慧机场建设

周俊龙
上海机场集团副总裁

着眼国家民航强国战略和上海航运中心建设目标，上海机场集团积极推动新时代上海航空枢纽建设的高质量发展，致力为上海、长三角乃至中国经济发展提供最佳航空服务保障。当前，通过数字经济和实体经济融合发展，大力促进企业数字化、网络化、智能化发展，进而增强企业竞争力、创新力、控制力、影响力、抗风险能力，既是新一轮科技革命和产业变革的必然趋势，也是新时代的国家战略要求。

智慧机场的基本理念是，针对机场生产保障和运营管理中的智能响应需求，基于新一代信息技术的态势感知、优化处理、智能交互和智慧决策能力，通过业务数字化、数字业务化，打造数字孪生机场全面赋能实体机场，实现机场安全、运行、服务、经营、交通、环境、货运、管理等8个领域的智慧化。

"保证安全第一，改善服务工作，争取飞行正常"，一贯以来都是民航工作的核心命题。作为上海智慧机场建设的前提和基础，"十四五"期间，机场个体智慧化将重点聚焦在安全保障升级、运行效率改善和服务品质提升三个方面。

安全保障升级方面，重点是打造基于智能分析的全感知、可视化及主动防御的安全体系，即针对多跑道、多航站楼叠加大吞吐量的复杂安全需求，运用大数据、云平台、人工智能等技术，整合、联动各类安防系统，形成覆盖机场全区域的立体、可视、主动的安全防御体系，安全隐患数字化管理达到100%，实现哪里有预警哪里就有视频，哪里有威胁哪里就有联动，哪里有联动哪里就有赋能。在机场空侧，基于对低慢小、航空器、人员、车辆、FOD等目标的空间位置和运动状态的实时感知和预测推演，构建空中、地面立体化的安防系统，实现对航空器冲突、车辆违规行驶、人员违规作业、设施设备异常、非法入侵等事件的主动预防和快速响应。在机场陆侧，基于人脸、步态等生物识别技术以及智能安检技术，形成重点区域人员的 oneID，结合民航、海关、边检、公安等数据信息，通过智能识别和视频自动搜索跟踪，实现异常行为人员的发现和轨迹追踪、针对敏感地区旅客的主动防控。

运行效率提升方面，重点是打造基于人工智能的全自动、协同化及高效率的运行体系，即针对大客流、枢纽机场的航班准点和中转效率要求高的需求，运用大数据、人工智能、物联网、定位跟踪等技术，实现各运行保障环节的信息自动化采集、整体运行态势的集中展示和调度指挥的智慧化赋能，形成机场运行保障一盘棋的协同化运控格局。在飞行区，基于航班计划信息与保障资源调配计划的实时掌握和整合分析，结合智能仿真模拟推演，实现进出港航班地面滑行路线的精准规划、飞机桥位的智能分配、保障资源的精细化调度等，解决了因运行保障各环节跨区域、跨单位导致的信息数据割裂、整体运行形势缺乏有效监控问题，大幅改善准点率和应急反应能力。在航站区，实现对中转航班流、客流和行李流的全面智能化管理，大幅缩短旅客中转的最小连接时间（MCT）、提升行李中转效率；陆侧交通方面，通过城市综合交通信息、航班计划、天气情报等进行大数据融合分析，为旅客出行方案选择提供智能化辅助。在货运区，通过整合航空货运各相关方的数据链条、货物自动化处理以及货物全程定位跟踪，打造超级货站，不断降低成本、提高效率、增大柔性，支持货运区域的整体效率提升、流程简化、改善秩序、优化服务。

在服务体验改善方面，重点是打造基于大数据的全自助、流体验、无感知的服务体系，针对旅客日益增长的便捷、自助、个性、智慧等方面的商旅服务需求，运用生物识别、物联网、定位追踪、大数据分析等技术，让旅客充分体验扫脸走全程、安检无感通关、排队时间最小化、商务服务个性化等服务，让每一位旅客、每一次的上海机场之行都有一个超越期望的出行体验。往来上海机场的旅客通过"一张脸"的数字身份，可以轻松无忧地走遍机场，便捷舒适地享受上海机场提供的各项服务。通过智能服务一站式平台，可以获得登机提醒、中转服务、个性化购物信息、路径规划与引导等商务服务。

上海智慧机场建设，将按照"双驱动、三步走"的发展路径稳步推进。双驱动的动力之一，是通过运行中滚动实施专项计划，逐步提升智慧化水平；另一个动力是以浦东机场扩建工程为契机，实现核心生产系统的升级换代以及智慧化应用的大力推广，实现台阶式跃升。到2025年，实现智慧化跨越发展，跻身国内智慧机场建设领军者行列。全面智慧赋能安全、运行、服务等8大领域，形成对机场运行整体状态的即时感知、全局分析和智能处置，机场运行自动主动，推动各类保障资源高效、精准调配，大幅提升安全裕度、运行效率和服务品质。

浦东国际机场

强化科技创新策源功能

按照把创新放在国家现代化建设全局核心地位、把科技自立自强作为国家发展战略支撑的总要求，面向世界科技前沿、面向经济主战场、面向国家重大需求、面向人民生命健康，坚持科技创新和制度创新双轮驱动，以提升基础研究能力和突破关键核心技术为主攻方向，疏通基础研究、应用研究和产业化双向链接的快车道，激发各类主体的创新动力和活力，强化知识产权运用和保护，以更加开放包容的政策和环境培育集聚各类科创人才，推动国际科技创新中心核心功能取得重大突破性进展，努力成为科学新发现、技术新发明、产业新方向、发展新理念的重要策源地。

大幅提升基础研究水平	加强重大战略领域前瞻布局 打造高水平基础研究力量 优化基础研究领域的多元投入方式	**攻坚关键核心技术**	建立关键核心技术攻关新型组织实施模式 构建政产学研合力攻关体制
促进多元创新主体蓬勃发展	培育壮大更多高成长性企业 激发市场主体创新动力活力 大力发展新型研发机构	**加快构建顺畅高效的转移转化体系**	建立更加市场化、专业化的技术转移机制 健全与创新发展相适应的投融资体系
厚植支撑国际科创中心功能的人才优势	大力集聚海内外优秀人才 加强创新型人才培育 构建更加灵活有效的人才评价和激励机制 加大对各类青年才俊扎根上海的服务保障	**以张江科学城为重点推进科创中心承载区建设**	加快把张江建设成为国际一流科学城 加快构建各具特色的科创中心承载区

来源：《上海市国民经济和社会发展第十四个五年规划和二〇三五年远景目标纲要（普及版）》

以制度创新驱动上海国际科创中心核心功能提升

黄礼彬
《纲要》起草组成员，上海市发展改革委发展规划处

2014年，习近平总书记考察上海时提出，要加快建设具有全球影响力的科技创新中心。上海通过谋布局、搭框架、夯基础，不断夯实"四梁八柱"，至"十三五"末，已经形成科创中心的基本框架，在科研支撑体系打造、基础前沿领域研究、创新环境营造方面取得显著成效。"十四五"期间，创新在现代化建设全局中的地位尤为突出，上海将以深化科技体制机制改革为根本动力，推动科创中心在形成基本框架的基础上实现能级跃升，为国家建设科技强国贡献上海智慧、上海样本。

一是优化基础研究的支持机制。2020年，上海基础研究经费支出占全社会研发经费支出比重达7.9%左右，与北京同年的16%相比存在较大差距。同时，上海基础研究投入以政府投入为主，吸引社会资本能力不强。"十四五"时期，上海将探索建立多渠道投入的新机制。一方面，政府投入进一步向基础研究倾斜；另一方面，鼓励企业出资与政府设立联合计划支持基础研究，并给予一定比例的研发费用税前加计扣除和研发费用补贴；支持社会各界设立基础研究捐赠基金，引导社会捐赠资金支持基础研究及科技工作者。高校和科研院所是开展基础研究的重要力量，"十四五"时期，上海将在部分有条件的高校和科研院所试点建立"基础研究特区"，探索形成符合基础研究规律的新型组织实施模式。

二是强化企业的创新主体地位。企业是科技和经济紧密结合的重要力量，是技术创新决策、研发投入、科研组织和成果转化的主体。上海市高新技术企业等创新发展的"塔基"力量，以及战新产业领军企业百强、独角兽企业等"塔尖"的能级与在北京、深圳等城市的企业相比都有一定差距。"十四五"时期，上海将促进各类创新要素资源向企业集聚，持续提升企业研发支出占全社会研发支出比重。比如，实施高新技术企业倍增计划和科技小巨人（培育）工程，培育一批掌握关键核心技术、具备核心竞争力的"隐形冠军"，努力促进更多独角兽企业涌现。同时，针对不同所有制企业存在的创新动力活力不足的问题，分类施策，健全有利于各类企业创新的体制机制。针对国企，明确上海市国企创新投入年均增长不低于5%的强度要求，探索国有科技型公司企业工资总额单列管理，以及相关人员在其科技成果孵化的企业持股、跟投和兼职等新机制；针对民企，加大科技型中小企业技术创新资金、高新技术转化认定资金等科技政策对科技型中小企业的扶持力度，适度扩大政策性融资担保基金的普惠面，推动商业银行建立匹配科创企业轻资产、无抵押等特点的融资模式；针对外企，鼓励跨国公司在上海设立外资研发中心、全球研发中心和外资开放式创新平台，并参与科技创新基地、平台建设和政府科研项目等。

三是疏通科技成果转化通道。上海集聚了不少科研院所，但总体而言缺少成果转化的有效机制和枢纽型平台。"十四五"时期，一方面，对有关事业单位性质的新型研发机构，建立以任务为导向的机构式资助机制，实施综合预算和负面清单管理制度，在科研仪器设备购置、项目研发、人员薪酬和运行经费等方面，允许研发机构自主安排经费使用；对企业和社会组织类的新型研发机构，研究完善认定和动态管理机制，探索允许经认定的社会组织类机构享受相关税收优惠。另一方面，优化高校、科研院所成果转化的激励机制，赋予高校、科研院所科研人员职务科技成果所有权或长期使用权，建立健全权属分配的决策机制、收益分配方案和工作流程；同时，研究将科技成果转化绩效作为高校和科研院所考核评价和应用类项目绩效后评估的重要指标。

释放基础研究新潜力，打造自主创新新高地

朱启高
上海市科学技术委员会副主任

基础研究是整个科学体系的源头，是科技强国建设的根基。"十四五"乃至更长一段时期，奋力实现科技自立自强，实现更多"从0到1"的突破，是新时代对基础研究提出的新要求。在此背景下，上海践行国家重大使命，加快推进具有全球影响力的科创中心建设，要切实增强责任感、使命感和紧迫感，着力在强化科技创新策源功能上下功夫，把基础学科建得更强、基础研究搞得更好，力争实现前瞻性、引领性原创成果的重大突破。

使命：把基础研究和应用基础研究摆在更加重要的位置

基础研究的能力决定了一个国家科技创新能力的底蕴、国际科技竞争力的大小，并最终决定国家综合竞争能力的强弱。当前，随着科技竞争日趋激烈，世界主要科技强国的战略重心已前移至基础研究，特别是愈发重视基础研究对经济社会发展和国家安全的战略作用，并不断加大对以国家目标为导向的战略性基础研究的投入，通过国家政策、立法等多种方式强化基础研究地位，逐渐将加强基础研究上升为基本国策。可见基础研究的"先手棋"效应越发增强，在科技竞争中的地位也越发凸显。必须充分认识到，欲茂其末，必深其根，作为科技创新的源头，基础科学研究的深度和广度决定着科技创新的动力和活力，基础研究不扎实，科技自立自强就是无源之水、无本之木。

基础研究早期以兴趣导向的自由探索为主，中期向需求和应用导向拓展，发展至好奇心驱动和重大科技问题带动相结合的趋势日益显著。总体来看，基础研究具有以下特点：一是内涵的多样性，纯基础研究、战略性基础研究、应用基础研究等多种概念不断出现并相互交织，从不同侧面体现了基础研究的重要性；二是积累的长期性，基础研究是一个知识探索和增长的长期过程，需要十年磨一剑的专注精神；三是对技术的支撑性，许多技术领域困难的背后往往归结于具体核心科学问题的制约，要重视基础研究与应用的关系，关注基础研究对技术和工程的实质性支撑；四是路径的不确定性，基础研究是探索未知的过程，这决定了进程存在中途改变、调整研究计划的风险。因此，我们必须科学、准确地把握基础研究发展规律，抓住机遇努力开创基础研究繁荣发展的新局面。

支撑：以系统布局按下提升原始创新能力的快进键

经过改革开放40多年的努力，上海着力强化源头创新，着力建设创新型人才队伍，着力营造良好的科研环境，全面深化科技体制改革，基础研究水平实现了跨越式发展，为加快建设具有全球影响力的科技创新中心和世界科技强国提供了强大动力。

创新基础不断夯实。在条件支撑方面，国家实验室建设取得重大进展，世界级大科学设施集群效应逐步显现，脑与类脑研究中心、上海期智研究院等一批高水平研发机构加快集聚，2030"脑科学与类脑研究"国家重大项目有序推进，硬X射线、脑与类脑和硅光子等一批市级重大专项相继启动。在人才培育方面，高水平基础研究队伍建设不断加强，在2020年全球"高被引科学家"名单中，上海入选68人次科学家，占全国的8.83%；9位上海青年科学家获得第二届"科学探索奖"获奖，占总人数的18%。在研发投入方面，近年来上海市基础研究投入始终保持"稳中有升"的态势，总体投入位于全国前2名。

基础研究水平大幅提升。国际科技论文影响力显著增强，上海科学家在《科学》《自然》《细胞》三大顶级国际学术期刊上，合计发表论文108篇，占全国31.7%，其

中以第一作者或通讯作者发表论文合计61篇，占全国28.1%。基础研究重大原创成果加快涌现，在脑科学、蛋白质科学、信息领域获得了一批在世界具有重大影响的原创成果；科技部2018年发布的"年度中国科学十大进展"，来自上海科研团队的两项重大原创成果排名第一、第二位。

基础研究环境不断优化。积极发起国际大科学计划，"全脑介观神经联接图谱"大科学计划（工程）中国工作组正式成立，并明确了计划推进路径。率先开展项目经费使用"包干制"改革试点，进一步扩大相关单位科研活动自主权，减轻科研人员负担，充分释放创新活力。符合创新规律的制度体系不断健全，发布上海科改"25条"及其配套政策，进一步放权赋能。

奋进：书写更多科技自立自强的上海答卷

加强基础研究、提升原始创新能力是一项系统工程。"十四五"时期，我们将进一步聚焦服务国家战略，以更大信心、更强意志攀登世界科学高峰，努力实现更多"从0到1"的突破，更好地代表国家参与全球竞争。

一是全力打造国家战略科技力量。加强前瞻布局，强化对国际科学前沿重点领域和方向的谋划布局，准确把握科学发展趋势，力争赢得未来发展的主动权。建设高水平基础研究基地，加快推进上海数学中心、李政道研究所等重大基础研究基地建设，培育一批国家重点实验室、前沿科学中心等机构，着力提升原始创新能力，加强对创新链的整体支撑。

二是为技术创新提供更多源头支持。实施一批以需求导向的基础研究任务，围绕经济社会发展的重大需求和行业发展方向，完善基础研究布局，实施一批重大应用性基础研究任务。提升企业自主创新能力，启动"探索者计划"，鼓励企业面向产业发展的重大科学问题开展战略性、前瞻性基础研究和应用基础研究，促进跨部门、跨行业、跨区域的协同创新。

三是着力深化体制机制改革和探索。发布《关于加快推动基础研究高质量发展的若干意见》，以高水平基础研究供给引领支撑经济高质量发展，为加快建设具有全球影响力的科技创新中心提供强大支撑。试点设立"基础研究特区"，选择部分具有基础研究突出优势的高校和科研院所，支持机构自由选题、自行组织、自主使用经费，进一步激发科研人员自主权，引导科学家长期潜心开展基础研究。进一步优化各类投入机制，加大市级财政投入力度，引导和鼓励企业、社会以适当形式加大基础研究投入力度，构建基础研究多元投入体系。

四是营造良好基础研究发展环境。打造高水平人才队伍，聚焦基础学科及前沿交叉学科，建设一批强基人才培养高地，建立面向未来的顶尖人才培养新机制。优化项目管理机制，建立信任为前提、诚信为底线的科研管理机制。深入推进基础研究项目经费使用"包干制"，在调整研究方案和技术路线方面赋予科研人员更大自主权。强化科学研究国际合作，积极发起国际大科学计划（工程），以探索未知世界和解决重大全球性问题为目标，开展更高水平国际合作交流。

加快推进研究型大学向创新型大学转变

林忠钦
上海交通大学校长

"立足新发展阶段，贯彻新发展理念，构建新发展格局"是贯穿"十四五"规划和2035年远景目标纲要的战略导向。进入新发展阶段，更需要以科技创新催生新发展动能，大力提升自主创新能力，突破关键核心技术，努力实现高质量发展，加快构建新发展格局。高校要紧密对接国家重大战略需求，全局谋划推动科技创新，抢占科技竞争制高点，充分发挥在创新人才培养、创新服务国家以及配置全球创新资源方面的重要作用，加快推进研究型大学向创新型大学转变。

要为实现第二个百年奋斗目标培养创新人才。 实现第二个百年奋斗目标，关键靠人才。要推动科技快速发展，实现创新驱动发展，就要以更加创新的理念和方式培养世界一流的创新人才。首先要厚植家国情怀，合力培养担当民族复兴大任的创新人才。从教育救国、教育兴国到教育强国，都需要像钱学森这样一大批矢志报国的栋梁之材。高校以及全社会都要旗帜鲜明地树立服务国家、服务人民的导向，让青年一代把个人发展融入到民族伟大复兴的征程中，把事业之根、人生之根牢牢扎在祖国大地上。其次要开拓创新，加强高校与行业在创新人才培养上的深度合作。当前高校人才培养的知识结构和传授方式相对固化，难以跟上行业的快速发展和现实需求。因此，我们既要加快知识更新速度，还要打破传统学科设置的限制，创立新的学科体系、知识体系。这就要求高校与行业进一步加强合作、深度对接，推动以问题和需求为导向的人才培养模式变革。如，智慧能源是能源产业的重要发展方向，对国家实现"碳达峰""碳中和"的中长期目标意义重大，但传统的能源学科无法满足能源与信息产业交叉融合发展的需要，需要国家大力支持高校和行业骨干企业联手，重新设计人才培养方案，开辟一条引领未来技术发展的创新型、复合型、应用型人才培养新路。最后要乘势而上，在国际竞争中更加积极主动地争夺优秀人才。科技竞争归根到底是人才竞争。客观而言，很长一段时间以来，我们培养的最优秀的本科毕业生，大多把赴海外一流大学深造作为首要选择。但是，随着中国的制度优势在抗击全球疫情中充分彰显，越来越多的优秀学子选择留在国内。国内高校应当加倍努力，加快提升教育质量和水平，构建拔尖创新人才培养体系，使广大学子不出国门就能享受世界一流的教育，让更多的优秀学生在国家发展、民族复兴中成长成才。

要加快成为创新发展的重要战略力量。 习近平总书记在科学家座谈会上指出，要发挥高校在科研中的重要作用，形成战略力量。一方面，要通过深化产教融合，为高校参与解决"卡脖子"问题提供更多机会。近年来，高校的科技创新能力显著提升，也积累了很多科研成果。但总体而言，这些科研成果对于破解"卡脖子"问题仍有一段距离，主要原因之一是高校的科研创新与企业的实际需求还没有很好地衔接。要解决这一问题，需要高校和企业各自向前迈出一大步，高校要有更加主动为企业服务的意识，企业也要对高校承担重大任务给予更多信任。同时，也需要相关主管部门加强对校企深度合作、破解"卡脖子"问题的引导与支持。另一方面，要进一步支持高校挑战最前沿的问题，力争产出推动人类社会进步的标志性成果。高校在前瞻性基础研究、引领性原创成果突破、颠覆性技术创新等方面具有独特优势，也应具有当仁不让的责任担当。对此，高校要树立更加远大的目标，聚焦抢占全球科技战略制高点，开展引领世界科技发展、关系"卡脖子"技术根源问题的基础理论研究。

要瞄准世界前沿，积极融入全球创新网络。 中国的科技创新和发展越来越离不开世界，世界的科技进步也越来越需要中国。坚持面向世界科技前沿、面向经济主战场、面向国家重大需求、面向人民生命健康，为国家创新驱动发展提供人才和科技战略支撑，这是创新型大学的使命。一要把科技自立自强与开放合作有机结合起来。要增强自主创新能力，打好关键核心技术攻坚战，以全球视野谋划创新事业，积极融入全球创新网络，不断深化各领域交流合作。坚持把服务国家、造福人类作为价值追求，坚定不移推动国际化办学，在开放合作中提升自身实力和创新能力。二要更加瞄准世界科技前沿，强化基础研究。要实现前瞻性基础研究、引领性原创成果重大突破，为核心关键共性技术、前沿引领技术、现代工程技术、颠覆性技术创新提供重要战略支撑。三要提前谋划布局高层次人才培育工作。持续推进"领军人才培育计划"，完善长聘体系和学术荣誉体系建设。进一步加强对海外优秀人才的引进，优化人才入口把关的协同工作机制。全力支持青年教师成长，推动教师发展支持体系更加健全、管理评价制度更加科学、待遇保障机制更加完善，持续激发教师队伍创新活力。

思创新、聚人才、建生态，更好发挥企业在科技创新中的主体作用

张 强
上海联影医疗科技股份有限公司
董事长

科技是国家强盛之基，创新是民族进步之魂，国家赖之以强、企业赖之以赢、人民生活赖之以好。"到2035年，更多关键核心技术自主可控，科技创新成为驱动发展的强劲引擎"，这是《上海市国民经济和社会发展第十四个五年规划和二〇三五年远景目标纲要》（以下简称《纲要》）明确的目标任务。

为解决科技创新的痛点、难点、堵点，《纲要》从政策层面统筹布局、充分协调。尤其值得关注的是，此次《纲要》明确指出："要强化企业创新主体地位，促进各类创新要素向企业集聚。"将企业作为创新主体，是促进企业发展、推动创新链和产业链有效对接、提高国家创新体系整体效能的重要战略举措。而如何才能更好发挥企业作为科技创新的主体作用，我们认为应该从"创新意识""创新人才"和"创新体系"三方面发力。

创新意识是一个创新主体首先应该具备的基本要素。 创新是企业发展高度的基础性和决定性因素，是提升企业核心竞争力的必由之路，是企业生命的不竭源泉。企业要赢得市场竞争的主动权，根本出路就在于创新。谁走好了科技创新这步先手棋，谁就能在市场竞争中占得技术优势、赢得制胜先机。因此，一个具有长远发展目标的高科技企业，创新意识是促进其发展的内在源动力，这也决定其能够成为孕育科技创新的肥沃土壤，成为社会科技进步的重要创新主体。

打造引才留才"强磁场"，是企业发挥好创新主体作用的重要因素。《纲要》中近120次提及"人才"，强调要"进一步吸引集聚全球优秀人才"，要"发挥企业家在技术创新中的重要作用，集聚造就一大批创新开拓的企业家人才队伍"，归根到底是重视人才，特别是高层次人才的力量。

通过"企业家+人才"创新团队模式，企业创新平台和科技领军人才发挥各自优势研发新技术、新产品。通过打造"硬实力"和"软环境"，不断增强对高端创新人才和团队的吸引力，拓宽"引才留才"渠道加强人才集聚，激发人才的示范带头引领作用，为企业进步及产业发展注入活力。

对于联影这样的高科技企业来说，"以人才为核心"是我们创新能力不断提升的关键所在。联影通过多渠道的"引才留才"及人才培养计划，截至目前已组建了一支7000多人的世界级人才团队，其中40%以上为研发人员，有140多位具有海外背景的领军人才、500多位深具行业经验的高级人才。这支世界级水准的核心研发团队，是联影实现技术突围的中坚力量，也是我们实现持续创新的不竭源泉。

发挥企业优势，打造全产业链深度协同的创新体系，是企业成为创新主体新力量的核心所在。 企业、高校、科研院所在科技创新中各具优势，具有很大的互补性和合作潜力。在相当长的一段时间里，科学研究的主体主要是专设的科研机构和高等院校，这一状况现如今已然发生了转变。2019年5月14日召开的国务院常务会议指出："发挥市场机制作用，支持企业提高创新能力，是激发市场活力、增强发展后劲、推动高质量发展的重要抓手。"自此，在关键环节、关键领域和关键产品等产业发展进程中，企业的主体作用越来越凸显。

相较于高校、科研院所，企业天然具有联结技术与产业、将研发向产品和商品转化的动力。企业的科技创新动力更侧重于需求和应用，即把新理论、新原理转化成具体的应用途径和实用技术，继而转化为实用新产品、新工艺、

新解决方案等生产力,以满足市场需求或转化为直接的经济效益,促进企业可持续发展。因此,企业的科技创新具有更强的市场需求导向属性,工程能力、成果转化动力往往更强,对人才、技术、资金等创新要素的配置及创新、激励机制更加灵活。

相比之下,高校及科研院所学科门类更全、科研队伍资源优势更明显,创新动力更偏重具有公共性质的共性技术和基础研究,通常瞄准国际科技前沿,适应国家重大需求,重点在于解决国家经济社会发展中的产业关键、核心技术。

因此,企业作为科技创新主体,应充分利用自身优势,协同产学研用各方资源,建立全产业链深度协同的创新体系,这将极大提升产业链上下游的整体创新能力。以高端医疗设备行业为例,从企业的创新要素整合能力来说,企业,特别是龙头企业,可以利用灵活的体制和激励机制,集成高校、科研院所的科研成果,统筹行业上下游的创新资源,组建一支以完成国家重大核心技术攻关任务为导向、以国家战略需求为牵引的科技创新联合体。在创新生态网络下,龙头企业牵头协同产学研医检承担了一批国家重大科技任务,攻克了一系列关键核心技术、应用基础研究等关键问题,突破产业安全、国家安全的重大技术瓶颈制约,加快实现了我国在部分领域和技术上的"弯道超车"。

综上,只有不断加强"创新意识""创新人才"和"创新体系"的建设,企业才能进一步发挥好在科技创新中的主体作用,完成向高质量、精技术、大品牌、优服务的转型升级。而在这个发展过程中,政府及各界资源如能够更加精准、聚焦地支持具有创新引领性的企业及其创新联合体,将有助于大幅提升创新发展速度,从而加快推动实现企业对创新链的牵引作用,将产业向价值链更高端延伸,不断提升我国科技实力。

新型研发机构：推动上海国际科创中心建设的生力军

王 果
上海市发展改革研究院
改革创新研究所所长

新型研发机构是近年来科技创新领域的热门词汇，作为一种新的科技载体和创新组织模式，新型研发机构发展备受关注。上海市"十四五"规划《纲要》专门就大力发展新型研发机构提出了发展方向和着力点，表明发展新型研发机构在未来上海强化科技创新策源能力中占有重要位置。新型研发机构究竟有何魔力？它能够为科创中心建设带来什么？如何打造符合上海创新型经济发展的新型研发机构？有必要进一步深入理解这类在科技创新领域扮演越来越重要角色的新经济形态。

新型研发机构"新"在哪里？

新型研发机构不是简单建立的"新的研发机构"。新型研发机构的"新"，主要是其实施了有别于传统科研机构的运作模式和运行机制，背后是政府资源和市场机制的有机结合，通过符合创新规律的制度设计，让新型研发机构既享受到体制内政策的红利，又能获得市场化机制的动力，从而迸发出强大的创新生命力。从全国各地的实践来看，新型研发机构表现出的典型特征包括：第一，举办主体多元，形态多样。新型研发机构往往是由政府、大学、研究院所以及企业共同参与形成的，在机构性质上，既有"三无"（无行政级别、无事业经费、无事业编制）特色的"特殊机构"，也有事业单位、民非和企业等多种形式。第二，涵盖研究、研发、转化、投资等多种功能。新型研发机构将各种创新要素集成于组织内部，降低了交易成本，并且实现了创新链条的全覆盖。第三，实施有利于创新的特殊运作机制。新型研发机构的运作机制不拘泥于现有的条条框框，而是着眼于机构创新能力提升最大化，运作更加灵活、科研更加自由、学术更加自主。第四，具备强大的自主生长扩张能力。新型研发机构大多为开放式的创新资源集聚平台，可以不断引入新的投资主体、并购新的发展资源、打造新的研发链条，在较短时期内实现快速发展。第五，对新技术、新产业、新领域具有极高的敏感度。新型研发机构在传统研发机构的空白点找到自身发展的空间，其始终以市场需求为出发点开展创新供给，从而成为培育新兴技术、孕育新兴产业的重要载体。

可见，新型研发机构是顺应科技革命和产业变革的产物，实施顺应创新规律的新机制、新模式，使其在开展周期较长的基础研究、交叉学科研究、工程化与中试、产业化推广等方面独具优势，对于盘活创新资源、实现创新链条的有机重组、提升国家创新体系的整体效能，具有重要的意义。

用创新的思维看待和推动新型研发机构发展

新型研发机构本身就是对传统科研机构的"突破"，为了让这类机构活好活久，在促进产研融合中发挥更大作用，政府和社会必须以一种创新的思维来看待这一新兴事物，给予新型研发机构充足的发展空间。近年来，上海市高度重视新型研发机构发展，结合科研机构改革，既做增量、也改存量，持续探索新型研发机构发展路径。2018年，市政府工作报告首次提出"以企业为主体加强技术创新体系建设，涌现一批具有国际竞争力的创新型企业和新型研发机构"。2019年，出台《关于促进新型研发机构创新发展的若干规定（试行）》，明确新型研发机构的功能和支持政策。目前，已初步形成了涵盖基础研究、应用基础研究、共性技术开发、成果转化等方面的新型研发机构发展体系。比如，面向技术研发与成果转化，推动建立了朱光亚战略科技研究院、上海清华国际创新中心等机构，主要聚焦行业共性技术、产业关键技术开展技术研发和产业化。又如，针对前沿基础科研领域，推动建设了李政道研究所、上海脑科学与类脑研究中心、上海量子科学研究中心、期智研究院等从事基础研究和应用基础研究的新型机构。再如，推进转制科研院所成为新型科研机构，上海工业自动化仪表研究院有限公司、上海化工研究院有限公司等这类由传统科研院所企业化转制后的新型科研机构，主要针对特定行业开展技术研发与服务。

但我们还要看到，新型研发机构目前尚处在探索阶段。本市新型研发机构总体还呈现少、小、弱的格局，相应法规滞后、配套政策不健全等短板还羁绊着新型研发机构的发展。尤其是对发展新型研发机构，从认识上、支持上、管理上都还存在不同的看法和声音。比如，在认定标准、支持方式、考核评价等方面还缺乏操作细则；再比如，目前的运作体制机制突破还不够，难以适应新型研发机构开展创新活动的需要等等。

新型研发机构建设的"加减乘除"法

上海发展新型研发机构既要学习借鉴广东、江苏等兄弟省市的成功经验，更要结合自身科技创新资源禀赋，通过机制创新、模式创新、政策创新，让新型研发机构成为盘活各类创新资源、发动创新引擎的"点火器"。"十四五"时期，上海要从创新机制入手，分类推进新型研发机构改革，关键是做好"加减乘除"法。

第一，能力建设上做"加法"，加大对新型研发机构的支持力度。从实践来看，新型研发机构建立后的能力建设阶段离不开包括政府资金在内的各种支持，比如深圳为清华研究院提供免费的办公物业，南京市江北新区对通过南京市备案的新型研发机构一次性给予500万元奖励等，政府的精准扶持有助于新型研发机构快速培育建立起产研对接融合能力。因此，政府需要在新型研发机构建设期给予大力支持并保持足够的耐心，让新型研发机构按照符合创新规律的节奏和方式稳步发展。如针对研发周期长的基础研究、应用基础研究，建立"章程式管理、机构式资助、第三方评估"的长期稳定支持模式等。

第二，科研管理上做"减法"，让新型研发机构能够"轻装上阵"。新型研发机构之所以受到青睐，一个很大的原因就在于其实施有别于传统事业科研单位的管理体制。上海市"十四五"规划《纲要》中提出"对于事业单位类新型研发机构，细化落实不定行政级别、编制动态调整、不受岗位设置和工资总额限制的管理机制，建立任务为导向的财政经费综合预算管理制度"。这就需要在管理机制上最大可能为科研机构"松绑"，给予研发机构更大自主权，让最贴近科技创新一线的新型研发机构能够按照符合创新规律的方法自主选择组织模式、运营方式，开展研发创新。同时，这也对政府管理部门提出了更高的要求，比如要探索建立针对新型研发机构科研绩效的新型考核机制，对于基础科研类机构，适当延长考核的周期；对于技术创新类机构，探索以市场认可为导向设计考核指标等。

第三，功能培育上做"乘法"，分类施策推进新型研发机构发展。新型研发机构往往具备研发、转化、孵化、投资等为一体的复合型功能，政府要做的就是更好为其赋能，帮助其做强产研融合功能。上海市具有新型研发机构特征的创新主体较多、发展模式差别较大，这既是上海创新资源丰富的优势，同时也是受传统管制思维深、改革难度大的原因所在。对于各类新型研发机构不能实施"一刀切"式改革，要结合各自特点，分别明确发展方向。具体而言，对李政道研究所、上海量子科学研究中心、期智研究院等基础科研类机构可以持续加大支持力度，实施合同式管理和任务导向的稳定支持方式。对研发转化功能型平台等与市场结合度高、技术应用前景广的产业技术研发机构，在制度上充分"松绑"，强化平台的市场服务能力。对转制后的新型科研机构，探索向团队控股的混合所有制模式转变，打造科技研发服务集团。对于上海产研院、朱光亚战略科技研究院等，推动其向功能性、枢纽型创新平台转变，提升配置创新资源、服务科研机构、促进产研融合功能。

第四，破除障碍上做"除法"，制度创新焕发新型研发机构活力。与兄弟省市相比，尽管上海市探索新型研发机构发展起步不晚，但总体上来看，在创新研发机构体制机制、营造发展制度环境方面仍突破不够，通过制度创新驱动新型研发机构科技创新仍是重中之重。因此，要给予各类研发机构改革创新的空间和氛围，完善针对新型研发机构的法律法规，支持新型研发机构加大改革探索力度，争当科技体制改革的"试验田"。比如支持新型研发机构在经费使用、成果权属、收益分配等方面加大探索力度；允许新型研发机构聘用外籍人士担任法人代表、享受科研设备进出口税收减免；探索产业园区与新型研发机构深度合作的新模式等。

以知识产权升级思维助力上海科技创新发展

丁文联
金杜律师事务所合伙人

一个企业、一个区域、一个国家欲图长期发展并具有竞争优势，应该以升维思维谋篇布局，不断提升实力，以跻身并长居于强者之林。"升维思维"本质上是一种创新与超越思维，用之于科技，催生革命性、跨时代技术；用之于企业，催生革命性产品、颠覆性商业模式；用之于创新体系建设，则帮助美国、德国、日本、以色列、荷兰等科技发达国家发展出值得我们借鉴的先进创新体系。而在创新体系的建设中，知识产权（IP）无疑是重要的基础力量、内生力量，构建一个高水平的创新体系需要具备一颗高水平的IP芯。

《上海市国民经济和社会发展第十四个五年规划和二〇三五年远景目标纲要》（以下简称"规划《纲要》"）把推进具有全球影响力的科技创新中心建设放在了至关重要的位置，如何以知识产权升维思维提升上海国际科创中心建设能级，是贯彻落实规划《纲要》的一个重要议题。

加强IP与科技创新的融合

规划《纲要》所提出科创中心建设的六个方面，都离不开IP要素的融合。首先，基础科学研究、关键技术突破、促进多元创新主体发展、厚植人才优势，除了一般所言须以知识产权保护为基础，其实还需要以知识产权研究为先导，在广泛研究世界各国相关领域知识产权状况的基础上才能制定科技与IP相融合的科技竞争策略，才能锻造科技与IP均具有优势的创新主体与创新人才。其次，为加快构建顺畅高效的转化转移体系，就需要着力疏通基础研究、应用研究和产业化双向链接的快车道，因此规划《纲要》特别提出要建立更加市场化、专业化的技术转移机制，完善高校、科研机构成果转化的激励政策，促进知识产权市场化运营和资本化运作。再次，以张江科学城为重点推动科创中心承载区建设，无疑也需要在制度与人文上建设有利于IP创新、保护、运用和转化转移的环境。

接下来的问题是，如何更好实现IP与科技创新的融合？产品创新的"升维"经验告诉我们，越是提早将用户需求（包括潜在的用户需求）以及与之相匹配的功能、性能要求融入产品的早期设计，就越能制造出满足用户需求甚至是引导用户需求的产品。同时，越是功能集成化的产品越能满足用户的多功能需求。借鉴这种融入、集成式的升维思维，IP与科技创新的融合，至少应该在以下三个层面推行：

其一，应产业融合、产业集约、产业集群的需求，推动跨技术、跨领域、跨部门的IP服务融合。比如，在生物医药产业因应产医融合打通IP融合机制，在生物信息技术领域跨生物、信息技术进行IP融合，在汽车产业推动汽车制造在新能源、智能网联方向上的IP融合发展，在高端装备产业发展核心IP以提升设备、材料、信息技术与系统集成能力，在集成电路行业适应产业集群需求而全面发展芯片设计、关键器件、核心装备、核心材料、EDA设计工具等关键环节的IP吸收与创新。

其二，应"产学研融合""军民融合"、多所有制融合、中外融合等各种突破体制、机制约束的科创融合需要，推动各种IP服务创新。比如，针对前述各类融合，设计富于激励而公平合理的科技成果产权归属机制、商业利益分享机制，设计安全、顺畅、高效的IP交易和IP投资架构。

其三，应高端生产性服务业的融合发展需求，促进IP与其他服务行业的融合协同。比如，规划《纲要》提到"吸引境内外创业投资基金等来沪……不断加强对种子期、初创期中小微科创企业的金融支持"，这一方面可以学习借鉴硅谷、以色列等地的风险投资（VC）实践，将技术甄别与培育作为 VC 投资的重要维度，消除目前国内 VC 重商业模式、重流量、轻技术的流弊，通过 IP 服务机构与政府投资机构、VC 等商业机构的合作，提高技术先进企业的创业成功概率，培育更多真正具有技术竞争力的"独角兽""瞪羚"与"隐形冠军"企业。

打造 IP 基础设施

科技领域的一大升维思维是建设重大科技基础设施，为重大科学研究突破提供物质技术条件。2021 年初，上海市科委发布《2020 上海科技进步报告》显示，截至 2020 年底，上海已建成和在建的国家重大科技基础设施 14 个，设施数量和投资金额均全国领先。按照规划《纲要》指引，"十四五"时期，上海将加快推进硬 X 射线、上海光源二期、海底观测网、高效低碳燃气轮机等重大科技基础设施建设，并持续完善大设施的管理运行体制。

但如果仅仅止步于上述物质基础设施，科技创新仍然缺乏一些软条件或者服务性基础设施的支撑，这些服务性基础设施包括金融基础设施、人力资源基础设施、检验检测基础设施，也包括 IP 类基础设施。而 IP 类基础设施，除了规划《纲要》中已经提到的上海技术交易所、国家知识产权国际运营试点平台、产业知识产权运营中心、知识产权风险精准预测机制，还可以充分发挥政府投资的公共服务功能，大力建设供中小创新主体低价乃至免费使用的各类知识产权情报数据库，各类知识产权基础评测设施，各类知识产权基础分析与指引设施，以帮助中小创新主体在科技研发中以较低成本获得情报检索资源，在企业创业初期避免存在知识产权严重风险，在企业发展初期获得基本而良好的知识产权指引。特别值得一提的是，在司法基础设施方面，应该尽早让上海知识产权法院像上海金融法院一样成为一家独立的法院，摆脱非独立机构所存在的种种体制机制与资源掣肘，以利于上海知识产权法院的长期发展，充分发挥其在保护知识产权、优化营商环境上的重要作用。

提升 IP 服务竞争水平

必须正视的是，尽管这些年来，上海 IP 服务产业获得高速增长，但依然像很多领域一样受制于低价竞争而存在良莠不齐的状况，与上海高质量、高水平的科创发展不匹配，与上海建设知识产权保护高地的目标不匹配。规划《纲要》提出，要延展科技创新服务链，提升专业服务能级；要强化标准引领、法治保障、品牌诚信和资金支持，将"四大品牌"（即上海服务、上海制造、上海购物、上海文化）塑造成为响亮恒久的金字招牌和驰名中外的城市名片。如何将上海的 IP 服务和其他服务一样塑造成为金字招牌和城市名片，的确需要考虑研究制定 IP 服务行业的标准引领，强化 IP 服务行业的诚信监督、质量监督，也的确需要考虑研究如何利用资金支持引导高质量 IP 服务的市场供需。此外，也可以利用前文提到的 IP 基础设施的挤出效应、示范效应，净化 IP 服务市场环境。

归结起来，正所谓"欲穷千里目，更上一层楼"，规划《纲要》关于科创中心建设的谋篇布局充分体现了站高一层、统揽全局和促融合、促集成的升维思维，而贯彻落实规划《纲要》，也需要以升维思维打造科创中心建设的 IP 内核，特别是以升维思维促进 IP 与科技创新的融合、打造 IP 基础设施和提升 IP 服务竞争水平。

如何吸引人才：夯实科研基础，优化制度设计

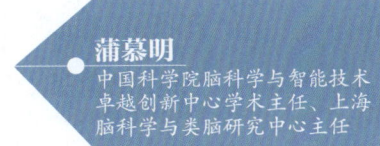

蒲慕明
中国科学院脑科学与智能技术卓越创新中心学术主任、上海脑科学与类脑研究中心主任

全球科创中心版图中，纽约、旧金山、伦敦、波士顿等几个城市位列"第一方阵"，上海目前则处在"第二方阵"。"十四五"以及将来相当长的一段时间，上海要进入"第一方阵"，首先要努力成为国际人才聚集地。

以优质科研平台吸引集聚青年科技人才

上海打造国际科技人才的集聚地绝不仅限于吸引诺贝尔奖等级的顶尖人才，更要着力聚集三四十岁左右、处于爬升期的青年人才，包括博士后和年轻的PI（Principal Investigator）等。要引入这些人才，上海自身的科研水平和科学环境等要达到与之匹配的高度，以扎实的科研基础和良好的科研环境为其提供发挥才能的平台，这样才能"引凤来栖"，逐步成为国际科技人才特别是青年科技人才的聚集地。

2022 全球科创中心评估：上海综合排名升至全球第八，人才需求保持活跃

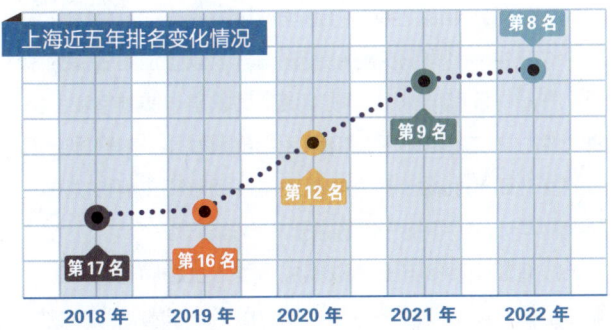

2022年7月，上信智库发布《全球科技创新中心评估报告2022》。《报告》显示，上海在全球主要科创中心城市中综合排名稳步上升，2022年位列第八。

人才是科技创新的核心要素之一。在人才需求这一分项指标上，近年来上海上升势头明显，2021年挺进全球前五，2022年受到疫情影响有所下滑，但仍保持强劲势头，处于全国领先、全球前列。

提供与国际人才需求相匹配的制度和环境配套

要往全球科创中心"第一方阵"发展，上海必须思考如何让国际人才更好地融入国内环境。来沪发展的全职科学家不同于短期访学出差学者，除了待遇，他们更加关心的是这座城市的退休、医疗和教育等制度以及生活环境等。为此，政府需要思考如何优化相关制度设计来满足国际人才的各方面需求。比如，退休制度方面，我们尝试参考香港模式，将人才在上海工作年限中所得工资的15%作为退休金，受到了他们的接受和认可。再比如，城市文化是否包容、多元，城市生活是否便捷、顺畅等都是国际人才关心的重点。而上海海纳百川、大气谦和的开放品格，便捷优质的生活配套，兼收并蓄、包容开放的文化氛围以及对外交流的能力，本身就是吸引国际人才的重要因素。我们了解到一位四十几岁的犹太籍科学家，即使在欧盟享受优渥的待遇，但是他还是愿意全职到上海来工作，因为上海已具有一定的脑科学研究环境，他和他的家人对上海的文化和上海过去的犹太人在此居住的历史非常感兴趣。

改变教育理念，加强创新型人才培育

教育是创新的源头，而教育本身也在创新和改革。教育的创新不仅在于变革专业教育的设计，而是要从根本上改变教育理念和教育方式，比如，从说教式教育变成启发式教育、从灌输知识到开放式创新教育。除了大学教育之外，中小学教育也至关重要。上海的中小学教育在国际上很有名，在此基础上，要加强有探索精神的青年人才培育，筑牢科创中心建设的人才基石。

"科、产、城"融合发展，打造张江国际一流科学城

付 军
中国（上海）自由贸易试验区管理委员会张江管理局副局长

张江是我国第一批国家级高科技园区，历经近30年的发展，创造了一个又一个奇迹。今天，张江肩负着建设综合性国家科学中心和具有全球影响力的科技创新中心核心承载区等多重国家战略，正在加快建设"科学特征明显、科技要素集聚、环境人文生态、充满创新活力"的国际一流科学城。

何为"国际一流科学城"？

首先，国际一流科学城强调融合。它不同于大学城和科技城，既集中布局大学、科研机构和大科学设施，又吸引集聚科技企业和创新人才，还要具备完善的城市功能，是科学、产业、城市等功能的有机融合体。

其次，国际一流科学城体现能级。集聚的大学、科研机构、大科学设施、科技企业、创新人才等要具有国际影响力和全球竞争力，城市的创新生态和生活环境也要充分与国际接轨，彰显国际标准和水平。

到2025年，张江科学城要基本建成大师云集的科技创新策源地、硬核主导的高端产业增长极、共治共享的创新生态共同体、活力四射的国际都市示范区。

张江建设国际一流科学城的核心竞争力

张江科学城是全市科创资源最丰富的区域之一，也是科学、技术、产业、城市等功能相对均衡的区域。经过近30年的不懈努力，张江科学城战略科技资源日益丰富，张江综合性国家科学中心加快布局，张江实验室和浙江大学高等研究院等高水平创新主体加快集聚，一批原创性科技成果持续涌现。主导产业竞争力显著提升，集成电路创新优势显现，生物医药产业能级跃升，人工智能产业生态圈加速形成，文化创意、高端装备、新材料等蓬勃发展。创新创业人才集聚效应持续放大，张江科学城科技人才达到40万，集聚了诺贝尔奖获得者、海外院士、中国两院院士、海外高层次人才以及产业领军人才等一批高端人才。

突出科技创新核心功能，强化科技、产业、城市有机融合

"十四五"期间，张江科学城将多措并举，努力跨越攀升科学高度、稳步增强产业核心竞争力、显著提升创新浓度、充分体现城市温度。

以人才为首要任务。建设具有鲜明科学精神和创新文化的全球人才高地，把崇尚科学塑造成张江科学城最独特的城市精神，将开放包容塑造成张江科学城最独特的创新文化。坚持人才引领发展，优化人才支持机制和创新环境，加快集聚、培养一批具有国际视野、创新策源能力的高水平人才。

强化创新策源功能。打造全球领先的光子科学设施集群，构建生命科学研究基础设施集群。以张江实验室为引领，布局一批面向未来科技领域的国家重点实验室和国家研究中心。支持高水平研究型大学集聚发展，集聚国际顶尖的基础研究机构，在人类表型组等领域牵头组织实施国际大科学计划，承接一批国家重大科技专项。

打造数字硬核产业。以集成电路、生物医药、人工智能为引领，以数字经济、信息技术服务、机器人及智能装备为特色，瞄准量子科学、类脑智能、基因技术、前沿新材料、能源与环境等前沿领域，构建"3+3+X"高端产业体系。围绕重点领域和产业链关键环节，开展核心技术攻关，持续推动补链固链强链，打造世界级产业集群的引擎。打造"两园、两谷、一岛、多基地"的产业发展格局。

实施扩区增能战略。对张江科学城总体空间进行优化

张江"科学之门"(效果图)　　上海科创办 图

调整,规划面积扩大至约 220 平方公里,形成"一心两核、多圈多廊"错落有致、功能复合的空间布局。

营造品质生活环境。打造美好生活的品质之城,增加租赁性住宅供给,高起点规划建设国际社区、科学家社区,为各类创新人才提供多样化的居住选择;打造快慢皆宜的高效之城,构建便捷高效、快慢结合、管理智慧的城市交通网络体系;打造水绿交融的生态之城,构建环林间绿、水脉相连、随处可憩的绿色生态城区;打造朝气蓬勃的活力之城,为科学城插上文化的翅膀。

践行共享共治理念。坚持人民城市人民建,构建政府引导、业界共治、公众参与的现代化治理结构,探索成立张江科学城业界共治主体。发挥张江科学城的"集聚－链接－辐射"效应,加强与临港新片区的协同创新,加强与张江自主创新示范区其他分园的功能联动。融入长三角科技创新共同体建设,协同构建基础科学创新网络,加强长三角区域科技联合攻关与产业创新合作。强化制度创新,打造"张江科创特区",探索"综合受理、综合审批"。

强化高端产业引领功能

主动顺应新一轮科技革命和产业变革趋势，充分发挥经济中心城市功能，按照"高端、数字、融合、集群、品牌"的产业发展方针，聚焦高知识密集、高集成度、高复杂性的产业链高端与核心环节，以新一代信息技术赋能产业提质增效，促进制造和服务融合发展，全力打响上海品牌，在数字赋能、跨界融合、前沿突破、未来布局等方面占据发展主导权，着力构建实体经济、科技创新、现代金融、人力资源协同发展的现代产业体系，加快形成战略性新兴产业引领与传统产业数字化转型相互促进、先进制造业与现代服务业深度融合的高端产业集群，努力保持制造业占全市生产总值比重基本稳定、持续增强核心竞争力，不断提升高端和新兴产业集群增加值占全市生产总值比重。

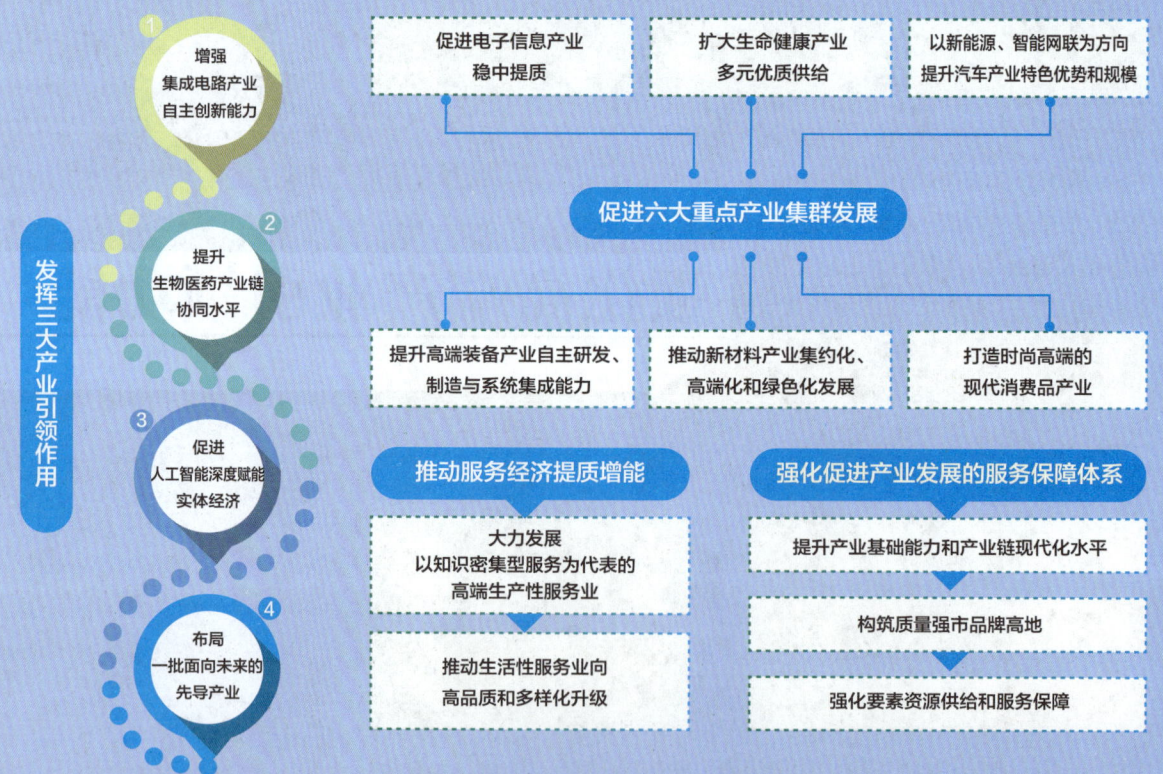

来源：《上海市国民经济和社会发展第十四个五年规划和二〇三五年远景目标纲要（普及版）》

继往开来再续新篇，推动上海产业再续辉煌

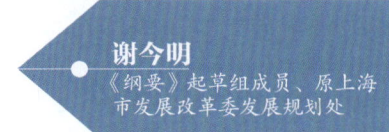

谢今明
《纲要》起草组成员、原上海市发展改革委发展规划处

作为中国最早进入工业化的城市，上海的产业发展历经百年沧桑，不断蜕变前行，取得了令人瞩目的成就。当前，第一个百年奋斗目标已经实现，第二个百年目标扬帆起航，站在新的历史交汇点上，我们回顾过往、立足今下、展望未来，集合各方智慧，对"十四五"上海产业发展进行谋划，努力为上海强化高端产业引领、推动经济高质量发展续写新的篇章。

上海产业发展历程与城市功能变迁、发展环境变化密切相关

鸦片战争后 1843 年上海开埠，移民从各地涌入，上海凭借独特的地理和经济环境迅速崛起。中华民国时期，上海是亚洲最大的城市、中国最重要的工商业中心，有"东方巴黎"的美誉。中华人民共和国建立以后，上海是中国大陆地区最重要的工商业与制造业基地。1978 年中央作出改革开放的重大决策，当时由于财政收入少，城市建设和人民生活水平滞后，上海变成了全国发展的后卫。1990 年浦东开发开放，上海经济开始起飞，从后卫重新成为前锋。从浦东开发开放以来，上海产业发展先后经历了三产快速上升、二产三交替拉动经济增长到第三产业成为第一动力支撑的格局演变。

第一阶段：三产快速上升阶段（1990—2000 年）。90 年代开始，根据党中央的战略部署和上海经济发展实际，上海市委、市政府明确了"三、二、一"的产业发展方针，开始大力发展第三产业，三产占比从 1992 年的 36.1% 迅速提高到 2000 年的 52.0%，贡献率由 28.1% 提高至 59.3%。

第二阶段：二产三交替拉动阶段（2001—2007 年）。进入 21 世纪，我国加入 WTO，全球化红利开始释放。同时，上海提出加快构建以现代服务业为主、战略性新兴产业引领、先进制造业支撑的新型产业体系，在此期间，二产与三产开始同步发力，平均增速分别为 12.8% 和 12.6%，两者占比均维持在 50% 左右波动。

第三阶段：服务业成为第一动力支撑（2008—现在）。2008 年全球金融危机爆发，全球化遭遇逆流，再加上上海资源要素约束进一步显现，工业发展进入转型调整的阵痛期，增速逐步下滑。与此同时，在上海"五个中心"功能不断增强的背景下，与全球经济中心城市相适应的高端服务业和新兴服务业带动服务业稳步增长，占比从 2008 年的 55.7% 提高到 2020 年的 73.1%，成为支撑经济增长的主动力。

回顾改革开放以来上海产业发展历程，有两个特点：一是与城市功能变迁密切相关。上海由改革开放初期的全国制造业中心转变为"五个中心"和社会主义现代化国际大都市的定位，相应产业结构随之转变，服务业成为支撑城市功能提升的主要战场，围绕全球资源配置能力的增强，金融服务、商贸服务、航运服务、科技服务获得快速发展；与此同时，制造业转型加快推进，高端和集约化趋势日益显现。二是与发展环境变化密切相关。浦东开发开放带动经济强势起飞，以金融服务、商贸服务为代表的服务业快速发展；加入 WTO 以后，外资外贸快速发展，外向型经济特征显著，并成为上海服务经济能级提升的重要支撑。

新旧动能接续转换进入关键期，上海产业发展必须走出新路

"十三五"以来，服务业的主力军地位愈加稳固，占 GDP 的比重一直保持在 70% 左右，制造业则扭转了"十二五"期间快速下滑的态势，基本守住了占 GDP25% 左右的底线目标。但是产业新

旧动能接续不畅的问题更加凸显。一是对传统产业较为依赖，产业能级不高、结构陈旧、增长乏力的问题较为突出。制造业方面，20世纪90年代初提出了"三、二、一产业"发展方针，明确了六大重点行业（电子信息、汽车、石化及精细化工、精品钢材、成套设备、生物医药），时至今日占工业总产值仍高达65%以上，亟须转型升级。服务业方面，目前金融业、批发零售业、房地产业等行业占三产比重超过50%，继续保持快速增长的空间有限；信息服务、专业服务、科技服务等生产性服务业在规模、能级和竞争力方面的贡献还不够突出；教育培训、健康医疗、文体娱乐、养老等生活性服务业在保障民生的同时，其产业发展的潜能还没有充分激发。从全球城市产业变迁的共性规律来看，生产性服务业和高端生活性服务业，尤其是知识密集型服务业是服务业发展的主要增长空间，是工业化后期阶段衡量一个国家或地区综合竞争力和现代化水平的重要标志。比如东京都、纽约、新加坡的生产性服务业占三产比重分别为65%、75%、81%，2019年上海这一比重为63.5%。二是新兴产业实际增长表现未如预期。从增速和占比看，2020年战略性新兴产业占GDP比重为18.9%，距离"十三五"期末20%左右的目标还有差距，其中制造业部分与整体工业同起同落，服务业各种新业态新模式受制于体制机制、政策和人才等因素和条件制约尚未成势。从竞争力看，相关产业发展面临全国各地的激烈竞争，优势地位并不牢固。以生物医药行业为例，当前全国生物医药产业正迎来爆发式增长的窗口期，上海却始终未能将先发优势转化为发展胜势，生物医药制造业规模体量被北京、苏州等地反超。

"十四五"上海需抢抓新技术赋能、新产业融合机遇，大力培育发展新动能

"十四五"期间，上海要充分发挥人力资源集聚、产业配套完善、高端需求旺盛、应用场景丰富、经济腹地广袤等自身特色优势，聚焦知识密集、收入弹性高、关联度广的行业领域，催生新产业新业态新模式，赋能传统产业焕发生机。为此，在"十四五"规划《纲要》提出了"高端、数字、融合、集群、品牌"的产业发展方针。其中，"高端"即高知识密集、高集成度、高复杂性的产业链高端与核心环节；"数字"即以新一代信息技术赋能产业提质增效；"融合"即促进制造和服务融合发展；"集群"即突出集群发展理念；"品牌"即全面打响"四大品牌"。具体来说，一是做大做强战略性新兴产业。以集成电路、人工智能、生物医药三大产业为引领，着力培育一批既有"块头"又有"涨势"的战略性新兴产业集群。比如，抢抓当前生物医药行业快速增长的时间窗口，加快打造一批高品质的共享制药平台，借助上海在国内领先的临床优势和数据资源，着力构建"药物发现－临床研究－生产制造"全产业链生态圈，大力发展原创新药、医疗器械、细胞治疗等大健康产业，形成高端医疗、临床研究、生物医药联动发展格局。二是促进服务业提升能级、开放创新、彰显特色。大力发展知识密集型服务业和总部经济，推动生产性服务业向专业化和高端化拓展，推动生活性服务业向精细化和高品质提升，全面打响"上海服务"品牌。巩固金融、商贸、航运、房地产等重点支撑行业，加快提升信息服务、专业服务、科技服务等优势服务业的集聚度、竞争力和辐射范围，积极推动健康医疗、文体娱乐、养老等生活服务领域的产业化、社会化发展。三是赋能提升传统优势制造业。深入推进汽车、装备、电子、钢铁、石化、都市型工业等优势产业"两化融合、两业融合"，加快发展工业互联网，实施制造业数字化升级，提升系统集成和服务化水平，打响"上海制造"品牌。

"十四五"上海需更大力度营造各类市场主体活力迸发的生态环境，支持实体经济发展

产业发展的核心在于市场主体。为此，"十四五"期间，上海要坚持市场配置与政府引导相结合、自主可控与开放合作相结合、产业扶持与企业培育相结合，夯实产业链发展基础，强化标准引领、质量提升、品牌培育，创新行业监管方式，为各类市场主体发展创造更大空间。一是建设高品质园区载体，实施特色产业园区培育工程，布局一批高能级专业化特色园区，推进一批重点园区整体转型升级。二是创新产业用地政策，合理确定容积率和建筑高度，开展复合功能用地、节余分割等政策创新和试点。三是强化产融合作，加大产业基金支持力度，积极吸引社会资本参与，发挥政策性融资担保基金、纾困基金作用，支持发展民营企业债券融资工具。四是大力发扬企业家精神和工匠精神，集聚造就一大批创新开拓的企业家人才队伍，面向一线引进培育工程服务人才和专业技能人才，持续推进产业工人队伍建设，重振"上海师傅"品牌。五是强化招商引资统筹机制，按照企业跨区迁移机制，支持企业有序流动，用好重大项目首谈报备、招商信息流转等举措，引导全市范围招商引资良性竞争，形成市区街镇共促产业发展的合力。

全力构筑新时期"上海服务"品牌战略竞争新优势

赵瑞颖
上海市发展改革委产业发展处 处长

百年未有之大变局正在向纵深发展,外部环境深刻变化,新一轮科技革命和产业变革正在孕育兴起,面对各种挑战和机遇,"发展"(保持速度、提升规模、优化结构)仍然是"十四五"时期第一要义。服务业已成为上海产业发展的主要支撑力量,在新的起点上如何更进一步,不仅关系上海经济社会发展能级,更关系上海服务全国发展大局。为此,上海市"十四五"规划《纲要》提出:"十四五"期间,要以新兴技术为驱动,以商业模式创新和应用场景开放为牵引,以市场准入、行业监管、政策配套等规则体系创新为突破口,促进新兴服务繁荣壮大,推动传统服务提质升档,持续打响"上海服务"品牌。

服务业成为上海经济增量的主导引擎和城市功能的重要载体

今天,上海已经进入服务经济时代,体现在"6789",即服务业从业人员数占全社会从业人员比重超过60%,服务业增加值和税收占比都达到70%,服务业对经济增长贡献率和投资占比都超过80%,服务业利用外资占比90%左右。从内部结构来看,上海服务业大致分为三个梯队:第一梯队主要是金融服务、商贸服务(批发零售)。金融业占服务业增加值比重约25%,占GDP比重约18%,且长期保持较高增速,全球金融中心指数(GFCI)排名显示,上海金融市场规模表现已经基本达到甚至部分超越了香港、新加坡等国际重要金融中心。商贸业占服务业比重约为17%,仅次于金融服务业,全球金融危机之后,随着国际贸易低迷、国内消费市场趋缓、传统商贸服务受到较大冲击等因素,下滑趋势明显,增速由2008年高点的20.2%下降为2019年的2.4%(2020年受疫情影响为-3.3%),但在上海强大消费能力支撑下,上海商贸服务的规模优势和消费升级带动下的结构优势仍在。第二梯队主要是房地产业、商务服务、交通运输、信息服务,在服务业中比重超过5%,面临增速分化的趋势。房地产业曾经是经济增长的重要支撑,近年来成为经济波动的重要因素。信息服务、商务服务等形成服务业发展的增长亮点,2008—2017年平均增速达到两位数,分别为13.8%、11.5%,占GDP比重均已超过6%。第三梯队主要是科技服务、文化娱乐、健康服务、公共管理等,尽管在服务业中占比还不高,但近年来表现出良好的走势,具有很大增长潜力空间。

上海服务业"十四五"高质量发展的机遇与挑战

"十四五"期间,上海仍将处于新旧动能转换的关键阶段,传统产业"退潮"和结构调整还将延续,制造业增速预计将处于相对较低水平,保持一定的经济增速需要服务业持续发力。对标全球顶尖城市和国内先进水平,上海服务业在结构、能级、效率、动力等方面需要不断优化提升。从挑战来看,主要是体现体量支撑性的服务业增势放缓。金融服务、商贸服务、房地产业三大行业占三产比重合计超过50%,是支撑服务业发展规模的主要力量,"十四五"时期,都将面临不同程度的放缓。比如,上海金融业发展经过多年来的高速增长,占GDP的比重不断提升,2020年达到18.5%,相比其他国际金融中心城市已处于较高水平(2016年纽约和伦敦分别为16%和14%),从国际发展经验看,上海金融业发展仍具有长期动力支撑,但再次达到高速增长水平的潜在可能性在降低。又比如,国家"房住不炒"的定位将持续存在,房地产业的发展将由过去政策调控影响下的"大起大落"式发展,转变为长效政策影响下的可持续发展,房地产业增速预计将总体平稳。从机遇来看，主要是体现支持城市功能提升的高端和新兴服务业领域仍有很大提升发展空间。比如，对标纽约、伦敦等全球城市，上海高端服务业发展存在较大差距，特别是法律服务、会计审计、咨询服务、广告服务等处于城市服务供应链高端环节的专业服务业的发展能级相对薄弱。比如，在人工智能、5G、云计算、大数据产业化拐点来临之际，信息服务业仍具有广阔的发展空间，与北京相比，上海在信息服务业方面存在较大的差距，增加值仅为北京的六成。又比如，上海在高端制造、智能制造方面仍具有一定优势，随着大量工业企业向生产性服务和服务型制造转型，生产性服务业发展空间将进一步显现。大力发展生产性服务业是上海服务业可以挖掘的"金矿"。再比如，随着社会发展和人们生活水平的提高，同时，考虑到人口老龄化加剧、公共服务社会事业相关领域市场化改革推进，健康养生、养老家政、文化休闲等领域面临广阔的发展空间，将成为推动社会进步和支撑经济发展的重要产业。此外，在长三角区域一体化过程中，随着区域产业分工协作深入和要素自由流动加速，上海在资本链、产业链、价值链、创新链、供应链上的资源配置服务、管理平台服务、高端专业服务、创新策源服务、国际交流服务等产业功能将进一步强化。

"十四五"期间，上海服务经济的发展将逐步由增速优势转变为质量优势

随着服务业扩大开放的深入推进、营商环境的进一步改善，以及制造业服务化发展，未来上海服务业占比还将继续上升。同时，随着上海城市功能的提升和在全国、全球战略地位的巩固，上海服务业的结构将进一步优化，全球资本要素的配置能力和辐射带动能力还进一步强化。"十四五"时期，上海服务业发展将遵循"数字赋能、业态融合、规则创新、生态培育、品牌塑造"的发展方针，在稳固服务业规模存量的基础上，大力激发培育新动能增量，推动传统服务变革跃升，促进新兴服务繁荣壮大，努力构筑新时期"上海服务"品牌战略竞争新优势。一是突出全球资源融通配置，增强城市核心服务功能国际竞争力。落实国家战略，以巩固和提升经济综合实力、要素资源配置能力、市场主体竞争力为途径，提升金融服务资源配置能力、航运服务国际竞争能力、贸易服务全球枢纽位势、科技服务技术策源能力，突出全球资源融通配置，全力增强城市核心服务功能国际竞争力，更好地服务新发展格局。二是推动两业深度融合创新，抢占高端生产服务价值链制高点。顺应新一轮科技革命和产业变革趋势，大力发展智力驱动型专业服务、深入推动数字赋能型信息服务、提升资源整合型集成服务水平，在数字赋能、跨界融合、前沿突破、未来布局等方面占据发展主导权，抢占高端生产服务价值链制高点。三是强化制度模式双驱动，激发品质生活服务发展新动能。深入践行"人民城市人民建、人民城市为人民"重要理念，适应社会生活数字化转型新需求，加强制度供给、繁荣市场主体、优化供给结构、塑造品质需求，大力发展健康养老服务、文创教育服务、会展旅体服务、商贸家政服务，不断营造智慧数字生活场景，满足并创造新消费需求，提升人民幸福感。

打造高端产业集群，构筑现代产业体系

刘 平
上海市经济信息化委副主任

新一轮科技革命与产业变革正不断孕育新产业、新业态和新模式，在改造传统产业的同时重塑产业格局。习近平总书记在沪考察时要求上海大力发展集成电路、生物医药、人工智能三大先导产业，在庆祝浦东开发开放30周年大会讲话中指出要聚焦关键领域发展创新型产业，加快打造世界级产业集群。为顺应新的产业发展趋势，贯彻中央对上海发展的战略定位，上海市"十四五"规划《纲要》提出，要强化"高端、数字、融合、集群、品牌"的产业发展方针，充分发挥集成电路、生物医药、人工智能三大产业引领作用，全面打造电子信息、生命健康、汽车、高端装备、先进材料、时尚消费品六大重点产业集群，着力构建实体经济、科技创新、现代金融、人力资源协同发展的现代产业体系。

上海制造业发展亟须焕发新动能

20世纪90年代，借国际制造业转移和浦东开发开放契机，上海市调整产业结构战略布局，提出重点发展六个工业行业，从以发展轻工消费品为主转向发展汽车、装备、钢铁、化工等重工业。21世纪初，适时将家用电器与通信设备合并为电子信息制造业，将生物医药补充进入六个重点行业。由此，电子信息、汽车、石油化工、精品钢材、成套设备、生物医药六个重点工业行业的名称和范围基本固化下来。发展至今，六大产业产值从1995年1800亿元提高到2020年2.38万亿元，增长约13倍，占全市规模以上工业总产值比重从51%提高到68%。同时，行业内涵和结构不断优化，加快向高端化、智能化、服务化延伸。比如，电子信息领域的代工产业从OEM向ODM、IDM转型，近5年集成电路年均增长超过20%；汽车领域从传统燃油车向智能新能源车转型，新能源汽车产值5年增长10倍；石油化工领域向精细化工和新材料延伸；精品钢材领域减少一般钢材产量，汽车板占全国市场超50%；成套设备领域从普通加工机械向高端、智能装备跃升；生物医药领域从"创仿结合"向"首发引领"转型，涌现出GV-971等全球首研新药、PET-CT等国际一流医疗器械等。

随着国际国内产业发展的潮流涌动，从最近十年特别是近五年的发展来看，上海市部分行业增长动力和规模受限，六个重点工业行业持续增长的少，难以体现支柱作用。同时，最近十年上海市大力推进高新技术产业化、战略性新兴产业发展，一些新兴领域如高技术船舶和海洋工程、民用大型飞机等，都形成了一定规模，尽管还不能作为独立的支柱行业，但发展势头良好，必将对今后的产业增长起到支撑作用。2020年，结合编制上海市"十四五"制造业规划，我们走访调研了大批骨干企业和专家，普遍认为重点行业的"变"正当其时，上海市需要在"十四五"期间，形成代表未来发展方向、构筑战略优势的产业体系。

重构上海制造业发展体系

构建新的制造业发展体系事关上海今后5年乃至更长时期的实体经济发展方向，要在继承和提升六个传统重点行业的同时，不断优化拓展，赋予新的内涵；要充分体现制造业和服务业深度融合的趋势，以制造业为基底，向服务端延伸，带动制造和服务全链条提升发展；要覆盖产业链根部、价值链顶部、企业群头部，有明显的未来增量空间，可以体现支柱产业的支撑作用。此外，还要凝聚全市发展力量，落实上海市产业地图导向，与各区重点发展的产业相匹配，充分调动积极性，引导要素资源集中集聚，改变碎片化、分散化发展现象。

我们认为，新体系应具有4个关键特征：一是新兴。

新兴产业是驱动未来经济增长的新动能,近几年,以人工智能、5G、工业互联网、智能制造等为代表的新兴产业爆发式成长,上海市新兴产业已形成一定规模,有力带动了经济增长。

二是融合。新一代信息技术与实体经济的融合、制造业和服务业的融合,促进产业之间相互渗透、业务关联、链条耦合,产业边界逐渐模糊,一个企业内部制造和服务并存成为普遍形态,这是工业化进入高级阶段的重要特征,也是产业转型升级的必由之路。

三是集群。硅谷高新技术产业集群、伦敦生物医药产业集群等实践表明,产业集群是产业现代化发展的主要形态,也是提升区域经济竞争力的内在要求。高端产业引领不单是某个细分领域、细分行业的引领,而是要通过产业集群化发展来引领。近年来,国家发改委、工信部、科技部密集开展产业集群和集群组织打造。

四是生态。围绕重点企业、行业、园区建设产业生态圈,越来越成为增强区域产业竞争力和可持续发展能力的新模式。促进产业上下游联动协作,带动研究、创新和服务集聚,通过共享、匹配、融合形成微观生态链,更好地促进产业集群发展。

"十四五"期间,重点发展"3+6"产业

充分考虑各方面的意见和建议,并借鉴兄弟省市好的做法,上海市提出重点发展"3+6"产业。集成电路、生物医药、人工智能三大先导产业,是创新型产业的"先锋队",也是六大重点产业集群中优先发展的"子领域",关键是落实好三个"上海方案"。电子信息、生命健康、汽车、高端装备、先进材料、时尚消费品六个重点领域,融合制造和服务,以制造业为主体,加快向服务端延伸发展,打造六大高端产业集群。

"3":三大先导产业是将六大重点产业中承担国家战略、体现引领功能的细分领域(比如,集成电路、人工智能都是电子信息的细分领域,生物医药是生命健康的细分领域),放在了更加突显的位置,树立"旗帜",强化引领功能。到2025年,三大产业力争实现规模倍增。

"6":六大重点产业集群之间的界限比较清晰,便于统计、监测和发展评估,初步估算新的六大重点产业中制造业产值占全市工业总产值规模在75%左右,进一步延伸到金融、交通、商贸等相关生产性服务业,对全市经济发展举足轻重。

聚焦六个维度,全面打造高端产业集群

打造具有国际竞争力的高端产业集群,关键要抓好六个"量":产业规模总量。六大重点产业,近要为全市稳增长做贡献,远要为全市未来发展筑优势,按照支柱产业的要求,要有5000亿—10000亿元的产业规模。

重大项目增量。以重大项目为产业发展蓄势增能。"十三五"以来工业固定资产投入增势良好,如电子信息投入1300多亿元、汽车860亿元、高端装备400亿元、先进材料500亿元、生物医药250亿元。"十四五"时期要抓住制造业投资持续增长的窗口期,更多引进一批十亿级、百亿级项

分类	重点产业	细分领域	
三大产业	集成电路	芯片设计、制造、封装、测试、装备和材料等	
	生物医药	生物制品、化学药、中药等制药,以及医疗器械等领域的制造和服务	
	人工智能	计算机视觉、语音识别、自然语言处理、人机协同、算力服务等	
		制造业主要领域	延伸带动的服务业领域
六大重点产业集群	电子信息	集成电路、下一代通信、新型显示及超高清视频、智能终端、物联网及智能传感等	基础软件、工业软件、工业互联网以及信息服务业等
	生命健康	生物医药、医疗器械以及健身康复器材、营养保健品等智能健康产品	健康服务、医药流通、智慧医疗、精准医疗等
	汽车	新能源汽车、智能网联汽车、整车及零部件等	出行服务、汽车金融等后市场服务
	高端装备	航空航天、船舶和海洋工程装备、新能源装备、智能制造装备、节能环保装备等	系统集成、智能运维等高端装备服务
	先进材料	化工先进材料、精品钢材、关键战略材料、前沿新材料	材料设计及检测鉴定等先进材料服务
	时尚消费品	时尚服饰、特色食品、智能轻工	时尚创意、工业设计等

2019年11月5日，第二届中国国际进口博览会，中国总部位于上海的日本企业安川电机展示的先进的汽车组装机器人机械臂，3分钟内完成一台车的焊接工序，这套机器人设备已经完全由中国制造

目，争取再创新高。

龙头企业体量。各个重点产业都要有若干龙头企业，体现产业链掌控力，如上汽、宝武、上药进入世界500强，电气、船舶、石化、华谊等能级也较高，但总体来看，上海龙头企业还不够大不够强。"十四五"期间，要聚焦支持龙头企业做大做强，在细分领域培育一批独角兽、隐形冠军，为"双循环"提供高质量供给。

创新平台质量。上海产业创新资源丰富，有一大批高能级平台，但新型研发机构不多，创新平台活力和功能还不强。"十四五"期间，要进一步发挥平台作用，集聚全球创新资源，特别要聚焦新兴领域建设一批国家级、市级创新平台和新型研发机构，加快形成创新"场效应"。

载体建设容量。要结合全市产业地图，既要抓"大"，也要抓"小"。一方面提升临港、汽车城、化工区、长兴岛等产业基地能级，挖掘更多增量空间，打造产业生态圈；另一方面也要聚焦细分领域，在特色产业园区建设上下功夫。同时，要抓住全市"五个新城"建设的发力期，推动"一城一名园"建设，打响"上海制造"名园品牌。

政策要素变量。要将构建新型产业体系作为制定产业政策的出发点和落脚点，在各类产业规划、政策、布局中予以贯彻，做精做强相关生产性服务业，提升服务能级，营造更好的发展环境。

突破关键核心技术,大力发展集成电路产业

张 卫
复旦大学微电子学院院长

集成电路产业事关我国经济发展命脉

当下,集成电路已经高度渗透并融合到国民经济和社会发展的各个领域,是信息时代最为基础与核心的战略产品。作为"十四五"期间国民经济和社会高质量发展的核心支撑,集成电路是转变经济发展方式、调整产业结构、培育和发展战略性新兴产业及推动信息化与工业化深度融合的核心和基础。

集成电路产业直接关系到国家高科技产业的竞争力,是国际竞争最激烈、技术壁垒最严重的产业之一,是当前及未来全球科技竞争的主要焦点,也是我国重塑新的全球价值链、奠定新时代大国地位必须攻占的战略制高点。我国集成电路进口额已连续多年超过石油,高端芯片长期受制于人,导致信息产业和国民经济现代化、信息化发展始终处于被动局面。近年来屡屡发生的我国集成电路相关企业被制裁、打压和被列入实体清单等事件表明,自主可控的集成电路也是保障经济安全、信息安全和国防安全的最重要基础。集成电路产业创新发展与自主可控能力,将影响未来30至50年全球治理格局。虽然我国集成电路产业尽管还处在构建自主可控产业的发展阶段,但国际地位和影响已在稳步上升,崛起态势初现,已开始影响到全球大国竞争,特别是中美关系的战略格局。"十四五"期间,我们需要继续坚定信心、坚持不懈,尽快解决集成电路受制于人的问题,为未来在国际竞争格局中争得主动权打下良好基础。

以上海为核心的长三角区域是全球集成电路产业增长最快的地区之一

我国集成电路产业整体布局是以长三角为龙头,珠三角和京津冀环渤海为两翼,中西部为尾翼。长三角集成电路设计业、制造业、封测业销售收入分别占国内的36%、64%和55%,并率先于全国形成了可持续发展能力较强的基础优势,为未来实现跨越式发展打下良好基础。其中,上海是长三角区域发展集成电路的领头羊,上海集成电路产业链最为完整,产业结构也最均衡。近年来,上海在集成电路领域加强资源整合,加大人才集聚,瞄准关键核心技术,在"卡脖子"领域持续发力,加快推动关键共性技术、前沿引领技术、现代工程

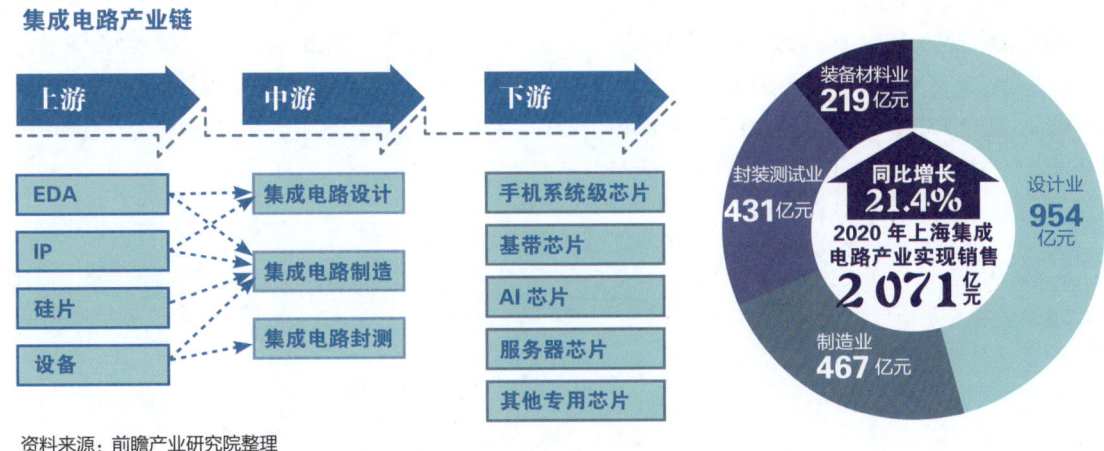

资料来源:前瞻产业研究院整理

技术和颠覆性技术取得新的突破,更好服务上海科创中心建设的发展大局。2020年上海集成电路产业实现销售2071亿元,同比增长21.4%,连续七年实现两位数增长。其中,设计业实现销售收入954亿元,制造业实现销售收入467亿元,封装测试业实现销售收入431亿元,装备材料业实现销售收入219亿元。

长三角地区集成电路创新能力关系到我们国家集成电路产业整体的兴衰,也同样关系到我国整个信息产业能否自主持续发展。当前,长三角集成电路设计业还不够大不够强,制造业缺少核心技术、有短板,同时缺少整机系统应用的拉动。所以,应当抓住长三角一体化发展战略带来的新机遇,建立长三角集成电路发展协调机制,集中优势资源,大力提升我国集成电路产业的创新能力,为解决卡脖子问题做更大贡献。

大力发展集成电路产业,关键要突破核心技术的瓶颈

尽管我国集成电路产业在过去10多年有了长足的进步,但总体上创新能力比较弱,关键技术受制于人,产业生态尚未形成。第一,创新能力弱,核心技术受制于人。最主要的短板在集成电路装备、高端制造工艺、集成电路材料等几方面。在集成电路设计方面,全球集成电路设计龙头企业已形成完整成熟的产业生态链,而我国及上海的集成电路设计企业,不但设计环境和核心IP严重受制于人,而且设计平台技术难以满足自身新产品开发和客户系统整机开发的需要。在集成电路工艺方面,我国及上海的主流工艺技术尚处于14nm节点的量产初期,量产工艺技术与国际先进水平相比要相差2~3个技术代。在集成电路设备和材料方面,我国及上海的设备和材料与集成电路企业的需求相比,种类偏少,仅有部分材料能够满足大生产线的品质要求。我国基础性和战略性的关键共性技术积累不足。国际龙头企业针对关键核心共性技术,进一步建立产业链联盟,从而强化对全球集成电路市场的控制力;过去十年,通过国家科技重大专项的实施和在国家集成电路产业基金的支持下,我国大幅提升了装备制造能力和工艺水平,设计、EDA和关键IP都取得了长足进步,但由于基础薄弱和缺乏人才,总体上看我国及上海集成电路企业的技术创新主体地位尚未形成,技术能级与世界龙头企业的差距十分明显。第二,尚未形成产业链各环节紧密协同的产业生态。我国集成电路产业结构可以说芯片设计、制造、封测"三业分立、相对游离"。"国产终端不用国产芯片、国产芯片不用国内代工、国内代工不用国产装备和材料、国产装备不用国产零部件"的现象普遍存在。这些因素导致我国集成电路产业链协同差,整个产业链存在受制于人的风险。

"十四五"期间加快形成综合性集成电路产业集群

国家和上海"十四五"规划《纲要》都强调要增强集成电路产业自主创新能力,大力发展自主可控的集成电路产业,上海还提出"十四五"期间要实现产业规模倍增。为此,上海正在加快进行战略布局,比如浦东张江已集聚了集成电路设计、芯片制造、封装测试、设备材料等企业共200余家,既有中芯国际、华虹宏力、华力微电子等高端制造企业,也有中微公司、上海微电子、盛美半导体、安集等装备和材料企业,也有紫光展锐等设计企业。面向未来集成电路自主创新,上海正以张江综合性国家科学中心建设为核心抓手,不断聚集一批战略科技人才和科技领军人才,建设国家集成电路创新中心、国家智能传感器创新中心等集成电路领域相关制造业创新中心,促进产学研合作,突破亟待攻克的核心技术,持续推动上海集成电路产业创新能力的不断提升。

提高上海生物医药产业链完整性和协同能力

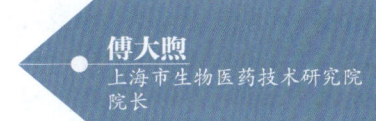

傅大煦
上海市生物医药技术研究院院长

习近平总书记在十九大报告中明确提出，实施健康中国战略，将人民健康放在优先发展的战略位置。作为上海重点发展的战略性新兴产业，生物医药产业是上海建设人民城市，实现整体实力提升的重要抓手，是上海代表国家参与国际竞争的重要能力标志，也是衡量上海全球科创策源能力的重要标杆。"十四五"时期，上海生物医药产业要把握大势、抢占先机、直面问题、迎难而上，努力提升产业链协同、协作水平，肩负起历史赋予上海的重任。

上海生物医药产业发展已取得的丰硕成果

上海生物医药制造业总产值就从2009年的354亿元上升至2019年的1 320亿元，年复合增长率达14.1%。相比国内其他生物医药产业发展较好的城市，上海生物医药产业链协同的基本要素齐备。一是生物医药人才层次高。上海在生物医药产业领域拥有国家级人才981位，其中包括中国科学院院士49位、中国工程院院士35位，一直居于全国前列。二是生物医药创新载体实力强。上海有国际一流水平的重大科技基础设施，如蛋白质设施、转化医学设施、系统生物学设施、生物医学大数据设施等，建有17个国家级重点实验室和1个国家级工程中心，已初步构建起涵盖药物早期研究、临床前研究、临床研究、审批与投产上市等全产业链服务平台体系。三是科技创新成果数量多、质量高。2010年至2020年，上海在生物医药领域共发表文献123 966篇，近5年论文发表量占总数的60%，其中高被引论文占比上升较快。专利申请从2010年的3 476件升至2019年的12 279件。四是生物医药龙头企业集聚。截至2019年底，上海在A股与新三板共上市生物医药领域企业67家。同时，涌现了上海微创、复星医药、东富龙、药明康德等一批具有行业影响力和产业号召力的龙头企业。

目前，上海初步形成了生物药、创新化药、高端医疗器械等共同发展的产业格局，同时在医疗服务、人工智能、医疗大数据等领域实现了特色化发展，产业链协同格局初步形成。从创新突破来看，疾病谱的变化为新药研发指明方向；生命科学和信息科学技术融入新药研发；大数据和人工智能正在推动产业变革。从产业生态来看，上海正在加快现代健康产业集群发展，坚持市场化、高端化、集约化的发展方向，以新业态、新模式、新机制、新技术的先行先试为重点，逐步形成完善的生物医药产业布局。

"十四五"期间，上海生物医药产业发展核心要实现产业链要素竞争力全面提升

目前，上海生物医药创新链、产业链、价值链相互融合促进的通道尚未形成，投融资的活跃度仍有待加强，产业生态环境还需进一步优化。因此，对于上海生物医药产业发展而言，核心是要打通上下游间各个环节，实现产业链要素竞争力的全面提升，最终形成策源全球、影响世界的产业生态集群。

第一，合力解决"卡脖子"问题。虽然上海生物医药产业的研发水平在全国处于领先地位，但是产业链上至实验室仪器设备、高端试剂及耗材，下至关键先进研发、生产核心技术、原材料和设备，均不同程度受制于人；有些产品目前已实现国产化，但是验证时间长和成本高，质量不能保证，企业不愿冒险。未来，上海应持续深入推进生物医药领域的基础研究、前沿技术攻关，加大产业核心技术攻关和龙头企业培育力度，积极承接国家"重点研发计划"和"重大新药创制"等重大任务，加快突破新靶点新机制药物研制、高端医疗器械、智能诊疗设备等一批关键共性技术；支持"卡脖子"技术产品的工程化放大和转化应用，实施产业基础再造工程，提升上海生物医药产业链协同的基础能力。

第二，加速临床研究成果转化。上海拥有的丰富临床资源与医疗机构的创新潜力仍有待激发。下一步，要优化上海市医疗机构科技创新体制机制，促进上海丰富的临床研究成果转化为生物医药产业产品，将成果转化作为医疗机构绩效评价和人员职称评定的重要依据，出台医疗机构鼓励科技创新和成果转移转化实施细则、保障承担临床试验任务的医疗机构科研用地等举措，引导医疗机构加快成果转化。推动产医融合，协同医疗机构、企业，探索建立医药健康协同创新研究院，支撑临床机构成果转化，探索成立医药健康创新和转化基金，促进医疗健康数据共建共享。

第三，建好生物医药创新服务平台。虽然上海已积极促进院企或校企研发合作，但是大学、科研机构对知识产权的管理和科学技术的转化还处在探索期，技术转化的实际效果还未全面体现。"十四五"时期，要建设生物医药领域国家级重大创新平台，布局建设一批基础研究和转化平台，健全市级医院医企协同研究创新平台功能，提升已有重点实验室与工程研究中心的运行效率，落实平台创新资源在上海生物医药发展中的推动作用。

第四，实施产业规模倍增计划。比如，加大龙头企业培育力度，吸引更多产业链上下游优质企业集群发展，积极引进国际知名外资企业总部和研发机构在沪发展，加强外资企业与上海高校、科研院所和企业开展创新合作，鼓励生物医药企业开展海外技术并购，与国际领先企业开展第三方市场合作。比如打造生物医药产业基地新布局，加速产业链集聚协同发展，高标准规划以张江生物医药创新引领核心区为轴心，以临港新片区精准医疗先行示范区、东方美谷生命健康融合发展区、金海岸现代制药绿色承载区、北上海生物医药高端制造集聚区和南虹桥智慧医疗创新试验区为依托，发挥市级特色园区品牌效应，共同构建"1+5+X"生物医药产业空间布局。同时，还要部署产业链协同重大专项，建议上海在创新药物、高端制造与医疗器械领域设立市级层面的生物医药产业链协同发展支持专项，实施集中突破、先行先试，耦合政策、技术、资金、人才、平台、孵化器和产业基地等各类资源，发现重大共性问题并针对性解决，提高各类资源的利用和运行效率，系统打通影响产业链协同的创新链、供需链、企业链、价值链。

第五，构建上海生物医药产业创新生态。一方面，增强以"新药上市"为核心的产业竞争力，重点是强化基础研究体系、加速融合应用先进科技成果、完善监管审批制度、加强新药上市后监测和研究、加强知识产权保护、全面提升临床能力等。同时，提高以"患者获益"为核心的创新药物可及性，重点是完善基本医保药品目录机制、探索诸如风险共担的创新支付方式、发挥商业保险的重要作用、促进创新药物的临床使用等。另一方面，确保以"创新回报"为核心的产业可持续性，生物医药产业投资大、周期长、风险高，需要给予创新药合理的溢价，让创新医药产业获得合理回报，从而鼓励创新企业持续地高水平投入到药品的研发中去，这是上海成为全球医药创新高地的必要条件。

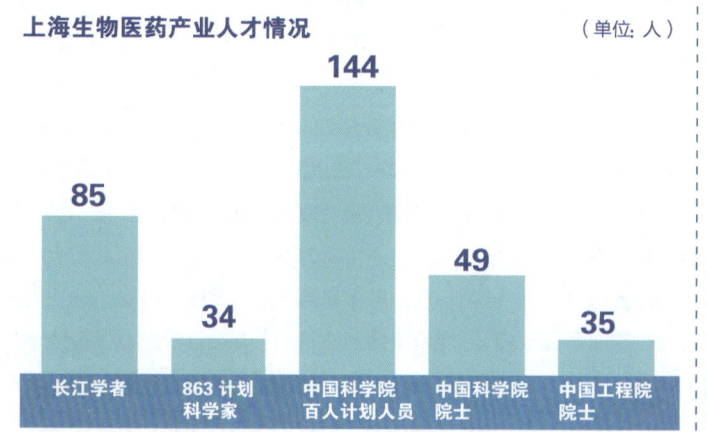

上海生物医药产业人才情况（单位：人）

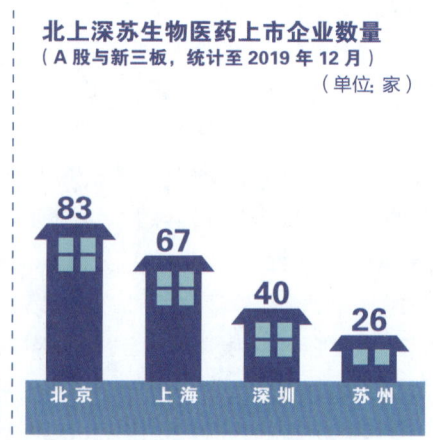

北上深苏生物医药上市企业数量
（A股与新三板，统计至2019年12月）（单位：家）

人工智能深度赋能实体经济要在基础研究和行业应用上下功夫

徐 立
商汤科技首席执行官

上海已处于国内人工智能发展的第一梯队

目前，世界各国都将人工智能作为未来经济转型发展的重要驱动力，人工智能领域已经成为国际竞争的一个必争高地。上海市"十四五"规划《纲要》提出，要着力打造具有国际竞争力的三大产业创新发展高地，将人工智能作为优先发展的重要战略选择。产业规模方面，预计2020年上海人工智能产业规模超过1 500亿元。科研设施方面，经过多年积累，上海已拥有各类与人工智能相关的研究机构数十家，这些科研机构能够为人工智能发展提供良好的科研基础条件支撑。人才方面，全国有超过1/3人工智能领域专业人才集聚上海，尤其在计算机视觉、语音语义识别、脑智工程、AI芯片等领域具有较强话语权。行业应用方面，上海拥有丰富的实体经济应用场景，包括城市数字化、医疗、金融、汽车、制造等，为人工智能的发展提供了天然的试验场，反哺人工智能技术不断创新迭代。

基础与应用双向反哺才能打造完善的产业生态

尽管这些年来我国人工智能产业蓬勃发展，但长期面临"重应用、轻基础"的问题，这一问题的产生是由我国产业发展的一般特性所决定的，我们有非常大的人口基数和人口红利，带动了实体产业和消费经济繁荣发展，进而产生出海量的各行各业的大数据资源，这些都为人工智能技术提供了很好的应用场景，很多企业为了实现快速商业变现往往选择应用环节作为切入点，从而取得相对更快的投资回报。而基础研究和原始创新往往需要更长的研发周期，需要长期的量变积累才能够实现质变突破，但大多数企业不愿意做这样的长期投入。基础研究方面的落后和断层往往会导致在一些关键核心技术领域被"卡脖子"，产业发展容易处处受制于人，比如芯片、操作系统等，所以说基础研究是产业发展的命脉，而应用场景为基础研究提供了源源不断的试验环境，两者双向反哺才能够打造我们自己的一体化生态，人工智能才能更稳健、更健康地发展。

"十四五"时期促进上海人工智能产业发展的三个着力点

一是着力提升基础研究水平。人工智能企业在发展过程中不仅要关注商业化的应用变现，还要将更多的投入和精力放到底层的基础理论研究和原始技术创新上。要善于发挥企业的主体作用，牵头科研院所、高校、其他头部企业开展深度合作，在前沿理论研究、关键共性技术创新以及科技成果转化等方面发挥各自优势，打造软硬一体、产学研用联动的自主可控生态。政府在这个过程中可充分发挥"政策之手"的作用，进一步加大对于基础研究的投入，并鼓励头部企业牵头承担更多基础研究和科技创新的重点任务。

二是推动人工智能加速赋能实体经济。可以是人工智能企业搭台，实体企业来唱戏。人工智能的发展离不开底层重大算力基础设施和平台的支撑，但平台的搭建投入非常高，且周期长，导致进入壁垒很高，很多实体企业和中小企业在智能化和数字化转型的过程中，不大可能通过自建的方式搭建这些底层能力。这时候，人工智能企业就将在其中发挥重要作用，将算力能力、平台能力开放共享给这些实体企业、个人开发者，帮助实体企业自身在运营管理全流程的数字化和智能化提升，进而推动整个实体经济的转型升级。也可以是人工智能企业既搭台又唱戏。人工智能企业基于自身的基础设施和平台能力，直接研发和推出行业解决方案和产品，帮助实体经济深度解决行业痛点。由此，人工智能有效助力了供给侧改革,深度赋能了实体经济发展。

三是全面推动城市数字化转型。第一,加快建设城市级搜索网络,发挥人工智能平台效应,进一步完善上海"两张网"建设,实现现实世界的人、物、事在线上打通。一方面接入更多结构化模块,使得能搜索的模块更全;另一方面接入更多治理和发展需求,使得要搜索的应用更多。第二,推动大规模人工智能基础设施建设,进一步实现关键技术攻关,大幅度提高运算效率,解决数字化进程中大量算力需求,使得城市综合治理能够运行更多、更大的算法模型。第三,政府牵头,协同各区域数据资产化过程中关于产权、安全、使用模式等相关标准制定和评估体系建立,标准先行,用数据资产化推动长三角一体化建设。

未来人工智能最具发展前景的三大领域

一是能够运行超大模型的新型算力基础设施。人工智能的应用场景特别是城市的数字化转型正在向着复杂的末梢需求深化,精细化数字场景的实现需要大量成本极高的定制化研发投入,破解这一问题的关键就是大模型和大算力的支撑。微软在2019年向OpenAI投入10亿美元研究超大规模训练网络。比如2020年单次训练GPT-3(2640p)成本高达1200万美元。也因此,商汤在2018年启动AI计算平台原型机研制,推动通用模型发展,2020年又在临港新片区投入56亿元建设3700Pflops-AI计算与赋能平台。

二是充分发挥硬件效能的AI操作系统。针对AI计算特点,对软硬件资源进行调度的中间件,我们称之为AI操作系统。包括:深度学习训练框架、算法与模型的自动部署、存储、通信、调度和虚拟化。当硬件体系以及应用形态发生重要变革的时候,都是新一代操作系统兴起的契机。现有的操作系统已经难以满足AI对于系统能力日益增长的需求,也难以充分发挥新型芯片和硬件体系的性能。因此,我们判断,计算、存储、通信硬件升级,推动下一代AI操作系统是未来五年的一个重要趋势。

三是头部和长尾两极分化的行业应用。人工智能只有应用到具体的行业场景里才会体现其技术价值,未来随着人工智能技术进一步成熟,一些头部、大型的应用场景仍将成为企业竞相进入的领域,比如公共安全、智能汽车、智慧文旅、智慧医疗、智慧金融,我们认为这些都将是非常具有前景的头部领域。但同时,随着边缘端和终端场景的成熟和分化,人工智能技术的应用也正逐渐显现长尾效应,城市管理中的垃圾堆放管理、共享单车倾倒、非机动车占道、大型犬只未牵绳、生命通道占道等碎片化场景以及很多终端ToC的场景中,也会有很多值得深耕的价值机会。

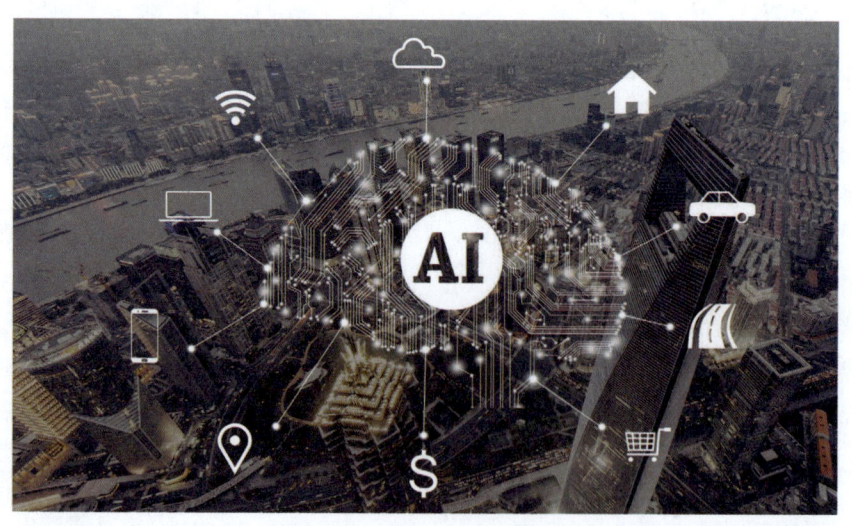

加快形成战略性新兴产业引领的上海产业发展格局

李如心
上海市经济信息中心副主任

战略性新兴产业的重要意义

战略性新兴产业已成为驱动产业结构转型升级、带动经济社会高质量发展、服务大众高品质生活的重要引擎。

当前,新一轮科技革命和产业变革正处于实现重大突破的历史关口,战略性新兴产业发展面临重大机遇,国家对此高度重视,2010年国务院作出了《关于加快培育和发展战略性新兴产业的决定》,2012年印发《"十二五"国家战略性新兴产业发展规划》。经过多年不懈努力,战略性新兴产业已逐渐由先导培育型产业向国民经济支柱型主导产业过渡,成为构建"双循环"新格局的重要支撑。

对于上海,更是如此。"十三五"时期,上海战略性新兴产业发展迅速。产业规模显著提升,产业增加值和占全市GDP比重分别由2015年的3746亿元、15%增长至2020年的7328亿元、18.9%。2020年,面对中美贸易摩擦、全球新冠疫情突发等外部冲击,上海战略性新兴产业增加值比上年增长9.2%,高出同期GDP增速7.5个百分点,体现出较强的发展韧性和潜力。关键技术实现突破,14纳米集成电路先进工艺实现量产,国产桌面CPU、FPGA等关键芯片实现突破;原创新药、先进分子成像设备全景PET/CT、首个国产心脏起搏器等生物医药重大原创产品获批上市;C919国产大型客机成功首飞,蛟龙号深潜器等重大创新成果问世。优质企业加快培育,截至2020年底,全国科创板上市企业215家,其中上海37家,占全国比重达17.2%。

"十四五"战略性新兴产业高质量发展的关键路径:创新驱动、集群发展、重点引领

上海市高度重视战略性新兴产业发展,在上海市"十四五"规划《纲要》中,"战略性新兴产业"成为其中的高频词(出现8次),并提出到2025年战略性新兴产业增加值占全市GDP比重达到20%左右的目标。这一目标设定高于国家指标(17%),较2020年也有一定增量,既较为合理,也具有相当挑战。要如期实现目标,关键在于以下三点:

一是创新驱动。发展战略性新兴产业必须依靠创新驱动。既要注重基础研究成果向生产力转化、注重关键核心"卡脖子"技术创新,也要注重产业基础、产业链的创新。当前全球产业合作格局面临重构,几乎所有行业的价值链体系都开始向研发和创新倾斜,全球主要经济体在寻找经济增长新动能的过程中,也都在加紧布局战略性新兴产业。我国经济正在转向高质量发展阶段,面临传统成本型竞争优势逐渐消退、全球化带来的技术扩散红利显著弱化、国内外产业间技术代差快速缩小等新变化,要求战略性新兴产业发展必须走自主创新之路。上海要把发展战略性新兴产业发展作为强化科技创新策源功能、全面塑造竞争新优势的重要内容,瞄准关键核心技术、产业基础环节持续发力,加快推动关键共性技术、前沿引领技术、现代工程技术和颠覆性技术取得新突破。

二是集群发展。"产业集群"一词在《纲要》中出现了14次,集群发展理念已经成为提升产业竞争力的内在要求。产业集群作为现代产业发展最有效的组织形态,在汇聚生产要素、优化资源配置、营造产业生态等方面起到越来越重要的作用。上海浦东集成电路、杨浦信息服务、徐汇人工智能、浦东生物医药等4个产业集群已入选第一批国家战略性新兴产业集群名单,和北京、武汉并列成为新兴产业集群最多的城市。《纲要》还提出,高端产业集群的打造要与"五个新城"建设相结合,积极引导重大项目、重大平台向新城布局落地,同时发挥上海龙头作用,把握新一轮产业重构、全球

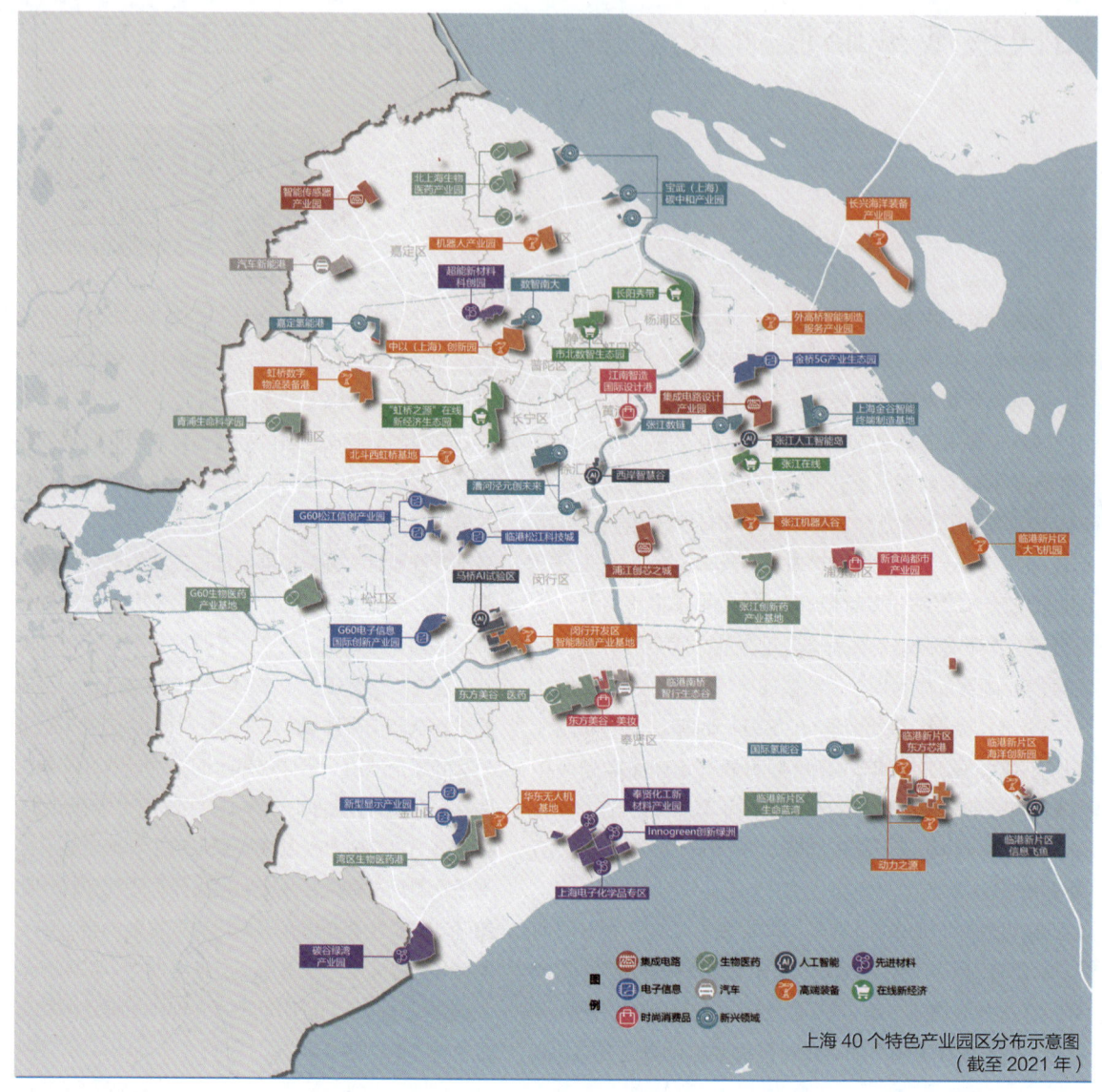

上海40个特色产业园区分布示意图
（截至2021年）

产业变革的窗口期，打造长三角世界级产业集群，推动长三角高质量一体化发展。

三是重点引领。"聚焦集成电路、人工智能、生物医药尽早取得重大突破"，是习近平总书记交给上海的重大任务，《纲要》围绕发挥三大产业引领作用，提出若干重大举措，比如，增强集成电路产业自主创新能力，加快高端芯片设计、关键器件、核心装备材料等产业链关键环节攻关突破，加强长三角产业链协作；提升生物医药产业链协同水平，推动产医融合，加快临床研究成果转化；以提升基础创新能力和拓展应用场景为双引擎，形成更广泛的"智能+"深度融合应用和技术迭代。

加快以数字技术推动上海传统汽车企业转型升级

祖似杰
上汽集团副总裁兼总工程师

数字技术正成为汽车企业的核心竞争力。作为城市主要交通运输工具的汽车也正因数字化技术发生颠覆性的变革,从汽车产业来看,主要有以下几方面的变化趋势:在市场端,中国用户对个性化的需求趋势愈发明显,需要通过大数据来精准捕捉用户的个性需求;在产品端,软件定义汽车的时代已经到来,汽车不再仅仅是一个低频迭代的产品,而将是一个承载服务的平台,并正在催生出一个高频迭代的技术生态,促进汽车加快走向摩尔定律时代;在产业端,依托数字化新商业模式的兴起,汽车产业链将逐步演变成汽车产业"网",并最终朝着更加开放的汽车产业"生态"进化发展。实施数字化转型成为增强企业竞争力、创新力、控制力、影响力和抗风险能力的重要途径,核心是要在具体的业务场景中找到数字化技术的切入点,解决实际业务场景所急需解决的问题,实现用户价值和企业价值的最大化。

汽车行业正在经历从信息化到智能化迭代的数字化转型之路。"十三五"期间,上汽集团努力推进数字化转型,着眼于以数据赋能业务,取得了一些初步的成效。

一是推出数字化产品。全球首创互联网汽车新品类,实现了数据的实时在线,累计销量近 200 万辆。2021 年 1 月,首款智己汽车全球同步发布。上汽自主研发的"斑马"车联网系统已应用于多个合资品牌的主流车型上,并于去年底完成全球超百万用户参与的 OTA 升级;面向海外市场研发的"i-Smart"车联网系统,已在超过 30 种海外车型上搭载使用。**二是推进数字化制造**。打造大规模个性化定制 C2B 项目,平台"粉丝"数已近 1 000 万名,并深度参与到产品开发、制造、销售的全过程。积极推进智能制造,2020 年乘用车临港基地、上汽大众 MEB 工厂、上汽通用凯迪拉克工厂、上海延锋汽车饰件系统有限公司(金桥工厂)、上海纳铁福传动系统有限公司 5 家企业获得上海市首批智能工厂称号。**三是探索数字化服务**。以"人的智慧出行"为服务触点,建设移动出行服务平台,已集聚超 2 200 万名用户,服务年触达用户的频次达数亿次。开启上汽网约车业务"享道出行",聚焦"长三角一体化"主航道,陆续在苏州、宁波、杭州等多个城市运营。**四是构建数字化组织**。近两年,上汽陆续成立了人工智能、大数据、云计算、软件开发、网络安全等五大中心。目前已集聚各类软件人才约 8 000 人,将为上汽的数字化转型提供有力支撑。

"十四五"期间,汽车行业将会在电动化和智能化两个领域深度发展,传统车企的数字化转型之路也在加快。以上汽集团为例,将以用户为中心,实现从造车、卖车、用车、车生活等用户全生命周期的数字化转型。**一是产品数字化**。在产品形态上,融汇新能源、新材料、大数据、云计算、人工智能、物联网等多项变革性技术,使车辆真正成为移动的智能终端,并具备"云管端"一体化的自我学习能力;在商业模式上,可通过硬件预装、软件迭代、订阅式服务等方式,提高用户在使用过程中的体验和消费占比。**二是体系数字化**。将数字化转型工作向设计研发、供应链管理、生产制造、销售服务等各个环节进行延伸,不断降低运营成本,持续提高运营效率,最终以数字化赋能体系全过程。**三是生态数字化**。通过产品开发阶段数字化协同平台,软件定义汽车开发生态,制造及供应链环节智能互联互通,数字化销售模式直达用户,数字化出行和用车服务体验等智能汽车全生命周期的新生态,融入数字化的社会生活。

将长兴岛打造成为具备国际竞争力的船舶与海工装备制造基地

吴召忠
上海市长兴岛开发建设管理委员会党组副书记、执行副主任

长兴岛位于吴淞口外长江南水道，是接江联海的"咽喉之地、战略要塞"，是长三角一体化国家战略的重要支撑点。长兴岛岸线资源丰富，南沿有"不淤、不积、不冻"的深水岸线近20公里，可停靠30万吨级轮船及各型水面水下舰艇。独特的地理位置优势加上上海雄厚的工业基础、人才优势使得长兴岛发展海洋装备产业具备得天独厚的区位优势。

经过多年规划和建设，长兴岛已集聚了江南造船、沪东中华、中远海运、振华重工等大型海洋装备龙头企业，每个龙头企业在各自行业领域均形成了比较优势。江南造船在防务装备、特种船舶上具备先进的总装建造、修理能力，首艘国产万吨大驱南昌舰即由其建造。沪东中华则是LNG运输船的领跑者，建造技术在全球居领先地位，近期还建造了全球首款双燃料推进超大型集装箱船。中远海运是集海洋工程装备设计和模块建造、船舶修理改装于一体的核心企业，先后承接了FPSO、钻井船模块等高端海工产品设计制造及特种船修理改装和技术管理输出等。振华重工是世界上最大的港口机械重型装备制造商之一，生产的岸桥已占全球市场70%以上份额，打造的国内青岛、洋山四期自动化码头在全球处于领先地位，海外的阿布扎比，意大利Vado等多个自动化项目也取得了客户好评。此外，近年来长兴岛陆续引进江南研究院、上海船研所国家重点实验室、中船重工704所等一批知名海洋科研机构和研究基地，创新平台和载体初具雏形。

随着国际航运和造船新规范、新公约、新标准密集出台，船舶产品节能、安全、环保要求不断升级，绿色智能的高端船舶海工装备已成为国内外市场的主要增长点。从长远发展来看，长兴岛船舶海工装备基地的高端产品自主研发和重要零部件配套能力还有所欠缺。"十四五"期间，长兴岛将继续围绕船舶海工装备大力推进产业集聚和产城融合。

一是建设千亿级海洋装备集聚区。积极融入国家海洋经济发展大局，推进中船长兴二期暨沪东中华整体搬迁工程，推动海洋装备产业上下游企业集聚，优化研发、设计、制造、配套、维护等产业布局，推动长兴地区建成中国重要高新船舶产品制造基地。二是培育高端海洋科技创新载体。瞄准世界海洋科技前沿，引进海洋科技相关国家重点实验室、研发与转化功能平台等重大科技基础设施，围绕智能制造、动力升级、减振降噪、环境感知、海底物探等关键"短板"开展一系列的共性基础技术研究、关键技术攻关和演示验证。推进海洋装备协同创新园、长兴海洋科技港等重点项目落地。三是打造高品质海洋文化新镇，树立绿色高质量发展典范。结合轨交崇明线实施，着力打造"产、城、人、文"为一体新型产业空间和生活社区，完善综合配套服务功能。

长兴岛已集聚了多家大型海洋装备龙头企业　上海市长兴岛开发办 图

以知识密集型服务业为抓手，引领高端生产性服务业发展

马 梅
上海市经济信息中心副主任

浦东开发开放以来，上海服务业连续三十多年快速增长，经历了新世纪前十年平均增速14.8%的快速发展期和新世纪后十年服务业和制造业各占50%左右的交替发展期，目前已进入稳定增长阶段。2011年以来，服务业平均增速快于GDP增速0.6～3.7个百分点，服务业对经济增长平均贡献率超过80%，服务经济主导的产业格局持续稳固。"十四五"时期是上海加快建设具有世界影响力的社会主义现代化国际大都市的关键五年，新形势下推动服务业高质量发展具有重要意义。

上海服务业发展要把握"三大趋势"

一是扩大开放趋势。新冠肺炎疫情影响广泛深远，全球化遭遇逆流，面对外部环境变化带来的新矛盾新挑战，必须更好发挥上海在中国服务业开放中的引领作用，更加紧密地融入全球经济网络，深化服务业开放是上海建设更高水平开放型经济新体制、代表国家参与全球竞争的重要体现。二是数字赋能趋势。以人工智能、大数据、5G等新一代网络信息技术为引领的第五次科技革命正重塑产业版图，颠覆服务方式及就业结构。发挥上海超大城市市场景优势，与城市数字化转型相结合，推动服务业技术创新、模式创新、组织创新是必由之路。三是业态融合趋势。从国际趋势来看，全球领先的制造业公司服务净利润贡献率平均值为46%，服务业和制造业双向融合是产业链提升的重要路径，推动业态融合将是上海加快占据全球产业链、创新链、价值链高端地位的必然选择。

推动上海服务业"三个变革"

知识密集型服务业通常指以知识创造、转移和共享等知识活动为基础的提供服务的方式，包括技术服务、人力资源、广告、咨询、法律、检验检测与认证等"专业"知识密集型服务，也包括以信息服务业为代表的"数字"知识密集型服务业。知识密集型服务业是提升城市服务能级与核心竞争力，顺应经济全球化和全球产业链布局新变化，构筑新时期上海产业新优势的重要抓手。为此，我们理解，《纲要》提出"大力发展以知识密集型服务为代表的高端生产性服务业"，是结合上海服务发展优势特点和未来发展方向的重要考虑，主要包括三个方面：一是推动效率变革，塑造产业竞争新优

"十三五"期间，上海生产性服务业重点领域营收图
单位：亿元
- 2016年：22 062.37
- 2017年：23 697.50
- 2018年：26 092.82
- 2019年：28 673.43
- 2020年：30 552.40

（数据来源：上海市经信委）

什么是生产性服务业？

生产性服务业是与制造业直接相关的配套服务业，主要包括研发设计与其他技术服务，货物运输、仓储和邮政快递服务，信息服务，金融服务，节能与环保服务，生产性租赁服务，商务服务，人力资源管理与培训服务，批发经纪代理服务，生产性支持服务这几类服务行业。

势。从国际经验来看,制造业的劳动生产率是服务业劳动生产率的1.2倍,制造业和服务业增长不平衡将最终减缓经济增长,这就带来"鲍莫尔病"。知识密集型服务业能通过极大的"效率赋能"提升服务业和制造业劳动生产率,成为打破"鲍莫尔病"的重要推力。

二是推动质量变革,实现服务经济能级新跃升。上海已全面步入高质量发展阶段,代表中国参与全球经济和科技竞争,必然对上述"专业"知识密集型服务业辐射和服务能级提出更高要求。以技术推广服务为例,"十三五"时期新增注册的企业数量是"十二五"期间的4倍,是"十一五"期间的7倍。聚焦知识密集型服务业,是上海实现全球资源配置功能、科技创新策源功能、高端产业引领功能、开放枢纽门户功能的必然选择。

三是推动动力变革,激发产业动能新增量。近年来,数字赋能深刻影响着生产、分配、流通、消费方式的变革。数据显示,信息技术咨询服务业新增企业近年呈现出爆发式增长,"十三五"新增注册的企业数量是"十二五"的6.4倍。发展信息服务业为代表的"数字"知识密集型服务业,推动城市数字化转型是培育上海产业新动能的重要举措。

提升上海服务业影响力和辐射力

上海服务业增长快、规模大、比重高,但对标国际最高标准、最好水平依然存在一定差距。比如,主体发展不均衡,尤其是本土龙头企业和品牌发展不足,"小而不精""大而不强"的问题突出,高能级专业服务更多依赖外资机构。为此,《纲要》提出:"促进新兴服务繁荣壮大,推动传统服务体质升档,持续打响'上海服务'品牌。"

"十四五"期间,上海应以"构筑质量强市品牌高地"为目标,做好三方面工作:一是加强认证扬品牌。大力宣传知名自主品牌,积极扩大"上海品牌"认证影响力,将"四大品牌"塑造成为响亮恒久的金字招牌和驰名中外的城市名片。力争"十四五"期间,通过"上海品牌"认证的产品和服务数量,由"十三五"末的140项左右上升到300项左右。二是标准引领促品牌。全面提升"上海标准"国际化水平,促进质量基础共性技术能力和检验检测认证数据结果国际互认,参与国际技术标准规则制定,引领服务业整体品质提升。三是生态培育铸品牌。不断丰富应用场景供给,以"揭榜挂帅"等形式,聚焦互联网医疗、在线教育、数字商贸、智能交通物流、生活服务、社会治理等领域,加快推出一批显著改善生产制造方式或社会服务模式的示范应用。同时,采取"一企一策""一事一议"等方式支持新业态成长型企业发展,打造一批服务业品牌主体。

推动上海人力资源服务业专业化、国际化发展

朱庆阳
上海人才服务行业协会秘书长

作为现代服务业的重要组成部分，人力资源服务业是促进就业创业和优化人才流动配置的重要抓手，是国家重点发展的生产性服务业，在人力资源要素有效流动、配置和发展中具有基础性作用，对我国经济持续发展，社会和谐稳定有着重要意义。党的十九大报告指出，"着力加快建设实体经济、科技创新、现代金融、人力资源协同发展的产业体系""要在人力资本服务领域培育新增长点、形成新动能"。上海"十四五"规划《纲要》更进一步明确"提升专业服务发展能级，大力发展法律、财会、咨询、广告、检验检测、人力资源等专业服务"，突出了人力资源服务业在新时代的重要地位。

2019年度
上海人力资源服务业全年营业收入共计
5 027.7亿元
同比增长 **12.3%**
约占全国行业总收入 **1.96万亿元的1/4**
较2003年增长了超 **120倍**
产业规模多年稳居国内首位

综观上海"十四五"规划《纲要》，"人才"与"人力资源"在文件中出现74次，人才工作在"十四五"期间仍然是上海各项工作中的重中之重

上海人力资源服务产业发展居于国内领先位置

上海于2003年率先提出人力资源服务的"产业"概念，并得到了国家人社部、市委市政府的高度重视。经过多年发展，目前上海已成为全国人力资源服务业经营规模最大、服务体系最完善、国际化程度最高、产业布局最具前瞻性的地区。从产业规模看，据协会统计，2019年度上海人力资源服务业全年营业收入共计5 027.7亿元，同比增长12.3%，约占全国行业总收入1.96万亿元的四分之一，较2003年增长了超120倍，产业规模多年稳居国内首位。从服务体系看，上海在不断完善人力资源招聘等传统业态服务体系的同时，已呈现出多层次、各角度"人力资源+"的发展趋势，除了人力资源管理外包和服务外包两大主要业态之外，还衍生出人力资源市场调查、金融保险、健康、法务等多种业态。从国际化程度看，多家国际知名人力资源服务机构在上海设立亚洲总部或机构，如任仕达、德科、万宝盛华等三家世界百强人力资源服务机构，美世、德勤、怡安、韦莱惠悦等四大人力资源咨询机构都在上海设址办公；光辉国际、海德思哲、史宾沙、罗盛、亿康先达全球五大战略咨询兼猎头机构落户上海。同时众多本土人力资源服务机构通过跨国收购、绿地投资、基金持有等方式，拓展海外市场，例如：上海外服收购新加坡TG公司35%股权等。从产业布局来看，中国上海人力资源服务产业园区是我国第一个国家级人力资源服务产业园，在全球范围内创新人力资源服务业机构集聚新的服务模式，对国内人力资源服务行业集聚发展具有标杆性作用。

"十四五"期间，上海人力资源服务业的新机遇

无论是推动形成双循环新发展格局，建设上海"五个中心"，服务"一带一路"倡议，还是长三角区域一体化发展的落地，关键在人才。综观上海"十四五"规划《纲要》，"人才"与"人力资源"在文件中出现74次，人才工作在"十四五"期间仍然是上海各项工作中的重中之重。上海人力资源服务业要紧密围绕国家战略，协同营商环境优化，提供专业有效服务，积极为上海经济发展创造海纳百川、近悦远来的人才发展环境，服务上海产业持

续前行。

在服务国家战略上，要推动人力资源服务业的经济效益、产业效益、社会效益多效并生，提高就业服务能力，提高高层次人才、重点项目产业人才队伍引进能力。

在服务客户上，要打造符合市场、人才实际需求的专业落地产品，打通上下游产品与技术，形成与各行业的跨界化、融合化、生态化格局，提升从业人员整体素质，推动行业业态专业化、多元化、个性化发展，体现人力资源服务业微观领域价值。

在建设产业人才队伍上，要在政府引导下，更多发挥市场在人力资源要素的配置与开发职能，从产业投资人才、产业策划人才、产业招商人才和产业运营人才等角度建设产业经济发展所需的人才队伍。

在扩大产业园区影响上，要优化中国上海人力资源服务产业园建设，实现一园一带多区多点，进一步加强公共人力资源服务和市场化人力资源服务有效集聚和功能互补，持续孵化创新人力资源服务产品、培育本土优秀人力资源服务供应商、输出产业园运营新型经验模式。

在优化营商环境上，要建设与服务体系对应的行规齐全、标准完备、品牌分明的市场规范体系，吸引更多要素投资，通过基金建设、IPO上市、平台建设、服务能级提升等方式，形成城市优质营商环境的新名片。

在科技创新上，要探索与大数据、人工智能、互联网、区块链等新兴技术深度融合，不断开发新产品，实现线下线上一体化，提升服务效率和自身产品弹性，开展跨界服务模式，实现人力资源服务的数字化、个性化、智能化的全面转型升级。

在实现全球资源配置上，要在持续吸引和集聚国际知名人力资源跨国公司总部和具有全球影响力的人力资源机构落户上海的同时，培养一批具有国际竞争力和在特定专业领域具有世界领先水平的国内人力资源服务企业，参与全球人力资源开发配置，更好地服务中国企业走向世界。

2020年Hroot全球人力资源服务机构50强

排名	公司名称	2019财年营业收入（百万美元）
1	任仕达	26 520
2	德科集团	26 241
3	瑞可利（Recruit Holdings）	22 017
4	万宝盛华集团（ManpowerGroup）	20 864
5	中国国际技术智力合作有限公司（CIIC）	17 793
6	安德普翰（ADP）	14 175
7	Persol Holdings	8 906
8	瀚纳仕（HAYS）	7 752
9	领英（LinkedIn）	6 754
10	罗致恒富（Robert Half）	6 074
11	Kelly Services	5 356
12	美世（MERCER）	5 021
13	韦莱韬悦（Willis Towers Watson）	4 333
14	Insperity	4 315
15	ASGN	3 924
16	TtiNet	3 856
17	PAYCHEX	3 773
18	SYNERGIE	2 960
19	IMPELLAM GROUP	2 879
20	Workday	2 822
21	Groupe Crit	2 787
22	TRUEBLUE	2 369
23	米高蒲志国际（PageGroup）	2 112
24	光辉国际（KORN FERRY）	1 974
25	SThree	1 718
26	华德士（ROBERT WALTERS）	1 553
27	克罗诺思（KRONOS）	1 433
28	KFORCE	1 347
29	TechnoPro Group	1 335
30	Brunel international	1 166
31	SEEK	1 083
32	Adcorp	1 044
33	渥特（VOLT）	997
34	BBSI	942
35	明达科（MEITEC）	927
36	Cross Country Healthcare	822
37	GATTACA	812
38	HARVEY NASH	760
39	Paycom Software Inc	738
40	荟才（RESOURCES GLOBAL PROFESSIONALS）	729
41	海德思哲（HEIDRICK & STRUGGLES）	726
42	TeamLease Services	634
43	Cpl	633
44	杰普（GP Strategies）	583
45	前程无忧（www.51job.com）	579
46	Cornerstone	577
47	海峡人力（Strait Human Resources）	548
48	en-japan	522
49	科锐国际（Career International）	509
50	Paylocity	468

聚焦重点领域，
创新推动生活服务业高品质和多样化升级

郑惠强
上海现代服务业联合会会长

生活性服务业是连接物质、精神产品生产和消费之间的载体。一般来讲，生活性服务业主要包括餐饮业、住宿业、家政服务业、洗染业、美发美容业、沐浴业、人像摄影业、维修服务业和再生资源回收业等服务业态，但实际上生活性服务业的领域和行业要丰富得多，与广大城乡居民的生活息息相关。生活性服务业的发展水平直接关系到能否满足广大城乡居民日益增长的物质生活和精神生活的各种需求，乃至整个城市的品质。因此，大力发展生活性服务业，不仅有利于扩大消费需求，增加就业岗位，促进"五型经济"发展，也有利于富民惠民，改善民生，增进社会和谐，还有助于涵养人才集聚的生态，激发创新创造创业，改善营商环境，吸引更多的市场主体，充分体现上海高质量发展的重要内涵。

经过三十多年来的不断调整优化，上海已基本形成了以服务经济为主体的产业结构，近年来，上海服务业增加值占全市生产总值比重已经稳定在70%以上。立足新发展阶段，上海市"十四五"规划《纲要》提出"推动生活性服务业向高品质和多样化升级"，这是回应人民群众对美好生活的向往而提出的新要求，是"十四五"和未来更长时期上海生活性服务业的高质量发展的方向和重点。

聚焦重点领域，不断拓展生活性服务业内涵

2020年，上海市人均GDP突破2.3万美元，已经到了消费结构加快升级、消费需求加速分化且日益追求服务化的发展阶段。在经济由高速增长阶段转向高质量发展阶段的大背景下，人们的消费需求更加倾向于个性化、多样化和优化化。为此，需要着力从以下两大方面丰富生活性服务业的内涵，提升能级。

第一，聚焦重点领域，抓住关键环节，提升服务水平。生活性服务业发展要与上海未来发展的根本方向和重大任务紧密地结合起来，与解决广大城乡居民最为关心的热点、焦点、难点，痛点问题结合起来。比如，结合上海国际消费中心城市建设和持续打响"上海购物"品牌，形成内涵丰富多彩、载体门类齐全、方式多种多样的购物体验，真正成为全球购物天堂，做到不出上海而"买世界"。又如，结合国际旅游名城和国际文化大都市建设，加强文旅融合发展，充分发挥上海举办一系列的文化旅游节庆活动的优势，发展旅游新业态。再如，结合不断增进民生福祉的要求，加强医疗卫生服务，推进健康城市建设；以满足居家服务刚性需求和品质提升为导向，推动家政服务规范化、标准化、精细化；创新养老服务模式，扩大养老产品服务供给，全面提升适老和养老产品设备的智能化水平等。

第二，加快创新转型，强化特色服务，拓展服务内涵。生活性服务业发展要与上海超大城市的功能定位和功能扩展相衔接，与时代发展特征和时代发展趋势相衔接。为此，要推动在线服务，促进线上线下深度融合，促进供给端与需求端精准对接；要推动智能服务，加快发展远程医疗、数字传媒、游戏动漫、在线教育等数字消费产业；要推动体验服务，拓展体验服务内涵；要推动定制服务，充分利用大数据、人工智能等新兴技术，发展旅游产品、健身康体、精准医疗和品牌生活用品等私人定制服务；要推动共享服务，构建面向商贸、流通、教育、医疗等领域的新型共享应用软件和平台，促进房屋居住、体育健康、文化娱乐、闲置物品、业余时间等碎片化休眠资源激活共享，推动传统服务业升级再造；要推动跨境服务，抓住进博会和虹桥国际开放枢纽功能建设的机遇，搭建国际消费新平台，推动市场采购、跨境电商、进口商品直销、汽车平行进口等发展，加快打造跨境电商消费体验中心、进口商品直销中心、出口商品集散中心，提升境外商品和服务消费便利度。

"十四五"期间，上海生活性服务业发展建议

加快数字化转型。上海正值城市数字化转型的窗口期，生活性服务业数字化转型的重要特征，就是前端消费互联网带动后端产业互联网发展。要结合新技术和新制度的供给，将生活性服务业数据基础设施纳入"新基建"，促进与终端需求的有效对接，提升医疗、健康、教育、养老等服务效率。坚持低碳化发展。发展绿色服务是现代服务业发展的一个基本趋势。要从生活性服务业的服务设计、服务耗材、服务产品、服务消费各个环节着手节约资源、降排减污，从绿色消费、绿色包装、回收再利用方面进行引导，推动消费方式的转型与可持续发展。强化平台化创新。平台化已成为服务业转型升级的重要方向。比如就餐、征信和社保查询、缴纳各种生活服务费用、办理各类证件等，如今能够在云服务平台和手机银行等各类 App 上随时随地得到满足，既增加了服务新供给，又刺激了服务新需求，大大提高了资源配置效率。持续品牌化塑造。要进一步打响教育医疗、居民生活、商旅文体等生活性服务业品牌，促进消费价值提升和消费者满意度提高，使"上海服务"品牌成为优质、高端服务的代名词。强化标准化建设。采用类似工业化的作业方式进行标准化管理是现代服务业发展的客观规律。要将生活性服务业的细分领域对标国际标准的具体要求，实现集成化、定制化、标准化，并将这些标准融入整个运营管理活动中，做到业务流程、数据流程和服务质量标准化。突出多样化升级。针对当前生活性服务业供给不平衡不充分问题，要大力培育新产业新业态新模式，加强中央活动区（CAZ）核心功能复合提升，优化新城高能级生活服务布局，让人民的生活更为便捷、更加丰富多彩。

2020年2月11日，上海市黄浦区马当路，受疫情影响，盒马生鲜网络订单量暴增，大量货物等待配送　澎湃新闻 周平浪 图

强化开放枢纽门户功能

围绕更好促进国内国际两个市场、两种资源联动流通，统筹重点突破与系统集成相结合、对内开放与对外开放相促进，着力强化开放窗口、枢纽节点、门户联通功能，着力推动规则、规制、管理、标准等制度型开放，率先基本形成更高水平开放型经济新体制。

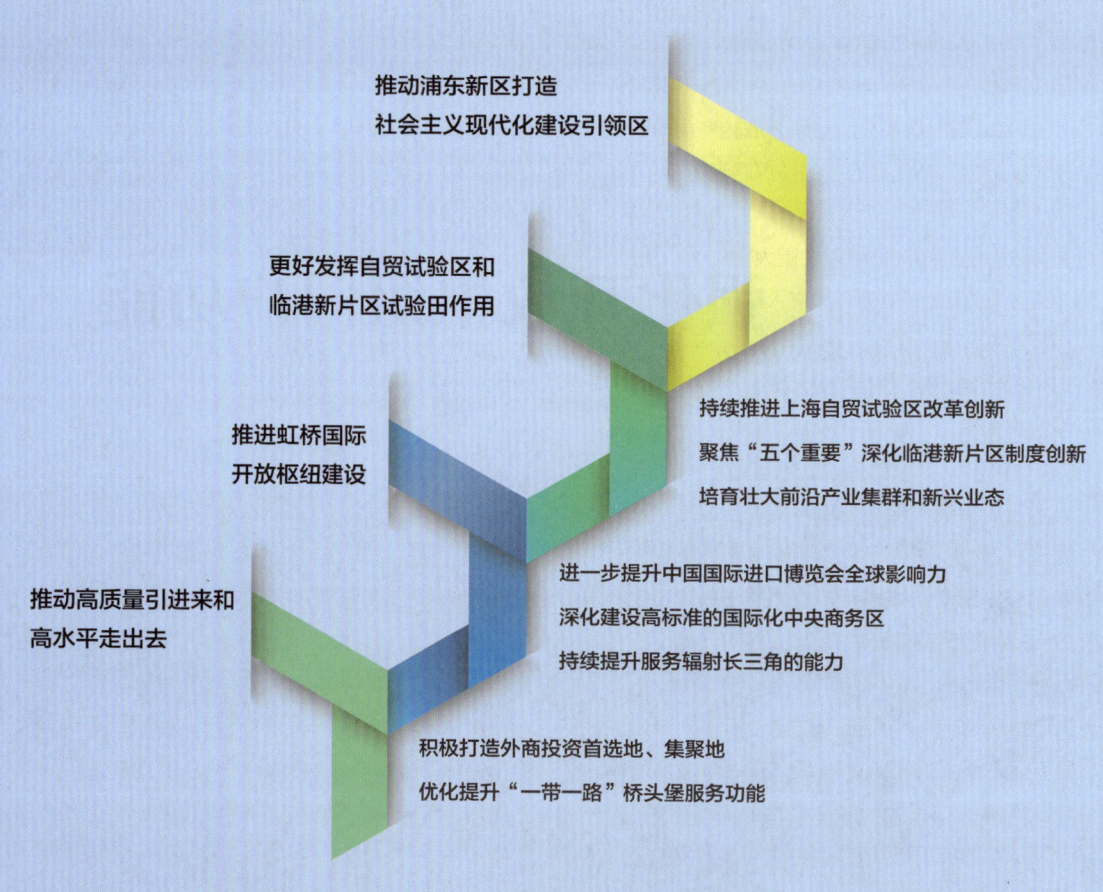

推动浦东新区打造
社会主义现代化建设引领区

更好发挥自贸试验区和
临港新片区试验田作用

持续推进上海自贸试验区改革创新
聚焦"五个重要"深化临港新片区制度创新
培育壮大前沿产业集群和新兴业态

推进虹桥国际
开放枢纽建设

进一步提升中国国际进口博览会全球影响力
深化建设高标准的国际化中央商务区
持续提升服务辐射长三角的能力

推动高质量引进来和
高水平走出去

积极打造外商投资首选地、集聚地
优化提升"一带一路"桥头堡服务功能

来源：《上海市国民经济和社会发展第十四个五年规划和二〇三五年远景目标纲要（普及版）》

把握开放最大优势，做制度型开放的"探路者"

贺小勇
华东政法大学国际法学院教授

中国改革开放进程就是一部与国际经贸规则对接的开放史。与前40年对外开放相比，未来上海的对外开放面临着国际经贸规则重构的重大变化。上海作为中国对外开放的排头兵，未来的高质量开放更需要紧扣国际经贸规则的发展趋势，一方面在对标国际最高标准、最佳实践方面，先行先试，要做对标国际经贸规则的"先行者"；另一方面要代表国家积极参与国际经贸规则的重构，为国家参与乃至引领相应的谈判提供制度性建议，做谈判方案的"贡献者"，要为国家从商品与要素流动型开放转向更加强调制度型对外开放探路，做制度型开放的"探路者"。

对外开放面临的国际环境发生重大变化

"十四五"时期上海对外开放进入了新阶段，对外开放的国际环境发生了重大变化：一是与前40年的开放相比，美国从与中国接触、融入转变到全面遏制中国。二是对标的国际经贸规则发生了深刻变化。WTO规则反映的是20世纪80年代经济全球化的需求，目前明显落后于经济全球化深入发展的客观需要，国际经贸规则正在以不同的路径和方式进行重构。对此，中央明确"要推动全方位对外开放。要适应新形势、把握新特点，推动由商品和要素流动型开放向规则等制度型开放转变"。这预示着中国对外开放将进入一个全新的、更高的阶段。

这些重大变化与"十四五"时期上海对外开放有密切关系：第一，对于美国的遏制战略，在经济发展层面，上海作为中国开放的排头兵，中央对上海的要求和定位会更高，"十四五"期间的开放应放在中央对上海发展的战略定位上。第二，上海需要先行先试，做对接国际经贸规则的风险测试，这就需要将上海放在经济全球化大背景下来谋划"十四五"期间的开放。第三，需要上海代表国家形象的开放，需要上海为中国参与国际经贸规则的谈判提供相应的建议方案，上海的"十四五"开放要放在全国发展大格局中谋划。

国际经贸规则发展趋势研判和应对

当前国际经贸规则的演变主要围绕两条路径展开：一是WTO主要成员方提出关于WTO现代化改革的方案等。二是区域贸易协定，比如说CPTPP（因美国政府退出TPP而演变为CPTTP），美国-墨西哥-加拿大协定（USMCA），日欧FTA与正在进行的美欧FTA。

总体而言，国际经贸规则与我国改革开放方向一致，上海自贸区和临港新片区需要率先衔接。但在具体落实方面仍然要对具体的相关规则进行甄别，区分难易程度，分门别类予以衔接。

一是基本没有衔接难度的规则。这类规则包括降低进口产品关税，投资和跨境服务贸易领域实行负面清单管理制度，提高知识产权保护水平等领域。二是衔接难度不太大的国际经贸规则。这类规则是党中央国务院的要求，属于国家既定方针，但是由于相应的审批权限在国家部委，需要国务院以一揽子授权的方式予以解决。这类规则主要集中于服务贸易领域，比如增值电信、医疗、教育、养老、专业服务等领域的进一步开放。三是衔接难度较大的国际经贸规则。这类规则虽与我国改革方向一致，但短时期内具有一定的难度。比如，国有企业条款中从事竞争要基于非商业性考虑，产业和企业补贴政策等领域。同时目前除了SCM协定中明确禁止的货物贸易领域的出口补贴和进口替代补贴外，尚无明确的禁止性规则。四是目前看起来难以接受的规则。国有企业条款中的国有企业之间或国有企业与其他企业交易，若是非商业性援助则构成补贴的内容，特别是将国有企业视为公共机构，对国有企业制定歧视性的规则；电子商务中数据跨境自由流动条款；劳工条款中自由结社条款等。

"十四五"时期上海对外开放的总体思路和举措考虑

从开放全面性上看，要弥补开放短板，探索跨境数据流动开放，形成更全面的开放；从开放深度上看，要市场准入与准营相结合的开放；从开放的系统上看，需要贸易—投资—服务一体化开放；从开放的手段上看，从产业补贴开放转向更优营商环境的开放；从开放路径上看，从过去具体调法路径的开放转向综合赋权与创法路径的开放。有关重大举措建议如下：

第一，引领构建全面开放新格局、加快推进制度型开放。要在服务国家战略中深化开放，在全面开放新格局与制度型开放中起到引领作用。在重视"引进来"的基础上，更加注重"走出去"，特别是以"一带一路"为重点的"走出去"；在注重货物贸易的同时，更加注重服务贸易领域的开放；在注重进口的同时，要更大规模增加商品和服务进口；在开放的过程中，要更加注重开放的公平，更大力度加强知识产权保护国际合作；在重视商品与要素流动型开放的同时，更加注重规则等制度型开放。

第二，在临港新片区加快推进"五个自由"与跨境数据安全有序流动。如果说此前自贸试验区建设重在政府职能转变、营商环境优化的先行先试，那么临港新片区的重点则直指"自由"。从国家的权力构架上看，目前有关开放的权力集中于国家层面。要积极争取国家支持。临港新片区可凭借"按经济特区进行管理"的要求，在离岸贸易、离岸金融等方面有所创新，突破部分现行法律法规对高质量发展的不合理限制。可以按照经济特区的具体情况和实际需要，制定经济特区的各项单行经济法规，报全国人大常委会和国务院备案。

第三，扩大进口，争取部分产品零关税。支持先进设备、零部件、技术进口。对于优质消费品，如衣服、化妆品、药品等实施零关税。对国外已经上市但国内尚未注册的抗癌药品、与癌症治疗相关的医疗器械的进口实施零关税，进一步扩大适用零关税的药品范围。从实现路径上分析也具有相对较容易的可行性。根据《进出口关税条例》的规定，货物进口关税的降低或实施零关税，只要报国务院批准即可，不涉及人大或其常委会的法律问题。上述部分产品零关税和相对较低关税的措施，一旦实施，应该是针对产品和技术，从而无歧视地适用于全国。对新片区而言，主要通过产品的设计、营商环境的构建，达到在新片区需要发展的产业能够有更多的中间品降低关税或零关税。

第四，实现高标准的投资开放。制定准确、完整与简短的负面清单。加大重点领域的开放，特别是满足人民对美好生活需求领域的开放：加强养老服务业开放力度，健全养老服务体系。在医疗服务领域，在外资医院的设立、外国医生的进入、进口药品审批、医疗保险、外国人来华就医等方面加大开放力度。在文化领域，打响"上海文化"品牌，从开放的角度进一步减少或放宽文化类的现行管理措施。加快教育领域开放进程，进一步减少教育类管理措施。在已开放的增值电信业务领域基础上进一步落实增值电信服务开放措施。

第五，数字贸易规则在自贸区和临港新片区先行先试。能否实行高标准数字贸易规则，关键是能否接受跨境数据自由流动规则和计算设施位置规则。应当看到，我国在跨境数据流动上不仅有防守利益，也有进攻利益。建议在安全可控的前提下分层次、分领域探索跨境数据流动；建立"白名单"制度，对上海自贸区和临港新片区外资企业适当缩小《数据出境安全评估指南（征求意见稿）》定义的重要数据范围，放宽一般商业数据的跨境流动管控，允许一般商业数据在跨国企业内部流动。

第六，金融领域开放。在上海自贸区和临港新片区率先实行金融开放的负面清单制度。实施新片区转口贸易和离岸贸易具有国际竞争力的金融政策，积极发展转口贸易和离岸贸易。额度范围内的资本项目可兑换。

第七，为国家对外谈判提供相应方案。当前国际经贸规则谈判的具体规则尚未成型，在经济发展模式、对发展中国家特殊及差别待遇、产业补贴、国有企业、数字经济等领域存在不少争议。要直面问题，参与其中谈判，提出中国的关切。对于上海而言，先行开放，先行先试，做好压力风险测试，为国家对外谈判提供制度参考。比如国有企业条款、补贴条款，我们与其他成员方既有相似观点的一面，也有不同立场的一面，需要加强谈判。

第八，服务"一带一路"建设的对外开放。市场主体是"一带一路"建设的主力军。企业都非常关注"一带一路"商机，反映较为集中的问题是跨境资金汇兑、贸易投资便利化、风险识别和处置、信息和人才等。"十四五"期间需要着力解决这些制约市场主体开展双向投资、双向经贸的瓶颈性问题，前瞻性地予以研究并做出制度性安排。

要努力实现高标准、惠民生、可持续目标，引入各方普遍支持的规则标准，推动企业在项目建设、运营、采购、招投标等环节按照普遍接受的国际规则标准进行，同时要尊重各国法律法规。要坚持以人为本，聚焦消除贫困、增加就业、改善民生，让共建"一带一路"成果更好惠及全体人民，为当地经济社会发展作出实实在在的贡献，同时确保商业和财政上的可持续性，做到善始善终、善作善成。

什么是制度型开放？

2018年中央经济工作会议提出要适应新形势、把握新特点，推动由商品和要素流动型开放向规则等制度型开放转变。2019年全国"两会"期间李克强总理指出，要继续推动商品和要素流动性开放，更加注重规则等制度型开放。对此，商务部副部长钱克明在"中国发展高层论坛2019年会"（3月23—25日在京举行）上表示，结合中国改革开放40年历程，大致可以从四个"更加"把握制度型开放的内涵：

一是更加深入的开放。"过去我们更多关注的是促进商品要素的流动性开放，推动开放的主要的措施就是降低边境上的准入门槛。今后的开放将向边境后延伸，更加注重国内的规则、制度、法律等层面的完善，强化开放与改革的良性互动，让开放在消除边境后的壁垒，完善社会主义经济体制，促进国家治理现代化方面发挥更大的作用。"

二是更加全面的开放。"过去我们在一些领域、一些区域开放的步伐更快一些，但也存在开放不平衡和不协调的问题。未来我们的开放要更加注重扩大比如服务业的开放，比如西部的开放，要注意推动形成一二三产业协同，陆海内外联动、东西双向布局的全面开放的新格局。"

三是更加系统的开放。"过去我们的开放是摸着石头过河，现在我们的开放要注重顶层设计，要以新的发展理念为引领，从新时代开放理念、开放的战略、开放的布局，还有开放的动力等各方面来系统地谋划。"

四是更加公平的开放。"过去我们的开放在一些方面是政策的洼地，主要的目的是集聚资源和要素，促进经济的快速增长，当然也带来一些竞争扭曲，包括寻租行为等这些弊端。未来我们要更加注重竞争中性和规则的公平，对国有、民营和外资企业等各类市场主体一视同仁、平等对待。"

国家"十四五"规划《纲要》明确了未来五年我国发展的战略导向，其中之一就是强调"必须坚定不移扩大开放，持续深化要素流动型开放，稳步拓展制度型开放，依托国内经济循环体系形成对全球要素资源的强大引力场"。同时，国家规划《纲要》在第四十章专门用一节明确了"加快推进制度型开放"的重点内容——构建与国际通行规则相衔接的制度体系和监管模式。健全外商投资准入前国民待遇加负面清单管理制度，进一步缩减外资准入负面清单，落实准入后国民待遇，促进内外资企业公平竞争。建立健全跨境服务贸易负面清单管理制度，健全技术贸易促进体系。稳妥推进银行、证券、保险、基金、期货等金融领域开放，深化境内外资本市场互联互通，健全合格境外投资者制度。稳慎推进人民币国际化，坚持市场驱动和企业自主选择，营造以人民币自由使用为基础的新型互利合作关系。完善出入境、海关、外汇、税收等环节管理服务。

（资料来源：上海市"十四五"规划《纲要》起草组根据公开资料整理）

推进浦东新区高水平改革开放，打造社会主义现代化建设引领区

2020年11月12日，习近平总书记出席浦东开发开放30周年庆祝大会并发表重要讲话，宣布党中央正在研究制定《中共中央、国务院关于支持浦东新区高水平改革开放、打造社会主义现代化建设引领区的意见》（以下简称《意见》）。2021年7月15日，《意见》正式对外发布。习近平总书记的重要讲话和《意见》为浦东未来发展指明了前进方向、擘画了宏伟蓝图、提供了根本遵循。

支持浦东打造社会主义现代化建设引领区是一项重大国家战略

支持浦东高水平改革开放，打造社会主义现代化建设引领区，是党中央立足时代特征和现实需要，全面研判国际国内新形势新变化作出的重大决策，是赋予浦东的又一项重大战略使命。

从全球看，有利于更好向世界展示中国理念、中国精神、中国道路。上海是世界观察中国的一个重要窗口，浦东是其中最亮眼的风景。在日趋复杂的国际环境中，党中央再次打出上海浦东这张王牌，就是把支持浦东高水平改革开放作为准确识变、科学应变、主动求变的重大举措，以浦东为旗帜向全世界宣示我国坚定不移深化改革、扩大开放的决心和信心，展示我国社会主义现代化国家建设新的辉煌成就，展现中国特色社会主义的强大生命力和旺盛活力。

从全国看，有利于更好服务构建新发展格局。浦东是我国对内对外开放两个扇面的重要枢纽。支持浦东打造社会主义现代化建设引领区，将能更好发挥浦东国内大循环的中心节点、国内国际双循环的战略链接作用，为全国发展提供高水平制度供给、高质量产品供给、高效率资金供给，推动国际国内要素链接、产能链接、市场链接、规则链接，为我国更好利用国内国际两个市场两种资源提供重要通道。

从全市来看，有利于更好助力上海建设具有世界影响力的社会主义现代化国际大都市。浦东是上海"五个中心"建设的核心区，在全市发展中起着举足轻重的作用。这次中央在自主创新、系统改革、全面开放、金融发展、内需消费等方面给予浦东极大支持，将为上海提升经济、金融、航运、贸易、科创等核心功能、在长三角一体化发展中更好发挥龙头辐射作用提供强大动力，显著提升上海城市能级和核心竞争力、显著增强上海城市影响力和话语权。

浦东未来发展的战略定位及其深刻内涵

中央对浦东引领区建设明确了五大战略定位，要求更高、期望更高、内涵更丰富。

一是成为更高水平改革开放的开路先锋。浦东因改革开放而生、因改革开放而兴，改革开放是浦东与生俱来的使命。当前，我国改革开放进入深水区，仍面临着很多复杂的矛盾和问题。浦东要进一步发挥先行者、试验田作用，对标最高标准、最高水平，在改革系统集成协同高效上率先试、出经验，在对外开放上实行更大程度的压力测试，在若干重点领域率先实现突破，为我国推进更深层次改革、更高水平开放探索新路。

二是成为自主创新发展的时代标杆。科技创新是引领时代发展的第一动力，加快科技自立自强是畅通循环的关键。浦东要发挥国家战略科技力量集聚、各类高水平的创新主体集聚、高端产业集聚的优势，加快建设国际科技创新中心核心区，加强基础研究和应用基础研究，打好关键核心技术攻坚战，加速科技成果向现实生产力转化，推动产业基础高级化、产业链现代化，为我国核心关键技术自主可控、全国产业链供应链稳定作出新贡献。

三是成为全球资源配置的功能高地。增强对高端要素配置的全球性影响力，是构建新发展格局的必然要求。浦东汇聚了众多高能级的市场主体、跨区域的机构、高层次的人才和全球性的资金。未来，要进一步完善金融市场体系、产品体系、机构体系、基础设施体系，提升重要大宗商品的价格影响力，积极发展更高能级的总部经济，更好服务和引领实体经济发展，为我国深度融入和引领全球经济发展和治理作出浦东贡献。

四是成为扩大国内需求的典范引领。加快培育完整内需体系是一项关乎发展新格局的重大战略任务。这次中央把建设国际消费中心这项新任务交给浦东，就是希望发挥上海和浦东市场容量大、商品服务流通发达、商业模

式创新活跃等优势，引领带动国内消费升级。浦东将以此为契机，着力在高品质、最时尚、新体验、专业化上做文章，为全国生产者找到消费需求、踏准消费潮流，为全国消费者找到心仪产品、满意服务，为全国创新者找到应用场景、实现迭代升级。

五是成为现代城市治理的示范样板。一流城市要有一流治理。习近平总书记在上海提出"人民城市人民建，人民城市为人民"的重要理念。浦东是上海超大城市的超大城区，将积极推动治理手段、治理模式、治理理念创新，加快建设智慧城市，率先构建经济治理、社会治理、城市治理统筹推进和有机衔接的治理体系，努力把城市建设成为人与人、人与自然和谐共生的美丽家园，率先走出一条符合超大城市特点和规律的治理新路子。

全力推动"十四五"时期浦东打造社会主义现代化建设引领区取得重大进展

中央《意见》从全力做强创新引擎、加强改革系统集成、深入推进高水平制度型开放、增强全球资源配置能力、提高城市治理现代化水平、提高供给质量、树牢风险防范意识等七个方面对浦东引领区建设部署了一系列重要任务。浦东将一条一条不折不扣落实到位，尤其要抓好"五个重大"。

集聚重大战略力量。聚焦集成电路、人工智能、生物医药、量子信息等重大方向，集中力量建设国家实验室，布局和建设一批国家工程研究中心、国家技术创新中心、国家临床医学研究中心等国家级科技创新基地，提升张江综合性国家科学中心的集中度和显示度，打造国家战略科技力量的集聚高地。

浦东的新方位、新定位、新路径

新方位

把浦东新的历史方位和使命，放在中华民族伟大复兴战略全局、世界百年未有之大变局这两个大局中加以谋划，放在构建以国内大循环为主体、国内国际双循环相互促进的新发展格局中予以考量和谋划。

新定位

- 努力成为更高水平改革开放的开路先锋。
- 全面建设社会主义现代化国家的排头兵。
- 彰显"四个自信"的实践范例。
- 更好向世界展示中国理念、中国精神、中国道路。

新路径

打造自主创新新高地、激活高质量发展新动力、增创国际合作和竞争新优势、服务构建新发展格局、开创人民城市建设新局面。

推进重大改革任务。全力推进综合性改革试点这一国家交给浦东的新的改革任务，从事物发展全过程、产业发展全链条、企业发展全生命周期出发，系统谋划设计改革项目，争取国家赋予浦东在重点领域和关键环节上更多改革自主权。积极深化"一业一证"改革，将改革领域从"高效办成一件事"向"高效服务一个产业"拓展。

建设重大功能平台。积极推动国际金融资产交易平台建设，这是畅通国内外资金双向投资的重大开放平台，浦东将积极配合制定业务方案和交易规则，争取早日落地。同时，全力推进全国性大宗商品仓单注册登记中心、私募股权和创业投资股权份额转让平台、科创板拟上市企业知识产权服务站等平台建设落地，早出功能。

落实重大支持政策。中央给予浦东一批极具含金量的税收政策，包括对关键领域核心环节生产研发企业、公司型创业投资企业给予所得税优惠，探索适应境外投资和离岸业务发展的税收政策等，这将有力帮助企业降低成本、提高国际竞争力。浦东将全力推动政策尽快落地，做好政策宣传解读，最大限度发挥政策效应。

强化重大法治保障。这次中央《意见》突破性提出，比照经济特区法规，建立完善与支持浦东大胆试、大胆闯、自主改相适应的法治保障体系。浦东将配合上海市人大及其常委会制定好相关法规，对暂无法律法规或明确规定的领域，先行制定相关管理措施，使浦东的改革创新始终在法治的轨道上推进。

（资料来源：上海市浦东新区区委办）

更好发挥临港新片区改革试验田作用

唐 浩
自贸试验区临港新片区发展改革处原处长

临港新片区建设情况以及面临的新形势、新要求

2019年8月20日,临港新片区挂牌,两年多来,临港新片区经济社会各领域实现了高质量快速发展,主要体现在四个方面:

初步构建了开放型政策制度体系。截至2021年8月临港新片区成立两周年之际,国务院《总体方案》分解出的78项任务已完成、正在走流程或先行先试的共72项,国家、上海市、管委会层面共发布190余个政策文件,形成了62个制度创新典型案例;一批"特殊"政策、首创模式、首发项目、首个业务落地实施;洋山特殊综合保税区全域封关验收,特殊经济功能逐步显现。加快建设具有国际竞争力的前沿产业集群。"东方芯港""生命蓝湾""大飞机园"等特色园区全面开园;始终保持招商和投资强度,累计签约765个项目,总投资4400多亿元,平均每天有一个重大项目签约落地。逐步完善综合性节点城市设施服务功能。综合交通体系初步成型,形成了S2、G1503、两港大道、轨交16号线等主要对外通道,与市中心的交通联系显著增强;公共服务能级不断提升,逐步集聚了明珠小学、建平中学、冰厂田幼儿园等优质基础教育资源,以市六医院临港院区为龙头的医疗服务体系逐步完善,商业设施建筑面积达到45万平方米,海昌海洋公园正式开园,上海天文馆已建成并向公众开放,冰雪之星项目也在如火如荼的建设中。全力打造国内最优、国际领先的营商环境。新片区承接了市、区两级1170项行政审批和行政处罚事权,推进事权流程再造和集成创新;率先开展商事主体登记确认制、"一业一证"+"证照联办"等改革试点,开展告知承诺+容缺后补、区域评估、多评合一等多项投资项目审批改革,不断形成"极简审批""极准监管""极优服务"。

展望"十四五"时期,临港新片区面临增设自贸区新片区和浦东新区打造社会主义现代化建设引领区两项国家战略叠加放大的历史性重大发展机遇。临港新片区要充分发挥"试验田"作用,坚定不移地推进更深层次、更宽领域、更大力度的全方位高水平对外开放,加强改革系统集成协同高效,更好地代表国家参与国际合作与竞争,为国家探索出一条高质量发展的新路,成为上海经济高质量、可持续发展新的"发动机"。

对标最高标准、最高水平,深化政策制度创新

对标最高标准、最高水平,实行更大程度的压力测试,在重点领域率先实现突破,是习近平总书记对临港新片区的要求,也是临港新片区的战略定位。面向未来,临港新片区要对标CPTPP、RCEP、中欧全面投资协定等国际高水平经贸规则,对标全球自由度最高的自由贸易园区和自由贸易港,开展更有针对性、更具影响力的规则、规制、管理、标准等制度型创新,构建更高水平的国际投资贸易自由化便利化政策制度体系。

"十四五"期间,临港新片区将全面完成《总体方案》的主要任务,制定并落实新一轮的全方位高水平对外开放和深化改革方案,聚焦增值电信、离岸贸易、跨境金融、数据跨境流动、跨境税收、知识产权保护、竞争中性等重点领域,进一步探索放宽限制,加快引进试点项目,实现率先突破。全面开展投资准入、货物贸易、金融等服务贸易开放、数字经济、争端解决等领域的压力测试。在重点产业、核心业态、境外人才等方面,探索实施与国际惯例相衔接的、具有国际竞争力的特殊税制安排。充分发挥洋山特殊综合保税区的政策优势,实施物理围网外"一企一策"政策,建立以"境内关外"和"电子围网"为特色的投资贸易服务自由化便利化监管制度和服务体系,进一步

澎湃新闻 周平浪 图

强化"协同监管+风险预警+政务服务+增值服务"功能。依托一体化信息平台，充分借助人工智能、区块链、5G、大数据等先进技术手段，构建风险预警模型，形成一批风险监管应用场景，实现全生命周期风险防控的闭环。

进一步培育壮大前沿产业集群和新兴业态

聚焦特殊经济功能区建设，临港新片区将在先进制造业、现代服务业、科技创新三个领域发力，将发展"五型经济"作为主攻方向，着力引进和培育一批具有标志性、代表性和特殊功能性的重大项目，高水平构建开放型现代化的产业体系。

打造世界级的先进制造业集群。依托"东方芯港""生命蓝湾""大飞机园""信息飞鱼""海洋创新园"等特色产业园，聚焦关键核心技术，加强产业规划和顶层设计，加快数字产业化与产业数字化协同推进，推进产业链与创新链深度融合。加速推动集成电路、人工智能、生物医药、民用航空、智能新能源汽车、高端装备制造等产业高端化、智能化、国际化，加强产业链上下游集聚，塑造新型产业生态。"十四五"期间，将打造智能汽车、集成电路、高端装备等若干千亿级产业集群，数字经济增加值年均增速达到50%，工业总产值达到5 000亿元。

发展配置全球高端要素资源的现代服务业。重点建设现代服务业开放区、洋山特殊综合保税区等核心区域，加快发展跨境金融、新型国际贸易、高端航运、数字经济等现代服务业；先行试点更加开放的政策创新措施，实施更加便利的管理制度，加快布局国际金融资产交易平台、国际油气交易平台等高能级载体，加速打造总部集聚区。"十四五"期间，将引入各类金融机构和投资类企业超过300家，集聚经认定的总部机构超过50个。

增强创新策源和国际创新协同。重点发展国际创新协同区，高水平建设世界顶尖科学家社区。集聚高水平研发主体，积极布局世界顶尖科学家联合实验室，推进重大科学设施和国家级研究中心的建设运营。壮大创新型企业，加速科技成果转化，加快培育一批科技含量高、拥有核心技术和产品的高科技企业。构建活力迸发的人才队伍，集聚高端人才，培育和引进专业人才和创新创业人才。"十四五"期间，将建设10个以上顶尖科学家实验室，新增1 000家以上高新技术企业。

虹桥商务区的新使命：打造新时代改革开放的标志性区域

虹桥商务区开发建设历经十余年，大交通枢纽功能全面提升，大会展品牌形象日益凸显，大商务集聚效应初步显现，具备引领长三角协同开放的良好发展基础。

"十四五"时期，虹桥商务区建设肩负着重大使命，未来将围绕以下几个方面，聚焦重点，对标一流，着力打造新时代改革开放的标志性区域，进一步增强服务长三角能力。

一是提升产业能级，建设一流的国际化中央商务区。 深化会展优势。积极打通线上线下会展服务体系，做大做优"云上会展第一平台"。积极推进市级商圈建设，推动免税购物试点。推动与航材、航油、航时等航空要素相关的功能性机构和平台落地。大力推进数字经济、平台经济发展。我们将进一步制订虹桥商务区数字企业认定办法和虹桥商务区特色园区（楼宇）管理办法。推动北斗、人工智能等科创产业有新发展。

二是放大进博效应，打造开放共享的国际贸易中心新平台。 继续深化海外贸易中心平台建设，集聚高能级国际组织，高频度举办各类高规格经贸活动。加快优质企业集聚，加快虹桥进口商品展示交易中心和绿地全球贸易港、长三角电商中心等常年展重点平台建设。

三是增强辐射功能，打造联通国际国内的综合交通新门户。 进一步深化虹桥综合交通枢纽"一体化"相关工作提升方案。推进中运量等区域地面公共交通网络优化研究，提升若干既有线路运营效率。进一步推动实施虹桥商务区智能化停车管理平台。打造智能化交通枢纽应用平台，打造商务区立体化的智慧步行导航系统。继续做好交通枢纽应急保障，发挥虹桥商务区指挥平台作用，加强枢纽单位联动。

四是推进改革创新，切实提升商务区营商环境。 加快推进各项创新政策、举措的落实。继续推进国际人才港建设。完善人才公寓管理体系和管理制度；加强投资促进；做好商务区对外推介。我们构建了虹桥商务区区域内、长三角和海外三个层面的投促工作网络，将进一步布点并提升工作能级，持续发挥商务区投促一体化平台沟通、协调、督办作用。

五是促进产城融合，打造引领高品质生活的国际化新城区。 有序开展专项规划编制工作，整合优化空轨项目前期研究成果，把控总体土地出让进度。推进商务区绿色低碳发展，加大绿色建筑运行标识项目的推进力度，加强低碳能效运行管理平台的接入力度。持续推进指导能源系统建设和应用。统筹指导海绵城市建设和新型基础设施建设。建立跨行业跨部门的"多位一体"综合养护模式，统筹区域内城市基础设施运营维护质量管理。

六是加快建设国家进口贸易促进创新示范区。 推动形成"一地（进口商品集散地）、一港（全球数字贸易港）、一区（新型国际贸易总部集聚区）、一都（国际会展之都）"与两个市场（上海国际技术交易市场、上海国际医药医械交易市场）引领的"4+2"进口贸易促进创新示范格局，稳步扩大进口规模，持续优化进口结构，逐步提升进口能级。

虹桥商务区将牢牢把握打造虹桥国际开放枢纽的重大机遇，与一核两带相关各方合力高质量推进虹桥国际开放枢纽建设，努力开创新发展阶段的新奇迹。

［资料来源：上海虹桥国际中央商务区管理委员会］

演变：从虹桥商务区到虹桥国际开放枢纽

回顾虹桥地区的发展历史，从虹桥商务区到虹桥国际开放枢纽，在地域范围、功能定位、承担的战略使命等三个方面不断演进，内涵在不断丰富。

在地域范围方面，2009年虹桥商务区设立时，面积是86平方公里。2019年市委、市政府决定将虹桥商务区扩展到151平方公里。2021年，国务院批复《总体方案》，虹桥国际开放枢纽面积达到7000平方公里，其中上海市域范围2100平方公里，与当年相比大幅提升。

在功能定位方面，2009年，作为世界最大的综合交通枢纽——虹桥综合交通枢纽建成投运，并设立了虹桥商务区，构建全面对接和服务长三角区域的商务中心。2014年，世界最大的单体会展建筑——国家会展中心在虹桥商务区建成运营，并于2018年以来成功举办三届进口博览会。从大交通、大商务、大会展到如今长三角强劲活跃增长极的"极中极"和联通国际国内市场的"彩虹桥"，虹桥的功能定位在不断升级。

在战略使命方面，最早的虹桥经济技术开发区是"长宁的虹桥"、虹桥镇是"闵行的虹桥"，虹桥商务区是"上海的虹桥"，而虹桥国际开放枢纽是沪苏浙皖共建的"长三角的虹桥""面向国际的虹桥"。

因此，虹桥国际开放枢纽建设是一件关系长三角区域乃至国家经济社会发展全局的大事，是落实长三角一体化发展国家战略的重要举措。虹桥国际开放枢纽成为继自贸试验区临港新片区、长三角生态绿色一体化发展示范区后，上海落实长三角一体化发展国家战略的又一重要承载地。

把虹桥国际开放枢纽放进长三角一体化发展的坐标中，就是要打造成为长三角强劲活跃的增长带。虹桥国际开放枢纽横跨长三角"经济黄金轴线"，已成为全球货物流、商务流、人流、资金流、信息流的交汇点和中转站，并迈向要素链接、产能链接、市场链接、规则链接的战略通道，也将更好地放大进博会溢出带动效应。

要进一步加快虹桥国际开放枢纽建设，充分发挥好集聚和辐射带动作用，依托区位优势扩大辐射圈，推动长三角区域实现更高质量一体化发展。

（资料来源：上海市发展改革委）

虹桥国际开放枢纽的突破和亮点

"1"是指虹桥国际开放枢纽"一核两带"功能布局。"一核"是上海虹桥商务区，面积为151平方公里，主要承担国际化中央商务区、国际贸易中心新平台和综合交通枢纽等功能。

"2"是指虹桥国际开放枢纽"一核两带"功能布局中的"两带"，即以虹桥商务区为起点延伸的北向拓展带和南向拓展带。北向拓展带包括虹桥－长宁－嘉定－昆山－太仓－相城－苏州工业园区，重点打造中央商务协作区、国际贸易协同发展区、综合交通枢纽功能拓展区；南向拓展带包括虹桥－闵行－松江－金山－平湖－南湖－海盐－海宁，重点打造具有文化特色和旅游功能的国际商务区、数字贸易创新发展区、江海河空铁联运新平台。

"3"是指虹桥国际开放枢纽要围绕大交通、大会展、大商务三大核心功能。

大会展功能：第一，打造"展品变商品、展商变投资商、采购商变贸易商"的良性生态圈。第二，进一步加大境内外专业组展机构、国际品牌重要展会活动的引进。

大商务功能：第一，加快在跨境电商、数字贸易、供应链管理等领域引进和培育一批独角兽企业，支持具有市场影响力、国际竞争力的商贸龙头企业在虹桥商务区落地，推动内外贸一体化供应商的集群集聚。第二，支持虹桥海外贸易中心、虹桥国际贸易服务中心提升能级，建设一批高水平的贸易促进公共服务平台。第三，打造"一区一港"：高水平建设国家级进口贸易促进创新示范区，率先建成全球数字贸易港。

大交通功能：第一，增强对外铁路通道：2020年已建成沪苏通铁路一期，开工在建沪苏湖铁路，并规划新增沪杭城际铁路进入虹桥枢纽。第二，加强城际铁路网、市域铁路网规划建设：一是已开工建设的机场联络线，可以实现虹桥机场和浦东机场之间的快速连接；二是计划2021年开工建设嘉闵线，并研究北延伸连接太仓与沿江高铁；三是规划研究沪苏嘉城际线，自虹桥商务区经青浦新城、示范区客厅到嘉兴，并可与苏州方向对接，实现示范区和虹桥枢纽双核联动。第三，完善市区轨道交通网络：2021年计划启动建设13号线西延伸、2号线西延伸、17号线西延伸至西岑。第四，完善高快速干线路网建设：启动G50公路扩容及智慧化改造，加快推进外环西段功能提升、G15公路嘉金段扩容等工作，增强虹桥商务区与周边区域的联系。

"4"是指"四个着力"，即着力建设国际化中央商务区，着力构建国际贸易中心新平台，着力提高综合交通管理水平，着力提升服务长三角和联通国际的能力。

（资料来源：上海市发展改革委）

逆势而上、化危为机，持续办好进口博览会

朱贻文
华东师范大学城市发展研究院
副教授

作为世界上第一个以进口为主题的国家级博览会，进博会正成为中国推动构建国内、国际双循环相互促进的新发展格局的重要平台。当前，由于国际人员往来受阻，跨国展会难度较大，虽然线上展会已陆续开展，但交流成效相比传统形式相对较差，这些都是制约进博会发挥国际影响力的主要难点。基于多年展会的实地调研，建议以龙头企业为抓手提升进博会的国际美誉度，同时大力提升线上平台服务质量，将进博会打造为全球贸易复苏的中国范例。

前三届进博会取得的卓越成就

前两届进博会在国际经贸合作、技术文化交流方面取得了丰硕成果。首届进博会累计进场观众人数达80万人，按一年计，累计意向成交578.3亿美元。同时，还吸引了58个"一带一路"沿线国家的1 000多家企业参展，占参展企业总数近三分之一。同期举办了虹桥国际经贸论坛，包括"贸易与开放""贸易与创新""贸易与投资"等平行论坛。第二届进博会企业商业展规模、质量、布展水平与首届相比，均实现了新突破，全球或中国大陆首发新产品、新技术或服务391件。专业观众注册超过50万人，其中包括7 000多位境外采购商，超过首届，采购商国际化程度进一步提高。按一年计，第二届进博会累计意向成交711.3亿美元，比首届增长23%。

2020年，面对突如其来的新冠疫情挑战，第三届进博会是在疫情防控常态化条件下，中国举办的一场规模最大、参展国别最多、线上线下结合的国际经贸盛会。据官方统计，第三届展会共吸引124个国家（地区）的企业踊跃参展，展览总面积近36万平方米，共展示新产品、新技术、新服务411项，其中全球首发73项。按一年计，第三届进博会累计意向成交726.2亿美元，逆势增长2.1%。

当前办好进博会面临的主要难点

全球新冠疫情蔓延为国际经贸往来带来巨大风险，全球确诊病例数已破亿，各种跨国展会几乎全部停摆。大型国际展会是全球产业链合作沟通的重要桥梁。根据华东师范大学研究团队对亚洲2 240家集成电路企业的调查，其龙头企业分布于中国、韩国、日本、印度等不同国家的8个产业集群，而行业三大旗舰国际展会（香港展、深圳展、首尔展）对这些龙头企业的覆盖率可分别达到92.2%、79.6%和76.1%。当前，由于各国疫情形势、隔离管控措施等原因，境外企业来华参展遇到许多困难。在此形势下，进博会更需要逆势而上，以龙头企业为抓手，为全球产业链提供重要的技术成果展示、市场信息交流、合作关系构建平台。

随着全球疫情持续，许多大型国际展会转而通过线上方式举行，但其效果与线下相比存在差距。根据华东师范大学研究团队对300余家展会参展商的调查，除了进行直接交易，观察最新技术发展趋势、构建信任关系也是参展的主要目的，以后两者为主要目标的参展商占比达到84%，而这些都需要通过线下的面对面方式来进行。作为连接国内、国际贸易的重要纽带，境外展商来华受阻、线上展会效果相对较差，也是今后一段时期进博会即将面临的问题。

进一步提升进博会全球影响力的对策建议

以龙头企业为抓手，打造国际贸易复苏的中国范例。一是转变展会评价标准，着力提升境外龙头企业参与程度。当前全球抗疫形势下，进博会在保证参展企业数量、布展

面积基本稳定的基础上,不必刻意追求参展数量和面积的增长,而是要着力提升世界顶尖企业、行业龙头企业的参与程度。通过"先质后量""以质带量"的方式,从根本上提升展会水平和影响力。二是通过国内合作企业、行业协会、驻外使馆等途径,加强对境外龙头企业参展的直接推介力度。通过龙头企业的"领头羊效应",带动整个产业生态圈的目光聚焦进博会。充分利用行业龙头企业间的竞合关系,发挥龙头企业在相关产业中的辐射带动作用,逐渐形成产业链上下游在进博会主动集聚的态势。三是通过线上商业媒体,向全球展示进博会优异成果与良好形象。近一段时期内,应更多采用线上媒体广告的形式,着重在商业层面充分展示进博会高质量的办展水平、丰硕的展会成果,打造国际贸易复苏的中国范例。

提升线上展会质量,真正实现"6 天 +365 天"全天候服务。一是融入直播元素,搭建官方线上平台。当前形势下,线上直播元素与线下展会相结合已是必然趋势。可借鉴 2020 年"广交会"经验,在进博会官网上增加网络直播板块。进博会需尽快搭建安全、标准化的直播服务平台,平台可借助现有成熟技术,组织力量对企业资质和内容进行把关,保证线上直播的稳定性和可靠性。二是搭建小额交易平台,降低"破冰"门槛。可借助现有成熟技术,搭建快速、标准化的小额交易平台,从而大幅降低国内外企业间初次交易的门槛。需要组织力量对企业和产品资质、交易安全性提供充分保障。国内外企业通过交易成交建立信任,可大大提升在展会后开展进一步合作的可能性。三是组建专业服务队伍,保障线上线下有机结合。组建专业服务队伍,对各个线上功能予以专业支持。鉴于当前全球抗疫形势,针对难以派遣大量人员参展的企业,可提供展品维护、现场广告布置等标准化服务,帮助境外企业通过线上直播、远程监控等方式,以更少的现场人员参加展会。

放大进口博览会溢出带动效应，打造海外资源进入中国的中转站

薛迎杰
绿地集团总裁助理、
贸易港集团总经理

中国国际进口博览会已经连续成功举办三届，成为扩大开放和连通内外的大门户、大平台，持续为世界经济复苏和增长提供新机遇。作为上海国有控股的特大型混合所有制企业，绿地集团在虹桥商务区国家会展中心旁打造了中国国际进口博览会"6天+365天"常年交易服务平台——绿地全球商品贸易港（简称"绿地贸易港"），总面积达到11万平方米，集展览展示、促进贸易、引导消费、引资孵化等功能于一体。绿地贸易港通过发挥自身功能优势，立足引资源、促交易、优服务，已成为放大进博会溢出效益的核心载体，正全力打造成为具备商贸全产业链能力的国际贸易新平台。

服务进博会国家战略，发力进口商品全产业链

自2018年11月运营以来，绿地贸易港已吸引来自76个国家和地区的180家企业和组织入驻，引进进口商品9万余款，涵盖食品酒饮、数码家电、美妆护理、服饰箱包、家具家居等20余个大类，其中进博会同款商品2万余款。

以下就是三个比较典型的案例：

一是绿地贸易港让参展商变投资商，把全球前三的牛肉生产商"引进来"。为把高品质牛肉产品带给中国消费者，满足国内消费升级需求，绿地贸易港与进博会参展商、全球排名前三的牛肉生产及销售巨头——巴西美利华集团（Minerva S.A）达成战略合作，双方通过设立合资公司整合供应链资源，在国内设立亚太地区供应链总部及贸易结算中心，实现产业投资落地。

二是绿地贸易港变新品为爆品，让阿根廷总领事带货的皮具"火起来"。2020年，绿地贸易港走进阿根廷驻沪总领馆，绿地负责人与阿根廷驻沪总领事奥帕罗共同直播出镜，为一款阿根廷小众设计师品牌"Del Sur"的天然牛皮单肩包带货，这款皮具采用天然牛皮制成，制作周期20余天，由绿地贸易港从阿根廷工厂直采引进，由于中间环节的减少，这块商品的售价甚至低于阿根廷当地品牌门店，因此直播期间得到了国内消费者的踊跃下单。

三是从单打独斗到集中亮相，让海外品牌"一到上海便进全国"。2020年，绿地贸易港在进博会上设立品质生活馆，组织了来自意大利、葡萄牙、英国、巴西、俄罗斯、阿根廷、瑞典的17个轻奢小众品牌"组团"参展，短短六天展会这些品牌累计获得采购订单超过7000万元，成功对接下游客商，不少品牌还在进博会后开业中国首店。经此一役，这些小众品牌悉数与绿地贸易港签署品牌授权协议，更有一批海外的高端消费品领域的设计师品牌慕名而来，希望借助绿地贸易港的平台功能和组展服务，在拓展下游建立区域市场。

打好"四张牌"，努力成为服务双循环的引领者创新者

站在"十四五"的开局时点，绿地集团将紧紧围绕服务构建新发展格局，牢牢把握扩大进口、举办进博会、消费升级等重大发展机遇，以上海打造国内大循环的中心节点、国内国际双循环的战略链接为有利契机，围绕进博会服务国家战略，将绿地贸易港打造成为具备商贸全产业链功能的国际贸易新平台和服务国内国际双循环的重要支点，重点是打好"四张牌"：

一是打好"优化营商环境"这张牌，提高资源利用效率。作为服务进博会的常年交易平台，绿地贸易港将继续

在现有"保姆式"服务的基础上，为海外企业、特别是通过进博会首次进入中国的企业，建立一套全生命周期的服务体系，加速进博会资源转化、强化海外企业合作机制、创新跨境贸易新模式、打响海外新品首发，促进各项要素资源自由流动，进一步提高资源利用效率。

二是打好"虹桥国际开放枢纽"这张牌，实现产业要素聚集。绿地贸易港将打造具备信息发布、采购交易、清关物流、供应链金融、渠道管理、大数据采集等功能的"一站式"国际贸易B2B综合服务平台，面向国内大循环的各个节点，通过信息流、货物流、资金流等各类贸易要素集聚，融合再造供应链价值，实现各类要素自由流通、双向交换，成为具有公共服务特性的国际贸易新平台，助力虹桥国际开放枢纽产业要素集聚和贸易能级提升，这也完全符合上海在全球贸易体系中的角色分工，对上海构筑全球贸易枢纽具有积极意义。

三是打好"上海建设国际消费中心城市"这张牌，打响品牌首发、做深品牌孵化。牢牢抓住上海推动消费提质扩容、建设国际消费中心城市的有利契机，一方面，绿地贸易港要加强上游资源挖掘，在高端消费、民生消费、品质消费、进博消费等领域持续拓展，利用好政府给予的保税展示展销、跨境电商等政策通路，加大奢侈品、美妆、珠宝钻石等高端品类名优新品的引进，满足多元化、差异化的消费需求，助力消费回流；另一方面，绿地贸易港要利用好上海作为国际金融中心资源优势，与金融机构共同设立创投基金，深度参与海外品牌在国内市场的孵化培育、首店落地及品牌推广，利用自身产业链服务及业态场景支持，帮助品牌快速打响。

四是打好"绿地混合所有制"这张牌，做双循环的创新者、海外资源的放大器。通过联动驻华使领馆、商协会，围绕民生及品质消费品建立全球资源网络，以引入和落地供应链为核心，通过入股、合资、总代等方式获取一批优势资源及国际知名品牌。发挥自身快速反应、快速决策的优势，凭借在商贸全产业链领域的基础布局，充分用好进博会资源，多渠道、多方式推动资源创新转化，结合后疫情时代消费趋势，将贸易港打造成为新品牌、新业态、新模式的孵化平台，要力争打造3-5个上到百亿规模的大宗商品进口高地，孵化50个以上年销售额超过5亿的进口爆款单品，培育50家以上年营收规模超过10亿的海外企业，推动绿地贸易港加速成为长三角乃至全国最具规模和影响力的进口商品集散中心。

习近平总书记指出，中国国际进口博览会不仅要年年办下去，而且要办出水平、办出成效、越办越好。绿地集团将牢牢把握新时代发展机遇，把进博会溢出效应再集聚、再辐射、再放大，全力打造服务国内国际双循环的重要支点，全力成为服务国内国际双循环的引领者和创新者。

优化提升上海"一带一路"桥头堡功能

张 丽
上海市发展改革委
开放经济发展处处长

"十三五"时期上海参与共建"一带一路"成就

2013年9月和10月,习近平总书记先后提出共建"丝绸之路经济带"和"21世纪海上丝绸之路"的宏伟倡议。2017年3月,习近平总书记要求上海在服务国家"一带一路"建设中发挥桥头堡作用。"十三五"时期,上海始终坚持深入贯彻习近平总书记关于共建"一带一路"重要论述和考察上海重要讲话精神,在政策沟通、设施联通、贸易畅通、资金融通、民心相通等领域取得积极成效。

一是政策沟通成效显著。上海已与59个国家91个行政区域建立了友好城市或友好交流关系。与以色列、新加坡、匈牙利、克罗地亚、白俄罗斯、越南、柬埔寨等"一带一路"国家签订科技合作备忘录。在中医药、船舶、化肥、家具、内燃机、材料等领域积极参与国际标准制定,由上海主导制定的国际标准达50项,参与国际标准制修订100余项,在研国际标准近60项。

二是设施联通扎实推进。依托海港、空港两大枢纽港积极参与海上丝绸之路和空中丝绸之路建设。上海港与全球200多个国家和地区的500多个港口建立了贸易往来,"一带一路"沿线集装箱吞吐量占上海港外贸集装箱吞吐总量比重超过65%。国际海事组织亚洲技术合作中心、中国船东互保协会等航运高能级机构落户上海。在沪央企与希腊比雷埃夫斯港的合作被誉为中希合作典范。上海与"一带一路"33个国家实现直航,通航点达到73个,航线联结亚欧大陆,通达非洲。通过上海机场进出中国的"一带一路"航空旅客占全国机场总量的三分之一;航空货邮占全国机场总量比重超过50%。

三是贸易畅通提质增效。上海与共建"一带一路"国家货物贸易额占全市比重超过20%。上海自贸试验区及临港新片区充分发挥"试验田"功能,通过"一线放开、二线高效管住"、国际贸易"单一窗口"、外商投资准入前国民待遇+负面清单模式、FT账户等制度创新,持续提升国际经贸合作水平。中国国际进口博览会助推上海成为共建国家优质商品进入中国的重要通道,虹桥进口商品保税展示交易中心、"一带一路"国别汇等"一带一路"经贸合作重要载体相继设立。

四是资金融通不断加强。跨境金融服务能级不断提升,人民币跨境支付系统(CIPS)业务范围覆盖46个共建国家和地区,通过自由贸易账户与114个共建国家开展了跨境收支业务。上海证券交易所累计发行21单"一带一路"债券,发行规模249亿元。银行间外汇市场已与15个共建国家实现双边货币直接交易,与3个共建国家货币建立区域直接交易,上海黄金交易所国际板已吸引14家共建国家会员。

五是民心相通成果丰硕。科技合作持续深化,"一带一路"青年科学家交流国际合作项目不断推进。教育培训合作成果丰富,联合国教科文组织教师教育中心落户上海。文化交流不断强化,丝绸之路国际艺术节联盟共吸引来自44个国家(地区)的163家艺术机构加盟,"一带一路"电影节联盟成员增加至44个国家、50个机构,成功举行上海国际电影节"一带一路"电影周。疫情期间,通过专题讲座、抗疫经验分享会、"科技战疫"国际网络研讨会等形式向世界分享抗击疫情"上海方案",围绕诊断技术、药物研发、病毒溯源深入开展合作研究。

"十四五"上海优化提升"一带一路"桥头堡服务功能的主要思路和重点举措

"十四五"时期要把进一步发挥桥头堡作用,参与共建

"一带一路"高质量发展作为打造国内大循环中心节点和国内国际双循环战略链接的重要内容，充分发挥上海的功能优势、平台优势和服务优势，秉持共商、共建、共享原则，坚持绿色、开放、廉洁理念，以高标准、惠民生、可持续为目标，紧扣高质量和防风险两大核心，持续深化与共建国家的务实合作，增创国际交流合作和竞争新优势，更好服务国内发展大局和对外工作全局。按照上述思路，规划《纲要》提出了3条基本原则，5个方面的重点举措和2项机制保障。

在基本原则上，要做到三个坚持。一是坚持政府引导、企业主体，要充分突出企业的主体地位，根据企业发展实际和市场需求自主决策、自主经营。政府层面要加强服务，创造良好的发展环境，有效引导海外投资企业依法合规经营，督促企业履行社会责任，形成高质量、可持续的良性发展格局。二是坚持遵循市场规则和国际原则，要充分发挥市场在资源配置中的决定性作用，坚持创新、协调、绿色、开放、共享的新发展理念，统筹经济效益和社会效益，平衡短期项目与长期发展，形成更多有效益、可持续的标志性工程，凸显中国理念、中国品质。三是坚持立足国家所需和上海优势，要把优化提升"一带一路"桥头堡服务功能与中央交办给上海的重大战略任务密切结合起来，充分发挥上海"五个中心"的城市功能优势，充分利用上海各类型的开放平台资源，全力提升专业服务业国际竞争力，建设能够充分体现上海特色优势的桥头堡。

在重点工作上，要紧扣高质量发展，全面提升"五通"水平，体现桥头堡的引领、窗口和前沿作用。其中，在政策沟通和标准联通方面，要充分利用我市各类高能级开放合作平台集聚优势，强化与共建国家在政策沟通方面的合作；要充分利用我市产业优势，引导企业加强与国际接轨的产品和服务质量标准体系建设。在设施联通方面，要立足上海国际枢纽型海空港基础，推动构建立体、安全、高效、便捷的基础设施互联互通网络，全面提升与共建国家的海、空、信息互联互通水平，打造海上丝绸之路、空中丝绸之路、数字丝绸之路的重要支点。在贸易畅通方面，要深化双向经贸投资合作，"引进来"和"走出去"并重，贸易和投资结合，用好两种资源，联通两个市场，服务新发展格局。同时，立足上海实际，要发挥在沪外资企业优势，积极开展第三方市场合作，促进共建"一带一路"高质量发展。在资金融通方面，要充分发挥国际金融中心的功能优势，通过建设"一带一路"投融资中心，为企业"走出去"提供综合性跨境金融支持。在民心相通方面，要全面加强教育、文化、旅游、卫生、科技、智库等领域的国际合作交流，推动不同文明互学互鉴和交流合作，厚植人类命运共同体的民心基础和社会基础。此外，《纲要》还明确提出完善服务保障机制，完善风险防范和海外权益保护机制。

以重大项目为引领，开辟外资利用新空间

罗长远
复旦大学经济学院教授

当前，由于贸易保护主义的抬头和新冠肺炎疫情的冲击，全球投资受到了拖累。上海作为中国利用外资的高地，在这一背景之下，如何在招商引资方面有所作为和突破，是一个紧迫且具有全局意义的问题。结合上海市"十四五"规划纲要，以及2020年上海出台的"扩投资20条"和"稳外资24条"，围绕如何通过推进重大外资项目做好外资利用工作谈几点想法。

上海外资利用聚焦到重大项目上来，是供需耦合的必然结果

从上海自身条件来看，2020年上海人均GDP达到2.3万美元，而在10年前，这一指标是1.2万美元。从全球来看，上海处在中高收入水平的发展阶段，而在国内，上海则是发展水平最高的地区之一。2020年，上海GDP达到38 700亿元，是10年前的2.2倍。站在新的起点上，上海必须围绕重大项目做好文章，特别是对于市场寻求的大型外资项目。

在2020年，上海第三产业增加值占到整个GDP的73.1%。从国际角度来看，这一指标超过了德国（2018年，62%）和日本（2018年，69%），接近美国的水平（2018年，77%）。经济结构的服务化，决定了上海外资利用的结构也会有相应的变化。为此，上海需要在服务业领域的重大项目上，进一步有所突破。

"十三五"时期上海营商环境持续改善，这得益于上海在"五个中心"、自贸区、临港新片区建设等方面所付出的努力。重大项目的集成性决定了其投资者对于制度环境是高度敏感的，可以预期，上海在这方面是具有比较优势的。

从上海所处的区域环境来看，与其他城市相比，上海现在面临一个最大优势是国家在新时期推出的区域发展战略，特别是长三角一体化战略和长江经济带战略。上海基于得天独厚的地理优势，是这两大战略的龙头，上海的经济发展有可以依靠的纵深和腹地。在外资利用方面，上海适宜作为重大项目的总部所在，并与长三角地区和长江经济带的其他城市形成紧密的产业链、价值链和供应链关系。

从上海面临的国际环境来看，2020年底，包括15个国家在内的RCEP正式签订，中国和欧盟的全面投资协定（CAI）也完成谈判。2013年上海自贸区建立的背后，就有对接RCEP和中欧投资协定谈判之意。随着RCEP的签订和中欧投资协定谈判推进，上海这一走在新时期对外开放前沿的城市面临着新的发展机会。在外资利用方面，这给重大项目尤其是来自RCEP成员国和欧盟国家的项目"落沪"创造了机会。

正确认识"重大"的内涵，形成外资利用新思路

超越上海看"重大"的内涵。不能局限于上海来衡量和评估外资项目的合意性。在突出内循环为主导的背景下，要从促进长三角一体化和长江经济带发展的角度，认识"重大"的含义。重大项目不仅要服务于上海，还要对长三角一体化、长江经济带的发展产生辐射和带动作用。外资利用上的适度竞争是必要的，但对于上海与长三角和长江经济带其他城市而言，更重要的是要强调互补性。超越规模看"重大"的内涵。重大项目要符合上海经济发展的阶段，要能起到产业引领，要能填补上海发展的"盲点"和"空白"，避免单纯依据资产轻重和规模大小判断外资的合意性。对于上海而言，重大项目对出口、就业、税收、经济增长等的影响和带动作用自然是重要的，但更重要的是，看它在产业优化、技术升级和高质量发展等方面能否起到"催化剂""助推器"和"发动机"的作用。超越当下看"重

大"的内涵。不能局限于当下来认识"重大"的内涵。要从数字经济、人工智能、大数据、工业互联网、物联网等技术前进的方向认识"重大"的内涵。要从产业演进的趋势和未来认识"重大"的内涵。要强化项目的原生性、前瞻性和成长性,而要避免落地之日即是衰退期开端的"过熟型"项目。超越企业看"重大"的内涵。不能仅从企业和项目的角度,而要从产业链、供应链和价值链的角度认识"重大"的含义。一个合意的重大项目,要能带起一条"链",而它本身则应该是这条链的龙头。

多管齐下,开辟重大外资项目利用新局面

开辟主题性的产业园区。2021年政府工作报告特别提到要加快RCEP的生效、争取CAI早日签署,以及推进中日韩自贸区谈判。在这一背景下,可以考虑开辟以RCEP、CAI和中日韩为主题的产业园区,吸引RCEP成员国、欧盟成员国,以及韩日的重大项目。RCEP成员国之间、欧盟国家之间,以及中日韩之间,业已形成紧密的产业链关系。通过打造这类主题性的产业园区,欢迎"组团式"对华投资,借助已有的产业链关系,促使这些国家的项目在上海"扎堆"和"集成"。

开展"组团式"招商。如前所述,上海对重大项目的利用,需要超越上海自身,必须站在长三角一体化和长江经济带的角度来思考。为此,要加快推进长三角一体化进程和长江经济带的发展,采取"组团式招商"模式,上海的比较优势是"微笑曲线"的两端。在这一背景下,上海可以建立以长三角和长江经济带为主题的产业园区,在外资进入以后,与兄弟省市协力服务于产业链、供应链和价值链。

在改善营商环境上要有超前思维。为了吸引重大外资项目的"落沪",上海要进一步改善营商环境。上海自贸区和临港新片区要在制度高地建设上,做出新文章。要加强自贸区和新片区成功做法的复制推广,避免自贸区和新片区的"飞地化"。在打造制度高地的同时,避免形成新的"制度洼地"。我们的研究显示,自贸区既可能产生外资创造效应,也可能产生外资转移效应。为此,要把自贸区和新片区的做法加快推广,最后做到整个上海都是"新片区"。上海自贸区和临港新片区要对接RCEP和CAI,主动针对"硬骨头"做压力测试,为承接与RCEP和CAI相关的重大项目做好准备。

在新一代技术应用上迈出更大步伐。劳动力成本和商务成本的上升,使上海在外资利用上面临越来越多的不利条件。数字经济、人工智能、大数据、工业互联网和物联网等代表了新一代技术革命的方向,上海在这方面已经具备比较好的基础条件。为此,上海要尽可能将这些技术革命的元素集成和组合,打造外资利用新优势,在外资发生"伤害性"转移之前提前布局,也为迎接新技术革命背景下的重大项目做好准备。

提升国际文化大都市软实力

坚持中国特色社会主义文化发展道路，围绕举旗帜、聚民心、育新人、兴文化、展形象的使命任务，持续打响"上海文化"品牌，繁荣发展文化事业产业，升级完善公共文化服务体系，深化建设更加开放包容、更富创新活力、更显人文关怀、更具时代魅力、更具世界影响力的社会主义国际文化大都市。

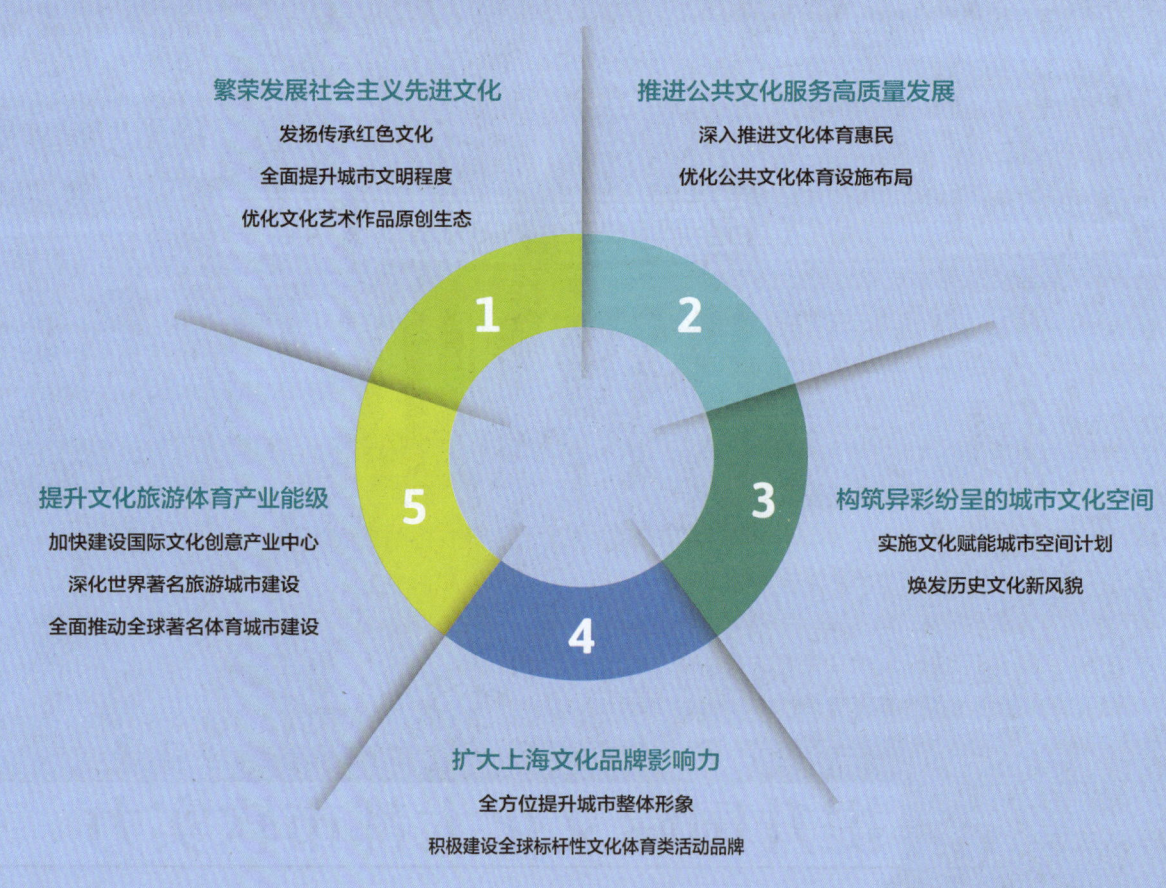

1. 繁荣发展社会主义先进文化
   发扬传承红色文化
   全面提升城市文明程度
   优化文化艺术作品原创生态

2. 推进公共文化服务高质量发展
   深入推进文化体育惠民
   优化公共文化体育设施布局

3. 构筑异彩纷呈的城市文化空间
   实施文化赋能城市空间计划
   焕发历史文化新风貌

4. 扩大上海文化品牌影响力
   全方位提升城市整体形象
   积极建设全球标杆性文化体育类活动品牌

5. 提升文化旅游体育产业能级
   加快建设国际文化创意产业中心
   深化世界著名旅游城市建设
   全面推动全球著名体育城市建设

来源：《上海市国民经济和社会发展第十四个五年规划和二〇三五年远景目标纲要（普及版）》

提升城市"软实力"：
深入推进上海国际文化大都市建设

王亚元
中共上海市委宣传部副部长

经过多年的发展，上海城市发展已经具备了较为坚实的物质基础，一座城市除了物质建设之外，精神建设也不可或缺。文化是一个城市的根脉和灵魂，能够为一个城市提供坚强的思想保证、强大的精神力量、丰润的道德滋养，看上去和风细雨，但却持久深层，润物于无声中。

今天的上海文化有三个重要来源，即是红色文化、海派文化、江南文化，红色文化是引领上海文化的"魂"，江南文化是上海文化的"根"，各种文化交融、交织、交汇，形成了独有的海派文化。上海文化独特的内涵特质铸就了上海区别于其他城市的城市精神，"海纳百川、追求卓越、开明睿智、大气谦和"十六字的城市精神，是对上海文化的最好诠释，也在上海社会主义现代化建设过程中发挥着重要作用。中华人民共和国成立初期，上海作为全国最大的综合性工业城市，为国家发展做出了重要贡献；改革开放以后，上海又迅速走在了时代发展的最前沿；身处新时代，十六字的城市精神与城市未来的发展高度契合。海纳百川的城市精神、开放创新包容的城市品格，是上海强化全球资源配置、科技创新策源、高端产业引领、开放枢纽门户等核心功能的基础和支撑。譬如徐汇滨江提出"双A"（人工智能+艺术）发展战略，正体现了文化作为城市软实力和城市功能的重要组成部分，成为决定城市未来发展的重要力量，文化建设与物质建设也将更为紧密地相互依存、相互转化。社会经济发展需要文化支撑，市民百姓的高品质生活也离不开文化需求供给，这些动力因素一推一拉，迫使我们要进一步加快文化发展。

"十三五"期间，国际文化大都市发展框架基本建成

2011年11月，中共上海市第九届委员会第十六次全体会议提出"到2020年，建成文化要素聚集、文化生态良好、文化事业繁荣、文化产业发达、文化创新活跃、文化英才荟萃、文化交流频繁、文化生活多彩的国际文化大都市"的总目标。根据各方研究、调查问卷、国际比较等综合结果，我们认为，到2020年上海基本实现了既定目标，文化事业、文化产业、文化设施等各方面国际文化大都市建设的框架基本形成。

"十三五"时期，我们以"上海文化"品牌为抓手，推动城市文化软实力全面提升，具体在8个方面取得显著成效：即实现用习近平新时代中国特色社会主义思想武装人心、实现城市文化传播力引导力影响力公信力显著提升、实现市民文明素质和城市文明程度全面提高、实现文化创新创意创作成果不断涌现、实现重要功能性文化设施布局有效完善、实现公共文化治理能力现代化、实现文化创意产业的支柱性产业地位更加凸显、实现文化旅游深度融合。

从国际比较来看，在中美学术团队联合发布的《2020国际文化大都市评价报告》中，上海排名全球第八，较两年前上升一位，虽与位居榜首的纽约、伦敦还存在一定差距，但一直稳中有升。

从文化创意产业重点领域的发展来看，上海近几年加大了对"两中心、两之都"的载体建设。

全球影视创制中心建设方面，2020年上海地区全年总票房继续领跑全国城市票房，全年共有19部上海出品影片进入院线上映，总票房约11.05亿元；其中，上海出品的《第一次的离别》定档影院复工第一天，成为在疫情后首部与观众见面的新片。同时，松江区正在发力打造"科技影都"，聚集了大量的影视制作公司，考虑到电影作品在制作方面的产值通常与其票房的产值相当，这些优质的影视制作公司将为上海带来可观的税收。

国际重要艺术品交易中心建设方面，虽然目前从公开拍卖交易市场观测到的数据有限，但实际点

中共一大会址纪念馆　　　　　澎湃新闻 周平浪 图

上海已基本建成国际文化大都市

从全球比较的视角来看，根据上海交通大学发布的《国际文化大都市全球评价分析》，2020年，上海综合实力排名第八名（2018年排名第九；2013年排名第十四）。

国际文化大都市综合得分表

	城市名称	综合得分
1	纽约	100.00
2	伦敦	94.01
3	东京	89.09
4	巴黎	88.90
5	旧金山	88.72
6	北京	86.84
7	洛杉矶	84.94
8	上海	81.51
9	首尔	80.31
10	柏林	79.22

该项研究从城市文化物质和精神的双重效能维度对全球范围的国际文化大都市进行立体化考察，构建了由10个一级指标和49个二级指标组成的国际文化大都市评价指标体系，并通过收集统一口径的全球数据，对50个国际文化大都市进行全球评价。具体来看，在2020年的评价中，上海文化旅游全球排名第三、公共文化参与全球排名第四、互联网发展全球排名第七，文化教育全球排名第八，公共文化供给全球排名第十。这些指标维度体现出上海建设国际文化大都市的优势和潜力。

（资料来源：中美学术团队联合发布《2020年国际文化大都市全球评价分析》）

对点的交易量非常大，总产值预估已达百亿级别，尤其是自2019年起举办的上海国际艺术品交易月，吸引了大量的机构和爱好者参与。

亚洲演艺之都建设方面，近年来发展迅速，每年大型演出场次超过三万场，我们初步估计，如果达到每年四万场，有望可以超过日本的水平。上海也在打造一些演艺品牌，比如"演艺大世界"集聚了大量演出剧场和演艺资源。疫情期间，上海的演出市场依旧火热，国内的演艺团体不仅得到了更多机会，更受到市民百姓的好评。

全球电竞之都建设方面，依托于游戏产业井喷式增长，电竞的影响力、牵引力也不断提升。上海的游戏产业规模已经占到全国的1/3，2020年营收规模达1200亿元，较2019年增长50%。我们认为，应该管好、用好已经客观存在的游戏产业资源，占领这一宣传阵地，避免涉黄涉暴内容混迹于市场，同时鼓励体现社会主义核心价值观、体现中国优秀传统文化精品内容的创作生产。现阶段，上海市场的无穷潜力也吸引了海外公司的目光，像英雄联盟赛事主办方拳头游戏亚太总部已落户上海。

在"两中心、两之都"建设的基础之上，上海网络文化产业高地所包含的"互联网和相关服务业以及软件"以及"信息技术服务业"2020年产值分别为2277亿元和3522亿元，较2019年分别增长18%和12.5%，在文化创意产业的十三个行业领域中，这两个领域的产值在2020年实现两位数增长。因此，在数字文化方面，我们还要尽快出台相关文件，进一步推动深化发展。

创意设计产业高地建设方面，考虑到创意和制造之间相辅相成的关系，未来创意设计的发展将与其他产业部门有较多结合，尤其是那些伴随城市发展成长起来的新兴产业和都市型工业，创意设计产业的未来发展也具有较强潜力。

从城市功能布局来看，"十三五"期间，上海投入大量资金，建设了大量的文化场馆，人均拥有的文化设施数量有所增加。虽然上海文化设施建设水平已经领先全国，但同时，我们也认识到，与纽约、伦敦、巴黎等城市相比仍有差距，已建成的市级公共文化配送服务体系尚未能满足市民对文化不断增长的需求。我们认为，数字化转型为短期内满足市民需求、赶超国际一流水平提供了路径。先进的技术可为人们在网络上查阅书籍、观看展览提供支持和几乎身临其境的体验，从满足市民文化需求这一核心功能来说，线上与线下的服务将不存在显著差异。

打造具有中国特色、时代特征、上海特点的城市文化品牌

从"十四五"及中长期看，上海社会主义国际文化大

中共二大会址　　　　　　　　　　　　　　　　　　　　　　　中共上海市委宣传部 图

都市建设，将主要聚焦城市文化功能和内涵，具体包括提升城市的文明程度、文化魅力、人文气息、核心竞争力、国际影响力、文化吸引力、文化治理能力等方面。同时，按照习近平总书记系列重要讲话精神、国家战略部署、市委最新任务要求，未来城市文化建设将着重体现出中国特色、时代特征、上海特点三个方面。

其中，中国特色主要体现在坚持和发展中国特色社会主义，围绕"大力发展社会主义先进文化"的根本性任务，重点推动理论、哲学社科、新闻舆论、文艺创作、出版等宣传思想文化核心工作展开。

时代特征主要体现在两点：一是结合国家战略部署，紧扣浦东开发开放、长三角一体化发展、"一带一路"建设、文化走出去等国家战略，作出文化领域相应任务的统筹布局。二是结合重要时间节点，特别是建党100周年特殊时点，结合上海红色文化资源，提出具体目标、思路和举措。

上海特点主要体现在六点：一是结合上海文化品牌建设，重点弘扬、传承和发展红色文化、海派文化、江南文化，以及城市精神、城市品格等，增强市民群众对城市文化的归属认同。二是结合城市数字化转型，明确推动公共文化、文创产业、文化消费、新型文化基础设施等领域城市文化数字化转型升级。三是结合人民城市建设，提升城市文化治理能力，力争"十四五"期间形成新时代符合超大城市特点和规律、多元主体协同参与的文化治理新格局。四是结合城市新发展格局，特别强调"一轴"（城市文化中轴）、"一带"（黄浦江文化创新带）、苏州河沿岸地区文化功能的总体空间布局；同时，围绕"五个新城"建设，力争以文化内涵提升五个新城竞争力和吸引力。五是结合产业发展需要，提出实施"两中心、两之都、两高地"文化创意产业聚焦发展战略，明确推进全球影视创制中心、国际重要艺术品交易中心建设，打造亚洲演艺之都、全球电竞之都，形成网络文化产业高地、创意设计产业高地，特别力争在电子竞技领域形成世界级影响力和感召力，打造面向未来的优势文化创意产业，形成独特的城市产业标识和城市名片。六是结合文化旅游体育融合发展，根据推动大文化发展要求和上海市特点，深化文化旅游体育融合发展。

上海文化的内在景深与传奇魅力

周 武
上海社会科学院研究员

文化是一个城市的根脉和灵魂，是一个城市区别于其他城市的特质和个性所在。文化的养成，不但需要长久的历史积淀，更需要"适宜的气候土壤条件"。红色文化、海派文化、江南文化的共荣共生，构建起"上海文化"的内涵基因和独特魅力。

一部上海文化演进的历史，依次出现了三种文化形态，即开埠前的江南文化、开埠以后由江南文化与西方文化融汇而成的海派文化和1949年以后引领全局的红色文化。当然，这三种文化形态的递嬗，并不是相互取代的关系，而是一种承传与层层递进的关系。江南文化是海派文化的底色，海派文化赋予江南文化"现代性"；红色文化以海派文化为内在景深，又决定着海派文化的历史走向。海派文化能够从最初的一种艺术流派推向各种艺术形式，并漫开至其他文化领域，最后在以上海为轴心的江南地带风靡开来，在中国文化版图上独树一帜，即得益于开埠以后上海在开放与包容中形成的多元文化格局，而多元文化格局的形成，又赋予上海都市文化旺盛的创造力、想象力和生命力，以及海纳百川的襟怀和气度。

正是这种襟怀和气度，铸就了上海都市文化特有的历史底蕴和"传奇性魅力"，并构成了上海文化最迷人的内在风景。红色文化最初也是在这种多元文化的格局中才得以蓬然兴起，并成为其中上海多元文化格局中的一种活跃的力量，进而在1949年以后一枝独秀，成为具有主导性和支配性的主流文化或"主旋律"文化。

面向"十四五"以及更长远，将持续将红色文化、海派文化、江南文化资源用好用活，进一步夯实红色文化立心塑魂的基石作用，进一步凸显海派文化开放包容的窗口作用，进一步提升江南文化的传承创新示范作用。

海派文化脱胎于江南文化，是江南文化的一种新的形态

置镇以来，上海文化随社会变迁而来的文化变迁，但就总体而言，开埠前上海所在的文化区域从属于江南文化圈，但那时江南的文化中心在苏州和杭州等中心城市，上海则处于"慕苏、扬余风"的边缘地带。

开埠后，特别是太平军扫荡江南之后，上海迅速取代苏、杭等江南传统的中心城市，一跃而为江南新的中心城市。江南中心城市的位移过程，从某种意义上说，也就是人才、财富和文化的位移过程。按1950年1月的统计，在总共498万人口中，江苏籍和浙江籍移民分别占了239万和128万，超过2/3。作为文化移动的主要载体，移民的籍贯构成显示出江南文化在上海文化构造中的特殊位置。

但海派文化并不是江南文化的简单接续。开埠后的上海是中国最世界化的城市，有人称近代上海是两个世界之间的城市。不管是哪一种说法，受西方影响最大无疑是近代上海显著的特征。从器物到制度，从建筑到语言，从生活方式到价值观念，无不受到西方广泛而深刻的影响。这是一个渐推渐广的过程，由器物而制度而文化，逐渐扩展到衣食住行等日常生活的各个层面。

如果说在中西交冲之初上海人对西事西物存在着自觉或不自觉的排拒心理的话，那么随着崇洋心理的形成，上海人对欧美文化的态度亦逐渐由排拒转变为自觉认同与接受，"洋"字在近代上海人的心目中成了最具魔力的字眼。

海派文化脱胎于江南文化，但又有别于江南文化。江南文化是在吴文化、越文化和徽文化的基础上融汇不同区域文化的产物，以精致、优雅著称，从某种意义上说，它代表和体现了中国传统文化的极致。海派文化则是开埠以后江南文化与西方文化融汇的产物，它的孕育与发展依托上海高度商业化的社会，又以开新和灵活多样拓展市场，就其精髓而言，海派文化与江南文化一脉相承，海派文化可以说是江南文化的一种新的形态。

红色文化以海派文化为内在景深，又决定着海派文化的历史走向

红色文化并不是突然出现在上海的，实际上，早在1920年代以后，在全球文化的激进化和中国革命凯歌行进的氛围中，由中国共产党领导的红色文化就已在上海勃然兴起，并成为上海多元文化格局中的一种活跃的力量。

近代上海是中国最多元化的一个都市，这种多元性不仅体现在市政管理和城市社会控制上，而且体现在社会构造、城市生活和文化形态上。正是这种多元的城市格局，为红色文化在上海的孕育与繁衍提供了必不可少的生存空间。而且，上海贫富差距悬殊，存在着一个巨大的边缘社会阶层，理论上为"贫者"代言的中国共产党也比较容易找到自己的同盟者。

另外，由于上海与世界的联系紧密，特别易受国际思潮的影响。1920年代末到30年代初，左翼文化一度席卷整个世界，几乎所有重要的国家都建立了左翼文化团体，上海的红色文化就是在这样一个国际思潮背景下逐步发展壮大的。1927年南京国民政府建立后推行的一系列政策不是致民于生而是致民于死，亦使整个社会特别是激进青年倍感压抑和失望，更强化了上海文化界的左翼化趋势。

抗战时期空前的民族危机，以及由危机导致的民族主义的激扬，在一定程度上遮蔽了内部矛盾，但抗战胜利后国民政府的内战政策，以及由战争导致的经济与社会局势的急遽恶化，使整个社会的离心倾向越来越严重。在这种背景下，他们非常自然地把与国民党对峙的共产党看作是另一种希望。

从这个角度看，远在1949年5月27日上海解放之前，红色文化在上海多元文化格局中就已开始取得了某种优势，或者说，红色文化的影响已渐渐也超越了党派文化的范围。但是，即使是这样，基于上海这样一个高度多元的城市，红色文化并未取得主导性的地位。换句话说，红色文化只是上海多元文化中的一元。1949年以后，情况发生了巨大的变化。中国共产党取得政权，红色文化遂迅速由一个党派的文化变为全国普适的主导文化。

三种文化的递嬗及其传奇魅力

从江南文化到海派文化，从海派文化到红色文化，上海文化经历了极其深刻、复杂的变迁，不同历史阶段呈现出不同的样态和面貌，但在看似断裂的历史中又存在着不易抹去的连续性。江南文化由吴文化、越文化和徽文化融汇而成，海派文化因融汇西方文化而赋予江南文化"现代性"，红色文化则因以海派文化为内在景深而具有上海特色。

因此，从表面上看，上海也是红色文化一枝独秀，和中国其他城市并无差别，但实质上，上海并没有完全成为北京、广州等其他城市，仍然具有迥异于其他城市的文化个性。尽管1949年以后，上海和其他城市一样，红色文化成为主导性的意识形态，对上海都市文化形态产生了深刻的影响，并成为当代上海文化最显豁的形态，甚至在许多方面"再造"了上海文化。

但红色文化并没有也不可能斩断历史，海派文化、江南文化当然也并没有退出历史，上海人仍然保持着许多心照不宣的生活秩序和内心规范，至少在日常生活中，江南文化和海派文化仍然在发挥着正面的影响，这种影响不是批判和呐喊可以随意抹去的。尽管它们曾经被视为应该淘汰的东西，但在事实上它们仍然是现实的，是上海文化构造中的内在风景。

另外，上海三种文化形态虽然各不相同，但就其精髓而言，却是一以贯之的，三种文化都具有超强的融汇能力，它们的枝繁叶茂也都得益于相对成熟发达的商业化环境和商业化力量。江南文化、海派文化不用说了，改革开放以来红色文化又何尝不是借助商业化的力量丰富和发展自己。

红色文化、江南文化、海派文化，共同支撑起当代上海的文化大厦。因为承传江南文化，所以当代上海文化有着深厚的历史底蕴，并与中国源远流长的文化传统保持着一脉相承的联系；因为长期浸润海派文化，所以上海人比较开放包容，并在内心深处始终保持对西方文化的向往，一旦形势许可，便比较易于与世界接轨；因为经受红色文化的洗礼，所以上海文化又存在着与中国其他城市文化趋同的倾向，由西方化回归于中国化和意识形态化，这又是上海文化与世界其他城市文化，以及香港、台北等城市的最大的区别所在。

建设更高质量的上海公共文化服务体系

蒯大申
国家文化和旅游公共服务专家委员会委员、上海社科院研究员

现代公共文化服务是现代公共服务的重要组成部分。保障公民基本文化权利，是构建现代公共文化服务体系的出发点和价值基础，向公民和社会提供有效的基本公共文化服务是现代政府的职责和施政重要目标之一。

所谓"基本文化服务"，首先不是满足公民所有的文化需求。公民多样化、多层次的文化需求则主要由市场来满足。若是将应由市场来提供的服务变成由政府支付的公共服务，就是混淆了服务的性质。其次，"基本文化服务"满足的不是个别人或少数人的需求，而是社会的公共文化需求。比如，建公共图书馆、博物馆，满足的是社会的公共文化需求，是社会普遍受益的。再次，"基本文化服务"的服务内容、服务标准、覆盖面和优先事项安排会随着经济社会和文化发展水平的提高而动态发展。

按照现代治理理念，现代公共文化服务体系应具有服务目标均等化、供给主体多元化、运行机制民主化、公共服务高效化、管理体系法治化这五个基本特征。

"十三五"时期，对于上海市委、市政府在2015年8月提出的"率先基本建成现代公共文化服务体系"的奋斗目标，上海交出了一份非常优秀的答卷。2019年底，国家文化和旅游公共服务专家委员会8位专家组成的评估组对上海全市各区现代公共文化服务体系推进情况进行全面衡量后，给出了900分以上的高分。

近年来，上海的现代公共文化服务体系建设在完善市、区、街镇三级公共文化服务的基础上，推进基层公共文化资源的有效整合和统筹利用，推进基层公共文化设施建设、管理和服务水平的提升，进一步将服务重心下移，向第四级居村延伸，努力打通公共文化服务的"最后一公里"。其中，涌现了许多案例，反映了上海市在现代公共文化服务体系建设过程中所进行的探索，让人真切感受到上海基层公共文化建设蓬勃的创新活力。

"十四五"期间，上海将按照加快建设社会主义国际文化大都市的目标，坚持国家标准、突出上海特色，加强"上海文化"品牌建设，传承和发扬红色文化、海派文化、江南文化等特色文化，努力提升全市的公共文化服务水平，为人民群众提供更高质量、更有效率、更加公平、更可持续的公共文化服务。

上海将进一步推进基本公共文化服务均等化、普惠化、便捷化；进一步促进公共文化服务供需精准对接，优化区域资源配置，强化优质公共文化服务供给；进一步推动长江三角洲区域公共文化服务合作，加强公共文化服务资源联通、共享，推进区域公共文化服务一体化发展；进一步发挥公共文化服务的社会教育功能，提高公众思想道德修养和科学文化素质。

上海将继续扶持和培育群众性文化团队发展，努力提高群众性文化活动质量；不断推动公共文化数字化建设，提升公共文化服务的数字化智能化水平；加强高品质公共文化空间建设，举办高水平的公共文化活动；发挥公共文化领域创新项目的示范作用，引导与支持社会力量参与提供优质公共文化服务；努力培育和促进文化消费，推动公共文化服务与旅游融合发展；充分发挥上海国际文化大都市优势，开展公共文化领域国际合作与交流，提升公共文化服务品牌的影响力。

均等化：保障人民群众基本文化权益

上海城市交响乐团"天使知音沙龙"，是上海曹鹏音乐中心和上海市慈善基金会创办的关爱自闭症全公益项目。项目启动以来，组织乐团的志愿者们义务音乐培训。通过十一年的坚持，帮助自闭症儿童走出孤独、融入社会。这是"上海城市交响乐团义工大队"所做的多项公益活动中，持续时间最长、参与人数最多的一项常规活动，7万多人次帮助自闭症患儿1.4万多人次。

徐汇区图书馆于1999年成立上海首家盲人阅览室。盲人阅览室为视障读者提供馆内阅览、图书外借、送书上门等服务。同时，通过开展各类文化活动，满足视障读者多方位的精神文化需求。

徐汇盲人阅览室　　　　　　　　　　　　徐汇区发改委 图

奉贤区广播电视台坚持"文化助残"点亮希望之光的理念，2015年以来，在为残障人士开设手语节目的基础上，又为视障人士"观看"电影开展志愿服务，得到了众多视听残障人士的欢迎和社会的高度评价。

在为聋人读者服务方面，静安区文化馆的"龙雅读书会"、聋人摄影讲座、沙龙、无障碍电影放映、配备手语翻译的无障碍文化讲座、"随手执梦"等手语教学等活动都成为了区域内广受聋人欢迎的文化品牌。

还有虹口区图书馆推出"e厘米"项目为老年人普及数字信息知识、崇明区港西镇联合北双村成立以关爱留守儿童为宗旨的"心系春蕾，情暖童心"小英工作站、嘉定江桥镇创办"异乡风采"系列文化活动关怀外来务工人员、奉贤区金海社区为行动不便老人推出"一个人的剧场"文化活动项目、普陀成立残疾人合唱团，都是在推进公共文化服务均等化方面所作的努力。

平台化：从系统内"小循环"到社会化"大循环"

平台化，是从当前公共文化服务领域的大量实践中提炼出的概念。从上海的基层案例来看，推动跨界合作，在更大范围整合各种资源为基层群众提供公共文化服务，已成为一种自觉。过去的"公共文化服务机构+员工"模式，正在逐渐转变为"公共文化服务平台+多元主体"，这个主体可以是社会组织、社会文化团体、基层群众文体团队，也可以是公民个人。

长宁区落实中央和市委关于长三角一体化发展的战略部署，积极推动长三角公共文化服务及旅游区域联动发展，倡议并牵头建立长三角地区国家公共文化服务体系示

长宁区基层文化活动　　　　　　　　　　长宁区发改委 图

范区（项目）合作机制。这个合作机制也是一个跨省市搭建的公共文化服务与文旅融合发展的新平台。这是长三角公共文化服务合作一体化机制创新的一个新的探索。

在推动公共文化服务社会化专业化过程中，各区积极扶持各类社会组织投身公共文化服务，取得了很好的效果。奉贤区运用政策杠杆，扶持非国有博物馆，构建了一个多元主体参与的非国有博物馆建设平台，吸引有意向社会提供公共文化服务的组织和个人到奉贤来建博物馆，同时采取各种措施帮助非国有博物馆提高自身的运营服务能力，形成了多元主体协同供给的博物馆公共文化服务体系。

徐汇区积极引导社会力量以多种方式参与公共文化建设，支持社会组织参与文化场馆、实体书店、多元文化空间的建设，积极主办各类主题文化活动，为市民提供优质公共文化服务。其中龙美术馆成为民营美术馆中的优秀代表。

传承与发展：将优秀传统文化融入公共文化服务

闵行区"文化课堂间"　　　　　闵行区发改委 图

闵行区"文化客堂间"以"家园"为主旨，设"乡情记忆""乡貌变迁""乡土故事""乡风习俗""乡音情韵"等板块，图文并茂，挖掘集体记忆，展现地域风情。利用本土历史照片、今昔区域地图，还原历史风貌。讲述本地建制沿革、传统村宅及地名由来、本村集体荣誉、近二十年来征地动迁撤队情况，以及知名人物、重大事件、历史风物、民间传说、俚谚歌谣、地方特产等。作为乡土历史文化和区域特色文化的展示窗口，为培养市民的家园归属感和乡土自豪感发挥了重要作用。

崇明近年来通过"微型展览馆"建立、非遗传承人"传帮带"等方式，让市民近距离感受非遗魅力，深入体验非遗技艺，传承优秀传统文化。举办"金坛子"杯崇明老白酒民间酿酒师大赛、"金梭子"杯崇明土布纺织大赛、"金手指"杯竹编技艺大赛非遗推广活动，在保护和传承这些传统手工技艺的同时，也助推了乡村的振兴和发展。

松江区泗泾镇现有国家级非遗项目"泗泾十锦细锣鼓"，市级非遗项目"松江皮影戏""海派剪纸"，区级非遗项目"泗泾面塑""广利粽子""泗泾豆腐""阿六汤圆"等，深受市民喜爱。2017年起，泗泾镇启动"非遗大篷车"项目，使其成为集作品展示、制作演示、技艺培训、学术研讨等多项功能为一体的综合展示非遗文化的窗口，让静态的非遗文化"活"起来，生机勃勃地走进公众生活。

与科技融合：提升公共文化服务的整体效能

文化上海云　　　　　　澎湃新闻 董怿翎 图

近十年来，上海全面推进公共文化服务数字化建设，"文化上海云"成为全国第一个实现省级区域全覆盖的公共文化数字化服务平台，这一重大项目的实施大大提升了上海公共文化服务的整体效能。

"文化普陀云"的建成，为普陀区公共数字文旅资源的汇聚，提供了平台。"文化普陀云"涵盖了海量的公共文化活动咨询，还结合区域情况，重点推出了"文化品牌""文化团队"固定模块，汇聚普陀区文化资源，展示普陀文化特色。

在闵行，通过市级"文化上海云"，区级"闵行文化云"和镇级"莘庄文化云"等各子云平台的相互联动，充分发挥云服务高效、便捷、精准的特性，吸引不同年龄、不同职业、不同兴趣爱好的市民群众踊跃参与闵行区的各类文化活动。

杨浦区图书馆探索"图书馆+互联网+信用"新模式，率先打造新型借阅服务——"书界O2O图书网借平台"。平台携手支付宝芝麻信用，通过第三方物流系统，融合线上线下，打破空间和时间限制，为读者提供公益、便捷、多元化的智慧公共文化服务。

虹口区海派文化中心打造的"海上听潮"，先后引入网易新闻、阿基米德FM在线直播平台，让观众在线同步收看收听讲座实况，实时互动交流、抒发感想。

公共文化空间如何走出文旅融合的创新发展之路？

符湘林
上海格物文化发展研究院院长

旅游业作为提高中国人民生活水平的重要产业，在经历了单一的观光旅游发展阶段和休闲度假旅游发展阶段后，产业格局已日趋完善，市场规模及品质也获得了较大的提升。如今，随着大众旅游的强势兴起，中国旅游业发展也已走向迭代升级的全域旅游3.0时代。与以往旅游阶段相比，全域旅游3.0时代更注重产业融合发展，注重产品、设施与服务的特色，强调品质化与创新性，着重在提升民众体验满意度上下功夫。

而公共文化空间作为全域旅游3.0时期重要的公共服务阵地，其文旅融合的功能叠加是时代发展的必然要求。"十四五"期间，上海正着力推进文旅产业融合，加快建成国际文化大都市。那么，公共文化空间如何走出文旅融合的创新发展之路？我们来看看上海的探索经验：

徐汇衡山坊由建于1934年的树德坊与建于1948年的衡山村组成，均保存了建造年代的典型范式，但是随着住户不断更替，街区逐渐出现昏暗、拥挤、卫生条件差、公共空间缺乏等问题，原有的建筑特色被隐匿在破败的人居环境之下，与周边的繁华景象格格不入。

2008年，徐汇区政府开始对该街区进行动迁，两年时间完成全部居民迁置工作。一开始衡山坊被规划为走"新天地"的老路，将居住空间改造成街区式购物区。最终，设计方意识到普通历史街区对维持城市多样性具有重要意义，且小尺度的衡山坊涵盖了里弄空间及独栋花园洋房两类特色鲜明的空间片段，可以成为承载老上海历史记忆的地点，因而决定在保留建筑特色的前提下对其进行个性化处理。依据建筑特色，北部里弄被改造为创意办公及餐饮区，南部花园洋房因易形成业态多样的"商业迷宫"，被改造为精品专卖区及餐饮区，不同的业态形式为消费者提供清晰的空间感知。

如今的衡山坊，整体上实现了老建筑与现代商圈主体业态的互联互通，成为独具上海魅力的城市生活街区，满足了当下人们对高品质生活的追求。

再来看看上海大隐书局，虽然起步于2016年，却已成为上海门店数最多的实体书店，在短短5年时间里开设了12家门店，经营面积超过2万平方米，吸引了余华、余秋雨等300多位名人到访，累计举办超过3 500场次文化活动，每家分店都做到了人潮如织。

大隐书局作为互联网时代实体书店转型的典范，注重内涵的挖掘和创新，采用"千店千面，一店一策"的经营理念，每一家分店都"根据每一家店方圆两公里的地段特点、人群要求打造店面"。比如位于杨浦区五角场的创智天地城市书房，因周围汇聚众多高校和科研院所，其定位就是为学子和研究者提供的深夜开放型书房；临港湖畔书局则由于周边缺乏公共文化载体，便推出了共享图书模式，结果附近5 000户家庭当中有3 000户都在此办理了读者卡；开设在城隍庙边的豫园店，其产品和服务则主打上海文化，以外来游客为主要客群；奉贤九棵树艺术书店因周边是南上海剧院集群地，所以此店主要服务于戏剧艺术爱好者。

在大隐书局创始人刘军看来，新时代的书店和读者之间的关系，不再只是简单的售书与买书；"暖茶与燃灯，意味着书店更有人情味，更有社会担当的自觉。而以书香赋能社区地缘文化，摆脱'千店一面'的连锁复制模式，才能与居民产生真挚深切的互动，成为令当地读者流连忘返的家门口书房"。

笔者认为，面向"十四五"以及更长远时期，在移动互联网、全域旅游3.0时代的背景下，上海公共文化空间要走出文旅融合的创新发展之路可以从如下三方面进行考虑：

一是因地制宜，注重产品及服务的个性化和品

上海市文化旅游局 图

澎湃新闻 周平浪 图

质化。如衡山坊在不破坏原有建筑文化特色的前提下,进行现代化设计改造,依据不同建筑特色叠加不同现代商业元素,形成清晰空间感知;如大隐书局充分利用周围文化环境,清晰定位目标客户群,采用"一店一策"经营理念,叠加不同专业文化,形成专业文化空间。

二是传统文化展现形式向数字化转型。如纽约大都会艺术博物馆借助互联网新技术,推出线上博物馆、图书馆等,扩大公共文化载体,并允许民众自由访问,让民众足不出户即可获取海量馆藏数据,以此提升居民福祉及社会参与度。同时积极加入现代流行圈,激发起年轻人对古老文化的兴趣。

三是打造文化 IP,推出文化衍生品,兼顾公共文化空间的社会效益和经济效益。公共文化空间不应仅提供文化交流和艺术鉴赏服务,更应注重艺术在日常生活中的应用。如纽约大都会艺术博物馆专设衍生品开发的部门,将文化衍生品渗透至日常生活的方方面面,以满足不同类型消费者的需求,将艺术文化融入日常生活。

文化赋能城市空间，
艺术引领品质生活——打造"亚洲演艺之都"

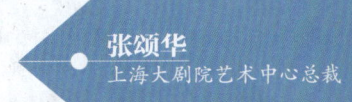

张颂华
上海大剧院艺术中心总裁

新起点赋予新使命，新征程呼唤新作为，围绕国家赋予上海改革发展的新要求和城市自身探索突破的新路径，上海明确建设具有世界影响力的社会主义现代化国际大都市新定位，持续打响"上海文化"品牌，全面提升文化软实力。

对标上海"十四五"规划和二〇三五年远景目标《纲要》中关于推动文化元素赋能城市空间，激活公共文化活力的新要求，上海大剧院艺术中心提出打造演艺新场景、文旅新场域、产业新链条三大新业态，力求逐步提高演艺资源、文化资源的渠道整合能力，在更大范围内跨界配置资源，实现内容出圈、受众破圈、产业出圈，努力建设成为中国最具品质与国际影响力的文化演艺机构，从而满足大众日益增长的文化需求与多元化的文化消费态势，为城市发展助推、和国家战略共振、与国际水准接轨。

打造演艺新场景，是秉持"开门办剧院"的先进理念，不断拓展、联动剧院内外物理空间，一方面，整合现有艺术品牌和文化资源，运用全新技术手段实现剧场环境改造与功能扩展；另一方面，依托户外空间"文绿结合"的生态优势，持续打响户外舞台演出季、户外集市、户外音乐会等具备亲民性与广泛传播效应的文化品牌，放大生活艺术化、艺术生活化概念，打造集多种艺术体验形式于一身的全天候剧院。

拓宽演艺新场域，是在文旅融合发展背景下，剧院从单一演艺空间向集合多元功能的城市文化目的地转型，发挥与艺术院团、旅游企业的联动效应，以表演艺术为抓手，定制体现区域人文价值与历史沿革的观演旅游产品，将剧院及周边塑造成为城市旅游目的地、必到打卡地，进一步强化剧院作为城市文化地标的地位。

发展产业新链条，是不断拓宽演艺产业链，拓展新业务。一是要深化"艺术+文创"形式，围绕剧目特性、观众诉求等要素，融入各自文化特色，设计开发具有差异性、主题性、系列性的文创产品，线上线下共同发力打开产品销售新渠道，开辟品牌宣传新途径。二是要深度介入管理运营和专业内容输出，在目前艺术中心三大剧院三足鼎立的基础上，以上海大剧院的优质管理资源为基础，以上海西岸大剧院、杨浦大剧院为试点，不断探索剧院"走出去"的业务范畴与模式，向长三角地区乃至更多区域输出与国际接轨的管理运营经验、优质服务体验、现代美学理念。同时，在市委宣传部的领导下，适度超前谋划上海大歌剧院的未来运营，以沿江岸线地区为重点，在上海形成并夯实一江两岸多边开花的剧场空间布局，推进黄浦江文化创新带建设，增强城市文化地标的辨识度。

大剧院艺术中心自身的发展，始终放在上海建设更具世界影响力的社会主义国际文化大都市和亚洲演艺之都的战略层面予以谋划，紧紧围绕推出上海精品、做大上海主场、提升产业能级、增强服务效能等重点任务，主动融入长三角一体化发展，融入演艺大世界建设，为打响"上海文化"品牌、建设"亚洲演艺之都"贡献力量。

打造演艺新场景

《难说再见》原创芭蕾剧　　　　上海大剧院艺术中心 图

自2013年起建立的系列音乐会品牌"银杏音乐会",提出全新的环境音乐理念,推出户外冬季景观与音乐相结合的概念音乐会,带给广大群众更为丰富、多元的艺术享受,未来将进一步深化户外诗经音乐的概念,推出春季樱花音乐节,形成春、冬两季特色户外实景音乐会,丰富广场周边活动。

上汽·上海文化广场在疫情之下开辟全新天地,盘活闲置绿地构建户外剧场,创新推出户外舞台演出季,并获首批户外演艺新空间资质。文化广场首次携手摩登天空,合作打造为期两至三周的2021"自然醒"系列音乐现场节目。此外,凭借独有的中心城区绿地资源与文化地块气质,文化广场与国内知名活动品牌大船文化、凡几、古月集等强强联动,共同举办大型户外市集、嘉年华、工作坊、亲子活动等,并利用市集的碎片化时间增加路演环节,进一步"打开"剧院公共服务边界,从而塑造更亲民的"城市文化地标"。

上海大剧院对公共空间、后台区域进行了改造,提出"A+艺术空间"概念,囊括了餐饮、咖啡、文创、展览、影像艺术欣赏、亲子活动、开放日等板块,在实现空间引流商业化和品牌化的同时,提升了场馆视觉效果和演艺功能。

拓宽演艺新场域

从2020年底开始,凯迪拉克·上海音乐厅与上海芭蕾舞团尝试联合推出沉浸版原创芭蕾《难说再见》,在音乐厅的北厅、南厅、舞台和走廊等不同空间内呈现原创芭蕾、现场音乐演奏、新媒体艺术,成为音乐厅首个融合建筑之美、音乐之美与舞蹈之美的跨界制作,是继公众开放日后,又一次深度拓展音乐厅内表演新空间的尝试。下一步,将与上海民族乐团联合打造国风音乐现场《海上生民乐》驻场演出计划,并推出整体文旅项目,以音乐为主题,辅以多媒体演出、展览与墙体投影秀,以提升整个项目的品质与可看性。

上海音乐厅　　　　　　　　　　　　　　　　　　　　　　　上海大剧院艺术中心 图

完善工业存量资源盘活机制，为新动能提供更大发展空间

夏 雨
上海产业转型发展研究院
首席研究员

进入21世纪以来，上海的产业结构、城市功能和城市发展模式都发生了很大的变化，尤其是近几年来，在"五个中心"建设中突出了全球科创中心的建设，产业升级趋势明显，以新一代信息技术为核心的互联网经济、文创产业迅速崛起，城市建设也从"拆、改、留，以拆为主"转向"留、改、拆，以留改为主"的新阶段。因此，存量盘活，尤其是盘活大量老工业老建筑，用于新经济、新业态、新模式、新产业的发展，也成为走内涵式发展的一条主要路径。

上海在盘活工业存量方面是走在全国前列的，早在2000年，就提出"三个不变"方法，开始了大规模的盘活工业存量工作，并通过实践，建成了一大批以八号桥、M50、1933老场坊为代表的成功案例，最终上海的做法得到了国家层面的认可和支持，国务院国办发〔2008〕11号文《国务院办公厅关于加快发展服务业若干政策措施的实施意见》就是在总结上海经验基础上，第一次由国家层面支持通过盘活工业存量发展新兴产业的文件。

2019年，上海市文化创意产业实现增加值4970亿元，同比增长6.5%，占全市生产总值的比重为13%。作为文创产业的重要空间载体，上海市有各类文创园区超过300家，70%以上是由工业老建筑改造而来，其中149家市级文创园区入驻企业两万多家，创造总营收近5500亿元，创造税收超过300亿元。

虽然存量工业建筑在具体操作中一直存在问题，需要从操作性、便捷性、规范性、安全性和创新性五方面优化项目报批"最后一公里"的流程，并建立相关工作制度、评估标准和机制对审批流程进行保障，但我们也认识到，城市对老旧厂房用改造再利用的手段使其新生，相比拆旧造新，更能体现出其经济性、环保性、历史性，是促使城市良性发展的有力手段。

目前，上海存量工业建筑转型改造途径单一，修饰装修以办公和简单的配套"轻商业"为主，建筑的价值没有得到充分体现。这主要是因为动结构、防震等都要按照新建标准做，不仅成本大幅提高，而且也没必要。其实，国外利用老工业建筑改造成商业、住宅、酒店、公寓和博物馆、文化馆的案例比比皆是。

从国内外成功案例来看，旧工厂的改造已经不仅仅拘泥于艺术、创意这样的产业，更多的是注入了商业的元素。购物、餐饮、娱乐等商业相融相生极大丰富了改造项目的城市功能，而多元化的组合也进一步提升了改造项目在城市中的存在感，推动产业的进一步发展。旧厂房大空间、高楼层的物业条件，以及大面积多建筑物构成的规模效应，能为项目功能重新定位提供多元组合空间，甚至衍生出全新的产品，以满足个性化的需求，从而进一步挖掘其商业价值，甚至开创新的生活理念，SOHO、LOFT等产品的诞生就是最好的证明。

"十四五"期间，上海的存量工业建筑改造可在以下几个方面发挥更大的作用：

盘活存量空间，助力文创产业发展。近年来，市文创办会同市委宣传部、市经济信息化委不断引导文创园区品牌化、特色化、连锁化发展，到2021年市级文创园区总数增至137个。创意设计助推城市微更新，也提供线下购物的文化体验，通过文化创意和设计服务改善优化消费环境，推进文创领域电子商务和新零售模式发展，不断推广"艺术商圈"合作模式，打造文化消费、时尚消费、信息消费的"上海购物"品牌。这些，在很大程度上需要有数量多、成本低、见效快的老工业建筑作为发展空间。

构建一个全新的科创产业集群。以科技带动产

业发展，以产业带动地区更新。正在崛起的人工智能高地吸引着来自全球的AI企业和人才，"创新药"不断涌现的上海生物医药产业竞争力十足……未来上海科创中心建设继续开足创新马力，聚焦集成电路、人工智能、生物医药三大重点领域，在以张江综合性国家科学中心为重点区域的基础上，不仅需要有一大批能够承载各类创新要素的老工业建筑作为支撑，而且与各区工业存量盘活结合起来，实现新旧动能的有机转换，实现园区、城区的有机融合，为上海建设全球科创中心奠定最量大面广的创新空间。

培育新经济新业态新模式，探索设立应用场景实践区。 老旧厂房的改造不能徒有其表、千城一面，简单的外观改造、涂鸦装饰也并不是真正意义上的创意再造。正如美国艺术与科学院院士俞孔坚教授所言，"厂房之所以赢得艺术和文化创意产业的青睐，是因为工业建筑有别于日常生活空间的建筑和景观，因而可容纳各种非日常的活动，为艺术家的个性设计和创造提供非同寻常的体验"。国际国内的创新创业空间轨迹发展案例也充分说明了有创意的老厂房改造，非常能够激发人的创造力，最适应创业人群的创造性发挥。

新经济形态和场景经济密不可分，需要的空间体量很大，比如新经济特点之一——就业密集型，大量的人员需要更大的办公空间，没有一个宽松的办公环境、低成本的运作空间，很难支持庞大的办公运营成本；中小微企业创新创业更需要低成本的空间载体，过高的商务成本难以培养扶持个体创业者，创新更是抵不过现实的压力。

按照上海产业地图布局，通过老厂房、老仓库、工业标准厂房和商务楼宇等存量资源的改造提升，打造一批特色鲜明、功能错位、相对集聚的新经济产业集聚区，构建以在线新产业为核心，集平台、技术、应用于一体的创新创业生态体系，营造新经济新业态发展的良好生态，建设新经济新业态产业集聚区。将上海打造成具有国际影响力、国内领先的在线新经济发展新高地，聚焦12大发展重点，包括无人工厂、工业互联网、远程办公、在线金融、在线文娱、在线展览展示、生鲜电商零售、"无接触"配送、新型移动出行、在线教育、在线研发设计、在线医疗等。

构建低成本促进消费带活就业发展新模式。 新消费、新业态、新职业归根究底在于一个"新"字，上海开放、创新、包容的城市品格，吸引了更多年轻消费者和创业者留在上海，推动一些边缘的、小众的新职业有机会走入大众视野，密室剧本设计师、宠物摄影师、轰趴管家、线上餐厅装修师、外卖运营规划师、旅拍策划师等越来越多新职业正伴随新业态发展诞生。如今这些生活服务业新兴业态中的新就业形态，已具有一定的规模，具有相对独立成熟的职业技能，契合年轻一代大学毕业生的就业选择，引导更多择业期的青年选择加入生活服务业，成就自己，也成就上海成为一座欣欣向荣的新职业之城。

新消费趋势下，应充分发挥产业投资对减少疫情影响和稳定经济增长的关键作用，以高水平招商引资推动高能级产业投资，以高品质园区建设推动高质量产业发展，强化高端产业引领功能，不断提升城市能级和核心竞争力，加快特色产业园区建设、促进产业投资实效。

艺术老仓库

苏州河沿岸诞生了中国最早的水厂、电厂、纺织厂、面粉厂、啤酒厂和毛线厂，但伴随工业高速发展而来的还有河道的污染。清理整治后的苏州河，蓝天白云下鸥鹭点点，楼宇幢幢倒映在河水中，老建筑扑面而来的宁静历史感，让几乎所有与它邂逅的艺术家一见倾心。

登琨艳将南苏州路1305号约2000平方米旧仓库改建为设计工作室，刘继东在不远处租下5000平方米仓库作为工作室；严培明、刘晓东则选中了1931年建成的上海怡和打包厂旧址……海派艺术在苏河边"集体出镜"，高大空旷、锈迹斑斑的老仓库，一个接着一个改头换面，开始一场惊心动魄的重生。

八号桥艺术空间　　　　　　　　　　　澎湃新闻 董怿翎 图

改造后的河畔艺术仓库人文气息浓郁，吸引了名流雅士、文艺青年纷纷"打卡"，精彩展出不断，海派艺术也得以在更广阔的平台中展示弘扬。

新闸桥边的南苏州路1247号，作为"中国通商银行第二仓库"见证过中国第一家现代银行的兴起，也曾为杜月笙的私家粮仓悄悄迎来送往诸多物资。如今，这里摇身一变成了古朴又前卫的"八号桥艺术空间——1908粮仓"。脚踏木质地板，仰望歇山式屋顶，抚过修旧如旧的斑驳立柱、砖缝裂痕，浓墨重彩的历史让观者无不感叹。旧仓库改建的成功案例，成为了激活城市更新的动力之源，也带动了上海工业遗产整体受到重视、研究及保护再利用。

时尚新地标

苏州河两岸许多闲置多年的宝地，都在静待新的登场。南苏州路955号的衍庆里英式老仓库建于1929年，是近代上海"新瑞和洋行"创始人贾维思唯一一座仓库设计作品，也是上海保存至今唯一一座的英式仓库建筑。

2015年，衍庆里由米兰世博会总规划师、"垂直森林"之父博埃里主导设计改建，借鉴米兰运河边Zona Tortona从废旧工厂区向设计师乐土转型的成功案例，打造全新的时尚圈。

一期引入20多家国内外优秀时尚设计师工作室，开设5家以上时尚摄影、客对厂、面料等产业服务机构，投入5亿时尚产业基金，形成一片产业规模60亿元的国际级时尚产业标杆片区，逐渐成为上海打造国际时尚之都的重要力量。

衍庆里　　　　　　　　　　　澎湃新闻 董怿翎 图

除了前沿潮牌、高级画廊入驻，淘宝店家、网红模特们也酷爱前往南苏州路拍照录视频，尤其是在外滩源附近原新天安堂、原划船俱乐部等历史建筑的背景衬托下，"卖家秀"中展露的复古时尚，往往更能让买家心动"手痒"。

市民乐于在海派风情的历史场景、文化氛围中享受艺术的浸润：漫步波光粼粼的河畔，穿梭于古老门墙间的小型艺廊、摄影工作室、餐厅、创作室，曲折小巷中的每个转弯，都在等待人们的品读，触摸这座城市的深度和温度。

创意活色，文化生香
——释读国际文化创意产业中心

沈 杰
上海市发展改革研究院
文化发展研究中心主任

文化是城市的灵魂，城市与文化共生共息。"十四五"期间，国际文化创意产业中心建设，将使上海如不停旋转着的魔方，多维、多彩、多光，铸就更有魅力的人性化城市、人文化气息、人情味生活。

城市特质生成上海文化优势

上海具备鲜明的中西文化交融特质，新的事物、国际文化潮流在上海相较国内其他城市更容易生根落地，如上海已成为全世界咖啡馆最多的城市，外来的咖啡文化融入独立书店，转而成为一种新形态的书店。类似外滩万国建筑博览群、衡复历史风貌区以及本土的豫园、新天地等这种多元文化的组合、变构，成为文创产业发展生生不息的灵感、符号。

观念上的开放和包容，全球创意资源和本地资源的高联动性，本土人才和国际人才的高互动性，政府管理城市的专业能力等诸多方面，构成文创产业发展的良好生态圈。有海外生活背景的人才或国际人士，在上海工作生活会很自在，没有"夹生感"，高端艺术、流行文化尽可选择，上海国际电影节、中国国际数码互动娱乐展览会（ChinaJoy）等一批国际顶级的节展赛事接踵举办。

进一步牵引文创产业拉动文化消费

上海聚焦"两中心、两之都、两高地"目标，推进全球影视创制中心、国际重要艺术品交易中心建设，打造亚洲演艺之都、全球电竞之都，建设网络文化产业高地、创意设计产业高地，是基于上海文创产业的资源禀赋，同时充分把握文化和科技深度融合、信息化时代文创产业发展的最新趋势。电竞产业、网络文化等新兴文化产业，上海与纽约、伦敦等国际文化大都市站在同一起跑线，更有可能在国际排名上抢占领先席位。

文创产业之于上海城市的意义除了经济价值，更重要的是其对城市品质的提升作用。当前，上海市民群众日益增长的文化需求和消费贡献力走在全国前沿，文化娱乐内容消费逐渐成为刚需，且处于高速增长阶段。以演艺业为例，剧院建筑往往是城市的地标，并承载着市民美育的重要功能。

从经济收益来看，以2019年梅赛德斯－奔驰文化中心举办的国际顶级电竞赛事Ti9决赛日为例，大数据分析显示，外地观众占比过半，4%的观众来自海外，除直观的门票收入超过3000万元，四分之一的本土外观众游览了迪士尼乐园。这也应合了在百老汇，每1美元的戏票能带动4.2美元联动消费的估算数据。

但我们也要看到，纽约百老汇、伦敦西区的观众超过六成来自本国其他城市或海外，这也是上海演艺、赛事市场下一步要考虑的一个方向，即如何依托演艺赛事内容的顶尖度、服务的专业度、交通的便利度，吸引更多长三角地区甚至全国观众跨城到上海观演、观赛，同时带动旅游。

文旅融合全力打造城市超级IP

上海文创产业发展态势总体良好，行业地位位于全国第一梯队，但也存在高端文化资源不够集聚、各区产业趋同性较强等问题。面向"十四五"，应聚焦重点，梳理能够在全球产生影响力、彰显"上海精神"的若干城市超级IP并投全力精心打造。

建议以黄浦江"世界会客厅"作为上海未来超级IP的

2019年DOTA2国际邀请赛现场　　　　　　　　　　　　　　　上海市体育局 图

首选，立足现已贯通的45公里滨江岸线周边地区，着力发挥相关各区优势禀赋，以外滩、陆家嘴、世博-前滩地区、徐汇西岸为重点，顶层设计、研究黄浦江两岸文化功能，加快厘清沿江优质文化资源权属关系，开发、联动沿江的艺术资源、工业遗存资源、演艺资源、公园资源、广场资源等高端文化要素和多元文化空间，创办黄浦江狂欢节、黄浦江游轮节等大型节庆活动，充分展示世界级滨江岸线魅力。

同时研究水岸深度联动的多种方式，借鉴泰晤士河、塞纳河等国际知名城市水岸活动的经验，策划水岸联动新项目，使岸上的文化空间成为旅游的景观带、目的地、服务点，形成休闲娱乐、艺术体验、体育运动互为一体的水岸联动模式。最终，推动黄浦江沿岸成为上海文创产业深度场景化、多行业跨界耦合的标志性区域，成为文化和科技高度结合、文创最新成果展示的第一现场。

服务上海战略新定位加快文创产业创新发展

要发挥自身优势，链接全球文创产业资源要素，在重点产业领域实施高水平创新发展。如艺术品产业发展与资金流动便利性、税收政策、法律配套等相关性很高，上海建设国际重要艺术品交易中心，要依托国际金融中心建设的不断深化，加强交易环节的透明、艺术品产权等方面的保护。

同时，上海要充分发挥全球面积最大的国际艺术品保税服务中心、"上海国际艺术品交易月"等重大平台作用，积极开展国家文物局与上海市政府共同推进的社会文物管理综合改革试点，在社会文物保护展示、资质审批、标的许可、鉴定管理、文物回流、人才培养、进出境审核管理等方面出台创新举措，先行先试，为全国作出示范。

为软实力注入"年轻力"
——看上海如何迈向"全球电竞之都"

戴焱淼
上海体育学院传媒与艺术学院
副教授

"十三五"以来,上海电竞产业取得了突破性进步,并保持良好的增长势头,形成了全球领先的产业基础,总体特点概括起来集中体现在两大方面:立体化推进、全球化配置。

上海电竞产业的"立体化推进",不仅体现在思想和制度上,更体现在行动和协作上。21世纪初以来,在静安区灵石路一带开始聚集一批职业电竞俱乐部、直转播机构,之后很快建立起一个层次较高、连接紧密的产业朋友圈,由此逐渐而得"宇宙电竞中心"之名。2017年起,建设"全球电竞之都"成为上海文创领域在思想上、制度上和行动上的先行先试。

上海电竞产业的"全球化配置",体现在从国内到国际的头部资源高度集聚,立足上海、面向全球的电竞产业大格局初步显现。2018年以来,STEAM中国项目落地上海、腾讯电竞六大职业联赛均落地上海、超过50家腾讯电竞体系的职业俱乐部也落地上海。这一系列巨头汇聚沪上,进一步扩展了产业集群,推动了中国电竞和海外市场的交流。与此同时,上海电子竞技赛事保持平稳有序发展,国内超过三成的电子竞技赛事在沪举办。

基于优越的市场环境,上海的电竞产业要素贯穿整个上下游,不仅包括上述的头部厂商、顶级赛事,也有一大批优质俱乐部、游戏发行和直播平台,还有国际领先的电竞赛事运营商。在举办顶级电竞赛事方面,东方体育中心、梅赛德斯-奔驰文化中心、静安体育中心等场馆更是具备出色的硬件资源和丰富的管理经验。更重要的是,上海有着足够优质且丰沛的"年轻力"资源,这些以大学生和白领青年为主体的人群,在城市中寻求更现代的娱乐体育消费和朋辈交往方式,理所当然地成为电竞产业发展最根本的基石。

"十四五"期间,在提升城市活力、营造潮流文化、聚合文创产业等方面,电竞产业也在不断发挥其独特的作用。

首先要继续彰显价值引领。面对重点覆盖的年轻人群,电子竞技行业有必要加强自身内涵建设,也有责任实现更好的价值引领功能,尤其是如何凸显其满足文化需求、传播主流价值、引领社会风尚的作用,同时拉动经济增长、推动创新创造、促进转型发展。

其次是持续突破技术边界。上海电竞产业正聚焦5G条件下的移动互联网技术,实现网络传输、视听感受、游戏体验、赛事运营、直转播手段的全方位升级换代。在新旧交替的磨合中,体育、娱乐、表演等形态交互,由此而产生的技术红利大幅度提升了用户体验和个性选择。未来,还将会有更多极具创造性的手段来辅助电子竞技的训练、赛事、传播和消费。

最后是产业生态竞合。电子竞技已具有完备的产业链条,上中下游供应链之间联系紧密,不同产业相互交叉、渗透,形成了有自身特色的产业生态。生态建设使电子竞技的发展路径由"竞争"走向"竞合",走一条"在竞争中合作,在竞合中突破"的道路,才能真正实现"产业生态×科技力量"的乘数效应,在更广泛的领域和人群中进一步激发"年轻力"。

实施倍增计划　打造高峰工程
全面深化世界著名旅游城市建设

方世忠
上海市文化和旅游局局长

"十四五"时期,上海旅游业将以新发展阶段为立足基础、新发展理念为内在灵魂、新发展格局为目标方向,对标世界一流、对标最高品质,把握内涵特征,全面打响"上海旅游"品牌,全力写好深化世界著名旅游城市建设这篇大文章。

把握新发展阶段,加快上海旅游提质增能转型升级

"十四五"时期,上海旅游要加快提质增能转型升级,服务国家战略、赋能城市发展。一是把握人民旅游需求总量增长、出境旅游回流的机遇,向高质量旅游发展转型升级,深化旅游供给侧结构性改革,大力建设旅游目的地,优化旅游产业结构,完善市民旅游休闲环境。二是把握旅游需求从观光旅游为主向休闲度假为主的转变,向高品质旅游生活转型升级,聚焦文旅融合,以"红色文化、海派文化、江南文化",作为上海旅游的"第一名片"。深耕都市旅游,以社会主义现代化国际大都市的美好生活,作为上海旅游的"魅力磁场",吸引广大市民游客近悦远来。三是把握世界百年未有之大变局,以及世界旅游重心东移的机遇和挑战,向高水平旅游交流转型升级,坚持对外开放交流,提升上海在全球旅游业中的资源配置能力,聚力打造国际入境旅游"第一站"。四是把握旅游者对优质旅游环境、旅游企业对优良营商环境的需求,向高效能旅游治理转型升级,强化人民中心、需求导向,全力建设市场化、法治化、国际化的旅游政务服务、公共服务体系。加快建设上海文旅中心。推进"一网通办""一网统管",深化"放管服"改革,对新兴业态实施包容审慎监管。

贯彻新发展理念,加快上海旅游高峰建设倍增发展

贯彻创新、协调、绿色、开放、共享的发展理念,深入挖掘和彰显上海"五型经济"优势,深化旅游供给侧结构性改革、提升旅游能级和核心竞争力、推动旅游数字化转型。践行"人民城市人民建,人民城市为人民"重要理念,深化世界著名旅游城市的人文内涵。

夯实旅游发展"高原"。深化上海旅游大产业、大民生、大展示定位,优化具有全球吸引力的旅游产品体系、具有全球竞争力的旅游产业体系、具有全球配置力的旅游市场体系。提升上海旅游的竞争力和影响力。集聚一流资源、一流服务、一流产品、一流活动、一流营商环境,入境过夜外国旅游者人次、旅游企业总部数量、国际旅游会展数量等旅游贡献度、活跃度、开放度指标持续居于全国顶流。增强上海旅游的产业实力和文化底蕴。锚定"五型经济",建构旅游创新策源体系,吸引旅游企业、组织总部来沪展业。完善旅游专项配套服务和公共服务设施。发展大众旅游,文化旅游、康体旅游、商务旅游、研学旅游。做实市民家门口的旅游服务,培育一批"家门口好去处",构建"处处是景、时时宜游、行行可看、人人共享"的美好图景。

构筑旅游发展"高峰"。建设黄浦江"世界会客厅"工程、苏州河"城市文化生活休闲带"工程、"五个新城"文旅赋能工程、长三角一体化示范区"生态文旅"建设工程、崇明国际生态岛提升工程、国际旅游度假区"旅游城"提升工程、佘山国家旅游度假区提升工程、中心城区历史文化"街区可漫步"工程、邮轮旅游发展示范区及其辐射片区提升工程、滨海旅游区提升工程等十大类引领性重大项目,启动实施两个"1000亿"重大旅游投资和旅游招商项目。迭代升级上海旅游节,整合创办上海旅游产业博览会,全新打造"四季上海"发布会等

三大名片性重大活动。搭建旅游资源要素交易平台、高端旅游人才培养平台、全球旅游智库平台、国际旅游营销合作平台等四大功能性重大平台。

实现旅游发展"倍增"。多措并举，促进旅游消费扩容提质，力争到"十四五"期末，实现旅游年总收入由2020年的3 139.78亿元增加到7 000亿元以上，旅游产业增加值占全市GDP比重由2020年的3.4%提高到6%以上。努力扩大增量，加大文旅项目投资力度，到"十四五"期末，实现旅游重大投资项目由"十三五"时期的46个增加到100个。积极盘活存量，推动旅游景区、度假区提质升级，到"十四五"期末，实现千万级流量旅游入口由2个增加到6个，国家5A级旅游景区的数量由目前的3个增加到6个。

构建新发展格局，加快建成高品质世界著名旅游城市

深刻把握都市性、全域型和国际化的内涵特征，加快形成高品质世界著名旅游城市"一梁四柱"，融入构建以国内大循环为主体、国内国际双循环相互促进的新发展格局。

建设都市旅游首选城市。优化城旅一体的景观体系、美好生活的体验空间、旅文商体融合发展的产品体系、主客共享的旅游休闲服务，打造具有国际吸引力的"必游""必看""必购"的旅游消费场景，高端消费、数字消费、外来消费、购物娱乐消费的规模效益明显提升。

建设国际旅游开放枢纽。依托虹桥交通枢纽、浦东国际机场和吴淞口国际邮轮港，加快建设国际旅游重要门户、国内旅游集散枢纽和具有全球竞争力的邮轮母港。培育全球影响力的国际旅游展会和节庆活动品牌，打造彰显中华文化、上海特色的文化交流展示平台，努力成为国际旅游交流交往的"国家窗口"。

建设亚太旅游投资门户。搭建上海旅游产业博览会等旅游投资平台和旅游资源要素交易平台，建立国际化、全周期旅游投资服务体系，集聚投资型、创意策划型、平台型等旅游企业总部，形成高水平开放的旅游投资首选地、集聚地和面向亚太地区的旅游投资交易中心。

建设国际数字旅游之都。聚焦上海建设具有世界影响力的国际数字之都，推动旅游数字化整体性转变、全方位赋能、革命性重塑，实现数字旅游基础设施国际一流，数字旅游经济全国领先，数字旅游枢纽链接功能完善，世界级数字旅游产业集群完备，打造具有全球竞争力的数字旅游创新高地，形成引领性的超大城市数字旅游治理新模式。

城市建筑：可读、可听、可看、可游

武康大楼街区　　　　　　上海市文化和旅游局 图

从2018年开始，上海市委、市政府大力推动"建筑可阅读"工作，为全市优秀建筑设置二维码、鼓励建筑开放、推出建筑微旅行线路、创新开发建筑相关文创产品。经过三年的努力，"建筑可阅读"工作范围已拓展至全市16个区，开放建筑数量1 037处，设置二维码数量2 437处。

2021年，"建筑可阅读"通过运用大数据、人工智能、物联网、云平台等数字化方式，进入全新的"数字转型"3.0版，重点开展"建筑可阅读"十大行动，包括"五个民"的体验数字化和"五个一"的服务体系化。"建筑可阅读 城市微旅行"还成为上海旅游节首个年度文化主题，实现破圈和迭代，"建筑可阅读"十二时辰大直播特别节目全网传播量超过2.2亿，"上海最受关注二十大建筑"评选10天浏览量突破1亿人次，投票数超过4 000万。

打造世界级旅游精品——黄浦江游览

外滩夜景　　　　　　　　　上海红砖文化 图

黄浦江是上海的母亲河，黄浦江西岸错落有致、鳞次栉比的万国建筑博览群，见证着上海近代百多年的风云际会和中华民族抗争和崛起历史；黄浦江东岸陆家嘴地区集聚着高耸入云的世界级摩天大厦群落，成为中国改革开放的成果和象征；浦江中间梭巡游弋的造型趣致的黄浦江游览船，则是当今人们追求美好生活的体验载体，成为上海建设世界著名旅游城市的一道流动风景线。

立体性利用好、开发好、融合好黄浦江旅游资源，是把黄浦江游览打造成为世界级旅游精品的关键。为此，上海文旅部门联动各方，沿着"深挖资源、水陆联动、衔接保障、服务提升、打响品牌"的工作路径，努力把黄浦江游览打造成为中外游客来沪"必看""必游"的旅游项目。制定黄浦江游览服务标准和指标体系，提升黄浦江游览购票、导览、指引、联动、登船五个便利化，推出主题游产品和特色产品，推动黄浦江游览与岸上资源对接和联动，黄浦江游览日益成为上海推动文旅融合、全域旅游的出色样本。2019年黄浦江游览客流总量已超500万人次，打破了多年来年均300多万人次的客流规模，创下历史新高，水上旅游客流总量名列全国前茅。

"十四五"期间，重点围绕黄浦江吴淞口至奉浦大桥区段滨江水岸，打造文化、艺术、商业复合集聚的世界级滨水旅游休闲带，形成市民游客共享城市美好生活的会客空间，建设黄浦江"世界会客厅"，全力打响"浦江游览"品牌。

上海国际旅游度假区

上海国际旅游度假区2016年4月正式开放，核心区已形成以迪士尼乐园为核心、多种业态和旅游休闲功能并存的发展格局。已建成开放迪士尼乐园、迪士尼小镇、比斯特上海购物村、薰衣草公园、上汽MAXUS音乐谷、邻家美利亚酒店、极乐汤百万石温泉街等一批地标性项目。已成功打造"上海薰衣草节""一带一路电影节"等品牌节事活动。拥有主题游乐、文化演艺、体育休闲、影视制作、文旅会展等融合发展的产业配套。五年累计接待游客超过8500万人次，实现旅游收入超400亿元，成为本地居民休闲娱乐和外地游客来沪旅游的首选地，"体验经济"的示范区和国际文化交流展示的重要窗口。

"十四五"期间，上海国际旅游度假区将以迪士尼乐园为核心，突出"国际标准、中国理念、上海特色"，紧紧围绕构建"1+5+N"的核心产业体系和"一核四片三带"的总体空间布局两大重点，打造体验经济的创新引领区，文旅消费的中心节点和长三角文旅要素的配置平台，全力推进度假区产业能级倍增、项目投资倍增、功能优势倍增、土地效益倍增和服务效能倍增，把度假区打造成为"文旅要素更集聚、消费业态更丰富、服务保障更精细、交通出行更便捷、生态环境更优美、体验氛围更浓厚"的现代化主题旅游城。

上海迪士尼度假区 图

全面推进全球著名体育城市建设

徐 彬
上海市体育局局长

体育是社会发展和人类进步的重要标志，是综合国力和社会文明程度的重要体现。展望2035年，在国家远景目标描绘中，体育与文化、教育、人才并列，是强国目标之一。2020年10月，市政府印发《上海全球著名体育城市建设纲要》，确定了全球著名体育城市"三步走"战略，积极打造活力之城、赛事之都、体育资源配置中心、体育科技创新中心、体育消费中心和体育文化中心，最终形成"一城一都四中心"的发展格局。

未来五年，我们将牢固树立创新、协调、绿色、开放、共享的新发展理念，推进上海体育治理体系和治理能力现代化，走出一条与社会主义现代化国际大都市相适应的都市型体育高质量发展新路径。

坚持融合发展，推进全民健身焕发新活力。 全民健康从"治已病"向"治未病"转变的思路渐入人心，着力回应市民健康需求，推动健康关口前移，建立部门协同、全社会共同参与的运动促进健康新模式。优化体育设施布局，梳理体育健身设施现状，制定体育健身设施补短板五年行动计划，千方百计挖掘潜力，构建"处处可健身"的高品质运动空间；建成徐家汇体育公园、浦东足球场等重大设施，集体育健身和休闲娱乐等多元功能为一体的都市运动中心实现各区全覆盖。

强化科技支撑，构建竞技体育发展新体系。 主动适应东京奥运会延期对竞技体育和体育赛事带来的深刻变革和挑战。充分发挥上海科创中心优势，注重训练理念、方法和手段的研究和创新，提高科技助力水平，打造国际一流的竞技体育科研中心、运动医疗康复中心，强化运动队复合型训练管理团队建设，加强体育科技成果转化，率先走出竞技体育高质量发展的道路。坚持有所为有所不为，推动奥运优势项目、传统基础大项、集体球类项目和城市特色项目发展，形成重点清晰、功能互补的项目布局。不断优化职业体育发展环境，大力推进"三大球"等重点项目职业化发展，加大改革试点力度，努力打造一批与上海城市地位相匹配的百年职业体育俱乐部和品牌体育赛事。

更新体育理念，促进体育产业实现新跨越。 疫情之前，上海体育产业年均增长18%以上，日益成为上海推动高质量发展中新的增长点。到2025年，体育产业总规模要在2020年基础上翻一番；到2035年，体育产业要发展成为国民经济支柱性产业。坚持集聚发展，依托体育场馆设施、体育赛事、体育企业等资源，培育若干个符合市场规律、具有引领作用的体育产业集聚区。坚持创新发展，大力推进新技术在体育领域的应用，创新生产方式、服务方式和商业模式，积极培育数字体育，发展体育智能制造，加快体育场馆设施智能化改造升级。坚持消费引领，优化体育产品供给，打造运动社交、主题活动、住宿餐饮等复合型消费场景，激发体育消费热情。

"十四五"时期，围绕建设全球著名体育城市的目标，上海市体育局将始终坚持政府体制与市场机制相结合、体育健身与人民健康相结合、弘扬体育精神与坚定文化自信相结合，持续推动从办体育向管体育、从小体育向大体育、从体育向"体育+"转变，不断满足市民对美好生活的向往，让人人从参与体育中收获健康，让整座城市因体育而更富生机与活力。

上海市嘉定区翔立方体育服务综合体

"翔立方"项目所在的园区由原上海永红煤矿机械厂等多家老厂房改建而成。相比于其他体育综合体,"翔立方"的优势在于运营与管理——专业、多元的核心团队,商业化运营、专业化管理、标准化操作的运营模式,围绕体育+商业综合体为核心,以提高运营效益,进行体育场馆的专业管理及可量化、评估的标准化操作,建立拥有自主知识产权的运营管理手册,同时提供商业配套增值服务。

上海市体育局 图

"翔立方"集体育、文化、商业于一体,不仅经营足球、篮球、羽毛球、乒乓球、桌球等传统大众热门体育项目,还引入了模拟高尔夫、室内模拟滑雪、击剑、剑道、自行车等时尚新颖项目,结合教培理念开设武术馆、跆拳道馆、舞蹈教室、轮滑冰场等训练体验场馆,并将推出运动装备售卖、运动康复养生等运动周边业态;商业配套方面,影院、剧场、餐饮、咖啡、零售、休闲娱乐、儿童游艺等时尚缤纷的高体验业态一应俱全。2020年,上海嘉定"翔立方"已实现年客流量200万人次,成为上海全民健身的目的地之一。

上海市宝山区三邻桥体育文化园

三邻桥体育文化园所处位置是曾经的日硝保温瓶胆厂,至今已有二十多年历史。该项目定位为上海第一个以体育文化为主题产业的创意园区。为了更高效地激活社区、复苏社区,在设计规划中不仅大量利用天然景观,保留大量原生乔木;对于场地空间的干预亦减少到最小,依据原有地块地形、动线特征,规划设计了新的主入口、市集广场、三邻广场、健康线、林荫道。

上海市体育局 图

三邻桥从设计规划到招商运营,便将项目定义成体育服务主导型的商业空间载体,以体育服务为主导,分为体育运动产业区、文化艺术产业区、活力市集区、公共共享区四大板块。三邻桥项目每周、每季推出风格不同、形式多样的市场推广活动,促进消费回补和潜力释放,更好满足市民群众不断恢复和高涨的消费热情,体现出商业与体育的结合。

上海市闵行区游悉谷体育产业园

游悉谷体育产业园前身为上海亚华机械印刷有限公司厂区,为加快老工业基地转型,实现城市更新升级,厂区现在已改造成为体育综合体产业园,引进飞扬冰上运动中心、VG电子竞技俱乐部总部基地、超级荔枝高尔夫球馆、尽峰攀岩馆、游族体育足球场等体育设施。同时围绕这些体育设施设有抱家青年电竞公寓、麦腾创投孵化器、富得倍思等配套产业,共同形成了"体育+文化+教育+商业"体育服务综合体,拓展了市民身边的健身空间,并正在积极推进都市运动中心的建设。

紧扣时代脉搏，服务城市战略：
上海国际体育赛事四十余载发展历程回顾

杨亦斌
上海久事体育产业发展（集团）有限公司党委副书记、总经理

改革开放以来，作为上海城市化进程中的重要组成部分，上海体育赛事朝着市场化、国际化、现代化的方向发展，数量不断增加、规模不断扩大、内涵不断丰富、形式日趋多元，整体发展既受益于城市的升级赋能，又不断增强自身反哺城市发展的能力。

赛事发展重回正轨（1978—1991年）

20世纪80年代，上海新建、改建了一系列体育场馆，管理水平和裁判力量相应增长，为体育赛事的举办奠定了基础。其间，第10届亚洲女子篮球锦标赛（1984）、第4届跳水世界杯（1985）等的举办，开创了上海举办更大范围、更高级别国际级赛事的先河，服务了国家奥林匹克战略，点燃了群众观赛热情。

拉开市场化改革序幕（1992—1999年）

邓小平同志南方谈话以后掀起了中国改革开放的新高潮。这个时期，上海的政治、经济、文化日趋繁荣，并提出"一流的城市要有一流的赛事"、充分发挥赛事对城市发展的促进作用的目标。在这一背景下，以职业化、产业化和市场化为核心的新国家体育发展战略在上海落地生根。

1993年，上海举办第一届东亚运动会，这是上海首次承办的国际综合性体育赛事，开启了中国体育赛事市场化运作的新模式。1996年，"东丽杯"上海国际马拉松赛开创了社会力量办赛先河。1998年，上海久事体育赛事公司前身新新体育公司应运而生，同年举办了上海历史上第一个国际职业网球赛——上海喜力公开赛。

进入新发展阶段（2000—2008年）

进入21世纪，围绕打造"四个中心"的要求，上海提出打造"亚洲一流体育中心城市"的目标，并制定了积极申办世界一流水平体育赛事的战略方针。据此，将引进与培育体育赛事定位于：举办单项最高等级赛事、固定国际体育赛事及城市景观体育赛事，形成短线与长线相结合，城市形象与赛事形象相结合，事业与商业相结合的体育赛事发展格局。

在这一战略布局的推动下，一批国际体育赛事落户，如上海网球大师杯赛、F1中国大奖赛、上海国际田径黄金大奖赛、F1摩托艇世界锦标赛等。这些赛事的稳定运营为上海建立与国际体育组织的沟通协调机制，探索顶级赛事发展规律累积了宝贵经验。通过赛事举办与城市景观、城市文化相结合，上海城市形象的国际传播工作也形成了一系列经典案例。同时，在国际顶级赛事的带动影响下，上海各区因地制宜，结合本地体育文化资源，形成了"一区一品"的赛事发展格局，共同构建了一个相对完善的上海赛事体系。

城市赛事体系走向繁荣（2009—2019年）

随着2008年北京奥运会的成功举办，全国掀起了举办各种体育赛事的热潮。在这股办赛热潮中，上海体育赛事体系日渐繁荣，呈现出规模不断扩大、能级不断提升、办赛主体不断壮大、赛事市场不断繁荣的发展态势。以F1中国大奖赛、上海劳力士大师赛、环球马术冠军赛、国际田联钻石联赛上海站等为代表的品牌赛事在赛事规格、办赛品质、赛事社会价值以及赛事影响力拓展等方面有了新的突破。

受疫情影响的调整复苏（2020—）

2020年一场疫情袭来，全年国际赛事停办。2021年

众多国际赛事能否顺利举行，也存在许多变数，全球体育产业、赛事行业受到冲击。

我们认为，疫情带来挑战的同时也带来一系列机遇。首先，疫情让人们充分意识到身体健康的重要性，体育锻炼将受到前所未有的重视，这为体育产业的发展带来国家和政府层面的支持。群众更多参与到各种体育运动锻炼中，可以推动培养体育消费成为习惯，进一步培养市场基础，为体育赛事的营销推广营造良好的市场环境，为体育产业长期发展奠定坚实的群众基础。

其次，疫情促使数字经济异军突起，产业数字化、智能化水平加快提高，科技进步在内循环为主、内外循环衔接的后疫情时代，将赋能体育产业和赛事经济的发展。"十四五"期间，中国以 5G 为核心引擎的信息技术、生物技术、人工智能、大数据、物联网等科技大发展，将加速体育领域新科技成果的创造性应用，并整体带动数字体育、智慧体育的全面实施，极大支撑赛事行业的高质量发展。

再次，中国统筹疫情防控和经济社会发展所取得的成果和展现的治理能力将给国际体育组织带来更大信心，未来可能会面临众多国际体育组织请求中国给予支持承办体育赛事的情况。赛事公司可以此为契机加强与国际体育组织的联系，向需要救助扶持的国际体育组织伸出援手，推动国际性和区域间的体育赛事及人文交流活动，在更多有影响力的国际性赛事中争取话语权。

F1中国大奖赛的城市名片效应

久事体育 图

F1中国大奖赛举办十六年来,全球数以十亿计的观众通过赛事转播认识和了解上海,大量外国观众赴上海观赛,通过F1中国大奖赛这一窗口,上海向全世界展示了改革开放以来的巨大成就和举办大型国际赛事的综合能力,城市形象和国际影响力大幅提升。

F1中国大奖赛为区域经济和产业良性发展奠定了坚实基础。以汽车产业为例,F1中国大奖赛的举办地上海国际赛车场被誉为"世界汽车运动的中央舞台"之一,近年来全球汽车资源不断集聚嘉定,构建了完整的汽车全产业链,向"世界级汽车产业中心"目标迈进。以旅游业为例,据统计,2005年嘉定全区接待游客226.6万人次、实现旅游直接收入4.46亿元。2018年,嘉定区接待游客已增至1865万人次,实现旅游直接收入114.6亿元,呈几何级增长。

"一球致胜"在挑战中寻找机遇

久事体育 图

上海劳力士大师赛坚持不懈地培育观众、培育市场,在赛事的持续带动下,上海网球人口从1998年不足万人增长到目前的近百万人,实现了跨越式发展。

2020年,虽然上海劳力士大师赛因为疫情取消,但它的系列赛却抢足了风头。11月,"2020一球致胜网球大奖赛——上海劳力士大师赛系列赛"在旗忠网球中心举办。该赛事为久事体育原创自主IP,按单场淘汰制进行、先获得1分的选手即为赢得比赛,晋级下一轮。512名参赛的业余选手,只有最终的胜者将获得百万大奖。一球定胜负的特殊规则,让众多参赛者和观众都大呼刺激,再加上上海ATP1000大师赛场地这样高规格的赛事条件,已然成为当下国内业余网球界的热门赛事IP。

全民健身新时尚,在已建城市空间中寻找运动的"金边银角"

近年来,上海抓住全民健身和健康中国相继上升为国家战略的重要契机,不断完善全民健身公共服务体系,努力保障市民体育健身权益。体育健身正逐渐成为市民的生活方式,为上海建设全球著名体育城市奠定了广泛的群众基础。但是体育场馆使用率不高的问题在中国普遍存在,上海体育场馆的利用也缺乏效率,尚未形成复合型综合利用模式。此外,上海体育场馆设施存在发展不均衡的问题。"十四五"期间,要多措并举提升体育场所使用面积和使用效率,全民健身普及率有效扩大,经常参加体育锻炼人数比例达到45%以上,人均体育场地面积达到2.6平方米左右。因此,出现了各种上天入地的城市运动场馆。

以洛克公园的场馆为例,每年运动人数都有15%左右的增长。目前洛克公园有近30个场馆覆盖了上海14个区,但到晚间运动高峰时,场馆仍然供不应求。2014年,洛克篮球公园将球场开进了上海莘庄龙之梦购物中心的屋顶。运动体验馆除了拥有2个正式比赛篮球馆,还有1个大型羽毛球场和篮球多功能馆、一片"五人制"天空足球场,整个场馆可以容纳约400人的运动需求。2015年,洛克篮球公园又在浦东杨高中路卜蜂莲花4楼开出了一家楼顶篮球馆。迄今为止,这两家屋顶篮球馆运营均超过了5年,2019年全年接待人次超过11万。2020年,虽然篮球迷的日常活动受到影响,但在最炎热的7月,两家屋顶篮球馆还是分别接待了近1.5万人次。

借商场屋顶、空地这种"上天入地"的方式做小型运动场,能够弥补城市运动空间的不足。根据洛克公园的经验,充分利用空间的场馆非常受欢迎,未来像商场顶楼、高架桥下的空间会得到更多的关注。

(资料来源:上海洛合体育发展有限公司)

洛克公园建在莘庄龙之梦商场楼顶的场馆　　　　　　　　　　　　上海洛合体育发展有限公司 图

全面推进城市数字化转型

抢抓数字化发展先机，把数字牵引作为推动高质量发展的强劲动能，促进数字技术赋能提升"五个中心"建设，围绕经济数字化、生活数字化、治理数字化等重要领域率先突破，加快培育应用生态体系，推进场景再造、业务再造、管理再造、服务再造，持续推动城市数字化转型。

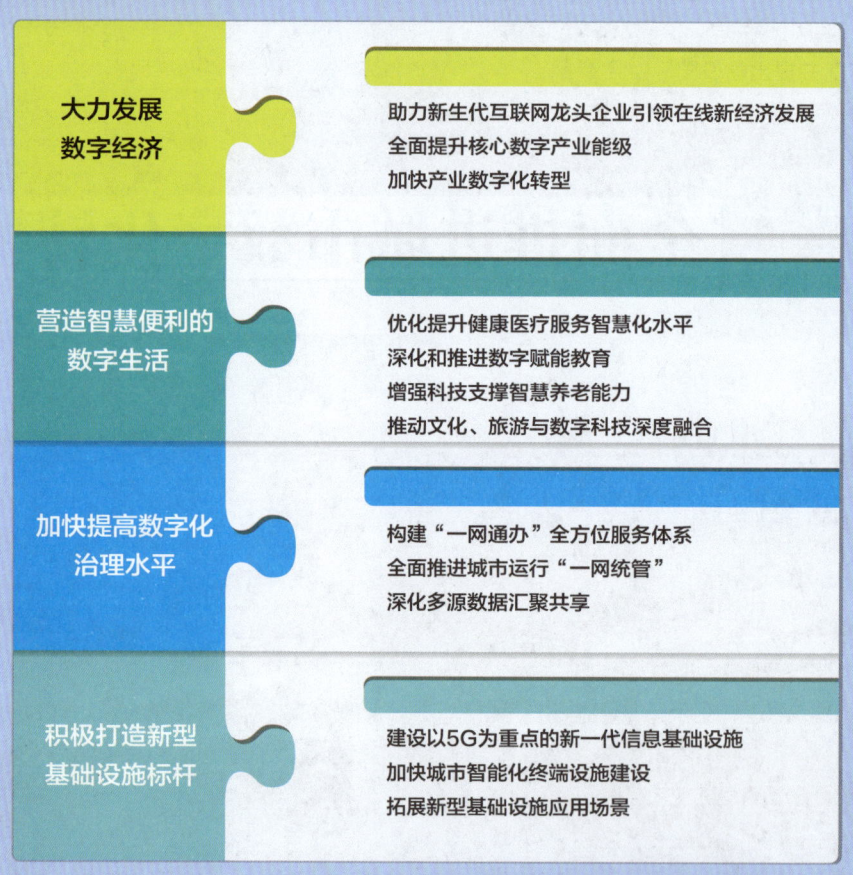

大力发展数字经济	助力新生代互联网龙头企业引领在线新经济发展 全面提升核心数字产业能级 加快产业数字化转型
营造智慧便利的数字生活	优化提升健康医疗服务智慧化水平 深化和推进数字赋能教育 增强科技支撑智慧养老能力 推动文化、旅游与数字科技深度融合
加快提高数字化治理水平	构建"一网通办"全方位服务体系 全面推进城市运行"一网统管" 深化多源数据汇聚共享
积极打造新型基础设施标杆	建设以5G为重点的新一代信息基础设施 加快城市智能化终端设施建设 拓展新型基础设施应用场景

来源：《上海市国民经济和社会发展第十四个五年规划和二〇三五年远景目标纲要（普及版）》

坚持整体性转变、全方位赋能、革命性重塑，加快建设国际数字之都

钱 晓
上海市经济信息化委
信息化推进处处长

全面推进上海城市数字化转型，是落实习近平总书记关于网络强国、数字中国战略部署的重大举措，关系上海未来发展新的战略优势，意义重大。

着眼长远，城市数字化转型的发展趋势和基础

从国内外来看，发达国家和主要城市都在加快布局数字化转型，注重顶层统筹、数据开放、以人为本、技术赋能，如美国发布《数据战略》强调数据为核心驱动，伦敦任命首个"首席数字官"并提出建设国际数字之都目标，日本打造"以人为中心"的超智能社会；国内北京提出建设国际数字化大都市、杭州提出打造全国数字经济第一城等。

从上海发展基础来看，近年来推进智慧城市建设，主要经历了三个阶段。一是2011—2013年，首次提出"创建面向未来的智慧城市"战略，制定首个智慧城市三年行动计划，铺设信息高速公路，建成全国首个光网城市。二是2014—2016年，出台智慧城市第二个行动计划，单一功能信息系统规模建设，推进市民电子健康档案等一批公共服务项目。三是2017—2021年，出台"3+3"智慧城市建设若干意见，推动数据共享开放、应用融合创新。从上海目前已经积累的优势看，城市数字治理体系持续完善，"一网通办""一网统管"，智慧公安、城市管理网格化等一批跨部门跨层级系统平台建成，打响全国政务服务和城市治理品牌。数字经济活力迸发，牢牢把握疫情催生的新机遇，大力发展在线新经济，全市新一代信息技术行业营收逆势增长，建成具有全国影响力的工业互联网平台和智能工厂，杨浦滨江和浦东张江两大在线新经济生态园规划成型并加快建设。信息基础设施领跑全国，率先建成"双千兆第一城"，5G室外基站超3.1万个；应用场景加速构建，围绕医教养、文体旅、智能网联汽车等重点领域，创新"揭榜挂帅"市场化机制，打造5G应用场景。2020年11月，上海从350个国际城市中脱颖而出，摘取"世界智慧城市大奖"（这是中国城市第一次荣获）。这些都为上海推进城市数字化转型打下了坚实的基础。

但同时，对标最高标准、最好水平，上海智慧城市建设还存在"重项目、轻协同；重建设、轻运营；重管理、轻服务"等深层次问题，与建设具有世界影响力的国际数字之都目标仍有差距，亟须形成新一轮深层次、广范围的顶层设计和实施路径。

聚焦重点，全面推进城市数字化转型

十一届市委十次全会作出重要部署，将城市数字化转型作为上海"十四五"规划的主攻方向之一。建设"具有世界影响力的国际数字之都"，需要深刻把握城市数字化转型"整体性转变、全方位赋能、革命性重塑"的内涵要求，聚焦重点领域，探索全新路径，强化保障体系，持续推动城市治理、生产生活的全面变革。

一是围绕"经济、生活、治理"三大领域，实现整体性转变。要强化系统集成、整体提升，实现经济数字化形成新供给、生活数字化满足新需求、治理数字化优化新环境，推动三大领域相互协同、互为促进，整体推进城市数字化转型。经济数字化转型，以信息技术和实体经济深度融合为引领，推动数字化向更多更广领域渗透。加快制造业生产方式和企业形态根本性变革，推进个性化定制、网络化协同、智能化生产、服务化延伸，鼓励"5G+AI+工业互联网"制造模式创新，全面赋能电子信息、装备制造与汽车、生物医药等创新型产业集群发展。围绕"五个中心"建设，拓展数字化

服务提升效能，巩固数字内容、跨境电商等数字贸易先发优势，强化数字科创，率先以数据联结产学研深度合作，加快专业服务业利用数字技术转型提升，大力发展数字金融、数字航运、数字文化传媒等数字服务业，以数字化助力"五型经济"发展，构筑新发展格局的中心节点和战略链接。生活数字化转型，聚焦医疗、教育、养老、文旅等领域，打造数字生活"一网通用"服务体系，推进公共服务优质惠普，持续提升民生获得感；聚焦生活服务、交通出行、电商零售、物流航运等领域，推动社会服务"一网赋能"，加快释放新兴消费潜力，提升高品质生活体验，更好满足人民对美好生活的向往。进一步推动在线新经济蓬勃发展，培育一批新生代互联网企业新星。治理数字化转型，深化政务服务"一网通办"、城市运行"一网统管"两张网建设，率先打造数据驱动、科学决策的"数治"新范式。其中，经济数字化是新供给，生活数字化是新需求，治理数字化是新环境，三者互为促进、缺一不可。

二是探索城市数字化"规建管用"路径，实现全方位赋能。要加快构筑数据新要素体系、数字新技术体系和城市数字新底座，充分释放数字化蕴含的巨大能量，以数字维度全方位赋能城市迭代进化、加速创新。从"城市是生命体、有机体"的全局出发，实时映射、协同交互，打造线下、线上数字孪生"两个上海"，以数字维度全方位赋能城市复杂巨系统迭代进化、加速创新。规划上，开放式部署、模块化实施，为后续场景模块升级和特色应用留足空间，增强城市发展韧性。建设上，全网感知城市空间、单元、生态、动态等各生命体征，全闭环设计数据采集、协同、共享、应用等各流程环节，全领域覆盖政府、企业、市民、组织等各主体活动，建设城市数字公共底座。管理上，健全数据产权制度，加快释放数据要素改革红利，通过公共数据、应用场景开放，打造市场主体、社会公众广泛参与的开放式数字化创新平台。应用上，推动制造、消费、服务、金融等千行百业数字化转型，形成万亿级产业新增量，大力培育一批具有世界影响力的数字化龙头企业。

三是把握"治理、技术、市场"三大体系，实现革命性重塑。要引导全社会共建共治共享数字城市，以全面数字化转型，推动城市各领域全方位的流程再造、规则重构、功能塑造、生态构建，创造全新的生产生活方式和发展路径。治理体系系统再造，将单一基于政府职能的公共治理，重塑为多元参与、合作互动的社会治理体系，以数据开放互通链接政府、企业和社会，驱动各领域资源配置优化、价值倍增。技术体系全面应用，通过AI、5G、区块链、大数据、云计算、物联网、AR/VR等新技术充分应用，将分散独立的信息系统重塑为业务协同的大系统、大平台、大应用，构建统一数据标准的城市运行生命体征指标体系，打造数据共享、统筹联动、决策指挥的城市智能中枢，建设全面AIoT化的城市数字底座。市场体系科学有效，市场是决定性的力量，企业是最活跃的创新主体，将政府主导的信息化项目建设模式重塑为市场主导、政府引导的建设运营新模式，进一步引导市场主体广泛参与数字化转型场景建设，创新运营的相关机制安排，尤其要全面激发社会创造力和市场活力，共建共治共享数字之城。

上海应打造数字经济新优势，抢占数字货币制高点

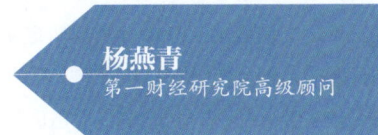

杨燕青
第一财经研究院高级顾问

中国数字经济快速发展，已经成为带动经济增长的重要引擎。

根据第一财经研究院的数据，从实际增长来看，中国数字经济增加值、数字经济核心产业增加值实际增速远高于国内生产总值（GDP），2016—2018年都保持了20%左右增速。2019年以来，数字经济增速有所放缓，受疫情冲击，2020年数字经济增速为9%，但仍比经济总量增速高6.7个百分点。数字经济核心产业增速更是展现出极强的韧性，2020年数字经济仍保持两位数增长。同时，中国数字经济的劳动生产率明显高于整体经济。

从全球比较看，中国数字经济核心产业增加值占GDP的比重居世界前列。从数字经济核心产业的硬件和软件分别观察：硬件方面，中国在2013年超越美国，在数字经济核心产业硬件增加值领域成为全球第一大经济体；软件方面，中国在2014年超越日本，成为软件增加值的第二大经济体，但与美国的差距较大。

上海的数字经济核心产业增加值排名在全国前列，排在广东、江苏、浙江和北京之后。从经济增速观察，上海略低于浙江、广东、北京。

总体而言，上海在数字经济方面整体实力均匀，但数字经济增速趋缓，动力不足。针对以上现状，上海发展数字经济的战略选择至关重要。第一财经研究院的研究显示，与以深圳为中心的"珠三角创新极"表现为向深圳集聚有所不同，以上海为中心的"长三角创新极"表现为上海向周边城市扩散。对长三角整个区域而言，"扩散模式"健康发展的前提是上海拥有可扩散的强大科技和创新实力。这就需要上海依托长三角资源，开辟数字产业化和产业数字化的"新赛道"。

"十四五"期间，上海要开辟数字经济"新赛道"，打造数字经济新优势，抢占数字货币制高点，全面推进数字化转型。

将制造业作为数字化转型优选事项。虽然上海的产业数字化占比（数字化转型）全国领先，但基于人工智能的制造业数字经济转型尚未真正启动，同时，上海也缺乏类似西门子、通用电气和卡奥斯（海尔）这样的工业互联网平台。上海应将制造业数字化转型作为抓手和优先选择，推动行业转型和打造通用平台并重，真正实现产业数字化转型。

建立数字经济软件制高点。软件是数字经济产业的尖端部分，也是我国的薄弱环节。上海依托长三角的数学、计算和软件科研力量，构建国家级软件开发园，在软件生产上占领制高点。

打造数据大平台，建立数据制度规范。上海应充分发挥国内领先的市政府数据开放优势，以政府数据开放为基础，与科技企业共同合作，构造开放、共享和透明的大数据平台，优先在医疗、基础设施和智慧城市领域，通过支持创新公司，建立数据制度规范，构建上海数字经济数据平台的主架构，同时开放平台给中小企业免费或低成本使用。

完善数字经济统计体系。发展数字经济，统计是基础。国家统计局已经公布了数字经济统计的基本方法。上海在数字经济统计方面，尤其在数字经济服务业领域统计方面需要进一步加强数据披露，改善细分行业数据不全和数据更新滞后的问题。例如，年度增加值数据未包括信息传输、软件和信息技术服务业，硬件制造领域缺失电器制造、电子信

息产品制造与仪器仪表制造的细分行业增加值数据，等等。

在安全可控前提下推动跨境数据流动。目前，以《全面与进步跨太平洋伙伴关系协定》（CPTPP）和《美国—墨西哥—加拿大贸易协定》（USMCA）为代表的新型区域贸易协定在推动数据自由流动和降低数字贸易壁垒方面取得积极进展。中国已宣布申请加入 CPTPP，也在积极推动加入《数字经济伙伴关系协定》（DEPA）。上海已出台《上海市数据条例》对数据进行立法，可利用临港新片区的制度优势，在数据安全评估和安全审查的框架下，加快推动数据跨境流动，占领中国数字贸易的规则制高点。

抢占数字货币竞争制高点。央行数字货币和区块链技术正在推动宏观和微观金融转型，成为全球货币和金融竞争的新战场。新冠肺炎疫情暴发已近两年，中国经济的表现可用"一枝独秀"来形容，人民币国际化正处在时间窗口。中国的央行数字货币（数字人民币）全球领先，上海应抓住综合试点的制度优势，积极扩大数字人民币的试点范围，例如上海可将央行数字货币从公务员发放工资起步，逐步拓展到政务、生活更多领域，测试货币供应的所需总量和相关乘数，为未来的货币政策转型提供"沙盒测试"；在跨境方面，上海运用临港新片区资金跨境自由收付的政策空间，在东南亚和"一带一路"沿线国家试水央行数字货币，通过"支付即结算"，打造人民币国际化的新通道，承担国家使命。

平台经济汇聚供需发展潜力

平台经济是以平台企业为核心，通过汇聚整合多类市场主体和资源，围绕数字化平台组织起来的新模式新业态，构成现代意义上的平台经济。

20 世纪 90 年代末，我国集合网民、市场、后发三重优势聚合发力，实现平台经济孕育起步。一是国际影响力逐步增强。从发展规模来看，一批网络平台企业如阿里巴巴、百度、腾讯、滴滴等迅速壮大，阿里巴巴、腾讯等平台企业也已占据全球市值前十名的两席席位。从创新模式来看，我国平台经济实现了从模仿追赶到创新引领的蜕变。早先基本上以模仿跟随美国起步，如网易、新浪等门户网站模仿雅虎，百度模仿谷歌等。但近年来，通过市场应用带动本土创新，短视频、移动直播实现产品创新，为用户打造更好的全景体验。例如，抖音的海外版 TikTok 掀起全球短视频热潮，业务覆盖 150 个国家和地区。

二是不断拓展行业渗透边界。我国平台经济不断涌现新业态，由互联网应用为主的单一模式向电子商务、网络医疗、在线出行、在线教育等各领域延伸渗透。一方面，现代城市居民的传统生活模式正被依托平台的数字化生活方式逐渐改变。居民借助淘宝、微信、滴滴等平台辅助购物、社交、出行。另一方面，农村居民依托电子商务平台、公益平台等输出优质产品和服务，实现增收和脱贫。截至 2020 年 4 月 22 日，中国太保自建的"彩虹"精准扶贫公益平台累计上线全国 23 省 309 款农副产品，广大员工通过以购代捐、以买帮的方式，累计实现帮扶金额逾 2 693 万元，精准触达 2.47 万建档立卡贫困户。

三是推动生产领域深刻变革。平台经济已与国民经济深度融合，正深刻影响我国生产制造的全流程、全产业链、全生命周期。工业互联网平台链接多样化的外部资源，协助企业解决采购碎片化、研发能力弱、产品同质化严重等痛点，提高生产、运营效率。新冠疫情期间，COSMOPlat 发挥其生态供应链能力，为企业高效精准匹配防护服、口罩等物资生产设备和原材料，为企业提供了产线规划及流程工艺操作等全流程解决方案，设计包含智能管理、在线培训、在线办公等十大全场景解决方案，保障企业复工复产。

（资料来源：上海市发展改革委）

战略升维：塑造上海产业发展的数字竞争力新维度

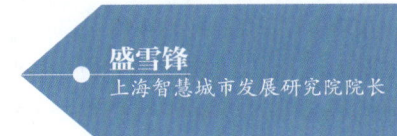

盛雪锋
上海智慧城市发展研究院院长

自2021年伊始，数字化浪潮以更为迅猛的趋势席卷全国。从上海发布推动城市数字化转型的意见，到浙江全面推进数字化改革，数字经济已经成为国内众多重点区域谋划新一轮发展的关键之举。年初发布的上海市"十四五"规划《纲要》中有大量篇幅聚焦城市数字化转型以及数字经济发展，"具有世界影响力的国际数字之都"成为上海继"五个中心"之后的全新定位。这是对上海这一全球城市未来产业竞争力的战略性设计，不管产业硬实力，还是城市软实力，数字化将是上海面向2035塑造产业竞争力的主动"战略升维"，也将成为上海在数字时代形成可持续发展能力的核心要义。在全球逐步进入到以人工智能、大数据、量子通信等为代表的数字霸权博弈时代，上海如何更好地构建数字竞争力这一新的、更高层级的维度优势，此次规划《纲要》提出了清晰的方向。

聚焦数据引领，坚持规则为先

2021年以来，"数据新要素""数字规则"成为城市数字化转型中的新词、热词。我们看到此次规划《纲要》中明确提出了要"加快培育数据要素市场""建立数据资源产权、交易流通、跨境传输和安全保护等基础制度和标准规范""积极参与数字领域国际规则和标准制定"。据悉，数据立法工作在上海也正紧锣密鼓推进中。从农耕时代到数字时代，从蒸汽机到人工智能，全新的经济形态发展必然伴随着规则的变迁，而规则的变化又将重构原先的竞争格局。率先参与甚至主导这些规则的制订，将为上海在数字时代的可持续发展形成先发优势。上海作为全球性城市，不管在数据要素资源的集聚，还是在数据流通贸易等方面都有着得天独厚的基础和广泛深度的需求，仅仅在工业数据领域，就目标指向了高质量工业数据集泽（Z）级突破，随着更高水平的对外开放和自由贸易试验区的深入推进，数字贸易愈加庞大，数据跨境流通愈加频繁，具有上海烙印的数字规则也必将成为促进上海产业升级的基石、对外开放的重器。

聚焦资源配置，构建数字枢纽

众所周知，传统产业已形成围绕土地空间、产业资本为核心的产业发展模式。而当前产业资源要素发生了重大变化，数据、算力、算法成为新的要素资源，成为支撑产业发展的核心驱动力。如何形成全球性的数字枢纽、成为配置全球数字资源的中心，是衡量上海是否真的成为具有世界影响力的国际数字之都的重要标识。以人工智能为例，上海要形成以数据、算力、算法为核心的全球人工智能产业资源要素配置枢纽，必须从资源要素汇聚、技术创新以及场景和制度等方面进行系统化谋划，以先进规范的规则、全面多元的应用、丰富可用的数据、开放包容的业态、链接全球的人才等，吸引来自全国、全世界的人工智能要素资源和创新企业，只有在高度集聚、深度应用的基础上，资源配置功能才能真正实现。目前上海正在加快推进"国际数据港"，这也是上海在推动服务全球数据汇聚流通的功能性枢纽型高等级设施方面的规划布局，通过"国际数据港"建设，让更多的国际化企业能够在上海实施数字化发展战略。

聚焦应用牵引，强化产业赋能

上海作为全国乃至全球数字经济最为集聚且能级最高的区域之一，在数字产业基础和产业数字化需求市场方面都具有独特优势。近年来，上海在人工智能、工业互联网等数字经济领域都在逐步推出应用场景，通过"揭榜挂帅"的模式，为广大的数字企业提供发展空间，也为产业数化转型挖掘优秀方案。去年习总书记在浦东开发开放三十周年庆祝大会的讲话中要求，上海要建设世界级产业集群，这一要求必须依托全新的产业推进模式，而在数字时代，"应用引领、场景为王"的理念将成为新的产业发展基调，推动上海的制造、汽车、航运、金融等全产业整体化转型，形成全球领先的数字技术"全方位赋能"产业创新的策源高地。

聚焦创新生态，促进联动发展

面对数字时代的浪潮，我们需要去重新谋划创新生态建设，加强数据、人才、场景、资本等多方力量的融合发展，形成联动发展格局。上海的数字经济有着众多的生态资源优势，更是在金融优势和开放优势上率先而行。此次规划《纲要》提出要加快推进在线新经济发展，而在线新经济的发展高度依赖数据，必须在创新生态上进行优化重组，将与在线新经济发展密切相关的数据、场景作为新的生态资源纳入到创新体系中，鼓励联合协同创新模式发展，重视算法平台、数据流通机构等行业第三方功能性机构的发展，推动具有全球行业号召力的会展和协会机构入驻，引导国内外金融资本投资新生代互联网企业，完善产业资本链和创新链，打造具备全球竞争力的产业创新生态。

数字化是当今时代的主要特征，也是上海面向未来塑造城市竞争力的关键，率先主动进行战略升维，践行"数字即发展"理念，将数字竞争力尽快打造成上海产业转型升级的内涵，打造成上海产业的新标签，这不仅是行业发展的趋势，更是立足当下，谋划上海长远城市竞争力的战略之举。

数字贸易推动全球经贸关系变革发展

数字贸易是数字经济的重要组成部分，也是数字经济国际化的最主要体现。

从货物贸易角度看，数字贸易主要体现在贸易开展方式的变化，推动跨境电商蓬勃发展。据有关机构数据，2018年全球跨境电商B2C市场规模达到6 750亿美元，近年平均增速约为30%，远超传统货物贸易。从电子商务交易主体看，企业间（B2B）交易额占绝大多数，企业与消费者（B2C）交易额相对有限。从电子商务国别发展看，发达国家跨境电商发展环境良好，但发展中国家潜力巨大。

从服务贸易角度看，数字贸易主要体现在贸易对象的数字化，数据和以数字形式存在的产品和服务贸易快速增长。据贸发会议数据显示，2008—2018年，全球数字服务出口规模从18 379.9亿美元增长到29 314.0亿美元，年平均增长率约为5.8%。从服务构成看，2018年占比最高的3类数字服务贸易是工程研发、保险金融、知识产权。

（资料来源：上海市发展改革委）

工业互联网融合带动效应初步显现

工业互联网是新一代信息技术与工业经济深度融合的全新经济生态、关键基础设施和新型应用模式。

在工业互联网融合带动方面，其应用范围已由制造业延伸到建筑、能源、交通、医疗、智慧城市等领域，并不断向一二三产其他相关领域拓展。在建筑行业，企业利用工业互联网，部署设计协同管理、虚实融合的施工协同管理等应用，大幅提升设计效率、施工质量、安全生产水平、成本进度控制水平。在交通领域，工业互联网不仅能够通过智能识别、智能决策和智能执行实现自动驾驶，还能够通过实时分析、优化、追溯和调配实现智能的交通管控。

据测算，2019年我国工业互联网产业经济增加值规模为2.13万亿元，同比实际增长47.3%，其中，工业互联网核心产业规模为5 361亿元，工业互联网融合带动的经济影响规模达到1.6万亿元，工业互联网对经济发展的促进作用正逐步显现。

（资料来源：上海市发展改革委）

升级"一网通办",构建全方位服务体系

朱宗尧
上海市政府办公厅原副主任
市大数据中心原党委书记、主任

2021年1月底,上海市"十四五"规划《纲要》发布,明确要构建"一网通办"全方位服务体系,全面拓展"一网通办"服务领域,实现与企业群众生产生活密切相关的服务全部接入,做优做强"随申办"应用,不断拓展"随申码"应用场景。2021年2月,《深化"一网通办"改革构建全方位服务体系的工作方案》发布,在《纲要》的基础上,进一步明确了近三年"一网通办"改革的任务表和路线图。经过三年的纵深发展,逐步由目前的"能用"迈向"好用""爱用"和"常用"。

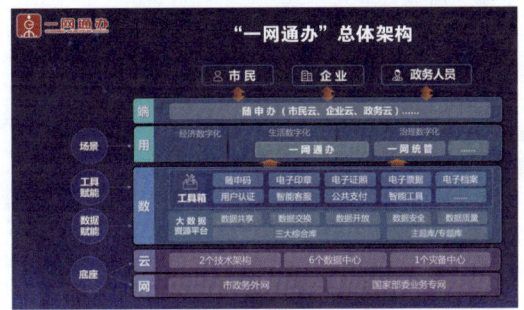

"一网通办"总体架构　　　　　上海市大数据中心 图

实际办件的网办率 = 网办办件量 / 办件总量

网办办件量:办理过程中包含有网上申请或网上受理环节并且办结的实际办件量,不含查询类事项。
办件总量:所有接入"一网通办"政务服务事项实际产生的办件总量,不含查询类事项。

从数据看"一网通办"改革成效

2018年初,《全面推进"一网通办"加快建设智慧政府工作方案》对外发布,正式启动"一网通办"改革。自启动改革以来,"一网通办"逐步成为上海政务服务的金字招牌。2020年,上海"一网通办"入选联合国全球电子政务经典案例。2021年,上海在省级政府一体化政务服务能力调查评估报告、中国营商环境评估报告和中国政府透明度指数报告中均名列全国第一,一批改革经验在全国复制推广。企业和群众对"一网通办"满意度明显提升,"好差评"好评率达99.96%。

截至2021年9月底,已累计推出357项改革举措。累计实名注册个人用户超5715万,企业用户超236万;接入政务服务事项3376项,涵盖超3.5万项业务办理项,实现行政审批事项全覆盖,累计办件量已达1.73亿,三年增长了19倍。打造高效办成"一件事"标杆场景集成服务,2020年推出了15项"一件事",实现平均减环节69%、减时间54%、减材料75%、减跑动71%,目前办件量已突破160万件。全面实施"两个免交",大幅提升实际办件全程网办率,电子证照调用量突破5.6亿次。"随申办"月活峰值超1854万,"随申码"应用不断拓展,在支撑疫情有效防控的同时,在更多领域实现一码通办、一码通行,已累计使用超过46亿次,用码人数超5665万人。市民主页和企业专属网页为企业群众提供智慧化的服务,累计访问超103.54亿次,推送个性化政策服务超2.83亿次。各级政务服务大厅"前台综合受理、后台分类审批、统一窗口出件"的综合窗口设置比例已达80%。"一网通办"国际版开通运行;长者版上线试运行。

以"四方面创新"实现"三步提升"

"十四五"期间,上海"一网通办"将以理念创新引领制度创新,不断优化公共服务、便民服务,切实增强群众和企业的获得感、满意度。主要体现在四个方面的创新。

第一,以理念创新引领制度创新,实现从技术驱动向"技术+制度"创新双轮驱动转变。以技术

创新作为支撑，勇于探索制度创新。将"一网通办"三年来的重要创新改革以地方人大立法的形式予以固化。2021年7月1日，《上海市人民代表大会常务委员会关于进一步促进和保障"一网通办"改革的决定》正式施行，依靠制度的刚性约束，破解改革瓶颈和制度性障碍。同时，积极推进上海市数据立法，《上海市数据条例》已经上海市人大常委会表决通过，并正式施行。

第二，全面践行以人民为中心的理念，实现由政府部门管理为中心向用户为中心转变。以用户视角，从需求侧场景应用出发优化流程，推进服务"有求必应、无事不扰"。首创线上线下全渠道、全覆盖帮办制度，其中，线上智能机器人＋专业人工帮办，着力打造"网购型"客服体验，实现企业群众"有疑就问、边办边问"，政府部门"有问必答、答必解惑"。打造富有温度的线下服务，消除"数字鸿沟"。

第三，服务范围从行政权力事项向公共服务和便民服务拓展。此前"一网通办"主要聚焦行政权力事项改革，已经实现行政审批事项的全覆盖。"十四五"时期，将坚持用户思维和服务思维，着力拓展18个领域97项服务场景应用，实现与群众和企业生产生活密切相关的服务全覆盖。围绕个人事项，打造从出生到养老的数字生活服务体系；围绕企业经营全周期、产业发展全链条，打造国际一流营商环境服务体系。

第四，深化大数据和人工智能应用，推动被动服务向主动服务、共性服务向个性服务转变。依托市民主页和企业专属网页，推进利民惠企政策从"精准推送"到"精准兑现"。应用大数据综合分析，实现服务、资金、补贴、税收等政策"免申即享"。创新窗口主动服务模式，实现由企业准备申请材料向窗口工作人员为企业准备转变。实现企业"信息免填报、材料免提交"，助力企业办事"一次办成"。

通过以上各方面的改革创新，未来三年，上海"一网通办"将分三步实现能级提升

2021年底前，实现基本公共服务领域全覆盖，推出10项示范性公共服务场景应用；"随申办"月活跃用户数突破1300万，"一网通办"平台实际办件网办比例达到70%，各级政务服务大厅综合窗口设置比例达到80%，"好差评"制度延伸至公共服务场所。

2022年底前，将实现公共服务领域全覆盖，再新增10项公共服务场景应用；"随申办"月活跃用户数突破1400万，"一网通办"平台实际办件网办比例达到80%，各级政务服务大厅综合窗口设置比例达到100%。

2023年底前，"一网通办"全方位服务体系基本建成，为群众和企业提供智能化、个性化、高质量的政务服务、公共服务和便民服务；"随申办"月活跃用户数突破1500万。

个人事项办理迈向"一码通行""一码通服"

面向个人用户，"一网通办"将在幼有所育、健康医疗、交通出行、学有所教、文旅休闲、住有所居、食药安全、弱有所扶、老有所养等12个领域71项服务场景中，打造从出生到养老的数字生活服务体系。以"随申码"作为个人的数字身份识别码，拓展场景应用。在医疗健康领域，扫"随申码"即可看病就医，可以在药店购药医保结算；在交通出行领域，推进"随申码"与地铁、公交乘车码"三码整合"，扫"随申码"可以乘公交、地铁。在文旅休闲领域，实现扫"随申码"快速入住宾旅馆；扫"随申码"入园入馆，实现在公园、群众性赛事入场和体育场馆"一码通行"；在图书馆实现持证读者可刷"随申码"借还图书。

企业经营服务体系迈向"国际一流"

面向企业用户，"一网通办"将围绕企业经营全周期、产业发展全链条，聚焦6个领域23项场景，助力打造国际一流营商环境服务体系。企业专属网页，实现由"人找政策"向"政策找人"的转变。继续优化企业开办、变更、注销业务流程，提升全程网办能力。提供各级政府关于惠企政策的查询、匹配、个性化定制服务，推进普惠政策"自行申报、网上办理、不来即享"。推进政府公共数据赋能普惠金融应用，支持金融机构运用公共数据为企业提供精准服务。深化税费缴纳综合申报改革，综合运用税收大数据，实现纳税优惠主动提醒。推进企业扶持资金"申报统一入口、政策主动推荐、企业精准匹配、流程标准规范"，最大限度提高审批透明度和企业可预期性。

"一网统管"如何在"统"上做文章？

赵 勇
中共上海市委党校教授

习近平总书记在浦东开发开放30周年庆祝大会上指出，"率先构建经济治理、社会治理、城市治理统筹推进和有机衔接的治理体系"。推动形成"三个治理"统筹推进和有机衔接的治理体系是城市治理现代化的重要方向。2020年以来，浦东新区按照城市数字化转型的要求，以城市运行中心为依托打造"城市大脑"，探索"一网统管"的升级版，推进"三个治理"的整合协同。浦东的探索经验，为全市的数字化转型提供了启迪与借鉴。

通过更深的"统"，达至更优的"治"

浦东新区在经济治理、社会治理和城市治理改革进程中都有独创性的改革举措，但是也存在"点上有创新、面上缺整合"的问题。为此，从2020年起，浦东新区政府着力推进三个治理领域的平台、业务、数据、流程的整合，通过平台和业务的整合推动"统筹推进"，通过数据和流程的再造推进"有机衔接"。"一网统管"的关键在于"统"，浦东新区着力在"统"上做文章，着重发挥统筹、统一和统领功能，通过更深的"统"达至更优的"治"，打造升级版的"一网统管"。

第一，从分散的平台到统一的大平台，推动更大范围的统筹。

原来三个治理领域都有独自的平台，然而各个平台之间相互整合度不高，协同度不够，数据共享度有待提升。浦东新区探索将三个治理平台整合到"城市管理运行中心"这个统一的平台上，形成一个多角色、自组织、强协作的生态系统，从人民的需求出发整合数据和业务，政府各个部门在统一的平台上共享数据，统一派单，发挥市场、社会主体的作用，推动协同治理。

同时，通过场景的整合统筹推进平台的整合。原来浦东新区经济治理领域有104个场景，城市管理有50个场景，社会治理有11个场景。政府从用户需求出发，按照"同一类对象管理向一个应用场景集成"的原则进行整合集成，形成了10类57个场景，比如垃圾分类、养老服务、智慧气象、渣土治理、群租治理等场景，这些场景都是从人民需求出发而不是从政府部门职能出发，有助于精准高效地满足人民群众和市场主体的需求。

第二，强调"在线、活用、闭环"，推进更深层次的统一。

推进三个领域的数据治理，推进数据的统一和共享，打破数据壁垒。区大数据中心统一提供基础数据、地理信息系统、信用和风险评估系统、派单系统等模块化支撑。在数据治理的基础上，努力使数据精准实时，随时可以被调用，做到"在线"；使多源、多维的数据融合在一起，促进数据"活"起来，最大限度地发挥出数据的价值，实现"活用"；在数据支撑和支持下提供个性化、精准化的服务，并且使服务结果反馈到原有数据中，推动数据不断更新，做到数据更新的"闭环"。

同时，将提升治理要素的标准化、规范化、统一化作为推进深化三个平台整合的核心路径。围绕人民群众和市场主体需求，按照经济、社会、城市三方面全面梳理管理要素，各个部门进行统一的标准化要素管理和配置，明确要素分类、智能发现方式、处置流程和处置标准，打通业务数据交换路径。

第三，以数字化、智能化推动跨领域、跨层级、跨部门综合改革。

动员市场、社会、政府等多元主体参与治理，比如围绕市场主体诉求，建立家门口服务体系企业版，有关部门全面回应企业发展、公共服务和周边环境等方面的关切。按照跨层级协同、跨部门协同、内部协同三种类别，再造流程全闭环，形成政府、市场、社会"大闭环"，区级政府"中闭环"，街镇（片区）"小闭环"，基层"微闭环"。

同时，通过数字化、智能化手段的引入倒逼政府部门进行全面的改革，推动跨领域、跨层级、跨部门改革。

从五个方面推动政府的全面再造

第一，理念再造。"三个治理"统筹推进和有机衔接改革对政府部门而言带来的是理念的再造，强调不是从政府部门管理和职能的角度出发，而是从企业和人民的角度出发对治理进行整体谋划和思考，即实现从"政府导向"向"人民导向"的转变。努力打造"平台型政府"，通过平台建设融通政府、市场、社会，发挥多元治理主体的作用，形成共建共治共享的局面。

同时，打造城市治理"最强大脑"，构建城市治理的"智慧生命有机体"，探索"用数据说话、用数据决策、用数据管理、用数据创新"的路径，线上努力做到规范化、标准化、统一化，线下统筹各方力量。聚焦公共安全、公共管理、公共服务等重点领域，加强政府、企业、社会等各类信息系统的业务协同、数据联动和场景共建。

第二，结构再造。"三个治理"统筹推进和有机衔接促进政府部门从传统的金字塔型向扁平化转型，以人民和市场主体需要为基础进行整合，强化整合和协同，减少管理层级。同时，以统一的"城市大脑"为基础，促进各个政府部门的整合以及更大程度的协同。

第三，流程再造。政府部门围绕实现"三个治理"的统筹推进和有机衔接，从体制机制和制度安排的层面，对部门内部职能职责、处室架构、人员配备、操作流程等进行全面、系统、彻底的整合重构，把部门内部流程和跨部门、跨层级、跨区域的流程全部纳入整合重构范围。从人民和市场主体的需要出发对政府工作流程进行梳理，明晰对于人民群众需要办理的事项各个政府部门之间应当如何配合，哪些是主要责任部门，哪些承担行政协同责任，民众在哪里可以获得公共服务，通过一系列大刀阔斧的改革举措实现政府流程的根本性、制度性重塑，打造"整体性政府"。

第四，效能再造。将能效评价作为推动制度创新和治理效能转化融合的根本动力，构建"战平一体"全流程全环节治理效能评价体系。充分发挥数据的作用，定性和定量相结合对效能进行评价，以效能评价全面评估制度完备性、合规性和有效性，形成城市治理现代化迭代升级的动力机制。

第五，监督再造。通过引入数字化治理方式，使政府行政行为在网上能够留痕留印。一方面能够使民众知晓行政行为的进程，形成对行政权力的社会监督；另一方面可以让各个行政部门相互之间掌握彼此工作状态的信息，形成行政部门的内部监督；并且，可以方便地让上级政府部门清楚地掌握行政行为的工作流程和效能情况，形成有效的行政监督。通过上述方面，形成一个多元监督系统。更为重要的是，基于数字化转型所形成的信息数据具有较强的客观性，有利于避免传统监督的主观性，增强监督的科学性，推进行政监督的系统再造。

加强政府数据治理，夯实数字化转型的制度基础

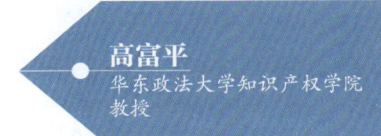

高富平
华东政法大学知识产权学院
教授

我们处在一个正在被数据（字）化的世界。数据是对这个世界客观化记录的结果，被记录的对象包括了人、物和事件。我们对这些数据进行计算、模拟和分析后，不仅可以发现新知、预测规律、更可辅助决策。因此，数据是认知世界的新工具，数据可以转化为知识和行动，成为五大生产要素（土地、劳动力、资本、技术、数据）之一。

为履行公共管理职责和提供公共服务，各级各类政府机关采集、聚集、制作，从而形成了大量的数据资源。这些数据资源可以支撑大数据分析、人工智能应用，因而政府向社会提供数据（被称为数据开放）成为数据要素市场最基本资源的供给。显然，数据开放并不等于信息公开，也不是向社会大众提供便民信息服务，而是向数据智能分析提供原材料。也就是说，数据开放即是向社会提供可作为生产要素的数据。因此，《上海市公共数据开放暂行办法》将政府数据开放定义为"面向社会提供具备原始性、可机器读取、可供社会化再利用的数据集的公共服务"，是非常正确的。

但是，政府数据（即政府在履行职务过程中形成的数据）并非全部可开放。即使可以开放的数据，仍存在隐私保护、数据安全等问题，面对数据开放这一新生事物，还未形成一套有效的制度措施。因此，数据治理是解决以上问题的钥匙。

数据治理：政府数据资源社会化利用或价值实现的基石

数据通常必须经历一个严格的治理流程转化为有用的数据。数据治理是挖掘数据价值的过程，即将传统上没有什么用处的数据转化为有价值的资源或资产的过程；其主要目标在于改进数据质量，使数据成为可用、可信和可计算的资源。

对于政府数据的价值实现而言，数据治理的意义主要有以下四方面：

第一，数据治理是政府运用数据资源的前提。

尽管上海市出台了数据共享开放的具体政策，各部门也随之制定和公布了共享和开放的数据清单，但是能够满足智能分析需要数据资源并不多。究其原因在于各政府部门主要利用的仍是信息资源，标准化、可机读、可分析的原始数据很少被利用。这主要是因为还没有真正形成生产、收集、运用原始数据的能力，更遑论利用数字化信息和数据两种资源支撑数据驱动的政府运营和治理。因此，正确地实施政府数据治理，实现政府数字化转型才是政府数据资源共享开放的关键。

第二，数据治理是向社会提供可再利用数据的前提。

数据是在不断匹配结合、融合汇集，形成满足特定分析目的的数据集，挖掘分析才产生价值。这样的数据必须满足可查找、可调用、可关联、可互操作等特性。这需要按照统一标准建立统一的数据管理和数据谱系，建立数据质量的测评标准，确保政府数据的正确性、唯一性、一致性、时效性和权威性。目前政府的底层数据并不是按照这样的可用性标准进行整理、汇集和存储的。而现在要向社会开放数据，就必须按照数据可用性标准进行治理。一旦按照一数一源（明确源数据管理的唯一主体，保障数据完整性、准确性和一致性，减少重复收集造成的资源浪费和数据冗余）和统一标准建立了权威和完整的数据资源，那么，政府开放数据可成为与社会数据相融合、相匹配的基础资源，形成作为生产要素的数据。

第三，数据治理是保护公民隐私的手段。

在万物互联的时代，通过数据可识别或关联至

特定对象，这也是数据的价值所在。不规范的数据使用行为，很可能给公民的隐私甚或是安全带来危害。因此，在数据开放过程中，政府各部门往往以保护公民隐私为由而拒绝开放与个人相关的数据。在这方面，我们首先需要弄清楚数据开放利用可能给个人带来的危害是什么，然后具有针对性地化解或防范这些风险。首先应当避免直接向社会提供个人敏感信息，要形成敏感个人信息限制或禁止开放的清单；同时，对向社会提供的数据集进行去标识化[个人信息去标识化（personal information de-identification），是指通过对个人信息的技术处理，使其在不借助额外信息的情况下，无法识别个人信息主体（subject）的过程]处理，以防范数据直接关联至个人的风险，尤其身份证、手机号码、住址等身份信息泄露带来的危害。不过，去标识化处理只是消除裸露个人信息带来的危害，我们还要对利用公共数据进行智能分析的过程和结果进行必要的监管，防范数据分析应用对个人权益的侵害，以确保数据开放利用的结果符合公众预期。

第四，数据治理是数据安全的实现方式和保障。

数据安全是一切数据利用的前提，但是，在人类社会进入到数据时代，数据安全的含义已被极大地扩充了。简单地保有信息（数据处理分析结果）的秘密性、可用性和完整性，已不能满足新形势下（数据作为生产要素）的数据安全需求，确保数据资源的安全和有序利用才是数据安全的关键。也就是说，数据安全涉及从数据生产到存储、分享/汇集、分析，再到应用和删除全数据的生命周期，要实现数据资源有序利用，并使数据流动利用可控制，责任可追溯。这就要建构基于大数据采集、汇集、分享、分析和应用为目的的安全基础设施，以确保数据流动利用的每个环节可控制、可审计和可监督。数据安全本质上是秩序安全，确保数据流动利用秩序可控，防范泄露、不法利用等风险，这些需要通过技术的、法律的和制度多重手段实现，设计数据保护、安全、访问、审计和控制完整政策。这样的数据安全已经被融入到数据治理全流程中。

对政府提高数据治理能力的建议

为推进上海市数字化转型全面开展，发挥政府在数字化转型中的引领作用，就上海政府数据治理提出如下建议：

合理界定政府在数据治理方面的职责。数据不仅存在生产问题，还存在治理问题，未经治理的数据是不能被开放和共享的。应当采取"谁生产，谁治理"的原则，由政府各部门对各自产生的数据资源承担治理职责。

按照治理价值和生产要素价值设计政府数据治理规则。政府数据具有双重价值，数据治理的目标定位是：首先，应当满足政府治理和社会治理的需要，同时对于可作为生产要素使用的政府数据，政府应作为数据要素市场的供给者。应当在确保数据可用性技术标准的前提下，为政府部门之间共享（治理目标）和开放（生产要素目标）设计不同的治理规则。

在数据要素供给意义上定位开放数据。政府数据开放既不是便民数字化服务，也不是面向社会大众的福利，而是面向数据需求者的资源供给。因此，需要根据具体情况设计不同的数据开放条件和方式。建议在数据治理成本高、少数主体或个别行业受益或出于数据安全考虑的情形下，政府可实施有条件、有对价的数据开放；而在其他情形下则应当采取无偿无条件向社会开放数据的模式。

以服务为导向的数据治理。既然公共数据开放已经定位于数据服务，那么数据治理的架构（或模型的构建）应当以服务为导向，兼顾社会需求，数据治理应保证数据（集）可支撑数据分析和智能决策。首先，政府各部门自身应形成成熟的基于数据分析、决策的能力，在此基础上向社会提供可机读、可再利用的原始数据。因此，数据治理最为迫切的是建立政府数据可用性标准，并按照该标准建立数据采集、汇集和提供（包括远程访问或计算）的方式。

新基建：构筑数字时代的新结构性力量

徐宪平
国务院参事

以数字化、网络化、智能化为核心特征，我们已经进入了一个万物互联、人机智联的数字时代。数字资源已经成为重要生产要素，数字经济已经成为继农业经济、工业经济之后的主要经济形态，成为推动生产生活方式改变、产业转型升级的强大新动能。新基建以适应新一轮科技革命与产业变革需要为导向，以数字化、智能化为支撑，是数字时代的新结构性力量、数字时代的信息高速公路。

新基建的内涵：一是连接，二是计算，三是交互，四是安全。主要包括基础网络、基础数据、基础硬件、基础软件、基础平台、基础应用、基础标准、基础安全八个方面。新基建的建设内容，重点包括5G、云数据中心、人工智能、工业互联网、物联网和关键核心硬件、基础应用软件、开源开放平台、重大科研设施等。还有就是运用数字化、智能化技术改造交通、能源、水利、市政等传统基础设施。

新基建的典型特征，可以概括为五点：一是技术迭代。技术不断创新，标准不断提升，衍出新的内容和形式，呈现出持续快速迭代升级的趋势。二是软硬兼备。既有基础硬件，如集成电路，又有基础软件，如操作系统，硬件与软件完美的连接代表其创新能力和发展水平。三是协同融合。新技术推动现代通信网络集感知、传输、存储、计算、处理于一体，更加具有协同性、融合性。四是价值赋能。新基建与传统基础设施根本区别在于，新基建可以对工业、农业、交通、能源、医疗等垂直行业赋予更多、更大的发展动能、势能，产生明显的催化、倍增和叠加效应，其渗透范围更广、程度更深。五是投资多元。传统基础设施投资基本上是政府主导的。而新基建与新产业、新业态、新商业模式，以及新产品紧密联系，直接作用于、服务于制造业等垂直行业，市场化运作程度高，投资主体、投资模式是多元的，以市场、企业为主体。

中国信息通信研究院报告显示，到2030年，带动直接经济产出将达到6.3万亿元，创造就业机会800万个以上。

新基建的应用场景，现在已有一定规模，未来发展空间巨大。深度应用将从消费互联转向产业互联网调整城市互联网垂直行业的应用场景会越来越多，包括智能制造、智能农业、智能电网、智能交通、智能金融、智能医疗、智能教育、智能物流、智能社区、智能家居等十个方面；从无人工厂到车联网、自动驾驶，从金融科技、生物支付到远程诊断、手术，从智能门锁到智能音箱，特别是智能农业将实现农产品从生产到销售、从田间到餐桌的全过程监控、追溯，以满足、保障人们对食品品质的需求。应用场景无处不在、无所不能，将吸引更多的有效投资，激发更多的经济活力，释放更多的消费需求。

新基建面临的技术短板是发展的软肋，也是攻关的重点。通常讲的"核高基"，就是核心电子元器件、高端芯片、基础软件，还有半导体材料和设备、新型显示器件、数据库管理系统等，对外依存度高，严重依赖进口。全球传感器有2万多种，我们只有6000多种。这是制约高质量发展的最大软肋。

近年来，我国研发投入一直持续快速增长，但是必须看到，我们的基础研究严重不足，2018年基础研究投入1118亿元，占研发经费投入的5.7%。必须认识到，没有高水平、高强度的基础研究投入，就难以产生原创性的、颠覆性的科技成果，就难以形成自主的技术路线、技术标准，就只能跟在别人后面跑。华为的5G技术为什么能够走在世界的前列，很重要的一点是坚持在核心领域保持技术领先的理念，研发投入占营业收入比重在15%左右。大疆无人机为什么占全球70%的市场，关键一条也是研发投入占营业收入比重高达15%。

新基建前期投入大，应用场景待开发，需要政策工具支持，创新融资模式。与4G基站相比，5G基站的密度要大、投资要多、功耗要高，现阶段应加强财政政策、金融政策、产业政策、科技政策的支持。比如财政的专项债、地方政府债券，过去主要是投入基础设施，现在应该把新基建作为重中之重；国家开发银行过去90%左右的资金投入基础设施、基础产业和支柱产业，现在更要发挥开发性金融作用，发放中长期贷款，加大对新基建的支撑力度；产业政策上，要对新基建提供用地、用电及税收优惠；科技政策上，要加大基础研究投入，突破关键核心技术的制约，补齐新基建的短板。

实施上海版"新基建"四大建设行动（2020—2022年）

第一，"新网络"建设行动。把握全球新一轮信息技术变革和数字化发展趋势，**率先构建全球领先的新一代网络基础设施布局**。主要包括：高水平建设5G和固网"双千兆"宽带网络，加快布局全网赋能的工业互联网集群，建设100家以上无人工厂、无人生产线、无人车间，带动15万企业接入云上平台；加快下一代互联网规模化部署；建设新型政务外网及网络安全设施；构建全球信息通信枢纽。

第二，"新设施"建设行动。立足科技创新中心和集成电路、人工智能、生物医药"三大高地"建设，**持续提升科技和产业创新基础设施能级**。主要包括：加快推进硬X射线等大设施建设，开展下一代光子科学设施预研；争取国家支持布局新一轮重大科技基础设施；建设电镜中心、先进医学影像集成创新中心、国家集成电路装备材料产业创新中心等若干先进产业创新基础设施；围绕前沿科学研究方向，布局建设重大创新平台。

第三，"新平台"建设行动。充分利用好超大规模城市海量数据资源，**建设城市全要素数据资源体系，支撑城市治理全方位变革**。主要包括：建设新一代高性能计算设施，打造超大规模人工智能计算与赋能平台。建设政务服务"一网通办"和社会治理"一网统管"基础支撑平台，探索建设数字孪生城市。构建医疗大数据训练设施，支持人工智能企业开展深度学习等多种算法训练试验。探索建设临港新片区互联设施体系和长三角一体化示范区智慧大脑工程。

第四，"新终端"建设行动。围绕培育新经济、壮大新消费等需求，**加快推动商贸、交通、物流、医疗、教育等终端基础设施智能化改造**。主要包括：规模化部署千万级社会治理神经元感知节点；新建10万个电动汽车充电桩；建设国内领先的车路协同车联网和智慧道路；建成市级公共停车信息平台；拓展智能末端配送设施，推动智能售货机、无人贩卖机、智慧微菜场、智能回收站等各类智慧零售终端加快布局；建设互联网+医疗基础设施；培育教育信息化应用标杆学校；打造智能化"海空"枢纽设施；完善城市智慧物流基础设施建设。

（资料来源：上海市发展改革委）

5G 的前世今生

蒋志江
上海移动政企客户部

移动通信自 20 世纪 80 年代初诞生以来，大约每十年经历一次标志性的技术革新。1G 时代，"大哥大"的登场，使得移动通话成为可能；2G 时代，语音与短信逐渐普及，手机也能低速上网；3G 时代，智能手机出现并迅速普及，上网逐渐能看到图片和玩一些简单的网络游戏；4G 时代，手机上网充分普及，网络服务能力的提升使得网络社交、影视、音乐、游戏、网购等都成为日常生活的一部分，手机网民数已占网民总数的 90% 以上。现在，5G 已逐渐成熟，新的网络具有更强大的通信能力。

2019 年 6 月 26 日，世界移动大会（MWC 上海）上 5G 科技技术展示和发展应用成为热点

5G 的主要特点

5G 大带宽——在不改变上下行时隙比（时隙比调整，类似于在 8 车道的道路上根据双向车辆的实时数量，将 8 个车道按 4 来 4 往、5 来 3 往、6 来 2 往等比例进行动态调整，帮助交通道路实现最高运力）的情况下，上传速率是 4G 的数倍到十数倍，下载速率是 4G 的数十倍到近百倍。

海量连接——在单位平方公里内，5G 网络下可接入设备的数量理论上可达到 100 万个，能力是 4G 网络的 100 倍。海量设备的可接入性，使得由数字进行连接的智慧城市 / 未来城市成为可能，城市数字化转型的基础更加完善。

低时延（时延是指一个报文或分组从网络的一端传送到另一端所耗费的时间）高可靠——相较于 4G 网络的空口时延，5G 网络的能力成倍提升，理论时延趋近 1ms。同时，网络的可靠性可达到 99.99% 甚至 99.999%，更迅速的反应、更高的可靠性，使得 5G 网络在自动驾驶、智能制造、远程协同等领域开始投入应用。

5G 切片技术——5G 在带宽、接入数、时延方面的能力提升，使得在同一张网络下针对不同设备、不同应用，切块分配网络服务资源成为可能。利用网络各层的物理和逻辑隔离技术，可以为不同行业应用提供相互隔离、功能可定制的网络服务。类似于云计算服务，已可按需"定制"组网服务。

网络边缘的计算能力——5G 和边缘计算间是相互促进、彼此成就的。5G 虽然不是可承载边缘计算的唯一网络，但 5G 网络的高性能特点，使得 5G 成为真正推动边缘计算应用落地的网络接入技术。基于 5G 网络的边缘计算（边缘计算指在设备端附近产生的计算），可实现面向行业、企业的专网服务，在自动化工厂、智能驾驶等领域已实现应用落地。比如无人驾驶，要求网络必须提供高可靠和低时延，才能保证无人驾驶安全使用。如果没有边缘计算，所有的操控消息都要传到云端平台再返回，时延无法得到保障。行驶中的汽车不能及时处理情况，可靠性也就无从谈起。

5G 在上海的未来

在我国，5G 发展得到高度重视，政府主管单位、网络运营商、设备制造商、产业参与者、各行业领先企业均积极推动 5G 产业发展。

截至 2020 年底，上海移动已独立完成 5G 室外基站建设超过 1.3 万个，5G 室内小站超过 3 万个，基本实现主城区、郊区城镇中心室外全覆盖，满足外环内及行业应用、高价值区域需求，外环内及城镇中心峰值达到 1Gbps 以上，国家会展中心已实现极值 3Gbps 以上。

2021 年，上海移动将进一步加大 5G 网络建设的广度和深度，年底计划实现全市重点场景 5G 全覆盖，提升用户极速速率体验。同时，上海移动为 5G ＋行业用户量身定做 5G 专网，助力打造 5G ＋智慧城市、5G ＋工业互联网、5G ＋智慧交通、5G ＋智慧教育、5G ＋智慧医疗、5G ＋智能制造，助力上海建设"双千兆宽带城市"，从新型基础设施建设到数字化应用全方位支撑城市数字化转型。

在智慧城市领域，上海移动进一步参与智慧社区、美丽乡村和雪亮工程建设，在 23 个新建项目中通过 5G 网络的高带宽、高可靠性能，赋能视频传输、大数据等应用服务，助力提升城市安全防范能力。结合 5G 网络和智能单兵终端，为上海市消防系统提供包含日常沟通、应急处置、指挥调度、远程协同于一体的"微型消防站可视化运管平台"。

在制造交通领域，5G 与智能制造业需求的融合正从试点转向深化。立足洋山港智能集卡运输和智慧港口、嘉定国际汽车城智能驾驶开放道路、中航商发智能制造、中航强度所智慧质检、华能火电智能电厂等项目合作经验，进一步推进 5G 网络切片、云边协同等关键技术在智慧工厂、智能制造、智慧港口等方面的应用创新，助力实现制造业高质量发展的目标。

医疗和教育与民生服务息息相关，市医疗急救中心完成了 5G 应急救应用试点服务，市一医院、市十医院、中国浦东干部学院、上海理工大学等单位在远程医疗、数字化校园、智慧课堂等方面形成了一批有价值的应用服务。2021 年，上海移动会进一步与长三角互联网医院研究策划 5G ＋互联网医疗服务，与儿童医院实施长三角儿科专科一体化医疗服务，与市一医院、市十医院实施覆盖浙江嘉兴、江苏苏州、盐城等地的 5G 远程医诊服务，进一步加强医疗数字化、智能化、跨地域协同效果。上海移动也将与复旦大学、徐汇中学等院校协同，围绕 5G 智慧校园、教育云网融合等领域重点做好教育信息化支撑工作。此外，上海移动正加大在交通、重要景区、银行网点加大 5G＋AICDE 综合应用能力开发，构建更方便、更安全的出行、游览和服务体验。

5G 面临的问题和全新的使命

当然，5G 网络也并非完美，与前 4 代移动网络通信技术会面临同样的问题，即无线网络的质量稳定性，是否有光纤这么可靠。作为可以更高效连接原先相对独立、封闭的网络系统的 5G 网络，与工业内网、交通、政务等系统性网络能否打通、如何打通、如何保障安全等问题，运营商与许多制造企业、政府管理部门、研究院仍在积极探索中。

当前阶段，5G 同样还面临着能耗成本高、缺乏深度应用等多个难题。但不可否认，5G 是目前最接近能满足移动性、远程化、高速率、低时延、广连接、高可靠等应用场景需求的一张电信级服务网络。

不同于 1G 到 4G 使人获得了更强的连接世界的能力，5G 时代正迎来全新的、变革性的使命。5G 正在与人工智能、大数据、云计算、区块链等新型技术融合，共同为民生、经济、管理、服务逐步带来较以往更具颠覆性的变革。5G 也在提升包括医疗、教育、交通在内的公共资源服务能力，从起初是为"人"的社交提供服务到赋能给"物"更多能力，最终再由新的"物"为人们提供更多更高质量的服务。

有理由相信，当我们在积极的探索实践中逐渐把握到 5G 网络能力的边界，并在边界内做深、做透、做足、做好以制造、交通、医疗、教育为代表的行业应用场景，那么以"5G 为起点"的新的时代就会到来。5G 超清视频和云游戏、5G+VR 直播、虚拟现实教学、智能家居、健康养老、无人工厂、智能驾驶等一批应用服务，值得我们期待。

政府引导和市场驱动相结合,建设布局新型充电设施

姚 瑶
上海城市交通设计院有限公司
高级工程师

充电基础设施是新能源汽车产业发展的重要保障,是智慧交通、智慧能源等新兴数字经济的重要组成部分。将新能源汽车充电桩列入新型基础设施建设范畴,对形成新能源汽车强大国内市场、培育数字经济增长点具有重要意义。自2015年上海启动大规模推广新能源乘用车、配套开展新能源充电基础设施建设以来,经过5—6年的发展,上海保持国内/国际第一梯队的应用规模。充电设施建设取得了积极成效,为新能源汽车推广应用提供了重要保障,但也存在一些问题与新的挑战。

截至2020年底,全市累计推广新能源车突破42万辆,保持国内/国际第一梯队的应用规模;全市基本建成以住宅小区、办公场所私人、专用充电设施为主体,公共停车场、独立充电站等公共充电设施为辅的城市充电设施体系,累计建成充换电设施约37.7万个,其中公共充电设施6.3万个,专用充电设施4.4万个,私人充电设施超过27万个,行业基本形成了政府引导、市场驱动的可持续发展模式。全市公共充电站点超过3 800个,公共站点直流设备比例约22%,新能源车辆与充电设施比例1.1:1,中心城区公共充电设施1公里半径覆盖率超过90%。

充电设施建设取得了积极成效,为新能源汽车推广应用提供了重要保障,但也存在一些问题与新的挑战。比如公用充电设施以慢充为主、利用率比较低,全市60kW以上大功率直流快充设备较少,且10个以上成规模的快充站点较少,较难支撑大规模发展纯电动车的技术路径,公共站点平均利用率较低,投资回收期长,影响经营主体的投资热情。再比如在现有停车场增配充电设施推进难度大,公共停车场库停车泊位紧张,燃油车占位导致充电设施无法充分利用。比如全市集中性规模化经营的充电场站分布不均,大中型经营性充电站运营成本高、落地难,60%以上建在外环以外,外环内此类充电站点相对较少,站点服务配套设施不足,充电环境有待改善,等等。

如何建设新型充电设施网络?

一是加强充电设施发展的顶层设计。加大能源、交通、电力等公共资源协同力度,建立政企紧密合作、社会各方广泛参与的推进机制,按照"桩站先行、适度超前"原则,统筹推进上海市充电设施合理布局、有序建设,满足不同车辆、不同行业的充电需求。严格执行国家、地方充电设施相关标准,健全充电设备的产品认证与准入管理,提高设施通用性和开放性。依托市级平台,促进不同充电服务运营商的互联互通,规范充电设施运营服务,不断提升智能服务水平。通过优化布局、技术迭代、服务升级、品质提升,为新能源车主提供更加安全、便捷、优质、高效的能源补给网络,全市充换电网点覆盖更加广泛、设施结构更加合理、设备更加智能互联、城际网络更加完善。

二是完善充电网络布局,优化设施结构。根据《电动汽车充电基础设施建设技术标准》,严格落实新(改、扩)建设项目配建停车场(库)充电设施配建原则,重点加强60kW及以上快充设施建设,快充车位不少于总充电车位的30%。做好用户居住地充电设施建设,结合美丽家园、旧小区综合改造、环境综合整治等工程建设,对小区设施建设实施统一规划、集中改造。加快推进既有公共停车场(库)充电设施配建落地,鼓励已建的公共充电设施"慢改快",鼓励符合安全间距要求的加油站、变电站建设新能源经营性快充设施。推进经营性快充站点建设,设备具备车桩对接识别车辆功能,能够保证车位充电专用,优先给新能源出租车充电使用。推进新能源出租车示范站点建设,对出租车充电提供服务费、停车费优惠或减免。鼓励专用充电场站对外开放,充电对社会车辆有条件共享。加快

推进城市对外通道沿线、高速公路服务区充电场站建设，推进沿线有条件的加油站实施油电一体设施改造。

三是强化运营管理，提高设施使用率。在公共停车场集中设置专用充电车位，优先选择快充车位设置。鼓励停车场物业加强专用车位管理，鼓励开展预约充电停车服务和采取差别化的停车收费，避免非充电车辆占用专用充电车位。鼓励居住区已有充电设施进行智能化改造，支持私人、专用充电设施实施共享改造、共享运营，推进充电设施向智能化、有序化方向发展。支持公交充电场站在保障安全的前提下，利用白天空闲的充电资源错峰为社会、经营性新能源车辆提供充电服务。有效整合不同企业的充电服务平台信息资源，促进不同充电服务平台之间的互联互通。采用银联、移动支付等多种支付方式，统一支付入口，为用户提供更加便利的充电服务。

四是构建有韧性的产业发展生态。促进整车、充电设施生产运营、电池、交通、互联网信息科技、金融支付等领域企业跨界协同，开放合作、利益共享，共同推进城市新能源充换电方案解决、重要设备生产研发、运营服务水平提升。充分发挥行业联盟作用，推动商业服务模式创新，维护市场稳定避免恶性竞争。强化市级平台"一网充电"服务功能，提高接入数据的准确性、及时性，打造PRO专用平台，实现专用快充设备统一查询、统一支付。拓展平台服务，为购买纯电动车辆、在小区内无法安装私人充电设施的用户、新能源出租车驾驶员等就近匹配公共充电资源，解决部分用户夜间充电难题。鼓励技术创新应用，加强智能有序充电、大功率充电、无线充电、立体充电新型充电技术研发，提高充电便利性与产品可靠性。加强产品检测、安全防护、桩群协同、电网双向能量互动、车网协同、电池梯次利用等重点技术研发与试点应用。积极探索充电设施与智慧停车系统融合的关键技术研发与应用，鼓励运营商、信息平台为车主提供充电预约服务。完善充电设施安全责任保险制度，降低企业运营与用户使用风险。

五是强化充电设施安全管理。充电设施前期设计规划、设备选型、建设运营应符合国家、行业统一标准、技术规范及上海市地方标准，经营性充电设施应按要求接入市级充电设施平台。严格落实停车场、运营商等充电设施投资建设主体的安全管理责任，明确充电设施管理责任单位、工作界限与安全责任，建立充电过程的安全管理体系和应急管理制度，妥善处理各类安全事故。充电设施经营企业应定期进行系统排查和充电设施的周期性强制检定，建立充电桩经营保险机制，确保充电设施稳定、安全、可靠运行。应依法依规加大安全监管、动态检查、消防监督，加强消防安全排查与管理，及时消除安全隐患。

六是持续做好供电保障。电网企业应按国家和本市相关要求做好配套电网接入服务工作，统筹安排、适度超前推进充电设施配套电网新建与改造，确保电力供应满足充电设施运营需求，相关成本纳入电网输配电价；要为充电基础设施接入电网提供便利条件，开辟绿色通道，优化流程，简化手续，提高效率，限时办结。按照规定落实现有优惠电价政策，继续给予经营性集中式充换电设施用电价格优惠。重点保障公交、出租等营运车辆的用电需求。

上海智能网联汽车的新发展与新机遇

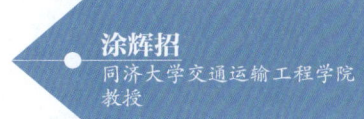

涂辉招
同济大学交通运输工程学院
教授

作为中国最现代化的城市之一,上海坚持以打造世界级汽车产业中心为目标,推进科技创新中心和国际航运中心建设,积极培育上海智能网联汽车产业集群,加快推进自动驾驶技术应用和智慧交通体系建设。

2018年3月,上海市经信委、市交通委和市公安局联合成立了智能网联汽车道路测试推进工作小组。上海市交通委按照"统筹规划、安全有序、分级推进"的指导原则,准许开放各类复杂度道路测试场景,服务车企不断迭代智驾技术,稳步开展载人载物示范应用,积极推动法规和技术标准创新。

经过几年来的砥砺前行和积极探索,进入了大规模道路测试阶段,实现了特定交通场景下的示范运营,开展了基于新基建驱动的车路协同试点应用,取得了较为突出的发展成果。

上海建设智能网联汽车测试基地,在国内具有先行先试优势。目前,上海在国内引领性打造了国际一流、错位互补的四大测试创新示范区:嘉定区聚焦"先",定位打造"L3+高度自动驾驶创新示范区";临港新片区聚焦"新",定位打造"未来交通新模式创新示范区";奉贤区聚焦"全",定位打造"全出行链智能驾驶创新示范区";浦东金桥区域聚焦"智",定位打造"融合交通基础设施创新示范区"。

上海自2018年3月开放测试道路以来,创新形成了"全车型、全出行链、全风险类别、全测试环节和融合新基建基础设施"的"四全一融合"智能网联汽车测试场景布局。截至2020年底,上海累计开放243条559.87公里测试道路,可测场景超过500个,测试场景丰富度位居全国首位。

2018年3月,上海发布《上海市智能网联汽车道路测试管理办法(试行)》,在全国率先实施了智能网联汽车开放道路测试。2019年9月,修订管理办法,扩展智能网联汽车载人、载物的示范应用,突破长三角区域互认互通。截至2020年底,累计向22家企业、152辆车颁发道路测试或示范应用资质,企业数量和牌照数量均位居全国首位。

上海在全国范围内率先开展载人载物示范应用,推动了一批具有重要影响力的示范应用项目,形成了临港新片区洋山港智能重卡载物示范、嘉定地区乘用车载人示范、奉贤地区特种车辆作业测试的联动发展格局,整体发展水平全国领先。

上海已初步形成智能网联汽车产业链上下游的全面布局。上海有8家整车生产企业,形成了以嘉定安亭、浦东金桥为核心的汽车产业集聚区,相关产业链完整、创新活力强;临港、奉贤区域汽车产业、松江等项目也在加快集聚,跑出了"上海速度";零部件企业和跨国研发中心等纷纷在上海布局;汽车、软件、电子等专业人才高度集聚,其中汽车专业人才队伍超过15万人;新能源汽车产品不断丰富,关键零部件企业产业化能力不断提升。

先行先试,智能网联汽车智驾能力取得新发展

上海市交通委联合市经信委和市公安局明确开放程序,分批分类开放测试道路典型场景;建立分类标准,发布地标《自动驾驶开放测试道路环境分级规范》;形成管理体系,印发《上海市道路交通自动驾驶开放测试场景管理办法(试行)》。从制度上明晰了申请开放测试场景的基本原则,规范了开放测试场景的申请工作流程,明确了开放测试场景要素,规定了开放测试场景道路基础设施管理要求。

上海市级智能网联汽车道路测试数据采集监控平台,搭建国内首个道路测试与示范应用数据采集和发布系统，建立道路测试安全风险评估技术体系，接入所有参与测试的开放道路测试数据，定期编制相关道路测试与评估报告。同步建设了上海市智能网联汽车公共数据中心，具备道路测试日常管理和安全监管能力。2020年上海智能网联汽车开放道路测试有效测试时长1.17万小时，有效测试里程39.7万公里，上传监控平台数据逾1.68亿条。

在多风险类别交通场景中组织道路测试，智能网联汽车智驾能力在测试里程、测试时长、平均车速、避险脱离率等多个指标维度得到验证。与2019年比较，有效测试里程由3.9万公里增长至39.6万公里，增长9.2倍；自动驾驶模式测试里程占比由44.1%增长至69.8%，提升了58%。

展望未来，智能网联汽车智慧交通服务新机遇

第一，自动驾驶接驳交通

相比于Robotaxi，自动驾驶接驳交通在低速、可控场景下更容易保证技术落地的安全，更适合当下的城市公共交通智能化转型升级，被认为是解决城市公共交通"最后一公里"难题的有效手段。自动驾驶接驳交通最先被采用的地方是集中在特定地点区域附近的短途接驳，再加上未来可能快速部署的城市智慧交通基础设施，在短期内可行性高。

第二，自动驾驶智能公交

自动驾驶私家车的大规模普及还需时日，但自动驾驶智能公交可能率先迎来爆发期。临港新片区环湖一路智能网联公交，团聚智能网联、智能车辆、人工智能及智慧交通等产业，赋能临港新片区智慧交通乃至智慧城市，引领新片区新基建建设，提高新片区居民生活的获得感和幸福感。

第三，自动驾驶智能重卡

重卡行业招工门槛高，用人成本高，港口运输司机面临着老龄化问题，同时难以补充年轻力量，加上安全问题，港口运输对无人化替代的需求非常明显。上海洋山深水港智能重卡示范运营项目，于2019年8月29日世界人工智能大会上正式揭幕，打造了全国首个"5G+智能驾驶"智能重卡的智慧港口，在港区内实现智能驾驶、自动装卸货物，加快助力洋山港建设成为具有全球领先水平。

第四，自动驾驶无人环卫

环卫作业环境比较恶劣，一直以来都面临招工难、劳动力短缺、高龄化、效率低等痛点。相较于其他类型的汽车，环卫车具有作业行驶速度慢、行驶路线固定、行驶路程短、作业时间固定等工作特性。特定地点、特点路线为自动驾驶无人环卫商业运营提供了良好的条件。

第五，无人驾驶自动作业

从市场需求的角度出发，以"安全和效率"为生命线的矿企有强烈的意愿拥抱无人驾驶自动作业；从技术落地的角度来看，行驶路线固定、行驶限速严格控制、人员严格管控等场景特征，使得矿山里的无人驾驶自动作业更容易实现。

推动长三角更高质量一体化发展

坚持"一极三区一高地"战略定位，紧扣"一体化"和"高质量"两个关键，进一步发挥上海龙头带动作用，深化与苏浙皖分工合作，加快畅通区域经济循环，在率先形成新发展格局上探索有效路径、做好示范引领，在科技和产业创新上勇当开路先锋，在深化改革、扩大开放上加快攻坚突破，积极探索形成新发展格局的路径。

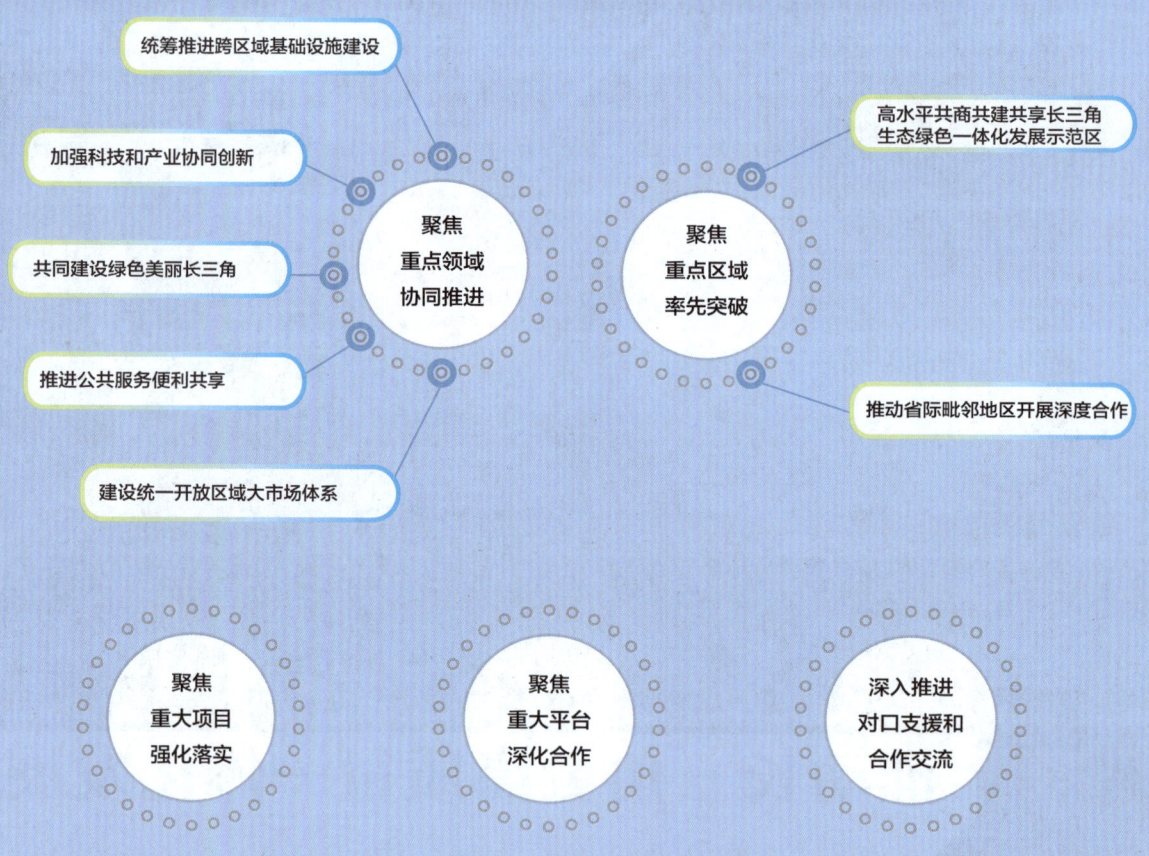

来源：《上海市国民经济和社会发展第十四个五年规划和二〇三五年远景目标纲要（普及版）》

推动长三角一体化发展的成效与重点

谭盛源
上海市发展改革委长三角一体化发展处处长

长三角一体化发展上升为国家战略

2018年11月5日,习近平总书记在首届中国国际进口博览会开幕式上宣布,支持长江三角洲区域一体化发展并上升为国家战略,这赋予了长三角一体化发展更高远的战略定位、更深刻的发展内涵、更广阔的实践舞台。这也意味着长三角地区要在更高水平、更高层次上加快打造区域共同体、发展共同体、命运共同体。

原来长三角一体化发展,是三省一市在国家支持下开展的区域合作,是自下而上地推动。长三角一体化发展上升为国家战略后,要更多地体现国家意志和战略意图,是自上而下与自下而上相结合地推进。

在推进长三角一体化的过程中,三省一市要通过更高质量的一体化发展,更好引领长江经济带发展,更好服务国家发展大局,代表国家参与全球合作与竞争,使长三角成为全国发展强劲活跃的增长极。三省一市要加强区域一体化方面的制度创新,加快建立更加有效的协调机制和制度保障,推动区域合作层次由项目协同走向一体化制度创新。

其中,上海要进一步发挥龙头带动作用,苏浙皖要各扬所长,凝心聚力抓好国家战略的贯彻落实,提升长三角地区的整体实力和竞争力,为解决我国区域发展不平衡问题贡献长三角的智慧和力量。

做法与成效

规划是推进区域一体化发展的"牛鼻子"。长三角一体化上升为国家战略以来,三省一市注重凝聚共识,加强规划对接,共绘一体化发展蓝图。三省一市曾多次赴国家发改委沟通汇报,还分别选派业务骨干参加国家发改委《规划纲要》起草组。同时,全力配合好国家有关部委编制涉及区域基础设施、科技创新、城乡融合、生态环境、公共服务等领域专项规划,以及出台涉及区域创新、产业、人才、投资、金融等领域配套政策工作此外,三省一市还建立了"十四五"规划编制协同机制,注重加强"十四五"规划衔接。

三省一市着眼构筑长三角一体化发展战略新优势,积极推进各项改革试点,集成复制推广一批区域层面改革创新的制度性成果,放大改革创新的示范效应和带动作用。如合力种好长三角生态绿色一体化发展示范区改革试验田,深入推进自贸试验区联动建设,协同加快金融改革创新,以及推进一批跨区域协调发展重大平台建设。

三省一市共创一体化市场环境、市场规则、市场监管等形式坚持全面深化改革,加快建设统一开放市场,不断激发市场主体活力,提高经济效率,增强发展动力。此外,专题领域合作以项目化推进一体化,聚焦基础设施互联互通、科技产业协同创新、生态环境联防联控、公共服务普惠便利等方面向纵深推进。

值得一提的是,面对新冠疫情"大考",长三角三省一市也携起手来积极应对,在疫情联防联控阶段、复工复产协同阶段、常态化防控阶段都实施了一系列针对性强、操作性实的跨省市协同事项,共同交出了一份出色的答卷,这就得益于长三角一体化合作机制的不断夯实。

"十四五"时期长三角一体化发展的重点

"十四五"规划,是习近平总书记宣布长三角一体化发展上升为国家战略之后编制的第一个五年规划。《上海市国民经济和社会发展第十四个五年规划和二〇三五年远景目标纲要》专列一个章节部署"十四五"时期上海发挥龙头带动作用推动长三角更高质量一体化发展、服务全国发展大局相关任务。主要是坚持聚焦重点领域、重点区域、重大项目、重大平台四个方面集中突破，以点带面加快一体化进程，推动长三角率先形成新发展格局。

聚焦重点领域协同推进。在基础设施、科技产业、生态环境、公共服务、统一大市场建设等领域创新合作方式，不断拓展重点领域合作深度和广度，充分发挥市场主体作用，力求取得新突破、新成效。在每个领域，我们还精心策划一批重大事项，务求合作有集中度、显示度和感受度。比如，共建轨道上的长三角、继续推进打通省界断头路、高水平共建长三角国家技术创新中心、协同开展长三角地区产业链补链固链强链行动、推进长江"十年禁渔"工作、深化推进异地就医直接结算、协同建立长三角常态化管控和重大突发事件应急处置体系、加快建设信用长三角、推动长三角自由贸易试验区联动发展、深化"满意消费长三角"行动等。

聚焦重点区域率先突破。核心是以建设长三角生态绿色一体化发展示范区为先手棋和突破口，聚焦规划管理、生态保护、土地管理、项目管理、要素流动、财税分享、公共服务、公共信用等重点领域，推进突破性、集成化、高强度、可复制的改革试验，为全国区域协调发展探索出一整套可复制可推广的制度模式，建设成为一体化制度创新试验田。同时，还将深化毗邻地区合作。强化示范区与苏州、嘉兴、湖州的全域联动，构建更大范围区域一体化创新链和产业链。推进长三角科技城、沪苏大丰产业联动集聚区、"一地六县"产业合作区等载体建设。共同构建虹桥－嘉定－昆山－相城等功能走廊，研究建设沿沪宁合、沿沪杭产业创新带，鼓励支持嘉定－昆山－太仓地区等跨省城镇圈协同发展。

聚焦重大项目强化落实。以项目化推动一体化，确保重点项目建设顺利推进。建成沪苏湖铁路，加快沪通铁路二期建设，推进北沿江高铁、沪乍杭铁路建设，加强沪甬通道等跨区域交通项目规划研究工作。建成G15嘉浏段，加快推进G318、G320、G228、G50等拥挤路段改扩建，推动省界对接道路增能扩容。建成平申线航道（上海段）整治工程，推进苏申内港段建设。积极推动南通新机场规划建设。共同推进新一轮太湖治理工程和环太湖地区城乡有机废弃物处理利用。推进建设长三角（东台）康养小镇项目，示范带动长三角养老合作和康养产业一体化发展。

聚焦重大平台深化合作。一是强化长三角区域合作"三级运作"这个核心平台功能，关键是进一步优化完善"上下联动、三级运作、统分结合、各负其责"的区域合作机制，不断强化长三角区域合作办公室的枢纽平台功能，充分发挥专题合作机制在重点领域牵头推动作用，加强部门区域联动。二是更好发挥各类跨区域合作平台作用，比如，持续放大中国国际进口博览会溢出带动效应和虹桥商务区国际开放枢纽功能，更好发挥G60科创走廊、长三角城市经济协调会等跨区域合作平台作用。三是充分激发各类市场主体和社会组织的积极性，形成支持一体化、参与一体化、共推一体化的良好氛围。比如，进一步做实做强长三角一体化国资投资与服务平台，促进长三角资本市场服务基地精准服务区域企业科创板上市。充分发挥长三角企业家联盟等作用，支持鼓励企业、媒体、专业机构深度参与。

面向未来的长三角创新协作分工体系

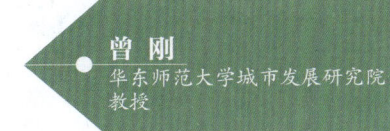

曾 刚
华东师范大学城市发展研究院
教授

长三角是中国经济发展最活跃、开放程度最高、创新能力最强的区域之一。为了解决长三角"三省一市"一体化发展不足的现实问题,应该根据国家"十四五"发展规划要求,构建面向未来的长三角创新协作分工体系。

第一,**提升长三角区域总体创新策源能力和全球资源配置能力,打造引领全国高质量发展的第一梯队**。上海、杭州、南京、合肥目前拥有国家"双一流"建设高校8所(一流学科99个),占全国的25%(34%),科技资源优势明显。上海应依托张江综合性国家科学中心及科教资源优势,在光子科技、能源科技、类脑智能、计算科学、生命科学等前沿交叉学科研究领域,抢占科技战略制高点,实现颠覆性集群式突破;浙江省(杭州)应依托阿里巴巴、浙江大学等产学融合优势,在以电子商务、大数据为核心的电子信息技术领域走在世界前列;江苏省(南京)应充分发挥科教资源优势,在材料科学领域加强应用基础研究,努力取得一批原创性研究成果;安徽省(合肥)应结合国家综合性科学中心建设,聚焦量子科学,持续强化全球引领性地位。

第二,**拓展长三角科研院所之间量子卫星工程合作关系,推动产学研用一体化,建设全球新一代通信技术高地**。首先,依托上海-合肥量子技术合作,打造长三角量子技术研发和产业化走廊。自2003年以来,上海已累计投入1.2亿元,支持量子过程相关项目200多个,形成新一代信息技术发展优势。合肥依托中国科学技术大学这一量子科学实验卫星规划和建设的主体单位,实现安徽省与全国领先大学和科研院所联合创新。长三角各市联合推进产学研用一体化发展前景广阔。

第三,**依托区域行业协会,搭建新材料发展平台,推动科技成果的产业化**。2016年,长三角石墨烯产业协同发展推进会在常州召开,常州、上海、宁波三地共同签署《长三角石墨烯产业协同发展合作备忘录》。南京经济技术开发区与"石墨烯之父"诺贝尔物理学奖获得者安德烈·海姆和康斯坦丁·诺沃肖洛夫合作,共建石墨烯创新中心和产业园。随着石墨烯技术工艺的突破,石墨烯企业越来越多。加强长三角城市在新材料科技领域联合攻关、联合推进产学研用一体化刻不容缓。

长三角三省一市协同发展,还需要创新长三角一体化保障机制。建议借鉴"两弹一星"的成功管理体制经验,即政治主导、行政支撑、技术负责三者有机结合、充分发挥集体领导优势的"三位一体"管理体制,发挥"集中力量办大事"的制度优势,强化长三角三省一市集成电路、生物医药、人工智能领域的原始创新和基础研究,组建"卡脖子"技术的联合攻关"国家队",并构建"三位一体"(政治-行政-技术)的管理体制机制。

建议在推动长三角一体化发展领导小组的现行管理体制基础上,增设多方参与联动的长三角科技创新攻关领导小组,重点抽调张江实验室(上海)、之江实验室(杭州)、量子信息科学国家实验室(合肥)、紫金山实验室(南京)等国家重点实验室以及中国科学技术大学、复旦大学、上海交通大学、浙江大学、南京大学和中国科学院各省市分院、头部企业研究中心等重点大学和科研机构的优秀科研人员,组建长三角科技创新攻关突击队,围绕集成电路、生物医药和人工智能领域的"卡脖子"基础技术联合攻关,构建知识生产(高校、科研机构)、转移转化(中介机构)及应用(企业)良好运行健康的创新生态系统,推动长三角三省一市实现更多从0到1的原始创新突破。

对建设"轨道上的长三角"的四点思考

薛美根
上海市城乡建设和
交通发展研究院院长

共建"轨道上的长三角"是落实"交通强国"战略、有力支撑并推动长三角区域高质量一体化发展的重要抓手,符合世界级城市群建设的普遍规律,也体现了综合交通系统转型与供给侧结构性改革的发展要求。在上海市"十四五"规划《纲要》(以下简称《纲要》)中,对上海推进共建"轨道上的长三角"的近期目标、任务举措和重点项目作了进一步的明确和阐述。结合《纲要》内容,谈以下几点思考:

第一,建设"轨道上的长三角"就是要让铁路在服务区域交通联系中发挥更大的作用,服务更多的人流和物流,助力长三角共建强劲活跃增长极。

目前,上海铁路已形成"三个方向、六条线路"的对外通道布局,但铁路在综合交通体系中的功能仍需强化,体现在以下方面:

一是上海铁路在对外客运方式(含社会客车)结构中的比例仍有提升空间,现状仅为31%,特别是上海与大都市圈8市之间的交通联系中铁路占比不足20%。

二是上海与长三角城市之间铁路客流主要分布在沪宁、沪杭沿线7个城市,占70%以上,与部分城市的铁路联系依然不便。

三是铁路主要服务中心城市之间的点对点交通联系,服务都市圈城镇联系的城际轨道缺失,对上海五个新城、长三角县市及中小城镇的服务功能不强,以上海与苏州之间的铁路客流构成为例,70%以上为两市主城区之间的客流。

四是铁路货运功能亟待提升,上海铁路货运到发量由2004年的3878万吨下降至2020年的1119万吨,海铁联运占上海港集装箱吞吐量的比例仅为0.6%。

第二,推进建设"轨道上的长三角"要求构建跨域一体、多网融合、高效便捷的由干线铁路、城际铁路、市域(郊)铁路、城市轨道交通等组成的多层次轨道交通体系。

跨域一体,就是要做好跨区域轨道交通规划编制的统筹协调,对目前主要以各省市各自编制规划并对邻省(市)提出规划对接诉求的组织方式寻求突破和完善,同时积极探索适合长三角城市群、都市圈特点的轨道交通建设、运营、管理一体化的模式。

多网融合,就是要以城际铁路、市域(郊)铁路为重点进一步完善轨道交通体系,推动干线铁路、城际铁路、市域(郊)铁路和城市轨道交通网络融合,提高运输组织管理水平。

高效便捷,就是更加注重与长三角城市的轨道交通互联互通,努力实现到2025年中心城60分钟可达毗邻城市、主要枢纽120分钟可达长三角主要城市的目标,并且在"安检互认""一票到底"等方面加强突破,给乘客更好的出行体验。

第三,上海在"十四五"期间要继续完善干线铁路对外通道布局,加快推动市域(郊)铁路建设,基本形成沪苏、沪浙多向对外铁路通道格局,明显提升沿线城镇、重点功能区与长三角城市直联直通水平。

干线铁路方面,要加快沪苏湖、北沿江、沪乍杭、沪通二期等铁路建设。沪苏湖铁路的建成将解决湖州与上海之间的铁路出行问题,并与商合杭高铁衔接,形成上海经湖州直通安徽的高速铁路大通道,并助力长三角一体化示范区建设。北沿江(沪渝蓉)高铁及南沿江城际填补江苏沿江县市与上海高速铁路联系空白,是沿江综合运输大通道的重要组成,服务长江经济带发展。沪乍杭铁路与沪通

数读"轨道上的长三角"

到2025年，基本建成"轨道上的长三角"

铁路密度达到
507公里/万平方公里

高速公路密度达到
500公里/万平方公里

中心城市之间享受
1~1.5小时客运服务

上海大都市圈以及南京、杭州、合肥、苏锡常、宁波都市圈内享受
1小时公交化通勤客运服务

大城市中心城区绿色出行分担率超过
65%

数据来源：《长江三角洲地区交通运输更高质量一体化发展规划》

铁路二期共同形成上海港铁路集疏运主通道，在完善上海及周边地区铁路货运体系的同时，形成连接浦东枢纽、临港新片区与杭州湾北岸及杭州方向的铁路通道，为奉贤、金山滨海地区、平湖等对外铁路出行服务，助力奉贤新城建设和金山滨海地区转型发展。

城际铁路及市域（郊）铁路方面，要加快机场联络线、嘉闵线、两港快线等市域线建设，同时结合长三角一体化示范区、自贸新片区、虹桥国际开放枢纽、"五个新城"等建设，研究推进嘉闵线北延、沪苏嘉线、南枫线等线路的规划建设。嘉闵线北延可与江苏苏锡常快线衔接，形成连接虹桥枢纽与太仓、苏州方向的城际轨道通道，为虹桥国际开放枢纽北部拓展带与虹桥及上海联系提供服务。沪苏嘉线串联水乡客厅与苏州吴江、嘉兴方向规划城际轨道形成良好衔接，形成服务长三角一体化示范区的城际轨道交通，并可助力青浦新城建设。南枫线连接临港新片区与奉贤新城、金山朱泾和枫泾，并可与嘉兴规划沪嘉城际衔接，为临港新片区与长三角毗邻地区城际出行服务，并可助力金山转型发展和奉贤新城建设。

第四，上海推进建设"轨道上的长三角"仍需重点关注的问题及相关建议。

处理好区域联系需求日益增长与通道资源相对有限之间的矛盾。以集约利用通道、客流需求导向、干线铁路优先的原则，综合考虑上海与长三角联系的各区域交通走廊上的城镇规模及与上海之间的空间距离、干线铁路能力等的差异，统筹开展多层次轨道交通的通道布局及线路规划。

优化形成层次清晰、布局合理的铁路客货枢纽体系。坚持以"客内货外"的思路继续优化上海铁路枢纽体系。客运方面，要逐步完善形成国家级、区域级、地区级的客运枢纽体系，将建设"轨道上的长三角"与"新城发力"更好地结合。应加快研究推进既有货运设施布局调整、功能转型。

提升上海机场的轨道集疏能力，更好地为长三角客流提供服务。在设施层面，重点要加快浦东综合交通枢纽规划建设，特别是强化铁路东站与浦东机场的空铁一体化组织，同时进一步优化浦东枢纽与长三角轨道交通联系。

积极探索推进利用既有线富余能力服务都市圈城镇及城市客运。随着高铁网络更加完善，铁路既有线能力将逐步释放，与国铁集团共同开展研究，选取有条件、有需求的线路，优先试点并逐步拓展，同时明确时间进度计划，加快推进，力争"十四五"期间有所突破。

路地双方及省市之间进一步创新区域轨道交通规划建设协调推进机制。统筹铁路枢纽总图规划、市域（郊）铁路和城市轨道交通等系统规划；打破行政界限，在更大范围内统筹铁路客货运系统布局，可探索在都市圈范围一体化规划铁路客货运系统，统筹线路、车站等设施的规划布局、功能定位、技术标准；对于跨区域城际轨道和市域（郊）轨道，省市之间可共同组织前期研究、规划编制和联合上报，坚持网络化统筹布局，避免单一线路逐条对接。在建设层面，以上位规划为依据，建立跨区域轨道交通近期建设协调推进机制，共同组织近期建设规划编制，明确建设时序，协同开展项目前期工作。

长三角如何打造世界级制造业集群

王 振
上海社会科学院副院长

共同打造世界级产业集群，是长三角地区肩负的一项国家战略使命，也是引领长三角地区增强内生动力，打造强劲活跃增长极的重大战略行动。

长三角地区被称为"世界工厂"，产业门类齐全，集群优势明显。对标美国硅谷信息产业集群、英国伦敦生命科学产业集群、德国斯图加特汽车产业集群、日本爱知丰田汽车产业集群等国际公认的标志性世界级产业集群，可以归纳出这些集群的七个共性特征：深度参与全球分工、具有全球影响力、拥有全球性龙头企业、占据全球价值链中高端、活跃的区域创新网络、具备全球创新策源力、国际领先的营商环境等。长三角地区的重要产业集群与这些真正意义上的世界级产业集群对比，差距或者短板仍很明显，归纳起来，存在四大短板，即本土行业龙头企业的全球影响力仍有差距、关键核心技术的创新策源力仍很不足、产业链比较成本竞争力有所弱化、产业集群海外布局力散而不强。

面对严峻复杂的国际竞争格局和率先形成新发展格局的新要求，长三角地区共同打造世界级产业集群的重要性、紧迫性更加凸显。"十四五"期间乃至更长一段时间，要聚合力量、合作共建，加强分工、提高实效，加强顶层设计，促进区域分工合作有力有效，把握新一轮科技革命和产业变革对全球区域分工、长三角区域分工带来的影响，客观评价各地的区域比较优势，在若干重要产业领域加快建成世界级产业集群。

创新利益协调机制，调动中心城市引领分工积极性

推进世界级产业集群建设的空间分工，必须建立有效的空间分工治理模式，配套相应的区域协调政策工具。其中最核心的是如何发挥上海、南京、杭州、合肥、苏州、无锡、宁波、无锡等中心城市引领分工的作用，最关键的是要建立健全能够保障中心城市利益的区域协调机制及其政策。

在今后一定时期内，长三角地区的行政区经济模式仍将客观存在，特别是各个中心城市为了稳增长、稳财政和提升排名，对疏解部分产业、促进区域分工仍然缺乏内在动力。解决这一难题的政策路径，就是要加快探索推出财税共享、GDP 共享政策。最早尝试这项政策的是首钢生产基地从北京搬迁到河北曹妃甸，两地之间通过政策协议方式对税收予以共享。苏州工业园区在长三角地区合作共建了六个"飞地"园区，通过开发商与营运商收益共享机制，较好实现了合作双方的利益共享。建议现阶段可先选择上海、杭州、南京、苏州四个中心城市开展试点，围绕"创新飞地"建设，试行税收共享政策、GDP 共享政策，促进中心城市的技术创新孵化、产业化环节更多布局到具有成本优势、用地优势的"创新飞地"，同时可减少中心城市为留住产业化环节所采取的一些财政补贴政策。

建立灵活合作机制，搭建一体化支撑平台

围绕提升产业集群整体创新能力，跨地区共建若干一体化支撑平台。一体化，不仅体现共建共享，最大特征是一体化实体型运营，一个统一的机构，覆盖三省一市，推动创新资源共享，服务各地产业创新，而且这个机构不是传统的事业单位，而是公司化运行但提供公益服务的特殊法人。从发达国家经验看，它们服务于产业、创新的公共服务平台，大多采用了"基金会＋公司化"模式。如德国的史太白基金会，是专门从事科技创新成果转化的公共服务机构，基金会不仅在大学、科研院所设立了一批知识产权转化中心、人才培训中心，还设立了若干创新转化公司，专门对科技创新成果进行研发投资、专利收购、产业孵化、产权转让等，由此获得必要的盈利，盈利则充实基金会、投资科技创新。这一模式值得我们借鉴。如三省一市及各个中心城市可以共同出资，创办长三角产业创新基金会，旗下可成立长三角科技成果转化公司、长三角产业创新投资公司等，在大学、科研院所合办成果转化服务中心，与地方政府、大企业合作共建制造业创新中心等。为了规范基金会筹资、运作，要争取国家层面的积极支持，三省一市可探索实践地方协同立法，加强跨地区紧密合作中的制度保障。

创设世界级制造业集群建设母基金，增强跨区域合作的金融支持

配合各个产业集群的关键核心技术攻关、科技创新成果转化产业化、产业链强链补链，乃至在海外布局专业园区，争取创设长三角世界级产业集群建设大型母基金，聚合三省一市政府、龙头企业、金融机构力量，共同筹集、统筹使用，为加快世界级产业集群共建步伐提供强有力的金融支持。借鉴国内外母基金成功经验，提供专项政策支持，构建积极灵活的母基金运行机制。发挥母基金"基金中的基金"功能，推动设立与参与投资各类专业化子基金，放大母基金投资效应。发挥母基金覆盖长三角全区域的大载体作用，为促进一体化发展积极提供强大动能和支撑。

长三角区域生态环境一体化协同善治中的上海角色

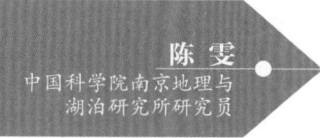

陈雯
中国科学院南京地理与
湖泊研究所研究员

长三角区域一体化发展上升为国家战略以来，三省一市各级政府充分发挥主观能动性和创造性，推动重点领域和重点区域一体化发展成效显著，在事关区域健康安全和宜居品质的生态环境协同治理领域更是成果丰硕。上海市"十四五"规划《纲要》将"共同建设绿色美丽长三角"作为推动长三角更高质量一体化发展、服务全国发展大局的重点工作，进一步做好生态环境一体化协同善治工作，大有可为。

在"十四五"期间，生态环境协同共治方面主要有以下的重点领域和亮点工作：

共保水源供给和安全仍是重中之重。上海在长兴岛西侧拦围建设青草沙水库，用拦蓄长江水作为上海市的主要水源地，但近年来长江口水质氮、磷含量偏高，青草沙水库富营养化问题逐步显现。2013年上海在青浦区太浦河北岸，利用现有湖荡新建金泽水库和连通管两大核心工程的黄浦江上游水源地工程，以稳定水源地水质，避咸蓄淡，年取水量达到12.8亿立方米。由于上海青浦区太浦河北岸取水来自太湖水补给，事关太湖的水量平衡和水质综合治理。随着太湖取水量增加，加之上游浙江南排工程清水入湖减少，为补太湖水量实施"引江济太"工程，长江水携带入湖，可能给太湖带来沼泽化及生物多样性变化的生态风险。为此，解决太湖取水后生态水量平衡和太湖流域环湖城市联手保障太湖及太浦河水质问题，十分迫切。

长三角流域及重点河湖的水生态环境协同治理有待加强。区域内江海共治要求与水环境分治现实矛盾依旧严峻，长江水污染物协同减排共治需求依然迫切，调查发现2020年长江入海排污口数量相比之前大幅增加，这与上游沿江水体污染物排放量大有密切的关系，长江口近海区域多次出现赤潮现象。流域内其他跨界河湖污染治理问题依然突出，2018年22个主要入太湖河道控制断面仍有10个未达到Ⅲ类水质标准。"十四五"时期的长江十年禁捕退捕需要各个区域同步落实、协同开展才能取得更加显著的效果。

大气联防联控工作需要加强。长三角空气质量总体属于中污染级，江苏南部、上海、浙江等地均是酸雨重污染区，以$PM_{2.5}$、臭氧为特征的区域性大气污染显著，长三角41个城市总体$PM_{2.5}$年均浓度2020年刚刚达到国家二级标准。大气环境污染属于跨界传输，在区域性大气污染扩散以及重大事件天气保障方面，仍需强化环境执法和监管协同，从而为实现"共建、共治、共享"治理新格局夯实基础。

固废危废污染处置联防联治和区域处置共建共享已刻不容缓。2018年，长三角地区工业固体废弃物产生量达到3.17亿吨左右，较2015年增加4.6%左右。长三角人口与城镇密集，快速增长的工业固废危废以及生活、建筑垃圾使区域固废危废处置能力"缺口"加大和局部地区环境风险加剧。边界和异地固废危废处置设施布局，会增加地方之间的邻避效应和矛盾，而集中固废特别是危废处置具有规模集聚效益，为此，"十四五"期间重点要加快推动固废危废区域安全转移处置合作和补偿付费的实施办法落地。

碳达峰碳中和任务艰巨，长三角需协同强化能源消费总量和强度双控。中国已明确如期实现2030年前碳达峰、2060年前碳中和的目标，"十四五"是碳达峰的关键期、窗口期。2019年，长三角地区单位地区生产总值能耗达到0.339吨标准煤/万元，虽低于全国水平（0.56吨标准煤/万元），但与美国（0.281吨标准煤/万元）等发达国家和地区相比仍有较大差距，实现碳排放提前达峰任务艰巨、压力较大。为此，统筹实施能源消费总量和强度双控，联合开展重点领域、重点单位节能减排行动，协同推进能源清洁高效利用，努力实现区域碳排放提前达峰能够展现长三角在国家生态文明建设与全球可持续发展中的"担当"和"作为"。

"十四五"期间生态环境保护和治理工作出现几个方面的转型：一是更加强化系统保护，从注重流域主干区域开始转向支流及毛细血管的河湖－流域系统整治，更加注重山水林田湖草及生物多样性共治；二是鉴于水气环境的互通影响，从单个城市和区域治理转向更大区域的一体化协同共治；三是重点更为突出，着力巩固前期污染防治成果，深入打好污染防治攻坚战，重点在于通过一体化协同，共建和补齐区域环境基础设施短板。为此，通过生态环境共保联治共建美丽长三角成为三省一市"十四五"规划中提出的共同任务。重点包括：

第一，加强长江、太湖、新安江－千岛湖等区域性水源地保护和建设。共抓长江大保护，上海着力于太浦河、长江口等重要饮水水源生态安全；江苏提出加强长江水源地清理整治，全面开展入江排污口整治和入江支流整治，系统推进新一轮太湖水环境治理。各地在积极推进重点跨界河湖联保，推动沪苏浙毗邻区域"联合河长制"常态化运行，推广生态绿色一体化示范区推行的"联合湖长制"，共建环境监测监控和监管执法体系，加快建立健全太湖流域及太浦河、新安江－千岛湖的横向生态补偿机制。

第二，加强大气污染联防联治。随着 $PM_{2.5}$ 排放在"十三五"时期得到有效控制，"十四五"的重点在于通过多污染的协同控制和区域协作防治打好夏季挥发性有机物（臭氧VOCs）的治理攻坚战上。一方面，要建立完善臭氧光化学监测网，开展防控措施效果评估研究；另一方面，仍需要利用现有的联席会商平台，不断推创新跨区域联合监测监管与治理模式，统筹推进VOCs等污染治理技术研发升级，推进 $PM_{2.5}$ 与臭氧污染协同控制。

第三，在长三角更大范围建立固废危废联防联治机制，推动固废危废区域安全转移处置合作。一方面，上海需要进一步通过循环经济和社会发展，推动垃圾减量化和资源在地化利用；另一方面，启动长三角区域协商机制，异地规划建设固体废弃物处理处置设施，并研究商定相应的生态补偿和赔偿机制。同时还要健全固废跨界运输跟踪、风险预警和应急处置机制，形成区域性全过程闭环管理长效机制，还要探索跨区域立法执法合作，共同严厉打击危险废物非法跨界转移、倾倒等违法犯罪活动。

第四，推进节能降碳。长三角作为工业化和城镇化发达地区，碳减排的任务艰巨。为此，各地需要共同推动电力、钢铁、化工等重点领域和重点用能单位节能降碳，控制产业转移过程中能耗区际转移，建立节能减排关键技术联合攻关与区域共享机制。同时积极推进区域性碳排放交易系统建设，加快以上海为龙头争取开展国家气候投融资试点。联合开展节能降碳群众性、公益性活动。加强长三角有条件区域碳汇能力建设，鼓励有条件城市和地区开展碳捕捉技术研发应用。

生态环境联保共治的成效经验

- **从 2014 年起**
  国家相关部委与三省一市先后建立了长三角区域大气污染防治协作小组和区域水污染防治协作小组，长三角区域合作办公室和长三角生态绿色一体化示范区执委会均设有生态环境专题工作组。

- **2019 年 10 月**
  苏皖两省溧水、高淳、当涂和博望签订《石臼湖生态环境保护合作框架协议》。

- **2019 年 12 月**
  三省一市通过了《太湖淀山湖湖长协作机制规则》，完善了跨区域湖泊议事协商机制，建立了"联合河长制"。

- **2020 年 7 月**
  水利部太湖流域管理局联合江苏省、浙江省、上海市河长办印发出台《关于进一步深化长三角生态绿色一体化发展示范区河湖长制加快建设幸福河湖的指导意见》。

- **2020 年 9 月**
  太湖流域水环境综合治理信息共享平台启动建设。

- **2020 年 10 月**
  《太浦河水资源保护省际协作机制工作方案》完成新一轮修订。

- **2020 年 10 月**
  生态绿色一体化示范区执委会携三省一市生态环境部门建立了标准、监测和执法"三统一"的生态环境保护制度，制定形成了《长三角生态绿色一体化发展示范区生态环境管理"三统一"制度建设行动方案》《长三角生态绿色一体化发展示范区重点跨界水体联保专项方案》。

- **2020 年 11 月**
  上海市嘉定区与江苏省太仓市签署了《跨界国省考断面水质提升合作框架协议》。

- **2021 年 1 月**
  长三角一体化发展领导小组办公室印发了《长江三角洲区域生态环境共同保护规划》，提出完善生态环境共保联治机制，打造美丽中国建设的先行示范区。

发挥好长三角生态绿色一体化发展示范区先手棋和突破口作用

杨 波
上海市发展改革研究院
经济所所长

"十四五"时期是长三角生态绿色一体化发展示范区（简称"一体化示范区"）治理破壁、高质量发展趋势、共同体格局成型的攻坚发力期。按照《长三角生态绿色一体化发展示范区总体方案》（简称《总体方案》）战略部署，一体化示范区要把握区域格局之势、抓住科技变革之机、深化绿色发展之治、引领一体化发展之路。

共耕一体化制度创新试验田

率先探索从项目协同走向区域一体化制度创新是一体化示范区的初心使命。一体化示范区重点聚焦规划管理、生态保护、土地管理、项目管理、要素流动、财税分享、公共服务、信用管理等8个领域开展一体化制度创新，并探索与之相适应的体制机制创新。经过1年实践，已形成32项具有开创性的制度创新成果。比如，探索形成了统一编制、联合报批、共同实施的规划管理机制，探索建立了标准、监测和执法"三统一"的生态环境保护制度，率先形成了全国首个跨省域公共服务项目清单（第一批），首创建立了"理事会+执委会+开发者联盟"构成的新型跨区域治理模式等。"十四五"时期，一体化示范区加快建设一体化制度创新试验田，关键在于深化拓展和系统集成，一方面抓好已经形成的制度创新落地，另一方面继续深化拓展8大领域基础上的更多制度突破，推动各方从"共同推动具体项目"到"共同实施行动计划"再到"共同制定行为准则"，形成更多具有开创性、普适性、去特殊化的改革试验和制度模式。

共立生态优势转化新标杆

率先探索将生态优势转化为经济社会发展优势也是一体化示范区的初心使命。一体化示范区有着湖荡纵横、林田共生的"高颜值"生态，具备在更高水平上体现"绿水青山就是金山银山"重要理念的基础优势，关键在于聚力破解跨区域生态环保分而治之的难题，推动生态保护与绿色发展系统集成、生态绿色与创新经济相互赋能，为我国区域生态绿色一体化发展提供新样板、新方案、新路径。"十四五"时期，做好一体化示范区环淀山湖区域生态价值优势文章，基础是加强生态环境综合治理，重点是打造人与自然和谐共生的生态空间、构建全域功能与风景共融的城乡空间，关键是推进生态创新人文功能有机融合，本质是要率先形成以生态价值实现和增值为导向的绿色发展机制，进而打造成为具有影响力的世界级湖区。

长三角生态绿色一体化发展示范区大事记

- **2018年11月5日**
  习近平总书记在听取上海市委市政府工作汇报时充分肯定在沪苏浙交界区域建设长三角一体化发展示范区的设想。
- **2019年5月30日**
  党中央、国务院印发《长江三角洲区域一体化发展规划纲要》，提出建设长三角生态绿色一体化发展示范区，作为区域协同发展的样板地区。
- **2019年10月25日**
  国务院正式批复《长三角生态绿色一体化发展示范区总体方案》，进一步明确了一体化示范区建设的发展目标和具体任务。
- **2019年11月1日**
  两省一市在沪共同召开一体化示范区建设推进大会，一体化示范区、示范区理事会、示范区执委会揭牌，一体化示范区建设扬帆起航。
- **2019年11月3日**
  习近平总书记进一步指出一体化示范区作为一体化制度创新的试验田，要大胆试、大胆闯、自主改。

共筑绿色创新发展新高地

一体化示范区打造绿色创新发展新高地，关键要形成国际一流的产业创新生态环境，构建跨区一体的创新协同和产业集群体系。"十四五"时期，重点推进青浦西岑科创中心、吴江高铁科创新城、嘉善祥符荡创新中心等三大重大产业创新平台建设，同时集聚一批高校、院所机构等重大知识创新载体落地，构建"知识创新—技术创新—产业创新"链条贯通的区域创新体系，共建创新链与产业链深度融合的跨域创新集群，拥抱以数字革命为代表的新经济，培育新动能，形成"有风景的地方就有创新经济"。

共创人与自然和谐宜居新典范

一体化示范区人文积淀丰厚、人水共生特色鲜明，要在打造人与自然和谐共生的高品质宜居环境上作出显示度和标杆性。"十四五"时期，一是做好"水"的文章，构建世界级滨水人居典范。重点是集中打造具有生态、人文、创新融合显示度的"水乡客厅"。水乡客厅依托沪苏浙交界处的"长三角原点"，横跨金泽、黎里、西塘、姚庄等古镇，面积约35平方公里范围，是一体化示范区打造世界级滨水人居文明典范的集中展示区。二是提升"网"的能级，进一步提升基础设施网络能级与公共服务体系品质。加快推动示范区轨道交通网络建设，推动上海地铁17号线西延、与苏州地铁10号线、沪嘉城际等实现互联互通；推进新型基础设施和智慧应用超前布局，打造一批交通、旅游、文化、环保等跨域互联"智能+"应用场景；推进长三角医疗中心等重大公共服务设施建设，提升公共服务体系品质。三是用好"镇村"资源。发挥古镇资源优势，激活古镇资源魅力，推动古镇群落文化休闲和旅游资源的联动开发，打造"最魅力"的古镇群；加强特色自然村落保护开发，提升村落人居环境品质，传承村落文化内涵，打造"最美丽"的乡村群。

形成更大一体化发展带动效应

"十四五"时期，要进一步发挥一体化示范区的带动作用，通过制度纽带、资本纽带、项目纽带，强化区域协同联动发展机制，向东强化与虹桥国际开放枢纽的功能联动，向北、向西强化与苏州、嘉兴、湖州的全域联动，构建更大范围区域一体化创新链和产业链。同时，进一步发挥示范区制度创新引领功能，及时总结梳理各领域试得好、看得准、具有普适性的新机制、新制度、新模式，率先在长三角交界地区复制应用，并不断向全国省际交界地区复制推广。

总体而言，"十四五"时期，一体化示范区要坚持"两个率先"的初心使命，加大共同探索力度，持续形成更多实实在在的制度创新成果，打造更多可复制可推广的改革案例，切实发挥好长三角一体化发展国家战略的先手棋和突破口作用。

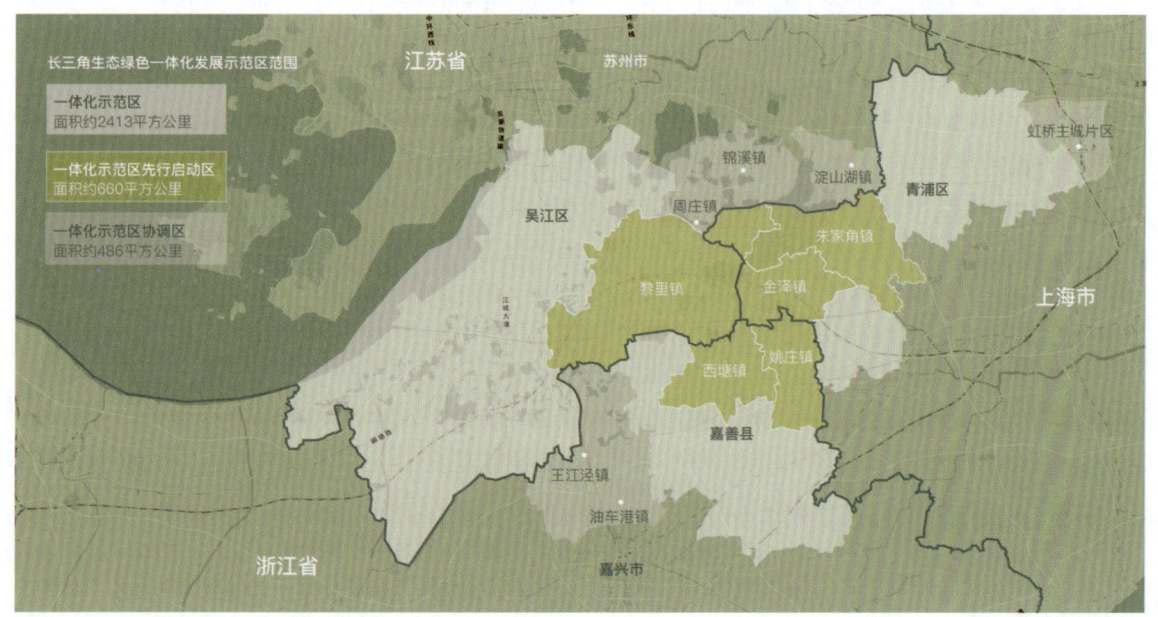

长三角区域合作办公室：这个"枢纽"如何连接起三省一市政府

傅 晓
长三角区域合作办公室浙江组组长

长三角区域合作办公室（以下简称"长三角办"）于2018年1月底成立。虽然成立时间不长，但是长三角办的成绩单还是非常亮眼，三年行动计划确定的320项合作事项已经完成了70%以上，一体化发展中的一些难点问题得到解决，比如说断头路、异地医保结算、生态环境跨流域治理、毗邻地区协调发展等问题。在疫情肆虐的2020年，长三角办在三省一市党委政府的领导下，在协调企业复工复产、建立长三角区域联防联控协调机制方面发挥了积极作用，得到了党中央的认可。组建三年来，长三角办发挥了统筹谋划、上情下达、协调推动的职能。

统筹谋划，做好参谋。 主要是编制规划并制定三年行动计划和年度计划。2018年刚刚组建时，国家还没有出台长三角区域发展的总体规划，这时候三年行动计划的制定工作就非常重要。当时并没有现成的经验可以借鉴，组建不久的长三角办紧紧依靠三省一市的联席办，深入调研，加班加点，用了不到半年的时间就完成了任务，并在当年的主要领导座谈会上审议通过。三年行动计划以老百姓最关心的交通一体化为突破口，涵盖了基础设施、产业和科技协同、生态环境共保联治、公共服务便利共享等方面，提出了建立轨道长三角、智慧长三角、创新长三角、绿色长三角、健康长三角建设等全面的行动计划，获得了三省一市的认同，长三角办也成了网红打卡地。

上情下达，做好桥梁。 党中央对长三角一体化的发展高度重视，习近平总书记多次作出重要批示，李强书记先后4次到长三角办调研指导。李强书记将长三角一体化的理论概括为长板理论，就是说大家都要把长板贡献出来，把蛋糕做大，这样长三角的总量才会更大，质量才会更高，量变才会引起质变。这些重要的指示和理论阐述，长三角办在认真学习的基础上通过简报、宣传等各种手段传达到三省一市。当然三省一市也会根据自身的情况对一体化提出好的建议，这些建议也要及时向上报送。

协调推动，抓好落实。 对国家规划纲要、三年行动计划、主要领导座谈会确定的重大事项，协调推动抓落实。2020年是非常特殊的一年，党中央要求争取疫情防控和经济社会发展双胜利。习近平总书记的足迹遍及三省一市，在合肥就扎实推进长三角一体化发表重要讲话，要求长三角地区率先形成新发展格局、勇当产业和科技创新的开路先锋、加快打造改革开放的新高地，并部署了7个方面的重点任务。主要领导座谈会以"战疫一体化、争取双胜利"为主题，对推进长三角一体化作出了明确部署。长三角办整理出24项重点任务落实总书记重要讲话和主要领导座谈会的要求，并组成四个工作组到三省一市帮助工作，督察落实。现在看来效果很好，原来认为非常难的问题正在得到解决，比如说社保一卡通的问题、产业固链补链强链问题、轨道交通一体化发展问题等。

"十四五"时期是中国全面开启现代化建设新征程的关键时期，要为现代化建设开好局、起好步。作为长三角区域来讲就是要按照总书记要求围绕"一极三区一高地"的发展定位加快形成新发展格局、勇做产业和科技创新的开路先锋、加快打造改革开放新高地。这就要求长三角办在落实中央重大决策、创新解决重大问题、加工整理重大信息、推进落实重大项目上下功夫，成为三省一市党委政府重要的参谋部、信息部、督察部，进一步发挥好枢纽功能。

第一，落实中央重大决策。 全国的"十四五"规划纲要对长三角的要求主要体现在提升科技创新策源能力和资源配置能力、推动基础设施特别是在轨道交通互联和港口治理一体化、推动重点区域联动发展等方面,这些都要求长三角区域不折不扣地落实。长三角办要协调三省一市建立良好的创新生态,充分发挥G60科创大走廊和沪杭产业创新带的集聚和辐射功能,集聚科研机构、龙头企业、科创金融机构、科技中介机构、创新型人才,围绕卡脖子技术的突破和有竞争力的高科技企业的培育,把科技创新真正落地。要坚持交通、产业和城市发展共同谋划,就是把现代交通和信息基础设施、战略性新兴产业和未来产业、提升城市能级进行系统考虑,用现代化的高效的新基础设施支撑产业、科技创新和城市功能提升,真正成为产业和科技创新的开路先锋。要统筹推进长三角区域港口一体化发展,坚持分工协作,扩大规模,优化增量,打造硬核力量。要协调推进临港新片区、一体化示范区、虹桥商务区高质量发展,发挥重点区域的带动功能。

第二,创新解决重大问题。 长三角一体化发展进入以科技和产业创新为统领的系统推进阶段,每前进一步都会涉及利益格局的调整,在这方面最关键的是要打破一亩三分地的思维,树立一体化发展的理念,围绕着提升长三角区域国际竞争力的提升思考问题。长三角区域合作办要创造性地开展工作,解决一体化发展中面临的重大问题、难题。比如,基础设施互联互通问题,如果从一体化角度来考虑,港口一体化发展、跨省的重大轨道交通问题都能顺利解决,同样区域内部产业和科技发展的过度竞争问题、各个城市政策上的冲突也能解决,飞地发展、跨境毗邻地区的协同发展涉及的利益调整问题也能解决。

在神秘的长三角区域合作办公室,大家都在忙什么?

分组运行: 办公室工作人员分别编入综合组、基础设施组、产业和科创组和社会发展组,分组仅仅是相对固定,也会根据具体情况做调整。

一身多职: 每个人集联络员、信息员、战斗员于一身,同时要做经济和社会发展方方面面的工作。

前后协调: 做好长三角合作办、三省一市联席办,以及各专题组的协调,协调联席办和各专题组推动繁重的工作。

上下联动: 和国家长三角办等部门联动,保证信息的畅通和重大决策的落实。

主动服务: 主要靠服务的影响力而不是靠职务的影响力开展工作,因为长三角区域合作办公室没有职级,每个人都没有职务,都依靠高度的政治自觉像勤务员和锋线尖兵一样开展工作。

第三,加工整理重大信息。 全面收集信息,成为信息的中枢。只有全面收集信息、科学加工信息、准确传递信息才能全面掌握长三角发展的现状,摸清长三角发展的底子,为三省一市党委政府做好参谋,为中央做好参谋。不但要掌握面上信息,还要全面掌握重点发展区域包括临港新片区、一体化示范区、虹桥商务区的信息,及时上报三省一市党委政府,为其他地方发展提供借鉴。中央关心的、三省一市关注的、和长三角区域老百姓利益密切相关的信息都要收集整理。要改变现在长三角发展数据部门分割、行业分割、地区分割的局面,借助大数据、人工智能等现代科技手段,建立长三角发展统一的数据库,形成完整的信息资源。

第四,推进落实重大项目。 以项目化推进一体化是三年以来的成功经验,跨省区的重大项目落实需要调动各个行政区的积极性,更要发挥长三角办的统筹协调职能。产业和科技发展、基础设施建设、生态环保和公共服务等领域都有一些重大项目,这些要抓好协调推进。更重要的是,长三角办要围绕中央的决策、围绕着规划纲要谋划一些重大项目,使长三角一体化发展有坚实的项目支撑。比如:在半导体和集成电路、人工智能、生物医药、民用航空等关键产业领域都谋划了一些重大项目和产业园区。

在高端仪器产业发展方面、新材料产业发展方面,中国和美欧日等先进国家还有差距,这就需要发挥龙头企业的作用,整合高校和科研机构等高端资源,谋划一些引领性和标志性的重大项目,带动这些产业发展水平的提高。在科技创新时代,只有认识到风险并敢于承担风险的政府和企业才能笑到最后,长三角办要善于谋划项目并推进落实项目,才能更好地发挥作用。

参谋部、信息部、督察部仅仅是一个简单的概括,还不能完全体现长三角办的职能。参谋部不仅要出主意、想办法,更要像打仗时靠前指挥,向前冲锋,谋定而后动,不然很多想法就会落空。三分谋划、七分落实,"十四五"时期一定要在抓落实上狠下功夫,推动长三角一体化高质量发展。

行稳致远：记长三角 G60 科创走廊这五年

2021 年 3 月，加快建设长三角 G60 科创走廊被正式纳入国家"十四五"规划，在"深入实施区域重大战略"专章中明确提出"瞄准国际先进科创能力和产业体系，加快建设长三角 G60 科创走廊和沿沪宁产业创新带，提高长三角地区配置全球资源能力和辐射带动全国发展能力"，标志着长三角 G60 科创走廊"十四五"发展历史方位和战略空间有了新的拓展。

第二次世界大战后，世界各国特别是发达国家纷纷围绕交通主干道，打造科技和产业创新的承载区，成为世界经济发展重要趋势之一。比如美国 101 国道从圣荷西到洛杉矶两侧的硅谷、波士顿 128 号高速公路沿线的产业制造重镇、英国的 7 号公路等，都是沿高速公路布局产业要素和创新要素。长三角 G60 科创走廊建设顺利推进就是深刻把握了地缘经济一体化发展规律的趋势，更是新发展理念的体现，以松江为枢纽，以 G60 高速公路和沪苏湖高铁线路为轴线，全面优化科创要素和生产力要素布局，有效加快了沿线九城市一体化和高质量发展。

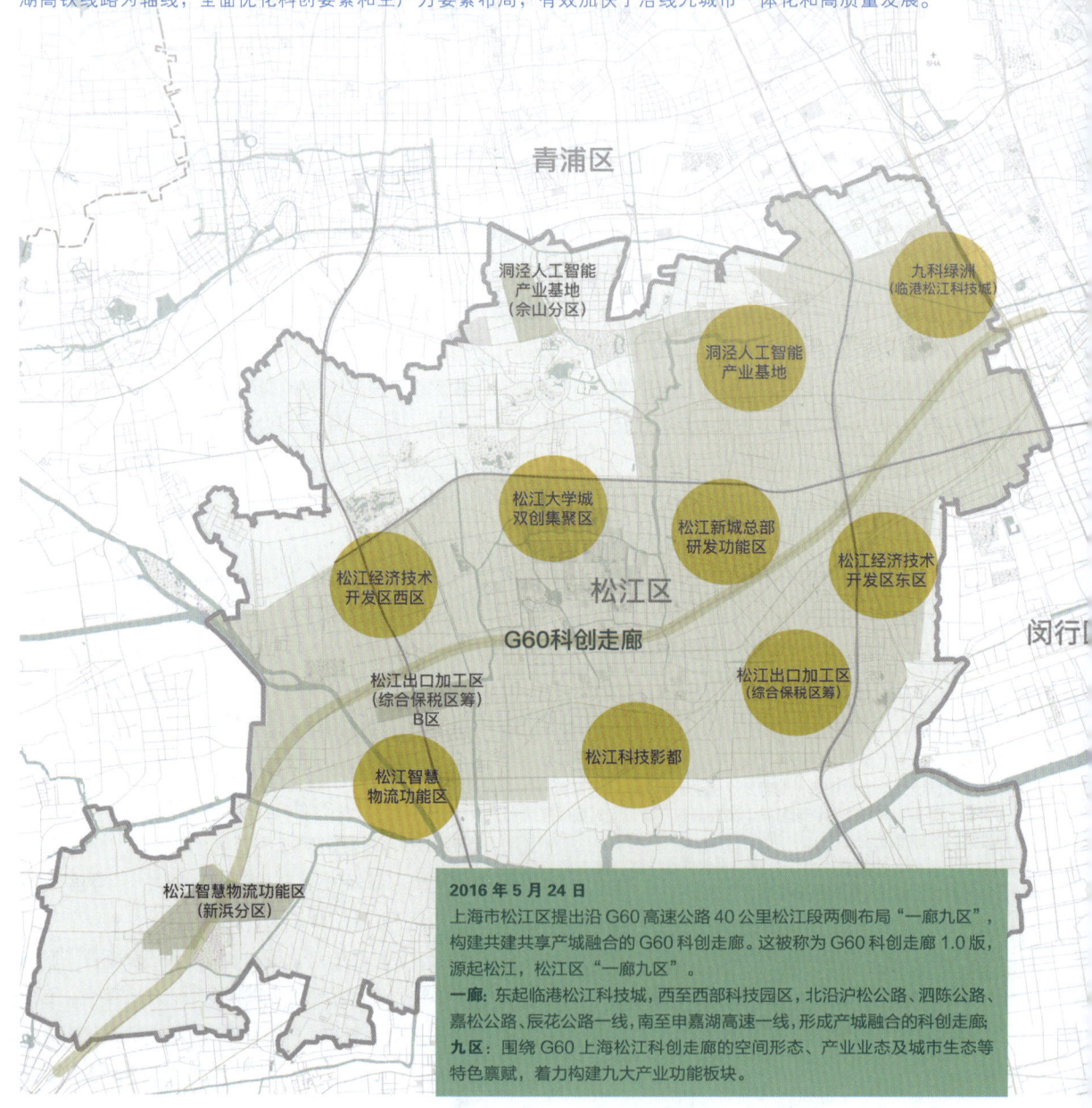

2016 年 5 月 24 日
上海市松江区提出沿 G60 高速公路 40 公里松江段两侧布局"一廊九区"，构建共建共享产城融合的 G60 科创走廊。这被称为 G60 科创走廊 1.0 版，源起松江，松江区"一廊九区"。
一廊：东起临港松江科技城，西至西部科技园区，北沿沪松公路、泗陈公路、嘉松公路、辰花公路一线，南至申嘉湖高速一线，形成产城融合的科创走廊。
九区：围绕 G60 上海松江科创走廊的空间形态、产业业态及城市生态等特色禀赋，着力构建九大产业功能板块。

长三角 G60 科创走廊发展建设五年以来，始终按照 2007 年时任上海市委书记习近平同志考察松江时提出的"大力发展先进制造业，大力发展生产性服务业，推动与长三角周边城市的分工合作，不断提升产业能级和水平"的重要指示精神为指路明灯，始终秉持新发展理念不动摇，全力打造科创驱动"中国制造"迈向"中国创造"的示范走廊，着力增强中国经济的"筋骨"，不断实现从"0"到"1"的创新突破。

长三角 G60 科创走廊的成功实践，得益于九城市创新链产业链供应链的完整性，在逆势环境中能第一时间补链固链强链，充分发挥各方面比较优势和策源地优势。规模体量优势，九城市区域面积 7.62 万平方公里，常住人口 4900 万人，2020 年 GDP 总量约 6.67 万亿元，分别占长三角总量的近 1/4。交通便利优势，依托 G60 高速、沪苏湖高铁交通大通道，辐射贯穿九城市，"2 小时通勤圈"效应明显，符合地缘经济同城效应的市场资源配置规律，便于科创、产业、金融、人才等要素自由流动、优化组合。要素集聚的优势，集成电路、生物医药、人工智能、高端装备等七大战略性新兴产业集中集聚，拥有上海临港松江科技城等近 50 个全国乃至世界知名的科技产业园区，集聚高新技术企业 2.1 万余家，集聚各类人才 1050 万人，创新要素集聚等优势比较明显。

2021 年是贯彻落实"十四五"规划的起始年，长三角 G60 科创走廊将牢牢把握纳入国家"十四五"规划重要战略机遇期，不断强化国家战略科技力量，有效增强产业链供应链自主可控能力，不断推进长三角 G60 科创走廊建设行稳致远。

（资料来源：上海市松江区发展改革委）

2017 年 7 月 12 日
上海松江与浙江杭州、嘉兴签订《沪嘉杭 G60 科创走廊建设战略合作协议》，升级为"沪嘉杭 G60 科创走廊"，也被称为 G60 科创走廊 2.0 版。
拓展后的 G60 科创走廊，联通嘉杭，包括上海市松江区、浙江省嘉兴市和杭州市。

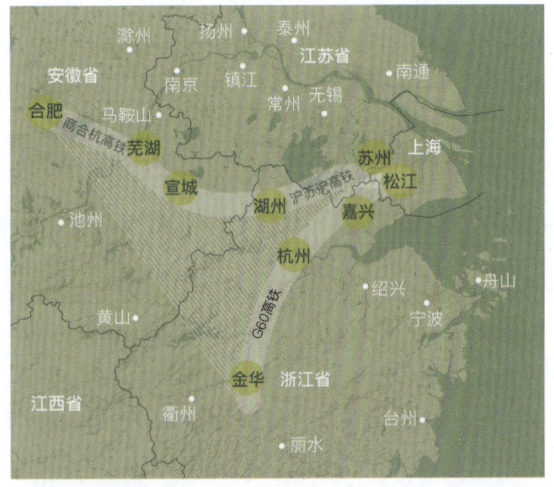

2018 年 6 月 1 日
沪苏浙皖九城市主要领导在上海签约，G60 科创走廊发展为贯穿长三角三省一市，形成"一廊一核九城"总体空间布局。也就是现在被称为的 G60 科创走廊 3.0 版。
一廊：G60 科创走廊，重点依托 G60 高速和沪苏湖高铁两条通道，形成要素汇聚、统筹整合、功能互补、辐射带动的科创走廊空间。
一核：全球科创中心——上海。
九城：松江、嘉兴、杭州、金华、苏州、湖州、宣城、芜湖、合肥等城市。

G60 科创走廊这五年

- G60 科创走廊九城市区域面积、常住人口、GDP 总量分别占长三角总量的近 **1/4**
- 地方财政收入占长三角比重从 1/4 上升到 **1/3**
- 市场主体数量超过长三角 **1/4**
- 高新技术企业接近长三角 **1/3**

长三角成立跨区域投资平台，正当其时

池 洪
长三角投资（上海）有限公司董事长

2020年7月，上海市委市政府为更好服务长三角一体化发展国家战略，在整合长江联合集团等存量资源的基础上，组建成立长三角投资（上海）有限公司，作为专注服务于长三角一体化发展特别是长三角生态绿色一体化发展示范区建设的功能保障类国有独资企业。

成立一年多来，围绕公司主责主业和功能定位，主动对接涉及长三角示范区建设的三级八方和执委会，积极寻求加快推进示范区发展的合作模式。有序推进重点项目拓展，启动涉及环淀山湖的部分国有资产的划转、转让等工作，研究形成了"水乡客厅"开发模式及开发公司设立的方案建议，全力推动项目早实施、早落地、早见效。发起成立长三角国资百企合作联盟并承担常设秘书处职能，成为长三角企业家联盟、长三角示范区开发者联盟的理事单位，牵头成立长三角人工智能基金联盟、大健康基金联盟，成功举办了"上海国资国企服务长三角一体化发展2020年度论坛"，积极倡议国资国企在长三角产业协同发展上发挥更大作用，吸引各类社会资源共同投身长三角一体化发展和示范区开发建设。

《上海市国民经济和社会发展第十四个五年规划和二〇三五年远景目标纲要》要求进一步做实做强长三角一体化国资投资与服务平台。

公司将进一步做实做强长三角一体化国资投资与服务平台，做实示范区建设的主体功能，与苏浙皖的对接合作主体功能、上海市国企联合走出去的服务主体功能，当好示范区建设的主力军，坚持投资与投资服务、园区开发经营两大主业双轮驱动发展，聚焦重点项目尽快出形象、出功能，力争在项目建设上有新进展、在平台搭建上有新突破、在园区开发上有新作为，在服务国家战略上有新贡献。

一是建基地，加快推进重大项目投资建设。 立足主战场、扎根主阵地、当好主力军，深耕示范区开发建设，"十四五"期间力争开工建设项目的总投资达500亿元，累计完成固定资产投资项目200亿元，组建长三角绿色发展基金特色产业集群股权基金，加快推动西岑科创中心建设出形象、赵巷科技园区出品牌、环淀山湖环综合整治出效应、水乡客厅建设体制机制出成效。

二是搭平台，有效提高区域经济贡献度。 进一步做实做强做优投资平台、投资服务平台、创新平台、招商平台等服务国家战略的平台功能，吸引社会各方优质资源聚集示范区，服务和引入一批具有带动性、创新性、引领性的大项目落户示范区。区域财税贡献累计达100亿元，建成运营园区物业面积超过100万平方米。

三是树品牌，持续壮大专业特色产业园区。 加强园区重点产业引导和培育，优化产业布局，构建产业生态，打造优势更优、强项更强、特色更特的园区经济；强化园区管理服务标准化、品牌化、数字化建设，打响园区孵化器、加速器品牌；深化"基地+基金"的园区发展模式，彰显特色产业集群股权基金投资协同效应，培育和吸引一批具有发展潜力的科创小巨人企业入驻，力争8~10家园区企业在科创板、创业板上市发展。

塑造市域空间新格局

围绕增强城市核心功能，强化空间载体保障，促进人口、土地等资源要素优化布局，科学配置交通和公共服务设施，加快形成"中心辐射、两翼齐飞、新城发力、南北转型"的空间新格局，促进市域发展格局重塑、整体优化。

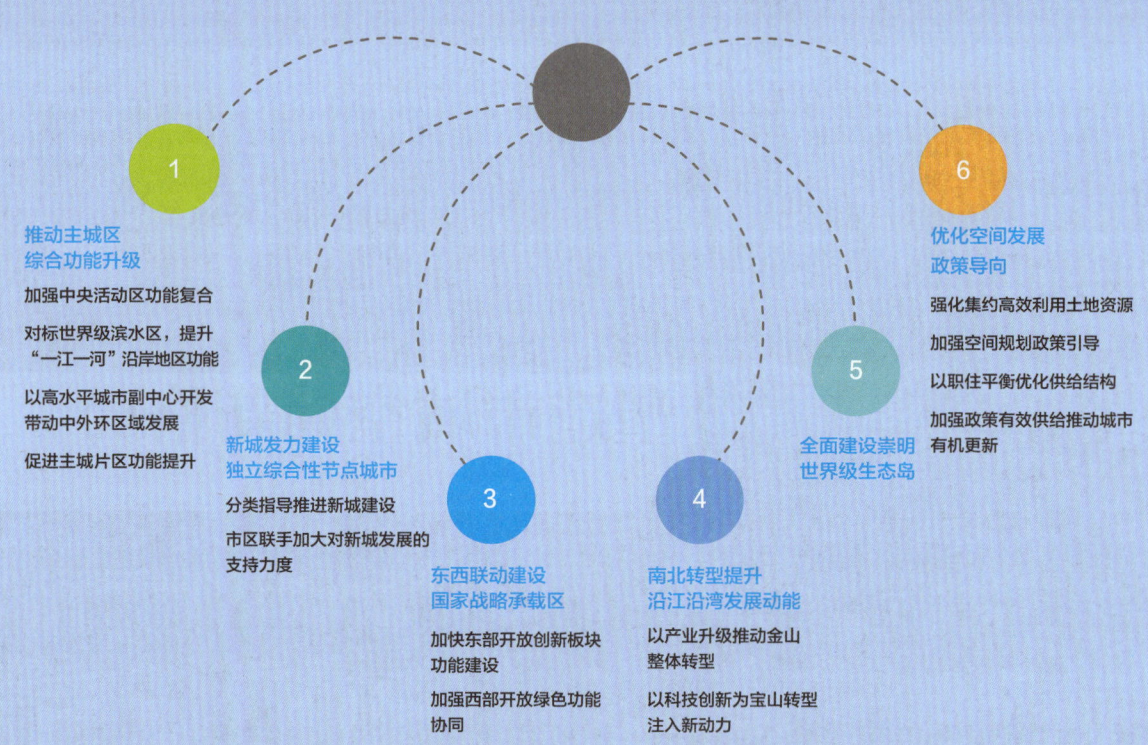

1 推动主城区综合功能升级
加强中央活动区功能复合
对标世界级滨水区，提升"一江一河"沿岸地区功能
以高水平城市副中心开发带动中外环区域发展
促进主城片区功能提升

2 新城发力建设独立综合性节点城市
分类指导推进新城建设
市区联手加大对新城发展的支持力度

3 东西联动建设国家战略承载区
加快东部开放创新板块功能建设
加强西部开放绿色功能协同

4 南北转型提升沿江沿湾发展动能
以产业升级推动金山整体转型
以科技创新为宝山转型注入新动力

5 全面建设崇明世界级生态岛

6 优化空间发展政策导向
强化集约高效利用土地资源
加强空间规划政策引导
以职住平衡优化供给结构
加强政策有效供给推动城市有机更新

来源：《上海市国民经济和社会发展第十四个五年规划和二〇三五年远景目标纲要（普及版）》

市域空间格局规划演变

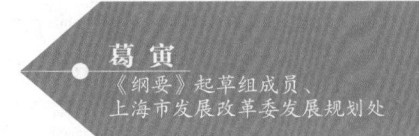

葛 寅
《纲要》起草组成员、
上海市发展改革委发展规划处

自第一个五年计划以来,上海市域空间经历了多次的调整优化。1956 年,上海市委提出了要"分散一部分工业企业,减少市区人口过于集中",1986 年国务院批复的上海总规进一步提出要改变单一中心的城市布局、有计划建设中心城、卫星城、小城镇和集镇;2001 年上海新一轮总规提出建设 1 个中心城、11 个新城、22 个中心镇和 80 个左右一般镇及若干中心村的五个层次,并要求按照"中心城体现繁荣和繁华,郊区体现实力和水平"的要求,开始将城市建设的重心逐步转移到郊区,随后上海分别提出了 1966 城镇体系、7 大新城战略。

总的来看,上海城市空间变化主要呈现两大特征:一是主城区不断沿轴线拓展,从内环 100 多平方公里拓展到当前包含主城区在内的 1000 多平方公里。20 世纪 90 年代以前总体以黄浦江为核心,沿江向上下游并沿延安路向西蔓延特征明显,90 年代以后随着浦东开发开放战略的实施,逐步向东沿世纪大道延伸;二是不断沿轨道交通或重大交通干线建设郊区城镇并疏解中心城部分功能,"五个新城"从无到有,从小到大,目前已经初具形态并集聚 230 多万人口,高等院校、三甲医院和大量功能性项目在新城落地生根;沪杭、沪宁城际铁路以及轨交线沿线都发展壮大了一批城镇,20 万以上人口规模的镇已经超过 20 个。

2017 年,国务院批复的《上海市城市总体规划(2017—2035 年)》对市域空间予以优化明确,提出"主城区 - 新城 - 新市镇 - 乡村"城乡体系新增了四个主城片区(宝山、虹桥、闵行、川沙),与中心城共同组成主城区,新城数量调减为 5 个,未来一个阶段上海市空间规划基本稳定。但优化市域空间布局的思路和路径尚未明确,市域人口、土地、经济、基础设施和公共服务分布仍不充分不平衡。而市域空间的各圈层各板块也存在不少问题,如主城区特别是中心城能级不高、主城片区土地利用效率有待提升、新城的相对独立节点城市功能仍需完善、乡镇仍是城镇体系薄弱环节等。

"十四五"乃至更长一段时间,我们要围绕增强城市核心功能,强化空间载体保障,促进人口、土地等各资源要素优化布局,科学配置交通和公共服务设施,加快形成"中心辐射、新城发力、两翼齐飞、南北转型"的空间新格局,促进市域发展格局重塑、整体优化。

中心辐射:中心城特别是中央活动区,作为上海核心功能的主要承载区,是上海城市发展的核心,是居住人口、就业岗位等人流、物流及各类资源最集中的区域,也代表着上海城市核心竞争力和城市形象。当前中心城面临着人多地少、交通拥堵、生活品质不高、商务办公设施趋向阶段性供过于求等问题,北部城区还面临公共服务供给不足、旧改任务重等矛盾。

从经济产出来看,东京 23 区人均 GDP 接近 10 万美元,而黄浦区作为全市人均 GDP 最高的区,仍不足 6 万美元,地均产出也仅为东京 23 区的 1/4。上海中心城的集聚度也与东京有差距,东京万亿美元 GDP 中,大约 90% 的体量高度集中在中心 23 区,而上海中心城占比仅 1/2 左右。

从反映服务业能级的租金水平看,伦敦西区商务楼宇租金为 39.3 元 / 平方米 / 天,伦敦金融城也达到 22 元 / 平方米 / 天,东京丸之内租金水平为 28.13 元 / 平方米 / 天,东京六本木为 22.73 元 / 平方米 / 天,纽约中城商务区租金为 39.53 元 / 平方米 / 天,而陆家嘴作为上海商务楼宇租金最高的区域,其租金水平仅 12.23 元 / 平方米 / 天,与上述城市有明显差距。

"十四五"期间,中央活动区进一步提升区域经济密度和辐射能级。中央活动区以外的中外环区域要提升城市副中心服务功能。

此外，主城片区是2035总规较2020总规最大的新增内容之一，设置主城片区的主要目的是与中心城共同承担全球城市核心功能，防止中心城连绵发展和蔓延，提高精细化治理水平。从当前主城片区面临的问题来看，也存在土地和产业能级不高、轨道交通及各类公共服务设施配置水平不高、生态空间缺乏、就业岗位不足等突出的城市问题，如从主城片区内园区单位土地产值水平看，宝山片区的吴淞工业区为8.99亿元/平方公里、闵行片区的吴泾工业基地23.9亿元/平方公里、虹桥片区的闵北工业园区16亿元/平方公里等均远低于上海市开发区平均水平81亿元/平方公里；主城片区内公共服务设施也严重不足，15分钟社区生活圈覆盖率低于上海市平均水平，主城片区每十万人拥有的博物馆、图书馆、美术馆等不仅远低于中心城和新城，还低于全市平均水平。

"十四五"期间，主城片区要通过加快实施外环局部抬升工程，促进外环两侧区域城市功能调整和融合，提升城郊接合地区治理水平和环境品质。

新城发力：上海新城战略经历了从卫星城、郊区新城到综合性节点城市的演变，规划不断调整，目标逐步聚焦，功能定位上实现了从疏解中心城区产业和人口到打造成为具有综合功能城市的演化，单个城市规模从最初的30万规划人口发展到50万~100万规划人口的综合性新城。虽然新城建设取得了积极成效，但在人口集聚、产业发展、交通和公共服务配套等方面依然存在一定的问题：新城人口集聚不及预期，产业发展对城市核心功能的支撑力不足，新城交通、公共服务配套相对滞后，等等。

"十四五"期间，上海要大力实施新城发展战略，承接主城核心功能，按照产城融合、功能完备、职住平衡、生态宜居、交通便利、治理高效的新一轮新城建设要求，把五个新城建设为长三角城市群中具有辐射带动作用的独立综合性节点城市，融入长三角区域城市网络。

东西联动：近几个五年规划以来，上海市陆续在市级层面明确了一些重点地区，成为了全市开发建设体量最大、投入资金资源最多、功能效益提升最快的区域，"十四五"期间，要依托现有延安路–世纪大道发展轴，进一步向东延伸至张江、浦东综合交通枢纽和临港新片区，向西延伸至虹桥商务区及长三角一体化示范区。特别是临港新片区和一体化示范区是党中央给上海新一轮发展腾飞的重要任务和动力，将成为新时代改革开放的标志性区域，将共同承担更深层次改革和更高水平开放的战略任务。

南北转型：南北两极的宝山和金山地区，上世纪80年代时受到大型工业基地建设的带动，经济社会发展均取得了较好的成绩，但随着全市经济结构从制造业为主向服务业为主转变，城市发展轴线也逐步转向延安路–世纪大道发展轴，南北地区的发展轴开始落后于东西两翼。

因此，"十四五"时期要牢牢把握国家沿海沿江铁路大通道建设机遇，加快南北功能布局调整升级，通过产业结构调整、土地更新利用为区域转型发展植入新功能、培育新产业，打造新的增长极。

崇明生态岛：生态岛正进入到建设的关键时期，通过前期的建设，生态岛的发展路径清晰明确，生态岛建设形成了广泛共识，生态资源大幅增加。但生态岛建设也面临着如何巩固和提升生态优势，生态优势向发展优势转化的路径有待进一步形成，城乡空间布局和土地利用等方面需要进一步优化等问题。

"十四五"期间，围绕世界级生态岛总目标，崇明要强化三岛联动，大力实施"+生态""生态+"发展战略，成为全市"生态优先、绿色发展"排头兵和长江经济带"共抓大保护、不搞大开发"典范。

市域空间新格局：既强调全域视野，又注重局域重点

唐子来
同济大学建筑与城市规划学院教授

上海市"十四五"规划《纲要》提出"中心辐射、两翼齐飞、新城发力、南北转型"的市域空间新格局，体现了上海市域空间格局的既有特点，并在此基础上进行整体优化，既强调中心（中心辐射）和外围（新城发力）的全域视野，又注重东西（两翼齐飞）和南北（南北转型）的局域重点。

作为全球城市的核心功能承载区，上海中心城区以全球资源配置（中央活动区的总部、金融和高端生产性服务业）作为首要功能，以科技创新策源（如张江、漕河泾、紫竹等科技园区）作为重要功能。上海市域和长三角乃至更大区域都受到上海中心城区的辐射。

"新城发力"强调建设具有辐射带动作用的独立综合性节点城市，可见新城之新在于"发力"。其一，新城发力的核心是"产业发力"，要迈向更高的价值区段。5个新城以高端产业引领作为首要功能，以科技创新策源作为重要功能。

其二，我们应当全面理解"独立的综合性节点城市"。一方面是公共服务设施和商业服务设施的基本"自足"，另一方面是就业岗位和居住人口的基本"平衡"。需要指出的是，新城的"职住平衡"既要重视"数量上平衡"，更要关注"质量上匹配"。

其三，新城建设既要提升品质，也要强化特质。一方面，新城建设应当配置新型基础设施、加强综合交通网络（包括长三角区域、上海市域、新城三个层面的交通连接）、完善公共服务设施（包括教育、医疗、商业、文体设施等），提升新城建设的"品质"；另一方面，新城建设应当体现历史人文底蕴和生态宜居环境，强化新城建设的"特质"，既要保存和活化历史文化传统（嘉定、青浦、松江和奉贤新城都具有独特的历史人文底蕴），又要塑造新时代的文化和风貌特质，真正形成"人优我特"的"差异化"发展格局。

"两翼齐飞"包括向外连接全球网络的"东翼扇面"和向内辐射区域腹地的"西翼扇面"，是开放枢纽门户功能的关键所在。

东翼扇面：其一是浦东综合交通枢纽，包含浦东国际机场、将要建设的铁路上海东站（高速铁路）、高速公路、城市轨交；其二是依托浦东综合交通枢纽的门户商务中心；其三，自贸区新片区与浦东综合交通枢纽和门户商务中心紧密结合，形成"向外连接全球网络"的东翼扇面，并与周边地区形成关联发展，如迪士尼国际旅游度假区和川沙城市副中心等。

西翼扇面：其一是虹桥综合交通枢纽，包含虹桥国际机场、铁路虹桥站、高速公路、城市轨交；其二是依托虹桥综合交通枢纽的门户商务中心（虹桥商务区）；其三，长三角一体化示范区作为特定政策片区，是区域协同的排头兵，与虹桥综合交通枢纽和门户商务中心紧密结合，形成"向内辐射区域腹地"的西翼扇面，并与周边地区形成关联发展，包括青浦区和嘉定区，还涉及松江区和金山区的一部分。

金山区和宝山区分别位于上海市域的南北两端，如今，南北两端不仅面临传统支柱产业的转型发展（特别是绿色低碳发展），还需要形成新的产业集群，如金山的滨海度假产业和乡村游憩产业、宝山的科技创新产业和国际邮轮产业。

上海"十四五"规划的市域空间新格局从中心（中心辐射）—外围（新城发力）的全域视野和东西（两翼齐飞）—南北（南北转型）的局域重点，明确了"十四五"乃至更长时期中上海市域优化功能布局的空间指南。

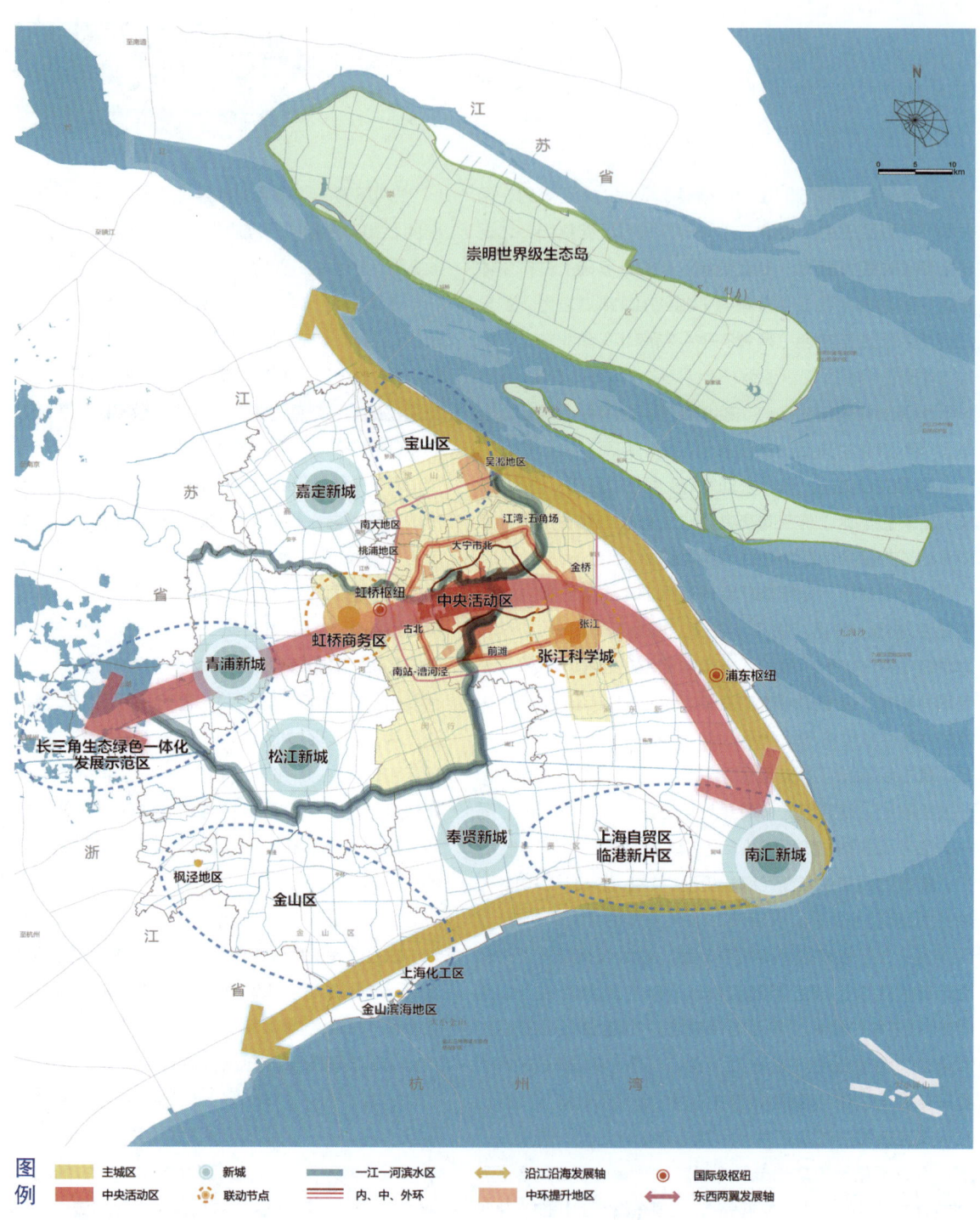

"十四五"上海市域功能布局

历史文化风貌街区如何保护和开发：
以"活化"为核心

罗宝瑜
瑞安房地产执行董事

城市更新是城市永恒的主题。如何在城市更新的过程中做好风貌历史街区和建筑的保护和利用工作，一直是摆在城市管理者面前的一个重要课题。上海市"十四五"规划纲要明确提出要加强政策有效供给推动城市有机更新，以城市更新促进功能更新，挖掘城市历史文化价值。

对于传统街区的价值保护与更新，伦敦的保护规划案例可以成为很好的借鉴。以伦敦的"国王十字"项目为例，国王十字（King's Cross）属于英国伦敦市中心最重要的交通枢纽中心之一，有六条地铁线、两条国家铁路和一条联系巴黎的国际线路在此交会。这里曾是一片铁路与废弃厂房，虽然在伦敦的市中心，但其土地价值未被充分体现。如今它的车站等历史建筑已合理修缮，工业宗地被更新成为复合办公、商业、住宅、学校、休闲等多元功能的27公顷综合街区。更新后的国王十字街区已经消除了工业化带来的影响，推动了城市的变革，改善了城市交通、卫生和居住条件，提高了保护区的商业价值，避免了城市衰退，尤其是谷歌总部、中央圣马丁艺术学院的引入，为区域带来了新的经济价值与文化价值，也为伦敦作为卓越的全球城市做出了重要贡献。

城市的历史文化不仅具有历史文化意义，也能够带来巨大的商业价值。以瑞安房地产开发的上海新天地项目为例，瑞安针对国际商务人士，融入当地文化氛围，运用现代化设计理念与建筑设施，结合对当地人文、地理环境的深入理解，将历史保护与多功能复合小区开发相结合，再造集"住宅、办公楼、零售、娱乐及文化和学习"为一体的综合性城市中心小区。今天的上海新天地不仅是上海的城市名片，更被福布斯评为"全球20大文化地标"之一。

那么，城市更新如何可持续？如何能让我们的生活变得更加美好？对此，我的建议是：

以人为本：城市更新应该不断满足城市发展过程中的功能需求，通过更多高度集约的资源利用让城市更有效，把各种类型的公共服务设施、文化设施由过去的低水平配套变成高质量配套，充分挖掘城市的历史文化价值，并用现代化的手法展现出来，配合城市的发展需要。

在城市历史建筑的保护和开发中找到一条平衡之道：以"活化"为核心的"更新"手段，促进对无形资源的转化，如对地方历史和文化资源的活化利用，可使其融入居民的现代生活，转化成为城市的软实力和竞争力，更大限度地满足城市转型发展中不同时期的需要。

城市更新立法与历史文化风貌保护立法合二为一：上海历史文化风貌街区保护和开发过程中应成立一个统一的权威机构（组织）来规划、实施、监督、管理。在对历史风貌区内建筑的评估甄别，保护开发上允许采用合适的手法和模式进行，并建立起行业标准。

行业政策的制定和引导：在城市更新过程中，历史文化风貌街区的保护和开发重在启动和发展，对于城市更新中的这些风貌保护街区或建筑，可以研究和探索出多种保护和开发模式，或者尝试建立1~2个试点区域，探索值得推广的可持续发展的城市历史文化风貌保护和开发的管理机制或在政策和法规上的突破点。

以市场化的运作来推动城市更新：在城市更新的过程中，借鉴国际成功案例，为上海的城市更新找到一条适合本土的保护和开发方式，建立积极的激励措施，让企业在历史风貌街区的保护中有动力和活力。

加强历史文化风貌街区的保护意识：教育市民热爱城市，培养国际视野的城市管理者。

徐汇：构筑艺术与人工职能"双A战略"引擎

徐汇滨江是上海中心城区沿黄浦江唯一可以大规模成片开发的区域。"十四五"期间，徐汇滨江将以艺术（ART）和人工智能（AI）"双A战略"为引擎，持续推进地区能级提升，力争成为集中展示上海创新浓度、产出强度、经济密度的高质量发展引领区。

锻造长板，提升人工智能产业集群国际竞争力。以建设具有国际竞争力的"千亿级人工智能产业集群"为目标，着力提升产业集聚度、显示度、贡献度。西岸智慧谷"十四五"期间将完成载体建设约120万平方米，集中布局人工智能标杆企业和研发平台，加速推进"AI+"多元应用场景落地，建设人工智能场景赋能集聚示范区。

做强品牌，艺术传媒产业集群彰显国际大都市魅力。西岸传媒港"十四五"期间将完成约120万平方米载体建设，建成西岸梦中心、星美术馆等文化场馆，基本完成美术馆系统性布局、多元化发展；整合上海大剧院等市级高水平资源，引进国际高水平演出团队，深化实施"首演首秀首展"计划。依托上海艺术品交易月，继续做大西岸艺术与设计博览会，做实上海国际艺术品交易中心，打造艺术品交易的全球艺场。

孕育新机，科技金融产业集群点燃国际金融中心增长极。"十四五"期间将完成70万平方米载体建设，金融产业集群初步出功能、出形象，形成徐汇滨江－徐家汇－漕河泾－衡复为主要节点的金融产业布局。加强科技金融创新全球影响力培育，加快集聚高能级金融机构，积极举办科技金融行业全球论坛等专业活动。

联动对接，培育生命健康产业集群国际影响力。打响生命健康产业"枫林品牌"，推进枫林湾产业载体建设，"十四五"期间出功能、出形象。支持区域医院、科研机构和企业参与实施生命健康领域全球大科学计划，建设"上海国际医学科创中心"等协同创新平台。

（资料来源：上海市徐汇区发展改革委）

黄浦：打造世界级地标性商圈

这两年，我们做了一些探索和实践。首先在空间上，对商圈进行了延伸拓展。

2020年9月12日，有"中华商业第一街"美誉的南京路迈出历史性一步。"南京路步行街"完成东拓，使上海的"中心点"人民广场至外滩拥有完整连贯的步行街系统。东拓后，长约1.5公里的"南京路步行街"全域云集上万个中外品牌，汇聚各类大型百货和购物中心15家。

2020年底，黄浦区还启动了世纪广场改造及周边商业的调整升级，进一步激活步行街中段的时尚新风貌，巩固和提升"中华商业第一街"品牌。

其次，在时间上，我们将消费时长从白天延伸到了晚上。夜间经济对这几个商圈起到了很重要的补充，新天地－FOUND158地区成为上海首批地标性夜生活集聚区之一，我们还打造了思南夜派对等一批夜生活示范项目。

已有120年历史的淮海路，目前有16个重点综合商业体，其中时尚行业头部品牌约32个，部分品牌门店为全国乃至世界稀有的旗舰级门店。

再次，从内容上，除了传统消费以外，黄浦区还大量引进首店、首秀等。首店经济成效显著，近年来，共吸引了维秘、始祖鸟全球旗舰店等120家国际优质品牌首店、旗舰店落地。

另一方面是商旅文体联动跨界，文化是带动消费，特别是年轻人消费的要素。未来，南京路的一些商业设施会更多地跟周边的机构形成互动，比如，以前市民进不去的用于金融机构办公的老建筑，现在变成金融博物馆对外开放，浦发银行等金融机构已经率先尝试"建筑可阅读"。这是传播文化，也是一种新的商业方式。下一步，我们将聚焦从传统消费我们卖什么你买什么，变成你想买什么我们卖什么。

（资料来源：上海市黄浦区发展改革委）

拥有一半苏州河岸线的普陀区，如何发展苏河水岸经济

2007年习近平同志来普陀调研时，提出发展水岸经济，苏州河作为上海"一江一河"中的"一河"，其42公里岸线中有21公里在普陀。此外，普陀河道密布，全区拥有58条河道，拥有发展水岸经济得天独厚的地理优势。

"十四五"期间，普陀区将通过以下举措推进苏河水岸经济发展带建设：

第一，打造"高颜值"的地区品质。 根据"一江一河"发展战略，实现苏州河（普陀段）21公里水岸全线贯通，同时将苏州河沿岸的文化、历史、体育、科技等元素与党群服务点、绿道驿站、苏河书房、轻餐饮等便民设施融入到沿线的景观的建设中，打造有人文气息、有人情味水岸空间。

苏州河岸线功能景观的提升坚持"分段优化、一点一策"的原则。长风地区岸线打造以亲子滨河休闲为主题的苏州河畔地标空间。长寿地区岸线融入900米长的滨河步道和口袋公园，为公众提供一个集休闲、购物、艺术多功能为一体的公共空间。长征地区岸线将着力打造休闲舒适的自然体验、趣感互动的主题体验和多彩有趣的社区空间。

高标准规划苏河水岸经济发展带。一是加快落实长风、长征地区规划优化工作。重点完成长征老工业街坊、化工研究院、新渡口、长寿24街坊等地块规划工作。二是加快推进长风、长征地区城市设计。依据总体城市设计管理导则，减少商业办公用地，增加科研和产业用地，优化公共（文化、体育）设施和公园绿地比例。三是加快推进长风、长征、长寿地区城市更新。以苏州河为生态纽带，依托金沙江路—武宁路—长寿路商业商贸轴线，通过特色布局、联动发展，最大程度体现资源溢出效应。

提高产业空间承载力。一是全力推进长风地区9号东地块、10号南地块逸合项目等9个项目建设；积极推进长寿地区天安千树项目、长寿湾24街坊等8个项目建设；协调推进长征地区360集团华东大安全总部项目、宝能中环中心等7个项目建设。二是加快推进市少儿图书馆新馆、中福会儿童剧院、长风10号城市体育项目等建设。三是配合北横通道，地铁14号线，武宁路快速化改建等项目建设。

第二，推进"高质量"的产业发展。 重点发展智能软件、研发服务、科技金融、生命健康等4大产业集群，形成能够有效集聚产业链高端要素的经济发展圈层。推动长风主场ESP电竞文化体验中心、M50、环球港、大悦城、长风公园、滨河公园等载体联动发展，打造集文化、商业、娱乐、休闲、体育于一体的泛娱乐产业生态圈。

聚焦智能软件、研发服务、科技金融、生命健康等4大产业，新材料、新消费、人力资源服务等新兴产业，形成"4+X"的产业集群，通过开展产业链、平台招商，引进具有国际、国内竞争力的重点产业优质企业落地70家，重点产业集群对苏河水岸经济发展带区域经济贡献度（非房地产）达到70%。

第三，打造"有温度"的营商环境。 坚持"请进来"和"走出去"，以江浙皖为重点，组织专门团队引进外省市优质企业总部、上市公司第二总部。以上海清华国际创新中心等科创平台辐射效应，吸引长三角优质的科创项目落地。引进一批具有品牌知名度的外资企业和跨国公司地区总部。

对重大项目引进、重点企业服务中各个方面的复杂问题和实际困难，提供更加高效、精准的打包服务。建立苏河水岸品牌，统一CIS标识，加强对区位、环境、资源、服务等优势的宣传推介。整合传统媒体、网络媒体、自媒体等传播渠道，讲好苏河水岸故事，提高业界和社会公众对苏河水岸的认知度和辨识度。

（资料来源：上海市普陀区发展改革委）

新城建设的四个"发力点"

范宇
上海市规划资源局总规处处长

上海"十四五"规划确立了"中心辐射、两翼齐飞、新城发力、南北转型"的市域空间发展新格局。其中,"新城发力"的战略部署,要从"站位""赋能""聚焦""提速"四个关键词出发,找准新城"发力点"。

坚持高点站位,全面把握新城规划建设的新要求

在指导思想上,以习近平新时代中国特色社会主义思想为指导,全面贯彻十九大和历次中央全会精神,牢固树立和贯彻新发展理念,以"上海2035"为引领,按照独立的综合性节点城市定位,将新城建设成为引领高品质生活的未来之城,全市经济发展的重要增长极,推进人民城市建设的创新实践区、城市数字化转型的示范区和上海服务辐射长三角的战略支撑点。

在基本原则上,一是坚持高点定位,落实新发展要求。按照产城融合、功能完备、职住平衡、生态宜居、交通便利、治理高效的要求,将新城建设成为"最现代""最生态""最便利""最具活力""最具特色"的独立综合性节点城市。二是坚持以人民为中心,落实人民城市理念。重点关注人居品质提升,破解制约发展、群众反映强烈的突出问题,优先推进显示度高、获得感明显的重大民生项目。三是坚持改革创新,增强系统观念。破除制约新城发展的体制机制障碍,坚持生态环境、基础设施和重大社会事业项目建设先行,坚持新城建设与城市管理并重,坚持新城发展与乡村振兴同步。四是坚持因地制宜,形成发展合力。

坚持综合赋能,强化五个新城的特色培育和独立功能

在产业赋能方面,强化优势特色功能集聚,提升产业能级,推进产城融合。

首先,聚焦产业链价值链关键环节,夯实制造业发展基础。形成"一城一名园"的推进机制,打响"上海制造"名园品牌。其次,强化服务辐射功能,加快现代服务业发展。加快推动高能级生产性服务业和高品质生活性服务业发展,按照上海城市副中心的功能能级打造新城中心。再次,加强产学研创新联动,促进产城融合发展。推进新城产业园区、大学校区和城镇生活区的设施共享、空间联动和功能融合,促进职住平衡。

在交通赋能方面,强化对外交通系统支撑和新城内部独立综合交通体系建设。第一,强化枢纽锚固,建设便捷高效的对外交通系统。第二,坚持绿色集约,打造系统完善的内部综合交通体系。第三,坚持公交优先,探索新城交通管理机制创新。

五个新城的未来,将是怎样的图景?

到2025年,基本形成独立的城市功能,在长三角城市网络中初步具备综合性节点城市的地位。

- 5个新城常住人口总规模达到 **360**万左右
- 新城所在区的GDP总量 **1.1**万亿元
- 新城绿色交通出行比例"十四五"期末达到 **80%**
- 每个新城至少拥有一处面积**100**公顷以上的大型公园绿地
- 每个新城至少拥有
  1所高职以上高等教育机构(校区)
  1家三级综合性医院
  1个市级体育设施
  1处大型文化场馆

在公共服务和文化赋能方面，提升新城辐射服务能级和文化品牌影响力。其一，构建成体系、高品质、多样化、有特色的新城教育体系，加快市级优质医疗资源向新城扩容下沉，加强规划预控，引入优质文体旅资源和专业展演、策划和运营团队，举办高水平展演和专业性顶级体育赛事。其二，打造"15分钟社区生活圈"，完善社区级公共服务配置。其三，优化住宅空间布局，完善多样化住房供应体系。其四，深入发掘和演绎"5个新城"各具特色的文化主题，不断壮大新城文化品牌的传播力和影响力。

在空间品质赋能方面，强化总体城市设计，加快推进老城区有机更新和新型基础设施建设，推动新城数字化转型。首先，强化总体城市设计和公共中心、门户枢纽、滨水地区等重点地段的城市设计，强化空间品质的整体性、系统性、协同性，并制定建设管理的实施细则。其次，基本形成水、林、田、湖、园共同构成的新城整体生态格局，加强公园绿地和体育、文化功能的结合。再次，坚持绿色低碳发展，提升新城环境质量。全面倡导绿色低碳的生活方式和城市建设运营模式。最后，开展历史文化和景观资源普查梳理，加强整体保护和活化利用，推进"城中村"改造、旧住房更新改造等更新实施，分类细化城市更新政策。

在基础设施方面，一是实现新城5G全覆盖及重点区域深度覆盖，打造数据驱动、智能决策、统一指挥的智能城市信息管理中枢和基础操作平台。二是构建弹性适应、具备抗冲击和快速恢复能力的安全韧性城市空间，推进一批海绵城市示范城区和项目，提升新城综合防灾减灾和电力、燃气等安全保障能力，完善公共卫生体系，健全综合应急指挥系统。

重点聚焦，明确新城发力的工作抓手和政策支撑

第一，强化人才引进政策，完善居住证积分和落户政策，加大对紧缺急需人才和优秀青年人才的引进力度，拓宽海外人才引进渠道。第二，优化土地保障政策，市、区用地计划指标向新城重点地区和重大项目倾斜，支持产业区块实行混合用地等政策，强化全生命周期管理，创新低效用地分类处置和退出机制。第三，加强财税支持政策，市、区两级政府加强对新城的财税支持力度，实施新城范围内的市级土地出让收入支持政策。第四，优化营商环境政策，深化"放管服"改革，聚焦重点区域和重大项目实行项目审批绿色通道，优化事中事后监管，建立与国际接轨的监管标准和规范制度，打造一流营商环境新高地。

全面提速，落实工作职责和实施机制

第一，合理谋划建设时序，确保新城建设集聚度和显示度。第二，完善长效机制，提高新城开发建设和运营水平。第三，创新治理模式，提升城市精细化治理水平。坚持数据赋能，深化新城建设综合管理信息系统，加大"一网通办"和"一网统管"建设力度，强化规划建设管理全过程的公众参与，推进网格化和联勤联动治理，实现城市管理精细化、可视化和社会治理协同化、透明化发展。

新城街镇普惠性托育点覆盖率不低于 **85%**

社区市民健身中心街镇覆盖率达到 **100%**

新城社区级公共服务设施15分钟步行可达覆盖率提升至 **85%** 以上

到2035年
基本建成长三角地区具有辐射带动作用的综合性节点城市。

5个新城各集聚 **100万左右** 常住人口

形成支撑 **"30、45、60"** 出行目标的综合交通体系基本框架，即30分钟实现内部通勤及联系周边中心镇，45分钟到达近沪城市、中心城和相邻新城，60分钟衔接国际级枢纽

（资料来源：《关于上海市"十四五"加快推进新城规划建设工作的实施意见》）

嘉定新城：建成沪宁发展轴上的枢纽节点与国家智慧交通先导试验区

"十四五"时期，嘉定新城将进一步提升外向度和联动性，着力构建更具辐射度的枢纽体系、更具畅联度的路网体系、更具便捷度的公共交通、更具舒适度的慢行系统，强力支撑嘉定新城沪宁发展轴上的枢纽节点城市地位。

对标"一城一枢纽"的要求，嘉定新城将全力打造安亭枢纽。全力推进轨交 14 号线西延伸、市域铁宝嘉线、嘉青松金线的规划建设，形成集国铁、市域铁、轨道交通、中运量客运、长途客运和常规公交"六位一体"的上海新城综合交通枢纽。

对外，嘉定新城将构建"三横四纵"对外高速干线网络，启动沿伊宁路－浏翔公路－绿意路－G15 沈海高速的辅环项目，加快沿宝安公路－浏翔公路－绿意路－嘉松北路形成快速环线。同时，将配合推进嘉闵联络线建设，推进 S5 伊宁路立交建设，深化研究 S5 抬升工程。

嘉定新城将积极倡导公交优先，全力构建以轨道交通为主体、中运量和常规公交为补充的公共交通体系，打造安全、环保的慢行系统。以 15 分钟社区生活圈建设为依托，打造全人群友好、全出行链无碍的高品质街道空间。

"十四五"期间，嘉定将从"路""云""车""城"四个方面推动智慧交通建设，让"聪明车"跑上"智慧路"，将嘉定新城打造成为长三角乃至全国范围内"无人驾驶率先突破、数字高速先行通车、智慧交通创新赋能、城市品质共同提高"的国家智慧交通先导试验区。

首先是串起智联"路"，将加快规划建设智能化道路，建设广泛覆盖的车用无线通信网络、覆盖全国路网的道路交通地理信息系统以及高精度时空基准服务和智能汽车基础地图等。2021 年重点打造远香湖无人驾驶示范环

嘉定新城"十三五"成绩单

1. 已开发面积约 **75** 平方公里，常住人口约 **48.6** 万。
2. 2020 年，新城范围内完成税收收入 **165.3** 亿元，完成属地规模以上工业产值约 410 亿元，工商登记企业数 7.4 万户，高新技术企业 680 家，约占全区总量的 1/3。
3. 先后开办交大附中嘉定分校、华二初中、中福会幼儿园等名校，布局瑞金医院北部院区、市中医医院嘉定院区两所三甲医院，建成保利大剧院、嘉定图书馆、F1 赛车场、上海市民体育公园等高品质设施。
4. 新城核心区建成远香湖、紫气东来、环城林带、石冈门塘"四大景观"，"千米一湖、百米一林"初步呈现，新城核心区绿化覆盖率达到 **40%**，荣获"中国最佳生态宜居城市"称号。

嘉定新城"十四五"的定位与目标

1. 到 2025 年，嘉定区 GDP 规模达到 **3 600** 亿元，年均增长 8%；嘉定新城常住人口 70 万人，产业总产出达到万亿级规模，其中先进制造业达到 3 500 亿元，商贸服务业达到 6 500 亿元。
2. 到 2025 年，嘉定新城战略性新兴产业产值占比达到 **40%** 以上，高新技术企业超过 1 400 家，全社会研发经费支出相当于增加值比重保持在 5% 以上，每万人发明专利拥有量达到 60 件。
3. 到 2025 年，嘉定新城智慧交通覆盖率达到 **100%**，30 分钟实现内部通勤及联系周边中心镇，45 分钟到达近沪城市、中心城和相邻新城，60 分钟衔接国家级枢纽。
4. 到 2025 年，嘉定新城普惠性托育点覆盖率达到 **90%**，社区综合服务圈覆盖率达到 **100%**，加快推进乡村生活服务圈覆盖，形成 5 个国际国内和长三角知名的品牌赛事和活动。
5. 到 2025 年，新城范围内环境空气质量（AQI）优良率达到 **85%** 以上，$PM_{2.5}$ 年日均浓度控制在 35 微克/立方米左右；人均公园绿地面积达到 11.5 平方米、森林覆盖率达到 **21%** 以上；受污染场地安全利用率达到 **100%**；生活垃圾无害化利用率达到 **100%**、生活垃圾回收利用率不低于 **50%**。

路、裕民南路"最美未来道路"、白银路"上海第一路"和沪宜公路智慧车列。

其次是打造智控"云",将构建国家智能汽车大数据云控基础平台、智能汽车云控平台和运营服务平台,探索建设上海乃至长三角地区的智慧交通专网。

创造智能"车"方面,将支持车企等创新主体加快智能、网联等核心技术攻关,建立基于智能制造的智能汽车零部件及整车制造生态体系。

建设智慧"城"方面,将依托国家智能传感器创新中心等平台,打造数据、研发、测试、运营和管理五大数字化赋能平台,推进5G通信网、北斗定位网和智能交通网三网融合。

（资料来源：上海市嘉定区发展改革委）

到2025年,初步具备独立的综合性节点城市地位,到2035年基本建成长三角城市群中的综合性节点城市,成为科技创新高地、智慧交通高地、融合发展高地、人文教化高地,成为具有较强辐射带动作用的上海新城样板。

青浦新城：高颜值、最江南、创新核的未来之城

青浦新城未来着力塑造以下五个城市特色：第一，青浦新城将是一座充分体现江南文化风韵的现代城市。青浦新城将把"水"作为城市的核心元素，彰显水的灵动、灵秀和灵气，全面恢复城水相依、人水相亲、绿水相融的江南水乡风貌和文化生活场景，全方位展现江南风、江南美、江南韵，重塑"江南好，风景旧曾谙"的历史记忆和"小桥流水人家"的诗意栖居。

第二，青浦新城将是一座充分体现开放门户功能的枢纽城市。依托进博会、长三角一体化发展和虹桥国际开放枢纽建设等国家级战略平台，积极打造开放和创新、交通和物流、贸易和金融、信息和文化"八大枢纽功能"，全面打开对内对外开放两大扇面，成为集聚配置长三角乃至全球资源的功能高地和枢纽城市。

第三，青浦新城将是一座充分体现创新创业活力的梦想城市。依托"长三角数字干线"，加快集聚一批具有影响力的创新产业和创业平台，布局一批在长三角乃至全国具有领先地位的城市服务功能，加快建设长三角消费中心城市，打造长三角具有制度竞争力的营商环境、人才吸引力的创业环境、幸福号召力的宜居环境，让青浦新城成为天下英才近悦远来、施展才干、成就梦想的创新创业热土，让"选择青浦就是选择成功，投资青浦就是投资未来"广为传播、深入人心。

第四，青浦新城将是一座充分体现数字引领发展的未来城市。贯彻城市数字化转型的最新理念，全面推进产业、生活和治理数字化转型。在产业发展上，依托上海东西发展轴上数字信息产业集聚的优势，沿G50高速打造一条"长三角数字干线"，向东加强与张江科技城的联动，向西加强与长三角沿线城市的对接，中间加强虹桥国际开放枢纽、青浦新城和一体化示范区的串联，力争形成一条万亿级的数字经济发展带。

青浦新城"十三五"成绩单

1. 2019年新城规模以上工业总产值为 **1 027** 亿元。
2. 青浦工业园集聚了 **149** 家行业龙头企业。
3. 青浦图书馆、青浦博物馆、青浦档案馆、青浦青少年活动中心、区文体中心、区应急联动中心、复旦附中青浦分校、中山医院青浦分院扩建等一批功能性项目建成使用。
4. 约 **200** 万平方米老旧住宅小区美丽家园建设顺利完成。
5. 2020年初，淀浦河、油墩港、上达河、西大盈港等 **21** 公里骨干河道沿线的环城水系公园全线贯通。

"十四五"期间，青浦新城十大重点工程

1. 投资 **410** 亿元在青浦新城中心位置规划建设综合交通枢纽。整合"城际铁路、市域铁路、城市轨道"三网，实现沪苏嘉（青嘉吴）城际线、嘉青松金线、轨交17号线同站换乘，包括建设两条中运量示范线。
2. 投资 **18** 亿元在中央商务区建设长三角艺术中心。包括一个1200座的大剧场、一个500座的小剧场、一个800座的音乐厅、一个300座的多功能报告厅。
3. 投资 **23** 亿元，以上达河、东大盈港水绿生态轴为引领，建设1平方公里中央公园。
4. 建成独具水乡特色、兼顾历史文化、生态水景、健身运动和休闲旅游的综合性环城公园。
5. 计划投资 **53** 亿元在新城老城厢地区包括艺术岛、南门地区等在内总面积约3.2平方公里的区域开展城市更新。
6. 计划与复旦大学合作建设一座集康复医学研究院、生物医药研究院等若干个新增学科研究平台。
7. 投资 **10** 亿元规划建设一所以5G技术为支撑的新型学校。
8. 投资 **8** 亿元建设综合性三级甲等医院，占地185亩，设置床位1200张，2021年开工。
9. 投资 **90** 亿元，建设G50扩容及智慧高速公路建设，建成后将成为青浦对外辐射的数字干线。
10. 在新城范围84个社区推进以社区中心为主体的家门口服务体系和"15分钟生活圈"为单元的城市公共服务体系建设。

第五，青浦新城将是一座充分体现人居生活品质的幸福城市。坚持以人民为中心，按照共建共治共享的治理格局，寓管理于服务、寓活力于发展，城乡一体打造"安全、和谐、美丽"的幸福社区，整体塑造精细化规范化的社区管理、精准化共享化的社区服务、精致化现代化的社区空间，积极构建以社区中心为主体的家门口服务体系和"15分钟生活圈"为单元的城市公共服务体系，让"幸福生活始于社区""足不出户、享遍天下"的高品质生活成为青浦新城的最好注脚。

（资料来源：上海市青浦区发展改革委）

"十四五"时期，青浦新城空间格局示意图

松江新城：未来之城

"十四五"时期，面对世界格局之变，松江将坚持"科创、人文、生态"卓越价值取向不动摇，发力打造具有独立功能的长三角综合性节点城市；面对发展格局之变，将打造"中心节点"和"战略链接"重要枢纽之一，服务上海和长三角率先形成新发展格局。站在"两个一百年"历史交汇点上，松江新城将以世界眼光、一流标准系统设计，建设面向长三角、面向未来、面向现代化的独立综合性节点城市。

打造科技创新策源与高端产业引领的科创之城。瞄准国际先进科创能力和产业体系，加快建设长三角G60科创走廊，提高长三角地区配置全球资源能力和辐射带动全国发展能力。坚持"一高地、三生态"战略定位，打造新兴产业发展高地，形成充满活力的产业创新生态、规范高效的政务服务生态和众人青睐的人才发展生态，若干重点领域关键核心技术取得突破，新兴产业蓬勃发展，建成若干千亿级和百亿级先进制造业、战略性新兴产业集群，在国内外产业分工和价值链中的地位明显提升。推动松江大学城高校与长三角G60科创走廊紧密结合，加快产业高端人才集聚，增强"双城融合"创新驱动策源力。金融服务体系和营商环境更加完善，城市能级和核心竞争力大幅提升，成为上海产业经济高质量发展的增长极、"五型经济"的重要承载区和产城融合发展的示范标杆。

打造高铁时代"站城一体"与"四网融合"的枢纽之城。深化以松江枢纽为核心的国家高铁网、轨交地铁网、有轨电车网和地面公交网"四网融合"，形成独立的综合交通体系框架，实现"30、45、60"的出行目标，打造"松江枢纽"现代物流体系示范集聚区，形成铁路、水路、陆路多式联运的智慧物流港。建设长三角要素资源配置门户枢纽，构建集综合交通、科技影都、现代商务、文化旅游、现代物流等为一体的功能区，充分依托"松江枢纽"服务长三角、联通国际的枢纽功能，建设"站城一体"中央商务区。

打造互联互通与智慧智能的数字之城。推动城市数字化转型，开展产业数字化试点，发挥全国首个国家级新型工业化产业示范基地的先发优势，依托腾讯长三角AI超算中心、海尔COSMOPlat等新基建重大项目，加快5G、云计算、大数据中心等新基建布局，率先建成长三角G60科创走廊工业互联网生态链。形成全区统一的城市数智底座和超级城市大脑，提供多元化、个性化智慧服务，推动形成开放的长三角G60科创走廊数字城市应用场景，增强"一网通办""一网统管"服务效能，建设智慧城市、数字城市。

打造绵厚历史与新时代文明交相辉映的人文之城。社会主义核心价值观深入人心，人民城市品质持续提升，公共文化体育设施布局更加合理，深化文物保护利用、加强非遗活态传承，人文松江特质进一步彰显；文旅深度融合，成为具有品牌显示度和功能辐射度的国际大都市文旅标杆区；上海科技影都建设加快推进，初步形成具有

松江新城"十四五"目标

到 2025 年

常住人口达到约 **95** 万，松江区地区生产总值达到 **2 600** 亿 ~ **3 000** 亿元。
社区级公共服务设施 15 分钟步行可达覆盖率提升至 **85%** 以上。
普惠性托育点覆盖率 **100%**，公办园和普惠性民办园在园幼儿占比 90%，公办示范性幼儿园比例达到 10%，公办市一级幼儿园比例达到 50%。
建成区美丽街区覆盖率达到 **50%**，新城公园绿地实施率达到 40% 以上。
生活垃圾回收利用率达到 **50%**，生活垃圾无害化处理率 100%，污水厂污泥无害化处置率 100%。
150 万平方米旧住房更新改造，加装电梯完成 **100** 台。
道路信息通信管道覆盖率达到 **90%**。
政务服务场所自助服务设备覆盖率预计达 **50%**。

到 2035 年

松江新城常住人口达到约 **110** 万，地区生产总值达到 **5 000** 亿 ~ **6 000** 亿元。

世界影响力的影视文化产业集群;"上海之根、文明松江"深度融入城市血脉、根植市民心中,市民素质和社会文明程度不断提高,成为推动松江经济社会发展的重要支撑和核心竞争力。

打造人与自然和谐共生的生态之城。生态环境治理更有力度,大气、水、土壤、绿化等生态环境质量稳定向好,区域污染物排放总量持续减少,资源节约集约利用水平明显提高,人均公园绿地面积持续提高,生态空间规模与品质得到提升,基本形成"园城相嵌、林城相拥、水城相融"的生态网络,城乡环境更加宜居宜人。绿色生产生活方式广泛形成,高品质生活广泛享有,平均期望寿命继续走在全市前列。

(资料来源:上海市松江区发展改革委)

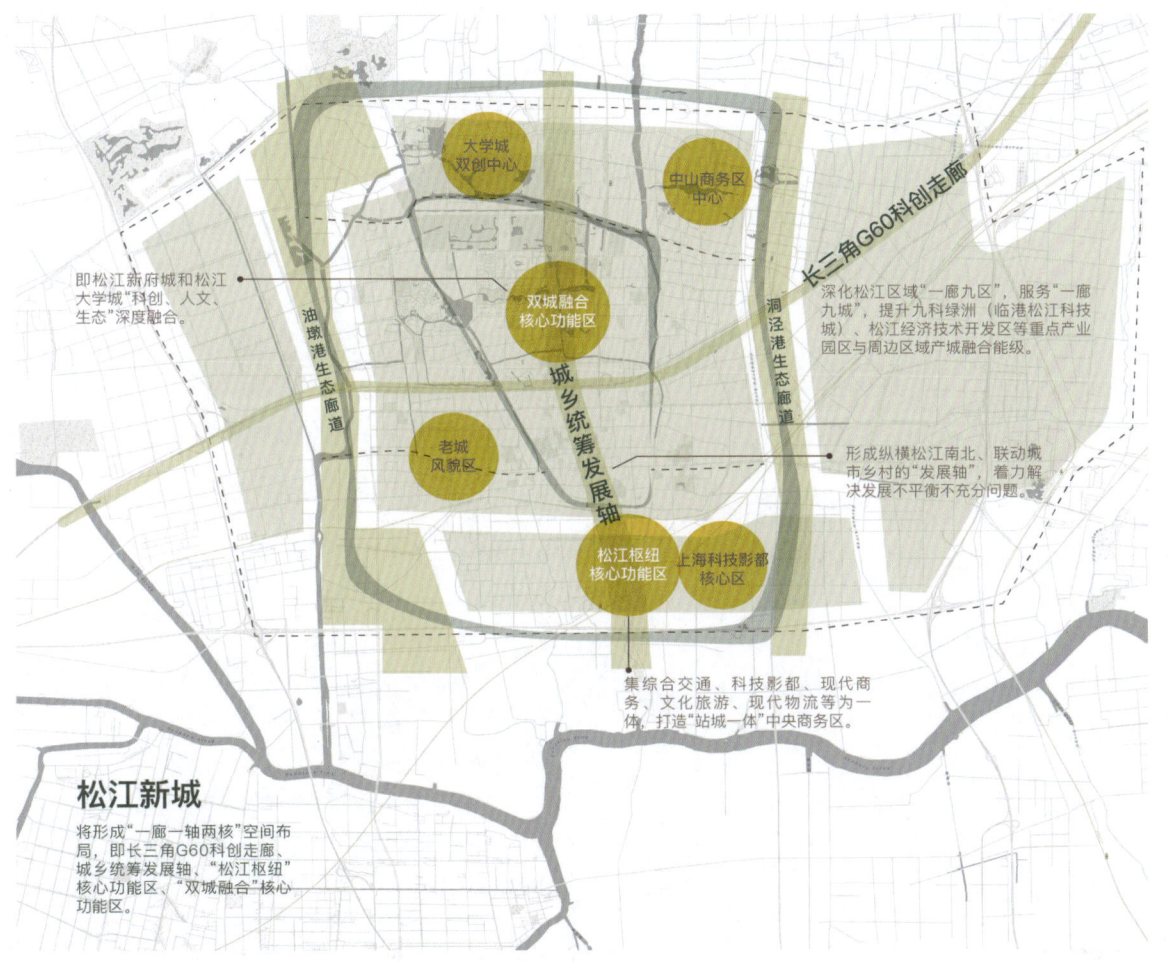

奉贤新城：超越、跨界、破圈

从南桥新城到奉贤新城、从郊区卫星城到独立的综合性节点城市，此次提出的"五个新城"之于奉贤，"新"落在何处？"新"就是追求质变，是在城市规划和综合治理上寻求跨界和破圈，在变中实现超越、实现与众不同。

奉贤新城的质变采用逐步推进的做法，从打造"新江南景致水乡城市"的城市意象做起：依托环杭州湾大湾区，连通黄浦江上游 90 度转角的"浦江第一湾"、东西向的浦南运河和南北向的金汇港，发展兼具水岸经济和水岸文化样态的"十字水街"；沿水系构建长达 100 公里、宽度 30 米至 3 公里的"田字绿廊"；进而打造九宫格式的"人民社区"和"一朝梦回五千年"的城市文化机理；最终营造出"百里运河、千年古镇、一川烟雨、万家灯火"的城市意象。

产业经济为城市赋能，让新城强大。"十四五"时期，奉贤区将引导企业从投机到创新、推动政府从服务到合作、兼顾有限资源数字化提升无限发展和无限资源网络化链接无限发展、从土地空间向数字化空间转变，是奉贤新城定位的破圈方向。

奉贤的"东方美谷"为人熟知，目前品牌价值逾 110 亿、融合化妆品、食品、药品的大健康产业已在奉贤扎根，并成为了全国的样板。下一步，奉贤新城将着力打造"未来空间"智能网联汽车新高地，与中车、百度、中智行、上海交大等行业标杆合作，打造"聪明路、智慧车、未来城"，目前已开辟了自动驾驶汽车试验专用道路。头部产业带动了中小企业总部的集聚和裂变，在 46 万家市场主体的基础上，瞄准"十四五"末实现 100 万家的目标。

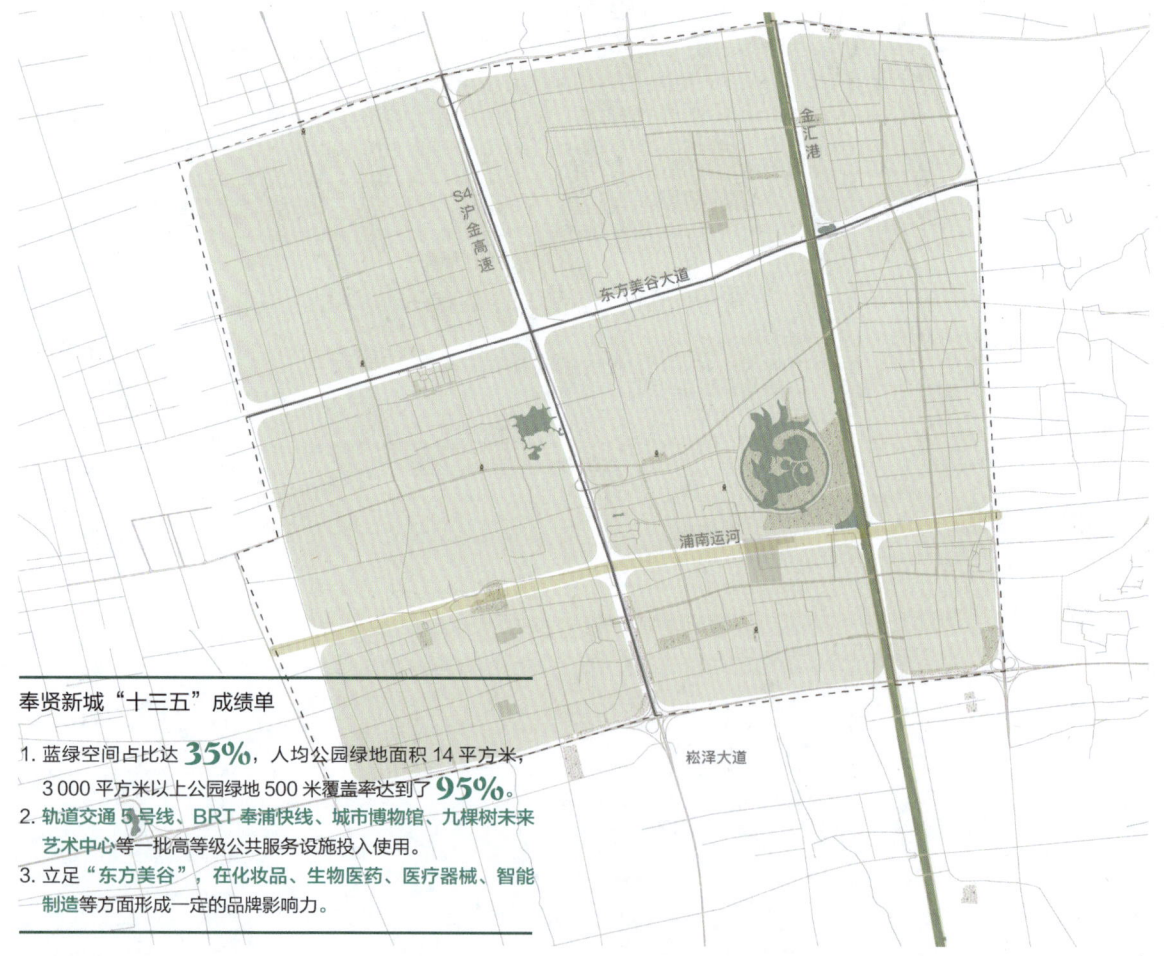

奉贤新城"十三五"成绩单

1. 蓝绿空间占比达 **35%**，人均公园绿地面积 14 平方米，3 000 平方米以上公园绿地 500 米覆盖率达到了 **95%**。
2. 轨道交通 5 号线、BRT 奉浦快线、城市博物馆、九棵树未来艺术中心等一批高等级公共服务设施投入使用。
3. 立足"**东方美谷**"，在化妆品、生物医药、医疗器械、智能制造等方面形成一定的品牌影响力。

人民是城市的主人。奉贤注重人性尺度和人性空间，提升城市的柔软性和识别度，让城市成为直抵人心的心灵归属；绣出城市"微空间""微基建""微功能"，打造便捷、适宜的15分钟社区生活"甜甜圈城市"；建设有弹性、能抵御自然灾害的韧性城市；建设以"九宫格"为形态的人民社区；探索"人民城市、人民性"奉贤指数，加快建设人性化、人文化、人情味的人民城市，塑造"奉信、奉贤、奉献"的城市精神。奉信，即立足于中国特色社会主义道路自信、理论自信、制度自信、文化自信，以法治为底线，将诚实守信作为城市精神的支撑。奉贤，即敬奉贤人、汇聚人才，最具代表性的便是"贤商大会"品牌论坛。奉献，就是要在复兴追梦路上积累有益的实践经验和案例，提供可复制、可落地的"奉贤方案"。

（资料来源：上海市奉贤区发展改革委）

"十四五"期间，奉贤新城集中发力的五个重点地区

1. **新城中心**：面积约 **8.6** 平方公里。聚焦核心区，高品质建设以上海之鱼、九棵树生态众创空间为中心的中央活动区。
2. **数字江海**：面积约 **1.9** 平方公里。以美丽健康生物医药和智能网联汽车为主导，建设形成环境优美、产业引领、高能级、高科技的产业社区样板。
3. **国际青年社区**：面积约 **3** 平方公里。充分发挥新片区制度政策优势，以高服务能级、高建设标准、高环境品质打造知名国际社区。
4. **南桥源**：面积约 **2** 平方公里。高标准推进南桥源及浦南运河两岸城市更新，改善环境品质，提升综合服务能级，结合水上交通，打造具有特色的水上生活体验。
5. **东方美谷大道**：面积约 **7.8** 平方公里。以产城融合发展理念，由东至西形成门户区（健康医疗）、文化区（东方美谷中心）、交通主导示范区（TOD总部商业商务中心）、产业区（健康研发）的功能布局。

南汇新城：新在哪里，特在何处？

南汇新城作为中国（上海）自由贸易试验区临港新片区的主城区，规划面积343.3平方公里，是临港新片区建设具有较强国际市场影响力和竞争力的特殊经济功能区核心承载区。那么，南汇新城，究竟新在哪里，特在何处？

一是突出开放性和国际化。南汇新城承担着重要的国家战略，将充分发挥"空港海港自由港"的区位和制度优势。二是突出未来感。发挥南汇新城"滩涂造城、平地兴产"的特点，加快建设智慧互联的数字城市、色彩缤纷的公园城市、生态韧性的海绵城市、综合利用的无废城市、绿色环保的低碳城市、集约高效的立体城市。三是突出滨海城市风貌塑造。发挥南汇新城临海拥湖优势，加强城市风貌设计和重点区域风貌管控，打造最具特色、最具魅力的滨海新城、文化新城。

"十四五"期间全力实施"十大赋能计划"，全面提升城市综合功能。

开放创新引领计划：到2025年，建设10个以上顶尖科学家实验室和30家开放型产业创新平台，引进跨国公司研发中心和行业龙头企业研发中心各20家。新增高新技术企业达到1000家。前沿科技产业攻坚计划：形成集成电路、智能新能源汽车和高端装备制造等3个千亿级产业集群，形成人工智能、生物医药、民用航空等百亿级产业集群。现代高端服务业培育计划：加快建设"滴水湖金融湾"，形成上海国际金融中心功能的新地标。实施"总部激励计划"，集聚各类总部机构超过50家。人才全方位导入计划：到2025年，力争年均导入人口达8万~10万人。综合交通提升计划：完善内部交通体系建设，推动新元南路、X2路等一批主次干路建设，加快推进中运量示范线建设和运营，扩大智能网联汽车示范应用。公共配套完善计划：上海中学东校高中部、华师大二附中临港校区、临港青少年活动中心等标志性项目建成投用。加快推进市六医院临港院区改扩建及医疗中心建设。生态环境秀美计划：加快城市公园提质改造，全面深化海绵城市建设，全面实施垃圾分类，积极推进绿色能源示范项目建设。文化软实力塑造计划：规划建设地区级图书馆、剧场等文化设施项目，试点跨境艺术品保税交易。城市治理提效计划：积极探索社区治理数字化转型，引进优质公共服务机构。提升"一网统管"精细化治理水平。营商环境优化计划：加大"放管服"改革，深化商事主体登记确认制改革，落实"证照分离""一业一证"各项改革任务，探索"证照联办"改革试点。

[资料来源：中国（上海）自贸试验区临港新片区管委会]

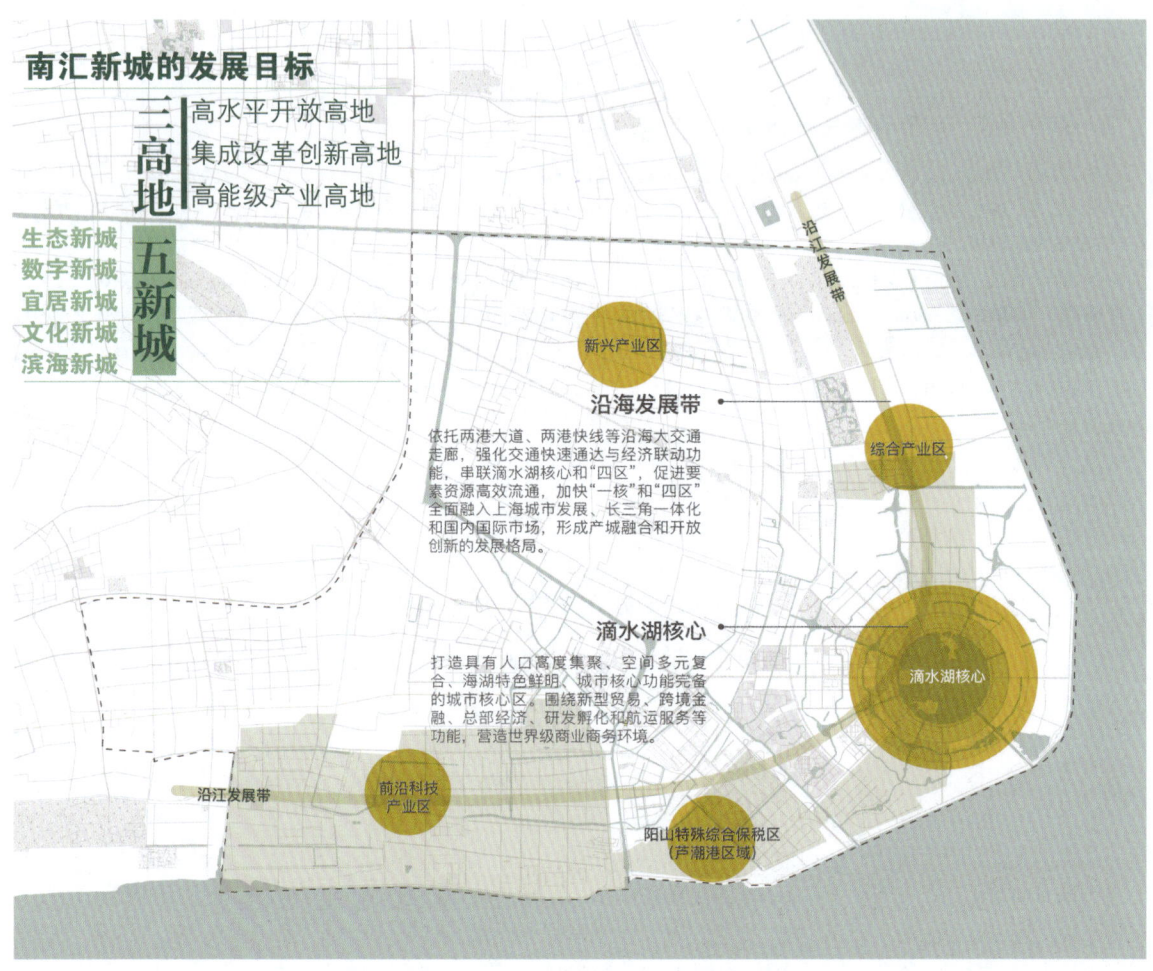

"十四五"期间,这三大区域地域如何实现四个"互"

未来虹桥国际开放枢纽和自贸试验区临港新片区、长三角生态绿色一体化发展示范区,这三大区域定位各有侧重、相辅相成,共同推动长三角更高质量一体化发展,可以用四个"互"加以概括:

一是地域互连。由东向西,这三大承载地从上海市域东部直抵长三角腹地。向东看,虹桥国际开放枢纽与上海自贸试验区和临港新片区相得益彰,直面广袤太平洋和海上丝绸之路;向西看,虹桥国际开放枢纽与长三角生态绿色一体化发展示范区珠联璧合,辐射长三角、长江经济带和全国,联动丝绸之路经济带。

二是功能互补。一体化示范区旨在通过一体化制度创新率先探索将生态优势转化为经济社会发展优势;临港新片区重在通过推进投资贸易自由化便利化,打造与高水平国际通行规则相衔接、更具国际市场影响力和竞争力的特殊经济功能区;虹桥国际开放枢纽与一体化示范区一左一右就像两部引擎,对长三角一体化高质量发展形成"双轮驱动",打造国内大循环的中心节点;虹桥国际开放枢纽与临港新片区在协同开放方面"两翼齐飞",将使长三角真正成为国际国内双循环的战略链接,并为全国构建新发展格局探索路径、作出示范。

三是政策互鉴。虹桥国际开放枢纽的建设借鉴了自贸试验区和临港新片区的一些政策和制度创新举措,例如"允许在上海自由贸易试验区临港新片区设立的境外知名仲裁及争议解决机构在虹桥商务区设立分支机构,就国际商事、投资等领域发生的民商事争议开展仲裁业务"等。下一步推进落实过程中,将继续借鉴临港新片区和一体化发展示范区的制度创新成果,同时也将积极分享虹桥国际开放枢纽建设过程中的有益探索和实践。

四是项目互通。虹桥国际开放枢纽建设将提出一批重大项目,如"强化虹桥与浦东两机场联动""规划建设沪苏湖、沪乍杭、通苏嘉甬等高铁",对三大承载地的互联互通有极大促进作用,将更好地推动长三角一体化高质量发展。

(资料来源:上海市发展改革委)

虹桥枢纽

宝山：全面建设科创中心主阵地，谱写上海"北转型"新篇章

一个地方的发展是接续奋斗的连载故事，一代人有一代人的使命，一代人有一代人的担当。梳理宝山近代以来的发展轨迹，大的脉络是"开放立区""实业兴区"，"十四五"期间进入了"科创强区"的发展新阶段。宝山全面建设科创中心主阵地，是要真正把科技成果转化为现实生产力，成为未来发展的核心驱动力。

聚焦两大板块，带动形象功能"转变"

坚持产城融合发展，加快南大、吴淞地区转型，全面提升城市形象功能，全面融入市域空间新格局，演绎好北上海城市"变奏曲"。

要聚焦南大、吴淞重点突破。要加快控详规划落地，瞄准科技创新产业化方向，吸引各类创新要素加快集聚，在科创金融服务、科创成果转移转化、国资国企科创研发等方面实现突破，打造主阵地的核心承载区。"一校一企"与南大、吴淞有天然联系。打好"上大"牌，全力推进环上大科技园建设，努力建成市级示范园，形成校区、园区、社区融合发展局面。打好"宝武"牌，紧盯宝武"二次创业"的战略布局及其生态圈企业，加速产业集聚。到"十四五"末，南大6平方公里争取基本成型，吴淞5~8平方公里组团开发。

要推动全域功能整体提升。坚持"大格局、小组团"联动，宝山南中北三大分区要找准角色定位，形成相对独立完备的产城融合局部组团。南大组团形成南大智慧城与上海大学、超能新材料科创园的"产、城、创"融合；吴淞组团加强吴淞创新城与宝武、复旦联动，带动杨行、淞南、高境及逸仙路沿线，形成产城融合组团；蕰藻浜沿线，重点聚焦其与南北高架交汇所形成的"四个象限"，实施组团开发，通过破墙、贯通等方式推动空间敞开，促进功能融合、要素流动。

围绕三大园区，加快发展动能"转换"

宝山新动能的成长还不足以抵消旧动能的衰减，成为非常紧迫又事关长远的结构性矛盾。"十四五"期间，宝山必须要摆脱对房地产的依赖，实实在在推进新旧动能转换，增强发展后劲。

一是聚焦优势产业建链补链强链。培育科技产业集群。重点推进新材料、机器人及高端装备、生物医药、新一代信息技术等产业加快发展，形成全产业链竞争能力。重点发展"五型经济"。做大以在线新经济为代表的服务型经济，培育壮大在线服务、线上医疗、线上教育等龙头企业；做强流量型经济，打造以世界级钢铁交易平台为首的各类大宗商品交易平台；发展知识密集型服务业和总部型经济，鼓励企业创新商业模式，发展线上消费、体验消费、健康消费等新消费。赋能提升传统产业。实施智能制造升级行动，支持企业推进"AI+""大数据+"等新技术融合应用。

二是强化以经济密度论英雄导向。要坚持"四个论英雄"，把园区能级提起来，把经济密度做上去。力争"十四五"期间可盘活的存量在1万亩以上。投资强度要上去，新增出让用地40%用于工业项目。体制机制要理顺，坚定不移落实园区政企分开。

到2023年，基本形成主阵地建设的功能基础，实现关键指标"双倍增四提升"：科技型中小企业、高新技术成果转化项目数实现倍增，高新技术企业数、战略性新兴产业增加值占比提高率、全社会研发经费支出占比提高率、创新创业高层次人才及团队引育增长率实现大幅提升。到2025年基本形成全域创新的蓬勃态势。

（资料来源：上海市宝山区发展改革委）

金山：全力打响"上海湾区"城市品牌，创造上海"南转型"新奇迹

金山发展的齿轮始终深深嵌在上海发展的大局中。上海石化建成之前，金山是上海重要的"菜篮子"和"米袋子"；20世纪70年代，金山开始了从"农业大县"到"化工大县"的第一次转型，上海石化和上海化工区的相继落地；时代的发展需要越来越完备的产业体系，金山迎来了又一次的转型。

聚焦功能转型"战略核心"，推动城市形象"蝶变"

金山作为杭州湾北岸的重要节点城市和沪杭、沪甬廊道上的中继站，推动转型的关键就是立足区位优势，实现从农业大区、工业大区到"上海湾区"的形象蜕变。一是要打造创新湾区。金山将加快建设碳谷绿湾产业园、上海湾区健康医学城、金山大道经济走廊等重大平台，将上海湾区科创中心打造成为集科创、产业、商贸、文化等为一体的区域性科创中心。做大做强新材料、生命健康等战略性新兴产业，成为"上海制造"品牌重要承载区和科创成果转化区。二是要打造魅力湾区。一方面，金山将加快建设上海金山滨海国际文化旅游度假区和乐高主题乐园度假区；另一方面，金山将不断优化城市核心功能，着力完善城市基础设施建设和公共服务水平。三是要打造生态湾区。金山将继续实施第三轮环境综合整治和第八轮环保三年行动计划，着力打造公园城市、森林城市、湿地城市，积极创建"绿水青山就是金山银山"实践创新基地及国家生态文明建设示范区。同时，金山也将着力修复海洋生态环境，持续打响"海洋牌""文化牌""生态牌"。

落实产业转型"双轮驱动"，实现产业能级"跃升"

新一轮的金山转型，产业转型是最大的动能。一是实现高端产业引领。金山化工产业要由炼油等重化工逐步向精细化工转型；新材料、智能装备、生命健康、信息技术等产业集群要持续做强；细分的生物医药、无人机、碳纤维、新型显示等产业要做出特色、打出品牌。二是推动服务业能级提升。第一，金山要大力发展数字集成服务、专业服务、总部经济等产业；第二，金山要依托阿里云华东智能算力中心等平台，推动数字经济和实体经济深度融合发展；第三，金山要打造南线、中线、北线"三线"各具特色的文旅产业发展新布局，全力打响"金山如画"文旅品牌。

加速空间转型"三驾马车"，打开空间格局"视野"

优化市域空间，是上海"十四五"实现高质量发展的重要举措之一。一是全面落实国家战略。金山将全面落实虹桥国际开放枢纽战略，加快推进南枫线、沪乍杭、嘉青松金线规划建设，深入建设华东无人机空港、青少年综合素质发展示范区、公共卫生应急资源保障基地等重大平台；主动接轨长三角G60科创走廊，不断提升金山在G60科创走廊产业链、创新链、价值链中的能级和显示度。二是持续深化"两两合作"。金山将进一步深化与嘉善、平湖等毗邻区域联动发展，打造联动沪杭的中继站和对接浙江的桥头堡，建设长三角联动发展"两两合作"示范区。

三是着力优化城镇空间格局。金山将着力优化"一城两轴一圈"城镇空间功能格局，形成滨海地区、亭枫地区和中部生态圈三大空间格局。滨海地区将聚焦"一谷一城一区一带一中心"建设，打造成为金山转型的"核心"担当；亭枫地区将围绕乐高、华平、阿里云等重大项目和无人机、新型显示、生物医药等重点产业，成为金山转型的"实力"担当；中部生态圈将打造长三角乡村振兴一体化发展先行区，成为金山转型的"颜值"担当。

（资料来源：上海市金山区发展改革委）

崇明如何将绿水青山转化为金山银山：立区、兴区、强区

新世纪以来，崇明作为上海最为珍贵、不可替代、面向未来的生态战略空间，以坚实的步伐走上了生态优先、绿色发展之路。20年的坚守、探索与实践，让崇明成为了上海重要的生态屏障和21世纪实现更高水平更高质量绿色发展的重要示范基地。

自2016年习近平总书记在重庆主持召开推动长江经济带发展座谈会以来，"共抓大保护、不搞大开发"理念深入人心，"十四五"期间，崇明区将把开展长江经济带绿色发展示范作为服务全国大局、建设生态文明的重要抓手，推进立区、兴区、强区，成为"十四五"时期崇明世界级生态岛建设的主要任务。

崇明世界级生态岛建设重要时刻

2016年12月16日
上海市委、市政府发布了《崇明世界级生态岛发展"十三五"规划》，首次明确世界级生态岛发展定位，各级领导对崇明生态岛发展寄予殷切期望。

2017年3月5日
习近平总书记参加第十二届全国人大五次会议上海代表团审议时，张兆安代表关于崇明世界级生态岛建设的发言，引起总书记的极大关注。总书记详细询问崇明生态保护情况，并对崇明世界级生态岛建设寄予厚望。

2018年12月23日
崇明成为国内首个获批开展长江经济带绿色发展示范的地区，以习近平总书记关于长江经济带"生态优先、绿色发展"重要指示为根本遵循，积极探索人与自然和谐共生新路径，全面提高世界级生态岛建设水平。

2019年9月27日
韩正副总理批示"崇明是长江经济带共抓大保护、不搞大开发的典范"。

2020年11月24日
李强书记到崇明调研时指出，崇明要成为长江经济带生态大保护的重要标志，以厚植生态优势"立区"，以高附加值生态农业"兴区"，以高端绿色产业"强区"。

以厚植生态优势"立区"

"十四五"时期，崇明将实现由保护生态环境为主上升为厚植生态优势、加速绿色崛起并重，推动生态资产向发展资本转化、生态要素向发展要素转化、生态优势向发展优势转化。

一是坚守生态初心，坚持一张蓝图绘到底。紧扣"生态优先、绿色发展"主线，严格确保生态安全。推进自然保护区建设，落实长江十年禁渔任务，实行体现"中国元素、江南韵味、海岛特色"的全域风貌管控。二是围绕长江经济带生态大保护，进一步聚焦水、土、林、气等关键领域，重点推进村沟宅河"拆涵建桥、改小并大、清淤通河"，绿地林地"四化"建设（绿化、彩化、珍贵化、效益化），努力把每一条道路、每一条河流打造成为风景线，把每一座村庄、每一片农田打造成为风景画，全域打造"海上花岛"。三是围绕全面融入长三角一体化发展国家战略，充分发挥崇明生态优势、区位价值，通过加强区域内全方位融合发展、区域外全方位协同发展、国内外交流合作，更好地汇聚发展力量、厚植发展优势、共享发展成果。此外，围绕国家赋予的长江经济带绿色发展示范重任，加快探索人与自然和谐共生新路径，深入开展生态产品价值实现机制研究，将"绿水青山"蕴含的生态系统服务盈余和增量转化为"金山银山"。

以高附加值生态农业"兴区"

"十四五"时期，崇明将继续围绕高科技、高品质、高附加值方向发展，努力成为国家农业绿色发展先行示范区、上海绿色生态农业发展引领者，使崇明农产品成为最安全、最生态的代名词和城市高品质生活的新元素。

主要考虑四个化：一是推进品牌化，建立推广"两无化"生产标准，全面建成崇明地域标志品牌管理体系，加大地理标志、证明商标、保护产品的认定力度，打造更多

农产品区域公共品牌和特色产品品牌。二是推进集群化，构建东部（现代农业园区、港沿镇、中兴镇、陈家镇、向化镇）、西部（正大300万羽蛋鸡场）、横沙三大现代农业产业发展集群。三是推进科技化，打造长三角地区具有影响力的崇明生态农业科创中心，加强"崇明"系列农产品品种研发，推动实现规模农业生产全程机械化。四是推进融合化，强化农业生产、流通、销售环节融合，着力打造"从田头到餐桌"全产业链。

以高端绿色产业"强区"

高端绿色产业不仅包括农业，更包括各类环境友好型产业、制造业和服务业。"十四五"时期崇明将以"五型经济"为引领，着力构建"2+3+N"现代化生态产业体系，全面提升产业发展能级和竞争力，努力走出一条好风景引来新经济的创新路。

一是推进海洋装备产业数字化、绿色化、智能化升级。"十四五"时期，崇明将着力打造千亿级长兴海洋装备产业集群。一方面，积极融入海洋经济发展大局。发挥长兴海洋装备产业集聚优势，大力发展海洋科技、生态环保、人工智能、工业互联和新型材料，加快推进高端制造、智能制造、绿色制造。另一方面，做大做强若干头部企业。发展壮大一批高新技术企业、行业龙头企业、世界领军企业，积极推进中船二期等重大产业项目。

二是推动高品质旅游业、特色体育产业、健康服务业布局发展。旅游业方面，围绕巩固提升全域旅游示范区成果，构建"一环二带五区"全域旅游空间布局，全力打造上海、长三角重要休闲地。体育产业方面，形成"两镇一带"总体布局，构建体育产业网络，培育一批特色体育服务产品，打造国际知名、上海气派、崇明特色的高水平体育赛事体系。健康服务业方面，推进东部地区高端医疗项目，支持中部地区引进国际医疗资源，打造西部中医药健康产业基地，形成东中西互动的健康服务集聚区。

三是抓住新基建和新经济的发展契机，主动培育发展数字经济、现代花卉产业、中医药产业。数字经济方面，鼓励发展电商直播等在线新经济，打造一批特色鲜明、示范性强的网红直播平台，打造崇明世界级生态岛电商直播园。现代花卉产业方面，在抓好花博会建设筹备、运营保障的同时，积极培育现代花卉产业，引培中外高端花卉企业，加快建设现代花卉四大中心，拓展花卉产业链、延伸花博价值链。中医药产业方面，依托庙镇藏红花、绿华镇铁皮石斛、三星镇苦草等药用植物种植基地和区第三人民医院等医疗资源，推进中药材种植、研发、应用全产业链发展。

（资料来源：上海市崇明区发展改革委）

2021年5月21日，第十届中国花卉博览会在上海市崇明区开幕

全面推进乡村振兴战略

优先发展农业农村，加快农业农村现代化，促进城乡资源双向流动，以"美丽家园、绿色田园、幸福乐园"建设为抓手，盘活土地资源和集体资产，不断提升郊区乡村的宜居度和吸引力，促进农业高质高效、乡村宜居宜业、农民富裕富足，建设充满活力的超大城市美丽乡村、未来发展战略空间和核心功能重要承载地。

提升大都市乡村产业现代化水平
推进都市现代农业高质量发展
持续推动农村一二三产业融合发展
培育超大城市乡村地区多元功能

全面实施乡村建设行动
提升优化农村人居环境
着力提高农村公共服务水平
持续推进美丽乡村建设

发挥各类城镇对乡村的带动联接作用

深化农村各项制度改革

来源：《上海市国民经济和社会发展第十四个五年规划和二〇三五年远景目标纲要（普及版）》

都市乡村要保留，更要振兴

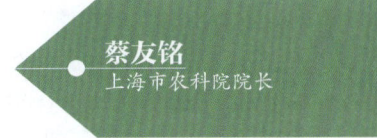

蔡友铭
上海市农科院院长

乡村振兴战略是中共十九大报告中提出的发展战略。十九大报告指出，农业农村农民问题是关系国计民生的根本性问题，必须始终把解决好"三农"问题作为全党工作的重中之重，实施乡村振兴战略。实施乡村振兴战略，要坚持党管农村工作，坚持农业农村优先发展，坚持农民主体地位，坚持乡村全面振兴，坚持城乡融合发展，坚持人与自然和谐共生，坚持因地制宜、循序渐进。

寸土寸金的上海要继续保留乡村

近来存在一种观点：上海这样的超大城市，农业产值在上海总的经济盘子中占比微不足道，而上海的经济发展面临建设用地不足的制约，如果把上海的农业用地转变为建设用地，就可以吸纳更多的人口，产生更高的效益。

这种观点是用非常狭隘的眼光、抽象的纸面逻辑在分析复杂的现实问题，很难说对实践有什么指导意义。"农业、农村、农民"，合称"三农"，在任何国家、任何历史时期都不曾被分割看待。"三农"，不仅是经济问题，还是生态问题、社会问题、政治问题。上海不仅要保留乡村，更要把乡村振兴作为一项重要工作来抓。政治角度来看，在很长一段历史时期里，"农业、农村、农民"为共和国的成长和发展作出了不可磨灭的巨大贡献，也付出了极大的代价。中共十六大以来，党中央把解决好"三农"问题放在全党工作重中之重的位置。21世纪已经连续出台十七个"中央一号文件"指导"三农"工作。习近平总书记在上海工作期间，高度重视"三农"工作，在不同时间、不同场合，他都强调"三农"问题是关系国计民生的根本性问题，必须坚持重中之重的战略地位。"十四五"规划《建议》和规划《纲要》中都明确提出要"优先发展农业农村，全面推进乡村振兴"。从社会角度来看，《宪法》第十条规定，"城市的土地属于国家所有。农村和城市郊区的土地，除由法律规定属于国家所有的以外，属于集体所有；宅基地和自留地、自留山，也属于集体所有"。上海接近70%的土地仍然是农村集体所有，上海还有接近100万户、240多万农民，近150万农业从业人员，这些都决定了农业、农村将在上海长期存在。从文化角度来看，上海是早期人类活动地之一，先祖在这块土地上创造了丰富多彩的河姆渡文化、崧泽文化。上海又是传统的鱼米之乡，有丰富的农耕文化积淀。100多年前，美国有机农业先驱、土壤物理学之父富兰克林·H.金为了探索农业可持续发展的难题还曾把目光转向东方，在其著作《四千年农夫——中国、朝鲜和日本的永续农业》中，用大量的篇幅表达了对当时上海农业技术的赞赏。这种扎根本土、有鲜明特色的文化尤其需要保护，而农村是这种优秀传统文化的重要载体，上海人需要这样的精神家园。从生态文明角度看，习近平总书记从生态文明建设的宏观视野提出山水林田湖草是一个生命共同体的理念，科学界定了人与自然的内在联系和内生关系，蕴含着重要的生态哲学思想，在对自然界的整体认知和人与生态环境关系的处理上为我们提供了重要的理论依据。这是当前和今后一段时期推进生态文明建设的重要方法论。

另外，即使只用经济的眼光来看，上海也必须坚持一部分农产品本地生产。比如去年初的疫情期间，省际交通受阻，地产蔬菜对稳定市场供应就起到了极大作用。从经济效益讲，市民喜爱的绿叶蔬菜，不耐储存、不耐长途运输，就必须维持较高的自给率。上海还有一大批经得起市场检验、备受市民喜爱的农产品品牌，其经济效益超出一般人的想象，是非常适宜的都市产业。

上海农业有优势但仍未充分发挥潜力

进入新世纪后,上海农业产值大体上经历了一个"先升后降"的过程。2000年时为216.5亿元,2014年达到343.78亿元的峰值,2018年回落到289.58亿元。在上海生产总值中的占比,则是从2000年的1.6%逐年下降到2018年的0.3%。这其中的原因,首先当然是因为整个上海经济快速发展,尤其是第三产业产值快速增长,相比之下农业的占比就小了。另外,上海的农业生产用地也从2003年的400多万亩下降到最近的200多万亩,虽然从单位土地产出的角度讲,上海的农业生产效率有明显提高,但总量肯定是下降的。从产品大类来看,主要是畜禽的产量下降较多。

上海农业在全国来说大都市特色比较突出,"不求大而求精"。比如坚持发展高效生态农业,在全国各省区市率先整建制创建国家现代农业示范区,农业可追溯体系保持在90%以上,农业机械化水平较高等。

"十三五"期末,上海对农业现代化水平从农业物质装备水平、科技支撑水平、经营管理水平、质量效益水平、绿色发展水平和支持保护水平六个方面开展评估,得分81.51分,可以说基本实现农业现代化。

我认为农业科技进步贡献率高,是上海农业非常重要的特点。这里当然也有上海市农科院的一份努力。上海的农业具有一定的技术优势、产业链优势、装备配套优势、市场营销优势。受制于各种条件,其潜力还未充分发挥。

要直面上海农业优势和短板,激发内生动力

上海农业由于无法充分利用市场机制,就制约了在技术、资金、管理能力上优势的发挥,无法形成大型的、有资源配置能力的农业企业。面对国际市场,上海农业企业的显示度、贡献度、配置资源的能力都不够。上海农业产业发展自身也存在一些问题。在现代农业生产力的发展上不平衡不充分,点上突破较多,但是总体看起来系统性不够。农业有很强的自然属性,有产前、产中、产后三个过程,我们现在农业全产业链的现代化水平是不平衡的。比如水稻,生产环节机械化水平高些,劳动生产率提高了,土地产出也提高了,但后道生产活动的现代化水平没有及时跟进,就影响了整条产业链的效率。蔬菜生产比较受重视,但保鲜物流、产销对接没有跟进,蔬菜田头交易的比重仍较大,采用订单式生产的比重较低,农产品的附加值就无法提高。农业产业体系还存在资源环境匹配度不高、流通体系效率不高、低端农产品过剩和高端优质农产品供给不足并存等问题。

又比如,上海在设施农业、现代农业上有相对优势,但设施农业用地的供应却受到限制,花卉、菌菇的工厂化生产就没有办法充分发展。这些高附加值的农产品无法扩大生产,农民收入就无法增加。又比如,土地流转承包后,针对高标准生产基地建设的相关土地政策不稳定,相应的配套政策和约束机制也不到位,经营者和土地承包者都觉得自己面临很大风险,导致签订长期流转合同的意愿不强,这就影响了新增高标准生产基地建设的投资。农业经营主体"小、散、乱"的现象普遍,生产主体的组织化、规模化程度低,农业产业体系对全产业链的覆盖不足、运转效率不高,农业从业人员结构失衡、年龄老化,农业机械化水平仍然偏低等因素,都制约了上海农业充分发展。

吸引年轻人投入以恢复农村发展的活力

"三个农民200岁"现象其实并不是中国特色。农村年轻人口流失,乡村可持续发展面临挑战,是世界性问题。比如据欧盟统计,到2050年,欧洲农村地区人口预计将减少790万。他们正积极推进的"建设21世纪智慧乡村"项目,就意图通过重点开展数字化与智能化建设,让乡村生活更便利、农业生产更智能,增强对年轻人的吸引力,恢复农村发展的活力。总体上,城市化与农村老龄化是伴生的。"三个农民200岁"是表象,农村改革不到位是深层原因,现在实施乡村振兴就是要解决这个问题。农村要对年轻人有吸引力,促进城乡融合是根本。对上海来说,最基础的工作是提高农村基础设施的建设水平和实现城乡公共服务的均等化、一体化。把这块短板补上,一部分年轻人就更有意愿入乡创业。要做好乡村产业文章,通过工业园区的集中、农村建设用地的高效利用,接纳一部分城市产业转移。同时提升上海郊区的现代农业产业,发展总

部经济，成为能高效配置国内外农业资源的总部，来提升上海农业的效益和收入。要持续深化涉农制度性改革，合理安置补偿农民土地经营收入、集体经济收入等，让年轻人有发挥空间，让农村事业后继有人。

"十四五"乡村振兴具体抓什么？

着力构建大都市乡村产业体系

全面推进都市现代农业高质量发展，促进绿色循环发展，提升科技装备水平，提升现代种业创新能力，培育壮大经营主体，加大品牌建设力度。持续推动农村一二三产业融合发展，打造优势特色产业集群，建设产业融合发展平台，提升休闲农业和乡村旅游水平。培育引导乡村新产业新业态新模式，因地制宜培育发展新产业新业态，打造产业发展新的战略空间和特色产业空间。

全力打造生态宜人的美丽乡村

全面提升农村人居环境，提升乡村规划水平，提升村容村貌，持续推进农村水环境整治，提升农村垃圾治理水平，完善长效管理机制。持续深入开展乡村振兴示范村和美丽乡村示范村建设。持续推进农民相对集中居住工作，加强风貌管控，强化区级主体责任。持续加强乡村生态建设，扎实推进农业面源污染防治，继续推进乡村绿化造林和郊野公园建设，建设崇明世界级生态岛。

传承弘扬大都市特色乡村文明

强化乡风文明建设，推动社会主义核心价值观融入乡村日常生活，注重农民群众诚信意识和道德建设，开展弘扬时代新风行动。传承和发扬优秀乡村传统文化，发展乡村特色文化产业。强化农村公共文化服务，健全乡村特色的公共文化服务体系，增加乡村公共文化产品和服务供给，培育壮大乡村文化体育队伍。

加快推进乡村基层治理现代化

加强农村基层党组织建设，深化村民自治实践，激发村民参与乡村振兴的主体意识，提升乡村治理精细化水平，提升乡村治理智慧化水平。

不断提升乡村居民生活水平与品质

提升农村基础设施水平，形成广覆盖的农村交通基础设施网，全面推进"四好农村路"和村内道路建设，推动市政公用基础设施建设向农村地区延伸，提升农村信息化水平。持续提升城乡公共服务均等化水平，持续加强郊区农村教育，优化基础教育资源配置，推进健康乡村建设，健全乡村基层医疗服务体系，继续完善农村社会保障体系，注重城乡养老服务设施和服务协调发展，推动农村养老服务设施均衡布局。强化农民就业促进工作，实施乡村创业带头人行动，深化农村综合帮扶工作。

切实增强大都市乡村发展动力

强化人才支撑，着力培育高技能农民，加强农村专业人才队伍建设，鼓励吸引社会人才投身乡村建设。加强土地资源保障，优化农村生产、生活、生态空间布局，强化规划土地管理支持，实施全域土地综合整治。拓宽各类资金渠道，保障财政优先支持乡村和农业发展，引导社会参与乡村振兴，加大金融支农力度。提升农业农村标准化管理水平，优化完善农业农村标准化体系，推动农业农村标准化应用推广。持续释放改革红利，稳妥有序推进集体经营性建设用地入市，稳慎推进农村宅基地改革，深化农村基本经营制度和集体产权制度改革。

（资料来源：上海市发展改革委、上海市农业农村委）

上海都市现代农业发展的新方向
——以金山区廊下镇为例

沈 文
上海市金山区廊下镇党委书记

上海都市现代农业(以下简称"都市农业")探索是从上世纪90年代开始的,浦东开发开放和上海国际性大都市的崛起,使上海的城乡结构发生了深刻的变化。为了正确反映农业发展的新趋势,建立与国际大都市相配套、具有时代特征、上海特点的农业,1994年,市委市政府提出了上海农业由城郊型农业向都市型农业转变的发展思路。

"十四五"乃至今后很长一段时期,把都市现代农业这篇大文章做好,仍然是上海国际大都市建设的重要组成部分。都市农业是在工业化、城镇化快速推动的背景下,面对急剧增长的都市食物需求和日益严峻的资源环境约束,通过科学规划土地资源、合理引导产业布局,在都市及其延伸地带发展起来的,以保障城市农产品供给为主体,以维护城市生态和提升城市生活品质为"两翼",环境友好、技术密集型的农业微观种养模式和需求导向资本密集型农业宏观生产结构的现代化农业。把鲜活农产品保障供给作为都市现代农业的主导功能,并不排斥环境维护的生态功能和乡野休闲的文化功能,而是把农产品生产作为主导功能,在此基础上同时开发生态功能和文化功能,发挥都市现代农业的环境维护和乡野休闲效应。

廊下作为金山区以农业为特色的镇,人口仅3.1万人,面积46.87平方公里,基本形成了万亩粮田、万亩菜地、万亩林地、万亩郊野公园的空间布局。它既是上海唯一的国家级现代农业产业园,是上海市第一个开放的郊野公园,也是上海光明"致优"鲜奶的奶源基地,是上海地产蘑菇和生菜的重要基地,并形成了以博海集团为代表的中央厨房集聚区和上海农业生物基因中心为代表的种源农业集聚区。廊下经过近十五年的稳步发展,用实践证明了上海乡村地区发展现代都市农业是有前途的,依托大上海人财物,坐拥长三角大市场,可以满足不断增长的高端农产品和健康食品的需求和休闲体验旅居的需求。在全面乡村振兴战略和长三角一体化高质量发展战略的支撑下,在扩大内需为战略支点的新发展格局下,大都市周边都市农业大有可为。

第一,发展都市农业,首先要定位好主导产业,把"市长农业"和"市场农业"同步推进,相得益彰。都市农业可以分成两种农业,一个叫"市长农业",是保城市供给的"菜篮子"和"米袋子",是为"吃饱"服务的农业;另一个叫"市场农业",市场需要什么,我们就生产什么,这个叫赚钱的农业,是为了"吃好"服务的农业。廊下发展"市场农业"首先考虑的就是发展食品产业,核心环节是要发展"中央厨房"产业。因为"饮食外部化"后,在家做饭的次数会越来越少,原先从农贸市场买菜到家庭烹饪的简单饮食模式将被打破,这种趋势会产生食品多级加工、标准化烹饪、食品营养保健和配送物流等产业主体,这些产业主体应该是未来都市农业的新型产业主体。廊下已经有三十几家食品加工企业,已形成了"中央厨房"、休闲食品、调味品等多个产业业态,这些年上海市民吃的许多食品食材都来自廊下。比如市民喜欢的色拉菜,上海90%的地产色拉菜是廊下生产的;许多美食广场和团膳食堂的成品和半成品菜是廊下加工配送的;从上海出发的高铁上的盒饭是廊下供应的。

第二,发展都市农业,必须重视规划引领,要做到多规合一。规划是发展的龙头,是"牵一发动全身"的关键。产业结构调整、产业政策出台、市场供求变化都需要不停地调整镇域单元规划和修编各类专项规划。要以镇域为单元尽量做到多规合一,项目在规划时做到了"落图见地",

在实施中才能达到"落地见效"。乡村地区特别是农业地区，在规划时要考虑对零星建设用地（特别是低效有污染的 195、198 用地），以通过减量化手段来支持、支撑城市的发展和工业区的发展。城市是"发动机"和"印钞机"，乡村作为城市的"稳定器"和"压舱石"，大面积布局耕地、基本农田园地或者林地、河湖等生态用地，这是优化城乡空间，高效配置资源的必然要求。发展都市农业，需要粮田成片、菜田成片、林地连片、路畅村美、河清岸绿，需要乡村产业融合发展，这些想法的实现都需要规划的调整和引领，所以空间优化和资源配置在乡村地区是一项十分重要的基础性工作，要在空间优化中寻找价值，在空间设计中提升价值，在项目统筹中实现价值。

第三，发展都市农业，必须贯彻"生态优先、绿色发展"的理念，要注重农业废弃物的资源化利用。农业废弃物的资源化利用，简单地说就是实现种养结合，做好循环农业，这样既控制了农业的面源污染，又提高了资源的利用效率。大家都希望现代化农业亩均产出率高，劳动生产率高，投资回报率高，但是建立在大量使用化肥、农药，消耗大量水资源、土地资源的基础上来创造财富，是不可持续的。比如，廊下最典型的联中蘑菇产业，亩均产值可以达到 200 万元/亩，劳均产出率可以达到 80 万~100 万元/人，投资回报率可以做到约 40 万元/亩，这"三高"的背后更重要的是农业废弃物资源利用非常充分。联中食用菌合作社把稻草、麦秆和难以处理的来自养鸡场的鸡粪经发酵成为蘑菇的培养料，种上蘑菇的菌种，拉进工厂化菇房，调配好菇房的温度、湿度和二氧化碳浓度，就可以天天采收蘑菇。3 吨稻草、麦秆加上 2 吨鸡粪发酵形成的培养料可以种出 1 吨蘑菇，1 吨蘑菇最低产值有 1 万元，剩下 5 吨有机肥可以直接还田种瓜种菜。目前我们正在策划与生物发酵菌专业公司合作，对蘑菇培养料进行深度开发利用，加工成纯有机的、可以替代化肥的有机肥，专门用于生产有机产品和绿色产品。如果把这个产业做起来，那么化学肥料的使用将会大量减少，有机农产品、绿色农产品的生产量就可以大幅提高，面源污染问题将得以解决。又如，廊下在建的最大年产 8 万头的养猪场，猪粪猪尿可变成沼气、沼渣、沼液，可供 1 万亩蔬菜作肥料。有了养猪场就相当于有了免费的肥料厂，种菜成本会降低，处理废弃物的成本也会降低，还有农药化肥用量也会减少，农产品的品质、土壤的品质都会提升。通过楼房养猪和万亩菜田两个产业融合，打造规模化种养结合、农牧资源循环利用的生态农场。

第四，发展都市农业，要把种源农业作为都市农业高质量发展的突破口，要重点攻关，久久为功。种源农业就是指种子种苗产业，种源农业发展的同时，与之相配套的现代农业的技术体系和推广培训体系也会更加完善、更加强大。上海综合科研能力强，和世界的接触和全国的交流非常密切，有条件也有基础做大做强种子种苗产业。国家把种业作为农业的"芯片"来加以重视，防止农业被"卡脖子"，上海理应作出引领创新和作出新的贡献。廊下经过十多年的探索，种源农业的发展也积累了许多有前景的产业，基本形成了植物组织培养、奶牛胚胎繁育、水稻、蔬菜、蘑菇、鱼虾育种一体化的种源农业产业体系。比如，光明集团在廊下的荷斯坦奶牛场，既是上海"致优"鲜奶的奶源基地也是国家级母奶牛保种供种基地；上海农业生物基因中心团队在廊下花了 10 年的时间，培育出"八月香"节水抗旱稻，像种麦子一样种水稻，既环境友好又节能减排，可以节约 50% 的水、30% 的肥、33% 的农药，减少 86.7% 的甲烷排放。目前，利用节水抗旱基因育成的水稻，在全国已经推广了 11.7 亿亩，创造了 1680 多亿元的财富，并获得了 2020 年国家科技进步一等奖，这些都为未来都市农业发展打下了扎实的基础。

张江镇乡村人才公寓的探索

尹晓萍
上海市浦东新区张江镇副镇长

人才是张江科学城建设的第一资源，而安居更是吸引人才、留住人才的基础和关键。张江镇探索利用农村闲置宅基地房屋改造乡村人才公寓，为创新创业人才提供宜居宜业生活空间，努力建设张江科学城"后花园"、打造乡村振兴战略"张江版"。

2018年，张江镇调研发现，不少重点企业反映住房已成为制约引进人才、留住人才的棘手问题，但目前科学城范围近五年住房和需求相比仍面临数万套的缺口。除了由国资主导的人才公寓和市场形成的租赁住房，有没有可能走出第三条路，作为人才安居服务的有益补充？经深入调研，张江镇发现一部分村民愿意出租闲置的宅基地房屋，而通过与上海微创医疗器械（集团）有限公司等重点企业对接，企业也感到农村的环境幽静舒适、符合人才居住需求。建设乡村人才公寓，还可根据企业意向对房屋进行整体设计改造，打造符合不同科创人才需求的租赁住房。

据统计，农村宅基地房屋每套平均居住面积约200平方米，目前房屋出租基本上都处于无序、流动的状态，专业化、集约化程度较低，对社会管理带来一定难度。盘活农村闲置住房建设乡村人才公寓，既能规范房屋租赁行为，又能为当地村民带来稳定的收益。主要方向确定后，张江镇立即先行先试，着手打造乡村人才公寓"样板房"。经多轮踏勘，首批选址定于外环外暂无规划的新丰村金家宅，并由镇属全资企业与村民签订房屋租赁协议，租赁面积约320平方米，租期15年。镇属企业成立专项工作组，与拟入驻企业进行需求、设计、改造等方面的沟通对接。

首栋乡村人才公寓于2019年春节前改造完毕，公寓内一楼至二楼为16间平均13平方米的独立房间和8间共用洗漱间，三楼为活动室、阅览室、共用厨房，兼具居住、休闲等功能。庭院内还有1间洗衣房以及多个停车位，一棵百年榉树、一方休憩亭台，处处透着江南水乡的秀美。此外，人才公寓内提供无线WIFI等服务设施，且均安装密码门锁、电子围栏、感烟感应报警等智能化安全设施。从人才公寓出发步行80米左右，即可到达孙桥1路公交站点，20分钟左右车程即可直达地铁2号线、13号线和长泰、汇智等商圈；步行100米左右便可见"新丰绿地"，漫步徜徉在这个122亩的天然氧吧中，暂别城市的喧嚣；步行200米左右，就是村"家门口"服务中心，办事、活动、娱乐、健康服务一步到位；步行800米左右，即为占地51亩的蔬菜大棚，闲暇时可享受采摘的乐趣。

出生于1996年的陈威，大学毕业后成为微创医疗公司的技术工程师，之前在康桥镇秀沿路租房，单间房每月租金2000多元，对刚踏入社会的年轻人来说是不小的负担。而张江镇乡村人才公寓单间月租金只要1500元，公司还有租房补贴，实际个人每月支付的房租只要800元左右，入住并形成一定规模后，微创医疗公司还将安排班车接送，这对年轻人来说是极大的便利。

乡村人才公寓，看似是一栋房，实则是一座桥，桥的两端连着城市与农村。对企业来说，人才安居有了新的突破口；对农村来说，人才为农村带来了青春的活力，通过区域化党建联建将进一步激发农村的活力；对村民来说，实现了规范化的稳步增收，免去了无序出租的安全隐患。以将房子租给镇属企业的老金夫妇为例，每年租金14万元，每隔两年租金还将递增3%；企业又投入资金对房屋进行升级改造，让房屋在无形中实现升值，更重要的是不用担心安全和维修等问题。

如何推进农民相对集中居住

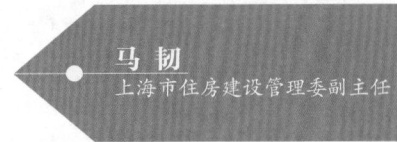

马 韧
上海市住房建设管理委副主任

改革开放以来,上海市农村经济快速发展,郊区产业结构发生深刻变化。但长期以来,由于农民居住方式、生活方式转变滞后于农业生产方式转变和城镇化发展进程,郊区农村居住非常分散。分散化的农民居住状态难以适应农业规模经营、农民改善生活和新农村建设的需要,不仅使基本公共服务的可及性和便利性较差,而且造成环境治理难、配套成本高、外来人口多、土地利用效率低下等诸多问题,使上海市当前村庄布局及农民住房建设呈现"散、乱、低、弱、旧"的现状,推进农民集中居住的任务极其迫切。推进农民相对集中居住,是上海实施乡村振兴战略的关键举措、重要一环,也是上海加快推进城乡融合的一项长期重要工作。上海市"十四五"规划指出,要继续推进农民相对集中居住,重点解决"三高两区"周边农民以及规划农村居民点范围外的分散户的居住问题。

上海市农民相对集中居住工作取得积极成效

上海市自20世纪90年代以来就开始推动农民集中居住,可大致分为四个阶段,第一阶段为1991年起,上海市启动农民新村建设,在镇域内集中布置新建农村居民点,在镇域外依托大村逐步搬迁合并分散自然村。第二阶段自2003年起,当年召开的郊区工作会议上市委、市政府明确提出了"三个集中"的工作目标和具体要求。第三阶段为2010—2018年:市政府出台了《关于上海市实行城乡建设用地增减挂钩政策推进农民宅基地置换试点的若干意见》(沪府办发〔2010〕1号),启动了新一轮宅基地置换试点工作,随后市政府出台多轮政策,加大对农民集中居住的政策支持力度。第四阶段为2019年新一轮农民相对集中居住工作启动以来,上海逐步构建了政策体系和推进机制,推进成效初显。本轮农民相对集中居住工作呈现出组织领导机制更加完善高效、政策支持力度更大、集中居住模式灵活,以及农民意愿多元化等新特征。至2020年底,全市已累计完成农户签约2.7万户。通过集中居住,农民的生产生活环境得到改善。解决了重点地区和对象的居住难题,聚焦"三高两区"和规划农村居民点外的零散居住户,让更多的农民共享城镇化地区和农村集中社区更好的基础设施和公共服务。2.7万户中,重点聚焦了"三高两区"约1.5万户的居住环境改善,优化了零散居住约1.2万户的村庄居住形态。

在此基础上,各区还着重打造集中居住"新地标",从平移集中居住点入手,统一规划、统一设计,保持乡村风貌和建筑肌理。通过加强风貌管控,全面提升农房建筑设计水平,新建的闵行区马桥镇同心村、金山区吕巷镇和平里、松江区泖港镇黄桥村等平移居住区,构建出生活环境优美、空间布局优化的乡村风貌新格局。嘉定区联一村与地产集团合力推进"乡悦华亭"项目、外冈镇周泾村与华润集团合力建设,实施整村"平移"归并,重塑江南村落格局,结余建设用地全部用于乡村产业发展。

聚焦重点、持续有步骤地推进农民相对集中居住

2022年前,上海按计划将完成5万户农民相对集中居住工作。2022年后,伴随着农民相对集中居住的深入推进,城乡融合水平不断深化,农民生产生活条件不断改善,公共服务水平和基础设施建设水平不断提升,农民满意度不断增强,农民收入更加稳定。

一是明确推进农民相对集中居住工作重点。"十四五"期间农民相对集中居住工作要按照"指标管理"与"目标管控"相结合的方式持续推进,

嘉定区联一村　　　　　　　　　　　　　　　　　　　　　　　　　　　上海市农委 图

继续将"三高两区"和规划农村居民点外零星散户作为推进重点；将符合条件的农村危旧住房改造纳入农民相对集中居住；将失地农民（渔民）等农村历史遗留问题和信访矛盾突出的问题予以合理解决；结合各区、街镇"十四五"规划，要进一步聚焦重点区域和重点对象等。

二是充分保障农民利益，全面提升农民集中居住意愿。在工作推进过程中既要充分保障农民权益，也要引导农民形成合理预期。要通过政策精准施策，充分保障农民的权益。界定宅基地"存量"和"增量"问题的处理底线。对于现状存量宅基地，要充分保障农民现有权益，对于新增宅基地需求，要严控准入口径，紧扣政策要求。要加强政策宣传和解读，引导农户形成合理预期。基层工作中要因地制宜采取丰富多样的形式，将政策通俗易懂地讲解给村民，让农民了解农民相对集中居住是什么、怎么做、有什么利好，与其他相近政策（如动迁、环境综合整治）有什么不同，引导合理的补偿预期。探索多渠道的安置模式，在补偿模式方面可以探索实物房源安置与货币、股权结合的补偿模式，还可以在尊重农民意愿的前提下探索跨街镇统筹安置，让农民安置在城市化地区，共享城市发展成果。

三是加强区级统筹协调，推动安置项目建设。各区将共享全市建设工程一网统管、一网通办的改革成果，加快前期手续办理时间，锁定完工时间点，缩短在外过渡周期。同时允许农户在原址过渡，降低项目成本。鼓励各区统筹考虑安置房建设，建立"项目讲统筹、签约分年度"的工作推进机制。要统筹配套安置基地周边设施建设，从规划、设计和管理等多个维度，打造便利宜居、完善可靠、节约成本的市政设施、医疗卫生、教育、养老等公共服务设施，从建设时序上做到与安置基地同步谋划、同步施工，确保农民入住后方便生活。

美丽乡村建设案例：金泽镇莲湖村

莲湖村，曾经的经济落后村，变成了上海市首批乡村振兴示范村；曾经的空心村，变成了游客盈门的"网红"村。短短几年，莲湖村是如何完成脱胎换骨的嬗变？

莲湖村，一个充满诗情画意的名字，它位于上海市青浦区金泽镇莲盛社区之东，背靠已破土动工的华为研发中心，处于长三角生态绿色一体化发展示范区先行启动区。莲湖村面积4.25平方公里，由西谢庄、东谢庄和朱舍3个自然村15个村民小组组成，678户莲湖人家多沿河而居，1 749名莲湖人栖居在此。莲湖村还是目前上海唯一一个坐落在郊野公园里的行政村。

因地制宜、精准施策，建设美丽乡村

建设生态宜居的美丽乡村，绝不是把农村变得千篇一律，而是要立足自然禀赋、民俗特点，充分发掘村庄原有的个性与特色，更好保护山水田园，为传承文化创造有利条件。2014年，莲湖村就提出了"美在生态、富在产业、根在文化"的主线和"特色经济发展好、村容村貌整洁好、人居集聚规划好、村组和谐文明好、村组民主管理好"的五好目标。莲湖村结合村庄实际，依托蛙稻米、红柚、蓝莓、莲藕等农业产业，通过规划引领、因地制宜、整合项目、政策叠加，加强与郊野单元的对接，先期完成了村庄改造一批项目建设。2018年，莲湖村进一步找准农村在城市建设发展中的承载的功能，衔接金泽镇生态科创特色城镇的发展定位，依托青西郊野公园生态旅游资源，按照典型江南水乡"莲湖水韵 归园田居"的总体定位，打造和优化滨水休闲空间、公共活动空间、庭院休憩空间，并且注重完善公共配套设施、构建宜居乡村生活圈，旨在推动产业、人才、文化、生态、组织全面振兴。呈现出"人与自然和谐共生涵养生态美、科学规划策划布局美、村容整治环境整洁美、产业兴旺生活美、乡风文明身心美""宜居、宜业、宜旅"的"五美三宜"美丽乡村新画卷。

党建引领，凝聚合力，提升治理成效

夜灯初上，在外工作的莲湖村民们回到家中。此时，"莲湖红马甲"志愿者却忙碌起来了。莲湖村党总支选择30名党性强、作风好、经验足、威望高的老党员、老干部，成立了"莲湖红马甲"志愿者，协助党总支做好政策宣讲和群众工作。莲湖村结合基层党建网与城市管理网、综合治理网"三网融合"工作的推进，初步形成"1+3+X"党建引领下的服务圈，建立了"心莲心"党员联系群众机制（"1"个党群服务站、"3"个自然村建设3个党群服务点，"X"整合党员家庭、睦邻点建设若干个党群服务点），组成"党支部—自然村—党小组—党员"的四级党建网格管理模式。在四级党建网格中，"莲湖红马甲"志愿者所处的位置承上启下，十分关键。普通人每天最休闲的这段时光，是他们必须抓住的工作窗口期。饭后睡前的这一两个小时里，和村民们面对面交流、心连心沟通，已经成了他们的生活常态。这种工作方法，正是莲湖村党总支在乡村振兴示范村创建中攒下的一份财富——365工作法，通过3支队伍、6种方法、5项机制，将原本党建服务中心内的功能服务，延展到了村里每一个角落，延展到了每一项工作中。通过一次次串门入户、耐心沟通、统筹协调，莲湖村党总支始终下沉在一线，关注民生、倾听民意、收集民情。如今，网格化工作已经将服务内容做到与服务乡村振兴无缝对接、全面融入，常态化开展游客咨询、环境治理、巡查调解、助老助残、河道清理等重点工作中，成了流动的乡风文明风景线。

培育产业、吸引人才、鼓起村民"钱袋子"

随着时代不断发展，人民生活需求也在不断改变，他们不再局限于要求刷刷墙、铺铺路，他们更想获得最直接的收益。然而农村发展后劲不足、收入难增长是一个现实问题。要让老百姓真正过上好日子，就得靠美丽经济来支撑，这就要求我们必须要将生态优势转化为发展优势。为发展壮大村集体经济，吸引更多在外务工人员回家就业，莲湖村积极探索培育农村新产业新业态，2019年村里成立了莲湖企业发展公司，村民的闲置房屋先由村级平台租下，再统一对接优质企业，加强区域的规划和布局。目前，通过平台已经租下16栋房屋，上海师范大

青浦区莲湖村 上海市农委 图

学环境地理学院、欣耕工坊、青年创业者等都不约而同入户在莲湖。围绕人才振兴,莲湖村也积极谋划。茭白叶编结传统技艺是青浦区非物质文化遗产代表性项目,1987年出生的张星返乡创办上海莲湖工艺品编结有限公司,成为了村里茭白叶编织带头人,从简单的编织到结合了柳编、竹编、棕编等技艺的PLUS版,提升的不只是利润,更是村民的积极性以及他们的归属感。

与此同时,莲湖村也不忘党建结对地优势,城乡结对的普陀区在长风公园中心地带专门无偿腾出一间门面房,并投入资金,为莲湖村开设农产品超市搭好平台,助力乡村振兴。

如今的莲湖村有蛙稻米、红柚、蓝莓、铁皮石斛、莲藕……这些市场潜力大、区域特色明显、附加值高的主导产业,在此生根发芽。莲湖村将进一步打造旅游"IP",与青西郊野公园相得益彰。游客多了,民宿、农家乐、民俗体验、农产品售卖等,都成了村民增收的"源头活水"。

(资料来源:上海市青浦区金泽镇)

金山区待泾村探索农村集体建设用地作价入股新途径

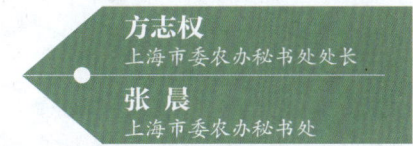

方志权
上海市委农办秘书处处长
张 晨
上海市委农办秘书处

2020年9月，上海市金山区朱泾镇待泾村成为上海首家实现农村集体经营性建设用地作价入股的范例。

基本情况

坐落在金山区朱泾镇待泾村的"花开海上"生态园，创办于2015年，占地600亩，吸纳村民就业约120人。近年来，生态园成为了市郊一处乡村旅游"网红"打卡点。2019年7月，朱泾镇与上海蓝城公司签订了"花海小镇"项目合作框架协议，规划区域面积3 800亩，在发展苗木花卉、家庭园艺和休闲农业的基础上，拓展度假民宿、文旅零售、芳香产业等体验式经济新业态，建立景区度假村产业综合体。

2020年7月，待泾村的99宗共113亩农村集体经营性建设用地以"点状供地"的方式办理出《不动产权证书》，成为上海首例。在此基础上，金山区精准评估113亩集体土地的市场价格，由待泾村将土地的40年使用权作价入股"花海小镇"项目，村民按照"保底+收益分配"模式获得股权收益，可以长期分享项目发展带来的多重红利，实现了与国有土地同权同价。在"花开海上"生态园和"花海小镇"的双引擎驱动下，待泾村村民走上了"股金+租金+薪金+现金+保障金"的"五金"增收之路，2020年村民人均收入30 076元，同比增长5.4%。

待泾村村民收入构成

收入性质	收入来源	2020年	2019年	增加值
股金	人均集体分红	36元	26元	10元
租金	家庭人均土地流转费	882元	840元	42元
薪金	生态园务工收入	35 000元	30 000元	5 000元
现金	生态园农产品销售收入	12 000元	10 000元	2 000元
保障金	养老金	15 120元	13 911元	1 209元

（数据来源：作者提供）

主要做法

"花海小镇"项目推进的主要难点是如何解决农旅休闲观光场所建设的商业用地供给问题，其中的关键点有三项：一是农用地如何转变为集体建设用地，二是集体建设用地如何合法进行商业开发，三是土地所有权人的权益如何保障。对此，朱泾镇分步实施、逐项解决。

第一，统筹规划破瓶颈。为给"花海小镇"项目预留足够的发展空间，朱泾镇会同区规划资源局、区农业农村委，统筹村庄规划和项目规划，以村为基本实施单元，综合集体土地面积、区位、规划用途以及人口等因素，通过划片布局选址定位113亩土地作为储备用地，并以新修订的《土地管理法》颁布实施为契机，经待泾村经济合作社召开成员代表大会表决，形成土地承包经营权补偿决议收回农户的承包经营权。同时，朱泾镇在符合土地利用总体规划的前提下，编制农用地转用方案和补充耕地方案，于2020年初报请市规划资源局确认，将土地性质调整为集体经营性建设用地，并保证了耕地不减少。

第二，"点状供地"办证件。为使"花海小镇"项目的配套设施能在空间上实现均衡分布，113亩储备土地在最初布局时，就散落在待泾村12个自然组的99宗土地上，因此必须采用"点状供地"的方式完成供地手续。针对集体经营性建设用地"点状供地"不动产权证办理无先例可循的背景，金山区在区层面加强统筹协调，由区规划资源局牵头，朱泾镇和有关部门密切合作，以散点测绘为切入口，用时半年多办理出99本《不动产权证书》，不仅开启了上海农村集体经营性建设用地权证办理的先河，也在物权的法理上保障了农村集体土地用

金山区待泾村　　　　　　　　　　　　　　　　　　　　　　　　　　上海市农委 图

于商业化开发的权益。

第三，作价入股建机制。一是评估土地价值。朱泾镇委托第三方评估单位，以金山区的商业用地基准地价为蓝本，运用成本法、收益递进法等不同方式测算了三组土地价格，再采用加权平均，最终确定 113 亩集体土地的价值为每亩 116.3 万元，共计 1.3 亿元，与国有土地实现同价同权。

二是达成股权协议。集体土地评估价出炉后，待泾村经济合作社、朱泾镇经济联合社与蓝城集团签订《股权合作协议》，确定由镇、村两家集体经济组织将价值 1.3 亿元的集体经营性建设用地的 40 年使用权作价入股"花海小镇"项目，由蓝城公司按照约定的股权份额以增资扩股方式追加出资额。目前，待泾村集体持股 36.75%，朱泾镇集体持股 12.25%，蓝城公司持股 51%。

三是签订保底协议。为保障村民利益，三方的股权分配及未来的收益分配方案均由待泾村社员代表大会表决通过，并约定在项目建设期按央行同期发布的整存整取一年期存款利率进行保底分红；建设期满后按央行同期发布的整存整取三年期存款利率进行保底分红；若实际分红率超过保底分红率时，即按实际分红率执行，确保了农民既得收益不因初次试点而减少。

初步成效

一是提升了农民的获得感、幸福感。按照股权分配约定，待泾村 113 亩地入股 2021 年可分红约 200 万元（股金），加上生态园停车场收益、门票收入的 10% 分红（股金）、农用地流转费（租金）、村民在生态园打工的收入（薪金），以及农产品销售收入（现金）和养老金（保障金），5100 余名村民们实现了多元化的收入来源，走上了"股金＋租金＋薪金＋现金＋保障金"的"五金"增收之路。

二是构建了村企共赢的合作模式。农村土地直接作价入股，实现了乡村与社会资本的双赢。村集体能够得到长期收益，土地权益得到充分保障；企业也从一次性缴纳土地款，变为每年支付，缓解了资金压力，双方实现了利益的联结与发展的共赢。而且，利用农村集体土地开发项目经营，也为轻资产模式的公司在一二线城市参与乡村振兴项目提供了可复制推广的样板。

三是带动了乡村产业规模化发展。"花海小镇"项目的成功落地，目前已经吸引了木守、明月松间、访溪上等 10 多家专业机构签约入驻合作，并引进国企衡山饭店投资打造乡村民宿，初步形成了农商文旅体融合发展的格局。

家庭农场走出生态循环农牧共赢新路子——以松江为例

2020年年末,上海市松江区松林食品集团拿到了上海首张生猪养殖绿色食品证书。总量为5万头商品猪和2 500头母猪,共计1 400吨松林猪肉的八款产品获得了由农业农村部中国绿色食品发展中心颁发的绿色食品证书,上海绿色猪肉供给实现"零"的突破。

这一证书的获得,具有里程碑式意义:一方面,预示着松江家庭农场新起点。松林集团在松江发展粮食家庭农场基础上,推行种养结合家庭农场,十几年来,这一践行生态循环理念的优势效应得以充分释放,结出硕果,让松江家庭农场发展之路迈出了新的步伐;另一方面,生猪产品绿色食品标志许可申报在国内仍然少有经验可循,在市、区相关部门支持下,松林探索在全生产流程中从无到有地建立起一套标准规范,为同行业树立了标杆。这是上海践行绿色生态循环理念的生动案例。这一实践不仅带来了新的经济效益和社会效益,展现出了特大型城市生态养猪的新路径,也为上海现代农业发展提供了有益探索。

松江区家庭农场的主要做法

通过调研,我们认为,松江区鼓励支持松林集团在绿色猪肉申报难题上破冰,主要在于以发展种养结合家庭农场为基础,推动"企业+农场"优势产业联盟,形成"生猪+大米"绿色生态循环产业链,显现出长效、可持续的生命力。

第一,坚持夯实基础。一是推行生态循环模式。2007年起,松江探索家庭农场承包责任制,以松林为主体,以"公司+农场"布局种稻与养猪相结合的种养结合生态循环模式。目前,松林合作的108家粮食家庭农场中,有91户属于种养结合生态家庭农场。种养结合家庭由松林统一提供种猪、饲料、防疫等保障,出栏后由松林收回,经营风险低,收入有保障。每个猪场1 500头商品猪,配套周边约150亩粮田。猪粪尿经发酵成沼液还田,为水稻种植提供优质有机肥。经过多年实践,化肥用量逐年减少,如今,相比最初化肥已减少了六七成,土壤肥力却越来越好。这是一种推动农牧共赢的合作模式。二是坚持良种良法。作为国家级农业产业化重点龙头企业,松林建设有从母猪繁育、饲料生产、生猪养殖、屠宰加工、市场销售的全产业链,品种对标国际一流,引入荷兰托佩克公司种猪,经过A、B、E三个纯繁品系繁育,具有产活仔猪多、抗病强、背膘薄、肉质好、瘦肉率高等性状优势。建立有全套现代化养猪设备和工艺流程,严苛的标准化管理体系,疫病防控体系及肉猪上市追溯系统。三是较早获得了猪肉无抗认证。2017年,松林在上海范围最早启动推行"无抗"养殖生猪认证。作为单纯的企业行为,松林较早地意识到,希望借助第三方标准来规范生产。从那时起,松林的原料和饲料做到了"零抗生素"。

第二,秉承绿色理念。一是坚持绿色产业布局。生态循环模式基础上,松林形成了肉猪和大米两条成熟的生态全产业链。目前,松林共合作有1.5万亩水稻种植面积,全部地处松江大米绿色水稻整建制认证区,其中1.43万亩大米通过了绿色食品审核获证;898.01亩大米通过了有机产品认证,实现了绿色有机大米全覆盖。绿色猪肉和绿色大米生态循环具有扎实的产业基础。二是坚持绿色品牌经济。近年来,松林坚持农牧结合,坚持在绿色发展中体现品牌价值,以做强循环农业来提升品牌效益。近年来,全区实行种养结合型家庭农场平均收入为28万元,比纯粮食生产型家庭农场增收13万元。三是坚持绿色政策支持。上海市农业农村委出台了《上海市都市现代绿色农业发展三年行动规划(2018—2020年)》,全力支持农业龙头企业推动绿色食品工作;松江区农业农村委2020年出台了促进绿色农业发展奖补实施方案,将松林公司作为"行业性示范"给予130万元奖补支持。

第三,攻克"卡脖子"难关。一是解决饲料原料难题。绿色生产资料相对短缺,是养殖业难以推动绿色食品申报的难点。松林三赴黑龙江,寻找适合做绿色饲料的原料基地,确保绿色原料供给缺口补足。二是研制绿色饲料配方。松林全产业链布局优势,使得绿色饲料供应实现了"自产自给"的闭环,确保在技术实现供应能繁母猪和仔猪的绿色饲料配方研制,全套符合要求的绿色全价饲料投产。三是编制绿色生产规程。绿色生猪食品申报推动全套操作流程完成了整体升级,涉及从饲料生产、母猪繁育、生猪养殖到屠宰加工全产业链各环节。

未来展望

　　松林将绿色发展规划定义为"5.0版"。过去,"1.0版"是靠传统的小农户散养,后来,以生产小队为单位建起小养猪场,至20世纪90年代,有了设施设备,可实现规模化养殖;而"4.0版",是建立在引进国外先进设备基础上,实现了集约化、半自动化养殖;"5.0版"可实现养殖技术国际顶尖水准,将在以下三个方面下功夫:一是实现高度自动化、智能化和动物福利化。实现空气除臭无异味,通过物联网进行管理精准定位和病例识别;二是实现土地高效集约化利用。一个新型现代化种猪场或养殖基地建成,相比传统节约土地可达70%;三是实现有机肥资源化高效率利用。经过二次发酵技术,有机肥还田更为充分;以种养结合家庭农场微生态循环模式为参照,探索规模化生态循环养殖新方式。目前,万亩蔬菜田配套"楼房式"养殖基地的种养结合模式正在形成。

　　未来,松林绿色发展图景将分阶段推进。计划到2021年底,实现总量5万头商品猪和2500头母猪的绿色申报;"十四五"期间,计划养殖商品成猪年总量30万头,一步步实现绿色生产全覆盖。

思考与启示

　　我们认为,上海松江家庭农场走出生态循环农牧共赢新路子,具有较强的探索实践意义:

　　第一,摸索出了一条既符合绿色食品相关标准,又符合自身生产需要的新路。攻克绿色生猪养殖难关,填补了行业空白,然而这并不是一个技术问题,而是一种品牌建设的价值诉求。上海作为特大型消费城市,为市民提供多元、均衡的绿色农产品需求是迫切的,在国内肉食品行业普遍来看,猪肉的消费比例也是最高的。松林坚持品牌意识,视品质为生命,以绿色食品申报带动品牌升级。这一做法具有典型的行业示范性意义。

　　第二,为家庭农场可持续发展创出一条新路,为家庭农场主带来新的增收。松江"公司+合作社+家庭农场主"农牧共赢主要是指,一个种养结合家庭农场,由一个家庭农场主同时进行种植业和养殖业经营,每个农场主全年可饲养约肉猪1500头,与松林签订代养协议,公司向农场主提供体重每头30公斤以上健康苗猪,同时提供肉猪不同生长阶段饲料;肉猪饲养到105~110公斤时,由公司统一回收并进行加工销售,农户根据考核饲养水平获得相应收入和奖励,奖励标准也随着绿色生猪养殖经济效益而提高。这一样本具有较强的可持续性。

　　第三,为特大型城市发展生态高效农业展现了新的模式。绿色农产品供给是上海都市现代绿色农业发展的主线,在都市发展生猪养殖业,改变了过去存在环境污染、疫情威胁的落后状况,有效促进了生态环境改善,经济效益提升,作出了生猪养殖绿色生态、高效集约的现代化模式。这一生态循环的理念和做法,是优质稻米种植的需要,土壤生态改良的需要,也是绿色生态农业发展实现农业高质高效的现实需要,在全国具有较高的可复制和可推广价值。

（资料来源：上海市松江区农业农村委）

加强面向未来的现代化基础设施建设

坚持以人为本、安全为重、管理为先的理念，以枢纽型、功能性、网络化和智能化为导向，整体提升各类基础设施规模能力、运行效率和服务品质，形成系统完备、适度超前、协同高效、安全可靠的超大城市现代化基础设施体系。

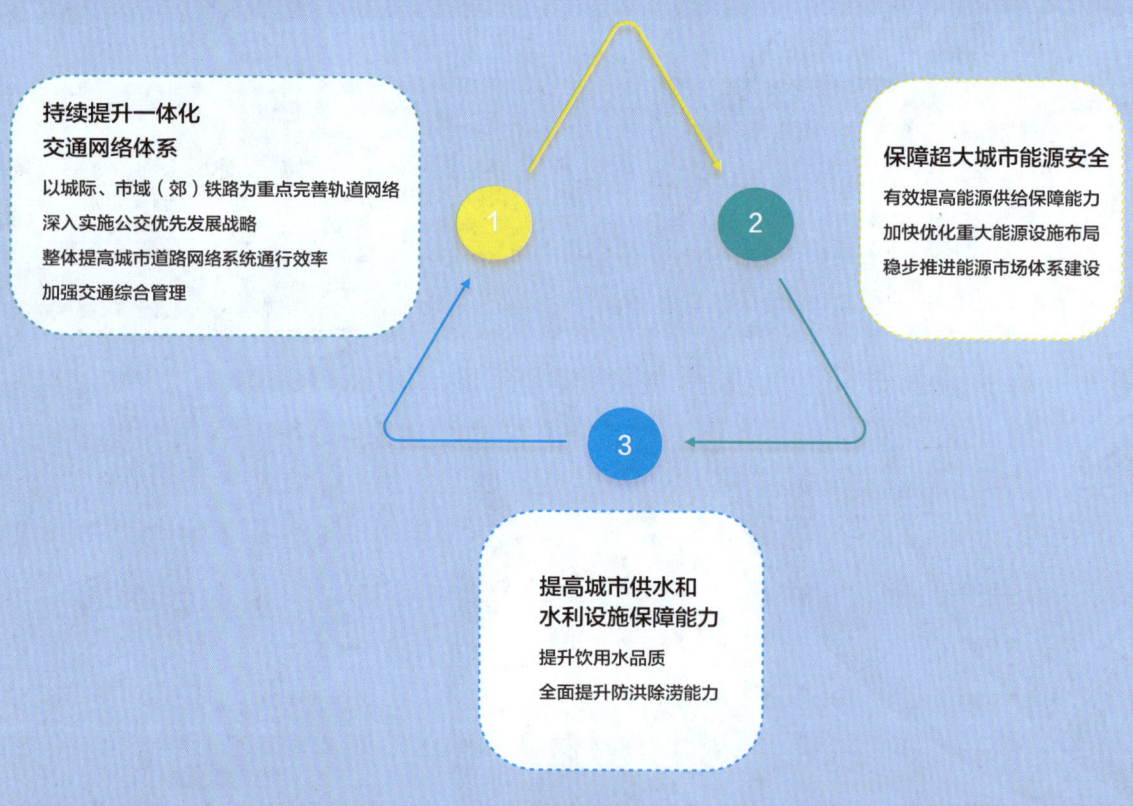

持续提升一体化交通网络体系
以城际、市域（郊）铁路为重点完善轨道网络
深入实施公交优先发展战略
整体提高城市道路网络系统通行效率
加强交通综合管理

保障超大城市能源安全
有效提高能源供给保障能力
加快优化重大能源设施布局
稳步推进能源市场体系建设

提高城市供水和水利设施保障能力
提升饮用水品质
全面提升防洪除涝能力

来源：《上海市国民经济和社会发展第十四个五年规划和二〇三五年远景目标纲要（普及版）》

夯实上海发展之"基"
——持续提高基础设施体系现代化水平的思考

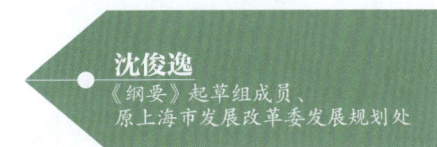

沈俊逸
《纲要》起草组成员、
原上海市发展改革委发展规划处

基础设施是国民经济和社会发展的基石。改革开放以来,经过持续多年高强度、大规模建设开发,上海枢纽型、功能性、网络化的现代化基础设施体系已经基本成型,有力支撑引领经济社会发展。进入新发展阶段,需要充分认识把握上海基础设施体系建设发展的历程和现状基础,统筹兼顾、综合施策,持续提高面向未来的城市基础设施体系现代化水平。

上海基础设施建设历程与城市发展紧密相关

改革开放之后,上海现代化基础设施体系建设开始起步,大体可以分为三个时期:

第一个阶段是基础设施框架初步成型期。改革开放到 21 世纪初期,全市基础设施投资额保持增长,尤其是 1990 年到 1996 年之间,基础设施投资占全社会固定资产投资比例位于较高水平,是上海历史上投资增长幅度最高的阶段,年均增幅达 30% 以上。在此期间,"一市两场"格局形成,亚太航空枢纽港建设起步;外高桥新港区建成投产,港口发展从黄浦江向沿江沿湾拓展;"申"字形快速路网初步形成;首条轨道交通地铁 1 号线通车。伴随着各领域关键性设施落成,上海现代化基础设施框架初步搭建起来,超大城市服务功能开始逐步展现。

第二个阶段是世博催生的建设爆发期。21 世纪初到世博会前,上海基础设施建设迎来加速期,投资量迅猛增加,在全社会固定资产投资的占比远高于其他时期。加大基础设施投资力度,既是成功举办一届世博会的需要,也是市委市政府为偿还历史欠账、改善居民出行、优化城市生态等做出的重大决策部署。巨大的投入推动了上海"三港三网三体系"的基础设施体系加快形成,其间,上海港集装箱吞吐量达到世界第一并保持至今,青草沙水库实现部分通水,洋山进口液化天然气工程试投产成

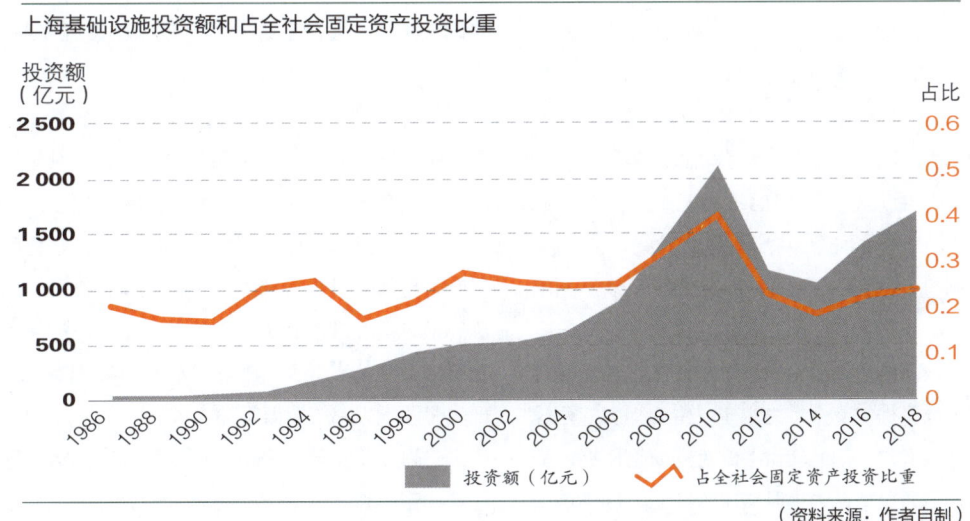

(资料来源:作者自制)

功。大规模基础设施投入运营的同时，正如世博会主题"城市，让生活更美好"所示，便捷化、人性化、可持续等具有国际大都市特色的城市生活方式逐渐彰显。比如，世博之后引领全国的公交优先理念，与轨道交通等多层次公共交通建设成网密切相关。世博催生的大建设使上海的城市形象和服务水平跨上一个大台阶，长远来说，更为日后数年上海经济高速增长打下坚实基础。

第三个阶段是补短板、优品质、提能级时期。世博后，全市基础设施投资额有所回落，到 2015 年开始回升，投资额占全社会固定资产投资比重停留在 20% 左右，大规模建设时期告一段落。上海基础设施建设开始从侧重规划建设转向建管并举、管理为先。在"管"的方面，"十三五"以来，按照"超大城市要像绣花一样精细"要求，上海对标最高标准、最好水平，着力提高城市管理精细化水平，城市基础设施服务品质、安全运维等方面得到进一步提升。在"建"的方面，从系统性全面建设，逐步转向了更加注重依托重大基础设施布局，发挥战略先导作用，提升核心功能能级。洋山深水港、京沪高铁、虹桥枢纽等标志性重大项目建成，铁路发展正式步入高铁时代，上海引领长三角区域基础设施互联互通，对外门户枢纽功能不断强化，到 2020 年，上海国际航运中心基本建成。

面向"十四五"，上海基础设施建设依然面临巨大挑战，补短板、优品质、提能级的任务尚未完成，基础设施体系需要为长三角一体化、临港新片区等国家战略提供支撑，为重塑"中心辐射、两翼齐飞、新城发力、南北转型"的空间新格局提供战略牵引，更肩负着助力提升城市软实力、保障城市运行安全、提高市民生活品质的重任。

持续提高"十四五"上海城市基础设施现代化水平的着力点

长期以来，谈及上海基础设施，往往更会重点关注系统庞大复杂的交通设施，其中包括了空港、海港、道路网、轨道网、航道网等，但实际上基础设施体系还包括能源、水利、通信等各方面。目前，上海"枢纽型、功能性、网络化"基础设施体系已基本建成。这九个字可以说概括了上海基础设施的特点，同时也是长期以来的建设思路，延续至今。枢纽型指以枢纽作为联系各系统的纽带，体现一体化布局。基础设施必然是多层次的系统，构建以枢纽为核心的设施系统，旨在各类资源要素制约下，充分发挥整体效益。功能性指支撑能力、服务质量、技术水平，既要支撑保障基础设施服务国家重大战略，还要注重以人为本，充分满足人民日益增长的美好生活需要。网络化指网络规模、网络结构、覆盖广度、通达深度，促进基础设施网络与城市空间功能布局相协调。"十四五"在这九个字的基础上，结合新趋势新理念，我们新增加了"智能化"的导向，要通过推动新型基础设施赋能，促进传统基础设施和新型基础设施融合发展，进一步实现基础设施体系的系统化、协同化、数字化、绿色化发展。

"十四五"以及未来更长远时期，要把握上海基础设施高质量发展的阶段性特征和需求，在管建并举中寻求系统优化，攻坚破解各类约束，始终秉持以人为本、安全为重、管理为先的理念，以枢纽型、功能性、网络化和智能化为导向，整体提升规模能力、运行效率和服务品质，形成系统完备、适度超前、协同高效、安全可靠的超大城市现代化基础设施体系，为上海建设具有世界影响力的社会主义现代化国际大都市提供坚强支撑。

一是立足全局和长远，适度超前，保持基础设施建设持续稳定有效投入。把握好基础设施适度投资规模，对城市发展具有重要意义。"世博"经验充分表明，基础设施建设具有经济发展"先行官"的作用。当前,仍然要把基础设施的投资建设问题放在适应和保证上海经济社会高质量发展的优先位置加以考虑,确保基础设施投资对上海全社会固定资产投资的带动作用和稳定器功能。要创新完善投融资机制,推动建设运维等竞争性业务向各类市场主体公平开放,积极开展基础设施 REITs 试点,盘活存量资产带动增量投资。要进一步优化市区分工,充分调动各区积极性,扩大有效投资。

二是进一步调结构、补短板,提升基础设施发展质量效益。加快补齐短板,提高系统功能,依然是当前上海基础设施发展的重点任务。要坚持问题导向和目标导向相结合,聚焦发力、分类施策。比如,针对重客轻货问题,要加快完善货运交通,优化港口集疏运体系;针对轨道交通模式相对单一,要全面启动市域(郊)铁路建设,优化网络结构层次;针对电力、油气可靠性短板,要逐一破解资源减供、能源输送、通道限制等内外部风险;针对数据中心需求增长与总量控制矛盾,要统筹空间、规模、用能,强化算力储备。要加快建立更高质量的基础设施体系,构建立体融合、智慧高效、人本生态的现代综合交通系统,打造与超大城市相适应的安全、清洁、可持续的现代能源体系,全面提升源头到龙头供水安全,提升城市抵御自然灾害的韧性等。

三是树立系统性思维,促进基础设施协同融合发展。要正确处理基础设施间替代、互补、协调、制约关系,强化资源共享、空间共用。要全面深化各设施系统数字化转型,充分发挥新型基础设施的牵引作用,聚焦泛在、移动、高速、智敏特征,以交通、能源、水务、通信等领域为载体,推进与人工智能、数字孪生等新技术相适应的新型基础设施系统建设和超前布局,加强传统基础设施智能化改造,构建形成适应智能经济和智能社会需要的基础设施体系。

四是坚持绿色安全,增强基础设施体系韧性。绿色是底色,安全是底线。要加强各系统能源和资源使用管理,着力削减污染物和碳排放,加快调整交通领域能源结构,降低基础设施对城市生态环境的影响。要紧紧围绕"韧性城市"理念,强化底线思维,以更多采取分布式、并联式建设为导向,强化交通物流、通信保障、能源供水等各类城市生命线设施的综合韧性。面对超大城市的各类黑天鹅、灰犀牛等风险,要健全基础设施运维长效机制,强化风险管控、安全评估和设施设备配套。

上海综合交通体系建设历程和未来展望

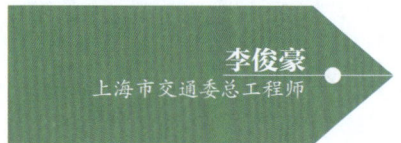

李俊豪
上海市交通委总工程师

上海综合交通发展历程

交通是城市的命脉。随着上海社会经济的快速发展，上海综合交通体系发展也迈上了新台阶。综合考虑社会经济发展、交通设施供给、城市发展、出行特征等要素，大致可将上海交通发展划分为三个阶段：

第一个阶段：起步发展，着力解决设施短缺（1986—1999 年）

20 世纪 80 年代，上海城市化和机动化进程刚刚起步，集中建成区 230 平方公里，全市人口规模 1200 万，交通出行总量约 2000 万人次 / 日。公交车是最重要的机动化出行方式，1986 年分担率高达 35%。从"七五（1986—1990 年）"开始，上海在道路设施方面大规模投资，但中心区路网总体处于交通饱和状态，加上机非混行干扰，交通秩序、交通安全等问题均非常突出。

进入 90 年代，城市格局呈现中心城圈层式扩张与郊区城市化并行的特征。道路交通基础设施取得明显进展，中心城"申字型"快速路，"三横三纵"主干路网，越江桥隧，轨道交通 1、2、3 号线路等一大批骨干交通基础设施的建成投用。小汽车发展开始加速，中心区主要干道在高峰时仍处于饱和状态。受制于道路交通拥堵、公交运力紧张等因素，1995 年公交比重下降至 23%，非机动车出行比重增至 34%。

第二个阶段：快速成长，着力完善交通结构，提升规模，更注重提升质量（2000—2015 年）

借助 2010 年举办"世博会"的契机，全市交通投资呈现出高强度投入的态势，全面推动上海综合交通系统的发展。2005 年，洋山深水港正式开港，标志着上海国际航运中心建设取得重大突破，2010 年，上海港集装箱吞吐量达到 2907 万标准箱（TEU），首次跃居世界第一。2010 年浦东机场已成功迈入 4000 万人次特大型繁忙机场行列，货邮吞吐量稳居世界第三。2010 年，上海航空客货吞吐量分别为 7188 万人次、371 万吨。2015 年，全市人口达到 2415 万，全市人员出行总量增长至 5216 万人次 / 日，全市注册机动车快速增长到 334 万辆。

这个阶段，上海对外交通设施布局逐步完善、辐射能力提升。轨道交通、客运枢纽、高等级公路和对外交通设施得到了跨越式发展，并形成了中心城以快速路和轨道交通为骨架，郊区以高等级公路为骨架的城市综合交通体系。2009 年，世界规模最大的隧桥结合工程上海长江隧桥工程建成通车，结束了崇明岛与陆地不相连的历史。2010 年 7 月，虹桥高铁站与沪宁城际铁路同步建成投用，形成"3 主 3 辅"6 个铁路客运站格局。2015 年，全市 15 条轨道交通线路（含磁浮线）投入运营，线路长度 617.5 公里。

第三个阶段：稳定发展，注重交通设施功能与管理协同，打造综合立体交通网（2015—2021 年）

上海"枢纽型、功能性、网络化"的综合交通体系不断提升和完善，基本建成上海国际航运中心。

对外交通方面，港口能力持续提升，洋山深水港区四期自动化码头投产。2020 年，上海港集装箱吞吐量达到 4350 万标准箱（TEU），连续 11 年位居世界首位。亚太航空枢纽初步建成，2019 年，上海航空客货吞吐量达到 1.22 亿人次、406 万吨，分别位列全球城市第 4 位、第 3 位。区域交通基础设施建设持续推进，沪苏通铁路建成通车，沪通二期、沪苏湖铁路开工建设。

城市交通方面，2019 年全市人口达到 2428 万，全市人员出行量达到了 5731 万人次 / 日，全市公共交通日均客运量达到 1647 万乘次，其中轨道交通达到 1064 万乘

打造全龄友好的慢行空间

城市道路系统

以人为本的公交服务　　　　　以上图片由作者提供

次。2020年全市轨道交通运营里程729公里，轨道交通站点覆盖不断扩大，中心城内49%的人步行10分钟可以到达轨道交通车站。地面公交逐渐转型，服务层次逐步丰富，71路、奉浦快线、松江有轨电车等多模式公交线路开通运营。全市道路网络日益完善，重点区域配套加强，全市道路约1.8万公里，其中公路1.3万公里，城市道路约5500公里，2020年全市注册机动车469.1万辆。

综合交通管理方面，精细管理水平日益提高，绿色交通理念逐步深入。大力推广新能源交通工具的使用，公交车辆新能源化比例不断提高，充电设施布局建设加快。持续营造绿色友好出行环境。

当然，上海综合交通系统在快速发展过程中依然存在一些瓶颈问题：上海国际航运中心和航空枢纽在国际影响力、竞争力和全球要素资源配置能力方面仍可提升，上海港集装箱码头结构性矛盾依然存在。长三角城际轨道交通依然缺乏，区域交通一体化进程仍需加快。新城综合交通体系不够完善，轨道交通功能层次依然单一，支撑综合性节点城市作用有限。对照国际最高标准、最好水平，城市交通保障能力仍要增强，交通服务供给和保障水平有待进一步提升。

上海综合交通发展未来展望

"十四五"时期，上海交通要持续完善以"枢纽型、功能性、网络化、智能化、绿色化"为特征的超大城市综合交通体系，实现国际航运中心世界一流，区域一体化交通互联互通水平全国领先，综合运输服务品质一流，交通治理能力现代化水平全面提升，坚持"强枢纽、织网络、提品质、优治理、促转型"的发展策略。

一是全面提升国际航运中心全球核心竞争力。强化上海枢纽港龙头地位，支持以资本为纽带的区域合作，推进海港、空港设施能力挖潜和合理扩容，推进集疏运体系建设，完善综合服务功能，实现枢纽发展由注重速度规模向注重质量效益转变。到2025年，上海港集装箱年吞吐量达到4700万标准箱（TEU）以上，航空旅客年吞吐量1.3亿人次以上，货邮年吞吐量410万吨以上。

二是加快推进多层次轨道交通建设。铁路方面，加快推进多层次轨道交通建设，助力构建轨道上的长三角。加强铁路对外通道、城际铁路建设，加快构建"五向十二线"干线铁路通道布局，实现上海中心城60分钟可达毗邻城市，主要枢纽120分钟可达长三角主要城市。完善铁路客货运站场布局,推进既有铁路资源改造利用,增强铁路服务市域客运及城市物流功能。轨道方面,构建市域线网络骨架,持续完善城市轨道交通网络,并进一步提高轨道交通服务水平。开展新一轮轨道交通近期建设规划的编制,并推进相关项目实施。到2025年,轨道交通市区线和市域(郊)铁路运营总里程达960公里,中心城轨道交通站点600米半径范围内常住人口、就业岗位覆盖比例分别达到55%、61%以上。

三是全方位提升城市交通运输服务品质及交通治理水平。2017年,上海获得首批"国家公交都市建设示范城市"。在"十四五"期间,公交优先战略向纵深延展,增强超大城市公共客运承载能力和服务效能,加快推进综合客运枢纽建设。持续优化完善道路系统功能,加快道路骨干工程建设,改善道路网络功能,完善慢行交通系统。注重提升交通精细化治理和安全管理能力,形成协同高效的超大城市交通治理体系。打造三大战略片区内联外通、便捷高效、智慧生态的综合交通体系。加强城市重点地区交通配套建设。加快建设智慧交通和新型基础设施,积极打造交通新技术示范应用高地。

四是建设独立完善的新城综合交通系统。"十四五"期间,五个新城建设是重中之重。围绕"对外强化、站城融合、内部提升、特色差异"的原则,一城一策,远近结合,从对外和内部两个维度构建新城交通体系,形成支撑"30、45、60"出行目标的综合交通体系基本框架:30分钟实现内部及联系周边中心镇出行,45分钟到达近沪城市、中心城和相邻新城,60分钟衔接浦东和虹桥两大门户枢纽。对外,构筑区域辐射的综合交通枢纽,提升铁路对新城的服务水平,构建网络完善的轨道交通体系,优化新城对外骨干道路。对内,加强公交基础设施建设,完善新城内部路网,提升新城内部交通品质。

五是加速绿色低碳交通转型发展。我们一直以来的目标是使绿色成为高质量城市发展的底色,"十四五"期间,要加速绿色低碳交通体系的打造,使绿色交通发展水平保持行业领先。从结构低碳、节能降碳、协同治污、生态建设等方面,全面提升交通行业碳排放及污染物排放协同控制水平。

共建立体融合的多层次轨道交通网络

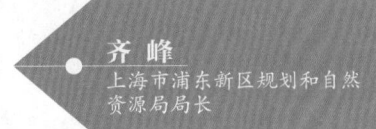

齐 峰
上海市浦东新区规划和自然资源局局长

《长江三角洲区域一体化发展规划纲要》描绘了"共建轨道上的长三角"宏伟蓝图，规划要求"加快建设集高速铁路、普速铁路、城际铁路、市域（郊）铁路、城市轨道交通于一体的现代轨道交通运输体系，构建高品质快速轨道交通网"。按照这一要求，上海"十四五"期间有必要、有基础在共建多层次轨道交通网络上迈出更大步伐。

上海具备加快建设多层次轨道交通网络的现实条件和良好基础

国家铁路通道布局加快成型，上海核心枢纽地位基本确立。上海位于国家"八纵八横"高速铁路网中沿江、沿海、京沪、沪昆4条通道的交会点，是"十三五"现代综合交通运输体系发展规划的国际级综合交通枢纽。已建成京沪高铁、沪宁城际、沪杭客专、在建沪苏湖铁路等高速铁路，以及建成沪通铁路一期和在建沪通铁路二期，依托铁路上海站、上海南站、虹桥站形成重要交通枢纽，形成三个方向、六条干线和三主、三辅客站的上海铁路枢纽布局。2020年，上海铁路对外发送旅客6826万人次，占全市对外客运量的61%，继续保持主体地位，全市铁路营业里程共计482公里，其中，高铁里程140公里。

城市轨道交通基本网络继续拓展，投运规模居世界领先地位。2020年，上海市共开通轨道交通线路19条，全网运营线路总长全772公里，车站459座。2020年，全年路网共运送乘客28.35亿人次，占公共交通出行比率超过66%。

市域（郊）铁路发展建设积极探索，既有铁路利用和新建项目协调推进。2012年开通的上海金山铁路是我国第一条利用既有铁路改建实行公交化运营的市域铁路，为上海远郊金山区等沿线居民进入市中心和上海南站提供了一条快捷通道，被列入全国市域铁路第一批示范项目。结合上海金山铁路经验，我们正在研究利用铁路运输技术升级释放既有铁路通道资源改建为市域（郊）铁路项目，服务城市公交化运行的规划方案。同时，也在推进新建市域铁路线路建设，目前已开工建设机场联络线，预计2024年建成，2021年开工建设嘉闵线。

"十四五"期间，要持续完善多层次轨道交通网络建设

上海轨道交通距离高质量发展的要求仍有差距。一是轨道交通网络模式较为单一。目前网络基本由地铁构成，快线功能缺失，对不同发展区域、不同客流强度客流需求的适应性有待提高。尤其郊区联系中心城的快速通勤水平有待提高。随着长三角区域一体化高质量发展和上海郊区新城推进建设，区域内各城镇组团通勤及商务联系日益紧密，亟需在上海都市圈以及更大区域范围内形成覆盖重点城镇、"公交化"特征的轨道联系，满足不同出行范围、不同人群出行需求的功能。二是轨道交通网络规模和服务范围仍有不足。目前，从全市轨道交通网络布局来看，偏重于中心城地区，市郊地区轨道交通服务非常有限，城乡差异大，与国际大都市、国家新型城镇化的要求相比有较大差距。上海内环内规划轨道交通站点600米面积覆盖率在78%以上，覆盖绝大部分的人口、岗位；内外环间规划轨道站点600米面积覆盖率40%；郊区新城覆盖率不足10%。三是土地集约节约利用和站点综合开发水平不高。按照公共交通引导用地开发的发展理念，对标国际先进大都市，上海轨道交通建设的土地集约节约利用和通道资源综合利用水平还有差距。

面对新形势和新要求，上海市"十四五"规划

上海市虹桥火车站

《纲要》已为今后五年和更长远轨道交通发展描绘了蓝图、明确了重点。一是要把城际、市域（郊）铁路的建设放在更加突出的位置。推进既有铁路站线资源及周边区域改造利用，增强铁路服务市域公交及城市物流功能。全面启动市域（郊）铁路建设，加快形成市域（郊）铁路基本骨架，带动重点地区、郊区和近沪地区发展。建成机场联络线，推进嘉闵线及北延伸、两港快线建设，加强临港、张江等重点地区之间及与两大枢纽的快速交通联系。推进崇明线、17号线西延伸建设。规划建设南枫线、沪平线，发挥连接长三角功能，形成对杭州湾北岸城镇的带动作用。推动市域（郊）铁路网络与长三角城际铁路网衔接，提升中心城、郊区与长三角城镇之间通勤化客运水平。同时，继续提升中心城轨道网络覆盖密度，并加大川沙、宝山、虹桥、闵行四个主城片区轨道通达性，推动轨道交通覆盖所有区，到2025年市域（郊）铁路和城市轨道交通运营总里程达960公里。二是依托重要交通枢纽推动不同层次轨道交通有机衔接。加强综合交通枢纽建设，全力打造集航空、国铁、城际铁路、市域（郊）铁路、市区线等功能于一体的浦东综合交通枢纽，提升虹桥枢纽交通服务能级。强化"松江枢纽"服务长三角的功能。推进无缝衔接和便捷换乘，推动安检互认和信用安检，软硬并重，使各种交通方式在枢纽内实现互联互通、一体化衔接、融合发展，有效提升综合交通品质和效率。三是站城融合发展优化城市空间布局。借鉴推广城市轨道交通上盖开发经验，国铁、城际、市域（郊）铁路的场站资源与城市建设统一规划、统筹建设、协同管理，适度提高周边土地开发强度，实现轨道网络与城市发展良性互动，引导实现城市功能，也培育吸引更多客流提高轨道交通运营效益，综合开发收益反哺建设运营投入。

一子落而全盘活，高水平谋划浦东综合交通枢纽

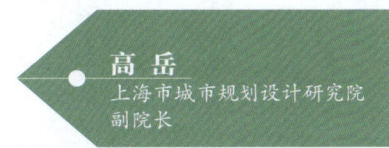

高 岳
上海市城市规划设计研究院
副院长

浦东综合交通枢纽是位于国家沿海通道上的国际枢纽，作为上海新时代对外开放和面向长三角区域一体化的标志性工程，对落实国家战略、推动国内国际双循环、服务中国（上海）自由贸易试验区临港新片区、促进浦东地区改革开放再出发具有重要意义。

从 2017 年 9 月开始，为加快推进铁路上海东站和浦东机场 T3 航站楼的规划建设，进一步明确浦东枢纽功能定位、枢纽规划方案、集疏运系统及相关规划条件，市规划资源局、市交通委等相关部门联合组织开展了浦东枢纽的规划方案编制。规划历时近 3 年，经过多轮方案征集和比选，协调各种交通要素，形成最终规划方案并于 2020 年 7 月获得了市政府批准，为"十四五"期间启动浦东枢纽工程建设奠定了基础。

规划目标与功能

规划目标：期望将浦东枢纽打造为新时期上海交通发展水平的标志性项目。枢纽的规划以提升人本服务为根本目标，通过总结虹桥枢纽规划建设经验，突出高标准引领性、强化一体化集成度、彰显全融合新理念，提出了建设"高标准、一体化、全融合"的新时代世界级一流综合交通枢纽目标，并从"功能更融合、设施更开放、用地更集约、换乘更便捷、服务更国际、信息更智能"等维度打造虹桥枢纽 2.0 升级版，以锚固长三角核心枢纽地位，强化国家沿海通道功能联动。

功能定位：浦东枢纽总体功能定位为辐射全球的亚太航空门户、国家沿海运输大通道的重要功能节点、服务长三角区域的核心门户枢纽和上海市域综合交通体系的重要锚固点。浦东枢纽的建设是上海构建"双港引领、双面辐射、多网支撑、枢纽锚固"的国际性、复合型、一体化综合立体交通网、落实交通强国国家战略的重要举措。具体功能包含民用航空功能、国家铁路功能、长途客运功能、城市交通功能以及空铁联运功能等。

枢纽构成与规模

浦东枢纽由浦东国际机场、铁路上海东站和集疏运系统组成。

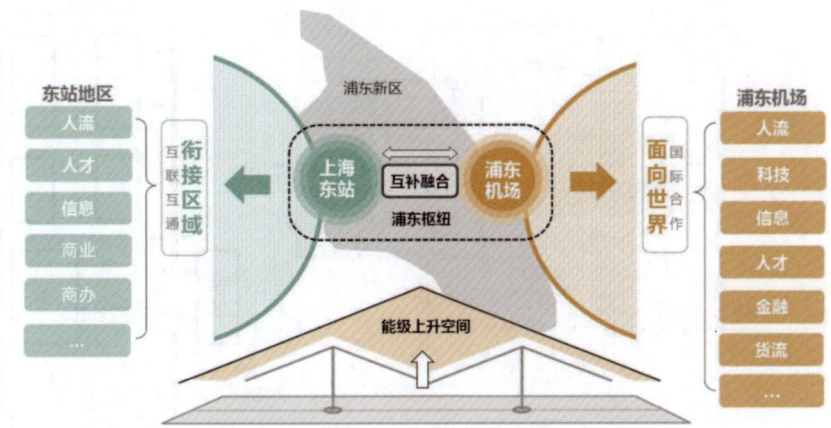

浦东枢纽在市域功能分析图

浦东国际机场突出国际服务功能，打造亚太地区面向世界的航空门户，形成品质领先的世界级航空枢纽。结合浦东国际机场总体规划修编，在既有T1/T2航站楼和S1/S2卫星厅基础上，规划新增T3航站楼。

铁路上海东站是上海四大铁路主客站之一、沿海铁路上海段的主要客站，主要接入沪苏通铁路和沪乍杭铁路，并可引入沪苏湖铁路、南/北沿江铁路等，进而锚固上海东站在区域铁路系统中的枢纽地位。同时，上海东站是市域线的重要枢纽，接入机场联络线、两港快线（南汇支线）、铁路东西联络线等线路，同时在上海东站市域线可与国铁线路互联互通。规划上海东站车场规模为14台30线（含国铁和市域线），结合东站枢纽综合配置停车场、公交枢纽、出租车、长途客运等设施。

高效的集疏运系统是枢纽高水平运转的重要保障，轨道交通方面，规划形成"5条市域线、2条市区线、多条局域线"的规划布局方案，"5条市域线"分别为机场联络线、两港快线（南汇支线）、机场快线、铁路东西联络线、沪通线等，"2条市区线"为轨道交通2号线和21号线。道路系统方面，规划形成"三纵五横"快速集散路网，"三纵"分别为绕城高速（G1503）、浦东国际机场南北进场路-两港大道和滨海快速路，"五横"分别为龙东快速路、华夏高架路、迎宾高速（S1）、闻居快速路和申嘉湖高速（S32）。为了强化浦东枢纽内部空铁一体化交通组织，通过构建浦东枢纽内部捷运系统、并在上海东站研究预留航空模块等措施，进一步提升旅客服务品质，加强枢纽内部各功能体之间的有效衔接。

规划方案特点

第一，体现战略引导。通过浦东枢纽进一步完善上海航运中心布局，锚固长三角核心枢纽地位。规划研究将四个方向、八条国铁干线引入上海东站，锚固上海东站在区域铁路系统中的枢纽地位，全面打开浦东地区对外的联通

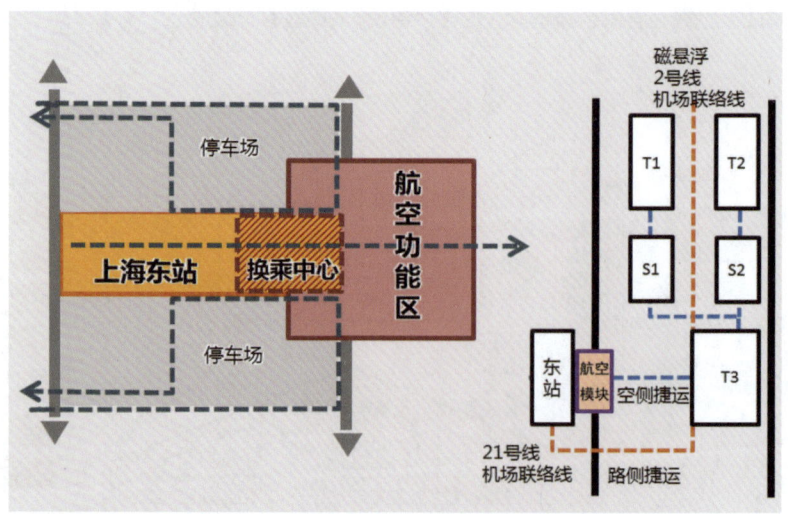

浦东枢纽空铁融合示意图

通道，支撑浦东枢纽对长三角地区的引领辐射功能，并通过沪苏通铁路、两港快线等进一步提升对临港自贸新片区服务功能，强化国家沿海通道战略功能联动。

第二，优化集疏运系统。 按照"保障快速可达、统筹区域需求、均衡枢纽集散、实现资源共享、适当弹性冗余"的原则构建"快速、便捷、畅达、绿色"的综合交通集疏运体系。打破现状浦东机场"北重南轻"集散格局，结合T3航站楼和上海东站新增闻居快速路和21号线，打通浦东机场南部交通"出口"，实现浦东枢纽集散适度南北均衡，增强浦东枢纽集散可靠性和保障度。

第三，探索站城一体化。 铁路上海东站作为沿海铁路上海段的主要客站承担浦东枢纽国家铁路功能，规划明确加强国铁线和市域线的互联互通，并确定了车站型式、设施需求、空铁融合等方案。提出将上海东站打造成为新一代综合交通枢纽的理念，增强交通设施配置对地区功能的服务和共享，强化场所体验，促进站城融合，并按照立体集约的原则将出租车、公交、停车等配套设施置于铁路股道下，在虹桥枢纽由"由分散到集中"的基础上，实现"集中到叠合"的模式提升。

第四，打造枢纽空铁融合。 为增强旅客服务品质、提高枢纽换乘人性化，规划在上海东站研究设置航空模块，增设值机办票、行李托运等功能，铁路旅客在出站厅步行约200米可至航空功能区办理值机、行李托运等服务，实现国铁、城际线、城市轨道等与航空模块便捷换乘，并通过机场内部捷运系统串联T1/T2航站楼、T3航站楼、上海东站等。

深入推进公交优先,持续提升公共交通服务水平

陈必壮　顾煜
上海市城乡建设和交通发展研究院总工程师;
上海市城乡建设和交通发展研究院交通建设室主任

世纪之交,按照连续三个"三年大变样"和"浦东开发开放"的发展要求,上海城市交通建设逐步提速,1995年上海轨道交通1号线正式运行,开展了公交市场化改革,逐步改善了延续三十年交通极度拥挤的局面。伴随2010年"世博会"的举办,上海继续坚持"公交优先"战略,加大轨道交通建设力度,轨道网络快速成网,到2020年,网络规模居世界领先,公交都市建设取得了显著的成效。公共交通系统为上海超大城市安全有序运转提供了可靠支撑,也为上海"世博会"、连续三届"进博会"等重大活动成功举办提供了有力保障。

上海公共交通体系在发挥巨大作用的同时,我们也看到了一些存在的短板,影响了公共交通吸引力的进一步提升,比如,轨道线网客流量增长并没有随轨道交通里程同比例增长,依靠轨道交通网络扩张带动公共交通客流增长的边际效应下降。同时随着轨道网络的建设扩张,部分地面公交客流因转移至轨道交通而有所下降。随着未来计划建设的轨道交通线路主要在郊区范围,客流强度预期要远低于中心城线路。比如,轨道交通站点地面公交接驳作用不强,相当部分站点与轨道交通接驳方式中,电动自行车、共享单车成为主体,接驳公交对最后一公里出行的服务不足。比如,地面公交骨干网络尚未形成,已有中运量公交实施效果不一,运营过程中仍存在较多不足等。

"十四五"期间,上海将面临城市空间新的发展格局,中心城人口仍可能聚集,市民出行空间仍将拓展,而道路资源条件有限、小汽车使用仍在高位等挑战依然严峻。上海要一如既往地贯彻"公交优先"战略,充分发挥公共交通集约、高效、绿色的优点,在设施保障、运营提升和服务优化等方面持续探索,建设让人民满意的更高水平公共交通体系。

结合空间新格局要求,推进市域交通一体化建设

第一,新城发展相对独立的综合交通体系支撑节点城市地位塑造。结合长三角城际铁路网络规划,引入多模式交通网络,规划建设综合交通枢纽支撑新城的节点城市地位。探索适应于郊区新城的新型公共交通系统,构筑城际铁路、市郊铁路、普通地铁、中运量新交通系统、常规公交车、新型公交等多元化的公共交通体系,提升新城内部的公共交通服务品质。推进新城慢行交通出行环境持续优化,构筑全球城市品质的郊区新城慢行出行环境。第二,郊区城镇圈发展差异化、多样化交通服务城镇圈。推进多模式公共交通服务城镇圈内部交通,在鼓励公交出行的基础上,适度放宽个体机动化的出行,鼓励使用分时租赁等共享出行方式。第三,主城片区完善交通配套,强化公共交通引导支撑。对于发展相对成熟的地区完善公共交通配套补齐短板,加强公共交通基础设施服务配套。对于未发展地区,坚持以TOD发展模式,引导沿交通走廊规划用地开发。

重点功能区结合规划定位要求完善交通基础设施配套、提升交通运输服务能级

自贸区新片区从全球、长三角、市域三个空间维度,构建长三角重要节点城市的现代化、立体化综合交通体系;长三角一体化示范区重点关注转变交通模式、改善交通区位、优化交通服务、创新体制机制;虹桥商务区重点完善交通配套水平,提高交通服务水平,推动虹桥地区高端商务、会展、交通功能深度融合,进一步增强服务长三角,连通国际的枢纽功能。

结合城市更新、功能升级等要求，提升交通服务保障度

目前，上海尤其是中心城交通已由大规模基础设施建设步入存量设施优化为主的阶段，在交通基础设施增量有限、交通需求持续增长、出行服务品质提高的条件下，"十四五"期间需要考虑从"绿色交通优先"和"交通需求管理"双管齐下，寻求突破，提供更优质和更可靠的公共交通服务，吸引个体交通向公共交通转移，适应上海城市更绿色、更集约的升级发展要求。满足中心城提高城市活力的发展要求，倡导"道路"到"街道"观念的转变，优化慢行交通出行环境，营造适宜人与人交往的公共空间，为城市活力提高创造条件。中心城区和重点功能区的路网设施容量有限、交通需求大，可以通过差异化停车收费、设置高载客车道（HOV）等对拥挤区域的交通个体机动交通工具实施经济、行政手段限行，来保障集约化的公交尤其是公交客流比较集中的道路路权使用。

提升公共交通服务能力和品质

第一，持续推进轨道交通既有规划网络建设，增加轨道交通既有线路运能。第二，完善既有轨道交通配套衔接。推进轨道车站与配套交通设施统一规划、设计和建设，推进轨道与衔接公交的统一运营。第三，加强市域轨道交通网络功能布局研究。进一步明确总规提出的市域轨道线的具体功能布局和主要枢纽位置、明确与其他线路的衔接方式。第四，围绕轨道交通网络构筑多层次的公交线网体系，系统调整公交线网功能层级，加快中运量公交系统规划研究，实现分区域骨干公交线网模式。

提升公共交通服务品质另一重要方面就是要实现公共交通系统内部各种交通工具以及公共交通系统内外之间各类交通方式之间的"无缝"衔接。"无缝"衔接应体现在空间、服务、时间和费用各个方面，即：依据方式衔接的紧密程度，在空间上优先安排换乘紧密的方式，使换乘距离最小；服务班次和运能上达到协同，保障各系统的一致，尽可能压缩等待时间；服务时间上要协调一致，特别是轨道交通的接驳服务上；费用上通过换乘免费或者换乘优惠降低总的出行费用。

创新公共交通供给新模式

加快城市公共交通数字化转型。推进5G、北斗、人工智能、自动驾驶、智能充电等新技术全面赋能公共交通。创新数字化公共交通出行服务，加快推进出行即服务系统（MaaS），通过公共交通智能调度、个人习惯分析、绿色出行优先等，整合互联网的支付手段，实现出行行程预定、路径一键规划、公共交通无缝衔接、费用一键支付等功能，提升市民公共交通出行满意度和体验感。

精细化绿色化打造城市货运体系

张 戎　吴云强
同济大学交通运输工程学院
教授

作为国家物流枢纽承载城市，上海同时承载了港口型、空港型、生产服务型和商贸服务型四种国家物流枢纽功能。目前，上海市货运的公、铁、水、空各运输方式得到较快发展，多式联运初见成效，城市配送体系逐步完善，为城市经济和人民生产生活提供有力保障和坚实支撑。然而，上海城市货运体系仍面临许多挑战。为实现"十四五"《纲要》，可采取以下措施促进上海城市货运高质量发展：

构建与产业服务需求相适应的货运交通系统

上海市目前货运车辆通行矛盾仍旧突出，造成配送运输效率低下，"客改货"运输加剧了道路交通压力。因此，需要优化主城区货车通行条件，增加停车和装卸车设施，从而提高道路货运效率。

要树立"货车道路通行路权高于小汽车道路通行路权"的理念，可适度增加货车通行证数量，优先满足新能源货车通行证需求，并推广电子通行证；在主城区货车装卸难或停车难的地方，增设或补建专用卸货场地和停车泊位，满足货车装卸和停车的需要，并利用信息化服务提高泊位利用效率。

此外，需要构建与制造业高质量发展相适应的货运物流服务体系，从而加强货运对新城发展的支撑与引导。

加强货运与生产制造跨行业合作，推动货运与制造业采购、生产、销售等环节资源整合，培育出仓配一体化、入厂物流等融合发展新模式。在每个新城的工业园区或者大型物流园区增设公共道路货运场站（或停车场），并保障仓储等物流设施用地。

统筹推进货物运输"公转铁"

上海市铁路货物运输量远低于公路和水路，且港口公路集疏运比重过高，加重了上海市道路拥堵程度，并产生大量尾气排放物。可采取以下措施促进"公转铁"：

第一，响应长三角一体化国家战略的要求，协调苏、浙、皖三省，扩充上海对外铁路货运通道数量和能力。建成沪苏湖铁路，加快沪通铁路二期建设，推进沪乍杭铁路建设，加强沪甬通道等跨区域交通项目规划研究工作。

第二，加强铁路与物流园区、产业园区、港区等大型物流聚集地的衔接。结合沪通铁路项目，建设外高桥港区铁路专用线，改善铁路与港区物流运输通达条件，并研究推动南港码头铁路专用线建设。同时，对于无专用线建设条件的地区，可发展铁路货运无轨站，具有提箱、还箱、货物暂存等功能，从而将铁路集装箱运输业务办理和作业前移。

第三，完善铁路枢纽功能布局，形成徐行、闵行两个铁路物流基地和外高桥、芦潮港综合货运枢纽，促进公铁联运和海铁联运快速发展。远期可在沪通线（太仓）、沪乍杭线（平湖）建设公铁换装站，来自浙江、江苏方向的公路集装箱可在公铁换装站换乘铁路运输至港口，降低港口集疏运道路中所行驶的集卡数量，从而缓解上海市道路交通压力。

优化城市配送体系

第一，完善综合货运枢纽/大型物流园区/快递分拨中心、配送中心、末端配送站点三级网络，统筹配送中心、末端网点和仓储建设用地，支持企业设置社区前置仓。第二，在社区、商务区等规划设置货物装卸点和货物集散点、货车停车泊位，满足商业网点、商务楼宇、企业及社区居民等的商品配送需求。第三，加快发展嵌入式物流、仓配一体化物流、第四方综合物流等现代物流服务，完善即时递送服务管理方式。第四，推进北郊、杨浦等既有铁路货场转型升级,拓展居民生活日用品货物到达及配送、快递分拨中心、物流增值等功能,补充强化铁路服务城市商业物流和居民生活的能力。

加快货运体系的数字化转型

开展仓储、分拣、配送等一体化物流设施智能化改造和升级,建设智能储物柜等末端设施。大力发展由大数据、物联网、人工智能(包括机器人、无人机、无人车)等先进信息技术和装备支撑的智能配送系统,为配送设施、配送需求的精细化、精准化规划与调控提供决策依据。推进洋山港集疏运体系智能化升级改造,开展"5G+智能重卡"测试使用。推广港口内引导运输车(AGV)、港站自动装卸设备、人工智能技术的规模应用,实现集装箱全流程识别与追踪。

促进城市货运绿色发展

推广绿色低碳运输工具,在港口、城市物流配送、邮政快递等领域要优先使用新能源或清洁能源汽车。提升机动车排放控制水平,全面完成国三柴油货车淘汰,对重型柴油车严格实施机动车新车国六b排放标准,重点行业营运车辆全面达到国四及以上标准,并全面开展重型柴油车远程在线监管。加快发展集约化城市配送,引导和鼓励共同配送等运输组织模式创新,从而提高车辆满载率,减少货车出行次数。加强商品供应商、集运中心、大型商贸零售企业等各方面的联系与合作,鼓励上海从事配送业务的同行业、跨行业间的企业建立共同配送联盟,统筹规划建设具有干支衔接功能并组织共同配送的大型公共货运与配送综合体。

上海能源发展与安全保障

姚珉芳
申能集团副总经济师

"十四五"时期,上海在加快建设"五个中心"和社会主义现代化国际大都市,落实国家"碳达峰、碳中和"战略目标的过程中,既面临能源安全保障的更大挑战,也面临能源结构转型的更高要求。

上海能源发展面临的形势

第一,能源安全存在潜在风险。

一是调峰矛盾日益突出,大规模、长距离、集中输送的直流外来电存在较大安全风险,也给市内机组带来了较大的调峰压力,部分时段低谷负备用矛盾突出。上海处于西气、川气长输管道末端,天然气供应受气源和管线上游用户影响极大,基本不参与上海市调峰,甚至产生"反调峰"的作用,调峰只能依赖于洋山LNG。

二是产供储销体系仍需加快完善,上海天然气储备能力离国家考核要求仍有差距,预计到2035年左右,缺口将达到11亿立方米以上;洋山LNG通过36公里海底管道和16公里陆上管道连接城市管网,一旦发生事故,占全市供气总量50%以上的天然气将无法正常供应,严重影响上海能源供应安全。

三是高比例外来电的供应结构,以及市内支撑电源对天然气的双调峰要求持续增强,要求上海多能源品种之间需要更高的协调和互补。

第二,能源转型面临新形势。

煤炭消费减量需要产业结构和电源结构的进一步调整,天然气也难以复制过去高成本直接疏导的发展路径,新的需求增长点主要在发电和交通领域。目前,城市用能再电气化、低碳化趋势明显,能源科技进步、可再生能源逐步平价上网将成为能源转型的最大推动力,但可再生能源仍面临资源不足等发展瓶颈,未来大规模推广需要传统能源和储能的支撑,亟待能源技术的突破和创新。

第三,能源改革进入攻坚期。

当前,电力用户直接交易、输配电价改革、燃气改革已逐步展开,但市场机制仍有待完善,建立完整的市场化体制依然任重道远。电力层面具体表现在市场化电量比重总体不高、售电侧改革和现货市场等改革工作有待落地。随着天然气消费的快速增长,天然气"亚洲溢价"越来越成为能源安全的重大隐患,能源供需革命催生能源体制变革,既能保障能源供应安全、又能灵活反映市场供需变化和外部性成本的价格机制尚待形成。

上海能源"十四五"发展展望

结合中央"四个革命、一个合作"能源安全战略和"碳达峰、碳中和"目标要求,上海宜以能源高质量发展为主线,着眼于保障能源安全、优化能源结构、深化能源体制、加强能源合作,加快构建"安全、清洁、高效、可持续发展"的现代能源体系。

第一,构建安全可靠、坚强稳定的能源保供体系。

一是强化国企保供责任落实。加快完善市内五大电源基地调整和布局定位,增强市内支撑和调峰能力。持续完善"多气源、一张网、电气联调"的综合保供体系,通过不断提升产业发展能级、安全保障能级、企业创新能级,全力以赴守好城市能源安全底线。

二是提升资源自主可控能力。积极稳妥落实市外来电,站在全国大局与中西部资源输入地区加强合作;用好长协、现货两种资源,更好发挥进口LNG作用,适度超前规划建设上海LNG站线扩建重点项目。加快补齐调峰储备短板,筑牢城市能源安全底线。

第二,构建绿色低碳、清洁高效的能源消费结构。

一是促进重点用能领域绿色低碳转型。推进煤电机组转型升级和清洁能源替代，有序开展燃机项目建设，不断优化发电用能结构。扩大电能和天然气等清洁能源在交通等重点用能领域的应用，推进 LNG 加气站和航运 LNG 加注设施建设。

二是发展可再生能源和新能源。提升能源技术研发和装备制造水平，结合新技术的发展，结合土地和屋顶资源，分行业、分领域推进光伏发展；推进奉贤、南汇和金山三大海域风电开发，结合垃圾资源化利用继续推进生物质发电项目建设；因地制宜推进地热能开发。合理配置市外来电，实现可再生能源的量和比例双提高。

第三，构建顺应改革、持续优化的能源市场机制。

一是深入推进电力体制改革。加快推进以现货为核心的电力市场改革，建立适应安全、低碳、经济发展导向的现代电力市场体系，积极探索电力金融市场建设，逐步扩大市场化交易规模，逐步完善现货交易机制，持续优化市场模式。

二是稳妥推进燃气行业改革。天然气在电力市场是一次能源，在城市燃气是终端能源，在化工等又兼有燃料和原料的双重角色。电力现货市场改革正当其时，城市燃气在国家"X+1+X"的改革背景下亦将发生深刻变革，天然气与煤炭相比，受国际价格影响更大，金融属性明显，市场化改革方案需稳妥周密。

第四，构建开放共赢、协同互补的能源合作模式。

一是深化长三角能源一体化合作。积极开展区域能源规划战略衔接，加快推进上海 LNG 站线扩建项目等跨省重大工程建设，持续推进沪浙、沪苏天然气联络线建设，进一步完善长三角能源互济互保、互联互通合作机制，促进长三角区域能源互联网的有序发展，提升能源应急保障能力。

二是用好国际国内两个市场。充分发挥交易中心、自由贸易试验区等平台优势，支持上海能源企业和资本"走出去"，主动参与长三角一体化、长江经济带和"一带一路"等国家战略，融入国家全方位对外开放总布局，开拓能源供应渠道，参与国内外能源项目，引进先进关键技术。

双管齐下，精准管理，让居民喝上放心水

顾玉亮
城市水资源开发利用（南方）国家工程研究中心主任

卫生健康的饮用水是上海超大型城市经济社会高质量发展的"必需品"，也是人民群众高品质生活的"必需品"。

近年来，上海供水安全保障能力持续增强，供水水质改善有目共睹。一是已基本形成"两江并举、集中取水、水库供水、一网调度"原水供应格局，确保饮用水水源持续稳定可靠。二是全面实现水厂集约化，深度处理工艺水厂不断增加，饮用水水质稳定达到高于国家标准的上海地方标准，水质综合合格率居于全国先进水平。三是大力推进市政供水管网与二次供水改造，有效控制管网漏损和输配水龄，大幅提升居民龙头水的品质。

"十四五"期间，上海供水行业将坚持以老百姓的安全感、获得感、幸福感为出发点和落脚点，将从"达标"向"高品质"方向提速，进一步提升饮用水品质。"双管齐下"，持续破解"龙头"与"源头"两大"堵点"，实施针对性的举措：

龙头：深化二次供水改革，实施精准管理

上海供水的"堵点"之一在于二次供水环节设施的运行维护存在短板，水质"保鲜"能力不足。二次供水环节是饮用水送达居民家中的"最后一公里"。虽然目前上海市政自来水水质综合合格率已达到99.79%，但二次供水设施尚未完全实现专业化管理，全市二次供水设施数量庞大、模式多样、布局分散，普遍存在流速低，水龄长的问题。

针对上述问题，需要以健全法制、全程监测为导向，梳理短板，聚焦重点，大幅度提升龙头水水质的监管能力，最终让老百姓喝上"放心水"。具体来说：

一是科学布点，合理设置居民龙头水水质监测点，全面掌控居民龙头水水质情况。力争实现居民龙头水水质在线实时公开，促进居民小区二次供水设施改造与运维水平提高，同时辅以专业科普和大众科普，提升居民对饮用水品质的信任度和获得感。

二是健全法制，推进二次供水模式优化。积极推动供水管理条例修订，为二次供水设施的专业化接管、专业化监管、精准改造提供法律和费制保障。以打造快速"冷链物流"为目标，在保证供水安全前提下，优化二次供水模式，减少二次供水设施数量至合理可控区间，减少水体停

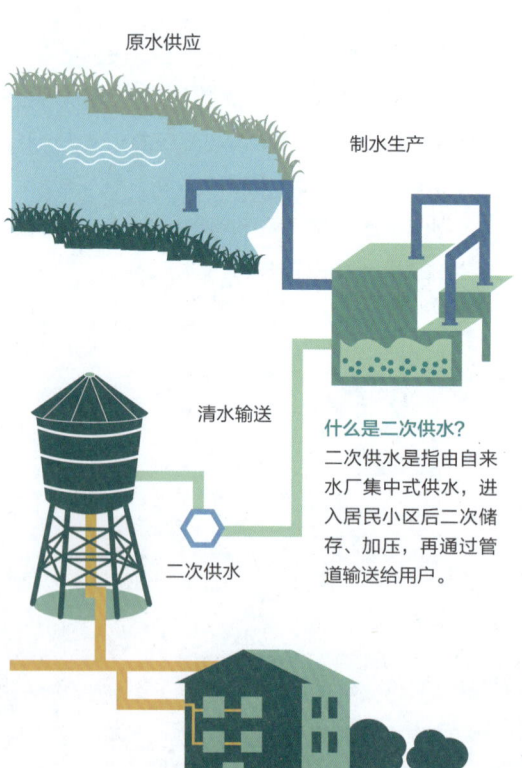

你知道吗？

城市供水环节一共有几环？

原水供应
制水生产
清水输送
二次供水

什么是二次供水？
二次供水是指由自来水厂集中式供水，进入居民小区后二次储存、加压，再通过管道输送给用户。

留时间，从而保障龙头水质"新鲜"。在有条件的区域开展先行先试，建立高品质饮用水试验示范区。

源头：实施青草沙 – 陈行原水连通工程，提高原水系统优水调度能力

上海自来水品质再提升的关键在源头。上海因地处长江流域和太湖流域的下游，虽能享受丰沛的过境水资源，但同时得承受上游来水水质的各种影响。"十三五"期间，上海原水保障能力得到一定提升，但仍然存在堵点：一是受上游水环境影响，水源总氮、总磷等营养盐指标较高，存在水体富营养化风险。客观来看，上海四大水源地水质与世界一流城市源头水质相比存在差距。二是四座水库相对独立运行，互联互通的优水调度模式尚未完全实现，应对上游突发水源污染事件的能力不足。

针对上述问题，上海将坚定不移地秉承"饮用水是第一食品"的理念，打造以水源水质优先的食品级饮用水供应体系。

具体来说：一是推进青草沙—陈行原水系统连通工程，初步实现双向输水格局。既可实现扩大长江水源的受益区域，也可在特殊情况下实现黄浦江上游水源向长江水源受水区域反向供水。二是全面实施长江水源水厂深度处理改造工程，全市水厂深度工艺处理率达到90%以上，将出厂水水质提升到世界先进水平。进一步强化区域供水干管连通，通过清水和原水"两网"的联合调控，进一步提高供水系统安全保障能力的同时提高城市管网水体流速，消灭滞留区，降低水龄，确保源头到龙头水的市政自来水新鲜可口。

青草沙、金泽、陈行、东风西沙水源地

滋养着上海约 6 000 平方公里土地
养育着上海约 2 500 万人
一分钟，9 222.2 立方米优质原水（峰值）从四大水源地流入上海的土地

青草沙水库滋养上海市中心城区大部分区域、浦东和长兴岛地区
陈行水库滋养上海宝山、嘉定等地区
金泽水库滋养上海西南五区
东风西沙水库滋养上海的崇明岛地区

青草沙水库

以临港地区为例,谈海绵城市建设的相关经验和做法

张 辰
上海市政总院总工程师

海绵城市建设的时代背景

改革开放四十多年来,我国的城镇化进展很快,到"十三五"末城镇化率已经超过60%,取得了举世瞩目的成就,但同时也带来了水方面诸多的问题,水文状态极大改变,许多城市水生生态遭受破坏,水环境污染、水安全风险和水资源短期等问题日益突出,水文化传承也逐渐消失。

一般而言,在城镇化之前,约70%的雨水可以就地下渗,只有30%形成地表径流;城镇化以后,约70%形成地表径流,大量的雨水冲刷、裹挟地表污染物,经排水管道直接进入水体。由于地表径流量大增、管道排水能力有限、面源污染直接入河、雨水资源快速流失等原因,造成很多城市"城里易涝、河里易黑、逢雨即涝、雨过即旱"。

基于这些问题,习近平总书记在2013年提出了"建设自然积存、自然渗透、自然净化的海绵城市"的号召。海绵城市建设就是在城市建设中,保护、修复和配套建设各类对雨水有"渗、滞、蓄、净、用、排"功能的海绵体,保持场地原有的水文特征,从而达到修复水生态、改善水环境、涵养水资源、提高水安全、复兴水文化的目标。

建设海绵城市是落实生态文明理念、向新型城镇化转变的重要举措。2015年,国务院文件提出,到2020年,城市建成区20%以上面积要达到海绵城市要求;到2030年,城市建成区80%以上面积要达到海绵城市要求。

海绵城市建设的工作基础

2015—2016年,财政部、住建部、水利部在全国选定了二批次共30个城市开展海绵城市试点,上海是试点城市之一,试点区位于临港。

临港新城鸟瞰图

临港家园口袋公园

临港芦茂路—里塘河片区

临港海绵办 图

以苏州河治理和苏州河深隧为代表，上海市较早启动水环境治理和雨水径流管控研究、实践工作。入选国家海绵试点城市以来，在工作推进机制和管理制度、专项规划和技术标准体系以及各类典型示范工程建设上都进行了深入、系统的探索实践，取得了丰富的成果。除了临港国家试点区外，在全市16个区和重点建设区域同步推进市级海绵城市试点工作。目前，上海已经形成由全市海绵城市专项规划、各区（管委会）海绵城市建设规划和重点区块海绵城市建设实施方案构成的三级规划体系，海绵城市技术标准已覆盖各类项目设计、施工图审查、施工、验收和运行维护全过程，并在2020年顺利完成了建成区20%面积达到海绵城市要求的工作目标。在此基础上，上海"十四五"规划《纲要》提出了"十四五"期末40%建成区达到海绵城市要求的工作目标。

临港海绵城市建设经验和做法

临港试点区是全国面积最大的海绵试点区，也是上海海绵城市建设的标杆，临港海绵城市建设的相关做法和经验写入了联合国南南合作办公室可持续发展城市报告，为"十四五"时期上海全面推广海绵城市建设提供了重要经验借鉴。

第一，注重体系建设，完善海绵城市建设的顶层设计。

临港海绵城市建设坚持规划、制度和标准先行，形成了较为完备的管理体系、规划体系、标准体系和管控体系。管理体系建设上，以海绵城市建设领导小组及其办公室为核心，构建高效的工作推进协调机制和重大事项决策机制；规划体系建设上，编制海绵城市专项规划，确定海绵城市建设的目标、指标、空间格局和实施路径，并将年径流总量控制率等指标分解落实到地块，为海绵城市建设管控提供依据；标准体系建设上，在国家和上海市层面已有技术标准的基础上，针对临港自然环境和水文特征进一步补充完善，包括海绵城市设计导则、设计文件编制大纲、审查要点、施工和运维要点等，规范和指导海绵城市建设全过程。管控体系建设上，将海绵城市管控流程嵌入工程建设项目审批全过程，确保增量项目全部按照海绵城市理念实施。

第二，注重建设统筹，加强雨洪设施建设的系统性。

临港试点区的建设牢牢抓住水环境质量和排水防涝能力提升这两个牛鼻子，为确保总体实施效果，专门编制海绵城市建设系统方案，按照雨水汇流特征详细划分汇水分区，在每个分区内，按照"源头减排、过程控制、系统治理"的技术路线，系统统筹低影响开发设施、排水管渠、泵站、排口、湿地、河道、调蓄湖等涉水设施建设。同时，在项目实施过程中，突破人为划定的项目红线，根据径流产生和排放的自然规律，从区域整体角度来考虑问题和对策，使硬化和绿化、岸上和岸下形成联动，成功打造"芦茂路—里塘河片区"、临港家园口袋公园、沪城环路示范段等典型示范区域。

海绵城市的系统实施使临港成功经受住超强台风"利奇马"的考验，滴水湖水质在保持稳定的基础上逐年好转。

第三，实行分类管理，因地制宜落实海绵城市理念。

在试点区建设的基础上，临港新片区管委会适时将海绵城市管控制度推广到新片区全域。针对不同区域、不同类型项目的实际特点，以及雨水管理目标要求，制定与之相适应的海绵城市建设管控指标体系，实行分类管理，因地制宜开展海绵城市建设。比如在以居住办公和商旅文卫为主要功能的滴水湖核心片区，以滴水湖水质和水安全保障为核心目标，形成源头拼嵌与系统集成相融合的治理体系，建设高品质海绵城市示范区，管控指标以年径流总量控制率和年径流污染控制率为主。在以重装备产业为主的先进智造片区，重点控制面源污染，加强雨水资源化利用，管控指标调整为更具特色的初雨收集处理率和雨水资源化利用率。

第四，推进智慧管控，提升信息化智能化管理水平。

临港试点区建立了海绵城市智慧管控平台，集成了物联网、大数据、云计算等新一代信息科技，包括在线监测、项目管理、运维管理、决策支持、公众服务等模块，在流域、分区、项目等多个尺度对降雨、水量、水质等关键参数进行实时监测和在线管理，实现了海绵城市建设效果的长期自动跟踪评估，有效促进了城市管理方式变革、管理科技创新与管理水平提升。

巩固提升生态环境质量

积极回应人民群众对城市优美生态环境的期盼，滚动实施生态环境保护和建设三年行动计划，树立绿色低碳发展理念，推动环境治理从注重末端进一步转向源头防控，从无害化治理进一步转向资源化、减量化，从政府管理为主转向各方主体多元治理，生态环境质量持续稳定向好，公众对生态环境感受度满意度不断提升，使绿色成为人民城市最动人的底色、最温暖的亮色。

大力促进经济社会全面绿色转型	努力实现碳排放提前达峰 加大产业、交通结构调整力度 大力培育全社会绿色生活方式
持续改善生态环境质量	大幅提升水环境治理能力 稳步提升大气环境质量 推进以循环经济为导向的城乡废弃物治理 切实加强土壤污染防治
加快建设开放共享、多彩可及的生态空间	实施千座公园计划 拓展耕地、林地、绿地、湿地等生态空间
深入推进现代环境治理体系建设	强化落实环境治理主体责任 完善多元化市场化生态环保投入机制 建立健全法规标准政策体系

来源：《上海市国民经济和社会发展第十四个五年规划和二〇三五年远景目标纲要（普及版）》

坚定不移推动绿色低碳发展，全面提升城市生态环境品质

宋贺敏
《纲要》起草组成员、上海市发展改革委发展规划处

使城市天更蓝、水更清、地更绿，一直是上海孜孜不倦的追求。进入新世纪以来，上海滚动实施了七轮环保三年行动计划，全面打响污染防治攻坚战，生态环境质量持续改善，人民群众获得感显著增强，绿色发展取得了显著成效。但同时，我们也要清醒地看到，上海市生态环境保护的形势还不容乐观，前期取得的治污成果还不稳固，结构性污染矛盾依然突出，传统治理方式和手段都亟待创新。

要解决好这些长期积累的环境问题绝非一朝一夕之功，《纲要》提出"十四五"期间要着力巩固前期污染防治成果，深入打好污染防治攻坚战，持续改善环境质量，促进经济社会发展全面绿色转型。重点考虑做好"一加一减一达峰两巩固两转变"，"一加"即做好公园建设加法，新增公园600座，实现公园数量增至1 000座；"一减"即做好生活垃圾减法，在全面实现原生生活垃圾"零填埋"的基础上，力争实现生活垃圾源头减量；"一达峰"即努力实现碳达峰；"两巩固"即巩固改善成效和水环境消黑除劣的成果，实现细颗粒物（PM$_{2.5}$）等六项大气常规污染物全面稳定达到国家二级标准，部分指标优于国家一级标准，地表水达到或好于Ⅲ类水体比例达到60%以上；"两转变"即推动环境治理从注重末端进一步转向源头防控，从政府为主管理转向各方主体多元管理。具体而言，要做好以下几方面工作：

大力促进经济社会全面绿色转型。 碳达峰涉及经济社会发展全过程和各领域，"十四五"时期要以碳达峰为重要抓手，聚焦重点领域、深入推进结构优化调整，促进经济社会全面绿色转型。比如能源领域，要推进能源清洁高效利用，发展本地非化石能源，推进海上风电和"光伏+"等工程，大力增加天然气使用，天然气消费量占一次能源消费比重上升到17%左右。实施能耗双控制度，煤炭消费总量完成国家下达目标，占一次能源消费比重下降到30%以下。比如产业领域，要大力推动产业结构优化升级。严

"十三五"期间，生态环境质量持续改善

2020年，经初步核定，全市化学需氧量、氨氮、二氧化硫和氮氧化物等4项主要污染物排放量分别较2015年削减

化学需氧量 **68.10%**
氨氮 **38.10%**
二氧化硫 **46.64%**
氮氧化物 **28.15%**
均超额完成国家下达的减排目标

细颗粒物（PM$_{2.5}$）年浓度为 **32** 微克/立方米
较2015年下降 **36%**

环境空气质量优良率（AQI）达到 **87.2%**
较2015年上升 **11.6%**

全市259个主要河流水质断面优于Ⅲ类占比从2015年的14.7%提高到 **74.1%**
4.73万个河湖基本消除劣Ⅴ类

森林覆盖率达到 **18.49%**
累计新建绿地逾 **6 000** 公顷
其中公园绿地逾 **3 000** 公顷
城市公园数量增加到 **406** 座
人均公园绿地面积达到 **8.5** 平方米

（资料来源：上海市生态环境局）

格控制高耗能、高排放项目盲目发展，积极推进低效产业园区转型升级，推行清洁生产和钢铁、化工、石化等重点行业绿色化改造。又如交通领域，要持续深化交通运输结构调整。积极推动货运向公转铁、公转水方式发展，进一步发挥水运、铁路等在对外交通运输中的作用，持续降低运输能耗和碳排放强度。

持续改善生态环境质量。 从"十三五"时期的"坚决打好污染防治攻坚战"到"十四五"时期的"深入打好污染防治攻坚战"，这是一个重大转

变，意味着所面临的矛盾和问题层次更深、领域更宽、对生态环境改善的要求更高，攻坚战要延伸深度、拓展广度。我们要力争在关键领域、关键指标上实现新的突破，使天蓝水清土净的生态环境更加宜人。比如水环境方面，针对汛期溢流和局部区域污水处理能力不足的问题，要加快推进污水处理设施和连通管建设，针对初期雨水面源污染的问题，要推进初期雨水治理和雨污混接改造，实现城镇污水管网全覆盖。比如大气方面，针对近年来臭氧污染呈上升态势的问题，要以协同推进 $PM_{2.5}$ 和臭氧（O_3）控制为核心，强化氮氧化物（NO_x）和挥发性有机物（VOC_s）协同减排，深化工业企业 VOC_s 污染防治，提升机动车船等移动源排放控制水平，稳步提升大气环境质量。又如废弃物治理方面，近年来生活垃圾产量持续增加，垃圾无害化、资源化、减量化任务更重。要从源头加快促进生活垃圾减量，加强塑料污染治理，全面实现原生生活垃圾"零填埋"，生活垃圾回收利用率达到 45% 以上。

加快建设开放共享、多彩可及的生态空间。 针对上海市生态建设中存在"有绿色、无景色""远处多、身边少"的问题，将实施千座公园计划，通过建设不同类型的公园来满足不同人群的多样化需求，做到"远处有景、近处有绿"，新增公园 600 座左右，人均公园绿地面积增加 1 平方米。比如新建世博文化公园、北外滩中央公园等大型标志性公园，新建或提升五大新城公园，基本实现步行 5～10 分钟有绿、骑行 15 分钟有景、车行 30 分钟有大型公园。又如，还将重点实施黄浦江—大治河等生态走廊，森林覆盖率达到 19.5%。

深入推进现代环境治理体系。 要把市场这只"看不见的手"和政府这只"看得见的手"都用好，充分激发市场主体和公众参与的积极性。比如，推进排污权、用能权、用水权、碳排放权市场化交易。充分利用金融工具来助力实现碳达峰，鼓励银行、证券、基金和信托等各类交易主体积极参与碳市场，为碳市场注入更多活力和资本。比如，建立生态环保信息强制性披露、重点企业环境责任报告等制度，完善社会公众和新闻媒体监督参与机制。

践行绿色低碳理念，实现碳排放达峰

> 程 鹏
> 上海市生态环境局局长

2020 年 9 月 22 日以来，习近平总书记先后 10 余次在国际国内重大场合和重要会议发表重要讲话，强调中国"二氧化碳排放力争于 2030 年前达到峰值，努力争取 2060 年前实现碳中和"，明确提出"到 2030 年，中国单位国内生产总值二氧化碳排放将比 2005 年下降 65% 以上，非化石能源占一次能源消费比重将达到 25% 左右，森林蓄积量将比 2005 年增加 60 亿立方米，风电、太阳能发电总装机容量将达到 12 亿千瓦以上"的中国自主贡献目标和举措。

实现碳达峰、碳中和，是党中央经过深思熟虑作出的重大战略决策，事关中华民族永续发展和构建人类命运共同体。尤其是此次新冠疫情再次启示，人类需要一场自我革命，加快形成绿色发展方式和生活方式，建设生态文明和美丽地球。应对气候变化《巴黎协定》代表了全球绿色低碳转型的大方向，是保护地球家园需要采取的最低限度行动，各国必须迈出决定性步伐，要树立创新、协调、绿色、开放、共享的新发展理念，抓住新一轮科技革命和产业变革的历史性机遇，推动疫情后世界经济"绿色复苏"，汇聚起可持续发展的强大合力。中国提出碳达峰、碳中和目标，是在用实际行动践行多边主义，为保护我们的共同家园、实现人类可持续发展作出贡献。

2021 年 3 月 15 日，中央财经委员会第九次会议进一步强调，实现碳达峰、碳中和是一场广泛而深刻的经济社会系统性变革，要把碳达峰、碳中和纳入生态文明建设整体布局。

实现碳达峰，上海有哪些工作基础

2010 年以来，上海紧紧围绕节能控碳目标，通过加快调整产业结构、推动能源低碳转型、促进重点领域节能提效等举措，特别是 2017 年以来，进一步强化以能耗、环境等"四个论英雄"的发展导向，加快城市数字化转型，

碳达峰

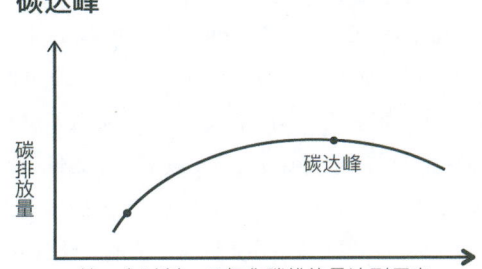

某一个时刻，二氧化碳排放量达到历史最高值，之后逐步回落。

碳中和

通过植树造林、节能减排等形式，抵消自身产生的二氧化碳或温室气体排放量，实现正负抵消，达到相对"零排放"。

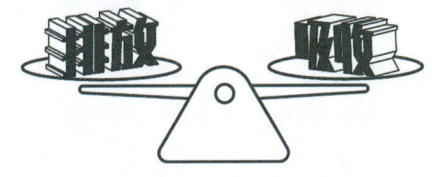

在经济保持快速增长和能源消费适度增加的同时，碳排放总量和排放强度总体呈下降趋势。

地方碳排放权交易试点方面，上海自 2013 年启动以来，始终不断深化拓展，已纳入 300 余家企业进行碳排放管理，连续 8 年 100% 完成履约。减排成效持续显现，2019 年电力热力行业、石化化工行业、钢铁行业碳交易企业碳排放量较 2013 年分别下降 8.7%、12.6% 和 14.0%。

全国碳排放权交易市场建设方面，2020 年底，生态环境部出台《碳排放权交易管理办法（试行）》，印发《2019—2020 年全国碳排放权交易配额总量设定与分配实施方案（发电行业）》，正式启动全国碳市场第一个履约周期。2020 年，上海市电力

行业 20 余家企业纳入了全国碳交易市场。

低碳宣传及试点示范方面，持续做好全国低碳日主题宣传，同时推进低碳发展实践区、低碳社区建设工作，目前已成功创建两批 13 个低碳发展示范区和两批共 20 个低碳社区（其中 7 个为低碳示范社区）。新一轮低碳示范创建已启动，提出了更高标准的"近零"排放示范区、社区的创建要求。在全社会广泛宣传倡导绿色低碳理念。

"十四五"期间实现碳达峰的具体考虑和安排

"十四五"是碳达峰的关键期、窗口期，上海已经着手研究编制碳达峰行动方案，考虑重点做好以下几项工作：

能源领域，应进一步加强本地气电和绿电基础设施建设，积极拓展外来绿电供应，本地火力发电向高效煤电机组、气电倾斜，加快立面光伏技术突破。

工业领域，对存量进一步探索工艺优化路径。钢铁相关行业，通过低碳冶金、替代喷吹煤等低碳技术应用和降低铁钢比等措施，降低排放存量。

交通领域，大力推进清洁能源替代，进一步提高机动车电动化比重。

建筑领域（含新基建），在优化规划布局、进一步提升能效标准的同时，控制好 5G 网络、数据中心等新型基础设施的发展规模和节奏，并将绿色数据中心、超低能耗建筑作为新建数据中心和新建建筑的准入门槛。

同时，完善绿色低碳政策和市场体系，完善能源"双控"制度，完善有利于绿色低碳发展的财税、价格、金融、土地、政府采购等政策，加快推进碳排放权交易，积极发展绿色金融。加强绿色低碳的宣传教育工作，倡导绿色低碳生活，反对奢侈浪费，鼓励绿色出行，营造绿色低碳生活新时尚。提升生态碳汇能力，强化国土空间规划和用途管控，有效发挥湿地、海洋、土壤的固碳作用，提升生态系统碳汇增量。

参与低碳生活，共造宜居环境

碳达峰、碳中和是一场人人参与的全民行动，需要在全社会倡导绿色低碳生活方式。市民可以从各方面参与低碳行动：一方面做好低碳理念的践行者，包括厉行节约，坚决制止餐饮浪费行为，减少使用塑料用品，拒绝过度包装商品，坚持做好生活垃圾分类和减量化、资源化工作，主动绿色出行等；另一方面做好低碳理念的宣传者，深入开展爱国卫生运动，共同打造宜居生活环境，开展绿色生活创建活动，积极向家人、朋友、同事等身边人宣传绿色低碳生活理念。

目前，我们正在积极研究制定碳普惠政策，对小微企业、社区家庭和个人的节能减碳行为进行具体量化并赋予一定价值，建立起以商业激励、政策鼓励和核证减排量交易相结合的正向引导机制，动员全社会力量参与碳达峰和碳中和工作。

探索绿色金融发展，助力上海实现碳达峰

李 瑾
上海环境能源交易所副总经理

自 2011 年底上海启动碳排放权交易试点筹备工作并在 2013 年 11 月上线交易以来，上海碳市场运行平稳有序，交易规范透明，是全国唯一达成八个履约年度均实现 100% 履约率的试点地区。自开市以来，已纳入 27 个行业约 300 家控排企业，吸引近 500 家投资机构参与交易。截至 2021 年 10 月，上海碳现货各品种累计成交量 1.73 亿吨，累计成交金额 19.6 亿元。二级市场总成交量在全国排名前列，上海 CCER 成交量占全国总成交量约 41%，稳居全国第一。上海碳配额远期产品成交 437 万吨。

在"碳达峰""碳中和"的背景下，"十四五"期间，上海将积极探索绿色金融发展，助力提前实现碳排放达峰：

加快全国碳排放权交易市场建设。 上海作为全国碳排放权交易系统的建设和运维承担方，积极推进交易系统、市场制度和交易机构等建设工作。未来，将充分依托上海试点碳市场及金融市场的运行和管理经验，按照安全稳定、公平高效、监管有序的原则，扎实稳妥地把全国碳交易市场建设好、运行好。

将碳金融列入上海国际金融中心建设的重要组成部分。 上海已经将碳金融列入"十四五"国际金融中心建设的重要内容之一，将以全国碳交易市场为基础，打造国际碳金融中心。上海将发挥金融中心的资源和能力优势发展碳金融，鼓励探索碳市场的远期、掉期等金融产品交易，支持碳基金、碳债券、碳保险、碳信托等金融创新，推进形成多层次碳市场，将上海打造成为有国际影响力的碳市场定

什么是碳金融产品？

碳金融产品包括碳基金、碳信托、碳保险、核证自愿减排量（CCER）质押业务、借碳业务、碳回购业务、上海碳配额远期（SHEAF）业务和配额质押业务等。

碳基金： 投资碳市场为主的基金。2014 年 12 月，由海通新能源股权投资管理有限公司和上海宝碳新能源科技有限公司共同发起的海通宝碳基金宣布成立，环交所作为交易平台对全国范围内的 CCER 进行投资。

CCER 质押业务： 以 CCER 作为质押物向商业银行申请融资。2015 年 5 月推出，同时公布了《上海环境能源交易所协助办理 CCER 质押业务规则》；截至 2020 年 10 月 30 日，完成 2 笔 CCER 质押。

借碳业务： 2015 年 6 月修订《上海环境能源交易所借碳交易业务细则》；借出方主要是纳管企业，借入方主要是机构投资者。截至 2020 年 10 月 30 日，共进行了上海碳排放配额（SHEA）借碳交易 9 笔，借碳数量共计 340 万吨。

碳回购业务： 2016 年 3 月 14 日，在上海环交所的协助下春秋航空股份有限公司、上海置信碳资产管理公司、兴业银行上海分行共同完成首单碳配额卖出回购业务。

上海碳配额远期（SHEAF）业务： 由上海环交所与上海清算所合作开发，以上海碳配额为标的、由上海环交所完成交易组织、上海清算所作为专业清算机构完成中央对手清算服务。上海碳配额远期于 2017 年 1 月 12 日正式上线，上海环交所发布《上海碳配额远期业务规则》。

配额质押业务： 2020 年 12 月推出上海碳配额质押登记业务规则。配额质押是为担保债务的履行，符合条件的配额合法所有人以其所有的配额出质给符合条件的质权人，并通过交易所办理登记的行为。

碳排放交易市场建设历程

2011 年 国家发改委发文启动碳排放交易试点

2012 年 上海碳交易制度相继出台

2013 年 上海碳交易开市启动

2016 年 第一阶段试点结束，第二阶段启动

2017 年 全国碳交易体系启动，上海承担交易系统建设

2021 年 全国碳市场启动上线交易

价中心。

推动碳普惠体系建设，推动长三角碳普惠互联互通。为继续发挥区域碳市场对上海市碳达峰目标实现的推动作用，推动建设以中小型减排项目，公众为主体的碳普惠体系，将企业、社区、个人产生的减排量进行量化、追溯，并通过碳市场、商业激励等形式实现价值兑现，挖掘更多减排潜力，实现绿色生活方式和消费方式。发挥金融支持作用，研究探索非控排企业、社会团体积极参与公众碳普惠，为碳市场注入更多的活力和资本。

完善碳排放管理和评估相关产业。在碳资产管理、碳足迹管理、碳信息披露、低碳技术和产品认证等领域加强培育，引导金融机构在信息披露、风险管理等方面建立绩效考核和激励约束机制。

加大宣传力度。一是倡导并鼓励企业分享、传播节能减碳优秀案例，对减排卓越的企业从市级层面进行表彰；二是加强并促进跨企业、跨行业信息互享与能力建设；三是加大对公众减排宣传，提高公众减排意识；四是对减排效果好的企业、社区、园区、建筑等提供相关支持；五是定期举行行业领域峰会和论坛，加大市场影响力。

以低碳技术推动上海"双碳"目标高质量实现

唐忆文
上海社会科学院经济研究所
副所长

碳达峰、碳中和无疑是本次"十四五"规划的热词，上海已经提出碳达峰的目标，而碳达峰之后是更为艰巨的碳中和。"十四五"期间，上海必须以碳中和为持续性目标，开展城市可持续发展的多目标协同管理，引领全社会协同演进，以低碳技术的大幅度推广应用为主要技术手段，全力推动"双碳"目标高质量实现，率先实现以人为本的绿色繁荣。

低碳技术的国际趋势

随着低碳发展成为全球共识，世界主要国家均把低碳能源技术发展视为重中之重，制定各种政策措施抢占发展制高点，构筑绿色竞争力。

从投资情况来看，美国和日本是国际能源署（IEA）所有成员国中对能源技术研发投入最多的两个国家，2019年两国合计占比近一半（47%），欧盟位列全球第三。从分类占比看，核能占21%、能源效率占21%、可再生能源技术占15%、交叉技术占23%。

从战略布局来看，美国核能技术以及碳捕集、利用和封存（CCUS）技术具有明显优势；欧盟通过"地平线"计划重点支持可再生能源、能效建筑、电动运输和储能四个清洁能源应用领域研究；日本持续推进氢能与燃料电池技术，为此制定了建设"氢能社会"的战略目标，提出要构建制备、储存、运输和利用的国际产业链，积极推进氢燃料发电，扩大燃料电池及其汽车市场。

低碳技术的上海应用

上海在低碳技术和产业领域具有良好的发展基础，太阳能、风能、核能、氢能以及新能源汽车的技术和产业优势明显，节能服务产业蓬勃发展，绿色金融创新不断涌现，低碳示范项目持续推广，碳交易市场稳步发展。"十四五"期间，上海将充分利用技术优势、市场优势和资金优势，积极推动技术创新和集成应用，为顺利实现"双碳"目标做好开路先锋。

大力提高低碳技术在能源领域的应用。本次"十四五"规划提出到2025年本地可再生能源占全社会用电量比重将提高到8%左右，为此要大力推广光伏应用，结合新城建设、城市更新、新农村发展、绿色园区创建等大力推动屋顶光伏、渔光互补等。稳步推进海上风电开发，推动电氢一体化，促进互联网能源发展。

大力推动低碳技术在产业领域的应用。着力提升高耗能行业的能效水平，推动节能降碳技术在电力、钢铁、化工等重点领域和重点用能单位的应用创新和推广应用。引导企业为主体的绿色供应链发展，鼓励企业披露碳报告，开展行业对标管理，推动产业低碳转型。

大力推动低碳技术在交通领域的应用。在公交、出租、环卫、集卡、特种车辆等领域全面推广新能源汽车应用，引导居民小汽车电动化，推动车桩网一体化协同发展。

大力推动低碳技术在建筑领域的应用。建筑本身及其设施设备都具有碳锁定性，要从新建建筑和改造建筑的源头抓起，提升建筑能效等级，推广绿色建筑、健康建筑设计标准，以人为本，因地制宜，合理匹配需求，优选适用型低碳建筑技术和节能型设施设备，开展建筑全生命周期的精细化管理，持续自洽地优化建筑运行效率。

大力推动低碳技术在全社会的应用。加强低碳知识的科普宣传，引导全社会参与城市低碳转型的协同演进，营造公众自觉践行低碳行为的城市风尚。推广产品的碳足迹标签，大力推动低碳技术、节能产品的普及应用，倡导积极创建低碳社区、低碳园区、低碳校区，让低碳成为上海的城市符号和文化标签。

大力推动低碳技术与数字技术融合发展。契合城市低碳化和数字化的转型要求，物联网、人工智能、区块链、大数据、云计算等数字技术将进一步赋能低碳技术的推广应用，在能源、产业、建筑、交通、生活等各领域的低碳转型提供契合场景特点、顺应发展要求、匹配用户需求的智慧解决方案，实现更加高效、可靠、灵活、节能、经济的可持续运营，自洽地优化低碳技术应用的成本效益。促进低碳技术和数字技术的协同发展，在确保减碳量的可监测、可报告、可核准的同时，为持续挖掘应用场景低碳转型和低碳技术方案的成本效益潜力提供技术支撑。

什么是低碳技术？

低碳技术是以能源及资源的清洁高效利用为基础，以减少或消除二氧化碳排放为基本特征的技术，广义上也包括以减少或消除其他温室气体排放为特征的技术。根据减排机理，低碳技术可分为零碳技术、减碳技术和储碳技术。

"零碳"技术：以无碳排放为根本特征的清洁能源技术，包括太阳能利用技术、风力发电技术、水力发电技术、核能技术、地热供暖与发电技术、氢能技术等。

"减碳"技术：利用节能减排技术促进生产、运输、消费、使用过程的低碳化转型，实现高效能、低排放、低能耗、低污染。重点应用领域主要涵盖电力热力、石油加工、化学原料及化学制品制造业、炼焦及核燃料加工业、黑色金属冶炼及压延加工业、非金属矿物制品业、航空运输等二氧化碳高排放量行业。

"储碳"技术：特指产业过程中捕获、封存和积极利用排放碳元素的去碳化技术，主要包括碳回收与储藏技术，二氧化碳聚合利用等技术，以及通过保护环境、推动绿色农业等发展的碳汇技术。

打造水清岸绿、生态宜人的滨水空间

周建国
上海市水务局副局长

> **"十三五"期间，上海水环境治理成绩单**
>
> 完成 3 520 公里城乡中小河道综合整治
> 打通 3 000 多条断头河
> 完成 4 200 多个小区和 1.7 万个市政企事业单位、沿街商铺等雨污混接改造
> 完成 1 700 多个直排污染源的截污纳管和 54 座雨水泵站的截流改造
> 完成 31 座污水厂提标改造工程
> 完成 17 座污水厂新建和扩建增容
> 城市污水处理能力达 840 万立方米/日，净增 70 万立方米/日左右
> 石洞口、竹园、白龙港及 7 个郊区污泥处理处置工程全面完成，净增设施规模 602.4 吨干基/日
> 污泥设施规模突破 1 000 吨干基/日，污水厂污泥的无害化处理处置率达到 100%
> 完成 18 座污水厂臭气治理设施改造，基本实现水泥气同治要求
>
> （资料来源：上海市水务局）

"十三五"期间，上海在水环境治理方面取得了一定成绩，实现了 2017 年基本消除黑臭河道、2018 年全面消除黑臭、2020 年基本消除劣 V 类水体的目标。市民普遍感受到河道更干净更美丽了。

对标世界先进城市最高标准、最好水平以及高质量发展、高品质生活要求，还存在一定差距：一是现有污水处理能力与规划目标有较大差距。受初期雨水排放、农业面源污染等因素影响，水体质量存在反复和不确定性。二是中心城区三大污水片区互连互通不足，厂站网一体化运行调度能力有待提高。三是通沟污泥、河道疏浚底泥处理处置方式尚需改进。四是早期建设的部分农村生活污水处理设施建设标准低，存在设施损坏停用、处理效果不佳的现象。

"十四五"时期，上海的水环境治理将以实现水体水质提升，江河湖海美丽为总目标，让市民看到更多清水，地表水达到或好于 III 类水体比例达到 60% 以上。总投资约 650 亿元，重点推进约 80 个项目建设。主要包括：

污水处理能力提升项目。 推进 17 座污水处理厂新建和扩建工程，全市新增污水处理规模 280 万立方米/日左右，基本解决中心城旱天溢流及郊区能力缺口问题。完善污水管网，完成南干线改造工程，建设竹园白龙港污水连通管和竹园石洞口污水连通管工程，实施合流污水一期复线工程，增强污水片区输送保障能力和系统安全性。

生态清洁小流域治理项目。 推进 50 个生态清洁小流域项目建设，覆盖全市面积 50% 左右，为市民打造水清岸绿、生态宜人的滨水空间。

污水厂如何变废为宝？

污水是受到污染后的水，它来源于生活，又可以回归于生活。生活中的水按照"颜色"可以分为白水、灰水和黑水。自来水称为白水，灰水是指淋浴和洗涤废水，黑水是指冲厕废水、粪便和尿液等混合型污水。我们日常生活中的污水主要来源于住宅、机关、学校、医院、商店、公共场所等。

医院的污水，除一般生活污水外，还含有细菌、病原微生物、有毒有害污染物和放射性污染物等，需要经过预处理后才能排放到污水管网中。工业废水一般也需要经过预处理后才可排放。处理后的废水可以循环用于生产过程中，剩余部分再排入污水管道。

从各处汇集的污水成分复杂，又脏又臭，让人嫌弃，因此污水处理厂是保障生态环境安全的重要场所，用于处理不能直接排入环境的废水，同时也是一座神奇的"资源工厂"。

扫码了解
污水处理过程

稳步提升大气环境质量：重点关注产业与交通领域

黄 成
上海市环境科学研究院
大气环境研究所所长

"十三五"期间，依托环保协调推进机制和环保三年行动计划、清洁空气行动计划等工作平台，上海市系统推进大气污染治理工作、生态环境保护取得明显成效，$PM_{2.5}$浓度下降至32微克/立方米。2016—2020年，空气质量指数（AQI）优良率持续提升，污染天数平均每年下降8天左右。2020年，优良率达87.2%，较2015年上升16.5个百分点。

当前，上海市环境空气首要污染物仍以细颗粒物（$PM_{2.5}$）和臭氧（O_3）为主，其中，O_3作为首要污染物占比自2017年开始超过细颗粒物，2017—2020年占比分别达到61%、48%、46%和57%，特别是夏季，O_3仍然处于较高水平。

从现阶段的空气质量状况来看，可以说还没有摆脱"人努力天帮忙"的阶段，究其原因，主要是因为以钢铁、化工等重化为主的产业结构，以公路货运为主的运输结构尚未根本改变，而产业和交通是氮氧化物和挥发性有机物排放的最主要领域。

对环境空气质量改善具有较大影响的重工业在工业产值中占比依然较高——石化、钢铁两大行业总产值占全市工业总产值的13%左右，而总能耗则占规模以上企业能耗比重的约70%，二氧化硫（SO_2）、氮氧化物（NO_x）的排放量分别占全市工业领域总排放量的55%和72%。

交通环境压力较大，道路交通问题突出，港口船舶和非道路移动机械排放污染居高不下——由于上海港国际航运中心对物流运输业的带动作用，上海市重型货车保有量显著高于其他城市，列全国第二。同时，上海货运输以水路、公路为主，交通运输结构调整任务艰巨，加上老旧车辆排放贡献突出，淘汰难度大，给城市的环境增加压力。

"十四五"期间，要以$PM_{2.5}$和O_3协同控制为主线，强化挥发性有机物和氮氧化物协同减排。以产业、交通领域为重点，深入实施重点行业挥发性有机物治理、移动源综合治理等重大工程。

加快淘汰落后产能。依法依规推动一批环保、安全、质量、能耗、技术达不到标准的行业落后产能退出。滚动实施落后生产工艺负面清单。通过负面清单，逐步取缔清退有色、铸造、建材等行业落后生产工艺，提升各行业工艺水平。全面完成钢铁行业超低排放治理，健全重点行业

"十三五"上海市大气环境质量
目标指标完成情况

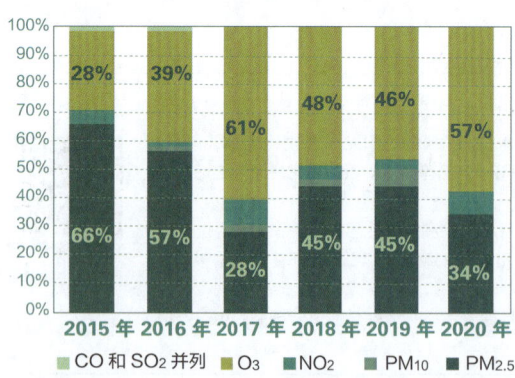

上海市 2015-2020 年污染天首要污染物分布

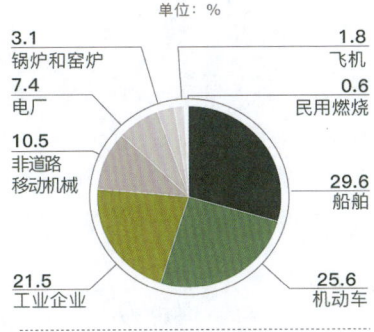

NOx源排放构成
单位：%
- 锅炉和窑炉 3.1
- 飞机 1.8
- 电厂 7.4
- 民用燃烧 0.6
- 非道路移动机械 10.5
- 船舶 29.6
- 工业企业 21.5
- 机动车 25.6

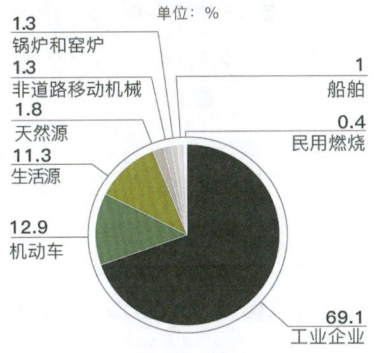

VOCs源排放构成
单位：%
- 锅炉和窑炉 1.3
- 非道路移动机械 1.3
- 天然源 1.8
- 生活源 11.3
- 机动车 12.9
- 船舶 1
- 民用燃烧 0.4
- 工业企业 69.1

清洁生产评价指标体系，打造绿色化、循环化产业体系。

推动化工企业清洁生产全覆盖，推广先进适用减排技术，推进重点化工园区开展循环化改造。在化工行业着力引导创建一批"绿色示范工厂"，引导上海化工区等重点园区创建国家级绿色示范园区。健全化工园区VOCs监测监控体系，全面提升VOCs环保监管能力，建立化工重点园区VOCs源谱和精细化排放清单，将排放主要污染源纳入重点排污单位名录，主要排污口安装污染物排放自动监测设备。

全面推进重点行业低挥发性原辅料产品源头替代。全面推进工业涂装、包装印刷、涂料、油墨、胶黏剂等行业低挥发性原辅料产品的源头替代，从源头减少VOCs排放产生。加强船舶造修、工程机械制造、钢结构制造、金属制品等领域低VOCs产品的研发。推进生活领域低挥发性产品的推广和使用。

全面加强无组织排放控制。重点对含VOCs物料储存、转移和输送、设备与管线组件泄漏、敞开液面逸散以及工艺过程等五类排放源实施管控，通过采取设备与场所密闭、工艺改进、废气有效收集等措施，削减VOCs无组织排放。

实施重点行业VOCs总量控制。基于$PM_{2.5}$和O_3浓度"双控双减"目标，制定VOCs总量控制目标。严格控制涉VOCs排放行业新建项目，对新增VOCs排放项目实施减量替代。

深入实施精细化管控。根据O_3、$PM_{2.5}$来源解析，结合行业污染物排放特征和VOCs物质光化学反应活性等，确定上海市VOCs控制的重点行业和重点污染物，兼顾恶臭污染物和有毒有害物质控制等，提出有效管控方案，提高VOCs治理的精准性、针对性和有效性。

大力推进高污染柴油车淘汰。对重点行业营运车辆，提升车辆准入要求，加快港口物流、渣土及建筑材料运输、公交及国有企业所属车辆提高行业准入，到2022年全面达到国四及以上标准，外省市号牌车辆同等待遇；对非营运车辆，通过制定老旧车淘汰补贴延续政策，滚动实施高污染车辆限行，力争到2022年基本淘汰2012年及以前老旧车。

进一步加大新能源汽车推广力度。"十四五"期间，新增公交车全面实现新能源化，巡游出租、邮政、环卫、公务用车等新增或更新力争全部选用新能源汽车。

加快提升机动车和非道路移动机械排放标准。实施国六重型柴油车排放标准，力争提前实施非道路移动机械国四排放标准，并积极研究实施机动车和非道路移动机械更高排放标准的可行性和成本效益。进一步严化在用汽、柴油车排放限值，建立在用车排放检测和维护制度。完善长三角区域机动车共享平台建设，推进机动车"天地车人"一体化监控系统建设。

深化船舶排放控制区，进一步削减船舶大气污染物排放。持续推进船舶低排放控制区政策，在评估前阶段控制措施实施效果的基础上，实施船舶进入排放控制区使用硫含量≤0.1%m/m的燃油，并确保燃油供应；启动船舶实施NO_x排放控制区的研究。

可回收物回收的上海实践：
全程可追溯的运营管控模式

田冠雄
上海程胜环保科技有限公司
总经理

上海市推行生活垃圾四分类：可回收物、有害垃圾、湿垃圾、干垃圾，其中有害垃圾、湿垃圾和干垃圾有健全的分类投放、分类收集、分类运输、分类处理全程分类体系，可回收物回收体系虽然已初步建成，但仍需不断完善，特别是低值可回收物（废旧织物、废玻璃、泡沫等）的回收处理。

近年来，再生资源回收行业仍以传统贸易为主，高价值可回收物市场利润高、吸引力大，市场竞争激烈，"狼多肉少"特点明显。低值可回收物市场缺少利润吸引，且运营中的运输成本、场地要求、人工成本等方面较高，被市场所淘汰，导致低价值可回收物有效回收再利用率低。从事再生资源回收的非正规回收点众多，行业技术要求门槛低、风险较小，缺乏社会责任感，依靠牺牲安全及环境，以低成本谋取高利益，大量可回收物流入非正规渠道，且普遍存在散、乱的经营现状。

目前，上海市借助垃圾分类全程分类体系构建了新型可回收物回收体系，即"可回收物服务点、可回收物中转站、可回收物集散场"的三级体系，围绕居民产生的生活垃圾中的可回收物，开展灵活方便的居民回收方式，并通

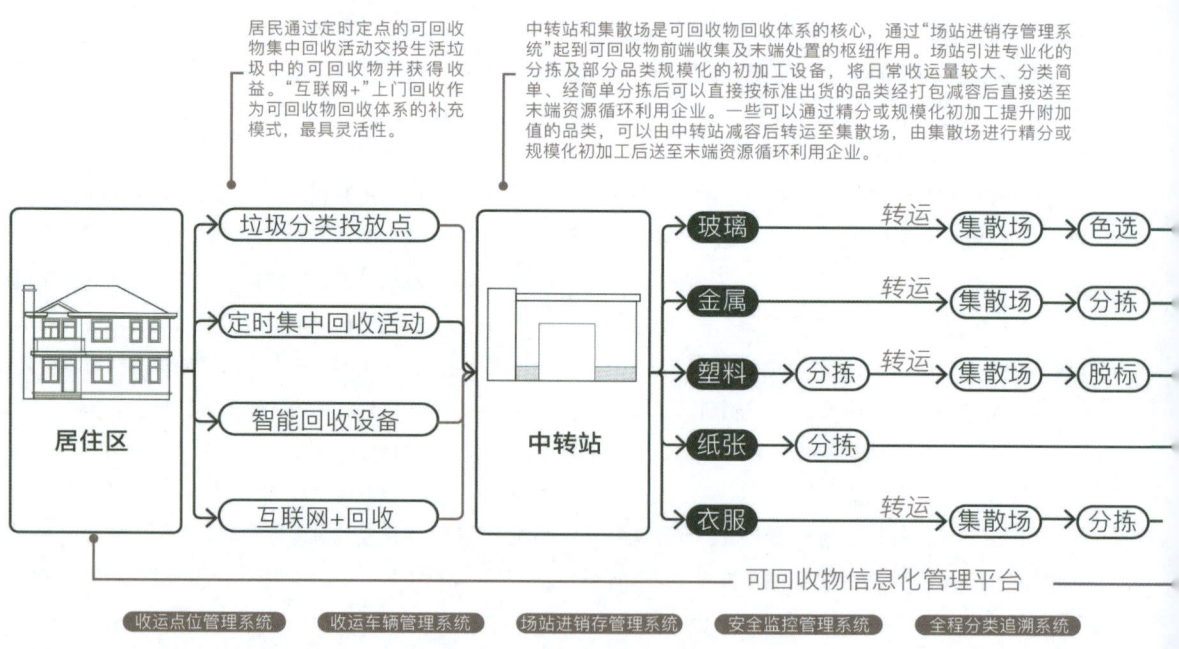

可回收物信息化管理平台保障全链条的规范化管理及业务数据自动化、定量化和可追溯性，平台功能包含收运点位管理、收运车辆管理、场站进销存管理、智能回收设备监管、安全监控设备接入及管理等功能，并通过对监管数据综合分析结合可视化技术，整合可回收物信息，通过数据大屏提供一个全局的"一网统管"。

过规范化、标准化的收运队伍运输,送至场站进行精细化、规模化的分拣加工,交由正规化、全品类的末端资源循环利用渠道。同时,全程辅以数字信息化管理平台,形成可视化、可追溯的可回收物回收体系全程运营管控模式。

2020年上海市已建成可回收物回收服务点1.5万余个、中转站201个、集散场10个。2020年全市可回收物回收量达到6375吨/日,与2019年同比增长57.5%。

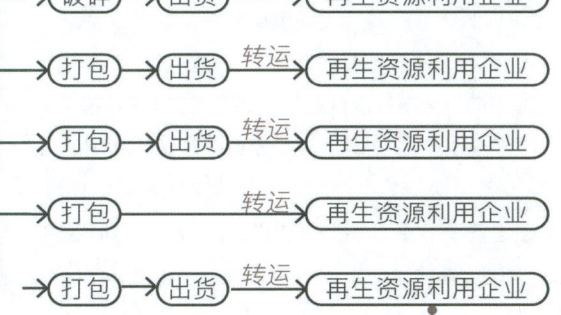

末端资源循环利用渠道在可回收物回收体系中发挥重要的支撑作用,依托上海及长三角地区的资源化利用企业,以合规的方式跨地区进行资源化利用,构建相对稳定的正规化、全品类(玻金塑纸衣)资源循环利用渠道。

促进垃圾减量,市民可以做什么?
绿色生活的 3R 原则

源头减量 (reduce)	**减少一次性用品:** 家中使用玻璃杯、瓷杯。一次性塑料杯、纸杯不宜放热水也不利于身体健康。 旅游出差带上自用的洗漱用品,一次性的酒店用品品质基本比自用的要差。 **减少厨余的产生:** 光盘行动。普通餐馆,按人数点菜,不够再点;东北等量大的餐馆视情况再减少一半到三分之一;在家烧菜尽量当顿或当天能吃完,隔夜菜也不利于身体健康。 堆肥。家中种花草的可尝试堆肥,减少厨余运出小区。 购买品质好、使用寿命更长的耐用品。
重复使用 (reuse)	旧物置换:参加线下旧物置换的活动;线上交易闲置物品。 自用物品优先维修,不能修了再换新。部分厂家提供修补服务。 出门带上水杯、餐具、环保袋。
循环再利用 (recycle)	将可回收物变卖、赠送给保洁员、预约上门回收、投放到指定的回收点,使这些物品进入资源再生的循环链。 更多地购买环保绿色(再生、可降解)产品。

(资料来源:爱芬环保)

循环经济的探索与实践：以塑料废弃物为例

郭建利
上海市发展改革委资源节约和环境保护处处长

中国是全球塑料消费第一大国。2019年大约产生废塑料6 300万吨，约占世界1/5。为应对塑料污染问题，2007年以来，国家出台了"限塑令"等系列政策文件，对超薄塑料购物袋、超薄农用地膜等塑料制品的生产、销售和使用，提出了相关禁限要求。实施过程中，取得了一定的成效，但随着近年来电商、快递、外卖等新兴业态的快速发展，导致塑料制品特别是一次性塑料用品消耗量持续上升，对资源环境造成了巨大压力，迫切需要进行科学有效的系统治理。

上海加强塑料污染治理的初衷，并不是要求完全禁止塑料制品的生产和使用，而是希望引导全社会树立绿色消费的意识，合理、适度地消费塑料制品，尽量避免过量使用，大力推进塑料循环使用和再生资源利用，尽可能减轻对环境的负面影响。具体来说，就是采取"减源头、控末端、促循环、防泄露"等措施，构建覆盖塑料制品全生命周期的管理模式。

塑料制品量多面广，上海考虑主要聚焦于三个"一批"，即"禁限一批、替代一批、规范一批"。"禁限一批"主要是针对使用量大、泄露风险高、再利用价值低、难以回收或清理的塑料制品，以禁止和限制来实现源头减量（如厚度小于0.01毫米的不可降解农用地膜，其在使用后"一扯就碎"，非常难回收，长年累积会给耕地质量带来危害）。"替代一批"主要是考虑到公众环保意识不断增强，垃圾分类工作营造了很好的社会氛围和工作基础，再加上近年的绿色技术创新和进步，市场上可替代产品也日益丰富，在部分塑料制品的使用场景和环节可以有条件地实现替代（如对于一次性塑料购物袋，替代方案多种多样，可以由消费者购物时自带布袋子、菜篮子，或者由商超提供环保布袋、无纺布袋等可循环使用购物袋）。"规范一批"主要是进一步规范塑料制品的使用及塑料废弃物分类回收、资源化利用和无害化处置。

上海市《纲要》中提出，"十四五"期间要加强塑料污染治理，减少一次性用品的使用，引导消费者优先采购可循环、易回收、可再生的替代产品。城市治理者秉持"循环经济"理念来指导和开展塑料污染整体综合治理，并结合实际在《上海市关于进一步加强塑料污染治理的实施方案》中提出了循序渐进的分阶段目标：到2020年，率先在餐饮、宾馆、酒店、邮政快递等重点领域禁止、限制部分塑料制品的生产、销售和使用，基本实现塑料废弃物零填埋；到2021年，全市一次性塑料制品消费量明显减少，替代产品得到有效推广，塑料废弃物资源化能源化利用比例大幅提升；到2022年，全面实现塑料废弃物零填埋；到2023年，全市塑料制品生产、流通、消费和回收处置等环节的管理制度基本建立，政府主导、企业主体、全民参与的多元共治体系基本形成，塑料污染得到有效控制。

上海要从四个方面同步发力，通过全流程制度设计，推动完善塑料制品的源头减量、分类回收、资源化利用和环境风险管控，形成塑料污染多元共治体系。

在源头减量方面，有序限制一次性塑料购物袋，一次性塑料餐具，宾馆、酒店一次性塑料用品，快递塑料包装

为加强塑料污染治理，我们在日常生活中可以作出哪些小改变？

在进入商场、超市、药店、书店等场所自主采购商品时，养成自备购物袋的良好习惯，或购买环保布袋等可循环使用购物袋；

在餐馆就餐时，尽量减少使用一次性塑料吸管和餐具；

在外卖点餐时，主动勾选"无需餐具"选项；

在邮寄快递时，尽量使用"瘦身胶带"，避免过度包装；

在投扔垃圾时，做好塑料制品分类，将塑料制品投入可回收物蓝桶或者单独设置的塑料制品回收设施。

等四大类塑料制品的使用。同时，推行绿色设计，提升塑料制品的安全性和回收利用性能。

在分类回收方面，鼓励有条件的场所进一步细化可回收物"蓝桶"，提高废塑料的回收比例。推动电商外卖平台、环卫部门、回收企业等开展多方合作，在快递外卖集中的重点区域投放塑料包装回收设施。建立健全废旧农膜和黄板回收体系，到2023年底基本实现废旧农膜和黄板全量回收。

在资源化利用方面，推动塑料废弃物资源化利用，结合上海实际，加大政策支持力度，培育塑料废弃物资源化利用项目和企业，提高聚苯乙烯（PS）、聚丙烯（PP）、聚乙烯（PE）等品类塑料废弃物资源化利用水平。

在环境风险管控方面，禁止生产和销售厚度小于0.025毫米的超薄塑料购物袋、厚度小于0.01毫米的聚乙烯农用地膜、一次性发泡塑料餐具、一次性塑料棉签、含塑料微珠的日化产品等易向环境泄露的一次性塑料制品。同时，开展塑料垃圾专项清理，开展塑料垃圾及微塑料污染的生态环境影响和人体健康风险评估，确保垃圾焚烧发电等企业的稳定达标排放。

分类外卖餐盒，只需要简单三步

第一步：干湿分类
把剩饭剩菜，食物残渣倒出餐盒，用袋子装好，汤水倒入下水道，完成湿垃圾分类。塑料袋和一次性餐具属干垃圾，直接扔到干垃圾桶，完成干湿分类。用过的餐巾纸先别扔等下一步派上大用场。

第二步：清洗塑料餐盒
装轻食沙拉和普通中餐炒菜的属于轻油污，用上一步没扔的废纸巾擦一擦；
装麻辣烫的塑料餐盒属于重油污，相较于冷水或热水，废纸巾也是克服重油污性价比最高的利器。

第三步：分类投放
干湿垃圾分别倒入对应的垃圾桶，经过清洗的塑料餐盒放入可回收物桶进行再利用。

（资料来源：爱芬环保）

千座公园计划：
园中建城、城中有园、城园相融、人城和谐

管群飞
上海市绿化市容局规划处处长

公园是供公众休闲游憩、开展文化健身等活动、有较完善设施和良好绿化环境的公共开放空间，是最优质的生态产品，最普惠的民生福祉。

目前来看，上海生态资源建设面临总量不足、布局不均、效益不显的问题。一方面，全市生态资源总量不足问题依旧较突出，"远处多、身边少"，生态资源空间布局有待优化；另一方面，"有绿色、缺景色"，生态景观效益等有待提升。

"十四五"期间，要通过建立"多层次、多功能、广覆盖"的公园框架，基本实现步行5～10分钟有绿、骑行15分钟有景、车行30分钟有大型公园，让城市处处有公园，人人可以享用公园。

实现路径上，"十四五"期间要新增公园600座，累计达到1000座以上，人均公园绿地面积增加1平方米；通过对不同类型公园的合理搭配布局，形成大型公园－社区公园－小型公园的公园体系。市民可期待以下休闲空间的变化：

大型公园建设

优化提升现有外环绿带，无界融合生态、生产、生活的空间布局和城市多元功能，优先建设环城公园示范项目；

提升重点地区景观性和展示度，在世博地区、临港新片区及吴淞等转型区域，建成世博文化公园、赤风港湿地公园等一批特色公园；

提升现有7个郊野公园的内涵功能，同时建成庄行、合庆、漕泾等一批郊野公园，真正成为市民休闲游乐的"好去处""后花园"；

提升松江新城中央公园、嘉定新城紫气东来公园、奉贤新城金海湖公园、南汇新城二环公园带品质，新建青浦新城上达河公园，融合文化艺术、运动健身、市民休闲等功能，打造新城文化和生态新标杆。

社区公园建设

在"一江一河"贯通基础上，沿骨干河道两侧20米构筑连续开放的公共空间，形成以黄浦江、苏州河、川杨河、淀浦河等为骨架的13条滨水廊道，打造滨水公园；

结合重点地块开发、郊区新城建设、城中村改造等，在主城区和新城等人口集聚地区，新建50座左右社区公园，满足周边人群日常休闲需要；

在人口集聚的镇，依托现有公益林资源和生态片林，添加部分休闲设施，建设50座左右开放休闲林地公园，为居民提供近自然的游憩空间。

小型公园建设

结合城市更新和改造积极落实"＋公园"策略，主要针对公园布局盲点问题，通过有效利用城市中的零碎空地、边角空间，用"拆墙透绿"等方式见缝插针增补或改建口袋公园300座左右，提高市民对绿地的感知度和获取度；

结合美丽乡村建设、保护和保留的自然村落，因地制宜建设200座左右乡村小微公园，并通过绿道水系串联起大大小小的村级公园，营造生态林园游览、农业体验等游憩场景，形成丰富多元的乡村游憩体验。

功固提升生态环境质量

"十四五"上海公园绿地建设布局

进一步将郊野公园打造成"市民休闲好去处"

郭陶然
城市荒野工作室创始人

中国的郊野公园建设始于 1972 年的香港,目前香港约有 60% 的土地面积属于郊野公园。近年来,大陆的郊野公园建设逐渐开展,陆续在深圳、北京、南京、天津、成都、上海等地建成了一批郊野公园。

上海自 2012 年筹划启动郊野公园建设,截至 2021 年已建成廊下郊野公园、浦江郊野公园、长兴岛郊野公园、合庆郊野公园等共 7 座郊野公园。

郊野公园是市民休闲游憩的好去处,尤其是国外新冠疫情尚未被有效控制的情况下,更多的市民倾向于选择国内、市内开展节假日的旅游休闲活动,因此郊野公园的游客量激增。以距离上海市区最近的浦江郊野公园为例,2021 年的清明小长假期间共接待游客 17.84 万人,与去年同期的 10.02 万人次相比增长了 78%。这些数据反映出市民对郊野公园有着极大的需求,郊野公园的规划和发展符合市民对美好生活的向往以及亲近自然的需求。

客观地说,上海的郊野公园建设虽然取得了一定的成果,但总体上仍处于探索阶段,还存在着不少问题。郊野公园虽然属于公益性资产,不以营利为目的,但仍需要通过相关产业的发展促进经济活动,需要将"绿水青山就是金山银山"的理念贯彻在郊野公园的建设当中。郊野公园带动的农产品、餐饮、住宿、文创等产业应当被有效激活,避免郊

上海闵行郊野公园

公园建设成为财政负担。

要激活相关产业，除了部分基础设施和服务有待完善外，目前最大的问题在于：市民在游览郊野公园的过程中，无法理解和认识郊野公园的真正内涵，无法获得独特的游览体验，不清楚郊野公园和城市公园、郊区农田的本质区别，以至于网上频现"郊野公园和我老家的农田没什么区别""郊野公园就是一个大型的城市公园"的评论。

以上评论反映出目前郊野公园建设中的一个重大问题，即"郊而不野"。具有良好生态环境和丰富生物多样性的景观应当是郊野公园有别于农田和城市公园的核心内涵。郊野公园的规划和建设需要满足生态保育、自然保护、休闲游乐、健身康体等主要功能，其中生态保育、自然保护是郊野公园存在的基础和前提，拥有良好的生态环境是休闲游乐、健身康体的先决条件。

和香港的案例不同，上海的郊野公园建设有其特殊性：作为一个建立于冲积平原上的城市，上海地势平坦、缺乏高山、森林等自然生境，同时又长期受到人为干预，原始植被遭到破坏，因此在大多数情况下，上海的郊野公园建设并非保护原有的自然生境，而是以农田、村庄和人工林为基础，加以改造和重建。在这种情况下，如果规划者和设计者没有真正理解"野趣"对郊野公园的核心价值，就难免将城市绿化常用的设计手法以及园林苗木带入郊野公园中，无怪乎市民反映去了一个"大型城市公园"。

郊野公园的"近自然"内涵，是指在建设郊野公园的过程中，要以还原上海自然植被、恢复受损生物多样性为目标，以乡土植物为素材，设计接近自然的植物群落，并使其可以在低维护的情况下自然演替。通过这样的设计方式，可以有效恢复上海郊区的生物多样性，展示具有上海本土特色的自然风貌，同时对一些日渐稀少的乡土物种进行保育。这些具有乡土特色、与城市公园风格迥异的风光和物种，是市民游览、学习的主要目标。此外，具有自然演替能力的乡土植物群落较为稳定，无需和城市公园绿化一样人为杀虫、除草，极大地降低了养护成本和农药污染，既经济又环保。

努力创造高品质生活

坚持尽力而为、量力而行，攻坚破解"老小旧远"民生难题，大力推进优质公共服务资源向郊区和家门口延伸、向薄弱环节和重点群体倾斜，着力提升人民群众的边际感受，鼓励市场和社会力量积极参与社会共建共享，扎实推动共同富裕，让人民生活更有品质、更有尊严、更加幸福。

切实办好人民满意的一流教育
- 促进学生全面发展
- 锻造一流教师队伍
- 推进基础教育优质均衡发展
- 深化高等教育内涵式发展
- 促进产教深度融合
- 推进学习型社会建设

着力推进健康上海建设
- 健全公共卫生体系
- 加强医防融合的健康服务管理
- 加快构建整合型医疗服务体系
- 加快建设健康科技创新中心
- 持续深化医药卫生体制改革

积极应对人口老龄化
- 促进人口长期均衡发展
- 全面推进城乡社区养老服务
- 持续扩大多层次养老服务供给
- 深化医养康养相结合
- 建设老年友好型社会

强化就业优先政策
- 多措并举稳就业扩就业
- 强化技能培训助推高质量就业

稳步提升城乡居民收入
- 拓宽居民增收渠道
- 规范收入分配秩序

持续改善市民居住质量和环境
- 全力推进旧区改造和旧住房更新改造
- 完善住房保障制度
- 促进房地产市场平稳健康发展

织牢结密社会保障网
- 持续完善社会保障制度体系
- 完善扶弱救困体系

创新完善公共服务供给
- 持续优化人口服务管理
- 深入推进基本公共服务制度化、标准化和均等化
- 创新服务供给模式

来源：《上海市国民经济和社会发展第十四个五年规划和二〇三五年远景目标纲要（普及版）》

围绕"七有"推进全周期民生改善，谱写人民美好生活新篇章

孔 媛
《纲要》起草组成员、
上海市发展改革委发展规划处

上海是一座拥有近 2 500 万常住人口的超大城市，坚持"以人民为中心"，让每一位市民都能获得美好生活，是这座城市在发展中矢志不渝的追求，也是每一轮五年规划坚守的初心。多年来，通过实施一个又一个五年规划（计划）的接续奋斗，到"十三五"末，上海 GDP 达到 3.87 万亿元，经济总量规模跻身全球城市前列。伴随着城市综合实力和核心功能的整体跃升，各项社会民生事业也得到长足发展，现代化教育水平持续提升，养老服务体系基本形成，居民平均预期寿命等市民主要健康指标长期保持发达国家水平，就业、住房等各项社会保障水平不断提高，居民人均可支配收入超过 7.2 万元、多年保持全国第一，人民群众获得感、幸福感、安全感持续增强，为"十四五"时期的社会民生事业发展打下了良好的基础。

"十四五"社会民生事业发展面临新形势、新挑战

展望"十四五"，上海市社会民生事业发展仍面临诸多新形势、新需求、新挑战。一是市民对美好生活的新需求，对多层次多样化公共服务供给提出新要求。上海的社会发展水平长期处于全国领先，"十三五"末人均 GDP 已经超过 2.3 万美元，早已达到世界银行划分的高收入地区水平，对公共服务的需求将进一步从"有没有"的基本需求向"好不好"的品质需求过渡，发展型消费占总消费比重也将进一步上升，需要有效扩大个性化、多样化、品质化公共服务的供给。二是应对老龄化处于宝贵窗口期，需要针对深度老龄少子与高龄化高峰提前部署、综合施策。人口是谋划民生事业发展的基础核心变量，解决好"一老一小"问题对城市可持续发展的重要性将日益凸显。"十三五"末上海常住人口中 60 岁及以上老年人口 581 万、占 23.4%，已经进入深度老龄化社会，预计"十四五"期间老龄化程度将继续提升，60 岁及以上老年人口将达到 680 万，相应的劳动年龄人口数量将持续下降。同时，高龄化趋势将在 2025 年以后加速凸显，而出生人口数量已经从 2012 年的高峰 23.96 万下降到 2020 年的 12.76 万。人口老龄化叠加高龄少子化的发展趋势将在未来 30 年里持续深化，加上家庭规模小型化、纯老化等新趋势交织共存，不仅对养老服务提出加快大力发展康养服务、失能照护等一系列刚性需求，也迫切需要在优化生育养育支持、扩大劳动

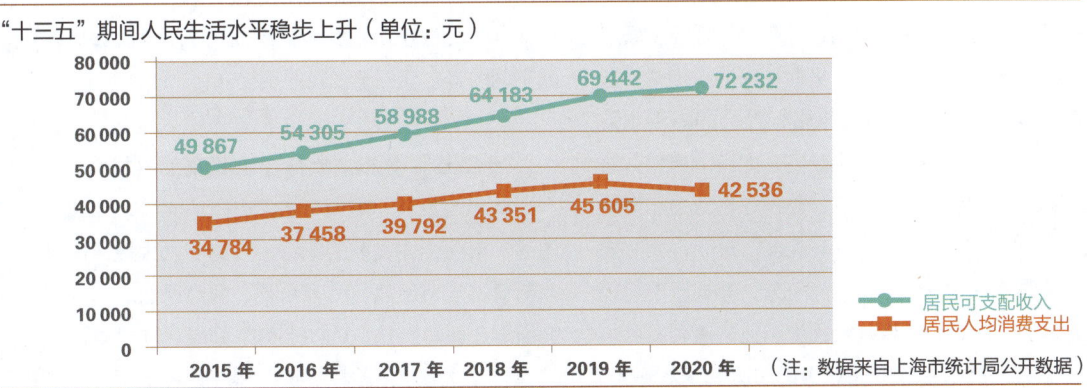

"十三五"期间人民生活水平稳步上升（单位：元）

（注：数据来自上海市统计局公开数据）

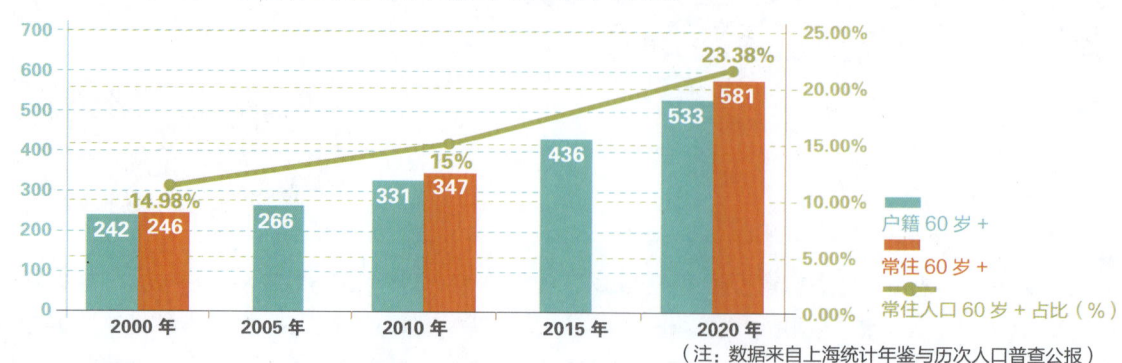

2000—2020年上海60岁及以上常住人口/户籍人口增长变化（万人）

（注：数据来自上海统计年鉴与历次人口普查公报）

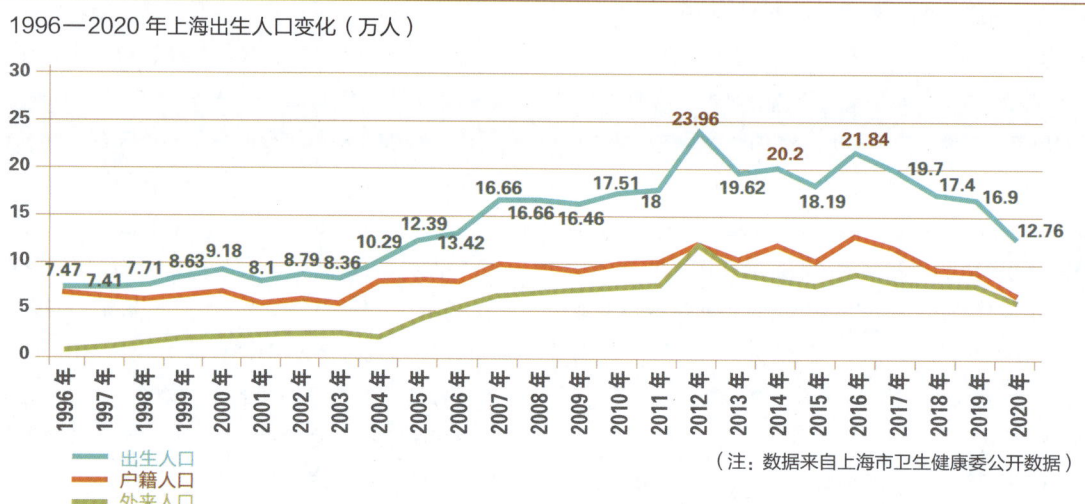

1996—2020年上海出生人口变化（万人）

（注：数据来自上海市卫生健康委公开数据）

力供给方面谋划综合政策。三是城市发展进入新阶段，需要社会民生事业发挥更加有力的支撑作用。城市因人而兴，社会民生事业发展不仅事关民生福祉，也关系到城市的软实力和人才近悦远来的吸引力。调查显示，子女教育、医疗养老、安居乐业等社会配套服务是否完善、是否有品质，都是城市能否吸引和留住人才的重要因素。同时，社会发展水平与经济发展的效率和质量呈现较强的正相关，从OECD发达国家发展规律来看，社会的福利水平越高、经济的劳动生产率也越高，尤其瑞典、芬兰等实行全民福利政策的国家，往往在创新力和竞争力方面也处于世界前列。"十四五"时期，上海要面向全球加速提升城市综合竞争力、实现城市再起宏图再升级，迫切需要社会民生事业的蓬勃发展来支撑。四是社会生活呈现数字化加速变革新趋势，

对创新迭代数字化场景与保障传统生活方式提出新要求。疫情进一步加速了数字化生活的到来，数字消费、在线医疗、在线教育、灵活就业、智慧养老等数字化场景日新月异，市民多元化的服务需求将得以被精准发现、精准配置和精准触达，分布式、个性化、共享型的数字服务模式不断涌现，对社会领域事业产业发展带来了重大机遇，但也在如何优化数字化服务的供给模式、提升服务品质、消除数字鸿沟等方面提出了新的挑战。

"十四五"：紧扣"七有"，创造高品质生活

城市的发展，是每一位在城市里学习、工作、居住、生活的市民个体发展的集合。党的十九大报告中提出"幼有所育、学有所教、劳有所得、病有所医、老有所养、住有所居、弱有所扶"的"七有"领域，就是要让人人都能共享社会发展的成果。2019年11月，习近平总书记在

上海考察时提出"人民城市人民建,人民城市为人民"的重要理念,在 2020 年 11 月浦东开发开放 30 周年庆祝大会上习近平总书记强调"把最好的资源留给人民",就是要求城市的发展要牢牢坚持以人民为中心,聚焦人民群众的全面发展需求,让人民有更多获得感。面向未来,上海紧紧围绕创造高品质生活、更好满足人民群众美好生活向往,充分体现以人民为中心、建设人民城市的重要理念,把"幼有善育、学有优教、劳有厚得、病有良医、老有颐养、住有宜居、弱有众扶"写进了《上海市国民经济和社会发展第十四个五年规划和二〇三五年远景目标纲要》。"十四五"期间,要紧扣"七有"领域,围绕人民全生命周期的发展需求,突出谋划民生实事和把握社会数字化转型新特征,攻坚破解"老小旧远"民生难题,大力推进优质公共服务资源向郊区和家门口延伸、向薄弱环节和重点群体倾斜,着力提升人民群众的边际感受,鼓励各方力量积极参与社会共建共享,让人民生活更有品质、更有尊严、更加幸福。

一是办好人民满意的一流教育。"十三五"以来,上海在教育改革发展一系列重点领域和关键环节取得重要突破,尤其率先达成总体实现教育现代化主要指标,但是相比人民群众对提升各类教育质量尤其是办好家门口每一所学校的期待仍有差距。为此,"十四五"在全面发展各级各类教育的同时,突出围绕人民群众普遍关心的基础教育优质资源供给不足与升学择校难等问题,重点从"好学生、好老师、好学校"全方位实施各项举措。比如,创新"五育并举"过程性评价实施办法,注重培育健全人格,努力为每一个学生全面而有个性的发展创造条件;加大优秀教育人才引进、培育和流动力度,锻造一流教师队伍;推进公办初中强校工程和紧密型学区集团建设,提升学校课后服务水平,办好家门口每一所学校。

二是推进健康上海建设。"十三五"以来,上海卫生健康服务体系进一步完善,居民平均期望寿命等市民主要健康指标长期保持发达国家水平,取得了抗击新冠肺炎疫情重大战略成果,但仍然面临超大城市公共卫生安全风险、人口老龄化变动、全人群心理卫生新需求以及优质资源总量不足布局不均衡等挑战。为此,"十四五"要科学把握常态化疫情新特征,把提高突发公共卫生事件应急处置能力放在突出位置;要树立大卫生、大健康理念,加强医防融合的健康服务管理,加快优质医疗资源扩容和均衡布局,完善重点疾病综合防治体系,构建覆盖重点人群、衔接递进的心理健康服务网络,全方位全周期保障人民健康。

三是积极应对人口老龄化。"十三五"以来，上海老龄事业发展制度体系进一步健全，"五位一体"社会养老服务体系基本形成，但是养老服务在供给质量、布局和效率等方面的矛盾仍然突出，失能、失智老人照料问题仍是民生痛点，跨地区康养模式有待破题，普惠性公办托育供不应求，缺乏降低生育养育教育成本、促进人口长期均衡发展的综合支持政策。为此，"十四五"要积极优化生育支持政策，扩大普惠安全的托育服务供给，到2025年力争累计新增三岁以下婴幼儿托额2万个。要全面完善居家社区机构相协调、医养康养相结合的养老服务体系，推动社区嵌入式养老服务更加方便可及、机构养老服务更加专业、家庭照料能力显著增强，老年人生活品质和生命质量持续提升。要全面深化长期护理保险制度，鼓励专业服务延伸到社区和家庭，加强认知障碍风险测评和早期干预，着力解决失能失智老人护理难题。

四是持续改善市民居住质量和环境。围绕全力推进旧区改造和旧住房更新改造，"十三五"期间上海已累计完成中心城区成片二级旧里以下房屋改造面积超过281万平方米，在此基础上，市委市政府下决心将在"十四五"期间提速完成（预计到2022年底前后）中心城区成片二级旧里以下房屋改造110万平方米，完成48.4万平方米零星二级旧里以下房屋改造，完成4000万平方米旧住房更新改造，全面完成无卫生设施的老旧住房改造。同时，围绕更好满足各类青年人才和企业职工的住房需求，将大力实施青年人才安居工程，力争"十四五"期末全市用于人才安居的租赁房源规模达到20万套；大力增加宿舍型租赁住房供应（约40万套），有效满足环卫、家政、邮政快递等为城市提供基础性公共服务的企业职工住房需求。

五是强化就业优先战略，稳步提升居民收入。"十三五"以来，上海就业保持总体稳定，但就业结构性矛盾仍然突出，线上就业和灵活就业等新趋势现有劳动保障法律体系提出挑战；城乡、居民内部、行业之间相对收入差距不断缩小，但绝对差距仍较大，多元化收入结构尚未形成，收入分配格局有待进一步优化。为此，"十四五"要坚持稳定就业和扩大就业并重、促进创业和提升职业技能并举，积极拓宽居民增收渠道，努力实现居民收入与经济同步增长，劳动报酬与劳动生产率同步提高。同时，重点围绕着力培育壮大新业态灵活就业，进一步优化和创新适应新业态就业方式和就业人员特点的公共就业服务，加快健全适应新业态发展需求的制度体系。

六是织牢结密社会保障安全网。关爱特殊和困难群体，体现的是一个城市的温度和软实力。"十三五"以来，上海持续调整最低生活保障标准，全面落实残疾人两项补贴制度，提高孤儿、困境儿童基本生活费标准，兜住了民生发展的底线，但相比人民群众共享发展、共同富裕的期待，困难群体、残疾人、未成年人、自闭症患者等群体的救助和保障力度仍然存在差距。为此，"十四五"要进一步织密网，构建全覆盖、保基本、多层次、可持续的社会保障制度体系，对残疾人、困境儿童和自闭症患者等重点群体，要加大关爱保障力度、加强精准施策，比如要建立解决相对贫困的长效机制，要重点推进残疾人康复机构和自闭症儿童辅读学校建设，建设"有爱无碍"城市，全方位推进居家出行和信息交流无障碍等。

上海社会发展与民生建设的实践经验和未来趋势

杨 雄
上海社科院社会调查中心主任

上海"十四五"规划《纲要》中提出，要以推动高质量发展、创造高品质生活、实现高效能治理为目标导向，呼应人民群众期待，着力提升人民群众的边际感受，扎实推动共同富裕，让人民生活更有品质、更有尊严、更加幸福。下面谈几点认识和思考。

"十三五"，上海社会发展与民生建设成就

近五年来，上海认真贯彻、落实习近平总书记关于"人民城市人民建、人民城市为人民"重要指示，从人民群众最关切的"急难愁盼"基本民生入手，切实解决基层社区的"老小旧远"难题，极大提升了上海市民的"三感"（获得感、幸福感、安全感）。据上海社科院社会学所课题组由一手数据构建的"上海民生民意指数"对上海市民生领域跟踪结果显示，近五年来上海社会发展与民生保障取得明显进步。市民对民生改善的主观感受总体处于较高水平；客观民生与主观民意的发展水平基本一致。从"十三五"上海民生指数分项来看（见下表），文化教育改进最为突出（得分提高9.37）、医疗健康（提高6.68）、劳动就业（提高2.33）、社会保障（提高1.38）以及收入消费得到较大改善（提高0.79）。在民意指数方面，市民信心度提升最为显著（提高3.34），依次为幸福感（提高0.49）、安全感（提高0.29），反映出市民对"十三五"以来上海社会发展与民生建设较高的认同度。

五年来，上海社会发展与民生建设取得明显进步，与我们这座城市始终秉承共享发展、增进民生福祉的理念有关，并由此探索、积累了一些行之有效的经验。

其一：从管理到治理、注重多元主体参与。上海构建了以区域化党建、网格化管理、社区代表大会或社区委员会为主干的共治平台体系，吸纳社会组织骨干成员进入，参与社区公共事务的民主协商与多元利益表达，通过共治、共商、共享，不断解决社区居民"开门七件事"，尤其是"老小旧远"等具体民生难题，从而获得广大市民的积极支持与参与。

其二：从重数量增长到重质量内涵提升。上海通过加强村居综合性服务站建设，以打通民生服务的"最后一公里"。如浦东新区以村居综合性服务站建设为抓手，实现"生活小事不出村居、教育服务就在身边"，构建群众"家门口"的服务体系。

上海民生民意发展指数得分（2015—2018年）

		2018年		2017年		2016年		2015年	
		均值	标准差	均值	标准差	均值	标准差	均值	标准差
民生指数	劳动就业	135.25	8.09	146.11	7.80	132.62	11.49	132.98	8.97
	收入消费	116.44	4.91	115.07	5.31	121.91	6.90	115.65	5.80
	文化教育	130.48	6.97	128.64	7.03	136.08	8.20	121.11	9.16
	社会保障	122.23	24.64	114.14	23.91	115.65	25.14	120.85	20.45
	医疗健康	127.44	11.22	124.84	11.34	126.97	12.23	120.76	14.10
	居住环境	125.61	7.63	132.30	7.06	125.04	6.93	125.89	7.46
	总体	126.70	6.21	127.23	5.68	126.38	6.03	123.60	4.75
民意指数	幸福感	125.89	11.99	123.21	8.18	124.61	9.17	125.40	8.92
	安全感	126.20	15.65	122.91	16.67	121.06	19.98	125.91	15.21
	认同度	122.01	6.51	122.95	8.56	119.03	7.69	125.78	9.14
	信心度	132.97	8.59	129.63	6.98	128.43	10.75	129.63	10.21
	总体	126.77	5.93	124.67	6.06	123.28	8.75	126.68	6.98
民生民意指数标		126.75	4.61	126.23	4.55	125.05	5.39	124.83	4.09

而围绕老百姓多样化、个性化需求来匹配资源，体现出了上海超大城市精细化治理与社区公共服务的特征。

其三：从重视硬件设施完善到重视功能软体建设。上海通过不断开发其内涵式服务功能，回应市民多样化、个性化的民生需求。如公益组织"四叶草堂"在面对"滨江规划""社区氛围营造"等城市治理难题时，把社区景观拓展为社区公共空间，在为滨江东岸贯通规划时，设计团队眼睛向下，真正实现了"市民的东岸，公众的规划"。

其四：从强调发展速度到体现人文关怀温度。尤其是在涉及广大百姓切身利益的社会公共事务方面，努力做到公正、公开、便民、高效，也更注重严格执法、有情操作。正如李强书记所指出的："当把全社会动员起来，人人出力、人人奉献爱心，可使我们的城市更加体现人文关怀，让市民群众更加感受到城市的温度。"

"十四五"，我国经济社会进入高质量发展阶段

第一，"十四五"期间中国特色社会主义迈向新征程，我国经济由高速增长阶段转向高质量发展阶段。在推动经济高质量发展同时，上海社会发展与民生建设将始终坚持维护社会公平正义，优化社会结构，形成高质量社会流动机制，这将有力吸引青年人才参加五大新城建设，促进人的全面发展和社会全面进步。

第二，人民群众对美好生活向往是支撑上海"十四五"高质量发展的根本动力。未来五年，百姓对高品质生活会越来越关注（FRESH），即Fun（娱乐生活）、Rich（财富管理）、Education（教育）、Safety（安全）和Health（健康）。这将为"十四五"高质量发展提供广阔的动力。

第三，我们党的执政与统筹能力具有体制优势。2021年中国共产党领导14亿人口大国实现了全部脱贫、全面实现小康社会。在时空压缩的短短40多年中，我们的国家综合实力、民众生活提升（人均DNI）已达到10 000美元水平，"十四五"期间，国际国内双循环、长三角一体化趋势，以及区位优势、创新动力等，将有力支撑上海经济社会发展与民生事业持续进步。

"十四五"，上海社会民生高质量发展政策建议

一是处理好人口与经济可持续发展关系。在"十四五"期间，应进一步尊重城市发展规律，处理好开发与保护关系，进一步优化城市规划。目前我国超大城市和特大城市人口密度总体较高，北京、上海中心城区人口已经与东京和纽约水平接近。要积极贯彻落实《党的十九届五中全会〈建议〉》提出的"要建设一批产城融合、职住平衡、生态宜居、交通便利的郊区新城，推动多中心、郊区化发展，有序推动数字城市建设，提高智能管理能力，逐步解决中心城区人口和功能过密问题"。

二是坚持以群众满意不满意、答应不答应、高兴不高兴作为衡量城市治理实效的唯一标准。运用"城市更新"思路，加大力气彻底解决老百姓"老小旧远"问题，2022年将基本解决上海全部二级以下旧里的改造。在城市旧城和老旧小区改造，地下管网、停车场建设，托幼、养老、家政、教育、医疗服务等方面，市民具有巨大需求和发展空间，必须用"绣花般"的功夫，让市民体会到"人民的城市"的温度，使全体人民获得"三感"进一步提升。

三是需要鼓励和引导市场和社会组织参与到民生保障事业中来。"十四五"时期，社会变革将进一步加剧，全球交流将进一步加强，多元的群众诉求需要不同类型的服务。要完善市场和社会组织参与到民生保障事业中的资格认定规则，为民众提供多样化的选择方案，丰富民生保障的形式与内容，形成多层次、多样化的民生保障。

上海市民 2025 年美好生活愿景调查

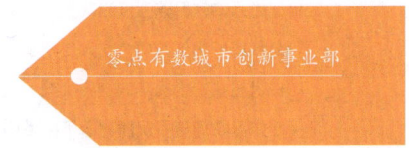

零点有数城市创新事业部

为在"十四五"规划的研究编制中,全面深入贯彻落实"人民城市人民建,人民城市为人民"的重要理念,零点公司受委托开展面向全市的"上海市民 2025 年美好生活愿景调查",旨在了解市民对于美好生活的感知和愿景,为"十四五"规划提供数据支撑和民意基础。

本次调查采用线上调查和线下调查相结合的方式。线上调查采用零点自有的调研交互系统－答对平台,通过"上海发展改革""上海发布""学习强国"等多种渠道进行问卷推送,从 2020 年 9 月 25 日到 10 月 20 日,共计完成 1142 份有效样本;线下调查则由零点的访问员手持 PAD 设备,到事先抽样的居民小区、商务楼宇以及产业园区进行一对一的问卷访问,从 10 月 6 日到 10 月 20 日,共计完成 2129 份有效样本。线上调查和线下访问合计完成 3271 份有效样本,总体抽样误差为 1.7%,总体抽样误差相对较小。

从受访者分布来看,受访者覆盖上海 16 个区,以居住和工作都在上海的市民为主,男女基本平均分布,年龄总体符合正态分布,19～39 岁受访者占比 61.3%,在职受访者占 77.63%,大学学历受访者占比超过 50%。

美好生活总体愿景

第一,六成受访者对生活表示满意,生活成本高是首要困扰。

调查结果显示,60.15% 的受访者对目前的生活表示满意。生活成本高、工作压力大、身体亚健康是市民美好生活主要困扰的前三位。同时,"老和小"的困扰在重点人群中比较突出,超过八成的 60 岁及以上市民有养老问题的困扰,近五成"80 后"被子女教育问题所困扰。

第二,治安环境、城市文化和公共交通是公众的共同期待。

对上海未来美好生活的想象的分析结果显示,稳定安全的治安环境位列第一,紧随其后的是开放包容的城市文化、便捷有序高效的公共交通。不同年龄群体对上海未来美好生活的期待存在差别。老年人更期待优质便捷可承受的医疗服务、绿色宜居的生活空间、颐养舒心的老年生活;40 岁以下群体更期待良好的职业发展空间和较高收入;"80 后"对家门口的好学校期待更高,"00 后"对完备可靠的城市基础设施和丰富多彩的休闲娱乐方式的提及率更高。

美好生活各方面需求及建议

第一,提高医疗水平、强化人员培养是共性诉求。

医疗健康是受访者最关注的方面,超过一半的受访者均有选择。新冠肺炎疫情对人们的健康观产生了明显影响,88.49% 的上海市民表示新冠肺炎疫情后日常生活方式更注重健康。

从上海市民就医时医院类型偏好来看,近五成上海市民优先选择市级医院。就市级/区级医院可优化的方面来看,"加大医护人员培养,增加医生、护士数量,提高服务水平和医德医风"和"优化门诊预约、挂号、就诊转诊、检查、住院等流程"两项占比明显偏高。结合疫情上海可优化公共卫生保障方面来看,65.26% 的市民选择了"加强公共卫生预防、预防医学、传染病等相关学科建设,提升公共卫生的应急管理能力"。

第二,强化旧区改造,增加小户型房源供应。

本次调研发现,21.83% 的上海市民未来五年有明确购房计划,47.56% 的受访者表示没有购房计划。五年内没有购房计划的上海市民,51.42% 表示家里有房短期内没有需求。五年内有购房计划的上海市民,自住、改善居住条件、子女教育占比较大。

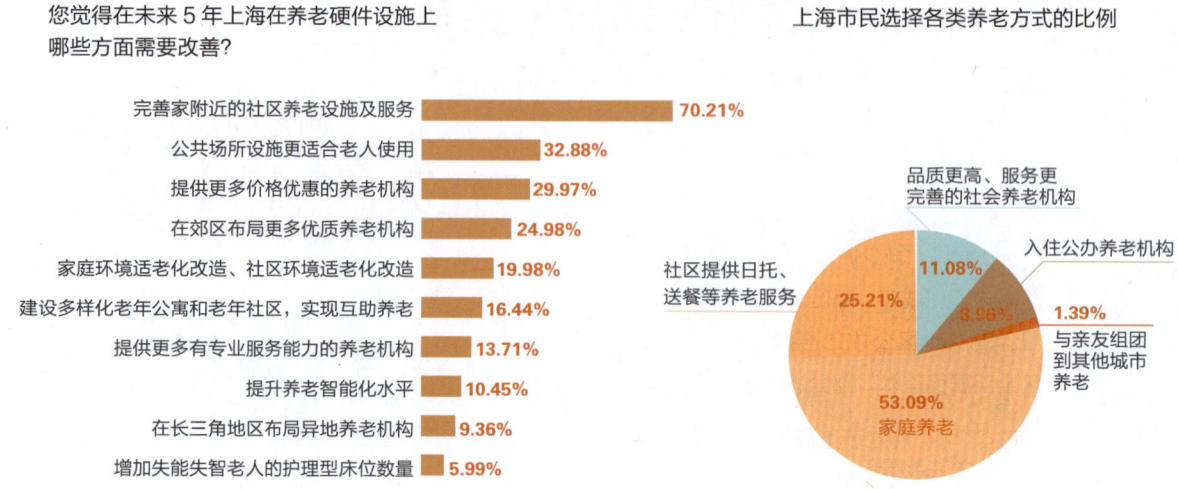

从未来住房供应可优化内容来看,加强旧区改造力度位列第一,占比47.76%。从良好居住环境的认知来看,距离公交、地铁站比较近仍是刚需,占比超过七成。

第三,市民对不同教育阶段关注点有明显差异。

教育是排名第三的市民关注的板块,仅次于医疗健康和居住环境。

从托育、幼儿园教育来看,56.41%的市民希望政府相关部门鼓励公立幼儿园增设托班;从义务教育来看,46.25%的市民希望"培育更多高素质专业化教师和校长,加强好校长、好老师的校际流动";从高中教育来看,52.93%的上海市民希望"加强心理健康教育,培养学生健全的人格和良好的心理品质";从高等教育来看,51.04%的受访者希望"加强产学研合作,提供更多实习、实验、深造机会";从职业教育来看,"加强校企合作,提供更多实习、实训、深造机会"选择比例为56%;此外,73.47%的上海市民希望终身教育方面"鼓励学校教育资源向社区教育延伸,发展开放大学"。

第四,完善社区养老设施与服务是市民的主流期盼。

从养老方式偏好来看,家庭养老虽仍是主流,但选择社区养老和机构养老的市民也均超过两成。

从硬件设施改善需求来看,70.21%的市民选择"完善家附近的社区养老设施及服务",其次有32.88%提及"电梯、卫生间、城市交通等公共场所设施更适合老人使用",此外分别有29.97%、24.98%的市民选择"提供更多价格优惠的养老机构"和"在郊区布局更多优质养老机构"。从软性服务改善需求来看,57.31%的市民选择"提高社区养老的专业化服务水平"。另外还有三成左右希望"培育更多养老护理服务的专业人才"和"发展康复护理、老年病治疗、临终关怀等服务"。

第五,七成受访者期盼更多的就业、创业机会。

就业创业是城市发展的动力和源泉。调查结果显示,33.68%的受访者表示对新冠肺炎疫情后的就业和经济形势更悲观。就工作关注的方面,75.50%的受访者选择"收入待遇好",还分别有45.30%、34.00%的受访者希望"晋升前景好""通勤时间短"。就业和劳动保障方面可优化的内容来看,70.54%的受访者希望"提供更多的就业、创业机会",接下来是"提供更多的职业技能培训""提高最低工资标准",提及率均超过三成。

就创业群体对创业关注的方面来看,最受关注的是"透明的市场准入环境",受访的创业者中有47.56%选择了这一项。

第六,缓解拥堵、增加步行和骑行专用车道、完善路网等。

加强高峰期交通疏导、缓解拥堵仍是市民主要诉求。轨道交通是上海市民最常使用的出行方式,占比超过六成。

整体来看，69.79%的受访者认为上海交通出行方面仍需要"加强早高峰的交通疏导力度，缓解拥堵"。

增加步行和骑行专用车道、完善路网、增加不同区域公共交通的快速连接是市民的主要诉求。具体来看，步行出行方面排名最高的诉求为"增加专用步道"；骑行方面排名最高的诉求为"增加专用骑行道"；汽车出行方面排名最高的诉求"完善道路网络，减少拥堵"；公共交通出行方面排名最高的诉求为"增加城郊、郊区之间公共交通的快速连接"。目前，上海远郊地区公共交通覆盖率较低，延伸点位不能满足郊区全部居民需求，部分远郊地区还未打通公共轨道交通线路。

第七，大气污染关注度最高，垃圾分类和水污染也不容忽视。

总体来看，52.54%的上海市民希望生态环境方面可改善雾霾、汽车尾气等大气污染。此外，还有超过三成的市民期盼"垃圾分类还需坚持""河道黑臭等水污染""道路交通、建筑施工等噪声扰民"。就具体措施来看，分别有48.23%、46.69%的市民希望"加大生态环境保护政府投入力度""完善公共交通系统，鼓励绿色出行"。

具体来看，大气污染防治方面，分别有47.00%的居民希望"增加城市绿化覆盖率"。水污染防治方面，50.85%的市民期盼"提高居民饮用水品质"。

第八，家门口的优质文艺活动、体育场馆开放、水乡古镇和夜间旅游是主要期盼。

电影/K歌是市民文艺活动的主流，良好的文化艺术氛围、家门口的高品质文艺场馆和活动供给是市民的主要期盼。64.02%的受访者最常参加的文艺活动为看电影/K歌等；就市民期盼来看，一半以上受访者希望"营造开放包容的文化艺术氛围"，超过四成希望"家门口提供更多优质普惠的文艺活动供给"以及"打造富有特色的文化地标"。线上文艺活动虽然在疫情下得到快速发展，但是仅有12.93%的提及率。

近半市民偏爱户外运动，希望通过不同措施强化场馆设施供给。就市民最常参加的体育健身活动来看，近五成受访者选择跑步、骑行、攀岩、轮滑、滑板等户外运动。为更好地满足市民体育健身需求，55.76%的受访者期盼"加强场馆开放共享，优化现有场馆综合利用效率"。

国内景点游玩是主流，加强水乡古镇的保护性开发、丰富夜间旅游的内容供给是主要需求。就受访者最常参加的旅游休闲活动来看，国内景点游玩的选择比例为66.51%。为了更好地提升上海的旅游休闲水平，分别有47.51%的居民期盼"加强对上海市水乡、古镇、农村等生态环境保护，避免过度商业化"。就夜间消费人群而言，年轻人群体为核心用户。

第九，搭建志愿公益活动平台、强化卫生安全和数据信息安全。

上海市民参与志愿公益活动的积极性较高，希望搭建更多的志愿公益活动平台。具体来看，30.33%的上海市民参与过/愿意参与社工、社区管理志愿者。就未来可优化的方面来看，51.46%的上海市民希望"搭建更多市民参与志愿公益活动的平台，畅通参与渠道"。为了更好地促进市民参与社区治理事务，51.26%的上海市民希望"倡导自治共治"。

在提升城市治理的智慧服务水平方面，五成市民希望"优化'一网通办'各项便民服务功能"。同时，分别有超过四成受访者对智慧医疗和智慧交通提出期待。

就上海城市安全领域可优化的方面来看，卫生安全和数据信息安全是主要的两个方面，提及率均超过五成。

第十，发展乡村养老、文创产业、景观休闲农业。

上海发展到现阶段，主要短板在乡村，但发展潜力和质量提升的重要空间也在乡村。从上海乡村的吸引力来看，"优美的生态环境和清新的空气"是多数受访者认可的上海乡村的魅力，提及率为74.51%，也有46.50%的受访者选择了"新鲜的瓜果蔬菜和特色美食"。

至于上海乡村振兴的方向来看，没有非常集中的选项，"发展乡村养老和文创产业""发展乡村景观农业和休闲农业""加强农业结构调整""加强农村生态环境建设"的提及率均超过三成。侧面反映出市民对于乡村振兴的有效路径的认识目前仍还不够明朗。

深化完善公共服务，持续增进民生福祉

王 俊
上海市发展改革委社会发展处处长

习近平总书记在浦东开发开放30周年庆祝大会上指出，要着力解决人民群众最关心最直接最现实的利益问题，不断提高公共服务均衡化、优质化水平。"十三五"时期，经过全市上下共同努力，上海市公共服务体系不断完善，重点领域改革深入推进，民生保障水平稳步提升，市民获得感、幸福感、安全感明显增强，为"十四五"发展奠定了良好的基础。

上海市"十四五"公共服务面临的主要形势

"十四五"时期，是我国开启全面建设社会主义现代化国家新征程、向第二个百年奋斗目标进军的第一个五年，也是上海站在新的历史起点上强化"四大功能"、全面深化"五个中心"建设、加快建设具有世界影响力的社会主义现代化国际大都市的关键五年。立足新发展阶段、贯彻新发展理念、服务构建新发展格局，上海全面推进高质量发展、创造高品质生活、实现高效能治理，需要更好适应新的形势变化，深化完善公共服务。

第一，践行人民城市新的重要理念，需要进一步完善基本公共服务体系。上海市人口结构新变化和国家人口战略新要求，需要加强老年人、幼儿等重点群体的服务保障。一方面，根据第七次全国人口普查，2020年上海市60岁及以上人口占常住人口占23.4%，比2010年上升提高8.3个百分点，上海市人口老龄化程度进一步加深，需要进一步多渠道增加养老服务供给，加快老年友好型城市建设；另一方面，随着"三孩"生育政策施行，需要进一步完善托幼托育服务、生育妇女劳动权益保障等方面的配套支持政策。同时，城乡区域之间基本公共服务内涵水平仍存在差距，需要持续推进基本公共服务均等化，更加注重资源统筹、精准施策，不断提升财政投入和资源使用的效率。

第二，适应市民对高品质生活的新期待，需要增加多层次多样化供给，促进社会领域产业发展。"十四五"期间，上海市发展型消费占总消费比重将进一步上升，中高收入人群对高品质服务的潜在需求将进一步释放，需要通过引入市场机制和社会各方参与，增加多元公共服务供给。同时，上海市社会领域产业不断发展，据统计，2020年，上海健康产业总产出6 905.94亿元，同比增长1.3%；2019年上海市体育产业总产出为1 780.88亿元，增加值为558.96亿元，占当年全市GDP的比重为1.5%。"十四五"期间，需要进一步加大政策引导和产业促进力度，着力培育新业态、新模式，努力打造新产业、新动能。

第三，适应国家战略和城市发展新要求，需要进一步强化公共服务对城市功能的支撑作用。不断完善城市功能，深化创新策源能力，需要进一步发挥教育、卫生等领域要素的支撑作用；长三角示范区、临港新片区等重点区域发展，需要不断探索公共服务开放创新的新举措；"五个新城"建设，需要强化公共服务资源配置、创新共建共享机制和提升公共服务能级。同时，城市数字化转型的全面推进，既需要探索"公共服务+互联网"的新模式，又要着力解决"数字鸿沟"问题。

"十四五"完善公共服务的总体考虑

总的考虑是：立足新发展阶段、贯彻新发展理念、服务构建新发展格局，深入践行"人民城市人民建、人民城市为人民"重要理念，把人民对美好生活的向往作为出发点和落脚点，围绕推动高质量发展、创造高品质生活、实现高效能治理，统筹推进底线民生、基本民生和质量民生，始终坚持以人为本、尽力而为、量力而行，在政府主导做好基本公共服务的基础上，更多发挥市场、社会的力量增加多层次多样化服务供给，同步推动社会事业与产业发展，持续推进优质公共服务资源向基层和家门口延伸、向新城和郊区农村覆盖、向薄弱环节和重点群体倾斜，努力增进市民福祉，支撑完善城市功能，不断提升市民获得感、幸福感、安全感，让改革发展成果更多更公平惠及全体市民。

"十四五"公共服务规划发展的主要思路

第一，以补短板、促均衡、提质量为核心，持续完善基本公共服务体系。一是补短板、强弱项。围绕"老小旧远"和其他短板领域，加大投入力度，适应人口结构变化，合理布局养老、教育、医疗卫生等公共服务资源，着重补齐重残养护、精神卫生等民生服务短板。二是以标准化推进均等化。落实国家基本公共服务标准，完善基本公共服务项目清单，细化各领域资源配置、设施建设、人员配备等标准，用更加统一、明确和细化的标准去衡量和推动均等化，着力缩小城乡区域差距。三是稳步提升质量水平。在基本公共服务设施网络基本形成的基础上，着力提升内涵水平，加强人才队伍建设，努力办好每一所家门口学校，提供更高质量的医疗卫生服务，推动更多公共服务资源向市民家门口延伸，通过生活数字化转型，进一步提高服务的便利性和效率。

第二，以改革创新为动力，强化公共服务对完善城市功能、推动区域发展的支撑作用。一是持续提升公共服务创新策源能力。深入推进"双一流"和高水平地方高校建设，持续提升高校原始创新能力，支持高校开展基础研究、攻克"卡脖子"的关键核心技术，加强产学研深度融合，促进科技成果转化，深化产教融合良性互动。推进研究型医院建设，争创一批国家医学中心，构建具有国际先进水平的创新药物和医疗器械临床试验平台，不断提升临床研究和成果转化应用水平，助力上海科创中心和全球健康城市建设。二是充分发挥公共服务支撑区域发展作用，围绕长三角示范区、自贸区临港新片区、"五大新城"、南北转型等区域发展要求，坚持高点站位，前瞻布局优质的教育、卫生、文体旅等公共服务资源，为完善城市功能、吸引集聚人才、创造高品质生活、推动区域发展提供有力支撑。三是深化社会领域改革创新。持续推进医药卫生体制改革、教育综合改革、养老服务改革、文化体育领域改革等，努力破解制约事业发展的瓶颈问题，激发各类服务主体和人员的内生动力，促进公共服务健康可持续发展。四是推进公共服务领域数字化转型，强化科技赋能，积极搭建平台，进一步推动公共服务资源数据归集、系统集成、流程再造、开放共享，不断提高公共服务效能。

第三，以环境营造和主体培育为重点，促进社会领域产业加快发展。鼓励引导社会力量参与公共服务供给，将非基本公共服务更多地交给市场，着力营造良好的发展环境，支持社会领域产业加快发展，培育形成新的经济增长点，使民生改善和经济发展有效对接、相得益彰。一是促进养老产业加快发展，鼓励各类社会资本投资和发展养老产业，推动养老服务机构专业化、连锁化、品牌化发展，大力发展辅具用品产业。二是深化推进健康产业发展，聚焦打造新虹桥国际医学中心等健康产业集聚区，支持社会办医高水平发展，建立健全健康医疗大数据安全共享机制，促进商业健康保险发展。三是加快文化创意产业创新发展，打造创意设计产业高地，推动"文化+"产业深度融合，培育一批有竞争力的文化创意领军企业。四是大力发展体育产业，促进职业体育和竞赛表演业发展，充分挖掘时尚健身产业的消费潜力，积极引导社会资本参与体育产业发展。五是提升旅游产业能级，大力发展大众旅游、全域旅游，提升旅游度假区功能，创建一批文化、商业、旅游、体育等融于一体的国家级现代都市旅游休闲区。

切实办好人民满意的一流教育

1. 坚持教育优先发展，促进教育公平，基于学龄人口动态发展趋势布局教育资源，以教育评价改革驱动教育高质量发展。 P312

2. 促进学生全面发展，把立德树人成效作为育人根本标准，创新德智体美劳"五育并举"过程性评价实施办法，完善基于大数据的学生综合素质评价。 P314

3. 加强科学教育，培育创新思维，强化创新实践，建设一批促进青少年科创学习交流的标志性场所，提升青少年基于现在信息技术的学习力和面向未来的全球胜任力。 P316

4. 锻造一流教师队伍，加强新时代师德师风建设，强化教师思想政治素质考察。提升全体教师育德意识和育德能力。 P317

5. 推进基础教育优质均衡发展，推进公办初中强校工程、紧密型学区集团建设，打造一批示范性学区集团和新优质特色学校，努力实现义务教育优质均衡发展区全覆盖。 P318

全球胜任力
根据经合组织2017年发布的"PISA（国际学生评估项目）全球胜任力框架"，是指青少年能够分析当地、全球和跨文化的问题，理解和欣赏他人的观点和世界观，与不同文化背景的人进行开放、得体和有效的互动，以及为集体福祉和可持续发展采取行动的能力。具体包括知识、技能、态度、价值观四方面内容。

公办初中强校工程
指在全市范围内遴选一批公办初中，按照"一校一策"原则，制定和实施三年强校实施规划，并结合"名校长名师培养工程"、紧密型学区化集团化办学、落实中考改革等方式进行建设的重要举措，旨在建成"家门口好初中"，带动公办初中全面提升办学质量。

紧密型学区集团
指在现有学区集团广覆盖的基础上，通过建立学区集团规章制度、师资交流轮岗、课程教学共研共享、绩效捆绑考核等方式，促进学区集团建设更紧密，从而实现学区集团内部优质教育资源的共建共享，提升家门口每一所学校的教育品质。

文字来源：《上海市国民经济和社会发展第十四个五年规划和二〇三五年远景目标纲要（普及版）》

双万计划

教育部"双一流专业"计划，是指教育部以建设面向未来、适应需求、引领发展、理念先进、保障有力的一流专业为目标，实施一流专业建设，建设一万个国家级一流本科专业点和一万个省级一流本科专业点。

"双元制"继续教育模式

突破传统的专业限制和学习时段限制，采用"学分银行"累积学分的方式，将技能培训与学历教育结合起来，所得学分可在校企合作平台上通用，满足相关条件即可获得1+X证书，即"1"本学历证书，"X"项职业技能等级证书。

学分银行

是面向上海市民，以终身教育学分认定、累积和转换为主要功能的学习成果认证管理中心和学习成果转换服务平台，建立适应终身教育发展的学习成果管理与服务系统，构建纵向衔接、横向沟通的市民终身学习的"立交桥"，促进学历教育之间、学历教育与非学历教育等各类教育之间的沟通衔接。

P320

P322

P324

6 **深化高等教育内涵式发展**，深化高校分类管理和评价改革，完善错位竞争、特色办学的发展格局，进一步落实和扩大地方高校办学自主权。加快发展一流本科教育，实施一流本科专业和一流本科课程设置"**双万计划**"，完善学分制和本科生导师制，全面提高人才培养质量。

7 **促进产教深度融合**，完善产教融合发展布局，形成以临港新片区为核心区、若干重点区域协同提升的"1+N"区域发展格局。完善现代职业教育体系，引进国际优质职业教育资源，动员各方力量**共同举办职业教育**。

8 推进学习型社会建设，引导高等学校和职业学校加强继续教育和社会培训服务，探索在岗人员"**双元制"继续教育模式**。大力发展社区教育、老年教育，完善**学分银行**制度，探索建设以学习者为中心的自适应学习平台。到2025年主要劳动年龄人口平均受教育年限达13年。

以综合改革驱动教育高质量发展

沈炜
上海市教卫工作党委书记

王平
上海市教卫工作党委副书记、上海市教育委员会主任

党的十八大以来,上海教育系统深入贯彻习近平总书记关于教育的重要论述和考察上海重要讲话精神,坚持用习近平新时代中国特色社会主义思想铸魂育人,把培养担当民族复兴大任的时代新人作为核心使命,平稳完成教育综合改革、高考综合改革、"三全育人"综合改革等中央交办的试点任务,破解了一批制约教育发展的体制机制瓶颈,积累了一批可复制可推广的制度成果,教育内涵发展持续深化,整体水平继续位居全国前列,国际影响力和竞争力明显提升,全面完成"十三五"教育发展的各项目标任务,基本达成了《中国教育现代化2035》确定的教育事业和人力资源开发主要指标。

面向"十四五",上海教育系统要坚持以习近平新时代中国特色社会主义思想为指导,以实施庆祝建党100周年"百年行动"为主线,以培养德智体美劳全面发展的社会主义建设者和接班人为根本,以深化部市共建合作为依托,深入践行"人民城市"重要理念、继续担当全国教改试验田,切实办好人民满意的一流教育,力争用5年时间使教育事业发展和人力资源开发主要指标接近全球城市先进水平,发展世界一流的教育。

第一,明确五个改革原则。 按照习近平总书记对上海"四个放在"的基点定位,上海推进教育改革要做到"五个坚持":一是坚持服务全局的站位,以制度创新为核心,立足为全国教改探路的定位,把教育发展融入城市全局,更加精准服务国家和上海发展。二是坚持以人民为中心的立场,聚焦提升师生学习、工作、生活的幸福感,创造个性化学习资源、人文化学习环境和人情味学习氛围,使教育服务有温度、学习体验更灵活,群众获得感更强烈。三是坚持引领示范的目标,依托部市共建机制先行先试,依托党委教育工作领导小组强化合力机制,加强跨地区沟通合作,发挥改革溢出效应。四是坚持系统综合的路径,全面深化教育领域综合改革,增强系统性、整体性、协同性,同步推进存量和增量改革,使各项教育制度更加衔接配套、成熟定型。五是坚持稳慎有序的步骤,尊重教育规律、坚持依法治教、强化底线思维,把握改革时序、节奏和步骤,确保平稳有序。

第二,绘制三张施工图纸。 上海未来5年教育改革的三张"施工图"已绘就:一是上海市教育发展"十四五"规划及其专项规划,着眼对标上海城市"十四五"规划和全国教育"十四五"规划,立足行业实际确定了发展的愿景、指标、任务和路径。二是新一轮教育综合改革方案(2021—2025年),着眼先行先试、攻坚探路,发挥探路者作用。同时,遵循以教育综合改革保障和推动上海市教育发展"十四五"规划落地的基本思路,聚焦体制机制改革瓶颈精准破题。三是部市共同全面深化教育领域综合改革战略合作协议,着眼确立未来5年部市共建合作重点任务和政策突破,引领上海教育率先发展。

第三,发展两个教育主体。 上海把五育并举促进学生全面发展和建设"四有"好教师队伍作为促进"人的现代化"的核心任务。促进学生全面发展方面,以党史学习教育为契机,深入推进习近平新时代中国特色社会主义思想"三进",推进全市高校全覆盖开设"习近平新时代中国特色社会主义思想概论"课程,并以团日活动、主题班会等各种形式融入中小学教育教学过程。同时,聚焦发展学生道德素养、学习素养、体育素养、美育素养、劳动素养,在破除"唯分数"上取得突破。建设"四有"好教师队伍方面,围绕教师职前培养、职业准入、入职培训、专业发展、职称评聘、编制统筹、薪酬保障等教师职业生涯重点

环节系统深化改革，实施高等教育人才揽蓄行动，支持高校加大学科领军人才和优秀青年骨干人才引进培育力度；加强基础教育教师队伍建设，构建地方公费师范生培养制度，重点加大学前教师师资培养力度，支持在沪综合性研究型高校建设教师教育学院、培养复合型教师；建设职业教育教师队伍，探索建设技术师范院校，打造适应职业教育高质量发展的"双师型"教师队伍。

第四，实施改革双轮驱动。把健全治理机制、深化评价改革作为驱动教育改革的"双轮"，其中：教育治理机制改革向外，着眼推动教育外部政策环境持续优化。重点从加强党对教育工作的全面领导、深化人财物简政放权、强化教育资源统筹布局、建立教育基建保障机制、健全更具弹性的教育收费制度、改革教育经费投入使用监管机制、促进改革成果共建共享等方面深化改革，聚焦"自贸区"临港新片区、"长三角一体化发展示范区"和"五个新城"导入优质教育资源。教育评价改革向内，着眼引领各级各类教育内涵发展持续深化。落细落实中央和上海关于教育评价改革的部署，克服"五唯"顽瘴痼疾，倒逼和牵引各级各类教育深化改革，营造内涵发展生态。

第五，提升两大教育功能。把供给高品质教育资源、开展创新策源与社会服务作为教育支撑服务国家和上海发展两个核心功能，彰显教育基础性、先导性、全局性作用。高品质教育资源供给方面，着力完善从3岁以下婴幼儿托育到老年群体服务全生命周期、"普通学校—成人学校—培训机构"全领域覆盖的优质教育资源供给机制。创新策源和社会服务方面，以建设国家产教融合型城市为契机，促进教育与产业深度融合；以分类建设一流大学一流学科为抓手，建强优势学科，夯实原始创新基础；以实施创新策源能力提升行动为重点，引导高校在前沿基础研究领域、行业企业关键共性技术突破等做出更大贡献；以做强高校技术转移机构和大学科技园平台为依托，促使更多科技创新成果转化为现实生产力。

第六，增强改革双翼助力。把对外开放和数字化转型作为助力教育发展的"双翼"。教育对外开放方面，推进优质教育资源引进来、走出去，聚焦服务城市急需行业和重点地区，引进优质教育资源新建若干所中外合作办学机构，支持高水平大学建设境外校区，引进更多国际教育组织落驻上海，加强学历留学生教育，提升上海教育国际影响力和话语权。教育数字化转型方面，积极创建教育数字化转型示范区，融入上海城市数字化转型，聚焦做好"空中课堂"在线教育和人工智能教育场景应用，营造智能引领、数据驱动的教育环境。

坚持"五育"并举，促进学生全面发展

常生龙
上海市教育考试院副院长

落实立德树人根本任务，培养德智体美全面发展的社会主义建设者和接班人，是十九大对教育提出的总要求。上海"十四五"规划《纲要》在"促进学生全面发展"方面，认真贯彻十九大、十九届五中全会以及习总书记有关教育的系列讲话精神，坚持"五育"并举，全面发展素质教育，提出了一系列有针对性的工作举措。

一是进一步明晰立德树人这一教育的根本任务，将其贯穿于学习的全过程、融入教育的各环节、编进教育的各体系之中。**二是丰富和完善"五育"并举的各项举措**，着力完善德育工作体系，深化课程育人、文化育人、活动育人、实践育人、管理育人等工作机制，打造政府、社会、学校和家庭协同育人的共同体，关注学生心理健康，构建全覆盖、常态化的心理服务体系，培养健全的人格；加强核心素养培育，在促进学生关键能力的提升和必备品格的养成上下功夫，强化学科教学与信息技术等的融合，改进教与学方式，不断提升学生的学习力和面向未来的全球胜任力；深化体教融合，让体育回归到教育的本源，通过校园体育和活动赛事等，帮助学生养成体育锻炼的习惯，掌握几项运动技能，健康生活一辈子；实施学校美育提升行动，积极推动艺术教育教学改革，广泛开展校园艺术活动，鼓励学校组建特色艺术团队，鼓励专业艺术人才到中小学兼职任教，探索完善"一条龙"的人才培养与衔接机制；将劳动教育纳入全面培养的教育体系之中，制定中小学劳动育人指南，优化综合实践活动课程结构，统筹加强学生生活实践、劳动技术和职业体验教育，统筹家务劳动、校内劳动和社会劳动，编制社会劳动实践基地资源图谱。**三是创新"五育"并举过程性评价的实施办法**，通过大数据收集学生在成长过程中的各种数据，通过综合素质评价为每个学生提供个性化的"画像"。这三大举措形成了一个工作闭环，能让"促进学生全面发展"的要求落到实处。

促进学生全面发展，核心是将各种教育力量整合起来共同实现育人的目的。要注重育人的整体性、系统性。就拿学生做操这件事情来说，让学生做课间操，是体育；做操过程让学生明白队伍要整齐、动作要到位，是智育；而做操时的一丝不苟、全神贯注，则是德育；全班同学展现出来的和谐秩序、飒爽英姿，又是美的体现；在参加团体操比赛的过程中让学生理解有付出才会有收获，要想在某个领域做出优异的成绩，既要努力创造有利于自己的条件，还需要持之以恒地躬身实践，这也体现了劳动教育的要旨。

促进学生全面发展，不能头痛医头，脚痛医脚，要多从整体、系统的视角切入，这样实施的方法和举措就会更加多元，德智体美劳全面发展的育人目标也就更容易实现了。

推进学生体育美育发展

到 2025 年，基本形成与各级各类教育发展相适应、与教育现代化发展水平相协调的学校体育素养发展新格局，学生全面而有个性的发展需求得到保障，全面育人的理念进一步树立。基本形成中小学优质均衡化、高校全面通识化、专业教育精品化、大中小学高度一体化的具有社会主义国际大城市水平的现代化学校美育体系。

一是推进体育教育评价改革。实施学生体育素养发展评价行动。研究建立学生体育素养评价指标体系，从意识、知识、行为、技能及体质健康水平等进行综合评价，全面实施学生体育素养评价。促进学校体育项目多样化和特色化发展，推动中小学校普遍开设 7~8 种以上体育运动项目，重点形成 1~2 个有特色、有影响力、有比较优势的品牌项目；分批开展统筹兼顾、重点突出的市、区两级体育项目布局工作，构建以足球等 9 个重点项目为主，若干传统、新兴项目等为辅的"9＋X"布局结构，形成各学段间资源共享、系统衔接的"一条龙"人才培养体系。推进、深化体教融合。将高水平的体育训练以及竞技体育后备人才培养纳入中小学教育体系，建立学校体育日常训练（排练）制度；强化国家级以上赛事人才储备，做好优秀体育苗子引进培养工作。

二是推进美育评价改革。加强学校美育顶层设计，以艺术课程和艺术活动为主阵地，开展多样化高质量美育课程和艺术实践活动，并探索美育在其他学科中的渗透和融合。打造高质量美育师资队伍。加强学校美育"一条龙"项目建设。加强优质美育课程、高质量美育师资、优质场地资源等共享。加大美育资源建设力度，推进文教结合提质升级，推进兼顾基础学习、特长展示和体验经历的美育评价体系改革。建立分项艺术素质测评工作机制，探索评价结果的应用。搭建丰富多元的艺术展演展示平台，帮助学生掌握形成艺术爱好和特长，以此提升学生审美和人文素养，促进学生全面发展。

（资料来源：上海市教委）

开展青少年科学创新教育

娄维义
华东师范大学二附中副校长

在中国加快建设创新型国家的大背景下,教育取得了长足发展,培养了一大批创新人才,国家要实现从制造大国向创新型国家的一个转变,产业结构要升级,我们国家需要创新驱动转型发展,在这过程当中就必然需要更多的顶尖创新人才。从学生角度看,我们的孩子有很多突出的优势,聪明也勤奋,有扎实的理论基础,更需要的是培养创新意识。因此,尝试探索以科技教育为载体的创新人才早期培养具有重要育人价值和现实意义。

科创教育的关键是找到一个平衡点,尽可能兼顾知识的获取、创新人格的培育和创新能力的培养。相比较而言,创新人格的培育是最困难的。尤其在中学阶段的创新人格的培养至关重要,是让学生在研究中学习研究、在创新中学会创新。因为未来一直在变化,所以我们要倡导他们能够创造、能够引领社会的发展。

20年前,华东师范大学第二附属中学就在理科班尝试小课题研究的做法,后来推广到百分之百的学生在校期间参与小课题研究,科创教师团队坚持不懈做出了大量探索。我们认为,落实创新教育尝试高中育人方式的变革,着力解决的核心问题就是:如何在一个实验班,甚至整个一所学校让创新教育有效落地,让更多的孩子在满足升学的同时,创新潜质得以发现和发展。这一核心问题的根本目标就是要尝试构建一个"创新人才早期培养的支持系统"。

简单概述的话,支持系统包括1个策略、2个渠道、3个环节、5个要素。1个策略,就是在研究中学研究、在创新中学创新。在这个策略下,我们有2个渠道来实现创新人才的培养,一个是通过项目研究,另一个是通过模拟研究。所谓的项目研究就像游泳,直接到水里面去游;所谓模拟研究相当于带着游泳圈去游。3个环节,即首先是发现问题,其次是研究问题,然后是引出新问题。五个要素:第一个要素就是师资团队,在所有的要素当中,人的要素是最重要的,是最活跃的;第二个要素是我们的课程,共分为三个板块:走近科学、走进科学和走进科研;第三个要素是创新实验室;第四个要素是制度建设;第五个要素是平台。

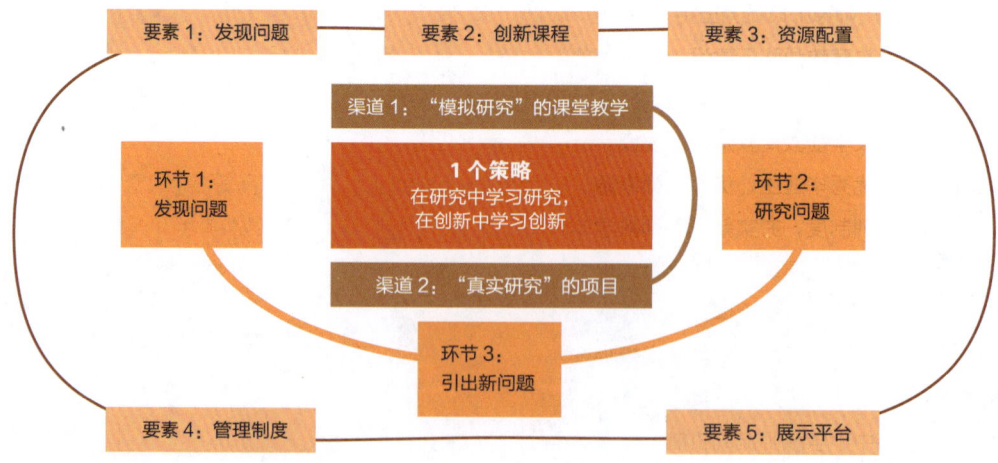

持续推进一流教师队伍建设

李兴华
上海市教育委员会人事处处长

"十四五"时期，面对新的形势，上海将进一步强化教师是立教之本、兴教之源理念，坚持教师优先发展战略，深化教师队伍建设改革，打造一流教师队伍，用优秀的人培养更优秀的人。根据上海经济社会和教育发展实际，以及高校、各区不同情况，加强顶层设计，通过大数据分析，加强人口结构和教师结构的前瞻性分析，建立着眼未来趋势的教师队伍建设新模式，对教师引进、培养、提升、激励等精准施策。

到 2025 年，上海教师队伍的数量、结构和质量与时代发展相适应，基本满足广大人民群众对优质教育的需求。基本建成一支理想信念坚定、师德师风高尚、专业水平高超、信息素养一流、终身发展能力强大、具有核心竞争力的高素质专业化教师队伍。教师队伍治理体系和治理能力逐步实现现代化。

一是全面加强师德师风建设。 健全教师政治理论学习制度，坚持用习近平新时代中国特色社会主义思想武装头脑，让有信仰的人讲信仰。健全师德建设长效机制，将思想政治和师德规范作为教师培训必修内容，贯穿教师职业生涯全过程，全面提升教师育德意识和育德能力。选树和宣传优秀师德典型，大力弘扬高尚师德。扎实落实师德建设主体责任，对违反师德师风行为坚持"零容忍"。

二是加强基础教育教师队伍建设。 支持有条件的高水平综合性大学开展教师教育。支持师范院校整体提升师范专业水平，适度扩大学前教育教师培养规模。鼓励中小学校招聘高水平高校优秀毕业生，优化教师来源。深化实施见习教师规范化培训制度，夯实新进教师教学基本功。优化基础教育教师教育平台建设，构建菜单式培训课程资源体系。创新基础教育紧缺学科（体育）招聘引进和使用机制，积极探索优秀退役运动员教练员赴学校担任教练员机制。聚焦重点对象和重要能力，分类分层开展基础教育教师专项培训。完善中小学教师流动机制，促进优质教育均衡。实施"双名工程"基础教育人才攀升计划，重点培养一批优秀教师、优秀校长和有影响力的教育名家。

三是加强职业教育教师队伍建设。 积极推进职业教育教师教学创新团队建设，以首批国家级立项建设单位为引领，建成一批市级教学创新团队和名师工作室。支持职业院校聘请"大国工匠""上海工匠"等高层次技术技能人才到学校任教。在国家和上海市高层次人才队伍建设中，充分考虑职业教育人才特点和成长规律，在相关项目遴选推荐中予以倾斜，为其脱颖而出创造更好条件。聚焦高职教育产教融合的特点，进一步加强民办高校"强师工程"教师培训的针对性，提升上海市民办高校师资队伍的整体实力，建设更加合理的职业教育高层次人才队伍体系。

四是加强高校教师队伍建设。 全面深化实施高校新教师岗前培训制度，实施高校教师教学能力"引航工程"培养计划。完善职初期教师"课程思政""在线教学"专项培训体系，实施"护航工程"培养计划。建立成熟期教师教学学术能力提升支持体系，实施"导航工程"培养计划。深入实施高校教师专业发展工程，完善跨校、跨学科的教师专业发展机制，全面提升教师教育教学、学术科研、实践、国际交流等能力。深入完善实施高校本科教学教师激励计划，加强课程思政建设，激励教师以学生为本，全身心投入教学工作。加强创新团队建设，鼓励教师紧跟国际学术前沿、攀登学术科研高峰，支撑高水平地方高校和地方应用型高校建设。围绕科创中心建设，支持高校教师依规开展校外兼职和在岗离岗创业，加强与企业的互动与合作，促进科技发展服务社会。

推进家门口每一所学校建设，促进基础教育优质均衡

杨振峰
上海市教育委员会副主任

"十三五"期间，上海在率先整体实现义务教育基本均衡的基础上，迈向优质均衡发展。完成了城乡义务教育公办学校建设、设备配置、信息化建设、教师配置与收入标准、生均经费等五项标准建设任务，完成了第一轮城乡学校携手共进计划，公办初中强校工程取得初步实效，命名了一批特色高中，基本形成学区化集团化办学格局，打造了一大批新优质学校，缩小了城乡和校际办学水平差距，为打造高质量基础教育体系奠定了坚实基础。

作为高品质生活的重要组成部分和基础，人民群众对高品质基础教育的新期待更加迫切，对子女教育的需求和期待已从"有学上"转变为"上好学"，基础教育发展的主要矛盾已转变为"人民群众对优质教育的需要与基础教育发展不平衡不充分之间的矛盾"。如何加快基础教育改革步伐，更好地回应人民群众的教育需求和关切，是"十四五"时期上海基础教育发展的主要挑战。

为此，"十四五"期间我们将聚焦基础教育质量全面提升，着力打造优质均衡的基础教育服务体系，重点从五个方面着力。

一是优化基础教育资源布局。 实施以常住人口为基数、兼顾人口结构的教育资源配置制度。制定并实施基础教育"十四五"基本建设规划，适应中小学在校生规模增长带来的入学需求。按照独立的综合性节点城市定位，推进嘉定、青浦、松江、奉贤、南汇等新城教育布局，构建起成体系、高品质、新样态、多样化、有特色的公共教育服务体系。加强乡村地区学校建设，加大对远郊地区优质高中布局和建设的支持力度。

二是适当提高基础教育资源配置标准。 实施新一轮义务教育学校办学标准，根据深化课程教学改革要求，优化学校专用教室、理化实验室、创新实验室和随班就读学校资源教室等建设。围绕创新创造教育，推进一批服务学生发展和开放交流的综合性重大教育基础设施项目，进一步丰富青少年校外教育资源，为提高中小学生科学素养、创新创造能力提供支撑。

三是加快推进义务教育优质均衡发展区创建。 将推进县（区）域义务教育优质均衡发展纳入党委、政府重要议事日程，着力做好优质均衡顶层设计。着力解决制约优质均衡发展瓶颈因素，优化优质均衡发展的体制机制，加强市、区联动，加大市级层面对跨区优质教育资源的统筹力度，推动各区弥补短板，不断提高校际均衡水平。力争"十四五"期间所有区通过国家县（区）域义务教育优质均衡发展督导评估认定。

四是建设更多"家门口的好学校"。 指导和督促各区开展紧密型学区集团建设，开展市示范性学区集团创建和评估，打造一批示范性学区集团，提高优质资源共建共享水平。推进新优质特色学校建设，研制新优质学校认证标准，组织新优质学校认证，激发学校办学活力，促进学校自我可持续发展。推进百所公办初中"强校工程"走向内涵建设，带动面上初中教育质量整体提升。实施第二、第三轮城乡学校携手共进计划，提高百所左右郊区学校办学水平。

五是全面提升高中建设品质。 推进普通高中新一轮学校建设，重点加强学校校舍、教育装备、信息化、教师队伍、课程与教学等建设。推进特色普通高中建设，持续培育特色普通高中项目学校，进一步培育和命名一批上海市特色普通高中。

教育数字化的探索与实践

以信息技术更新教育理念，变革教育模式。推进教育信息化建设，促进教育数字化转型发展，建立信息素养培养培育体系，实施师生信息素养提升工程。以新基建引领教育基础设施升级，推进教育数字基座和教育治理现代化。以信息化标杆校为抓手，推进数字校园建设。创新教与学的模式，推进现代信息技术与教学的深度融合应用，构建以学习者为中心的智慧学习平台。建设学科知识图谱，推进自适应学习，以能力建构为目标重构教学形态。推动智能引领、数据驱动的教育评价改革。推进用户制造内容，创新教育资源建设模式。

上海市黄浦区卢湾一中心小学学生在课堂上运用手写板学习
上海市教委 图

上海市黄浦区卢湾一中心小学作为上海市人工智能应用场景、上海市教育信息化应用标杆培育校，通过积极的探索与实践，尝试实现从学生数据成长性共享和教学教研的融通，纵向勾画各年段的学生学习画像，横向打通学校数据信息，促进学生的均衡健康发展，提升学校整体教育教学水平。

实施数据驱动的因材施教的具体方法：

一是注重教学研究的"减负增效"。针对传统教学中"备课、上课、作业、辅导、评价"五个环节，通过伴随式无感知的学业、行为、生理数据采集，获得动态学情实时反馈，为教师备课和教学提供科学依据，让教学更加具有针对性。"线上线下结合，变常规性教研为主体性教研""建立学习大数据、丰富课堂素材并实现个性化推送"等将促进教师智慧的凝练，大幅提升教师课前教学教研的效率。二是打开教与学过程中的"黑盒"。以课堂教学中进行练习为例，"人机协同"的动态数据实时反馈，通过对学生的答题数据分析，生成学习动态曲线，实时呈现知识点掌握情况、错题与错因分析，为教师下一步教学提供科学依据，让教学更加具有针对性与时效性。三是为每个孩子描绘专属的"学习画像"。通过部署云计算、大数据、物联网、人工智能等能力，最终支撑"数字学生"的实现。数据体系的设计和多维度的数据采集，是构建"数字学生"的前提和基础。计划将新引入的信息化技术，结合教育学、心理学、生命科学、运动科学等多学科理论与实践，结合学校现状，科学确定待采集的数据种类及多维数据的采集源。随着学生行为分析的不断深入和细化，可以通过数据对学生行为进行语义化标注生成学生标签，完整地抽象出一个学生的信息全貌，由此构建出"数字学生"。四是打造安全、适宜的学习环境。伴随式无感知地采集数据，安全采集是首要条件，同时保障学生的数据隐私。无论是学校门口的安全系统，还是教室内部的空气净化系统，还有整个校园管理系统，乃至走廊人流密集测量等数据，都提高了学生在校园内学习生活的质量。

（资料来源：上海市教委）

深化高等教育内涵式发展，加快推进"双一流"建设

束金龙 上海市教育委员会高教处处长
许开宇 上海市教育委员会科研处处长

"十三五"以来，上海教育服务国家战略和上海经济社会发展能力不断提升。国家"双一流"建设深入落实，高峰高原学科和高水平地方高校建设全面实施，一流大学和一流学科建设取得显著进展。高等教育规模持续扩大，结构不断优化，主要劳动年龄人口平均受教育年限达到12.5年，为社会发展和产业升级提供了有力的人才支撑和智力支持。面向"十四五"，经济社会发展对高素质创新型人才对需求更加多元，对高校支撑创新策源、促进技术进步的需求更为迫切。上海教育要更加主动适应科技和产业发展带来的新变化，加快优化学科专业布局、创新人才培养方式、提升创新策源能力。

一是要加强高等教育内涵建设。 服务国家战略和区域发展需求，加快一流创新人才培养，做好学科专业优化调整，推进科教结合、产教融合，加大基础学科和关键领域拔尖创新人才与应用型人才培养，显著提升对上海市经济社会发展和产业转型升级的贡献度。

1. 深入推进一流人才建设。用好新增学位授权审核和本科新专业设置，用好市级统筹和高校自主调整，紧密服务国家、行业、区域发展需要布局博士硕士高校和授权点以及本科专业，深入推进学科专业布局优化，调整人才培养结构。推进高校以一流学科专业建设为核心，创新人才培养机制，深化教育教学改革，提升人才培养质量。指导高职院校开展国家"双高计划"建设，推动上海一流专科高等职业教育建设、新型五年一贯制职业院校建设、本科层次职业教育试点学校建设，推进"1+X"证书制度试点工作。

2. 建设拔尖创新人才培养高地。启动"强基激励计划"[1]，结合教育部"强基计划"和基础学科拔尖学生培养计划2.0基地建设，遴选一批有志向、有兴趣、有潜力的优秀本科生，实行长周期、接续式培养，着力培养一大批基础学科和前沿交叉学科未来科学家。实施重大关键技术领域博士生培养专项，立足上海科创中心建设，聚焦若干关键领域核心技术，支持学校增加博士招生专项计划，开展硕博贯通培养，着力提升学术性人才原始创新能力，为国家解决"卡脖子"问题开展高层次紧缺人才培养。

3. 开展科教结合产教融合协同育人。引导高校精准对接产业需求，将产教融合贯穿于人才培养全过程，促进高校和产业联动发展。依托上海重大科学装置、重大科研项目、重大工程项目，开展高水平的专业学位研究生联合培养。支持相关高校依托本校优势主干学科和专业，结合产业需求，探索建设一批现代产业学院，建强特色鲜明、与产业紧密联系的应用型本科专业，大力发展新工科、新医科、新农科、新文科，积极探索与企业协同育人新模式。依托生产性实训中心，开展校企合作职业教育人才培养，发挥职业院校优势，面向社会开展职业培训、技能鉴定、竞赛交流、社区教育等工作。

二是要加快推进"双一流"建设。 根据国家"双一流"建设部署要求，以深化部市共建合作机制为契机，从聚焦强化学科建设基础、激发办学活力关键、开启创新策源新局三方面，以高峰高原学科建设、高水平地方高校建设、

---

1 "强基激励计划"培养专项。聚焦基础学科及前沿交叉学科，结合教育部"强基计划"和基础学科拔尖学生培养计划2.0基地建设，遴选一批有志向、有兴趣、有潜力的优秀本科生，实行长周期、接续式培养。提供丰厚奖学金和优越科研条件，提升招生吸引力；实行导师制、小班化、研讨式、探究式教学；配备国际一流的师资和课程；汇聚校内外资源，依托重大科研平台、前沿科学中心和重大科研项目，为学生创造一流的科研条件，着力培养一大批基础学科和前沿交叉学科未来科学家。

高校创新策源能力建设三大计划为载体，加快推进上海市"双一流"建设高质量发展。

1. 持续推进高峰高原学科建设计划，进一步优化高校学科布局。实施"攀峰""筑原"行动，更加强化基础学科支撑作用，更加强化突出扶需扶优扶特扶新原则。在内涵建设上，强调领域（方向）上的一流和突破，每个学科聚焦若干重点领域，着力解决重大理论实践问题。在建设机制上，创新学科组织模式，实施项目、基地、人才、资金一体化配置。

2. 持续推进高水平地方高校建设计划，进一步激发地方高校办学活力。加大放权改革力度，通过推动学科建设发展、加强高水平师资队伍建设、提升创新人才培养质量、促进高等教育对外开放提质增效、优化高校制度建设和条件保障，着力提升地方高校整体实力和服务支撑能力，推动地方高水平大学建设。

3. 全面推进高校创新策源能力提升计划，进一步提升高校创新策源能力。优化基础研究体系，培育一批前沿科学研究基地，打造未来创新长板；完善协同创新体系，围绕重点产业关键核心技术，促进各类创新主体协同创新；健全技术转移体系，推动高校技术转移机构建设，促进大学科技园高质量发展，推动更多创新成果转化为现实生产力。

以产教融合推动高等教育创新发展

丁晓东
上海理工大学校长

党的十九大报告提出:"深化产教融合、校企合作。加快一流大学和一流学科建设,实现高等教育内涵式发展。"产教融合已成为推动教育优先发展、产业创新发展、经济高质量发展的支点。上海是产教融合发展程度较高的城市,上海"十四五"规划和二〇三五年远景目标《纲要》在科技和教育板块均提出促进产教深度融合及其相关内容,是对产教融合的深刻认识和战略考量。

产教融合是推进高等教育、职业教育内涵发展的重大方略

产教融合的内涵和外延随着时代的发展而持续演进。最初的产教融合是指校企合作、协同育人,这个"教"专门针对职业教育。随着产业转型升级的需求越来越迫切,产教融合发展为产业集群与学科集群的融合,强调"创新资源和要素的有效集聚",此时的产教融合的"教"不只针对职业教育,整个高等教育都是重要参与者。近年来,国家连续出台了一系列纲领性文件推进产教融合,2017年国务院发布《关于深化产教融合的若干意见》,将产教融合从职业教育延伸到整个高等教育体系;2019年六部委发布《国家产教融合建设试点实施方案》,把深化产教融合改革作为推进人才供给侧结构性改革的战略性任务;2019年,国务院颁布《加快推进教育现代化实施方案(2018—2022年)》,提出"健全产教融合的办学机制、坚持面向市场、服务发展、促进就业的办学方向"。新时代的产教融合是国家整个产业系统与整个教育系统的融合,已成为国家发展战略的有机组成部分。

党的十九届五中全会提出,"十四五"时期要"以推动高质量发展为主题",强调"以深化供给侧结构性改革为主线"。对于产业而言,在全球战略竞争激烈、中美博弈加剧、新一轮科技革命和产业变革浪潮涌动的背景下,产教融合深化人才培养供给侧结构性改革,汇聚产业和教育的强大科技力量,能够极大地提高企业自主创新能力,满足产业转变方式、优化结构、转换动能的需求。对于职业教育、高等教育而言,产教融合破解大学办学与产业脱节的"两张皮"现象,推动职业和高等院校在服务重大战略需求中成就一流高度、引领大国崛起。

以建设产教融合型城市为契机,探索产教融合"上海模式"

上海在深化产教融合方面启动早、推进实。在职业教育方面,上海通过动态调整专业布局、开发实施国际水平专业教学标准、推进"双证融通"改革、建立专任专业教师赴行业企业实践制度等举措,职业教育人才培养与上海经济转型升级的适应性与匹配度不断增强。上海还推动"规划入法",以《上海现代职业教育体系建设规划(2015—2030年)》的内容为核心,对《上海市职业教育条例》进行全面修订,将"产教融合"以法规形式确定下来。在高等教育方面,不少高校发挥知识溢出和辐射效应,构建起"环大学创新创业圈",如"环同济知识经济圈""复旦创新走廊""环交大'零号湾'",上海理工大学发挥科技园作为先进制造业"引擎"作用,在科技部对大学科技园的考核评价中,赢得了良好口碑,这些高校和产业之间形成了统筹融合、良性互动的生动局面。上海作为全国首批试点建设产教融合型城市之一,于2020年发布了《上海市建设产教融合型城市试点方案》,提出"深化职业教育、高等教育等改革,发挥企业重要主体作用,促进教育链、人才链与产业链、创新链全方位融合"。2021年,上海启动了临港新片区国家产教融合试点核心区建设,为产教深度融合提供新样本。

此次在上海"十四五"规划和二〇三五远景目标《纲要》中，产教融合也得以强调和重视，提出要"完善科教融合和产教融合育人机制，实施高等教育人才拦蓄计划，支持科研人员在高校、企业间双向兼职兼薪和柔性流动""深化大学校区、科技园区、城市社区的联动融合""促进产教深度融合"。

关于推动产教融合的建议

深化产教融合是一项复杂系统工程，在国家和上海不断完善和丰富的顶层设计下，需要政府、产业、职业教育和高等教育、各类高校等共同参与和推动。

对于政府而言，在国家高位推进产教融合的背景下，各级政府特别需要与时俱进地认识和把握产教融合的新内涵及其在国家战略全局中的定位，将产教融合从职业教育延伸到整个教育体系，应更加重视制度支持和机制保障，将产教融合纳入区域、教育、产业等子规划中，支持各类院校积极服务、深度融入区域和产业发展，加大政策供给，通过项目引领、考核评价等手段，真正将推动产教融合落到行动上。

对于职业教育而言，要围绕集成电路、人工智能、生物医药等上海三大支柱产业关键技术领域，大飞机、大船舶、大汽车等三大先进制造领域，以及学前教育、养老护理、家政服务三大民生重点领域，加大专业布局调整和人才培养力度。

对于高等教育而言，应积极贯彻落实《深化新时代教育评价改革总体方案》要求，建立推动产教融合的教育评价体系，要特别引导各类高校主动服务国家重大战略和产业发展需求，培养与之匹配的创新型人才，重点考察其为产业转型升级做出的贡献，并将评价结果与"双一流"、高水平地方高校建设及大学排名等挂钩，真正实现"破五唯"。

对于高校而言，首先要转变观念、打开围墙，坚持需求导向和问题导向，构建一批与产业转型升级相适应的学科体系，打造"双师型"教师队伍，构建校企合作平台，主动融入产教融合战略布局中。其次，要建立共赢机制，探索有效的协同合作模式，特别要破解"学校热、企业冷"的难题。上海理工大学在此方面进行了有益探索，学校对接上海三大主导产业之一的生物医药产业发展需求，充分发挥"医工交叉"的特色优势，参照医学院及其附属医院培养临床医学生的模式，与医疗器械行业龙头企业共建"医工融合现代产业学院"，打造一批"临场教学企业"，同时学校帮助企业攻关技术难题，双方建立起长期互信共赢机制。

此外，产教融合还可以在高水平对外开放中大有作为。一是在长三角一体化国家战略背景下，高等教育作为"知识创新源"和"人才供给侧"，要主动携手长三角高校、企业，主动搭建跨区域产教融合平台，不断提高对长三角经济发展和产业升级的贡献度。上海理工大学与江苏、浙江5所办学水平相当的地方龙头工科院校发起成立"长三角高等工程教育联盟"，吸引工业界参与，又在此基础上成立"长三角高等工程教育大学科技园联盟"，推进了长三角人才共通、技术共融以及产业协同。二是产教各方应积极响应"一带一路"倡议，加快构建产教融合创新国际合作网络，参与制定相关国际教育标准，推动高等教育、职业教育参与"一带一路"和国际产能合作。

完善现代职业教育体系，优化职业教育类型定位

经过多年努力，上海职业教育整体呈现出应用型本科和职业本科引领，专科高职主阵地，中职基础性地位协调发展的基本格局，初步建立起"学段纵向贯通、产教横向融合"的现代职业教育体系，已然走上了提质培优、增值赋能的快车道，大幅提升了上海职业教育现代化水平。

"十四五"时期，上海职业教育将持续优化职业教育类型定位，深化产教融合、校企合作，稳步发展职业本科教育，建设一批高水平职业院校和专业，推动职普融通，增强职业教育适应性，加快构建现代职业教育体系，培养更多高素质技术技能人才、能工巧匠、大国工匠。以建设一流的上海职业教育为目标，着力优化职业学校和专业布局、形成职业本科引领、高职主培养、中职蓄水池的院校布局，专业紧贴三大先导产业、六大产业集群以及事关上海百姓的家政服务、养老护理、学前教育发展的局面。

一是优化职业院校的布局。推进职业本科建设，探索在临港新片区引进德国应用高校，建成中外合作办学的职业本科；推进整合现有高职资源，建成若干所职业本科。推进新型高职建设，支持鼓励相关区政府、行业企业举办具有鲜明产业特征的新型五年一贯制高职。巩固中职的基础性地位，将其作为职业教育人才培养的蓄水池。做强一批高水平的职业院校与专业。

二是完善现代职业教育体系。稳步推进中职—

大国工匠陶巍指导学生提升汽车维修技术　　上海市教委 图

高职—本科—专业硕士试点，打通职业学生发展的通道，强化贯通培养的人才质量，进一步探索具有上海特点的"文化素质＋职业技能"的职教高考，完善纵向贯通的现代职教体系。深化职普融通，以职业体验日和劳动教育的形式，加强与普通教育的融合；深化育训结合，落实职业教育学历教育与社会培训的法定职责，面向企业员工、产业工人广泛开展线上线下融合的社会培训，完善横向融通的现代职教体系。

三是深化产教融合、校企合作。以上海作为国家产教融合试点城市建设为契机，聚焦上海市重点区域、重点产业和重点企业，深化产教融合校企合作，促进教育链、人才链与产业链、创新链全方位融合。强化校企双元育人，健全激励企业参与人才培养的机制，根据专业特点及行业需求，推行现代学徒制、订单式培养，发挥职教集团（产教联盟）集聚多方资源的平台作用。健全职业学校人才培养质量的督导评价制度，扩大行业企业参与评价。

（资料来源：上海市教委）

着力推进健康上海建设

居民健康素养
指个体具有获取、理解、处理基本健康信息和服务,并运用这些信息和服务做出正确判断和决定,维持和促进健康的能力。其评价指标为健康素养具备率,主要围绕健康理念和基本知识、健康生活方式和行为以及健康技能等三方面,综合反映居民健康素养情况。

家庭医生
由在上海市社区卫生服务机构执业1年以上,具备资质的注册全科医师(含中医类别全科医生)担任,并与居民建立长期稳定的签约服务关系。家庭医生团队是以家庭医生为核心,社区卫生服务机构相关医务人员和专业人员组成的服务团体。每个团队至少配备1名家庭医生、1名社区护士、1名公共卫生医师(可兼职)以及康复治疗师。每个团队原则上应包括1名提供中医药服务的医师。郊区家庭医生团队应包括乡村医生。

区域性医疗中心
是从符合标准和布局要求的区级医院中遴选,立足区域医疗服务基本需求,向区域内居民提供基本医疗卫生服务的重要载体。承担区域内居民常见病、多发病诊疗,急危重症抢救与疑难病转诊,培训和指导基层医疗卫生机构人员等工作。

P326
P328
P331
P333
P334
P336

1. 科学把握常态化疫情新特征,树立大卫生、大健康理念,深化爱国卫生运动和健康促进,全方位全周期保障人民健康,**市民主要健康指标继续保持发达国家和地区水平**。

2. **持续深化医药卫生体制改革**。持续推进公立医院治理机制改革,做实现代医院管理制度。

3. **加强医防融合的健康服务管理**。以癌症、代谢性疾病、心脑血管疾病和呼吸系统疾病为重点完善综合防治体系,以大肠癌、肺癌、胃癌为重点,提高癌症早筛早诊比例。提升**居民健康素养**,推动全民健康科普运动。

4. **加快构建整合型医疗服务体系**,完善医疗资源的空间布局和梯度配置,推动优质医疗资源扩容下沉。夯实基层医疗服务基础,分类分步推进社区医院建设,全面提升基层医疗机构的诊疗、康复等医疗功能。

5. 做优**家庭医生**签约服务,强化老年人、慢性病患者和长期护理居民等重点人群的签约服务。

6. 加强**区域性医疗中心**综合服务能力和标准化建设,强化常见病多发病诊疗、急症重症抢救等功能。

7. **加快建设健康科技创新中心**,推进基础医学与临床医学融合发展,支持医学与新兴学科交叉融合发展,推进临床研究平台建设。

8. 加强医疗、医保、医药"三医联动"改革和系统集成。持续推进按病种为主的支付方式改革,完善总额预算框架下的**多元复合医保支付方式**,优化医保目录、协议和预算绩效管理。

文字来源:《上海市国民经济和社会发展第十四个五年规划和二〇三五年远景目标纲要(普及版)》

服务高品质生活和城市发展战略，着力推进健康上海建设

邬惊雷
上海市卫生健康委主任

"十四五"时期，上海卫生健康发展面临前所未有的重大机遇，同时也面临不少新矛盾新挑战。在上海建设"五个中心"和具有世界影响力的社会主义国际化大都市的征程中，人民群众对高品质健康服务需求大幅上升，卫生健康供给与经济社会发展和人口结构不匹配矛盾日益凸显，卫生健康日益成为服务国家战略、提升城市竞争力的重要支撑。同时，科技革命和产业变革推动卫生健康服务体系深刻转型，现代医学与生物、信息、材料、工程等前沿技术交叉融合愈发明显，5G、人工智能、大数据、物联网等信息技术深刻改变卫生健康服务和管理模式，迫切要求卫生健康顺应城市数字化转型发展战略，加快行业治理变革，推动新技术、新模式、新业态发展。

特别是在新冠肺炎疫情防控常态化背景下，城市治理依然面临多种传染病威胁并存、多种健康影响因素交织、公共卫生风险对城市安全形成的重大挑战。同时，卫生健康优质资源总量不足，区域配置不均衡，区域性医疗中心能级有待提升，基层服务品质仍需加强。基本医疗卫生服务碎片化问题依然明显，医防融合、全专结合、上下联动覆盖全生命周期的整合型服务体系尚未有效形成。医学科技创新策源力亟待提升，临床研究对生物医药产业发展的支撑不足，转化不够。公立医疗机构服务供给与功能定位不够一致，保障公益性的机制有待健全，看病难、看病贵问题仍比较突出，迫切需要深化"三医联动"，加强全行业管理。

应对上述新形势新问题，"十四五"卫生健康发展要坚持"人民城市人民建，人民城市为人民"重要理念，深入贯彻总体国家安全观和新时期卫生健康发展方针，服务国家和城市发展战略，深化健康上海建设，加快建成整合型、智慧化、高品质健康服务体系，打造健康上海品牌，提升城市能级和核心竞争力。特别是更加注重服务国家战略和城市发展，重点要把握好四个关系：第一，要把握好卫生健康和人民的关系，坚持人民至上、生命至上，推动以治病为中心向以人民健康为中心转变。第二，要把握好卫生健康和其他领域的关系，坚持系统治理、共建共享，把卫生健康作为城市治理的重要内容，将健康融入所有政策。第三，要把握好卫生健康和国家战略、城市发展的关系，坚持战略导向、服务发展，更加注重服务国家战略和城市发展战略。第四，要把握好卫生健康和国际对标的关系，坚持追求卓越、改革创新，对标国际最高标准、最好水平，推动高质量发展。因此，"十四五"卫生健康发展目标主要有三个方面：一是建设全球公共卫生体系最健全城市之一；二是打造具有全球影响力的健康科技创新中心和全球健康城市典范；三是建设以人民健康为中心的整合型、智慧化、高品质的健康服务体系。

围绕上述发展目标，"十四五"卫生健康发展将推出四个方面重点举措。

第一，突出公共卫生治理，建设全球公共卫生最健全城市之一。 坚持预防为主、医防融合，推进疾病预防控制体系现代化，提高市民对公共卫生服务的边际感受度，聚焦癌症、精神卫生、失能失智等社会反映较为集中的健康问题，优化服务供给；突出爱国卫生运动、健康教育与科普的重要性，探索更经济、更高效的健康投入产出路径，建设国内领先、国际一流的公共卫生服务体系。健全公共卫生应急管理体系，强化应急指挥、监测预警与快速响应、应急医疗救治、应急社会治理、应急物资保障等，提高重大突发公共卫生事件应急处置能力，加快打造与社会

主义现代化国际大都市功能定位相匹配的公共卫生应急管理体系。

第二，突出服务人民高品质生活，建设整合型、智慧化、高品质健康服务体系。坚持公益性和强基层，构建公立医院高质量发展新体系，进一步明确各级医疗机构功能定位，推进优质医疗资源扩容下沉和均衡布局，"十四五"时期市级医疗机构新增床位数近七成布局在郊区。推动若干高水平市级医院创建成国家医学中心和国家区域医疗中心。做实以家庭医生为基础、区域性医疗中心为支撑的分级诊疗格局，持续提升社区卫生服务机构服务品质，建成40家左右区域性医疗中心，逐步解决卫生健康服务体系碎片化问题。全面推进卫生健康数字化转型，把数字化融入到医疗卫生便民服务、互联网医疗、医学科技创新等各项任务中。在保基本的前提下，加快高品质卫生健康服务发展，以医疗服务同质化为抓手，完善医疗服务标准和规范。优化妇幼、儿童青少年、残疾人、低收入人群、老年人等重点人群健康服务。推进海派中医传承创新，打造中医药发展高地。

第三，突出服务国家战略和城市发展，使卫生健康成为服务国家战略、提升城市竞争力的重要支撑。特别是把长三角一体化发展、自贸试验区临港新片区发展、对口帮扶战略、新城发展战略、城市数字化转型等发展的新常态、新战略融入到"十四五"规划中。同时，推动临床研究体系支持生物医药产业发展，打造"数智"驱动、融合发展的医学科技创新路线图，布局重大临床研究平台，建设高水平、数字化的临床研究体系，打通医学科技成果转化链条，提升上海医学科技创新策源力。推动健康服务业高质量发展，鼓励有条件的医疗机构建立国际医疗部，发展国

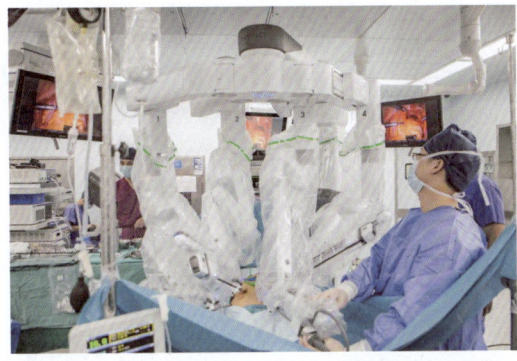

上海市第一人民医院手术室内，医生借用第四代"达芬奇 Xi"机器人为患者做手术。据悉，第四代"达芬奇 Xi"机器人四支机械臂能够540°灵活转弯　　　　上海市卫生健康委 图

际化医疗服务，为经济转型升级注入新动能。

第四，突出行业管理变革，推动卫生健康行业治理现代化。强化公立医院公益性和内涵发展，利用大数据等先进技术推进公立医疗机构治理改革，完善医联体综合绩效考核。完善公立医院补偿机制，推动有条件的公立医院，通过强化医学科技成果转化、发展国际医疗服务和健康管理服务等激发高质量发展新动能。按照研究型医院、临床型医院等不同发展定位，对公立医院实行分类管理，引导公立医院发展方向。随着卫生健康新一轮发展和建设，卫生人才短缺问题将逐步凸显，要高度重视培养和引进各类紧缺人才、创新型旗帜人才，加快补短板，构建高峰尖峰学科人才"蓄水池"。推进法治化、标准化、智能化，逐步实现卫生健康行业治理现代化。

上海医疗卫生改革的回顾与发展展望

许 速
上海市医药卫生发展基金会
副理事长

近年来，特别"十三五"期间，上海立足服务国家战略和城市发展战略、服务民生，坚持健康优先发展战略，居民主要健康指标保持发达国家和地区水平，户籍人口平均期望寿命达到83.67岁，上海地区婴儿死亡率、孕产妇死亡率分别为2.66‰、3.66/10万，各项改革发展任务基本完成。回顾上海医疗卫生改革历程，主要有几方面的特点：

一是社区卫生服务综合改革不断推进。 上海是我国率先开展社区卫生服务的地区，经历了3个发展阶段：第一阶段（1997—2005年），完成了社区卫生服务机构标准化建设，启动了全科医生规范化培养，推广了"六位一体"服务模式；第二阶段（2005—2015年），开展了以收支两条线与医保总额预付为核心的运行机制改革；第三阶段（2015年至今），建立基于标化工作量的社区卫生服务管理体系，打造社区卫生服务中心综合平台功能，构建"上海特色"的家庭医生制度。到目前，上海已初步形成网络布局健全、政府保障公益、服务内容综合、居民日渐认同的社区卫生服务体系，家庭医生"1+1+1"医疗机构组合签约超过800万居民，对以老年人、慢性病对象为主的签约居民基本健康服务需求形成了有效覆盖。

二是优质医疗资源扩容和均衡布局不断优化。 持续打造以市级医学中心为支撑、区域性医疗中心和专科医院为骨干、社区卫生服务中心为基础的分级诊疗体系。在中心城区，依托大学医学院、科研机构和三级医院，培育一批体现国际水准、具有优势学科群的现代化、国际化的研究型医院。建设国家儿童医学中心、口腔医学中心、神经疾病医学中心和传染病医学中心等4个国家医学中心，与国家代谢性疾病、消化系统疾病、放射与治疗、眼部疾病、老年疾病和口腔疾病等6个国家级临床医学研究中心，以及国家肝癌科学中心和国家转化医学科技基础设施（上海）。在新城和郊区，推动三级医院优质资源扩容提质，华山医院虹桥院区、肿瘤医院浦东院区已开业运行，正在建设儿童医学中心张江院区、市九医院祝桥院区等8个项目，规划建设中山医院青浦新城院区、新华医院奉贤院区等项目。在群众家门口，依托区域性医疗中心打造成家门口的好医院，完成43家区域性医疗中心认定、9家区属医院晋级三乙。加快老年医疗、护理等资源配置，全市家庭病床超过7万张。建成东南西北中五大儿科医疗联合体和四大区域中医医联体。

三是医药卫生体制综合改革试点不断深化。 作为国家医药卫生体制综合改革试点省市，以公益性为导向，运用大数据方法、卫生经济学和疾病诊断相关分组（DRGs）管理原理，建立公立医院病种组合指数，应用于公立医院监管评价和医保支付方式改革，被国家卫生健康委和国家医保局向全国推广。推进现代医院管理制度试点，建立党委领导下的公立医院院长负责制，开展适应卫生行业特点的公立医院薪酬制度改革试点。深化"医药"分开，渐进式取消药品、耗材加成，分步调整1897项（次）医疗服务价格，建立新技术新项目服务价格审批新机制。稳步推进药品供应保障机制改革，牵头实施国家组织药品集中采购试点，探索公立医疗机构联盟开展药品集中议价采购（GPO）。推进医联体建设，探索"新华—崇明"紧密型区域医联体改革，实施医联体内城乡居保按人头付费和药品耗材集中采购。推进仁济南院、瑞金北院、市六东院、华山北院等郊区市级新院与母院一体化发展。上海市被评为公立医院综合改革首批国家级示范城市。

四是医疗保障制度建设不断完善。 完善职工医保和城乡居民医保制度体系，将外来从业人员和被征地人员纳入职工医保，完成新农合与居民医保并轨，探索长期护理保险试点，开展个人账户结余资金购买商业保险试点。职工医保最高支付限额提高到 55 万元，居民住院报销比例提高到 75%，居民大病保险再次报销比例提高到 60%，低保低收入家庭提高至 65%。职工医保单位缴费费率下调至 9.5%。深化医保支付方式改革，在 6 家医疗机构实施按病种付费（DRG）国家试点，在 2 个市级医疗机构和 11 个区的医院实施按大数据病组分值付费（DIP）试点。

五是公共卫生体系建设不断强化。 率先出台《关于完善重大疫情防控体制机制健全公共卫生应急管理体系的若干意见》（"公共卫生 20 条"）、《上海市公共卫生应急管理条例》等政策法规文件，构建"1＋5＋1"公共卫生政策和法制体系。实施多轮公共卫生三年行动计划，不断完善发热门诊（哨点诊室）功能布局，实验室网络进一步健全，"一锤定音"的检测能力进一步提升，急救平均反应时间缩短至 12 分钟，卫生应急处置能力明显提高。实施"健康中国"战略，制定出台《"健康上海 2030"规划纲要》《健康上海行动（2019—2030 年）》，围绕普及健康生活、优化健康服务、完善健康保障、建设健康环境、发展健康产业和提升健康能级等领域，全方位、全周期保障市民健康。建成标准化社区智慧健康驿站 219 家，市民健康素养水平达 35.6%，显著高于全国平均水平。结核病、艾滋病等重大传染病保持低流行水平，重大慢性病过早死亡率降到 10% 以下，常见恶性肿瘤诊断时早期比例上升到 30% 以上。

展望"十四五"，一方面，要从上海的城市功能定位出发，把握城市卫生健康发展方向，聚焦服务国家战略，聚焦支撑城市安全，聚焦服务城市建设和社会发展大局，卫生事业发展要体现"上海精神、上海力量、上海担当"。另一方面，要从服务民生入手，按照"人民城市人民建，人民城市为人民"重要理念，打造整合型、智慧化、高品质医疗服务和公共卫生体系，聚焦人民群众高品质生活，从"病有所医"到"病有良医"，不断提升群众的获得感、幸福感和安全感。同时，要切实把握现代医学发展规律，坚持"科技兴医"方向，公立医院要形成多元化产出，既能产出优质高效的基本医疗服务，又能促进医学科技创新，打造国家医学高峰和长三角医学高地。融合产业联动，支撑生物医药、人工智能、健康产业发展，实现"医学研究驱动"的"事业与产业融合发展"。

应对重大传染病或突发公共卫生事件的经验与启示

上海作为我国最大的经济中心城市和主要口岸城市，人口总量大、集聚度高、流动性强，国际交往密切，客货进出频繁。对于新冠肺炎疫情等重大传染病或突发公共卫生事件，上海坚持人民至上、生命至上，按照科学防治、精准施策的总要求，有力、有序、有效统筹推进疫情防控和经济社会发展，在第一时间采用"压制和扑灭"的策略处置，防止事件扩大恶化。因此，"十四五"期间要在卫生应急指挥体系、应急管理体系、应急检测能力等多方面做好充分的考虑和准备。

在强化监测预警体系方面，在建立法定报告传染病的疫情网络直报系统的基础上，为了及时发现新发、不明原因传染病，上海市对传染病监测预警系统进行了完善。一是加强发热病例监测。全市扩大发热监测哨点布局，完善门急诊发热病例信息采集报告系统，构筑起由 300 余家医院发热门诊和社区发热哨点诊室组成的发热病例在线实时监测网络。二是强化上海市症候群监测系统，通过症状监测，进一步提高监测灵敏度。三是研发公共卫生"智能插件"的传染病疫情报告系统，在全市所有发热门诊和发热哨点诊所进行布局。四是建设"病原检测实验室网络和平台"，提升上海市对传染病病原体综合检测能力。

在加强应急处置机制建设方面，一是上海市建立了"高风险岗位人群定期核酸筛查""发热门诊对所有就诊人员开展新冠病毒核酸检测"等机制，第一时间及时监测发现本土疫情，为后续疫情处置、快速切断传播途径赢得宝贵的时间。二是应急处置以流行病学调查为核心，坚持"溯源"和"防扩散"并举，查清病例活动轨迹和接触人员、物品，精准确定筛查范围，精准划定风险区域。三是将防范境外输入疫情风险作为上海市新冠疫情防控工作的重中之重，常态化落实各项关键措施。

在健全公共卫生应急管理体系方面，一是健全应急管理法规制度，完善应急预案。已出台的一系列公共卫生应急管理相关法规或建设文件，如《上海市公共卫生应急管理条例》《关于完善重大疫情防控体制机制健全公共卫生应急管理体系的若干意见》等，可供日后指导长期工作参考。二是加快建设公共卫生应急重大项目。上海市疾控中心新建工程项目已启动奠基，"落子"虹桥商务区，集市公共卫生应急指挥中心、国家突发急性传染病防控应急平台、各类应急检测实验室等为一体，将成为具有国际先进水平、开放共享的公共卫生基地。三是推进应急管理信息化建设。上海市紧急开发建设"公共卫生突发事件应急处置信息系统"中，"现场调查处置系统"将建设完成"流行病学调查管理""密切接触者追踪管理""消毒管理"和"实验室检测结果管理"4大模块，借助一网统管平台实现与上海市应急指挥平台的对接。日常应急管理方面，推进突发公共卫生应急准备系统信息化建设，包括应急队伍管理、应急物资管理、应急值守管理、公共卫生苗子事件监测等四大模块，进一步提升上海市各类突发事件卫生应急作业的效率和水平。

在强化卫生应急队伍建设方面，一是强化国家队建设，打造"特种兵"战斗队伍。以上海市国家突发急性传染病防控应急队为核心力量，在新冠疫情中建设起与城市公共卫生安全保障需求相匹配的流行病学调查处置"特种兵"队伍。"十四五"期间将完成国家队单兵装备配置，联通上海市公共卫生应急调查处置系统，提升现场调查处置装备的现代化、智能化、标准化和信息化水平，提升应急响应效率。二是加强卫生应急梯队建设。为更好应对重大疫情和突发公共卫生事件，探索建立公共卫生应急处置"预备役"示范队伍，制定了公共卫生应急处置预备役队伍遴选标准，建立市、区疾控中心公共卫生应急处置预备役队伍储备库。依托预备役队伍，建立市级和区级公共卫生应急处置队伍。三是强化卫生应急队伍能力建设。新冠肺炎疫情发生后，组织开展了"新冠疫情疾控大培训"等各项培训，组织了新冠应急演练、进博会防疫保障等多项演练，全面提高了全市卫生应急队员应急处置能力。

"十四五"期间，上海将传染病综合监测体系扩点，完善发热、肠道门诊等监测哨点布局，优化症候群、疾病、危险因素和事件监测系统，推进在线实时监测监控。开展突发公共卫生苗子事件监测信息系统架构研究，确定在线报告的流程，监测信息反馈等模块设计开发。试用公共卫生媒体信息监测预警平台，采用大数据爬虫技术搜索公共卫生事件相关信息，开展传染病疫情风险预测研究的准备，提升公共卫生风险评估和预警的前瞻性、精准性、高效性。建设"基于多源数据的传染病综合监测预警与应急处置信息平台"，整合传染病综合监测信息系统、疫苗综合管理和预防接种服务信息系统等数据，与"一网统管"平台对接，推进公共卫生领域健康大数据应用。

（资料来源：上海市疾控中心）

"双轮驱动"应对特大城市慢性病危机

吴春晓
上海市疾病预防控制中心慢性非传染病
与伤害防治所副主任医师

上海作为我国规模第一的特大型城市,也是第一个进入人口老龄化的城市,还是人均期望寿命第一的城市。这3个"第一"对卫生工作者来说,既是一种骄傲,也意味着巨大的压力。如何应对老龄化、城市化和生活方式的多元化给上海带来的慢性病危机,考验着这座城市的疾病预防控制能力。

上海的基本特征已经发生了较大变化。2019年,上海户籍人口平均期望寿命达83岁,比40年前增加了10岁。这主要得益于解放后死因谱的重大变迁,传染性疾病的持续下降。但是慢性非传染性疾病(以下简称慢性病)却在快速上升,已经成为严重威胁上海市居民健康、影响经济社会发展的重大公共卫生问题。

目前,上海户籍60岁及以上人口规模超过500万,占比达到34%,早已进入深度老龄化社会。所有居民死亡的94%归因于慢性病。癌症发病率为546/10万,高于中国平均水平,与世界水平相近,且仍在上升;死亡率为256/10万,低于中国和世界平均水平,已保持稳定态势;五年相对生存率为55%,高于中国平均水平,呈逐年上升向好趋势,仍远低于欧美水平;累积存活的癌症患者人数达49万,现患率为3%,数量庞大;肺癌、大肠癌和胃癌是疾病负担最重的前三位癌症。其他慢性病也不容忽视,脑卒中发病率为515/10万,高血压患病率为31%,患病人数超过600万,糖尿病患病率为22%,患病人数超过350万。导致慢性病高发的相关危险因素状况也不容乐观,成年居民现在吸烟率为18%,危险饮酒率为3%,超重和肥胖率为44%,蔬菜和水果摄入量不足比例为41%,从不锻炼率为68%。尽管数字有点触目惊心,然而要得到这些数字就已然不易,而且不少

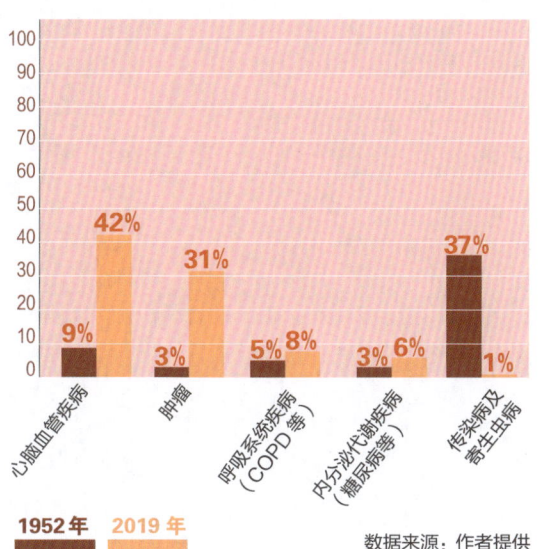

1952年和2019年上海市死因谱变迁

排序	1952年 死因	%	2019年 死因	%
1	传染病及寄生虫病	37	心脑血管疾病	42
2	心脑血管疾病	9	肿瘤	31
3	消化系统疾病	6	呼吸系统疾病(COPD等)	8
4	呼吸系统疾病(COPD等)	5	内分泌代谢疾病(糖尿病等)	6
5	意外死亡	5	损伤中毒	5
6	新生儿病	4	消化系统疾病	2
7	肿瘤	3	神经系统疾病	2
8	内分泌代谢疾病(糖尿病等)	3	精神障碍	1
9	泌尿生殖系统疾病	1	传染病及寄生虫病	1
10	孕产期病	1	泌尿生殖系统疾病	1

注:心脑血管疾病、肿瘤、呼吸系统疾病(COPD等)、内分泌代谢疾病(糖尿病等)是目前主要的四类慢性非传染性疾病。COPD是慢性阻塞性肺疾病的英文简称,中文简称慢阻肺。

数据来源:作者提供

指标已经走出低谷，趋向好转。

上海市的慢性病负担随着人口老龄化的持续仍在不断加重，已有的卫生健康资源与居民日益增长的慢性病服务需求之间尚有差距，未来，上海如何进一步做好医防融合？

"十四五"期间，上海慢性病防控将以医防融合和健康大数据为抓手，通过制度和科技"双轮驱动"，巩固上海市国家慢性病综合防控示范区唯一全覆盖的工作成效，各项慢性病监测系统和患者管理水平在规模与质量上保持全国引领地位，努力完善慢性病防治策略和措施，推进全人群全生命周期健康管理，实现"以疾病为核心的单一疾病管理模式"到"以人为核心的全程健康管理模式"的全面转换。到2030年因慢性病造成的过早死亡率降至9%以下，居民健康期望寿命明显提高，慢性病负担得到有效控制。

具体的工作措施，包括开展社区健康管理支持中心建设，完善慢性病多因素综合风险评估、筛查、干预和管理机制；建立国内首创的实现医疗机构全覆盖的伤害住院登记报告制度，整合到已有的各病种系统平台；同时加快完成高血压、糖尿病、心脑血管疾病、肿瘤、慢阻肺等重点慢性病与伤害风险评估与监测管理系统的迭代；制定慢阻肺、骨关节疾病等慢性病的健康管理规范，提供标准化服务；优化糖尿病和大肠癌早发现模式，制定多种癌症联合筛查方案，促进机会性筛查在社区和医院的实施；制定相关慢性病健康体检指南，逐步规范基于职业人群体检的癌症等慢性病筛查服务等。

建设整合型医疗卫生服务体系，持续全面提升医疗服务品质

罗力
复旦大学公共卫生学院教授

"十三五"时期，上海以百姓高品质生活为目标，不断发展卫生健康事业，全方位、全周期维护和保障人民健康，取得了显著成绩。当下，疫情防控新常态、数字化转型、长三角一体化发展、优质医疗资源扩容、新城发展战略等，健康上海及医疗卫生体系的发展格局，需要对自身发展格局进行再审视、再调整和再优化，尤其是医疗服务体系的整合、智慧和高质是关键。其中一块重要内容，涉及模式转变，即从以前碎片化的垂直化体系，优质资源偏向集中于三级医院，公共卫生服务体系发展相对滞后，投入效率不高，基层医疗卫生机构首诊能力不足等问题，转向共同价值导向下不同类别的服务提供者共同合作的体系。

首先，需要坚持以需求为导向的系统性资源配置取代以机构为中心的计划和经费分配办法，坚持专科医疗机构和基层医疗卫生机构协同发展、公立医院和民营医疗机构和谐共存、硬件设施和软件资源（服务团队、信息共享）相互配套、卫生规划制定、执行和监督评估有机统一的发展思路，并在重视建立分级分工、首诊和双向转诊的连续性机制中，切实通过基层能力提升解决居民的基本保健。其次，医保筹资和支付设计以促进整合服务行为产生的激励为前提，以预付购买增进不同层级医疗机构的合作动力，而不是通过行政干预推动合作，以促进多机构形成保健连续链，实现医疗费用控制、整合服务提供和对医生的激励相容。再次，构建互通性健康管理系统、疾病管理系统、电子病历系统、转诊预约系统和远程医疗等技术业务平台，充分反映患者的医疗信息并促进共享，为服务整合打下基础条件。

通过建设体系完整、分工明确、功能互补、密切协作、运行高效的整合型医疗服务体系，整合包括机构整合和服务整合两个方面，机构整合如分级诊疗、医联体等形式是实现服务整合的手段，开展服务整合是改变医疗系统服务提供碎片化的最佳策略，服务整合目标是建立起一条以病人为中心，预防－治疗－康复－护理全流程的健康服务链，不仅包括患者同一疾病周期的连续性诊疗服务过程，还包括长期的，直至整个生命周期的连续的健康管理。其中，家庭医生作为居民健康和卫生经费的守门人，对服务整合起到至关重要的作用。关于分级诊疗制度，需要加强上下联动。泛言之，"上"是指三、二级医院为主的医疗服务，"下"指的是基层医疗服务。整合型医疗卫生服务体系建设必须要落实分级诊疗制度，深化紧密型医疗联合体建设。"上"要"舍得放"、"下"要"接得住"，这中间还要有充分的衔接合作机制，信息数据等流转要畅通。到2025年，每千常住人口全科医生数达到0.45人左右，将形成比较成熟的"基层首诊、双向转诊、急慢分治、上下联动"分级诊疗模式。

着眼长远，整体谋划，"十四五"期间在建设整合型医疗卫生服务体系的基础上，还要持续全面提升医疗服务体系的品质。在优结构方面：完善医疗资源的空间布局和梯度配置，加快优质医疗资源扩容和区域均衡布局，加快五大新城医疗卫生资源补短板、增功能和提能级。在同质化方面：提升基层医疗服务质量和水平，推进医疗服务同质化，让分级诊疗早日落地生花。在增水准方面，提升市级医院医学研究和危重疑难病症诊疗水平，建设一批具有一定国际影响力、国内领先、特色鲜明的危重疑难病症诊疗中心，争创国家医学中心。

加快建设健康科技创新中心，构建全球健康城市典范

甘荣兴
上海医药临床研究中心主任

当前，生命健康已成为全球高度关注的共同主题，科技创新正成为发达国家和发展中国家维护人民健康的共同选择。从美国东海岸的大波士顿、西海岸的硅谷，到瑞士的巴塞尔、英国的剑桥，再到新加坡和日本的东京等全球科技创新活动活跃的区域，健康科技都"不约而同"地成为其创新重点。在我国，健康科技创新的重要性也已成为共识。习近平总书记指出，"纵观人类发展史，人类同疾病较量最有力的武器就是科学技术，人类战胜大灾大疫离不开科学发展和技术创新"。从健康中国战略的提出到健康中国行动的实施，科技创新都作为重要内容纳入其中。在这一时代背景下，上海"十四五"规划《纲要》提出"加速建设健康科技创新中心"，既是维护人民健康的内在要求，也是建设具有全球影响力的科技创新中心的必然选择。

推进基础医学与临床医学融合发展，是了解疾病、应对疾病、战胜疾病的重要途径。基础医学是研究人的生理活动和病理活动的本质与规律的科学；临床医学是研究疾病的病因、诊断、治疗和预后的科学。一方面，基础医学是临床医学发展的源头活水。正是因为有了基础医学研究所提供的理论基础、实验方法和技术手段，人类才能得以深入认识引发传染病的病原体、诱发肥胖和高血压等疾病的风险因素、糖尿病和肿瘤等的发生发展原因等。要想控制心脑血管疾病、代谢性疾病、肿瘤、呼吸系统疾病和神经退行性疾病（如阿尔茨海默病）等复杂疾病，同样离不开基础医学研究提供的新方法、新工具和新手段。另一方面，临床医学研究是检验基础医学研究成果有效性的标准。临床医学的特点是"亲临病床"，实验室研究中得到的诊疗方法，能否真正应用于临床，只有在临床医学研究中才能得到证实。当前，随着人类对于疾病认识的日益深入，基础医学与临床医学的深度融合，比过去任何时期都更为重要。尤其是在面向人类尚未攻克的复杂疾病难题面前，两者的结合已成为创新策源的必然要求。

医学与新兴学科交叉融合发展，是维护健康、管理健康、促进健康的重要手段

历史经验表明，许多重大的科技创新成果都源于学科交叉融合发展。全方位全周期保障人民健康，需要综合考虑遗传、环境和行为等诸多方面的因素。因此，在医学发展中综合运用物理、化学、生物学以及信息技术、生物技术、纳米技术等科技，就成为解决医学发展面临的重大挑战的关键策略。

例如，在新冠疫情的防控中，科学家利用基因组学的研究方法和工具，加快、加深了对新冠病毒和新冠肺炎相关知识的认识。健康码、健康云的应用，极大地提升了出行防疫、疫苗接种等过程的效率。机器人、智能影像等技术的运用，提升了疾病筛查的效率。远程医疗、新冠疫苗移动巡回接种车的使用，突破空间距离的限制。

再如，生物治疗技术的发展，使得一些复杂疾病、罕见病的治疗成为可能。其中，细胞免疫治疗已经在白血病、淋巴瘤和骨髓瘤等血液肿瘤中的治疗中取得了良好效果；基因治疗的发展，为部分先天性遗传病的治疗带来了希望；新型抗体药物的开发，为肿瘤、神经、呼吸、代谢等领域的治疗带来了新手段。

还有，"支持中西医汇聚创新"，也是学科交叉融合发展的重要体现。中医药是我国特有的健康科技领域，"治未病""辨证论治"等理论和治则，蕴含着传统医学的精华；中药方剂的多成分、多系统、多靶点、多途径的调控，所蕴含的整体性、系统性的思维，与现代医学发展的前沿发

国家临床医学中心依托单位 @ 上海

第一批：
领域：代谢性疾病
依托单位：上海交通大学医学院附属瑞金医院

第三批：
中心名称：国家口腔疾病临床医学研究中心
依托单位：上海交通大学医学院附属第九人民医院
中心名称：国家老年疾病临床医学研究中心
依托单位：复旦大学附属华山医院

第四批：
中心名称：国家放射与治疗临床医学研究中心
依托单位：复旦大学附属中山医院
中心名称：国家眼耳鼻喉疾病临床医学研究中心
依托单位：上海市第一人民医院

（资料来源：科技部）

展方向"不谋而合"。新冠疫情发生以来，我国在防控实践中贯彻落实习近平总书记"坚持中西医结合""加强中西医结合""中西医并重""中西药并用"的指示，取得了积极成效。

推进临床研究平台建设，是支持创新、赋能创新、推动创新的必要途径

临床研究既是研究药物在人体内安全性和有效性的主要方式，也是获得疾病的预防、诊断、治疗知识的重要途径。一方面，药品和医疗器械产品的创新开发往往离不开临床研究。在新药开发的过程中，临床研究占整个创新过程中60%以上的资金成本和时间成本。因而，临床研究已成为畅通创新价值链的关键环节，对于加速推进健康科技成果转移转化、形成各类创新主体良性互动的协同创新格局具有重要意义。另一方面，医疗卫生机构发起不以药品医疗器械注册为目的临床研究，有利于掌握疾病的诊治及健康维护的新知识，也有利于其综合能力的提升。当前，上海的临床诊疗方面在亚洲乃至世界范围内具有一定的影响力，但其临床研究能力与国际上发达地区相比还存在短板和瓶颈，而且原始创新能力和重大科技成果转化还相对较少。在新一轮的发展中，抓住临床研究这个"牛鼻子"，就能更好地塑造健康科技的创新能力，增强发展的内生动力。

高水平的创新主体，是高水平的健康科技创新活动的重要载体。国家重点实验室、国家临床医学研究中心、国家医学中心，是参与国际健康科技竞争合作的战略科技力量。加快建设健康科技创新中心，要求在更高标准上建设一批战略科技力量，壮大健康科技创新人才队伍，培养造就一批具有国际水平的、"高精尖缺"的健康科技创新团队。高水平的创新主体有望引领未来健康科技发展和驱动健康科技创新体系的整体效能提升，进而在提升人民生命健康水平的战略制高点上率先实现高质量发展。以重大科技攻关任务为牵引，以战略科技力量为载体，形成跨学科、大协作、深度融合的联合攻关能力，是构建先发优势、引领健康科技的重要基石，将极大地助推上海在全球健康科技创新发展中的整体跃升。

"人民健康是社会主义现代化的重要标志。"当今，世界正在经历百年未有之大变局，健康科技创新方兴未艾，全球健康城市典范要求有高质量的科技创新能力与之匹配。更好地集聚全球健康科技创新资源，将创新和发展的主动权掌握在自己手中，既是赋能城市竞争力的重要动力，也是落实健康中国战略、践行"人民城市人民建，人民城市为人民"理念的内在要求。加快建设健康科技创新中心，构建全球健康城市典范，上海的未来发展可期。

以"一个体系"与"五个医保"保障病有所医

夏科家
上海市医保局局长

"十四五"期间,上海医疗保障改革发展将坚持"人民城市人民建,人民城市为人民"重要理念,以人民健康为中心,按照当好新时代改革开放排头兵、创新发展先行者要求,锐意进取,攻坚克难,加快建设"一个体系",打造"五个医保",助力提升上海城市能级和核心竞争力,促进高质量发展,打造高品质生活。

"一个体系"即对标国际先进,到2025年,在全国率先建成与中国特色医保制度相适应、与上海超大城市实际相符合,覆盖全民、城乡统筹、权责清晰、保障适度、可持续的多层次医疗保障制度体系,推动上海医疗保障实现更高质量、更有效率、更加公平、更可持续、更为安全的发展,不断提高市民群众获得感、幸福感和安全感。

"五个医保"即建设健康医保、价值医保、可持续医保、服务医保和智慧医保,通过优化制度、完善政策、健全机制、提升服务,增强医疗保障公平性、协调性,实现待遇保障公平适度、基金运行稳健持续、管理服务优化便捷,医保治理现代化水平显著提升。

第一,建设"健康医保",推进多层次医疗保障制度成熟定型。"健康医保",核心是适应从"以治病为中心"向"以健康为中心"转变,提供更加优质多元的医疗保障服务。适应这一新转变,必须统筹抓好底线民生、基本民生、质量民生,有效扩大多层次医疗保障服务供给,满足市民群众多样化的医疗保障需求,让市民群众生活更有品质、更有尊严、更加幸福。

为此,"十四五"期间,上海一是将坚持和完善覆盖全民、依法参加的基本医疗保险制度和政策体系,按照国家统一部署,稳妥推进职工基本医疗保险个人账户改革、完善门诊共济保障机制,同时优化职工医保基金结构功能,根据上海经济发展水平和基金承受能力,稳步提高参保群众的医疗保障水平。二是依托超大型城市市场发育充分、要素集聚活跃的优势,加大支持商业健康保险发展,继续拓展职工医保个人账户资金购买商业健康保险产品,适时推出普惠险等健康保险产品。三是进一步完善和规范大病保险、公务员医疗补助及企业补充医疗保险,推进上海市总工会职工医疗互助保障计划、市红十字会少儿住院互助基金等与基本医疗保险制度的衔接平衡。四是增强医疗救助托底功能,探索建立防范和化解因病致贫长效机制。五是完善长期护理保险制度,尤其是上海率先开展省级层面试点,将推动长护险制度框架更加成熟定型,为国家试点积累经验。

第二,建设"价值医保",推动三医联动、系统集成。"价值医保"的核心,是推动医保基金的角色与功能,从"被动买单"向"战略购买"转变。必须真正坚持以患者为中心,充分发挥医保支付方式改革、医药集中带量采购、医药服务价格改革等在深化医改中的牵引作用,加强医疗、医保、医药三医联动、系统集成,让医保基金使用更富价值、更有效率。

为此,"十四五"期间,上海一是持续推进医保支付方式改革,完善在总额预算框架下"四位一体"(按疾病诊断相关分组、按大数据病组、按床日、按人头包干)多元复合医保支付方式的先行探索,探索部分诊疗项目按绩效付费,更加凸显医保基金绩效,引导医院转方式、强管理,缓解群众看病难、看病贵问题,实现医保、医院、患者三方共赢。二是深化药品和耗材招采机制改革,与国家共建"上海医药采购中心",更好履行国家药品联采办职责,增强服务国家战略的能力,持续推进国家组织药品集中带量采购工作。同时,加大高值医用耗材改革治理力度,完善高值医用耗材采购模式,不断扩大试点范围。三是稳妥推进医疗服务价格管理改革，形成稳定可持续的动态调整工作机制，持续优化医疗服务价格结构。

第三，建设"可持续医保"，全力维护医保基金安全。一是改革完善医保基金监管体制，落实市、区医保部门监管职责，强化医保定点机构的主体管理责任。加强基金筹资和支出管理，做好基金运行预警分析。二是依托"一网通办""一网统管"，充分运用人工智能、大数据等新技术，持续推进智慧监管。三是实施完善医疗保险基金信用监管，推进信用分类管理。四是强化综合监管，实施跨部门协同监管，探索引入第三方监管力量。同时，加强部门联合执法，将医保监管与卫生综合监管等有机衔接，推动医保监管结果有效运用。

第四，建设"服务医保"，助力经济社会高质量发展。对上海医保部门而言，重点是做好"三个服务"，即服务民生改善，服务长三角一体化发展等国家战略，服务"五个新城"建设和大健康产业创新和高质量发展。

为此，一是从"待遇提升、改善体验"两端发力，做好医保民生工作。其中，待遇提升方面，坚持"保基本"，根据经济发展水平和基金承受能力，稳步扩大基本医保药目录覆盖范围，合理确定基本医保待遇保障水平；改善体验方面，着力打造"电子医保就医记录册""医保公共服务包""医保智慧平台"，以数字化转型带动提升群众就医便捷度。二是主动服务长三角一体化发展国家战略，深入推进长三角医保一体化，推进实施统一的基本医疗保险政策，逐步实现药品目录、诊疗项目和医疗服务设施目录的统一。探索建立跨区域的医保经办管理一体化机制，在长三角地区率先实现基本医保公共服务便利共享。推进长三角地区药品、耗材招标采购联动，探索实施区域联合采购。三是用好医保政策扶持、服务引导等重要杠杆，加大支持五个新城建设和上海"1+5+X"生物医药产业布局，进一步抓好主动服务。完善生物医药企业新项目新技术新器械准入管理，促进创新产品加快进入临床应用。落实"上海健康服务业50条"，完善互联网价格和医保支付政策，支持"互联网＋医疗"等新模式发展。

第五，建设"智慧医保"，全面提升医保治理现代化水平。一是依托上海市"一网通办""一网统管"，进一步推进医保公共服务标准化规范化建设，加快推进服务事项网上办理，实现上海市医疗保障"一站式服务、一窗口办理、一单制结算"，不断提升运行效率和服务质量。二是高标准建成统一、高效、兼容、便捷、安全的"智慧医保"信息平台，推进上海市医保治理数字化转型，全面支撑精细化管理。通过不断提高数据共享和运用能力，完善医保经办管理和公共服务体系，持续提高群众从医保服务中的获得感。

积极应对人口老龄化

养老综合体
是指提供养老、养生的一体化解决方案,由养老院、医院、购物中心、食品基地、酒店、学校、公园、公寓等相互作用,形成满足养老需求的建筑群体。

"老年认知障碍友好社区"
上海是全国首个建设老年认知障碍友好社区的城市。主要有三大特色,一是"重心下移",社区接收更多从轻症到重症的老人进行干预治疗;二是关口前移,早发现、早评估、早干预,制定专门的评估手册并深入社区对老人进行全面筛查;三是关注家庭陪伴,着力营造社区友好环境。

安宁疗护
是指为疾病终末期或老年患者在临终前提供身体、心理、精神等方面的照料和人文关怀等服务,控制痛苦和不适症状,提高生命质量,帮助患者安详、有尊严地离世。

居家适老化改造
全称为面向全体老年人的居家环境适老化改造工作。居住在上海市的60周岁及以上老年人均可自愿申请改造,对符合要求的老年人政府将给予一定的补贴以完成改造。

P339　P341　P342　P345　P349

1. 促进人口长期均衡发展,按照国家统一部署增强生育政策包容性,加强优生优育服务,积极扩大普惠安全的托育服务供给,鼓励和支持幼儿园开设托班,鼓励民资民企、企事业单位、街道集体等开办普惠型托育机构,到2025年力争累计新增三岁以下婴幼儿托额2万个。

2. 全面推进城乡社区养老服务,在中心城区和城市化地区大力发展嵌入式养老,以各类养老服务站点为依托,推广综合照护服务模式,更好满足老人个性化、多样化需求。

3. 不断加密覆盖城乡的社区养老综合服务网络,到2025年全市街镇养老综合体达到500家,实现15分钟养老服务网络全覆盖。

4. 关注认知障碍老人的身心健康,在社区加强风险测评和早期干预,提升家庭护理能力,加快建设"老年认知障碍友好社区",到2025年实现街镇全覆盖。

5. 持续扩大多层次养老服务供给。到2025年全市养老床位总数达到17.8万张。优化床尾供给结构,围绕失能失智老人需求,持续增加护理型的床位供给,到2025年护理型床位占比达到60%。

6. 增强科技支撑智慧养老能力。鼓励企业开发集信息系统、专业服务、智慧养老产品于一体的综合服务平台,促进老年人共享便利智能的数字生活。

7. 深化医养康养相结合,建立健全覆盖城乡、规模适宜、功能合理、综合连续的服务网络。普及安宁疗护文化理念,增加安宁疗护服务供给,维护老年人生命尊严。

8. 大力建设老年宜居颐养环境,营造尊老敬老社会氛围,加快居家、社区和城市基础设施适老环境改造,到2025年实现居家适老化改造2.5万户。

文字来源:《上海市国民经济和社会发展第十四个五年规划和二〇三五年远景目标纲要(普及版)》

试论上海市人口长期均衡发展

彭希哲
复旦大学发展研究院常务副院长、教授

人口是一个城市发展最基本的决定因素，人口是人力资源的基础，是消费需求的载体。人口的规模、质量、结构和分布直接影响着一个城市社会经济发展的格局，在一定程度上决定了经济增长的类型、产业结构调整、公共服务的布局规划、城市创新的潜力。上海市"十四五"社会经济发展规划纲要已经发布，上海人口的现状和未来发展趋势对规划的目标、各种发展指标、实现发展目标的各种资源配置都将有非常重要的影响。

上海人口发展回顾与基本特征

鸦片战争前（1816年）上海人口366万人，到1949年时上海人口增加到503万人，增加了137万人；其间经历了133年，人口增长了约1.4倍。从建国初期的503万人到2010年的2 300万人口，历经62年增加了1797万人，人口增长近4.6倍。这一期间的人口增长，受到行政区划变动、上海市户籍人口自然增长和非户籍人口大量流入等因素的共同作用。2010年以来，上海市人口总量先升后降，近年来小幅回升。其中，户籍人口以每年净增5万~8万的规模稳定增长，外来常住人口在2014年接近1 000万的峰值后持续回落4年，2018年至今小幅回升。根据第七次全国人口普查数据，上海市常住人口总数为2 487.09万人，其中，户籍常住人口1 439.12万人，外来常住人口1 047.97万人。

户籍人口老龄化程度持续加深，呈现少子高龄化的特征。2020年上海市户籍人口中60岁及以上人口533.49万人，占总人口的36.1%。0~14岁少儿比重持续下降，2019年为10.7%；而劳动年龄人口（15~59岁）比重仅为54%。

来沪人口已经成为上海市的主要劳动力资源。其中劳动年龄人口在2018年占全部来沪人口的84.4%，但比前几年有所下降，而年长者比例有所升高，在沪外来中小学生减少明显。

上海人口增长的空间分布表现为中心城区人口疏解成效显著。中心城区人口密度持续下降，而近郊区和远郊区人口密度则持续上升，但财政资源、教育资源和就业资源更多地集中在中心城区，资源与需求之间很不协调。同时，随着年轻人口的迁出，中心城区人口老化趋势更加突出。

"十四五"上海人口发展的突出挑战

根据上海市三大产业发展趋势，参照发达国家及国际大都市经验，结合上海市经济社会发展的实际情况和上海人口分性别年龄的劳动参与率等参数，人口预测结果表明，"十四五"期间上海市劳动力供给总量将呈现持续下降态势，劳动力供给难以满足经济增长对劳动力的需求，且需求缺口有逐年增大的趋势。

上海户籍人口老龄化程度呈现不断加深的趋势。2019年上海市户籍人口的年龄中位数为49.1岁，2030年将达到52.4岁，2049年达到峰值58.5岁，其后开始下降，2050年为58.4岁。2023年上海市户籍人口的年龄中位数将首次超过50岁。

未来上海将经历较为严重的人口老龄化和劳动力老化，提高劳动年龄人口的劳动参与率和延迟退休可以在一定程度上缓解潜在劳动力不足的问题，但无法扭转劳动力群体老化的趋势，需要采取更为积极的人口调控和人才引进策略，综合施策，为上海城市的协调和均衡发展创造有利的人口环境。

对策建议

人力资源是上海经济发展和升级转型的重要

因素，而人才资源是人力资源中素质层次较高的人群，代表着人力资源的智力质量，人口（特别是高素质年轻人口）的萎缩可能会对未来经济社会发展带来直接的负面影响。由于我国总人口将在2030年之前停止增长，加之全国各地区域发展与城镇化进程，上海进一步吸引外来年轻人力资源面临很大的挑战。一方面，上海作为超大型城市在"抢人"大战中需要保持定力，通过发挥自身优势，在教育、医疗、公共服务等方面着手，增加高素质人才的吸引。其次，城市发展需要高精尖人才队伍，也需要为全上海人口包括高端人群服务的普通劳动者，因此需要更为优化和公平的人口调控政策，特别是居住证和积分落户的政策。

立足长三角，谋划上海的人才战略。在长三角一体化和高铁物联网发展的大背景下，应当在更广阔的范围内规划上海的人力资源和人才战略。未来上海作为卓越的全球城市，其能够配置的人力和人才资源是不以是否居住在上海为标准的。未来为上海的社会经济发展做出贡献的劳动力不一定要身处上海的地理空间中，可以是居住在上海又在上海就业，或者是居住在周边城市到上海就业，也可能是居住在全球的任何地方而为上海发展做出贡献。这种以互/物联网为支撑的劳动力市场是未来社会生产的一种重要方式，也是上海建设"五个中心"的重要基础和途径。为此上海要立足于长三角一体化发展格局，以长三角地区为上海人力资源的腹地，创新区域劳动力管理方式，配套异地就业制度保障等措施，从产业规划、通勤系统、互联网和物联网等方面不断提高一体化程度，促进人力资源在长三角区域的有效流动。

聚焦新城建设，实现人口空间分布的再调整。上海在"十四五"期间大力推进五大新城等的建设将进一步改变上海人口的空间格局，优化人口分布。人口空间分布的再调整，不只是人口的流动，更是与之相关的社会经济关系在空间上的变化，包括就业、居住、教育、医疗、养老等公共服务资源的调整，通过更全面的优化公共服务资源的空间配置，加强城市管理和提升城市发展能力，实现人口与城市各区域定位相协调，提高上海的人口承载力。应当促进产城融合推动新城和大居所在区镇经济社会发展规划、土地利用规划、城乡建设规划、产业发展规划、园区规划等之间的衔接、融合；着力构建起产业复合、规模适当、服务配套的空间组织体系，促进社区内的居民就近、舒适地工作和生活，达到最大限度的职居平衡。通过快速轨道交通建设以同时降低交通成本和房价水平，缩短通勤时间，扩大半小时、一小时和两小时通勤圈内能够调动的人力资源，为市民提供更加便捷的出行体验，使得人口适应上海的产业结构、城市功能、资源环境等需求。

推动异地养老，优化人口年龄结构。随着上海人口老龄化的加速，异地养老应当成为提高上海老年人生活质量、优化上海人口年龄结构的一种选择。通过适当的政策支持和福利引导，鼓励老年人口从中心城区向郊区、长三角区域适宜养老地区疏导。

"十四五"期间国家将进一步完善三孩生育及配套政策。虽然上海乃至中国在短期内难以扭转人们的婚姻和生育意愿，但通过适当的生育政策调整，并辅之以一系列的配套措施，尽可能地通过建设婚姻生育友好型社会，确保那些具有生育意愿的夫妇能实现其意愿，让老百姓想生、敢生，并且能够生好养好。上海市完全可以在未来通过整体协调的规划统筹、精准有效的政策干预，实现人口和经济社会的长期均衡发展。

幼有善育 积极扩大普惠优质的学前教育和托育服务

上海市托幼协会

做好0~6岁婴幼儿托幼工作，事关市民群众的切身需求，事关人的终身发展，事关城市活力和品质的提升。

回顾"十三五"：学前教育普及普惠，托育服务初成体系

"十三五"期间，上海仍处于3~6岁幼儿入园高峰期，既要满足适龄幼儿入园需求，又要统筹园舍师资等开设托班；既要合理调节托育服务市场的布局结构，也要激发多元主体提供托育资源的积极性；既要满足确有托儿需求的家庭，也要为家庭养育提供有力的支持。上海整体规划0~6岁幼儿托幼工作，建立了广覆盖、保基本、有质量的学前教育公共服务体系，初步形成以幼儿园托班为主体、以普惠资源为主导的托育服务格局，构建了教养医融合、线上线下结合的科学育儿指导服务体系。

上海有900多家各类托育服务机构提供近4万个托额，其中超过50%的机构提供普惠性托育服务，超过50%的机构是幼儿园托班，全市90%以上的街镇有普惠性托育服务机构。每年新建、改扩建30所以上的幼儿园，学前教育生均经费基本标准达到3.1万元，70%以上的幼儿在公办幼儿园就读，85%以上的幼儿享受普惠性学前教育服务，学前三年毛入园率达到99%，学前教育教师接受专业教育的比例达95%。全市二级以上水平的幼儿园占总量85%，一级及以上水平的幼儿园占总量39%，幼儿园办园质量在原有基础上普遍提高。在两届全国基础教育教学成果奖评选中，均获一等奖和二等奖。16个区900多个科学育儿指导站服务所有婴幼儿家庭，每年为每个家庭提供不少于6次的公益指导，线上通过"育之有道"等平台精准服务，受益人次超过百万。

展望"十四五"：向高质量发展和结构优化转变

学前教育和托育服务是面向未来奠基的事业，是牵动千家万户的事业。未来五年，上海学前教育和托育服务要全面实现高质量发展和结构优化。

首先是加强对家庭科学育儿的指导。人的社会化进程始于家庭，家庭对婴幼儿照护负主体责任。要积极作为打通家庭科学育儿的"最后一公里"，通过线上线下相结合的方式，让科学育儿指导资源进社区、进家庭、进场馆、进楼宇、进园区，把最优质的资源送到更多的家长和孩子身边。第二是要保障普惠性学前教育，拓展普惠性托育服务。要严格落实规划配套幼儿园与新建住宅"同步规划、同步设计、同步建设、同步验收、同步交付使用"的要求，保障学前教育的有效供给。要积极鼓励有条件的公办幼儿园开办托班，鼓励民办幼儿园托班提供普惠性托额，支持和引导社会力量依托社区提供婴幼儿照护服务，支持和鼓励用人单位在工作场所为职工提供福利性婴幼儿照护服务。要规范托育市场管理，鼓励优质、合规、安全的托育机构健康发展。最后，还要注重从业人员队伍建设。要健全教师研训体系，扩大学前教育招生规模，建设高校幼儿卫生健康和保健专业。还要提高教职工专业能力和待遇水平，加强准入把关，强化从严管理，依法保障幼儿园教师和托育机构从业人员的地位和待遇。

"幼有善育"承载了人民群众对未来的殷切期盼，已经写入了上海"十四五"和2035远景目标。在未来五年以及更长的发展时期，上海还需要进一步通过立法明确学前教育和托育服务的定位、发展方向、保障措施，进一步加大公共财政的投入，出台强有力的家庭养育支持政策，加快实现"幼有善育"的共同愿景。

构建"三高一多"的养老服务体系

陈跃斌
上海市民政局二级巡视员、养老服务处处长

"十一五"以来,上海在全国率先推进"9073"养老服务模式,即90%由家庭自我照顾,7%享受社区居家养老服务,3%享受机构养老服务,养老服务供给体系不断深化,2014年出台《关于加快发展养老服务业推进社会养老服务体系建设的实施意见》,涵盖养老服务供给、服务保障、政策支撑、需求评估和行业监管的"五位一体"社会养老服务体系建设持续推进,到"十三五"末,已经基本形成了居家、社区、机构养老服务齐头并进且协调发展的态势。

"十三五"期间,上海养老服务按照"增量""增能""增效"的目标不断深化发展。养老床位不断增长,从2015年底的12.6万张增加到2020年底的16.1万张,实现占户籍老年人数的3%,认知障碍照护床位达到5 000张。在中心城区大力推进社区嵌入式养老,累计建成320家"枢纽型"社区综合为老服务中心、758家老年人日间服务中心、1 232个老年助餐服务场所、6 223家标准化老年活动室,启动77个老年认知障碍友好社区试点,259家社区养老服务组织为老年人提供居家上门照护服务,完成5 000户困难老年人家庭适老化改造。在农村地区因地制宜推广互助式养老,全面构建镇有"院"、片有"所"、村有"点"的服务网络,完成133家薄弱养老机构改造,通过盘活闲置宅基地、回租村民空置房源探索建设了一批农村就近照护为老服务场所,"十三五"期间累计建成2 544家示范睦邻点。养老服务保障体系日益成型,形成了以长期护理保险、养老服务补贴制度为主体的养老服务支付能力保障,并从医养、队伍、信息技术等方面着重保障养老服务的内涵式发展。长期护理保险制度覆盖42万多名老年人;率先推出普惠性的老年综合津贴制度,全市累计发放津贴257亿元,惠及426万名老年人。实施养老顾问制度,推出"上海市养老服务平台",促进养老服务供需对接。养老服务政策支撑体系逐步健全,形成了以《上海市老年人权益保障条例》《上海市养老机构条例》为统领,一系列推动建设、运营、管理的配套政策体系。统一需求评估体系更加完善,统一需求评估标准不断更新,已成为基本养老服务的"守门员"。养老服务行业监管体系不断健全,以连续开展四年养老服务质量提升行动为契机,不断建立完善监管机制,初步构建了以信用为核心、质量为保障、放权与监管并重的服务管理体系。开展养老护理、健康照护培训12.9万人次,为老服务人员专业化水平进一步提升。

面向未来,上海人口老龄化趋势将持续加深,养老服务的需求总量将同步增长,人民群众对养老服务的品质、效率、便利性、均等化的要求和预期也将不断提高。"十四五"时期,上海将积极应对人口老龄化,进一步深化养老服务领域供给侧结构性改革,持续扩大多层次的养老服务供给,努力实现高水平的养老服务发展体系不断健全、高品质的养老服务产品充分发展、高质量的养老行业管理全面覆盖、多层次的养老服务供给梯度更加合理的发展目标。

建高水平的养老服务体系。主要是社区嵌入式养老服务方便可及,机构养老服务更加专业,家庭承担养老功能支持网络更加健全,居家社区机构相协调、医养康养相结合的养老服务体系不断深化完善。

高品质的养老服务。主要是着眼于提质求精,按照抬高底部、整体提质的思路,聚焦"人"(专业人员)、"技"(科技手段)、"物"(辅具应用)、"医"(医养结合)、"康"(康养结合)等方面,提升养老服务能级,实现养老服务从"有"到"优"。

高质量的行业管理。主要是健全养老服务综合监管制度体系,加强事中事后监管,完善信用为核心、质量为保障、放权与监管并重的服务管理体系，推动养老服务行业管理从"粗放式"向"精细化"发展。

多层次的供给梯度。主要是基本养老服务均衡发展、覆盖城乡，公益性养老服务充分发展、普惠普及，市场化养老服务有序发展、个性多样，养老新兴业态不断涌现，养老事业和养老产业协同发展，不断满足老年人多层次养老服务需求。

围绕上述目标，"十四五"养老服务要完成十大任务，包括：健全基本养老服务制度，提供普惠均等的养老服务；优化养老服务供给，推动居家社区机构协调发展；发展农村养老服务，促进城乡养老协调发展；落实健康上海行动，促进医养康养有机结合；聚焦失能失智长者，健全长期照护保障体系；推进人力资源开发，强化养老服务队伍建设；推动养老服务领域数字化转型，提高养老服务品质；激发市场主体活力，促进养老产业加快发展；着眼行业规范发展，完善养老服务综合监管；合理布局养老服务设施，塑造区域空间新格局。与之相配套，要完成五个重大项目，包括：一是社区养老"民心工程"。打造与老年人"养、食、居"密切相关的社区养老服务综合体、社区老年助餐服务场所、居家环境适老化改造等社区养老服务设施。二是机构养老"提升工程"。提升机构养老的安全性，完善保基本养老机构建设标准，提升养老机构智能化服务效率和质量，提升机构养老的长期照护能力。三是智慧健康养老"云平台"。建成全流程服务、全事项覆盖、全过程便捷的智慧养老公共服务云平台。四是养老服务管理"云监管"。采用"主动发现、智能预警、自动派单、管理闭环"模式，建设养老服务"互联网＋监管"平台。五是养老服务能力"孵化器"。依托上海（闵行）养老服务能力建设基地，辐射长三角，面向全国，提供培训孵化服务。

按照"人民城市建设"的要求，"十四五"时期，上海养老服务工作要更加注重"五个突出"，继续保持养老服务发展走在全国前列、具有国际影响，进一步增强老年人获得感、幸福感、安全感。

第一，在基本民生保障上，突出政府责任。明确健全基本养老服务制度，由政府主导提供，制定并公布基本养老服务清单，并完善老年照护统一需求评估、财力保障、保基本养老机构（床位）管理等制度，为老年人提供普惠均等的养老服务。同时，特别聚焦失能失智老年人，通过推进长期护理保险试点、落实养老服务补贴等，健全长期照护保障制度，实现"应保尽保"。

第二，在养老服务供给上，突出结构优化。确保养老床位总量，全市养老床位建设总量按照户籍老年人口的3%确定，达到17.8万张。中心城区和郊区分别按照户籍老年人口的2.5%和3.5%落实养老床位责任指标，并建立床位建设的市级统筹机制，通过五大新城养老床位增量配置和品质提升、提高远郊地区养老机构医疗配套功能和床位利用效率等措施，优化各区养老床位布局。提升养老床位功能，实现护理型床位数占总床位数的60%，老年认知障碍照护床位数达到1.5万张。同时，健全社区嵌入式养老服务，实施社区养老"民心工程"，做实"1（社区综合为老服务中心）+N（家门口服务站点）"的服务网络。

第三，在城乡融合发展上，突出补短板。聚焦农村养老服务，夯实组有"点（睦邻点）"、村有"室（标准化老年活动室）"、片有"所（托老场所）"、镇有"院（养老院）"的四级网络，因地制宜发展符合农村田园特点的互助性养老，提升农村专业照护水平，依托乡村振兴提升发展活力。

第四，在服务能力提升上，突出多方位赋能。强调数字化转型，打造智慧养老服务数字化场景，推动老年人生活"数字无障碍"，形成养老政务服务"数治"新范式。强调医康养结合，优化医养结合网络布局、做实签约合作机制、促进体养结合等。强调培育新业态，重点发展养老照护服务、康复辅助器具等产业。强调行业监管，健全综合监管制度，建立"云监管"平台，维护养老服务运营秩序和老年人合法权益。

第五，在发展的持续性上，突出要素保障。注重养老服务队伍建设，从健全教育培训体系、从业人员激励褒扬机制等方面着手，稳岗扩就业，提升养老服务队伍素质。注重空间规划保障，编制养老设施布局专项规划，优化市域养老设施空间布局，鼓励利用存量资源加大设施供给，并持续推动长三角养老服务一体化发展。注重发展资金保障。持续增加养老服务投入，福彩公益金按照不低于60%的比例用于养老服务等。

社区嵌入式养老
——创新整合机构—社区—居家养老服务

社区嵌入式养老服务是指在社区内围绕老年人生活照料、康复护理、精神慰藉等基本需求，嵌入相应的功能性设施、适配性服务和情感性支持。各街道可根据老年人口发展和分布密度等因素，在辖区内构建"15分钟服务圈"。在每个"服务圈"内，重点依托1个社区养老综合体和若干个家门口服务站点，形成两个层级的服务供给。

养老服务综合体的精髓就是一个"合"字，通过各类为老服务设施的组合设置，打通机构—社区—居家养老服务瓶颈，实现管理整合，为老年人提供就近便捷、梯度衔接、精准匹配的一站式服务，是构建以居家为基础、社区为依托、机构为补充、医养相结合的养老服务体系的重要举措，是满足人性化需求的创新实践。

"螺蛳壳里做道场"

静安区石门二路街道养老服务综合体

上海市首批为老服务综合体之一，建成于2015年，配有全托、日托和护理站等功能空间，并兼具枢纽型管理平台功能，实现了"家门口一站式照护"。

仅在一年半时间里，10张养老床位服务了62人，8张托位的日间照护中心服务了105人，家庭照护增能服务达到1 000户。护理站运营3个月，签约上门医疗、护理、康复服务的87人。享受服务的老年人人数远超核定养老床位及托位数，服务能级数倍增长。

"家门口一站式照护"模式升级

浦东新区陆家嘴街道养老服务综合体

2016年投入运营，近年来，功能空间在此前基础上增加了社区康复站和家庭照护增能坊，服务内容也增加了家庭照护者培训、家庭适老化改造和社区助浴服务，为失能、失智以及社区长者提供"分类供给、梯度衔接、一站服务"的专业养老服务。

同时，通过与就近的陆家嘴敬老院、陆家嘴阳光之家一体化运营，率先在上海市探索"批量托管、片区管理"模式，进一步发挥统一管理、资源共享优势。

集大成之作

黄浦区五里桥街道养老服务综合体

建成于2017年。3 700平方米的室外内空间里通过合理规划，包含了全部养老服务设施类型，集生活照料、居家护理、辅具用具租赁、居家适老环境改造等功能于一体的居家照护服务；集日间照护中心、长者照护之家（内嵌认知症专区）、特殊膳食助餐点、老年活动室等设施服务于一体的社区照护服务；为失能、失智长者提供分类服务的机构照护服务；为家庭照护者提供健康管理、护老者培训、咨询转介等服务于一体的家庭照护增能服务。

（资料来源：上海福苑养老服务有限公司）

智慧养老——逐步打造"像网购一样方便"的养老服务平台

上海将以城市数字化转型为契机,推动智慧养老服务。"十四五"期间,上海将支持发展采用"互联网+"服务模式的专业服务机构,为居家老年人提供集医疗与照护于一体的远程式、综合性服务,着力升级上海市养老服务平台,完善养老服务信息查询等服务功能,推动寻找养老服务资源"像网购一样方便",强化"政策找人"等主动服务方式,让老年人得到实实在在的获得感,满足老年人以及老年人家庭的实际需求,以提升其生活质量。

上海友康信息科技有限公司"一键通"服务

上海友康信息科技有限公司"一键通"服务主要是以大数据、云计算、物联网、人工智能等先进技术为支撑,以热线电话、智能设备为纽带,以资源整合为重点,以服务的精准、便捷和及时为核心,通过运营平台将服务项目主动送到老年人身边,实现需求和供给的有效衔接,并对服务过程、结果进行监督,保障质量,减少数字鸿沟,使老年人享受到互联网带来的优质便捷服务。

"一键通"服务主要围绕为老年人提供安全、健康、舒适、快乐的生活推出解决方案,未来主要从做强一键通运营服务平台;丰富智能终端硬件和服务产品;提升老年人智能技术运用能力,进一步解决数字鸿沟问题等方面进行发展。

(1)做强一键通运营服务平台:积极应用大数据、云计算、物联网、人工智能等先进技术,加强软件产品和系统平台技术创新,强化信息技术支撑。提供智能适老化软件产品;搭建面向居家、社区、机构、医养结合等多层次系统化平台体系,为智能终端硬件和服务产品提供强大的运营服务平台;优化运营服务流程,提升智能化服务水平;加强隐私安全信息保障。

(2)丰富智能终端硬件和服务产品:提升技术创新,丰富安全监控、健康监测、养老照护、家庭机器人等产品种类,拓展相关应用场景,例如:可穿戴设备为老年人提供遇险一键紧急呼救、或通过监测定位,防止老人走失;异常行为监测设备,如遇老人出现长时间未动、意外跌倒等异常情况,立即自动上报警告信息至运营平台,通知工作人员及时处理;结合智能床垫,如遇老人异常离床的情况,立即通知看护人员查看;烟感报警器等居家环境监测设备,如遇警情,立即上报,通知工作人员处理;生命体征监测设备、血糖监测设备等,为老年人监测健康情况,并实时上传监测数据,纳入健康档案,出现异常情况,立即通知医护人员处理;智能家居设备,为老年人提供便捷、舒心的居家环境;家庭机器人提供家政、陪聊、娱乐等功能,为老人的幸福晚年生活添砖加瓦,在安全健康舒适的基础上,力求老有所乐。

(3)提升老年人智能技术运用能力,进一步解决数字鸿沟问题:依托老年大学、养老服务机构,以及线下实体体验店等,采取线上线下相结合的方式,开展体验学习、尝试应用、经验交流,坚持传统服务与智能创新"两条腿"走路,使智能化生活场景不断适应老年人,进一步有效解决老年人面临的"数字鸿沟"问题,使老年人充分享受到新技术带来的便利生活。

(资料来源:上海友康信息科技有限公司)

积极加强老年认知障碍照护

尽美长者服务中心洋泾记忆家

据调查,目前上海市失能(四级以上)失智人员约28万人。其中,评估为四级以上的失能失智老人且已在养老机构入住的人数为9.2万人左右。仍有约18万的失能失智老人沉淀在社区内。每个认知症长者背后都是一个家庭,老年认知障碍给社会带来了巨大的照护压力。

近年来,上海针对老年认知障碍照护进行了积极的探索,着力打造"专区"加"社区"的老年认知障碍照护服务格局。通过新建、改扩建等方式,在养老服务机构中加快建设老年认知障碍照护专区及照护床位。自2018年起,上海在全国率先建设认知障碍照护床位,至2020年底,全市认知障碍照护床位已超过4500张。

洋泾记忆家作为洋泾街道构建老年认知障碍友好社区的主要标识,是为社区认知症家庭提供专业支持的一站式服务窗口,有中国老年保健协会认知障碍MDT联盟、复旦大学社会工作专业实践基地等医养服务助力,为认知症家庭提供专业服务。

机构由认知障碍家庭支持中心、认知障碍日间照料中心以及记忆咖啡馆三部分组成。其中,日间照料中心采用封闭式运营的方式,防止认知症长辈走失等风险,记忆咖啡馆和家庭支持中心则对社区开放。同时,家庭支持中心由两大服务功能组成,分别是针对认知症长者的非药物干预训练以及对于家庭照料者的非正式照料支持。在非药物干预方面,支持中心以生活赋能训练、体脑协同训练、认知功能刺激训练、音乐疗法为工具,针对每个来到中心的长者开展专业评估,并根据评估结果提供训练内容。在非正式照料支持方面,中心开展"家属增能坊"和"家属分享会"两大品牌活动。前者以赋能培训为目标,后者以喘息减压为目标。

日间照料中心最大的特色就是居家环境的营造与沉浸式干预的体验。中心建有影音治疗室,通过营造安静私密的环境,配合音乐和声波,尽可能地平复认知症长辈的心情。中心的软装设计还原了老上海的旧马路、菜市场、街边小店,用怀旧场景营造的方式,让认知症长辈有沉浸式干预的体验。

洋泾记忆咖啡馆是全国首家由认知症长辈参与运营的咖啡馆,是一个街道提供场地,由爱心企业捐助设备,社会组织规划建设,认知症长辈共同运营。记忆咖啡馆还是一个社区融合的场所,为每一个来到咖啡馆的自然人和企业都设计了"认知症好朋友""认知症友好机构"的公益参与包,通过认知症科普教育、咖啡馆一日店长、认知症家庭关爱等公益行动,发动更多社会力量参与友好社区建设,达到"共享共建,全民受益"的效果。

(资料来源:尽美长者服务中心)

大力发展医养结合的养老机构

2019年末,我国60岁及以上老年人口达到2.54亿,满足数量庞大的老年群众多方面需求,事关国家发展全局,事关百姓福祉。从医学角度看,一个人进入老年阶段之后,生理机能会逐渐老化,身体各系统呈现退行性病变。据统计,我国60岁以上老年人的余寿中有2/3时间处于带病生存状态,老年人两周患病率是总人群的2.9倍。总体来看,老年人群对卫生健康服务的需求高,资源消耗大。因此,养老服务不仅仅只是"养",还包括"医",涵盖保健诊疗、护理康复、安宁疗护、心理精神支持等各方面。着力解决影响医养结合机构医疗卫生服务质量的突出问题,有助于为老年人提供安全、规范、优质的医疗卫生服务。

华康恒裕曹家渡老年福利院为不同类型长者提供"一站式机构+社区+居家养老"服务

华康恒裕曹家渡老年福利院位于静安区,是上海市中心首个养老机构综合体项目、市级公建民营的标杆项目之一。

福利院将传统长住型养老机构与日间照料中心、长者照护之家、记忆家园充分融合,为不同类型长者提供"一站式机构+社区+居家养老"服务,满足不同类型长者在不同生命阶段的个性化需求。福利院以满足老年人群中高龄、独居、失能、认知症长者对专业养老护理服务的需求为主,并优先保障统一需求评估达到四级以上长者的入住需求。

恒裕福利院注重老龄康护服务,持有一支专业的全科、内科、康复医学科及中医科的护理团队,最大限度满足长者在福利院的医养需求。全科及内科医生每日对长者进行查房,及时与家属沟通长者情况,根据长者的病情开具处方,使用药物调理长者的身体;康复及中医科为轻度、中度、重度失能长者提供康复手法及理疗,为认知症长者提供作业疗法干预等。

院内进行康复的长者每月平均达到103人,占全院人数的20%以上,全年康复人次为17万次左右。通过偏瘫肢体综合训练、运动疗法、物理因子治疗相结合的方法,数十位长者的肌力和活动度在很大程度上得到好转,生活自理能力得到进步。

2017年以来,恒裕福利院深入静安地区5个街道100多个居委,开展大小活动1900余次,覆盖人数超过12万人次。并与曹家渡街道社区卫生服务中心合作,定期为院内长者进行医疗咨询、健康教育、培训指导、优先门诊及住院等服务。在机构内部设有涵盖4大科室连通医保体系的医疗机构,"医疗资源"与"养老需求"充分融合,让长者在这里舒心享老。

(资料来源:华康恒裕曹家渡老年福利院)

漫画：爷爷的第二人生

在老年大学，可以学到以前没时间学的东西；除了与同龄老人一起旅游外，还能参加各种志愿活动。

家庭适老化改造，让老年人在家行动无障碍。居家上门护理、社区长者照护，还有认知障碍的早期预防，为老年生活保驾护航。

综合为老服务中心、家门口服务站都是老友相聚的好去处，还能用"智慧科技产品"管理身体，健健康康精彩过生活！

失能失智的老年人可以享受到专业的养老和护理服务，保持生命尊严，安心度过晚年。

（资料来源：友康科技）

"十四五"上海安宁疗护服务的发展目标与对策

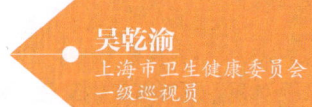

吴乾渝
上海市卫生健康委员会
一级巡视员

安宁疗护,是为疾病终末期患者在临终前通过控制痛苦和不适症状,提供身体、心理、精神等方面的照护和人文关怀的一项服务,目的是提高患者生命质量,帮助患者安详离世,减轻家属心理哀伤。安宁疗护,让临终者善终,失亲者善别,在世者善生,让生命更有尊严。

上海发展安宁疗护已经走过了三十多年的历程,得到市委市政府及社会各界的高度重视,是社会进步与城市温度的组成,是全方位、全周期保障人民群众生命尊严的有力体现。

与医疗资源深度融合,安宁疗护服务体系初步构建

1988年10月,上海原南汇县成立了国内第一家临终关怀医院——南汇老年护理医院,这是安宁疗护在上海生根发芽的起步。2012年和2014年,安宁疗护试点两次被纳入了上海市政府实事项目,有力推动了安宁疗护在全市范围内的推广,2014年安宁疗护服务获得了"上海市社会建设十大创新项目"之首。

2017年10月,国家启动第一批安宁疗护试点,将上海市普陀区纳入全国第一批安宁疗护工作试点市(区),以点带面推进上海安宁疗护,从服务模式走向体系构建。2019年上海成为全国唯一一个整体纳入国家第二批安宁疗护试点的省市,上海全面推进安宁疗护服务体系建设,同年11月,"安宁疗护社区卫生服务基本项目"获国家卫生健康委"优质服务基层行"最佳案例,2020年实现了安宁疗护服务覆盖全市所有社区卫生服务中心。

安宁疗护服务经过多年的发展,服务内涵逐步得到拓展,服务对象从以晚期癌症患者为主拓展到疾病终末期患者及家属;服务体系从部分医疗机构参与拓展到医疗机构、养老机构和居家提供多元化服务;服务理念从强调患者的临终症状控制拓展到保证患者及家属得到持续的照护和人文关怀。

在社区安宁疗护服务全覆盖的基础上,以普陀区试点的"1+11"安宁疗护医联体模式为代表,各区正在依托区域性医疗中心、区内综合性或专科医院,建设辖区内安宁疗护中心,既作为服务供给的重要组成,也作为安宁疗护服务开展的重要支撑。

同时,越来越多市级医院、区级医院、护理院、养老机构等,正在将安宁疗护服务理念融合到现有服务中。上海已初步构建起以社区卫生服务中心为网底、区域安宁疗护中心为支撑、各类医疗等服务机构为延伸、病房与居家相结合的安宁疗护服务体系。

目前,上海全市共有约8000名专业人员从事安宁疗护服务,普遍组建了医生、护士、社会工作者、心理咨询师、康复医师、药师、志愿者等不同角色紧密协作的多学科团队。自2019年9月至2020年8月,共提供安宁疗护服务1.16万人次,为疾病终末期病人与家属减轻了痛苦,带来了关怀,送去了尊严,有效提高临终病人和家属的生活质量,取得了良好的社会效益。对全市从事安宁疗护服务的274家医疗机构的满意度测评结果显示,患者及家属的满意度均保持在98%以上。

完善全周期生命关怀,保障市民生命尊严

《中华人民共和国基本医疗卫生与健康促进法》将安宁疗护作为全方位全周期的医疗卫生服务写入其中,体现了党和国家对人民群众生命全周期的关怀。在上海,按照《上海市人民政府办公厅转发市卫生健康委等十四部门〈关于加强上海市社区健康服务促进健康城市发展的意见〉的意见》精神,安宁疗护服务已列入政府保障提供的社区健康服务项目清单。"十四五"期间，我们将努力把安宁疗护服务打造为基本公共服务产品，保障市民人人享有生命的尊严。

上下协同，体系更健全。进一步健全安宁疗护三级服务体系，继续夯实社区卫生服务网底，充分发挥区域安宁疗护中心功能，积极延伸安宁疗护服务。不断促进上下协同联动，完善各类安宁疗护服务机构间分工明确、协作紧密、流程清晰、转介顺畅的服务运行机制，实现安宁疗护服务全流程闭环、无边界。

社会参与，资源更有力。在政府主导的基础上，整合第三方社会资源，充实安宁疗护服务力量，充分发挥市场资源灵活的优势，为有需求的患者及家属提供多层次、多样化的安宁疗护服务。鼓励成立安宁疗护协会等相关社会组织，发挥社会组织在学术研究、资源汇集、理念传播、服务推动等方面的重要作用，为安宁疗护服务持续发展助力。

多元补偿，发展可持续。进一步探索与安宁疗护服务特点相匹配的收费与支付制度，建立适合上海本土的安宁疗护服务支付政策，鼓励运用科学、适宜技术提升服务能级，保障安宁疗护服务的可持续发展。

理念传播，人人皆参与。继续加强安宁疗护理念的传播，将安宁疗护纳入生命教育基本课程，增强对生命的认识，实现与死亡的和解，帮助患者接纳自己，减轻对死亡的精神和心理负担，最终实现对生命尊严的守护。

好好告别：安宁疗护病房里的沉默与对话

2021年3月23日，安静笼罩着临汾路街道社区卫生服务中心的安宁疗护病房，这里的26张病床住了17个人，病人平均住院天数约25天。有家属形容："来到这，就是一只脚踏进死亡线内。"很多时候，死亡如同房间里的大象，人人都知道它的存在，却避而不谈。但安宁疗护的医护、社工、志愿者倾向"捅破这层纸"，告知病人真相。"每个人有安排自己临终阶段的权利，我们还是希望每一个病人可以自己去面对。"医务社工赵文蕾说，她理解家属的顾虑，但安宁疗护团队一直都在，会帮助每个家庭寻找合适的时间点，以可接受的方式告知真相。

在安宁疗护病房，患者不只是病人，更是一个有心理需求的人。医护人员和志愿者会为患者举办生日、结婚纪念日，给他们准备鲜花，为他们创造机会表达爱、表达需求；他们会提醒家属带本家庭相册来，多给病人回忆过去的美好时光；社工、志愿者也会为患者制作生命纪念册，记录重要的生命节点。

医生黑子明从2012年起从事安宁疗护，他说："回忆的都是开心的、有纪念意义的事，可以让病人忘记快要死亡的恐惧。看了（照片）之后，他可能觉得这辈子也挺好的，死而无憾了。也会有病人受到启发，要处理未完成的事。"

志愿者费永华曾服务过一个阿姨，一辈子独自一人，乳腺癌复发后一直住在医院。阿姨躺在靠窗的病床上，偶尔能看到窗外有鸟飞过。那天费永华陪着她，她说起自己原来住小区时，每早都被鸟鸣声唤醒，好想再听听那些声音。说者无心，听者有意。夏天的早晨，费永华5点多钟便起床，在小区绿化带里录了几段鸟啼声。几天后，他带着录音去了病房，"阿姨很高兴。那可能是她住院时最接近大自然的一次，也可能是她这辈子最后一次听鸟叫"。

安宁疗护与医疗救治不同，这项服务既不会刻意延长患者的寿命，也不会撒手不管，而是有选择性地积极治疗。很多患者抱着怀疑态度进来，直到身体疼痛缓解，才慢慢信任医护人员。在技术手段之外，安宁疗护更多的是陪伴，是关怀，这有时比药物更重要。

（资料来源：澎湃新闻）

扫码看全文

增进民生福祉

民心工程

是指市委、市政府为解决人民群众的困难，改善人民群众生活实施的各类措施和项目。包括旧区改造工程、黄浦江两岸公共空间功能提升工程、苏州河两岸公共空间贯通工程、早餐工程、停车难综合治理工程、社区养老服务设施建设工程、便民就医工程、推进既有多层住宅加装电梯工程、学龄前儿童善育工程、小学生校内课后服务工程、学校体育场馆开放工程、农村人居环境优化工程、城中村改造工程、架空线入地和合杆整治工程、长三角政务服务跨省通办工程、红色文化传承弘扬工程等。

P352
1. 加快完善长租房政策，规范发展租赁住房市场，加快推进住房租赁立法，健全市场规则明晰、政府监管有力、权益保障充分的住房租赁法规制度规范。

P354
2. 更大力度推进既有多层住宅加装电梯，强化施工维保"一体化"采购，充分运用市场机制和信用机制加强监管。

P356
3. 按照国家总体部署，做好渐进式延迟法定退休年龄的实施工作。加快落实社保转移接续制度，巩固扩大异地就医结算范围。

P358
4. 促进"残健融合"，完善残疾人福利保障体系和设施建设，加强残疾人康复机构和自闭症儿童辅读学校建设，全方位推进居家出行和信息交流无障碍，促进采集人和自闭症患者融入社会。

5. 创新服务供给模式，聚焦人民群众关切期盼，大力推进实施民心工程，打造家门口"一站式"服务综合体，将更多服务资源下沉到社区、向市民身边延伸覆盖，到2025年实现卫生、养老、文化、体育等城镇社区公共服务设施15分钟步行可达覆盖率达到85%左右。

P360

文字来源：《上海市国民经济和社会发展第十四个五年规划和二〇三五年远景目标纲要（普及版）》

多措并举规范住房租赁市场发展

严 荣
上海市房地产科学研究院院长

自开埠以来，租赁住房一直是上海住房体系的重要组成部分，是许多居民解决住房问题的重要方式之一。伴随着时代变迁和城市发展，上海住房租赁市场经历了起伏变化。根据全国第六次人口普查的长表数据，上海城镇居民中租赁廉租房和其他住房的分别占比1.92%和37.57%。为贯彻落实加快建立多主体供给、多渠道保障、租购并举的住房制度的要求，上海在"十三五"期间重点聚焦培育和发展住房租赁市场，超额完成新增供应70万套租赁住房的目标。

"十四五"期间，上海将坚持以人民为中心，自觉践行人民城市重要理念，把让人民宜居安居放在首位，不断提高人民群众的生活品质，谱写出新时代"城市，让生活更美好"的新篇章。住房关乎民生福祉，是人民群众对美好生活向往的重要内容。加快建立租购并举的住房制度，重点发展保障性租赁住房，完善长租房政策，规范发展住房租赁市场，是深化住房制度改革的重要内容，是实现让全体人民住有所居的重要途径。

多主体多渠道增加租赁住房有效供给

有效供给不足，是当前上海住房租赁市场发展不平衡不充分的突出表现之一。为破解供给瓶颈，重点要从供给主体、房源筹措和政策扶持等方面下功夫。

首先，鼓励多主体参与租赁住房的建设运营。发挥国有和民营企业功能作用，建立租赁住房的可持续发展模式，调动各类市场主体参与建设运营租赁住房的积极性。其中，国有企业要发挥稳定器和压舱石作用，为其他市场主体的规范运营提供示范引领。继续完善单位租赁房政策，充分发挥用人单位和产业园区的主体作用，支持科研院校、医院、产业园区、大型企事业单位等在符合城市规划的前提下，利用自用土地建设单位租赁房。支持房地产开发企业、专业住房租赁企业和其他社会机构参与租赁住房的建设运营。鼓励农村集体经济组织以联营、入股、委托等多种方式，与住房租赁企业合作建设运营租赁住房。

其次，增存并举多渠道筹措租赁房源。一方面，通过集中新建、在商品住房项目中配建以及利用集体建设用地等方式建设租赁住房。加快推进已出让租赁住房用地开工建设，尽快形成有效供应。允许部分地区未建商办用地在充分论证后，转为居住用地并建设租赁住房。在"五大新城"区域，发挥规划引领作用，优化住宅空间布局和结构，加大力度建设一批租赁住房。

另一方面要积极盘活存量。结合城市更新，在满足结构、消防和治安管理等安全底线的前提下，鼓励中心城老旧商务楼宇改造为租赁住房。支持将集体建设用地上低效房屋改造为租赁住房。鼓励公租房循环供应、拆套使用，解决更多住房困难人群阶段性居住问题。鼓励将自有住房交由专业住房租赁企业运营，提高市场化房源的利用率。

再次，完善支持租赁住房建设运营的相关政策。加大土地、金融、财税等政策支持力度，形成政策合力。在土地政策方面，单列租赁住房用地计划，主要安排在产业区和城市轨道交通沿线地区。同时，继续完善利用集体建设用地和企事业单位自有闲置土地建设租赁住房的相关政策。在财税政策方面，要用好中央财政支持租赁住房发展奖补资金，并降低租赁住房建设运营的税费负担。在金融政策方面，要探索创新融资方式，鼓励社会资金参与租赁住房建设。要加快落实《上海市租赁住房规划建设导则》，规范和指导租赁住房的开发、设计和运营管理。

多措并举规范住房租赁市场

落实规范租赁市场秩序要求,加快建立长效机制,维护租赁关系当事人合法权益,促进租赁市场平稳健康发展。

首先,构建住房租赁市场监测体系。与上海政务服务"一网通办"、城市运行"一网统管"深度融合,继续完善住房租赁公共服务平台功能,依托平台建立住房租赁经营机构、房地产经纪机构及其从业人员和租赁房源数据库,加强住房租赁市场的监测和管理。动态监测住房租赁市场规模、结构、租金等情况,编制住房租金价格指数,为促进市场平稳健康发展提供参考。

其次,规范住房租赁市场管理。严格租赁合同备案管理,强化住房租赁市场从业人员的培训,规范租赁服务收费标准和租金支付周期,并加强跨机构业务合作监管,推动市场化租赁机构规模化、规范化、专业化发展。建立住房租赁市场风险防范机制,强化住房租赁资金监管,严控租金贷款业务。健全住房租赁纠纷调处机制,加大违法违规租赁查处整治力度和租赁市场矛盾纠纷化解力度。保护承租人合法权益,逐步使租购住房在享受公共服务上具有同等权利。

再次,切实健全住房租赁政策法规体系。一方面,要加快开展住房租赁法制建设工作。密切跟踪国家住房租赁条例的制定进展,立足上海市住房租赁市场的发展情况,以及公有住房管理工作实际,及时修订《上海市房屋租赁条例》等上海市地方租赁法规条例,完善住房租赁法规制度。另一方面,要完善住房租赁标准体系。建立涵盖租赁住房规划设计、土地使用、建设筹措、改造利用、供应配租、运营使用的全生命周期管理制度,健全相关标准和技术导则,基本形成与上海市住房租赁市场发展相适应的配套政策体系。

加快老旧公房"批量加梯"有何妙招

厉 蕾
原上海市静安区临汾路街道
党工委书记

作为典型的纯居住型售后公房社区，静安区临汾路街道始建于1988年，辖区面积2.12平方公里，下辖20个居民区80%的住宅楼建设于20世纪八九十年代，1687个楼组中有1507个楼组无电梯，老龄人口占比将近40%，而居住在三楼以上的"悬空老人"占比达到13.4%，辖区老龄化程度较高且"加梯呼声"十分强烈。

为了早日圆上居民"电梯梦"，2019年上半年起，基于"民情日志"充分调研分析，临汾路街道党工委将"既有多层住宅加装电梯"列入"一号工程"全力推动。仅1年多时间，街道加装电梯工作明显提速、全面增量，逐步从"单一楼栋"走向"规模化推进"且几乎没有群众矛盾，目前全街道17个无电梯居民区全部实现"破零"，启用、在建、在批的加装电梯达到122台，其中29台已经投入使用、19台开工建设、37台进入报建审批流程。特别是加装速度最快的临汾小区，35个符合加装条件的楼组已有25个实现加装，加装比例超过71%。此外，全街道还有5个小区加装数量超过10台。

回顾临汾路街道的"老公房加梯历程"，第一台加装电梯历时4年，而从"1"到"100"不到2年，平均每月新增4.3台。之所以能够"快起来"，一方面受益于市级层面不断释放的政策红利，降低了加装电梯的准入门槛；另一方面则是街道在深入总结第一台成功加装电梯取得经验的基础上，结合临汾实际情况，进一步梳理总结实施了以党建为引领的"123工作法"，全力聚焦加梯工作中的堵点痛点，因地制宜、因人制宜进行针对性施策。

"1"是在加装电梯一线成立一个临时党支部，**选优配强应建尽建、围绕目标攻坚克难**，切实加强"党建引领"。在深化实施"组织力"工程的过程中，街道党工委率先将支部建在重点民生工作一线，集中在老龄化程度最高、加梯需求最迫切的8个居民区成立了加装电梯临时党支部，同步选派年富力强的机关中层党员干部担任书记，居民区党总支书记担任副书记，并吸纳业委会、物业公司、派出所、律所、电梯公司等相关单位或组织的党员担任委员。在此基础上，充分发挥临时党支部的党建资源整合作用，协调、动员"四级党建网格""红色家园三驾马车"等方方面面力量共同参与，形成加装电梯"批量推进""成片突破"的强大合力。临汾小区加装电梯临时党支部在做群众工作的过程中，还联动各级党建网格力量，专门梳理出"不同意理由－背后真实原因－解决方案"三级关系表，总结出12类部分居民反对加梯的真实原因，帮助居委干部少走弯路，切实提高了群众工作效率。

"2"是组建街道"加装电梯工作室"和"社区法治中心"两个机构，**引入第三方力量、建章立制规范运作，提供"专业支撑"**。鉴于加装电梯工程具有专业性强、流程多的特点，街道加装电梯工作室在引入审价、代建、监理等专业力量的基础上，专门编制了《临汾路街道既有多层住宅增设电梯技术指南》和《临汾路街道既有多层住宅增设电梯群众工作指南》两本指导手册，将加装电梯的过程总结精简为"十步骤"，即使零基础的居民也能"一看就懂，照着能办"。此外，街道加装电梯工作室、社区法治中心还无偿向社区居民提供加梯咨询、法律顾问、工程监理、造价审核、审批代办等多项专业服务，通过"专业人干专业事"，既打消了居民顾虑，又加快了加梯速度。

"3"是优化科技支撑、社会协同、民主协商三项机制，**推动社区人人享有品质生活**。一是建立以大数据为支撑的科技支撑机制。为提高为民服务的精准度，街道将"数据驾驶舱"等信息化手段运用到加装电梯过程中，通过"数据驾驶舱"分析出高层老年居民比例高的楼栋优先推送给各居民区，作为首批征询的重点楼栋，一旦达到征询比例，居民区党总支和居委会共同协助自管小组做个别反对居民的工作，尽快促成电梯加装。二是探索社会协同机制，实施"加梯民生工程支持者礼遇计划"，由各区域化党建单位共同为加梯成功的楼栋低层业主提供"大礼包"，如加装电梯楼栋的一、二楼业主如想出售房屋，区域化党建单位万科物业旗下中介公司挂牌交易的，免收中介费；"红色物业"协议单位对成功加装电梯楼组的一楼业主免收一年物业费等。三是优化楼组民主协商机制，为提升居民参与社区公共事务的参与度，街道在加装电梯初期就引入协商机制，通过居委会指导居民成立自管小组，所有加装电梯事宜首先通过自管小组组织楼栋居民开展民主协商，并对民主协商成果予以高度尊重。随着加梯楼栋的不断增加，参与民主协商的群体也在不断扩展，居民区的民主氛围日趋浓烈。

在不断做实以党建为引领的"123工作法"推动临汾老公房加装电梯从"个案"走向"量产"的进程中，我们收获了两点启示。

基层基础的切实增强，为电梯"量产"提供了组织保障。近年来，按照习近平总书记"以提升组织力为重点，突出政治功能"的要求，临汾路街道系统实施基层党建"组织力"工程，推动基层党组织全面进步、全面过硬。在队伍力量上，选优配强了居民区书记、主任，选派了8名机关科级党员干部担任加装电梯临时党支部书记，同步吸纳了红色家园"三驾马车"中的党员骨干、加装电梯相关专业机构骨干作为支部成员。在组织体系上，立足居民区党建"三三制"，层层做实"1个街道总网格-4个街区次网格-20个居民区网格-127个居民区微网格"四级党建网格，同时以"业缘"和"趣缘"为纽带，不断探索建立更多睦邻型、区域型、服务型等"1+N"功能型党组织，凝聚党员群众"协同共治"的"加梯力量"。在党群联系上，依托"民情日志"调研分析机制和街道"五线谱"党员联系基层制度，做深做实居民区"十必访"活动，真正做到"进百家门、知百家情、暖百家心"，及时洞悉把握群众需求并同居民群众缔结感情纽带。

居民获得感、满意度的切实增强，为电梯"量产"提供了群众基础。近年来，静安区在纵深推进"美丽家园"建设的过程中，积极将"人民城市人民建设，人民城市为人民"的重要理念贯彻落实到回应百姓"急难愁盼"的全

老旧小公寓加装电梯　　静安区临汾路街道 图

过程和各方面，大大增强了人民群众的获得感、幸福感、安全感、参与感、归属感和成就感。以临汾小区为例，街道先后投入1000多万元资金集中实施了平改坡改建、二次供水改造、翻新房屋立面、修缮屋顶漏水、拓宽小区道路、改造调整绿化、拆除违法搭建等实事项目，大幅改善了社区整体面貌和群众居住条件，居民群众的获得感、认同感明显提升，并逐步转化为居民对基层党组织的"向心力"、楼组邻里之间的"凝聚力"，为加装电梯工作奠定了扎实有力的群众基础和组织基础。

静安区临汾路街道 图

延迟退休：缓解老龄化压力的有效方案

封 进
复旦大学经济学院教授

2020年11月发布的《中共中央关于制定国民经济和社会发展第十四个五年规划和二〇三五年远景目标的建议》明确指出，"实现基本养老保险全国统筹，实施渐进式延迟法定退休年龄。发展多层次、多支柱养老保险体系"，按照"小步调整、弹性实施、分类推进、统筹兼顾"等原则，逐步延迟法定退休年龄。自此，延迟退休被提上新的政策议程。

"延迟退休"与每一个人息息相关，从最初提出至今已历时十余年，每一次有新的动向都会引起公众热议。延迟退休是提高老年劳动力参与率、积极应对老龄化的重要策略，但这项政策涉及广大人民的切身利益，实施时将会遇到很多现实问题。

中国的退休年龄指城镇职工领取养老保险待遇的年龄，分别为男性60岁，女性50岁。这一制度起源于1951年，中国选择学习苏联的做法，采取了强制性的退休制度，并一直沿用至今。其中，女性退休年龄尤其早。考虑到当时的生育、营养和卫生条件，这样做是希望给女性更多的福利。另外，当时预期寿命也比较低——1951年时只有不到40岁。在那个年代来看，这样的退休年龄有一定的合理性。

但不得不承认的是，随着社会经济发展和医疗水平的进步，人们预期寿命在逐步延长，健康状况也在不断改善。其他国家，尤其是一些发达国家，养老退休年龄均在随着预期寿命的延长进行动态调整，以适应人口结构的变动。所以，随着人民预期寿命延长、受教育程度提高、健康状况不断改善，以及养老保险制度可持续发展的需要，有必要延长退休年龄。

延迟退休可有效缓解人口老龄化的负面影响

按照国际标准，一个社会中如果60岁以上人口达到10%，65岁以上人口达到7%，那么这个社会就可以被认定为老龄社会。从2000年起，中国就进入了老龄社会，过去的20年间，中国老龄化程度在逐步加深。一方面，人口预期寿命不断延长，2020年已经达到77岁；另一方面，生育率一路走低。因此，老龄化的这一趋势基本上不可逆转，一些预测也表明，往后中国的人口会出现负增长。

从其他国家或地区的经验来看，通过提高生育率来缓和人口老龄化基本上没有特别成功的经验，短期内很难做到。但延长退休年龄，对于缓解老龄化带来的劳动力减少以及减轻社会养老负担有特别明显的作用。延迟退休年龄，相当于劳动力供给增加，对养老基金的平衡也有非常明显的效果。所以，各个国家实际上都在采用延迟退休年龄的政策以对冲老龄化为社会运行带来的负面影响。

延迟退休年龄在老龄化对养老保险制度基金平衡的影响十分明显，但一刀切的做法可能会引发一些参保人的抵制，改革阻力较大。但是，中国一直以来的退休年龄制度十分僵化，不利于人力资本资源的有效率配置，也不利于养老保险基金的健康发展。

优化城镇养老保险延迟退休激励制度

延迟退休的提法其实已经存在了一段时间，但舆论的阻力一直不小，不少人反对延迟退休。通过分析可以发现，反对延迟退休的人群一类是工资收入不高的人群，根据中国退休金的领取规则，收入较低的人在退休后领到的养老金可能会高于退休前的工资收入，所以这部分人群倾向于早退休。另一类反对的人群则是一些年轻人，他们担心自己的就业前景被影响，更希望老年人退休。同时，决策机构也比较担心延迟退休对年轻人就业问题的影响。

　　事实上，从经济学的角度来看，第二类人群的担心基本不会出现。如果一个经济体中全部工作岗位都是固定的，那么一部分人不退休，另外一部分人机会就更少。但动态来看的话，如果就业机会这个"饼"越来越大，即便是一部分人没有离开就业岗位，另外一部分人的机会还是会变大，而且这样还会带来更多的消费需求、促进劳动生产率提升，继续把这个"饼"做大。假定"十四五"期间维持现有的就业规模不变，上海的现代服务业和先进制造业的就业占比均提升至与深圳市相同的水平，这些行业劳动力需求将会分别新增40.92万人和28.60万人。

　　当前中国的养老金待遇领取规则存在延迟退休的正向激励，即通过计算延迟退休一年带来的养老金财富变化与前一年税后工资水平的比值，绝大多数职工均可享受到延迟退休带来的养老金待遇提高的福利，而且收入越高的人延迟退休越合算。可对于工资水平较低的劳动者、有家庭照料需求的劳动者、有返聘机会的劳动者而言，延迟退休并不能为其带来更多福利。

　　因此，当前的城镇养老保险制度还有很大的优化空间。例如，如果能让参保人和企业在一定范围内自由选择退休年龄，便可以让有工作能力和工作意愿的人继续工作，有退休需求的人如愿退休。也许，政府可以考虑设定一个领取养老金的最低年龄，比如女性领取养老金最低年龄设为55岁，但可以根据自己家庭的实际情况，在55岁到60岁之间选择一个年龄退休，只要不早于55岁即可。如此一来便能够在维持养老基金平衡同时满足人们多样的需求。

打造有爱无碍　促进融合发展

王爱芬
上海市政府残疾人工作委员会副主任、
市残疾人联合会理事长、党组书记

无障碍环境是政府和社会为残疾人、老年人、幼儿、伤病患者等人群平等参与、安居乐业和共享发展提供的公共服务和人文环境，是体现"人民城市人民建、人民城市为人民"理念和社会文明进步的重要标志。

"十三五"期间无障碍环境建设软硬兼顾、比翼双飞

"十三五"期间，上海市区两级政府及各相关部门凝心聚力、稳步推进，初步形成了全方位、多层次的无障碍城市环境基础框架。从侧重完善坡道、电梯的无障碍设施硬件条件逐步向优化无障碍环境过渡，尤其在无障碍电影、手语服务、轨道交通信息提示等信息无障碍方面取得一定成就。**一是消除公共设施障碍。**各类新建、扩建、改建的公共建筑，基本做到无障碍设施全覆盖；市区人行道缘石坡道、盲道基本全覆盖，城市道路无障碍已形成常规化；轨道交通（含磁悬浮）所有线路、站点无障碍设施基本全覆盖，连续投入无障碍公交车1000多辆，公共停车场设置8000多个无障碍停车位，无障碍出租车逾500辆。**二是拆除信息交流藩篱。**全市75家政府网站全部完成全网无障碍改造；在全国首创无障碍多媒体网上服务专区；"12345"市民服务热线开通手语视频服务，并已基本覆盖全市社区公共服务窗口；新闻节目加配手语、字幕常态化，新冠肺炎疫情暴发时，实现新闻发布会同步加配手语翻译播报；航空、金融、航运等行业率先推出手语云翻译服务；建成并推出全国首家无障碍数字图书馆，无障碍电影列入基本公共服务清单，无障碍数字电子地图可便捷查询无障碍设施信息。**三是传递社会服务温度，**社区事务受理中心普遍建有无障碍设施，公立医疗机构提供"助聋导医手语服务"，银行业制定无障碍环境建设标准；在新建社区及旧区改造和新农村建设的过程中，完善居住社区的道路坡化，加装扶手栏杆，为老旧多层住宅加装电梯；残疾人家庭无障碍改造让近万户家庭受益，"有爱无碍"公益广告，走进千家万户，传递城市温度。

"十四五"时期无障碍环境建设制度先行、智能先导

《上海市无障碍环境建设与管理办法》于2021年6月1日正式实施。同年全国"两会"期间，上海代表团首次以代表团名义提出的两个议案之一就是关于加快制定《无障碍环境建设法》的议案。"十四五"期间，上海市将重点推动以下五方面工作：**一是加强综合协调。**无障碍环境建设涉及政府、社会和家庭等各方面，需要形成能更好地统筹各方资源的协调机制，通过多种形式，统筹规划、整体推进无障碍环境建设。**二是编制发展规划。**积极推动政府相关部门制定上海无障碍环境建设专项规划，以通用设计和全人群受益为目标，系统化推进无障碍环境建设，实现上海城市整体空间环境无障碍。**三是加快地方立法。**积极开展无障碍环境建设地方立法研究，推动政府规章尽快上升为地方性法规，进一步整合社会资源，形成更强的发展合力，建设更加便利、更有温度的无障碍环境。**四是加大督导力度。**组建上海无障碍环境建设督导志愿服务总队，建立市、区、街镇三级督导工作网络，持续开展无障碍环境建设督导工作；探索建立无障碍环境建设督导信息反馈联动机制，将督导成果转化为城市管理效能；加大无障碍环境建设宣传力度，扩大社会影响力，凝聚全社会对无障碍环境建设的共识。**五是加快智能设备（技术）应用。**针对残疾人、老年人功能康复和健康管理需求，加大信息辅助器具研发力度，提升产品的通用性、安全性和便利性。重点加快智能导盲设备、智能穿戴辅具、文字语音转换、康复机器人等无障碍辅助器具智能终端的设计开发,积极研发智能硬件配套产品;支持新兴技术在虚拟现实、导盲、声控、肢体控制、图文识别、语音识别、语音合成等方面的实际应用,让残疾人充分享有城市数字生活。

案例

(一)实施家庭无障碍改造 提升残疾人生活质量

上海市连续两年将实施残疾人家庭无障碍改造列入市政府为民办实事项目,"十三五"以来,上海每年为1000多户残疾人家庭实施无障碍改造,让残疾人改善居家环境、提升生活质量。改造对象主要是上海市农村困难残疾人家庭和城乡一、二级肢体残疾人。改造项目主要包括:残疾人家庭住房出入口通道平整及坡化、卫生间地面防滑及扶手、改造坐便器、洗手盆、淋浴装置(或浴缸)和厨房内的低位操作台、低位水斗、升降晾衣架等。考虑到农村地区残疾人住房的环境情况,从实际出发,增加化粪池修缮改造、太阳能热水器、农村燃气灶等项目。上海市近万户残疾人家庭得到了无障碍改造,起到了"改造一户、温暖一家、影响一片"的良好效果。随着社会发展,残疾人对美好生活的追求也在不断提高,特别是残疾人老龄化加剧,他们对于无障碍改造的需求更加迫切。为进一步提高残疾人家庭无障碍改造的安全度、舒适度和覆盖面,"十四五"期间,上海市将适时调整政策,进一步提标扩面、精准施策,让更多的残疾人通过家庭无障碍改造提高生活品质。

(二)手语咖啡门店亮相上海 于无声处传递爱的声音

上海先后开设星巴克手语咖啡门店和熊爪咖啡门店,帮助听语残疾人胜任制作咖啡等岗位、吸纳他们就业,努力打造听语残疾人展现自我和参与社会的舞台。这些手语门店迅速受到广大市民热捧,成为网红店、打卡点,形成了残健融合共享的和谐风景线,彰显上海城市温度。听语残疾人店员热情的"你好"手语向大家传递着讯息:我们听不见你的声音,但我们很乐意为你服务。手语门店设有特殊点单系统,来店客户语音点单后,系统会实时转换语音为文字呈现给听语残疾人咖啡师。吧台的纸质菜单和店内餐饮品等皆加注数字编号方便指示,店内同时配备手写板等辅助工具,实现点单无障碍。手语店门口,醒目的品牌标识旁有一行白色的"手语密码",显眼的地面标语"用心聆听爱的声音"与之交相呼应。店内巨幅背景墙上挂着听语残疾人伙伴与艺术家共同创作的艺术作品,有画作、剪纸等。这些作品将咖啡与手语元素结合起来,传递出听语残疾人朋友们对美好生活的向往。永康路上"熊爪咖啡"具有独到特色,通过扫码下单,"熊爪"从洞口递出咖啡,门店外墙上共设三个洞口,一个让顾客现场取咖啡,另一个稍微低一点的洞口是让小朋友和"熊爪"互动,还有一个大一些的洞是专门用于传递外卖。目前,熊爪咖啡店在沪已超过5家,残疾人员工的占比已经超过50%,为听语残疾人创造融合就业环境。市民纷纷反映,用"手语+说话"的方式服务,可以让更多人了解和关爱这些沉默少数群体,而这恰恰是消除彼此语言心灵障碍的根本。

(资料来源:上海市残联)

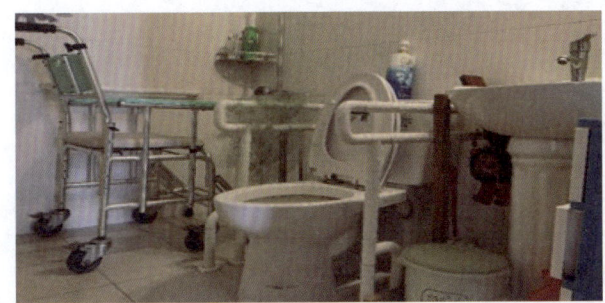

家庭无障碍设施　　　　　　　　上海市残联 图

星巴克手语咖啡店员工用手语传递信息　　澎湃新闻 陈悦 图

如何在社区打造家门口一站式服务综合体

刘尚宝
上海市静安区江宁路街道
党工委书记

江宁路街道位于静安区中部地区，辖区面积1.84平方公里，户籍人口24 553户、71 343人，实有人口71 833人，是南京西路高端服务集聚带和苏河湾滨水商务集聚带的重要组成部分。街道通过优化公共服务站点布局，以"一站多点"的模式，整合党建群建、事务办理、日间照料、文化休闲、亲子活动等公共服务资源，努力在人民群众的家门口打造一站式服务综合体，构建15分钟社区公共服务圈。

一是"集中式"布局，构建政务服务"中心带"。在街道中心位置，实施"圆心"布局，构建"昌平路综合服务带"。党群服务方面，建成集党群服务、文化活动、文明实践、志愿者服务等综合一体的党群服务中心——"静·邻一家"社区党群服务中心，形成"1+16+X"党群工作阵地格局。社区事务办理方面，作为全市第一批、静安第一家实行"全市通办""全年无休"的服务点，承接207项事务受理，年均受理量达20万件。城市运行方面，建立街道城市运行综合管理服务中心，梳理明确332项事类，探索开发工地扰民、酒吧管理、门责管理等9个信息化应用场景。企业服务方面，建成街道企业服务中心，为辖区企业、法人提供"一网通办"业务职能服务、"一站式"落地归口服务、"枢纽式"政策指导平台。

二是"精准化"对标，构建养老服务"核心圈"。针对

街道39%的老龄化特点，积极探索"嵌入式"养老模式，统筹社区家门口的为老服务资源，努力构建以1个综合为老服务中心为核心，2个老年人日间照料中心、2个社区食堂、7个乐龄家园助老服务站、16个社区老年活动室为依托的"15分钟"养老服务圈，努力实现美好生活"老有颐养"。位于淮安路771号的江宁路街道社区综合为老服务中心，集长者照护之家、日间照料中心、长者食堂、乐龄服务站等功能为一体，依托信息化管理平台，探索创新医养结合手段，统筹为老服务资源，为社区老年人提供一站式社区为老服务。在全国率先开展"乐龄一卡通"为老服务项目，以实名制"乐龄一卡通"全面替代纸质服务券，以"互联网+"的形式提升社区服务便捷化程度，同时有效进行政府专项资金监管。

三是"零距离"配送，构建文化生活"辐射点"，以社区生活服务中心、社区综合便民服务点为主体，整合服务资源，每个月20日开设"便民服务集市"，持续做好

社区综合便民服务点　　　　　　　　　江宁路街道 图

"便民集市""同乐嘉年华""一卡通""便民小分队"等特色品牌活动。每半月安排便民小分队和直供服务小分队将服务送进小区。年平均开展便民服务570余次，受益13万余人次。文化服务方面，拥有500平方米"上海市特级"图书馆，集借阅、分享会、亲子工作坊等一系列书香浸润活动功能。社区学校集知识、技术、娱乐、培训为一体，设有50多种课程，成为居民充电、终身学习的好场所。通过"乐宁小区学堂"配送市、区及街道资源至16个居民区活动室，实现家门口"零距离"学习。拥有1 000平方米的市民健身房，设有室内外健身苑点40个。

人民城市人民建，人民城市为人民。下一步，街道将根据社会需求的活跃度、党员群众的集聚度、服务半径的可及度，不断提升社区在文化、生活、为老等各方面的服务能级。

综合为老服务中心为社区老年人提供一站式社区为老服务

江宁路街道 图

提高城市治理现代化水平

坚持以人民为中心，围绕实现"一流城市一流治理"目标，强化韧性适应理念，以基层社会治理为支撑，着力加强全周期管理，全面提高科学化、精细化、智能化水平，构建共建共治共享的社会治理共同体，激发全社会活力，建设更高水平的平安上海，打造具有国际影响力的超大城市治理标杆。

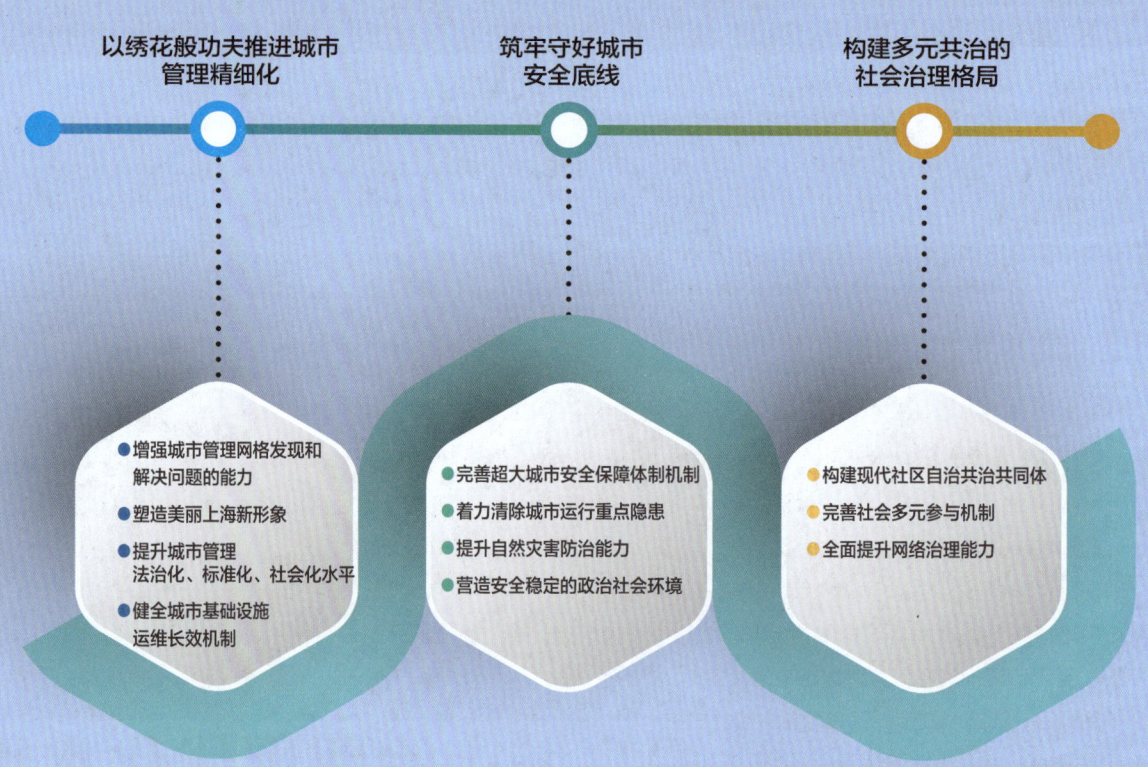

以绣花般功夫推进城市管理精细化
- 增强城市管理网格发现和解决问题的能力
- 塑造美丽上海新形象
- 提升城市管理法治化、标准化、社会化水平
- 健全城市基础设施运维长效机制

筑牢守好城市安全底线
- 完善超大城市安全保障体制机制
- 着力清除城市运行重点隐患
- 提升自然灾害防治能力
- 营造安全稳定的政治社会环境

构建多元共治的社会治理格局
- 构建现代社区自治共治共同体
- 完善社会多元参与机制
- 全面提升网络治理能力

来源：《上海市国民经济和社会发展第十四个五年规划和二〇三五年远景目标纲要（普及版）》

筑牢风险防控底线，共建安全韧性城市

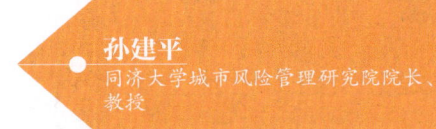
孙建平
同济大学城市风险管理研究院院长、教授

上海建设安全韧性城市既是中央要求，也是城市发展阶段之必然。2020年8月，中共中央、国务院关于对《首都功能核心区控制性详细规划（街区层面）（2018—2035年）》的批复中提到"建设韧性城市"，而在《中共中央关于制定国民经济和社会发展第十四个五年规划和二〇三五年远景目标的建议》中，提出"建设海绵城市、韧性城市"的表述。上海在"十四五"规划和2035年远景目标纲要中提出了"共建安全韧性城市"的目标，"韧性城市"的提出，意味着上海在城市风险治理和安全体系建设上将迎来深刻变革。

我们认为，"安全韧性城市"强调一座城市在面临自然和社会的慢性压力和急性冲击后，特别是在遭受突发事件时，能够弹性适应，凭借其动态平衡、冗余缓冲、应急指挥、防灾减灾系统，具备抗冲击和快速恢复能力。当今社会已经进入到"风险社会"，城市发展也进入了"风险城市"，而"安全韧性城市"将提高城市系统面对不确定性因素的抵御力、恢复力和适应力，"强身健体"更圆满。

如何理解建设"安全韧性城市"？

在"世界进入风险社会"的大背景下，上海所面临的城市风险既有全球超大城市发展中所共有的，也有自身独特的。当人口越来越密集、财富越来越聚集时，一些原来很小的风险，在超大城市中就有可能会被叠加放大。30年前如果停电，点上蜡烛还能凑合，但现在如果全城停电，那就意味着停水、停网、停地铁、停电梯等复杂情况，直接导致城市运行瘫痪。2021年美国南部得克萨斯州暴风雪致大面积停电，主要是其自以为能源富裕、实施独立的电网和供应商过于追求利润没有冗余，以及缺乏高效应急协调机制造成的，是韧性不足的典型表现。

他地之经验教训是我们治理城市风险必须汲取的，"想办法不停电或者能够快速恢复通电"就是《纲要》中提出的"构筑城市安全常态化管控和应急保障"的结果。上面的例子只涉及电力风险，上海还有轨道交通、城市管网生命线、建筑施工、高空坠物、危化品消防、食品安全等多个方面的风险隐患。从城市治理的角度而言，我们要加强组织、清除城市隐患、统筹资源、完善预案，强化城市风险治理与应急管理工作的系统性和严谨性，从而"使上海始终位于全球最安全城市之列"。

这个不断进步的过程，就是"统筹发展与安全"的内涵之一，城市数字化转型为推动城市风险治理变革提供强大动能，"一网统管"为安全韧性城市提供基础保障。比如交通意外，我们可以通过城市监控、道口排查去震慑交通违法行为，减少交通事故的发生；同时还可以加强应急联动，在第一时间就让交通事故中的伤者能够受到救治。如当交通事故发生后，市民报警，警务中心接报后，能第一时间通知离事故发生点最近的城市巡警去现场维持秩序，同时还应通知最近的消防救援部门与医疗救援部门去现场将伤者救出、及时进行现场救治，通知相关的医院做好设备设施的前期准备，与死神"赛跑"。

如何提升城市韧性？

面对不同风险，具体的"韧性建设"重点有很大差异，但总体而言，按照城市治理全生命周期的观点，类比人类身体健康，所谓韧性城市具有两个最显著的要点，那就是"免疫能力强、恢复能力强"。

城市"免疫力"可以理解为城市随外在环境变化而形成的调节机制，这是一种很关键的韧性。比如，人会通过日常的锻炼来增强免疫力，避免感冒,我们城市的排水工程建设也会根据气候变化趋势、降雨量的历史数据变化趋势来不断完善排水系统,如五十年一遇、百年一遇、超百年一遇等,尽量避免城市内涝。当环境气温下降后,单靠自身免疫力就不太合适了,人会增加衣物御寒;城市也一样,如果出现强降雨,我们会提前在城市低洼处、地下通道等易积水区域做好应急准备,一旦城市排水系统能力不足,我们就第一时间干预,避免出现"城市看海",最终引发漏电、井盖丢失致人跌入下水道等其他问题。

但我们也看到,"免疫力"再强也有被击穿的风险。如果人体处于极寒的环境中,皮肤的冷觉感受器会产生兴奋并将兴奋传至大脑,大脑会发出指令,让骨骼肌收缩,通过这种收缩活动来产生热量,这个过程就是"战栗产热",但人不能长时间通过"战栗产热"来维持体温。洪峰到来之前,我们提前把部分水库的水排出去,但并不意味着我们就能顺利地度过洪峰。一旦城市风险免疫系统被击穿了,我们就需要激发强大的恢复能力。

如何增强免疫力和恢复力?需要构筑风险治理金字塔,这不应是一副冷冰冰的骨架,恢复与自愈需要每个"细胞"的参与。剖析得州停电案例就能发现,既要有冗余,也要有高效的治理、协调机制,在可控的成本之内发挥好各类资源的作用。需要调动、协调不同主体参与到风险防控与自愈恢复中,通过市场手段分摊成本,通过社区、企业等不同主体的协同,在压力下实现自我再生、共治共享,让每一位城市居民意识到自己是城市的主人。

"安全韧性城市"的建设虽然涉及城市的各个领域,但总体要把握住以下五个方向。

一是从单一到整合。比如,由单一风险分析转变为多风险耦合评估,由单尺度、描述性分析到多尺度、机理性评估,由单个部门孤军作战到模块化综合城市治理等。

二是从短期到长期。由"短期止痛"转变为"长期治痛",城市治理的理念要实现"工程思想"向"生态思想"的转变。所谓"工程思想",强调的是在最短的时间内恢复原状;所谓"生态思想",则强调不断更新、协同进化。

三是从响应到适应。由"亡羊补牢"转变为"未雨绸缪",由被动的应急响应转变为主动的风险调控,要始终让城市风险保持在城市发展可接受的水平之下。

四是从静态到动态。由终极蓝图式的静态城市发展目标转变为适应性的动态弹性城市发展目标,要积极探索多种可能的途径以应对城市发展中的不确定性。

五是从刚性到柔性。由刚性的城市危机处理及抵御对抗转变为柔性城市风险防控与消解转化,并且能够从外部冲击、风险或不确定性中获益成长。

如何增强城市管理网格发现和解决问题的能力
——以徐汇区为例

卢义耀
上海市徐汇区城市运行管理中心
副主任

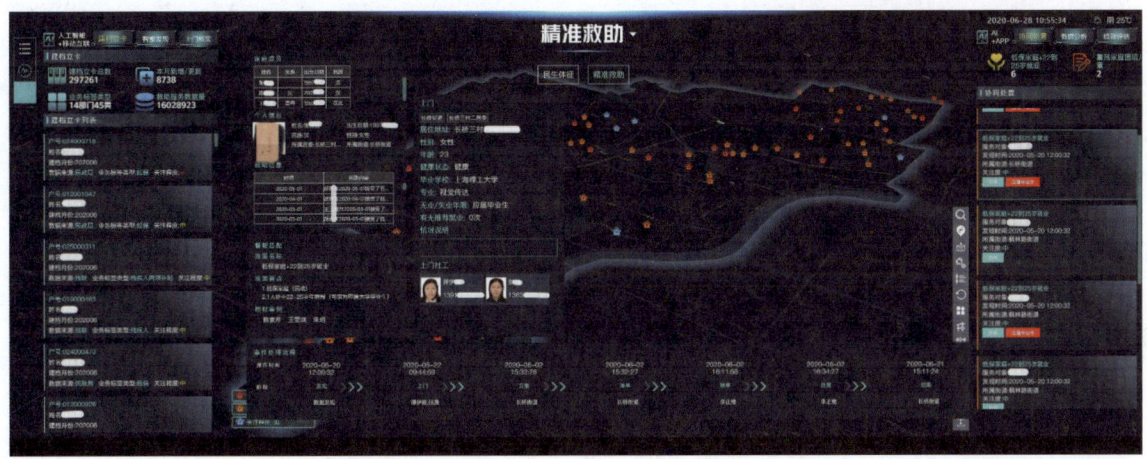

徐汇区打造具有徐汇特色的"一梁四柱"区级平台　　　　　徐汇区城市运行管理中心 图

"十四五"规划《纲要》提出，要增强城市管理网格发现和解决问题的能力。这对城市网格化管理提出了新的更高的要求，上海作为一个超大型现代化国际大都市，自2005年开始试行城市网格化管理，至2008年实现了城市网格化管理的全覆盖，1个市级平台和19个区县级平台建成并投入使用，网格化管理模式的实施，为世博会期间日常城市管理发挥了较好的保障作用。2015年依据上海市委、市政府"1+6"相关文件精神和要求，徐汇在全市第一个拓展建成了覆盖区－街镇－村居的"1+13+306"的三级城市网格化综合管理体系。随着社会、经济的快速发展，人民群众对城市管理的期盼也不断提高，让工作生活创业的城市更安全、更有序、更干净，享受更有品质的城市生活成为大家的共识和愿景。从2019年开始徐汇网格化综合管理向"一网统管"迈进，成为全市首个"一网统管"先行区。

打造具有徐汇特色的"一梁四柱"区级平台，"一梁"即在区城运中心的统筹协调下，区城市网格化综合管理中心、区行政服务中心、区大数据中心"三位一体"运行，做到行政服务中心在前端，推进政府改革精简化、城运中心在中端推进城市管理精细化、大数据中心在后端推进数据支撑精准化，"四柱"即大平安、大建管、大市场、大民生四大城市治理领域深化应用；充分发挥区级平台枢纽、支撑功能，加快13个街镇城运中心升级改造，优化协同处置流程，强化勤联动实效，高效妥善处置城市治理的具体问题。对照"五级应用"功能布局，着力打造区、街镇、网格、社区（楼宇）层面应用系统，已先后推出热线研判、营商服务、平安指数、社会救助等20个应用场景，并根据实际需求深化递增。

网格化管理强调"应发现尽发现，应处置尽处置"。建立区城市运行中心、区应急联动指挥中心"平战联动"工作机制，确保城市运行实现全天候、全方位、全流程管理。在平时，依托区城市运行中心推动网格管理、"12345"市民服务热线、平安综治、市场监管、建设管理、民生服务等多领域的数据汇聚、业务协同以及实战应用，做实做强日常运维管理服务。在战时，依托区应急联动指挥中心推动值班值守、安全生产、防汛防台、公共卫生、轨道交通等多业务的功能整合、联勤联动及应急处置，实现7×24小时应急响应。**一是打牢"计算基础"。**以全域标准化的物联网平台，接入区内包含电表监测、烟感、裂缝监测、门禁及各类摄像头等22类物联感知设备，构建一体化、泛在化的感知网络，归集市、区及第三方全时全量数据，形成"大平安、大建管、大市场、大民生"四大板块及100多项基础体征，夯实城市运行的"计算基础"。**二是再造业务流程。**采用集中式控制管理派单流程，以"高频+综合"为标准接入"一网统管"平台，最大效率地积累有效数据、优化系统功能，清晰准确定义事项及权责，从派单到单位转变至精准到个人。**三是整合一线队伍。**将街镇、委办局和集团公司以及区运中心"派驻+临驻"共计3 800多人的各类力量，组建一支以事件响应为核心的综合处置队伍，通过统一的移动处置终端，与街镇管理屏、大厅指挥屏实现三屏联动，工作人员一屏进入、一键完成从发现、上报、接单、处置、结案的闭环管理，激活基层"大联勤、大联动"。"汇治理"汇聚全区13个街镇235条马路近9 000家沿街商铺的基本信息，为道路业态调整提供有效数据支撑，为民生把控食品安全、跨门经营、垃圾分类等重点问题。"服务人民"即提供快捷、高效、周到的服务，构建共建共治的城市治理生态。以帮困救助服务为例，汇集救助、就业、助残、医保等事项2 100余万条数据，打造民生画像，主动发现困难群众中"沉默的少数"，推动社会救助服务事项跨部门、跨层级、跨区域联动处置；动态评估机构服务能级，实现对全区24 675名老人服务全覆盖。

解决问题的重心在街镇，网格化管理的重点在街镇。强化街镇平台全天候综合响应实战能力，徐汇区进一步完善街镇的城市运行管理体制机制，街镇城运中心和综治中心为一体，与公安派出所实行昼夜7×24小时指挥调度相融合；统一标准设置城运管理责任网格，将12支3 000多名的执法、管理、服务队伍向街镇下沉、力量向网格集中，街镇层面建立以城管、公安、市场监管为主体的多部门参与的以网格为管理责任单元的联动指挥、联勤巡防、联合执法机制，推动数字化管理手段向社区、居村延伸。梳理城市建设管理、社区平安、市场监管、民生服务等各类事项的标准化管理规范，构建高效的从发现到处置的闭环管理。实现小事不出村居、大事不出网格、难事不出街镇的高效管理新格局。如，田林街道通过8个维度、40个二级指标设置"平安指数"应用，做强做实风险防范，智能预警指数较低点位，分析原因、源头预防，及时有效把风险化解于萌芽。再如，徐家汇街道推进智慧楼宇建设，实时掌握属地企业的经营情况，精准匹配营商服务和政策供给，做到有求必应、无事不扰。

城市网格化管理作为社会治理的重要手段和内容，必须坚持十九届四中全会提出的"完善党委领导、政府负责、民主协商、社会协同、公众参与、法治保障、科技支撑的社会治理体系"根本原则，把"人民城市人民建，人民城市为人民"的重要理念作为城市网格化管理的根本遵循。为了拓宽、畅通公众发现上报问题的渠道，充分利用公众便利的发现手段，徐汇区城运中心开发的"随申拍"：只要关注"汇治理"微信公众号，无论何时何地市民就能用手机反映问题，通过手机端及时了解问题处置进展并进行评价，将评价结果纳入政府部门和个人的绩效考核，既是公众对政府工作的监督，也有效推动了政府工作效率的提高和作风的转变。

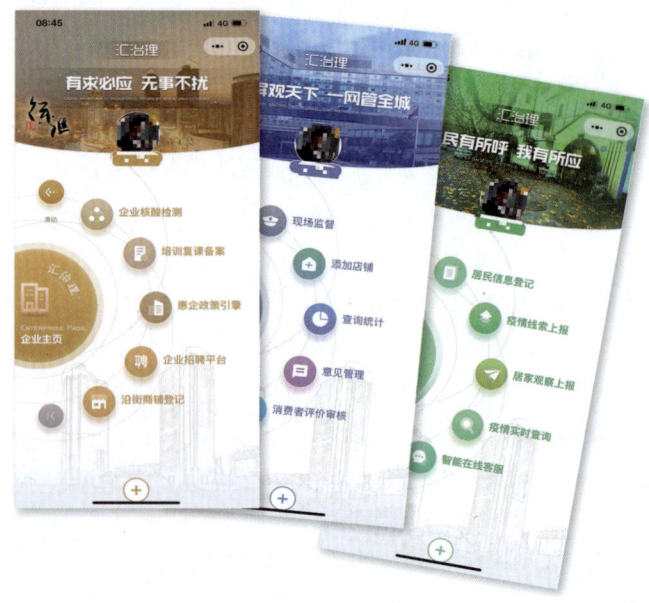

运用社区分类治理工作法，提升基层疫情防控实效

唐 朝
上海市民政局

2020年突如其来的新冠肺炎疫情，对城市的基层治理带来严峻考验。"大考"过后，基层涌现出一批抗疫阻击、群防群控的鲜活经验。上海"十四五"规划《纲要》提出要"推进疫情群防群控实践经验的常态化制度化""以社区为重心筑牢超大城市治理的稳固地盘"，这也是上海提高城市治理现代化水平、共建安全韧性城市的重要内容。黄浦区在疫情一级防控实践中，紧密结合中心城区"二元结构显著、社区形态多样"的实际，创新运用社区分类治理系列工作法，扎实推进防控措施，取得了疫情防控实效，为今后社区治理和群防群控提供了切实有效的实践经验。

首先，疫情期间住宅小区需封闭管理，但因所有权存在差异，无法统一进行管理。针对商品房小区，社区采取了在岗亭处设置防控卡点的方式，按"逢进必查、逢车必检、逢人必测"的要求做好人员和车辆进出管理，部分小区实行"出入证"管理制度。同时，社区运用"公约引领工作法"，耀江居民区在原来住户守则的基础上，开展"八查八不得"漫画宣传，这些自编自创的"公约"发挥着全民动员作用，将联防联控机制落实到社区的每个细节。

而对于道路四通八达的老旧公房小区，只能根据现实情况对有条件的小区进行全封闭式管理。为此，有社区如小东门街道采用了"物业提升工作法"，安排专门人员督促有物业的小区加强临时封闭管理，落实门岗责任，严格落实外来人员登记制度，做到"守牢门、管好人"。强化老旧小区封闭式管理，以街区或网格为单位，畅通主要道路、封闭支小马路、安排人员值守。

其次，对行政区内不同功能的地块，疫情防控措施也需要有所区别。黄浦区商圈多、楼宇多、企业多，人员集中返沪、企业集中复工，疫情防控难度大，相关街道深化"商圈共建工作法"，把牢楼宇重点人员"筛查关"、进出楼宇"检测关"、公共场所"阻断关"、突发情况"处置关"，守护商圈楼宇职工群众生命安全。如淮海中路街道辖区有32栋商务楼宇，入驻企业3 600余家，从业人员10万多人，街道积极搭建共治平台，每个楼宇均成立楼宇防疫协调小组，开展疫情联防联治。逐楼宣传部署，签订承诺书压实防疫责任，发挥党建联建平台作用布防把控，排查重点人员，派党员、检查队伍、专业医护人员逐点督查指导，形成"三四五"商务楼宇防控模式。

此外，黄浦区是上海市老龄化和高龄化程度最深的区之一，纯老家庭、独居老年人持续增加，疫情防控期间，光明邨和小绍兴两家配餐中心自1月31日继续为有刚需的老人每日送餐2 000余客，各街道依托社会组织、社会企业等社会力量，逐步恢复为老助餐工作。豫园街道开展了社区党员志愿服务，关心慰问社区独居老人、居家隔离人员，主动承担代买菜、代倒垃圾等暖心服务。光启居民区运用"协商自治工作法"开展居民自治，块长、楼组长和邻居共同建立"居家隔离互助群"，解决买菜送饭、垃圾回收等生活所需，使居家隔离人员安心在家。

最后，疫情的防控离不开多方助力共建社区防疫"防火墙"。在信息化方面，黄浦区各街道、各居民区运用"项目驱动工作法"，充分利用信息化手段管理社区来沪人员信息，掌握居民身体健康状况，通过创新工作模式，提高工作效率，做好疫情防控。南京东路街道用最短的时间开发出一款供居家隔离观察人员使用的智能手环，实现实时体温测量与"云"报送，让工作人员在尽量减少接触风险的情况下，随时掌握相关人员身体状况和需求信息，更有效率地落实居家隔离。老西门街道针对中华苑人才公寓外地人员较多、出沪较多的情况，专

门开发在线预约登记问卷系统，将防疫宣传、返沪人员情况登记、口罩预约登记三合一，更加准确和全面掌握信息。

根据"多元共治工作法"，各街道除了成立街道疫情防控工作领导小组，建立健全联勤联动、联防联控、群防群治工作机制，制定线上线下工作例会、每日工作提示、每日信息上报等制度，形成党建引领、条块联动、齐抓共管、全民参与的工作格局，还积极运用零距离家园理事会等平台，凝心聚力，共克时艰。五里桥街道运用社区党委、街区党建（共治）联盟、居民区零距离家园理事会等平台，发动街道机关、居民区、驻区单位、"两新"组织等参与和支持社区防疫工作，动员党员干部主动亮身份、当先锋、做表率，居民骨干、社区白领争当志愿者，通过广泛凝聚各方力量，筑牢"三张网"：筑牢居民区安全网，开展全覆盖排摸，实行封闭管理，严格落实居家隔离管控措施；筑牢楼宇、园区防护网，强化楼宇物业、企业主体责任，建立每日排查制度，动态掌握重点人员信息；筑牢公共区域监管网，关闭社区各类活动场所，加大对商场、菜场、沿街商铺等场所的巡查力度，确保"三个一律""三个全覆盖"落实到位。

（资料来源：上海市黄浦区民政局）

党建引领社会治理 "三驾马车" 齐头并进

魏 瑛
上海市静安区石门二路街道
新福康里居民区党总支书记

上海"十四五"规划《纲要》提出围绕"构建多元共治的社会治理格局"的目标,强调在基层社区既要坚持党建引领,也要注重推动居委会、业委会、物业服务企业等协同运转,着力构建现代社区自治共治共同体。

我从事社区基层党建工作已有十年,结合自身的工作特点和经历,我从"党建引领'三驾马车'"的角度谈谈自己对于上海"十四五"规划中社会治理工作的几点思考。

精细化的社区治理,一直是上海市的一张名片。事实上许多社区生活中的"急难愁盼",都是需要通过党建引领"三驾马车"的协同融合得到解决。

"三级自治"更规矩

我所服务的社区叫新福康里,有1 504户、3 400余人常住居民,商品房、回迁房、出租房、临街商铺汇聚,既是一个集石库门文化与现代建筑理念于一体的小区,也是一个熟人社区。多年来,新福康里以共建共享"幸福邻里"为目标,形成了成熟稳定的社区自治管理形态。2012年组建至今的"幸福邻里"自治委员会,采用"三级自治"管理模式,协助居委会开展各项工作。自治委员会下设精神文明建设工作委员会、环境与物业工作委员会等五个二级工作委员会,各个二级工作委员会之下还分别设立了数个服务机构,处理社区具体事务。清晰的分工和运行机制,进一步提高了社区居民自我管理、自我服务、自我教育以及横向和纵向间交流的有效性。

除了大力打造楼组特色品牌,培育群众文化团队外,居民区党总支还开启业委会自治模式,明确了居委会是"贴心人"、业委会是"钱管家"、物业是"服务员"的角色定位;建立了"多位一体、有效融合"的运行机制。业委会自2002年成立以来,在党总支的带领下,与居委会一道对物业公司进行有效的监督和指导,解决了诸如地下室经营场所、商铺油烟管道排放、违章搭建鸽棚、僵尸车清理、群租整治等扰民的问题。此外,通过提前介入、广听民意、民主公开的工作方法,完成了业委会换届改选、物业公司选聘、物业管理费调整、垃圾分类、疫情防控等一件件"难"事,从而形成了"三驾马车"齐头并进的社区治理良好格局。

例如为了把维修资金不足以及财务运作不透明等容易引发矛盾的"导火索"消灭在萌芽状态,新福康里业委会给每个门牌号都建立了"独立账本",把小区的广告费、停车费等各项收益,按照每幢楼的建筑面积进行分摊。虽然各幢楼的收益因面积不同而有所差异,但公平计算的方法让大家心服口服。同时,每幢楼的支出也独立进行核算。这个化整为零的方法还带来了一个好处:如果某个门牌号需要动用维修资金,只需该楼里三分之二的业主签字同意即可。业委会还坚持每季度把财务收支情况通过会议记录的方式在小区中公布,接受全体业主监督。也就是说业委会每季度干了什么事,用了什么钱,都必须公示。业委会是业主大会的执行机构,有本明白账,执行起来才名正言顺。

静·邻一家——"三驾马车"的共享之家

2020年年末,"静·邻一家"新福康里居民区党群服务站正式启用。这是以习近平新时代中国特色社会主义思想为根本指导,以"开放式、集约化、共享性、枢纽型"为建设理念,为提升管理精细度、服务精准性、治理精品化,着眼宣传党的主张、执行党的决定、领导基层治理、凝聚动员群众,深化党建带群建促社建,推动城市基层党建高质量创新发展所建设的社区党群服务阵地。"静·邻一家"的打造,经过了多次党员群众意见建议征询,让党员群众自己来设计他们心中所想

居民在"静·邻一家"新福康里居民区党群服务站参加活动

"静·邻一家"新福康里党群服务站　　石门二路街道 图

的服务场所，让他们自己来选择所需要的服务内容，使"静·邻一家"能够成为他们"自我管理、自我服务、自我监督、自我教育"的重要阵地。在这总面积100平方米的"静·邻一家"中，设有"幸福邻里·管家联盟"服务窗口、"两代表一委员"基层服务联络点、网格化党建议事厅、公共法律工作服务室、心理咨询工作服务室、"楼楼联动"活动点、公共文化配送服务点等多个功能室，可提供党员教育培训，居委会、业委会、物业"三驾马车"联合接待（建立了红色管家"1+3+2"的联合办公模式），加装电梯政策咨询指导，人大代表与政协委员下基层联系群众，网格议事，法律咨询，心理咨询等多项服务。

通过"静·邻一家"党群服务站的实体化运作，立足党员群众的实际需求，把社区资源整合起来，把分散的力量凝聚起来，让身边人说好身边事，用百姓话说好百姓事，让大家切实感受到"远亲不如近邻"。依托"静·邻一家"这一传播新思想、引领新时尚的大众平台，建设和筑牢基层党建工作的坚强阵地，培育和弘扬时代新风的精神家园，满足党员群众对美好生活的向往，让党员群众更有获得感、幸福感、安全感、参与感、归属感和成就感，进一步推进党建引领下的品质、温度、活力社区建设，绘就共建共治共享的"幸福邻里"社区同心圆。

上海社会组织发展回顾与展望

社会组织是指由自然人、法人和其他组织设立的非营利性法人，主要包括社会团体、社会服务机构（民办非企业单位）和基金会。其中，社会团体有行业协会、商会、学会、联合会等，社会服务机构（民办非企业单位）如民办的学校、医院、养老院、研究院、博物馆等，基金会包括各类教育基金会、公益基金会等。

上海社会组织发展回顾

上海是近现代意义上的社会组织的主要发祥地之一。早在1843年上海开埠之前，就已经出现了一些以服务工商业和社会民生为主要宗旨的行会组织，因地缘、血缘等关系结成的自治公所、同乡会、会馆，以及社会贤达做善事的善堂等。新中国成立后，上海市民政局在民政处内设立社团科，负责社团的调查、统计、监督及非法社团的解散取缔、慈善团体募捐的核准等。改革开放以来，上海社会组织重新得到发展，进入了新的历史阶段。21世纪以来，上海社会组织数量持续增加。2000—2005年，社会组织新增了民办非企业单位和基金会两种类型，数量明显增加；2006—2015年，社会组织直接登记改革实施，社会组织退出机制形成，注销、撤销增多，净增数趋缓；2016年以来，中共中央办公厅、国务院办公厅印发《关于改革社会组织管理制度促进社会组织健康有序发展的意见》，上海出台有关贯彻文件，进一步改革社会组织管理制度、促进社会组织健康有序发展。

"十三五"期间，上海社会组织发展取得长足进步，积极作用愈加凸显。社会组织积极助力"一带一路"建设、区域经济协调发展、脱贫攻坚和对口帮扶等工作。扶贫资金累计投入超过18.31亿元，涌现出全国脱贫攻坚先进集体1个、先进个人2名。2020年，全市社会组织积极参与新冠肺炎疫情防控工作，推动复工复产复市、吸纳大学生就业，动员社会力量捐赠达到18.77亿元。890家科技类社会组织通过营造社会创新氛围、推动创新驱动发展、促进产学研用融合等方式助力科创中心建设。行业协会商会以企业和市场为重心，服务企业发展、规范市场秩序、开展行业自律、制定团体标准、维护会员权益、调解贸易纠纷，成为推动经济发展的重要力量，共制定540项团体标准，有力提升行业竞争力。社会服务机构已成为养老、托育、健身、文化等领域公共服务的重要提供主体，为满足群众多样化需求发挥积极作用。

根据2020年上海统计年鉴，截至2019年

4 350家 社会团体　　499家 基金会

16 880个 上海社会组织数量

12 076家 民办非企业单位

社会组织积极助力脱贫攻坚和对口帮扶等工作。"十三五"期间，**扶贫资金累计投入超过18.31亿元**，涌现出全国脱贫攻坚**先进集体1个、先进个人2名**。

2020年，社会组织积极**参与新冠肺炎疫情防控工作**，推动**复工复产复市、吸纳大学生就业**，动员社会力量捐赠达到**18.77亿元**。

上海社会组织发展"十四五"展望

　　社会治理是推进国家治理体系和治理能力现代化的重要内容，社会组织作为社会多元主体的一元，在构建"共建共治共享"的治理体系中不可或缺，是社会治理的重要载体。展望"十四五"，上海社会组织工作将坚持人民城市的根本属性和人本价值，聚焦共同富裕、高品质生活、高效能治理，不断强化社会组织的社会性和公益性，为满足人民对美好生活的向往、促进人的全面发展提供更全面、更优质的公益服务，将着力推动社会组织在更广泛地凝聚人民共识、参与构建多元共治的社会治理格局中实现价值。

　　（一）加大培育扶持力度

　　我们将以支持社会组织高质量发展为着力点，落实和完善社会组织优惠扶持政策，加强政策创制力度，不断优化社会组织发展环境，为社会组织参与社会治理提供坚实保障。

　　围绕丰富社会组织支持载体，我们将进一步完善三级社会组织服务中心网络体系，提升社会组织服务中心的服务能级和专业化水平，促进社区社会组织联合会、社会组织服务中心和社区基金会协同健康发展。此外，进一步打造社会组织培育发展的枢纽型服务平台，深化上海公益新天地园区等全市各级各类孵化基地建设。加强社会组织品牌项目建设，拓展公益伙伴日（月）活动，培育一批星级示范公益基地，打造"上善论坛"、公益之申等有影响力的公益服务品牌项目，形成常态化创建机制，助推社会组织在社会治理中彰显活力。

　　聚焦社会组织人才队伍建设，我们将推动社会组织人才纳入全市、各区及相关行业人才管理范畴，提升对优秀人才的吸引力。鼓励社会组织从业人员报考社会工作师，参加相关领域职称评定，提高社会组织从业人员中持证社工比例。建立社会组织负责人培训制度，推动社会组织负责人培训纳入政府补贴职业培训范围，积极推进从业人员加强专业培训。推动网课、微课等社会组织教育培训课程开发，提高培训覆盖面和影响力。

　　（二）引导社会组织积极推进共建共治共享

　　党的十九届五中全会强调"扎实推动共同富裕"，"发挥第三次分配作用，发展慈善事业，改善收入和财富分配格局"。通过慈善捐赠、志愿服务等方式进行的第三次分配是对再分配的有益补充，"十四五"时期，我们将支持社会组织积极参与公益慈善事业，改善收入和财富分配格局，更好服务困难群体，促进社会公平，更加积极地发挥慈善财产在扶老、救孤、恤病、助残、扶贫、济困等方面的作用。

　　"人民城市"的重要理念，为社会组织发展带来了新的机遇，也对社会组织参与城市治理提出了新的要求，社会组织要围绕上海新使命，主动为社会提供个性化、专业化、差异化服务。我们将引导社会组织积极参与卫生健康、公共安全、民生保障、文化创意、体育健身、生态环境、文物保护、人才融入、旅游休闲等城市公共事务。鼓励社会组织广泛开展社会救济、社会互助、志愿服务等活动，推动在纠纷调处、应急处置等中发挥作用。引导社区社会组织更好提供服务、反映诉求、规范行为，支持社区社会组织参与人人有责、人人尽责、人人享有的社会治理共同体建设。鼓励社区社会组织深入社区，围绕垃圾分类、邻里矛盾调处、物业纠纷、小区更新、加装电梯、居民互助、规约守则等治理热点难点有新作为。

〔资料来源：上海市民政局（上海市社会组织管理局）〕

上海联劝公益基金会暴走撬动公益热情

上海联劝公益基金会成立于2009年，坚持发挥自身业务优势，联动社会各界力量，以多样的公益活动项目为载体，提供专业的公益服务。2010年起，联劝公益联合多家儿童公益组织，发起"一个鸡蛋的暴走"公益项目，旨在针对生活在贫困地区的儿童进行有效的营养干预，帮助这些孩子通过生长追赶弥补早期营养缺失造成的缺陷。活动参与者在12小时内完成50公里的徒步挑战，同时通过挑战自我的形式，结合创意方式向熟人网络募集善款。截至2020年8月，"一个鸡蛋的暴走"项目已经覆盖了青海、云南、四川、广西、贵州等8个省份贫困地区的248所学校，超20万人次师生每个上学日都能吃上一个白煮蛋，累计约2 000万鸡蛋。该项目获得民政部颁发的第十届中华慈善奖，并入选国务院扶贫办2020年"社会组织扶贫案例50佳"。

超20万人次因"一个鸡蛋的暴走"项目在每个上学日能吃上一个白煮蛋　　　　　　　　　　　　　　上海市民政局 图

上海市徐汇区凌云绿主妇环境保护指导中心把生活垃圾"还"给居民 打造生态循环链

自2014年起，徐汇区凌云绿主妇环境保护指导中心每月固定一天在社区组织垃圾分类活动　　　　　　上海市民政局 图

上海市徐汇区凌云绿主妇环境保护指导中心以自身专业知识设计多元的垃圾处理、分类课程及废弃物循环再利用活动，让居民在寓教于乐中感受垃圾分类、变废为宝及资源循环利用的乐趣，帮助社区从源头进行垃圾减量，提升分类实效。自2014年起，中心在社区开展"垃圾分类减量，绿色生态生活"活动，组织社区居民志愿者每月固定一天在小区中回收、分类生活垃圾，并培训居民利用废物制作家用品，利用厨余垃圾发酵堆肥，既美化环境，又陶冶情操，使垃圾分类成为名副其实的新时尚。

基层立法联系点：社会主义民主政治的生动展示

胡煜昂
上海市长宁区虹桥街道
党工委书记

基层立法联系点，是畅通企业和市民参与公共政策制定和社会治理的重要渠道，是传递民声民意的一辆重要的"直通车"。

自党的十八届四中全会决定提出"建立基层立法联系点制度"以来，2015年7月底，全国人大常委会法工委基层立法联系点在虹桥街道设立，经过五年多时间的努力，实现了从无到有的飞跃和由试运行到制度化的转变。2019年11月2日，习近平总书记亲临虹桥街道古北市民中心考察基层立法联系点并对相关工作情况予以肯定。

五年多来，基层群众在参与立法征询的过程中不断发挥当家做主的主人翁精神，不断提升人民民主的法治意识，他们代表的人群越来越广泛，提供的意见越来越精准，被采纳的建议也越来越多。截至2021年3月，全国人大基层立法联系点完成了55部法律的意见征集工作，归纳整理各类意见建议1000余条，其中72条建议已经被采纳。上海市人大基层立法联系点完成了14部法规草案的意见征集工作，归纳整理各类意见建议114条，其中3条建议已经被采纳。2019年5月，全国人大常委会王晨副委员长专门到虹桥街道基层立法联系点和古北市民中心进行视察调研，指出基层立法联系点是社会主义民主政治的生动展示。

基层立法联系点工作也与街道主体工作形成了很好的良性互动，搭建了一个多元化协商平台，逐步成就了"五个一批"工作成果，有力促进社区共治。一是挖掘了一批驻区单位对社区治理的热情。在原有党建、经济等联系企业的传统渠道上，叠加

虹桥街道基层立法联系点信息员在居民区开展意见征询

虹桥街道 图

了一条参与社区工作的通路，拓宽了企业反映诉求的渠道，优化了区域营商环境。二是促成了一批法律人士对社区治理的参与。在全市范围内聚拢起一支法律专业力量，从法学研究会到上海市女律师联合会，协助立法点工作的同时也更多地参与到社区法制宣传、法律事务的处理中来。三是增强了一批社区居民对民主法治的认识。立法点的设立，使昔日高大上的立法工作走入了寻常百姓家，居民在家门口就可以参与到立法工作中来，通过参与也很大程度提升了居民的法制素养。四是提升了一批治理平台的法治协商能力。通过参与基层立法联系点工作，社区各类大党委、虹桥时尚创意产业联盟、萍聚工作室等一批治理平台的法治思维和法治水平有了明显提升，有力促进了基层治理法治化水平。五是产生了一批公共性的协商议题。五年多来，4600余人次参与立法意见征询，10余个立法问题成为社区公共议题，并成功推进了多个社区服务项目。

美丽街区精细化管理：小马路变身"网红"街

杨莉萍
普陀区甘泉路街道主任

"十三五"以来上海以"三个美丽"为主要抓手，推动人居环境品质大幅提升，完成了第一轮352个"美丽街区"创建，推动城市景观更具魅力，社区街区更有温度。

黄陵路位于普陀区甘泉路街道，兴建于1953年，全长592米，道路两旁是上海早期的两万户工人新村，聚集了84家沿街商铺，甘泉社区最早的农贸市场亦坐落于此。因道路狭窄、硬件配套设施老旧、商业业态低端和随之产生的脏乱差环境，让黄陵路逐渐成为了城市精细化管理的短板。街道党工委探索开展黄陵路"美丽街区"更新行动，将民生需求、风貌保护、精细管理有机融合，让小马路变身"网红"街。

一是把街区作为"聚焦点"，深入一线齐思共谋

坚持"党工委牵头抓总、办事处具体推进、多元主体协同配合、人民群众有序参与"总原则，汇聚各方智慧与力量，谋思路出点子。

坚持党建引领的路子。 坚持以党建引领共建，发挥黄陵路美丽街区建设项目临时党支部堡垒作用，统筹协调推进街区更新。街道党工委严督实导，定期听取临时党组织推进情况汇报，确保各项目有条不紊推进落实。

吸纳广大群众的点子。 广泛深入开展调研，历时2个月，通过走访产权单位、典型商户，开展家庭焦点问题座谈会和问卷调查，汇总分析"饿了么"等大数据平台轨迹信息，原汁原味了解不同类型群体的消费评价与需求期待，力求生活、工作在周边的每个人都能拥有属于自己的"小确幸"。

借助专业团队的脑子。 聘请专业团队对辖区商业业态进行分析研究，形成《甘泉社区商业业态咨询报告》。从街区"硬环境"着手，实施街区外立面形态改造、环境综合整治和"城市家具"点缀靓化项目；保留居民最基本的消费习惯和较熟悉的生活场景，逐步推进"便民小店优先发展、品质小店鼓励支持、无序业态有序退出"。

二是把街区作为"报到处"，整合资源共同发力

以党建联建为抓手，引导全区各职能部门、驻街国企、沿街单位共同参与街区更新的方案制定与项目实施，充分展现"街道吹哨、部门报到"机制优势。

让道路变"美"。 由区建管委、区绿化市容局牵头实施景观道路建设，通过道路铣刨、绿化调整、人行道拓宽、架空线落地等措施，让群众享受到干净、优美、舒适的环境。

让商铺扮"靓"。 区房管局结合沿线旧住房综合修缮，对沿街小区门头进行改造，醒目的小区标识和柔和的照明系统，让居民回家更温暖，道闸＋铁门的安装，让居民到家更安全。在鼓励、支持沿街店铺自由表达、创意设计的同时，兼顾"整齐规范"与"个性彰显"的平衡。

让品牌更"优"。 区西部集团等部门牵头调整了21家店铺，把环境脏乱的店铺"请出去"，将优质品牌"引进来"，把杂乱不堪的杂货铺升级为货

品码放整齐的便民小超市，主动贴合居民日益提升的购物消费需求。

三是把街区作为"连心桥"，凝聚力量共治共享

积极听取沿街商铺、周边居民区、公共机构、社区单位的好点子、心里话，通过共同参与街区治理，架起"连心桥"，汇聚起强大合力。

强化"街区党建"，推动治理常态化。 打破沿街商户和单位区域分割、各自为政局面，整合多元力量，合力推进黄陵路街区党建。以黄陵路街区治理共同体为载体，建立微信工作群，定期召开工作联席会议会商解决问题，探讨建设良策，变"要我治理"为"我要治理"。

制定"管理导则"，推动治理规范化。 加强顶层设计，制定《甘泉路街道美丽街区管理导则（黄陵路）》，大量采用数据、图表、照片和案例，从店招设计、业态规范、门前责任等方面对商户行为进行科学引导。

借力"一网统管"，推动治理精细化。 以科技赋能城市管理，将84家商户"一铺一档"信息植入二维码，形成每个商户独有的"身份证"。片区巡查范围从门前责任区延伸至商户整体环境，通过"政务微信 + 一铺一档"对跨门营业、食品安全、卫生环境等发现问题即发即处。

四是把街区作为"服务站"，脚步为亲走近群众

以15分钟社区生活服务圈全覆盖为目标，变公共服务、公共活动"断点"为"串联点"，让更多社区居民群众共享美丽街区建设的成果。

共享复合式的空间。 腾退黄陵路3家环境脏乱、油烟扰民的小餐饮店，打造甘泉·百姓客厅。引进深受居民欢迎的轻餐饮，通过让渡租金换取亲民价格与贴心服务。既是周边居民的共享活动空间，也为街区、居民区党建提供了议事场所。

共享家门口的"服务"。 将位于小区内的安塞居委会移至沿街，由居委会和物业联合办公，内部还设有便民服务、休闲阅读、居民会谈等公共区域。沿街开设"一网通办"24小时自助服务区域，以及"蓝鲸湾"特色垃圾回收小站。

共享"慢生活"的环境。 联合西部集团，将黄陵路与宜君路、甘泉路、延长西路转角商铺升级为小型社区商业综合体，引进优质业态，营造有场景的购物环境，让居民有"买头"、有"逛头"。将沿街绿化从墙根整体外移，使之成为车行道与人行道间的绿色秀带与安全屏障。与"黑苹果青年"合作线上举办"黄陵路老街提亮设计大赛"，获奖作品通过彩绘等方式运用于墙体、网线盒子等城市家具，为街区融入更多艺术气息。

人民城市人民建，人民城市为人民。街道将以黄陵路为样本，继续升级打造业态、形态、生态、文态相融合的美丽街区。

全面深化改革

坚持社会主义市场经济体制改革方向，使市场在资源配置中起决定性作用，更好发挥政府作用，加快建成高标准市场体系，健全公平竞争制度，提升政府治理能力现代化水平，加强重大制度创新的充分联动和衔接配套，营造长期稳定可预期的制度环境。

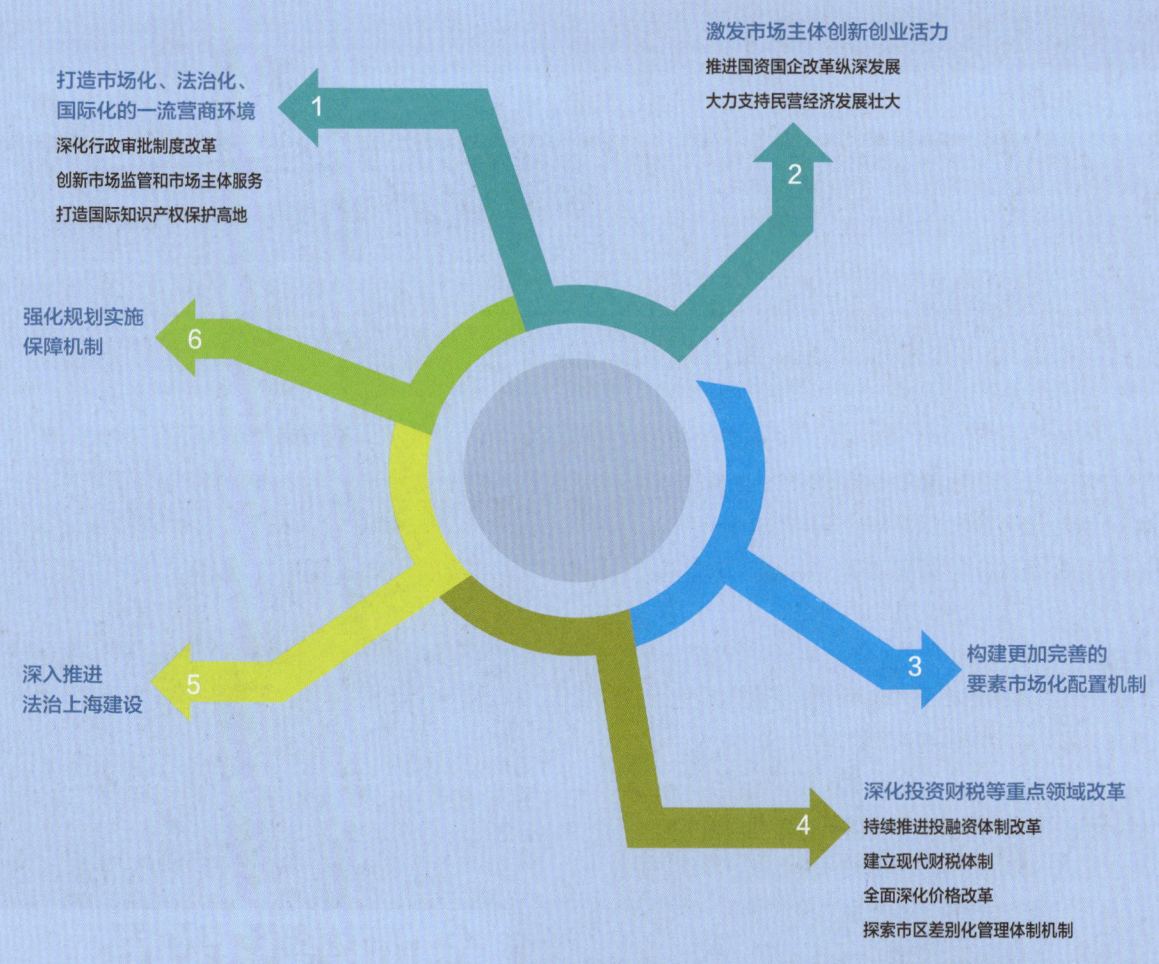

来源：《上海市国民经济和社会发展第十四个五年规划和二〇三五年远景目标纲要（普及版）》

探索上海全面深化改革的新方向和路径

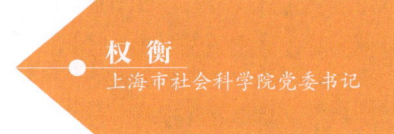

权 衡
上海市社会科学院党委书记

经济体制改革是全面深化改革的重点。如何谋划好"十四五"时期上海的经济体制改革,全面推进改革开放再出发,需要处理好一些重大关系,以明确改革的方向和路径。

处理好系统集成式改革与创新引领式改革的关系,更好发挥上海改革开放排头兵作用

深化改革的系统性、整体性和协同性,打好改革组合拳是新一轮深化改革的重要内容。对上海而言,"十四五"既要强化改革的系统集成,将前期大量点上的改革突破进一步放大,比如商事制度改革、"一网通办"改革等,形成一批更加成熟、定型的制度创新成果。同时,作为我国改革开放的前沿阵地,如何围绕制约国民经济社会发展的制度瓶颈,率先推进一批首创性、战略性、引领性改革,比如在国资国企改革、公平市场环境建设等领域率先创新突破,这是上海作为排头兵、先行者的使命。因此,"十四五"上海的改革要一手抓集成,注重改革的联动协同,放大重大领域改革突破的成果效应,一手抓首创,注重改革的创新突破,强化改革引领地位,持续不断为全国改革开放大局提供更多制度创新经验。

处理好落实国家重大改革战略与破解城市自身发展瓶颈的关系,找准深化改革突破口

一直以来,上海在全国的改革开放中扮演着重要角色,从浦东开发开放到综合配套改革,再到自贸试验区制度创新,国家对上海率先改革、引领开放寄予厚望,上海也充分利用好国家赋予的改革平台,探索形成一系列的重大改革成果,比如营改增税制改革、"证照分离"改革等,在全国影响巨大。同时,我们也要看到,上海本身发展也面临各方面的瓶颈和压力,比如作为超大型城市的精细化管理、如何优化营商环境降低制度成本、现代化国际大都市的乡村振兴等,都是上海自身发展要提升能级和竞争力所要破解的问题。因此,"十四五"时期,上海在坚决落实国家重大改革战略部署,主动承担更多改革先行先试任务的同时,要考虑如何将推动城市自身发展的重大改革议题与落实国家战略紧密结合,争取国家给予上海更大的改革发展自主权和先行先试权,让改革带给企业、群众更多体验感、获得感。

处理好改革顶层设计与基层创新的关系,发挥各方面支持改革、推动改革的积极性

纵观上海的改革路径,按照十八届三中全会制定的全面深化改革"路线图",上海立足提升城市能级和核心竞争力,形成自身改革推进的"施工图"。这一过程中,我们也发现改革推进存在落实任务的多、主动创新的少,自上而下的布置多、自下而上的探索少等问题,而改革进入"深水区"后,每一项突破都不是哪个部门的单打独斗,需要方方面面的参与和支持才能取得好的结果。因此,"十四五"时期,上海的改革既要尊重顶层设计的方向指导,更要发挥基层社会的首创精神,特别是破除改革道路上"等靠要"的思想,发挥市、区、镇(街道)各级政府谋划改革、推动改革的积极性,通过制度安排,支持、鼓励、激发基层和群众在改革实践中先行一步、快出一招,形成改革创新举措迸发的新局面。

处理好国资国企改革与民营经济发展的关系,率先营造各种所有制主体公平竞争的市场环境

上海是国资重镇,上海国资国企改革不仅对自身经济健康发展至关重要,同时也预示引领全国国有经济改革的方向和路径。"十四五"时期要把国资国企改革放在更加突出重要的位置，全力推进区域性国资国企综合改革试验，特别是探索按照"竞争中性原则"，在要素获取、准入许可、经营运行、政府采购和招投标等方面，对各类所有制企业平等对待的制度安排，要对不同所有制企业一视同仁，更多运用市场化和法治化手段，而非行政化手段干预市场竞争。另外，在国资战略布局上要有新的思考，未来上海市的国资要更多向功能性、战略性发展领域集中，把竞争性市场空间更多留给非公经济，最终实现国有、外资、民营经济共同发展。

处理好监管约束与正向激励的关系，打造"愿意能干、快干实干"的改革生态环境

各项改革举措的落地，离不开各级干部的推进实施。因此，要建立针对广大干部监管约束与正向激励相容的制度体系，在强化干部队伍管理的同时，探索干部推进改革落地、创新改革举措的容错免责机制，进一步在全市倡树谁担当、谁作为、谁出彩，就提拔谁、重用谁、褒奖谁的鲜明导向。形成一套客观公正、注重实绩、综合评价、考用结合、严管厚爱、奖惩分明，简便易行、务实管用的操作办法，给突出成效、落实到位、积极作为的部门（单位）、干部、企业家给予正向激励，用制度来保障"让实干者得实惠""为担当者兜底"，为继续解放思想，全面推动改革开放再出发树立"上海担当"，创建全国最优的改革政治生态环境。

处理好增量改革和存量改革的关系，争创"有始有终""优势突出"的改革亮点和改革品牌

"十四五"期间，上海在集中精力推动自由贸易区临港新片区、长三角绿色生态一体化示范区、虹桥国际商务区等区域开发建设，谋划实施一批重大改革举措的同时，也要继续关注和持续推动围绕"五个中心"建设的重大改革，实现激活存量改革、做优增量改革，两者协同并进。因此，要建立起存量改革与增量改革之间的联动协调机制，防止新旧主体之间发生利益冲突，寻求改革整体利益的最大化。既努力巩固好存量改革的成果和经验，做到不断创新，"有始有终"，又强化增量改革的突破创新，做到聚焦重点，率先突破，形成一批改革开放再出发的"上海亮点""上海经验""上海品牌"。

处理好扩大开放与深化改革的关系，坚持以开放促改革、促创新、促发展

开放是上海最大的特色和优势。未来上海仍要打好开放这张牌，落实国家战略部署，建设好自贸区临港新片区，围绕对标国际最高标准、最好水平，实现高水平对外开放，打造对外开放经济新高地，破解制约高质量发展的制度瓶颈。同时也要注重对内开放，推动长三角高质量一体化发展，着力破除制约要素跨区域流动的行政壁垒，最大限度释放一体化带来的区域发展活力。因此，上海"十四五"要全面综合把握开放的力度和改革的深度，进一步夯实国际化发展的优势，以高水平开放将改革推向纵深。

法治，是最好的营商环境

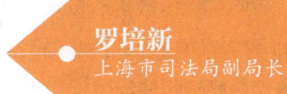

罗培新
上海市司法局副局长

在国内，曾有人说，营商环境，就是政府给足优惠补贴，企业纷至沓来的一场政企狂欢。的确，曾经有一段时间，为招商引资，全国各地，八仙过海，各显神通，纷纷比拼土地优惠、税收减免……但此种模式，终究不可持续，特别是在税权收归国家、土地禀赋资源行将用尽之时，更是如此。对于企业而言，政府的种种优惠补贴，固然能够惠及一时，但真正起决定作用的，却是公平高效的制度环境。特殊照顾与额外补贴，戕害的恰恰是市场化、国际化与法治化的营商环境。

"营商环境"一词，源于世界银行集团国际金融公司（IFC）的"Doing Business"项目调查，该项目调查始于 2002 年，旨在对各国中小企业进行考察，并对企业存在周期内所适用的法规进行评估，通过收集并分析全面定量数据，对各经济体在不同时期的商业监管环境进行比较，并发布《营商环境报告》（DB Report）。首份《营商环境报告》于 2003 年发布，其包括五套指标，涉及 133 个经济体。而今，该报告包括十套指标（开办企业、办理施工许可、获得电力、登记财产、获得信贷、保护少数投资者、税收支付、跨境贸易、执行合同、办理破产，以后可能还要纳入劳动力市场监管、政府采购两项指标），涉及 190 个经济体。

世行评估，极其重视规则。近三年来，笔者作为世行受访专家，填写了问卷，并参与了世行营商环境评估的所有最终磋商，世行专家经常问到的问题是，对于这样的做法，有规则依据吗？规则是否应当做这样的解释？

对于世行来说，领导重视当然很重要，但领导常变而规则常在。只有规则确立，方能固根本、稳预期和利长远。

因而，世行评估中，有一个词，反复出现于问卷与磋商过程中，那就是 Regulation，即可以反复适用与普遍适用的规则。

正因为如此，习近平总书记指出，营商环境就像空气，只有空气清新了才能吸引更多投资。2019 年 2 月 25 日，习近平总书记在中央全面依法治国委员会第二次会议上强调，法治是最好的营商环境。

上海市高度重视法治化营商环境工作，不断健全完善上海市优化营商环境制度体系。提请市人大出台上海市营商环境建设第一部综合性、基础性法规《上海市优化营商环境条例》，推动制定或修改《上海市外商投资条例》《上海市促进中小企业发展条例》《上海市反不正当竞争条例》《上海市知识产权保护条例》《上海市会展业条例》等相关法规、规章，为深化国际一流营商环境建设提供坚实的法律制度支撑。

另外，为更好整合法治资源，2019 年初，上海首创"优化营商环境法治保障共同体"（以下简称共同体）组织形式，整合立法、行政、司法、学界、业界力量，打造"问题发现便捷、原因分析精准、对策供给及时、制度固化有效"的扁平化工作机制，在全国省级层面率先推出轻微违法违规行为免罚清单制度。同时，共同体还聚焦世界银行营商环境评估，全力开展国家修法英译、与世行沟通论证司法解释法律效力、宣传推广世行评估方法论等工作，并全程参与世行指标磋商。

上海市的主要做法和具体改革举措如下：

第一，建立共同体，汇聚优化营商环境法治保障合力。市委依法治市办、市司法局作为发起和日常牵头单位，成员单位覆盖主要立法、执法、司法机关和相关专业机构，畅通制度设计者、制度执行者和制度规范对象之间的沟通渠道。完善联席会议、专题会议等工作机制，以扁平化方式开展工作，遇问题第一时间成立工作小组或专家团队，发起共研共商并提出政策措施建议，及时推动问题解决。

第二，聚焦企业需求，明确"违法行为轻微"具体情形。共同体组织协调相关成员单位深入调研企业需求，围绕轻微违法行为的标准、范围等问题，深入梳理各类单行法律法规规章，对违法行为进行更精细划分，在行政处罚法不予处罚规定的界限内细化明确"违法行为轻微"的具体情形，先后形成《市场轻微违法违规经营行为免罚清单》《文化市场轻微违法违规行为免罚清单》《生态环境轻微违法违规行为免罚清单》等五份免罚清单，覆盖了市场监管、文化旅游、安全消防、生态环境、城管、民防等六个执法领域，涉及广告、食品、消防、艺术品经营、娱乐场所、出版、旅游、大气污染、固体废物污染等二十余个类别，共计61项免罚事项，给予执法人员以明确指引。上海市法治政府建设工作领导小组办公室印发相关免罚清单实施典型案例及点评，推动免罚清单在全市范围内实施。

第三，对标世行营商环境评估，提升营商环境。共同体成立课题组，全面研判中国和上海的得分失分情况，特别是对涉法板块的得失分情况进行逐一研判，提出改进思路和具体措施。结合我国法律实际，对标世行评估指标，提出数十条具体修法建议，经采纳并修订相关法律。发表数十篇解读文章，阐释世行评估方法论及中国改革措施，切实提升规则的市场知晓度。

上海的法治化营商环境、特别是共同体的工作取得了显著成效：

第一，共同体工作取得广泛认可。共同体成立以来，积极推动完善地方立法、推出系列改革举措、积极参与迎接世行评估和磋商工作，推动2020年中国全球排名较上一年度再次提升15位，位列第31位。共同体的组织模式及工作成效得到有关兄弟城市的认可，类似共同体组织模式在不同城市陆续建立。

第二，免罚清单取得突出实效。免罚金额逾2亿元，已使上千家企业获益。对小微企业，免罚减轻了其负担，给予其进一步成长发展所需空间；对上市公司，免罚避免其因一时无心之失进行负面信息披露，避免后续可能产生的连锁不良反应。免罚清单不仅仅是简单的免罚，还要求执法单位通过批评教育、指导约谈等方式，促进、帮助企业依法合规开展经营。实施免罚清单后，执法得到了企业更多的理解、支持，更愿意主动配合行政机关落实各项管理要求，提升守法合规意识，监管领域良性互动逐步显现。同时，免罚清单列明了适用的具体情形，使免罚有据可查、便于操作，降低了行政机关执法成本，提高了执法效率，受到执法单位和人员的欢迎。

第三，工作探索上升为法律规范。共同体和免罚清单制度作为成效明显的工作探索，被写入了《上海市优化营商环境条例》，为进一步规范和增强相关工作提供了有力法律支撑。

法治化营商环境，永远在路上。接下来，上海的法治化营商环境，将重点推进以下工作：

第一，进一步加强共同体工作。建立与国家有关部门的沟通联系机制。深化对世行方法论的学习和掌握，加强成员单位之间的工作联动，进一步强化专项问题研究，持续提供改革措施建议。

第二，深化轻微免罚工作，探索建立免行政强制清单。在既往经验基础上，继续拓展免罚领域，不断扩充免罚事项，以更大力度降低企业负担、助力企业发展。另外，积极探索建立免行政强制清单。

第三，进一步放大法治保障效应。在成功实践免罚制度的基础上，聚焦问题源头解决，加强地方立法工作，围绕全市发展战略，从促进中小企业发展、公平竞争、知识产权保护、外商投资等关联营商环境的重要环节予以规范，保证制度设计向纵深延伸。

上海优化营商环境4.0版：聚焦加强改革系统集成

世界银行营商环境报告被认为是投资的风向标。2019年10月，世界银行发布《2020年营商环境报告》，对全球190个经济体进行评估，包括获得施工许可、跨境贸易、纳税、财产登记、开办企业、获得电力、少数投资者保护、获得信贷、破产、执行合同共计10个评估指标，在中国主要监测北京和上海两个城市，其中北京统计权重占45%，上海占55%。

根据世界银行发布的报告，上海作为中国重要的样本城市，助推国家排名两年间从第78名跃升至第31名，助力我国连续两年跻身全球营商环境改革步伐最快、改善幅度最大的十大经济体之列。在世行营商环境评价的10项指标中，上海执行合同、获得电力、开办企业、财产登记、保护中小投资者共5项指标进入全球前30名，共8项指标进入全球前60名。在国家营商环境测评中，上海排名居全国前列。

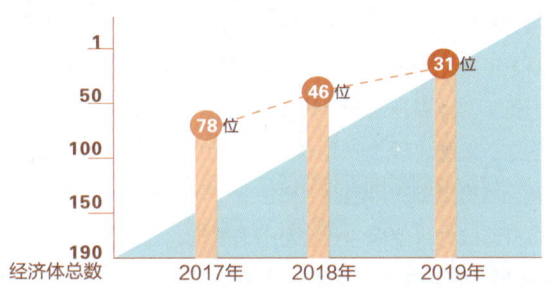

世行营商环境报告中中国排名变化

世行营商环境报告中中国改善指标数量

2017年以来，上海连续三年制定实施了优化营商环境1.0版到3.0版方案，在政务服务、市场监管、企业服务、权益保护、政企沟通等方面取得重要进展。

2021年3月，营商环境4.0版发布，继续深化、细化、系统化各领域改革，加强地方事权系统集成，提升企业感受度。一是要持续优化便捷高效的政务环境，线上服务友好度、智能化水平将进一步提升，实现政务服务可网办能力达到95%以上；线下综合服务和自助服务能力将不断强化，政务服务中心综合窗口比例将达到80%以上；二要全面提升企业全生命周期管理服务，对标世界银行标准，提出了推进具备条件企业使用无纸全程电子化方式办理设立登记、扩大工程建设项目风险矩阵应用场景和范围等具体举措。三是要着力营造公平竞争的市场环境，围绕市场准入、包容审慎监管、信用监管、"双随机、一公开"监管、综合执法、政府采购和招投标共六个方面持续深化改革；四是围绕安商稳商全方位强化企业服务，于2021年上线运行市级惠企政策"一窗通办"系统平台等举措，更好促进惠企政策落地实施；通过建立帮办机制、完善园区"软"环境等优化企业服务；五是加强优化营商环境实施保障，以企业满意度为重点，进一步完善营商环境评价指标体系和测评工作方案。

（资料来源：《纲要》起草组根据公开资料整理）

提升专业服务能级，持续优化营商环境

刘 樱
张江高科董事长

作为上海国际科创中心建设的核心承载区，张江科学城致力于打造有利创新进发的营商环境，我们秉持"一切精力围着事业转，一切工作围着项目转，一切制度围着创新转，一切服务围着市场主体、人民大众转"的理念，努力当好服务企业的"店小二"。张江高科重点针对大企业研发中心及中小创新企业，进一步提升专业化服务能级，更好地服务科创中心建设。

第一，增强重点区域的人才吸引力。 张江区域内人才流动大，长期存在户口需求大、专业化人才招聘难、交通配套较差等痛点，为进一步增强区域内的人才吸引力，我们重点从几方面着手：一是衔接人才落户政策。张江科学城出台居转户缩短年限优惠政策，落户时间由7年转5年，特定人员可享3年落户。同时，出台特殊人才引进政策，吸引重点人才落户。二是提升交通、商业等配套。着力解决人才"吃、住、行"的问题，推动13号线延伸段建设，增加园区内短驳巴士，优化交通出行的便利性，加大人才公寓建设投入，提高人才公寓的运转效率，改善园区食堂的经营品质，进一步提升园区配套设施。三是组织专业化人才招聘。为解决中小企业单独招聘缺乏影响力、吸引力的难点，张江高科以"895人才汇"品牌，搭建中小创新企业"组团"式招聘平台，吸引优质人才走进张江、留在张江。同时，张江科学城主导产业集成电路行业长期面临专业化人才缺口，我们组织张江IC企业走出张江、走出上海，走进对口高校进行"组团校招"，企业收获颇丰。政策制定、平台搭建、配套提升"多"管齐下，近年来持续吸引优质人才。

第二，培育企业主体的创新力。 一是孵化培育创新引擎。打造"895创业营"国家级孵化品牌，十季以来，入营项目累计达到304个，60%企业获得社会融资，25家企业拟三年内冲刺科创板，项目总估值达430亿。公司运营的895孵化器内，在孵企业238家，合计估值123.2亿元，已成功培育智砹科技、达观数据、英韧、亮风台等一大批的潜力独角兽企业，获得了A类国家级孵化器等资质。二是帮助企业对接资本市场。建设张江科创企业服务平台，提升张江创新策源能力，深耕科技型中小企业从创立、发展、股改、上市、上市后业务拓展等全生命周期服务，培育更多的科创板上市企业，辐射长三角，把张江科学城打造成为科创板企业培育示范高地。三是为企业创新技术提供更多应用场景。聚焦智能网联汽车、新能源汽车，合资设立智己汽车——国内首个创始轮即达百亿量级的汽车科创公司，实现芯片在场景应用上的大迈步。成立"张江智荟"智慧园区公司，不断提升城市治理能力和治理水平的同时，为企业技术创新提供了丰富的场景应用空间。

第三，完善产业生态深度融合力。 张江高科加大对产业平台、产业联盟、产业沙龙等一系列功能性平台的建设支持，加强产业、人才、文化等方面的交流，夯实产业组织服务商的定位。一是支持和建设功能性平台。支持长三角国家技术创新中心建设，加快建设张江科创企业服务平台，以产业需求为牵引，打造企业为主体、市场为导向、产学研深度融合的技术创新体系和科创服务平台。二是打造产业"芯"高地。加快建设上海集成电路设计产业园，遵循"引进与创新并举"的路径，引进龙头企业的同时，深度孵化独角兽企业，聚焦产业细分领域强链补链，承接设计产业园溢出效应，积极布局集成电路材料园、装备园，构建具有国际竞争力的集成电路全产业链体系。三是营造良好的产业氛围。对接行业专业机构，形成张江产业研究报告，开展集成电路领袖峰会、"浦江之光"、IC咖啡、"I SAY IC/芯片大家说"等系列品牌活动，吸引政产学研等主体围绕重点产业发展，展开多方位交流合作。

上海国资国企改革阶段性特征及重要举措

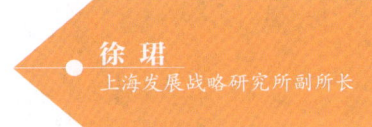

徐珺
上海发展战略研究所副所长

党的十九大以来,上海国有经济发展质量效益有效提升,国企改革的系统性和协同性更加突出,国资监管的体制机制不断完善,国企党建的优势作用进一步发挥,国资国企改革工作取得阶段性成果。面向"十四五"时期,上海国资国企改革要坚持有进有退、有所为有所不为,以市场化、专业化、国际化为导向,以全面实施区域性国资国企综合改革试验为契机,深化国有资本战略性结构布局,进一步盘活国有资产存量,深化混合所有制改革,切实增强国有经济竞争力、创新力、抗风险能力,更好地服务于国家战略和上海城市能级提升。

深化国有资本战略性结构布局

一是深入推进"三大任务、一大平台"落实落地。国资国企要积极推进自贸试验区临港新片区和长三角生态绿色一体化发展示范区建设,实现更深层次改革和更高水平开放;积极打造世界一流会展企业,高标准承办中国国际进口博览会,实现溢出带动效应;培育一批符合国家战略、市场认可度高的科技创新企业,建立上市资源后备库;完善品牌建设投入长效机制和考核评价体系。

二是加强国有资本对创新体系建设投入布局。加快形成市场主体融通、全链条集成的创新链协同体系。围绕集成电路、生物医药、人工智能等战略性先导产业,发挥国有企业在构建关键核心技术攻关新型举国体制中的重要作用。进一步改革国企考核激励机制,完善国企创新投入持续增长机制,推动国有科技型企业股权激励、薪酬分配等改革试点。推动国有创投机构市场化改革,实施核心团队持股、薪酬体系改革等举措,建立市场化的人才选聘和项目遴选制度,放开二级、三级公司的国有成分股比限制。

三是助力强化服务保障社会民生。国资国企要全面担当履行社会责任和可持续发展的表率,积极参与旧区改造、租赁住房建设等民心工程和重点区域和重点工程建设,实现民生改善、环境提质、发展提速。

推动企业深化改革提质增效

一是持续深化混合所有制改革。加大以公众公司为主的混改推进力度,推动竞争类企业全部实现整体上市或核心业务资产上市,功能类和公共服务类企业加快符合条件的竞争性业务上市发展。建立企业集团及上市公司市值管理绩效水平分析评价机制,推动上市公司提高发展质量。以搞活国有企业运行机制为导向,更大力度引入社会资本,深化国有企业股权多元化,通过股权投资、资产证券化和员工持股等方式,加快建立市场化的经营机制。

二是积极盘活存量提升国有资本运营效率。加大国资收益、国有资源集中集聚集约力度,发挥国有资本投资运营平台作用,实施盘活资产、重组整合、优化配置、价值管理、业务嫁接。推动企业集团深化改革,加强战略资源整合,优化集团管控体系,打造精干高效的集团总部。功能保障类企业建立渠道畅通、平衡发展的投融资体制,保障重大任务项目建设完成、城市运行安全稳定。

完善国有企业现代企业治理结构

一是加快完善国有企业现代企业治理结构。把党的领导融入公司治理各环节,实现制度化、规范化、程序化,明确国有企业党组织在公司法人治理结构中的法定地位。切实加强董事会建设,全面落实董事会行使重大决策、选人用人、考核评价、薪酬评价等职权,增强外部股东、合资者、合作者及独立董事对公司的制约和监督,全面建立董事会向经理层授权的管理制度。发挥"外派内设"监事会制度优势,建立健全监事会监督评价报告和成果运用机制，健全外派监事选聘和管理制度，积极探索公司各类监督资源有效整合协同的长效机制。

二是完善长效激励约束机制。深化国有企业收入分配制度改革，优化企业领导人员考核评价与薪酬分配体系。扩大员工持股试点范围，支持整体上市或核心业务资产上市的企业集团经营管理团队和核心员工参与员工持股。综合运用股权激励、分红激励、超额利润分项、员工跟投等多种激励工具有效激发员工内生动力。完善知识产权归属和利益分享机制。建立岗位价值评估体系，严格业绩考核，实现能上能下，激励约束对等。

三是建立健全市场化人才招聘和使用制度。健全市场化招聘制度，实行有利于吸引和留住关键岗位核心骨干人才政策。完善企业领导人员管理体系和市场化选人用人机制，加快培养引进"高精尖缺"人才，统筹推进引领性人才、支撑性人才、青年人才、产业工人人才队伍建设。有序推进管理人员竞争上岗、末等淘汰和不胜任退出等制度。

健全管资本为主的国资监管体制

一是健全管资本为主的国资监管体制。深化"国资委负责国有资产监管＋平台负责国有资本投资运营＋国有企业依法自主经营"的国资监管架构，健全国有资本监管体制，夯实国资基础管理工作，提高国有资本监管效能。

二是强化分类监管。根据企业不同类别分类定责、分类授权、分类考核。深化经营性国资的集中统一监管，强化金融服务类企业协同监管和风控体系建设，进一步完善政府主管部门和社会第三方对于功能保障类企业评价机制。

三是落实授权经营。继续深化国有资本授权经营体制改革，进一步明确出资监管职责边界，推动国有资本投资运营公司的组织构架、管控模式的改革，进一步打造市场化运作的专业平台。

四是鼓励支持中央企业改革发展。支持央企在沪设立第二总部或设立国际业务总部，加强央企与地方企业联动，助力国家战略落实与地方经济发展。

上海市国资委系统管理单位分布情况

功能保障类（15家）	金融服务类（6家）	市场竞争类（21家）	
上海国际集团	中国太保	上汽集团	东方国际
上海国盛集团	浦发银行	上海电气	上海建科集团
上海国投公司	上海银行	华谊集团	上咨公司
机场集团	上海农商银行	上实集团	绿地集团
临港集团	国泰君安	上港集团	市供销社
上海地产集团	海通证券	申能集团	上海联社
上海城投集团		上海建工	
久事集团		上海仪电	
申通地铁集团		光明食品集团	
申迪集团		隧道股份	
联合投资公司		华建集团	
上海联交所		百联集团	
长三角投资公司		锦江国际集团	
衡山集团		东浩兰生集团	
科创投集团		华虹集团	

把法治修炼成上海的城市涵养

程金华
上海交通大学研究生院
副院长、法学教授

观察一个人的品行,我们往往更在乎他/她的修养,而不是外表。同样道理,对一个城市法治水平的评价,我们也更希望法治是城市的涵养,而不只是衣装。对于国际大都市上海而言,已经进入了要把法治作为城市的内涵修养来修炼的时期。把法治当作城市的涵养来修炼并不容易,但这种涵养一旦养成,便会内化成文化,不易失去,值得花大成本去追求。上海市"十四五"规划《纲要》便描绘了城市法治涵养的美好蓝图,《纲要》中明确,要使法治成为上海核心竞争力的重要标志,使上海成为具有世界影响力的法治城市。

像个人修养的培育一样,城市法治涵养的修炼也要知行合一。那么,如何在上述美好规划基础上,通过切切实实的行动来提升上海的城市法治水平?我个人建议要遵循如下"四要"。

首先,要巩固上海法治的良好基本面,慎求变。从法治建设目标来看,无论是上海还是整个国家,我们已经形成了基本共识:依法执政、科学立法、严格执法、公正司法、全民守法。自上海在1999年8月16日召开历史上第一次依法治市工作大会以来,整个城市的法治建设基本上是遵循上述目标推进的,并且已经形成了良好的法治基本面。各类城市建设者已经初步习得了良好的法治思维和法治行为,贵在坚持,最后方能习惯成自然。这是修炼上海城市法治涵养的基本道路,也是法治贵在有良好稳定预期的本质属性使然。因此,切忌为了求创新,而对来之不易的良好法治基本面进行不必要的"整容手术",否则只会适得其反。

其次,要抓住上海法治的明显薄弱点,补短板。十八大以来,全国各地"打老虎",上海的司法系统也没有与贪腐绝缘。所以,在"十四五"期间,加强对腐败行为的防微杜渐,依然任重道远。

再次,要利导上海法治的优秀基因,冲高位。习总书记讲"人民城市人民建",非常有深意。在一个缺乏法治基因的人群中建设法治,就如同在沙漠中建绿洲,虽非不可能,但也极具艰难。相对于其他地方而言,"海派"文化非常强调理性思维,上海市民非常尊重契约精神,这些都是上海城市建设的宝贵法治基因。毫无疑问,上海是全中国最有条件建设法治社会的城市之一。所以,在实施"十四五"规划中,应当把对上海市民的法治基因进行因势利导当成重要的工作抓手。同时,得益于上海良好的城市居住环境,有一大批优秀的国内外法律人才长期生活并工作在上海。善用上海市民的法治基因,灵活聘用国内外法律人才参与城市建设,整个上海的法治建设水准,一定会水涨船高。

最后,要做实上海法治的数字转型,真引领。近年来,善用互联网、大数据、云计算、人工智能、区块链,通过科技给法治赋能,并建设"智慧法治",已经成为全国法治建设新潮流。然而,在很多领域,科技赋能法治仍然是一句口号,一个法治建设的装扮。对于上海而言,整个城市在经济、生活和治理三大领域的数字化转型已经成为战略,法治建设应借着这股东风,确立若干"智慧法治"建设的实干项目,真正实现让法治建设插上"科技的翅膀"。如此实现以"智慧法治"引领传统法治,以智慧的上海法治建设引领全国其他地方的法治建设。

上述"四要"分别聚焦上海法治建设实践的四个方位,即中间的基本面,以及围绕基本面的底线、顶线和前线,是修炼上海城市法治涵养的重要方面和战线。衷心期待,假以时日,法治涵养将成就"魔都"上海的新魔性。

健全机制、创新方式，扎实推进"十四五"规划落地实施

王永刚
上海市发展改革委发展规划处处长

规划的生命力在于实施。随着上海市"十四五"规划《纲要》在市十五届人民代表大会第五次会议上高票通过，43项市级规划和16个区规划《纲要》相继印发，"十四五"规划已从研究编制阶段全面转向推进实施阶段。围绕加快把规划的蓝图愿景变为美好城市奋进发展的生动实景，我们将全面贯彻习近平总书记关于"十四五"规划实施的重要讲话和指示批示精神，按照国家建立健全"十四五"规划实施机制的总体部署，聚焦重大项目和重大指标抓推进，不断创新工作方法，加强政策协同和工作协同，以年度监测、中期评估等为抓手，全力推动"十四五"规划顺利实施。

第一，聚焦重大项目和重大指标，扎实推进规划实施

聚焦重大项目抓落地。 推动重大工程项目实施是"国之大者"。"十四五"规划《纲要》中有90多项大项目、大工程、大平台，涵盖了高端产业、基础设施、民生项目等多个领域，其他各类规划中还有近千项重大项目，这些项目是各级各类规划实施的"牛鼻子"，将按照"资金和要素跟着项目走"的要求，着力强化财政、用地等各类要素保障。"十三五"的续建项目，要抓紧完工，尽快形成经济社会效应；"十四五"的新开工项目，要抓紧形成实物工作量，确保如期建成；一些仍处于研究过程的项目，要加快项目前期工作，及时论证明确。各类规划中还有不少"软项目"，比如重要政策、重要措施、重要改革、重要计划等，这些也是实现相关经济社会发展目标的重要抓手，需要持之以恒地推进落实。

聚焦重大指标抓落细。 重大指标是经济社会发展的"晴雨表"和"风向标"。本次规划实践中，各类规划都结合高质量发展等要求对指标做了创新设计，明确了指标内涵、统计口径、指标属性和测算依据等，朝着可量化、可监测、可评估、可比较的方向迈进了坚实一步。**对于预期性指标**，主要由市场发挥决定性作用，政府需要通过相关政策合理引导各类市场主体的行为，在保持经济平稳发展的同时，更多地致力于提高发展的质量和效益，增强经济发展的韧性和可持续性。比如，对于跨国公司地区总部数量等功能性指标，需要着力优化营商环境，打破各种制度瓶颈，吸引集聚各类总部企业在上海发展壮大。**对于约束性指标**，注重明确政府责任，把任务分解至相关部门和区，通过合理配置公共资源和有效运用法律、技术以及必要的行政手段来确保实现。对于生态环境类指标，比如单位生产总值二氧化碳排放降低率等，需要调动各方力量不折不扣完成；对于"老、小、旧、远"等民生类指标，比如中心城区二级旧里以下房屋改造面积等，要确保全面完成，这是对广大市民群众的庄严承诺。

第二，依托发展规划数据信息平台，创新完善规划监测评估

以数据技术支撑发展规划工作，实现规划数据和信息的按需分享、实时交互和统计分析，对于推动规划落地实施、提升规划监测评估水平具有重要意义。发展规划数据信息平台已基本搭建完成，归集了市级和各区规划《纲要》、各市级规划的规划文本、主要指标、重大项目、重点区域等信息，并初步实现地理信息系统（GIS）落图，搭建了发展规划的"数字化底座"，为后续开展规划年度监测、中期评估和总结评估奠定了基础。我们一方面要做好横向联动和纵向对接，推动各级各类规划信息的互联互通

和归集共享，通过对指标、项目等重要数据信息的跟踪，强化规划运行预测、预警和监控，进一步提高规划实施的精准性、操作性；另一方面要在信息归集的基础上强化分析研究，科学研判发展趋势，多举措挖掘人口、土地、空间等重要数据资源，将数据信息和决策分析更好地结合起来，强化数据对经济社会发展重大要素的分析辅助决策功能，努力推动规划工作的数字化转型。

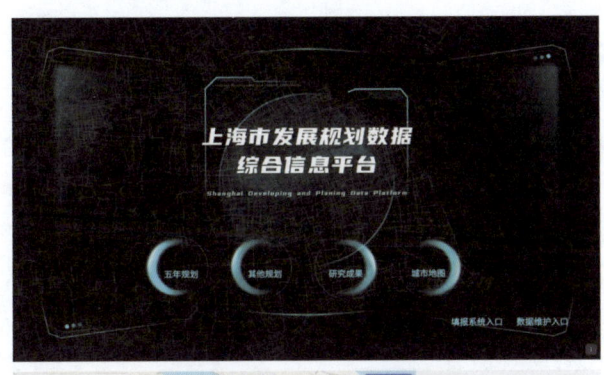

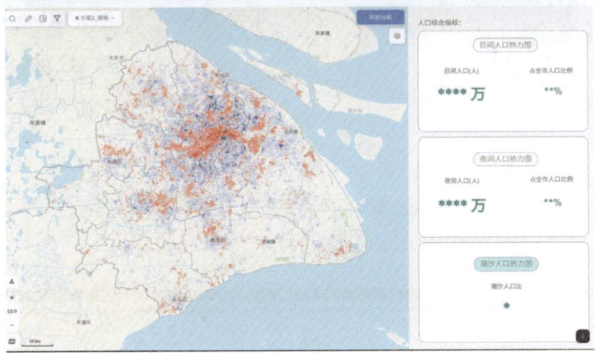

第三，强化政策与规划协同，完善系统联动机制

"十四五"规划的顺利实施需要凝聚社会各界的共同行动，要加快完善系统联动机制，促进各项政策与发展规划相协调，努力实现长短衔接、政策联动、协同高效。**一是强化年度计划与发展规划相衔接。**将发展规划的目标和重点任务纳入年度计划，通过一年又一年的滚动实施，确保规划既定目标任务如期实现。一方面，将规划的主要指标纳入年度指标体系，设置年度目标并做好年度间综合平衡；另一方面，结合经济社会发展形势，明确规划中重大工程、重大项目、重大举措等年度实施要求，把握好时序和节奏，有步骤、分阶段地推进落实。**二是推进财政、产业工具等与发展规划相协调。**发展规划明确了财政资金支持的重点领域和产业发展的重点方向，各项政策的制定应当服从和服务于发展规划。比如，推进财政规划、年度预算等按照发展规划的战略部署进行优化调整，统筹财力合理安排财政支出的规模和结构，区分轻重、缓急、主次，更好支持发展规划确定的战略目标和任务要求；推进金融政策以发展规划确定的重点任务、重大项目为重点，合理引导金融要素资源配置方向和结构，提供长期低成本资金支持；推进产业、土地、区域等政策与发展规划相统一，形成政策合力，提高政策的有效性和可操作性。

上海市"十四五"规划编制工作时间轴

2019年

4月16日
陈寅常务副市长召开上海市"十四五"规划研究和编制工作会议。上海市"十四五"规划前期课题研究公告同步发布。

4月24日
李强书记赴市发展改革委调研上海市"十四五"规划重大问题研究工作。

9月24日
市委副书记、市长应勇赴市发展改革委调研"十四五"规划编制工作。

9月28日、10月19日
市发展改革委联合上海财经大学组织召开上海市"十四五"规划浙江、江苏专场专家座谈会。

9月29日、11月13日
李强书记召开"十四五"规划专家座谈会和党外人士座谈会,听取周其仁、高小玫等专家和代表对上海"十四五"发展的意见建议。

11月17、19日
市政府常务会、市委常委会审议了上海市"十三五"规划总结评估报告。

11月25日
中共上海市第十一届委员会第十次全体会议审议通过《中共上海市委关于制定上海市国民经济和社会发展第十四个五年规划和二〇三五年远景目标的建议》。

8月28日
市发展改革委和市人民建议征集办共同组织开展"畅想上海未来五年·听你说——'十四五'规划市民大家谈"公众参与主题活动。

12月21日
龚正市长召开市政府常务会议,听取"十四五"规划《纲要(草案)》编制情况的汇报。

截至2019年底，市发展改革委组织53个公开选聘课题组、7家单位平行研究课题以及各类定向委托课题，共形成100多项研究成果。

2020年

3月3日
市委、市政府决定由市委书记、市长担任上海市"十四五"规划工作领导小组组长。

3月5日
李强书记召开上海市"十四五"规划领导小组第一次会议，听取上海市"十四五"市级规划编制相关工作情况的汇报。

5月13日
龚正市长召开市政府专题会议，听取关于"十四五"规划《基本思路》主要内容和工作考虑的汇报。

7—8月
陈寅常务副市长召开市政府专题会议，听取"五个中心"、产业发展、社会民生等领域规划及专题研究有关情况的汇报。

7月23—24日
市委组织部、市委党校、市发展改革委共同举办"领导干部推进'十四五'规划专题研讨班"。

7月8日
李强书记召开上海市"十四五"规划工作领导小组第二次会议，听取关于上海市"十四五"规划基本思路的汇报。

2021年

12月25、31日
市政府全体会议、市委常委会分别审议了上海市"十四五"规划《纲要（草案）》。

1月27日
上海市第十五届人民代表大会第五次会议审查并批准了《上海市国民经济和社会发展第十四个五年规划和二〇三五年规划纲要》。

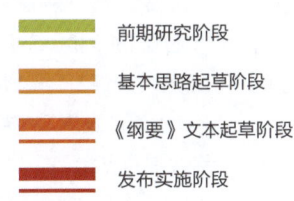

前期研究阶段
基本思路起草阶段
《纲要》文本起草阶段
发布实施阶段

上海市"十四五"规划编制工作大事记

2019 年

2月14日　市发展改革委召开专题会议,研究"十四五"规划编制工作初步方案。

3月18日　应勇市长圈阅同意市发展改革委上报的《关于开展上海市"十四五"规划研究和编制工作有关情况的报告》。

3月19日　国家发改委何立峰主任召开全国"十四五"规划编制工作会议,全面部署启动"十四五"规划工作。

4月4日　陈寅常务副市长召开市政府专题会议,听取上海市"十四五"规划研究和编制工作有关情况的汇报。

4月12日　市发展改革委印发《上海市"十四五"规划前期重大问题研究工作方案》。

4月16日　陈寅常务副市长召开上海市"十四五"规划研究和编制工作会议,市发展改革委传达了国家"十四五"规划编制工作会议精神,汇报了关于上海市"十四五"规划研究和编制工作有关情况。

4月16日　市发展改革委召开上海市"十四五"规划前期研究课题情况说明会,近70家研究机构参加会议。

4月16日　上海市"十四五"规划前期课题研究公告通过上海市政府网站、市发展改革委网站等发布。

4月17日　上海市人民政府印发《关于开展上海市"十四五"规划研究和编制工作的通知》沪府办〔2019〕10号。

4月24日　李强书记赴市发展改革委调研上海市"十四五"规划重大问题研究工作。

5月16日　上海市"十四五"规划前期课题研究遴选结果在上海市发展改革委网站发布。明确了53个课题团队承担47项重大课题,并由7家单位自行开展平行研究。

5月24日　市发展改革委召开上海市"十四五"规划前期研究课题启动会。各课题牵头单位、53家课题承接单位及委内各相关处室参加会议。

8月1日　国家发改委召开地方"十四五"规划基本思路专题座谈会。

9月2日
｜
9月5日　市发展改革委召开上海市"十四五"前期课题研究中期成果交流会。47项公开选聘课题(共53个课题组)围绕国内外发展环境、产业发展、科技创新、城市建设与管理、生态环境、区域发展、改革开放、社会民生等领域召开了7场交流会。

9月24日　市委副书记、市长应勇赴市发展改革委调研"十四五"规划编制工作。

9月26日　市委、市政府决定建立上海市"十四五"规划工作领导小组,应勇市长担任组长。领导小组下设办公室,设在市发展改革委。

9月28日　市发展改革委联合上海财经大学组织召开上海市"十四五"规划浙江专场专家座谈会。

10月19日　市发展改革委联合上海财经大学组织召开上海市"十四五"规划江苏专场专家座谈会。

10月20日　市发展改革委会同市宏观经济学会召开"十四五"规划高端专家研讨会。

11月27日　陈寅常务副市长召开市政府专题会议,听取上海市"十四五"市级专项规划相关工作的汇报。

12月4日　应勇市长召开市政府专题会议,听取上海市"十四五"市级专项规划相关工作的汇报。

12月13日　国家发改委召开全国发展改革会议。其间,专门部署了全国"十四五"规划编制工作,并专题听取地方的意见和建议。

2020 年

1月10日　李强书记、应勇市长召开专题会议，听取上海市"十四五"市级专项规划相关工作的汇报。

2月25日　市发展改革委印发《上海市"十四五"市级规划工作方案》。

3月3日　市委、市政府决定由市委书记、市长担任上海市"十四五"规划工作领导小组组长。

3—5月　市发展改革委与市绿化市容局、市交通委、市金融管理局、市经济信息化委、市商务委、市科委、市教委、市人社局、市民政局、市生态环境局、市水务局等12个部门对接"十四五"相关工作。

3月5日　李强书记召开上海市"十四五"规划领导小组第一次会议，听取上海市"十四五"市级规划编制相关工作情况的汇报。

3月24日　市人大常委会召开上海市"十四五"规划专题调研启动会。市发展改革委通报了"十四五"规划编制工作情况。市人大常委会主任蒋卓庆、副市长陈群出席并讲话。

3—6月　市发展改革委连续召开医疗卫生、教育、社会治理、生物医疗、人才公寓、中央活动区发展、数字化赋能等专家座谈会，与各领域专家以及企业代表进行交流研讨。

4月1日　市政协副主席李逸平带队赴市发展改革委调研"十四五"规划编制工作。

4月2日　宗明副市长召开市政府专题会议，听取卫生健康改革和发展"十四五"规划工作的汇报。

4月2日　龚正市长召开市政府专题会议，听取上海"十四五"规划编制工作情况的汇报。

4月23日　陈寅常务副市长召开市政府专题会议，听取关于"十四五"规划《基本思路》主要内容汇报。

5月12日　市政协举办"我心中的未来上海"——上海"十四五"规划工作外资企业和商界人士座谈会。李逸平副主席出席会议并讲话。

5月13日　龚正市长召开市政府专题会议，听取关于"十四五"规划《基本思路》主要内容和下一步工作考虑的汇报。

5月22日　
｜
6月3日　陈寅常务副市长带队赴各区调研"十四五"发展思路。

6月2日　"畅想上海未来五年·听你说"公众建言主题征集活动启动，分别通过"上海发布"公众号、中国上海门户网站、市发展改革委公众号、上海市发展改革委门户网站、上海信访门户网站、市发展改革委"十四五"公众建言电子邮箱等6种渠道同步发布。

6月8日　龚正市长召开市政府常务会议，听取关于"五个中心"建设推进情况和下一步工作措施考虑的汇报。

6月19日　李强书记召开市委常委会，听取关于"五个中心"建设推进情况和下一步工作建议的汇报。

7月8日　李强书记召开上海市"十四五"规划工作领导小组第二次会议，听取关于上海市"十四五"规划基本思路的汇报。

7—8月　陈寅常务副市长召开市政府专题会议，听取"十四五"人口、先进制造业、科创中心、金融中心、贸易中心、航运中心、战略性新兴产业、能源发展、基本公共服务、服务业发展等领域规划及专题研究有关情况的汇报。

7月14日　市发展改革委印发《上海市"十四五"市级专项规划编制导则（试行）》。

7月23日 ｜ 7月24日	市委组织部、市委党校、市发展改革委共同举办"领导干部推进'十四五'规划专题研讨班"。陈寅常务副市长出席开班式并作动员讲话。
7月23日 ｜ 7月28日	国务院发展研究中心党组书记马建堂同志带领近20位研究人员来上海市开展"五个中心"建设评估调研。
7月29日	上海市政协举行十三届二十次常委会议，围绕"以大手笔谋划城市未来发展，编制好上海'十四五'规划"专题议政。许昆林副市长通报"十四五"规划有关情况。
8月26日	市人大常委会召开"十四五"规划编制专题调研和问卷调查情况新闻发布会。
8月28日	市发展改革委和市人民建议征集办共同组织开展"畅想上海未来五年·听你说——'十四五'规划市民大家谈"公众参与主题活动，21位市民代表与市级政府部门面对面共话"十四五"。
9月25日	陈寅常务副市长召开长三角三省一市协同开展"十四五"规划编制工作专题会议。
9月29日	李强书记召开"十四五"规划专家座谈会，深入听取专家学者对上海"十四五"发展的意见和建议。徐宪平、杨伟民、周其仁、朱民、井贤栋、王战、陆铭、杨成长等8位专家对上海"十四五"发展提出意见和建议。
10月9日	市发展改革委召开"十四五"国际金融中心、贸易中心、科创中心、产业发展、生态环境、空间规划土地、房地产、城市管理委办对接讨论会。
10月13日	汤志平副市长召开市政府专题会议，听取关于《上海市生态环境保护"十四五"规划》的汇报。
10月16日	市发展改革委和解放日报社联合举办"市场之声——'十四五'规划企业家咨询会"，共10家互联网经济、数字经济领域的企业家参与咨询交流。
10月29日	中国共产党第十九届中央委员会第五次全体会议审议通过《中共中央关于制定国民经济和社会发展第十四个五年规划和二〇三五年远景目标的建议》。11月3日中央《建议》全文发布。
11月2日 ｜ 11月3日	国家发改委召开全国发展规划系统会，听取各地对国家"十四五"规划编制的建议。
11月11日	陈寅常务副市长召开市政府专题会议，听取上海市"十四五"规划《纲要（草案）》编制情况的汇报。
11月13日	吴清副市长召开上海科创中心建设和张江科学城"十四五"规划专家座谈会。
11月13日	李强书记召开党外人士座谈会，听取高小玫、陈群、周汉民、黄震、蔡威、张恩迪、钱锋、李碧影、寿子琪、李林等专家关于科学谋划好"十四五"规划的意见建议。
11月16日	汤志平副市长召开市政府专题会议，听取关于《上海市生态空间建设和市容环境优化"十四五"规划》的汇报。
11月17日	龚正市长召开市政府常务会，听取关于"十三五"规划总结评估报告的汇报。
11月19日	李强书记召开市委常委会，听取关于"十三五"规划总结评估报告的汇报。

11月25日　中共上海市第十一届委员会第十次全体会议审议通过《中共上海市委关于制定上海市国民经济和社会发展第十四个五年规划和二〇三五年远景目标的建议》。12月10日市委《建议》全文发布。

12月7日　宗明副市长召开市政府专题会议，听取关于《上海国际贸易中心建设"十四五"规划》的汇报。

12月10日　龚正市长召开市政府专题会议，听取关于"十四五"规划《纲要》编制有关工作的汇报。

12月15日　陈群副市长召开市政府专题会议，听取关于教育"十四五"规划编制情况的汇报。

12月17日　陈寅常务副市长召开"十四五"规划专家咨询论证会，听取专家对《"十四五"规划纲要（草案）》的意见和建议。张道根、许宁生、葛剑雄、廖昌永、尹后庆、许速、汤亮、汤晓鸥等8位专家对《纲要（草案）》提出了意见和建议。

12月21日　龚正市长召开第109次市政府常务会议，听取"十四五"规划《纲要（草案）》编制情况的汇报。

12月24日　陈寅常务副市长带队赴市人大常委会，汇报《"十四五"规划纲要（草案）》编制的有关情况，听取市人大对进一步完善《纲要》的意见和建议。

12月25日　龚正市长召开市政府全体会议，听取关于《"十四五"规划纲要（草案）》编制情况的汇报。会议原则同意《纲要（草案）》。

12月28日　市政府副秘书长、市发展改革委主任马春雷代表市政府向市人大常委会报告《上海市国民经济和社会发展第十四个五年规划和二〇三五年远景目标纲要（草案）》编制情况。

12月31日　李强书记召开市委常委会，听取关于上海市"十四五"规划《纲要（草案）》起草情况的汇报。

2021年

1月5日　陈寅常务副市长带队赴市政协通报《"十四五"规划和二〇三五年远景目标纲要（草案）》编制情况。

1月6日　《"十四五"规划和二〇三五年远景目标纲要（草案）》正式报送上海市人大。

1月7日　市十五届人大代表进行代表会前组团活动，讨论《"十四五"规划和二〇三五年远景目标纲要（草案）》（征求意见稿）。

1月27日　上海市第十五届人民代表大会第五次会议审查了市政府提出的《上海市国民经济和社会发展第十四个五年规划和二〇三五年规划纲要（草案）》。会议决定，批准《上海市国民经济和社会发展第十四个五年规划和二〇三五年规划纲要》。

1月30日　《上海市国民经济和社会发展第十四个五年规划和二〇三五年规划纲要》通过解放日报、中国上海门户网站全文发布。

后 记

"十四五"时期，是中国开启全面建设社会主义现代化国家新征程，向第二个百年奋斗目标进军的第一个五年。五年规划，是关乎国家经济建设、社会发展和民生福祉的行动纲领。

作为立足上海的主流媒体，讲好上海故事，是澎湃新闻一直以来的初心与使命。2014年7月，澎湃新闻正式上线，8年来，澎湃新闻坚持做主流价值观的引领者，努力做为公众服务的引领者，做专业能力的引领者，做媒体融合转型的引领者。

站在新征程的起点上，澎湃新闻非常荣幸能参与到上海"十四五"规划编制的前期研究和宣传报道中。

2019年10月，澎湃新闻智库澎湃研究所受上海市发展和改革委员会委托承接上海"十四五"规划前期研究课题。在承接课题后，澎湃研究所成立了企业家调研课题组。课题组用时三个月，深度访谈了先进制造、文化教育、消费、贸易、生物医药等行业的40位在沪企业家进行了问卷调查，最终形成了万字调研报告《我与上海：企业家眼中的上海现在与未来》。调研报告发挥了媒体采访优势，以企业家的切身感受从宜居、宜业、宜创三个方面呈现上海营商环境、人居环境，并结合受访者自身的创业、工作体会，有理有据，提出建设性建议。

澎湃新闻还积极策划参与上海"十四五"规划报道。澎湃新闻"浦江头条""金改实验室""美术课"等栏目相继报道了"十四五"市级规划、区级规划、专项规划、重点项目等内容。澎湃研究所从营商环境、人才政策、对外开放、公共服务、规划建议等角度采访了7位企业家，向15位学者约稿，于2020年11月23日在澎湃新闻网推出"问策上海2025"专题。此外，澎湃研究所以15分钟生活圈为切入点，邀请上海市民通过问卷形式参与讨论，综合市民问卷对社区周边的生活便利度、舒适度等进行评价。

2020年11月，澎湃研究所受上海市发展和改革委员会委托参与编写上海市"十四五"规划《纲要》大众读本。澎湃研究所参考《纲要》内容和团队成员的研究领域，组成了七人工作小组。2020年底，在与市发改委规划处沟通讨论后，形成读本框架，并于2021年3月启动读本编写工作。澎湃研究所工作小组与市发改委规划处用时近半年基本完成了读本内容的组织、编辑工作。其间，澎湃研究所设计团队根据读本的受众定位、内容设置设计了读本的版式、制图，以及图片编辑。在两个团队的共同努力下，70余万字、图文并茂的读本样书于2021年8月初完成。

如今，由上海市发展和改革委员会与澎湃新闻合编的《讲述"十四五"：我们的上海 共同的未来》终于付梓，与公众见面。这本书依托上海市"十四五"规划《纲要》，分功能篇、城市篇、民生篇三大部分，由学者、政策制定者、规划实施者等一同解释、讲述他们对规划的理解。内容厚重，意义深远。

通过参与上海"十四五"规划相关工作，澎湃新闻收获良多。2021年，澎湃研究所获评上海市"十四五"规划研究编制工作先进集体。在此感谢上海市发展和改革委员会对澎湃新闻的信任和认可，感谢市发改委规划处在编书过程中给予的帮助和协作，感谢上海科学技术出版社的耐心编辑和精心设计。

"蓝图已经绘就，愿景催人奋进，行动创造未来"。"十四五"时期，是上海全面深化"五个中心"建设，加快建设具有世界影响力的社会主义现代化国际大都市的关键五年。澎湃新闻也将一如既往地向世界传递上海声音，讲好上海故事。

这是澎湃新闻第一次参与五年规划解读编写工作，我们尽可能做到精细、精准与精确，若有错漏或未尽之处，还请读者朋友海涵并指正。

刘永钢

澎湃新闻总裁、总编辑